高亨周易经传今注

周易古经今注

高亨 ╲ 著

齐鲁书社
·济南·

图书在版编目（ＣＩＰ）数据

高亨周易经传今注 / 高亨著. -- 济南 : 齐鲁书社,
2025. 3. -- ISBN 978-7-5333-5158-8

Ⅰ. B221.2

中国国家版本馆CIP数据核字第2025Q4J058号

责任编辑　许允龙
装帧设计　刘羽珂

高亨周易经传今注

GAOHENG ZHOUYI JING ZHUAN JINZHU

高亨　著

主管单位	山东出版传媒股份有限公司
出版发行	齐鲁书社
社　　址	济南市市中区舜耕路517号
邮　　编	250003
网　　址	www.qlss.cn
电子邮箱	qilupress@126.com
营销中心	（0531）82098521　82098519　82098517
印　　刷	日照日报印务中心
开　　本	720mm×1020mm　1/16
印　　张	51
插　　页	2
字　　数	730千
版　　次	2025年3月第1版
印　　次	2025年3月第1次印刷
标准书号	ISBN 978-7-5333-5158-8
定　　价	168.00元（全两册）

重订自序

一九四〇年我在四川乐山武汉大学任教时，写成《周易古经今注》。一九四九年后，初步学习马克思列宁主义，认识较前有所提高，检查旧作，觉得有些地方须加以修订。但总是没时间，一拖再拖，今年修订几卦，明年修订几卦，直到最近，才完成了这一工作。我很感谢中华书局的同志，尤其是金灿然先生的热情鼓励和督促，使我多做了一点工作。不然，我还要拖下去。

《通说》部分修订很少，《今注》部分修订较多。在修订过程中，又翻阅了一些有关《周易》的书籍，特别是于省吾先生的《双剑誃易经新证》，闻一多先生的《周易义证类纂》，李镜池先生的《周易校释》，读得比较仔细，对他们的创见，有所甄采。于氏《新证》作于拙著之前，但我在写《今注》时，并未见到。闻氏《义证》则作于拙著之后。于、闻两家之说有几条与管见不谋而合。这几条，重订本都引用彼说，不再注明是管见所及，意在不掩人之善、不掠人之美而已。

本书有两个主要特点，应该略予说明。

第一个特点是不守《易传》。《周易》卦爻辞为经，《十翼》为传。历代学者注《易经》，都是以传解经，而我注《易经》，则离传释经，与前人大不相同，这是有我的看法的。我认为《易经》作于周初，《易传》作于晚周，其间相去已数百年，传的论述当然不会完全符合经的原意。而况《易传》作者往往借用经文，来发挥他们的世界观，使经由筮书领域跨入哲学书领域。古书添上新彩，古鼎刻上新字，加工的《易经》就不是原样的《易经》了。然而《十翼》有正确的解说，有独具的价值，也是不可否认值得重视的。因此，我说《十翼》仅是出现最早的、颇有可采的《易经》注解，并非精确悉当的、无可非议的《易经》注解。我们生在科学昌明的今天，若仍遵循古人的故辙，一味信从《十翼》，拿古人的盆扣在自己的头上，用古人的绳捆在自己的手上，就难于考见《易经》的原意。因此，我主张讲《易经》不必受《易传》的束缚，谈《易传》不必以《易经》为归宿，照察两书的本来面貌，探求两书的固有联系，才是研究《周易》经传的正确途径。这就是我不守《易传》的理由。

第二个特点是不谈象数。《易经》本是筮书。每卦有它的卦象，每爻有它的爻象和爻数。爻变则卦变，卦爻变则象也变。古人在占筮时，某卦某爻的为吉为凶，自然是以卦爻的象数为根据。某卦写上某种卦辞，某爻写上某种爻辞，也应该以卦爻的象数为根据。所以讲《易经》的占筮是离不开象数的。但是讲《易经》的卦爻辞则可以不管象数。据我考察，卦爻辞有些语句与象数的关系可以理解，有些语句与象数的关系难于理解。例如八卦的基本象征是"《乾》为天，《坤》为地，《震》为雷，《巽》为风，《坎》为水，《离》为火，《艮》为山，《兑》为泽"。然而《乾》卦的卦爻辞没有一句谈天；《巽》卦的卦爻辞没有一句谈风；《离》卦的卦爻辞没有一句谈火；《艮》卦的卦爻辞没有一句谈山；《兑》卦的卦爻辞没有一句谈泽。只有《坤》卦的爻辞——初六"履霜坚冰至"，上六"龙战于野"并非讲地，而与地有关；《坎》卦的爻辞——初六"习坎，入于坎，窞"，九二"坎有险"，六三"来之坎，坎险且枕，入于坎，窞"，九五"坎不盈，祇既平"，并非讲水，而与水有关。而《震》卦的卦辞——"震来虩虩，笑言哑哑，震惊百里"，爻辞——初九"震来虩虩"，六二"震来厉"，六三"震苏苏，震行无眚"，九四"震遂泥"，六五"震往来"，上六"震索索……震不于其躬，于其邻"，却全讲雷。卦爻辞或与卦的基本象征有关，或与卦的基本象征无关，如此参差歧异的象实在难于理解。又据《说卦》，《乾》的卦象不为龙，《震》的卦象乃为龙，而《乾》卦爻辞——初九"潜龙勿用"，九二"见龙在田"，九四"或跃在渊"，九五"飞龙在天"，上九"亢龙有悔"，用九"见群龙无首"，竟大谈其龙，这也难于理解。上述二类，其例很多。由此看来，卦爻辞与象数的关系，有显有晦，晦者不可强做说解。我们如果认为卦爻辞都是根据象数而写的，把找出卦爻辞与象数的关系看成研究《易经》必须坚持的一个原则，那就不免越钻研越碰壁，越摸索越扑空。碰壁而凿孔穿隙，扑空而增枝添叶矣！这样，《易经》的巫术化就越来越深了。古人注《易经》都未能摆脱象数。《十翼》则讲本卦卦象及爻象爻数，而不讲之卦卦象。《左传》《国语》则讲本卦与之卦的卦象而不讲爻象爻数。自汉以来，有不少注家，既讲本卦卦象及爻象爻数，又讲之卦卦象，加上互体卦象。纷纭纠缠，使一些读者遍览众家之说，反坠入五里之雾，只好皱眉退步，望洋兴叹。我们今天并不把《易经》看作神秘宝塔，而是把《易经》看作上古史料，要从这部书里探求《易经》时代的社会生活及人们的思想意识、文学成就等。从这个目的出发来注解《易经》，基本上可以不问《易经》作者在某卦某爻写上某种辞句，有什么象数方面的根据，只考究卦爻辞的原意如何，以便进一步利用它来讲那个时代的历史，也就够了。读者也容易理解。这就是本书不谈象数的理由。

《易经》有些辞句，真不易读通。我的注解，自问也非处处满意。但总是每句每字都未轻轻放过。或采用别家成说，或提出个人新释，朴朴实实地诠说了全经。不过这仅是初步整理，谈不到完全符合经文的原意。希望读者和《易》学专家们纠正本书的错误。

一九六三年三月写于山东大学

一九八一年九月重订告竣　高亨于北京

旧序（摘录）

《周易》一书包括两个部分：一是经，二是传。

经的部分共六十四卦，每卦六爻，《乾》《坤》两卦各有七爻（《乾》卦的用九，《坤》卦的用六，其本体不是爻，其作用等于爻，为方便计称它们为爻），共三百八十六爻。每卦先列卦形，次列卦名，次列卦辞。每爻先列爻题，次列爻辞。爻题都是两个字组成，一个字表示爻的次序，自下而上，第一爻用"初"字，第二爻用"二"字，第三爻用"三"字，第四爻用"四"字，第五爻用"五"字，第六爻用"上"字。一个字表示爻的性质，阳爻用"九"字，阴爻用"六"字。卦辞和爻辞共四百五十条，四千九百多个字。先秦时代称作"繇"，现在也称作筮辞。

《周易》古经是因古人迷信而产生的一部筮书。筮就是算卦。古代算卦，一般是巫史的职务。巫史们在给人算卦的时候，根据某卦某爻的象数来断定吉凶，当然有些与事实偶然巧合的地方，这就是他们的经验。他们把一些经验记在某卦某爻的下面，逐渐积累，成为零星的片段的筮书，到了西周初年才有人加以补充与编订，《周易》古经至此才告完成。所以实际说来，《周易》古经不是一个时期写定，更不是出于一人之手。我们从它的内容和形式观察，它的完成当在西周初年。司马迁（《史记·太史公自序》）、班固（《汉书·艺文志》）都说"文王作卦爻辞"，马融、陆绩等（《周易正义》引）说"文王作卦辞，周公作爻辞"，这在先秦古书中没有明证，难于置信。今人有的说是东周作品，更不可从。

从史学角度来看，《周易》古经是具有较高的价值的。它所记载的社会现象相当广泛，关于经济情况的如农业、畜牧、渔猎等，关于社会制度的如封侯建国、阶级、婚姻、家族等，关于人们生活的如饮食、衣服、宫室、器皿等，关于人们活动的如祭祀、征伐、守卫、诉讼等，关于人们思想意识的如道德观念、政治观点等，都涉及一些。虽然是东鳞西爪，片玉碎瑶，不完整，无系统，然而由于殷、周之际的史料极其缺乏，所以此书就成为比较重要的上古社会史料，得到史学家的珍视（郭沫若先生撰有《周易时代的社会生活》一文，作了较详的论述）。至于专从思想史与文学史的角度来看，《周易》古经也有其一定的价值（详见拙作《周易卦象所反映的辩证观点》《周易卦爻辞的哲学思想》《周易卦爻辞的文学价值》三文）。总之，《周易》古经也是值得我们研究的一部古典作品。但是它是比较难读的，我们初步读来，常常感到"莫名其妙"。

　　传的部分共七种，就是《彖》《象》《文言》《系辞》《说卦》《序卦》《杂卦》。《彖》《象》《系辞》各分上下两篇，因此《易传》共十篇，旧称"十翼"，都是《周易》古经的解释。这七种都作于东周时代，并非出于一人之手。司马迁《史记·孔子世家》、班固《汉书·艺文志》等说是孔子所作，是不对的。近代有人说其中有汉人作品，也没有确凿的证据。

　　《易传》的解经，诚然有正确的成分，但是有许多地方不符合经文的原意。而且《易传》的作者们常常假借经文，或者误解经文，或者附会经文，来发挥自己的哲学观点，又夹杂一些象数之说。讲《周易》固然不能抹杀象数，然而总是讲不圆满，反而使人迷乱。总之，《易传》七种仅仅是《周易》古经最古的、有系统的、值得参考的、有正确成分的解释，决不是什么"不刊之论"。初学《周易》，如果处处拘守《易传》去体会经文，那就难于窥见《周易》古经的原意。然而我们如果不管《易传》解经的是非，而只就传文所表现作者们的思想体系而论，那么《易传》还是古典哲学中异常重要的著作。

因此，我认为研究《周易》古经，首先应该认识到《周易》古经本是上古筮书，与近代的牙牌神数性质相类，并不含有什么深奥的哲理。其次应该考释经文，参阅旧说，探索它的原来义蕴，对于《易传》只看做旧说的重要部分而已。有的可以引用，有的可以不采。

我在新中国成立前就是本着这种基本观点和方法研究《周易》古经的，在一九四〇年写成《周易古经今注》一书，分上下两册，上册是《通说》，下册是《注释》，所讲的只限经文，至于《易传》，未暇论述。写成后，由叶圣陶先生介绍，交上海开明书店出版。不料日本侵略军占据了上海，开明书店被迫停业，一九四三年又交贵阳文通书局出版。不料一九四四年日本侵略军进犯桂黔，文通书局于仓皇匆忙中，只石印了《通说》一册。而且版式既不一致，写录又非一手，校对更为荒疏，错字、脱字、衍字、窜字触目都是。这年我在西北大学任教，为了教学需要，把《注释》一册付之石印。抗战胜利之后，开明书店才用一九四〇年我所寄的稿本，把《注释》一册铅印出版。至于《通说》一册，因为有了文通书局的石印本，所以开明书店未再付印。

中华人民共和国的成立，是祖国新时代的开始，社会主义的经济建设和文化建设都在飞速发展。这部曾经受过日本帝国主义折磨的《周易古经通说》与《今注》也随着有了新的前途。《今注》一册，于一九五七年由中华书局利用开明书店铅印的旧纸型重印出版。《通说》一册，我略加修正，于一九五八年也由中华书局承印出版。这部小书，在旧社会遭到意外的挫难，在新社会转入泰来的幸运，这个今昔的对比使我永远不能忘掉。

在《周易古经今注》中，我提出了许多新的见解，其中有的见解直到今天，我还认为不差。有的见解，我已经认为应该修改，可惜还没有时间来从事这一工作。至于自读者看来，自然更有些不同的看法。我希望读者多多提出批评和指正。其次，我的这部书仅仅是《周易》古经的初步整理。

在今天迫切需要运用马克思列宁主义的立场、观点和方法来整理《周易》。这个相当艰巨的工作，我是无力担任的，只有希望当代学者来担任了。

　　附记：在中华书局付印《今注》与《通说》之前，我分别写了一篇序。这篇《旧序》（摘录）是删省融合那两篇序而成的。

述　例

一、《周易》卦辞爻辞为经，旧称曰繇，今称为筮辞；《彖上》《彖下》《象上》《象下》《文言》《系辞上》《系辞下》《说卦》《序卦》《杂卦》十篇为传，旧称曰《十翼》。本书专解经文，《十翼》悉删而不录，其说偶有可采者则采之。

二、《周易》汉时有今文本，有古文本。费直本与古文同。王弼据费氏本作《注》。本书据王氏本作《注》，即《周易》古文本也。

三、陆德明《周易音义》、吕祖谦《古易音训》，广记异文，李鼎祚《周易集解》与它书所引，颇有与王本不同者。本书遇其异文可资参证则录之，否则略而弗及。

四、《周易》原为筮书，主要在占其筮辞。象数之说不知起于何时，晚周人已常言之。后人推衍，益为迷离。王弼之《注》，程颐之《传》，大扫象数之说，而未能尽脱其轨羁。本书悉摈而弗录，可云无一语及于象数也。

五、《周易》某卦为何系某种卦辞，某爻为何系某种爻辞，某卦之为休为咎，其故安在，某爻之为休为咎，其故安在，均难得正确之理解。《十翼》所言，似有义例，而不融通。后儒之解，穿凿附会，弥滋人惑。本书于此略而弗论，但释其筮辞而已。

六、《周易》卦名，疑为后人追题，原无意义。《十翼》释卦名，亦多与筮辞不合。如《遯》卦筮辞之遯皆为豚，而《序卦》《杂卦》并训卦名之遯为退。《蹇》卦筮辞之蹇皆为謇，而《彖》《序卦》《杂卦》并训卦名之蹇为难。《夬》卦筮辞之夬为赽，而《彖》《序卦》《杂卦》并训卦名之夬为决。此皆大违经旨。其例甚多，兹不历举。本书不释卦名，但释筮辞中与卦名相同之字而已。

七、《周易》一卦筮辞中，所有与卦名相同之字，其义自当不异。如《需》卦之需皆为颐义，六四云"需于血"，自不能读需为濡。《贲》卦之贲皆为饰义，六五云"贲于丘园"，自不能读贲为奔。然其中有为一义引申者，如《履》初九云"素履"，九五云"夬履"，皆为冠履之履。卦辞云"履虎尾，不咥人"，九二云"履道坦坦"，六三云"眇能视，跛能履，履虎尾，咥人凶"，九四云"履虎尾愬愬"，上九云"视履考祥"，皆为步履之履。此一为本义，一为引申义者也。《革》初九云"巩用黄牛之革"，上六云"君子豹变，小人革面"，皆为皮革之革。六二云"巳日乃革之"，九三云"革言三就有孚"，皆为改革之革。此亦一为本义，一为引申义者也。本书于一卦筮辞中所有与卦名相同之字，概释作一义，其为一义之引申，则详其原委。

八、《周易》旧解，因旅中书不易得，未能遍观，但就目之所及，罕有可取。清儒尚朴，经学大明，惟于此书，仍多善善。焦循《易学三书》，素称绝作，而最为荒滥。故本书引用旧说之处甚少。

九、《周易》旧解可采者采之，录其原文，则著其人名或书名，若窃取其意而加补充者，则著曰此采某说。其不可采者，悉摈而弗录。

本书引用周易书目

《周易大传》　撰人不详。

　　此书前儒以为孔子作，非也。计《文言》《彖》《象》《系辞》《说卦》
　　《序卦》《杂卦》七篇，而《彖》《象》《系辞》，旧各析为上下，共
　　得十篇，是为《十翼》。《史记·太史公自序》引《系辞》文，称
　　《易大传》，是古有《大传》之名，故今题曰《周易大传》。

《周易注》阮刻《十三经注疏》本　魏王弼、晋韩康伯合注。

　　《周易》上下经与《文言》《彖》《象》，魏王弼注；《系辞》《说卦》
　　《序卦》《杂卦》，晋韩康伯注。本书专解上下经，故多采王注，韩注
　　仅取一条。

《经典释文》《抱经堂丛书》本　唐陆德明撰。

　　《经典释文》卷二为《周易释文》，别名《周易音义》，本书引用，概
　　称《释文》。《释文》博采众家异文异说，本书曾引用者如次：

　　子夏　《释文·叙录》："子夏《易传》三卷。"陆自注曰："卜商，字
　　子夏，卫人，孔子弟子，魏文侯师。《七略》云，汉兴，韩婴传。
　　《中经簿》录云，丁宽所作。张璠云，或馯臂子弓所作，薛虞记，
　　薛，不详何许人。"亨按，今本子夏《易传》乃伪书，故绝不引用。

　　薛虞　见前。

　　孟喜　《释文·叙录》："孟喜《章句》十卷。"

　　京房　《释文·叙录》："京房《章句》十二卷。"

　　马融　《释文·叙录》："马融《传》十卷。"

荀爽　《释文·叙录》："荀爽《注》十卷。"

郑玄　《释文·叙录》："郑玄《注》十卷。"

刘表　《释文·叙录》："刘表《章句》五卷。"

虞翻　《释文·叙录》："虞翻《注》十卷。"

陆绩　《释文·叙录》："陆绩《述》十三卷。"

董遇　《释文·叙录》："董遇《章句》十二卷。"陆自注曰："字季
　　直，弘农华阴人，魏侍中、大司农。"

王肃　《释文·叙录》："王肃《注》一卷。"

姚信　《释文·叙录》："姚信《注》十卷。"陆自注曰："字德祐，
　　《七录》云，字元直，吴兴人，吴太常卿。"

王廙　《释文·叙录》："王廙《注》十二卷。"陆自注曰："字世将，
　　琅邪临沂人，东晋荆州刺史，赠骠骑将军、武康侯。"

张璠　《释文·叙录》："张璠《集解》十二卷。"陆自注曰："安定
　　人，东晋秘书郎，参著作，集二十二家解，序云，依向秀本。向秀
　　字子期，河内人，晋散骑常侍，为《易义》。"

干宝　《释文·叙录》："干《注》十卷。"陆自注曰："字令升，新蔡
　　人，东晋散骑常侍，领著作。"

黄颖　《释文·叙录》："黄颖《注》十卷。"陆自注曰："南海人，晋
　　广州儒林从事。"

蜀才　《释文·叙录》："蜀才《注》十卷。"陆自注曰："《七录》云，
　　不详何人。《七志》云，是王弼后人。案蜀，《李书》云，姓范，名
　　长生，一名贤，隐居青城山，自号蜀才，李雄以为丞相。"

《九家》《释文·叙录》："荀爽《九家集注》十卷。"陆自注曰："不知
　　何人所集，称荀爽者，以为主故也。其序有荀爽、京房、马融、郑
　　玄、宋衷、虞翻、陆绩、姚信、翟子玄，子玄不详何人，为《易义》。

注内又有张氏、朱氏，并不详何人。"

翟子玄　见前。

向秀　见前。

《周易正义》阮刻《十三经注疏》本　唐孔颖达撰。

本书引用称孔《疏》。

《周易集解》　唐李鼎祚撰。

《集解》博采众家之说，本书曾引用者如次：

子夏　见前。

荀爽　见前。

虞翻　见前。

陆绩　见前。

干宝　见前。

《九家》　见前。

翟玄　即翟子玄，见前。

卢氏　《隋书·经籍志》："《周易》十卷，卢氏《注》。"《唐书·艺文志》《新唐书·艺文志》并同。卢氏不详何许人。

侯果　隋人，著《易说》，见朱彝尊《经义考》。

崔憬　唐人，著《周易探玄》。《经义考》曰："崔憬，时代莫考，李鼎祚《集解》引用最多，称为《新义》，中援孔《疏》，其为唐人无疑矣。"

《易传》江南书局本　宋程颐撰。

《汉上易传》《通志堂经解》本　宋朱震撰。

《周易本义》金陵书局本　宋朱熹撰。

《古易音训》《金华丛书》本　宋吕祖谦撰。

此书久佚，清嘉庆时，宋咸熙由元董真卿《周易会通》中辑出。

《音训》博采众家异文异说，本书曾引用者如次：

子夏　见前。

孟喜　见前。

京房　见前。

马融　见前。

郑玄　见前。

虞翻　见前。

《九家》　见前。

晁氏　北宋晁以道作《古周易》八卷，博采众家异文异说，其书久佚。

《音训》引晁氏曰者，皆录自《古周易》也。

《易纂言》《通志堂经解》本　元吴澄撰。

《周易稗疏》《清经解续编》本　清王夫之撰。

《仲氏易》《清经解》本　清毛奇龄撰。

《易说》《清经解》本　清惠士奇撰。

《周易述》《清经解》本　清惠栋撰。

《群经补义》《清经解》本　清江永撰。

《经学卮言》《清经解》本　清孔广森撰。

《易章句》《清经解》本　清焦循撰。

《周易异文笺》《清经解续编》本　清李富孙撰。

《经义述闻》《清经解》本　清王引之撰。

此书中有王念孙说。

《周易注疏校勘记》阮刻《十三经注疏》本　清阮元撰。

《周易姚氏学》《清经解续编》本　清姚配中撰。

《周易解故》《广雅丛书》本　清丁晏撰。

《读易会通》商务印书馆排印本　清丁寿昌撰。

《读书偶识》《清经解续编》本　清邹汉勋撰。

《群经平议》《春在堂全书》本　清俞樾撰。

《周易卦爻辞中的故事》在《古史辨》第三册内　今人顾颉刚撰。

《周易筮辞考》在《古史辨》第三册内　今人李镜池撰。

总　目

目 录

CONTENTS

周易古经今注卷首

周易古经通说

提　要

《周易古经通说》分为七篇。

第一篇《周易琐语》包括有关《周易》的七个问题，（一）《周易释名》，乃论述《周易》名称的由来和意义。清儒朱骏声曾说："《三易》之易读为觋。"我信从此说，加以证明，结论是《周易》的易借做觋字，古代男巫称觋，巫觋掌筮，因而筮书也称作觋，好比史官称史，因而史书也称史。这和旧说大不相同。（二）《八卦与六十四卦》，乃论述八卦和六十四卦的创制时代及用途。此事难于考定，所以未下结论。此节原本有"八卦臆说"一个内容，大意是：八卦是伏羲时代八个官的标志。伏羲时代有八个官，也有朝官执圭的制度。天官所执的圭上刻《乾卦》（☰），所以乾为天；地官所执的圭上刻《坤卦》（☷），所以坤为地；火官所执的圭上刻《离卦》（☲），所以离为火；水官所执的圭上刻《坎卦》（☵），所以坎为水；木官（或风官）所执的圭上刻《巽卦》（☴），所以巽为木（或风）；雷官所执的圭上刻《震卦》（☳），所以震为雷；山官所执的圭上刻《艮卦》（☶），所以艮为山；泽官所执的圭上刻《兑卦》（☱），所以兑为泽。圭的形是􀀀，最古的圭用土做的，所以圭字从重土；周代的圭用玉做的，所以其字作珪，加个玉旁。八卦原名八圭，后来用于占筮，所以其字作卦，加个卜旁。现在因为这个说法，没有确证，所以删去了。（三）《周易外之先秦筮书》，乃论述先秦时代《周易》以外还有《连山》《归藏》《坤乾》

等筮书，《连山》《归藏》汉代还未亡掉。（四）《周易古经之作者与年代》，乃论述《周易》卦爻辞的写成当在西周初年，此前原有筮人的零散记录，西周初年有人加以补充和编订，其人为谁，无从考定。（五）《易卦之贞悔》，乃说明《周易》六十四卦各函上、下两卦，它的下卦称"贞"，上卦称"悔"。又说明在占筮时，所得的本卦也称"贞"，所得的"之卦"（即变卦）也称"悔"。我们明确了这种术语的涵义，在研究《周易》时大有用处。（六）《周易的爻题》，乃说明《周易》六十四卦各爻都有两个字是爻的标题，就是用"初""二""三""四""五""上"标明爻的位次，自下而上；用"九""六"标明爻的性质，"九"为阳爻，"六"为阴爻。并证明爻题当是晚周人所加。《周易》有爻题是客观存在，但是爻题的名称是我所加的。用这个名称代表这个概念，还符合实际，对于分析《周易》也有方便（《通说》原本有这个内容，但未提出这个名称）。至于爻题当是晚周人所加，也是我新提出的论点。（七）《周易卦爻辞古皆称繇》，乃说明《周易》卦爻辞先秦时人都叫作"繇"，并采用近儒说法，论定"繇"字借做谣，因为卦爻辞多是简短的韵语，近于歌谣，所以叫作谣。这个名称表现了《周易》卦爻辞的文体，也显示出《周易》卦爻辞的文学气氛，值得一谈。

第二篇《周易卦名误脱表》，乃论述《周易·履》《否》《同人》《艮》四卦卦名都在传写中误脱了。之所以误脱，是由于这四卦卦名和卦辞的头一字或两个字相同，读者误以为重复，从而删去。这个论点，是根据《周易》全书都是先列卦名、后列卦辞的通例而提出的。我又指出《大有》和《中孚》两卦的卦名也可能误脱，不过这仅仅是一种怀疑，附带提及而已。

第三篇《周易卦名来历表》，乃论述《周易》先有卦爻辞，后有卦名，卦名大多数是后人摘取卦爻辞中主要的或常见的一个字或两个字而追题的；并提出卦名的七个义例。总之，卦名并不是个个都代表卦象和筮辞的意义。

然而自《周易》十翼以来，研究《周易》的学者却常常根据卦名来讲卦的意义，当然不免错误。因此我们研究《周易》古经就不必去探讨卦名。

第四篇《周易筮辞分类表》，是对《周易》卦爻辞的初步分析。这是个创始的工作，也是个尝试的工作。据我的分析，《周易》卦爻辞可划为四类：（一）"记事之辞"，乃采用古代故事，来指示卦爻的吉凶；（二）"取象之辞"，乃采用一种事物作为象征，来指示卦爻的吉凶；（三）"说事之辞"，乃直说人的行事，来指示卦爻的吉凶；（四）"断占之辞"，乃论断卦爻吉凶的语句。一般例子，"断占之辞"或承"记事之辞"而言，或承"取象之辞"而言，或承"说事之辞"而言，彼此间都有内在的联系，可以说"记事""取象""说事"三类辞是前提，而"断占之辞"是断案（例外从略）。这样分析最能显示《周易》古经本是筮书的性质，也能显示《周易》筮辞的表现方法。扬雄的《太玄》和焦延寿的《易林》仍多运用这种表现方法，我引了一些《太玄》《易林》的文句，作为《周易》的旁证，这是《通说》原本所没有的。

第五篇《元亨利贞解》，乃论定元、亨、利、贞四个字的意义。元与大同义，亨即享祀的享，利即利益的利，贞是占问，这是我所得的新结论。《周易》里这四个字为数很多，自《乾·文言》提出元亨利贞是"四德"的说法（《左传》同），后儒都看做金科玉律；然而根据《文言》去解《周易》，常常扞格而不通。近人李镜池先生力斥"四德"说的妄谬，把贞字解做占问，是对的；然而对于元、亨、利三个字还没贯通的申释。本篇是把《周易》中所有元亨利贞四字汇集起来，条分缕析，详加考索，才得出上述的新结论。我认为这个新结论是符合这四个字的原始涵义的。

第六篇《吉吝厉悔咎凶解》，乃说明吉、吝、厉、悔、咎、凶六个字的意义。其结论：吉是福祥，吝是艰难，厉是危险，悔是困厄，咎是灾患，凶是祸殃。这都是采用前儒的成说，并非个人的创见。《周易》里这六个字也很多，它们和利字都是"断占之辞"所常用的词汇。那么把它们加以综合与分析，予以切当简要的解释，使读者对于这些词汇，有个全面的理解，这也是很必要的。

第七篇《周易筮法新考》，乃考索东周时代用《周易》占筮的方法。《周易》筮法本有先儒相传的旧说，据我观察，其问题不在于成卦法，而在于变卦法。因此本篇所述的成卦法乃采用旧说，所述的变卦法乃自立新义。新义的论据是《周易·系辞》中有关筮法的说明和《左传》《国语》中有关筮事的记载。我把这两种材料结合贯通起来，反复思考，才抓到变卦法的关键，从而获得整个结论。筮法本是一种骗人的方术，在我们今天的生活中，并不需要它，为什么还要考呢？简单的答案是：不懂得筮法的大概，对于《周易》古经、《十翼》和《左传》《国语》中的某些问题，便不能彻底理解，甚至不能理解，所以本篇的写作还有一定的意义。

第一篇
周易琐语

一、周易释名

《易》为筮书之通名。《周礼·大卜》："大卜掌《三易》之法，一曰《连山》，二曰《归藏》，三曰《周易》。"《筮人》（筮与筮同）文略同。是筮书皆得称《易》，即其证也。《周易》为一书之专名，因其为周代筮书，故曰《周易》。其名亦甚古。《周礼》而外，《左传·庄公二十二年》，《宣公六年》、《十二年》，《襄公九年》、《二十八年》，《昭公元年》、《五年》、《七年》、《二十九年》，《哀公九年》，《国语·晋语》并称《周易》，即其证也。《周易》亦简称曰《易》，《左传·昭公三十二年》，《论语·述而》篇，《礼记·经解》、《坊记》、《表记》、《缁衣》、《深衣》，《大戴礼·保傅》篇，《管子·山权数》篇，《庄子·天运》篇、《天下》篇，《荀子·非相》篇、《大略》篇，《吕氏春秋·务本》篇、《慎大》篇、《召类》篇，《战国策·秦策》，并称《周易》曰《易》，即其证也。

筮书所以称《易》者，《说文》："𢒉，蜥易蝘蜓，守宫也，象形。《秘书》说：日月为易，象阳阴也。一曰从勿。"金文易作𢒉（毛公鼎）、𢒉（克鼎）、𢒉（伯其父簠）、𢒉（伯家父殷），并象蜥易之形。《秘书》说于古无征，必不可信。其用作书名，当为借义。余疑易初为官名，转为书名，《礼记·祭义》："昔者圣人建阴阳天地之情，立以为《易》。易抱龟南面。天子卷冕北面。虽有明知之心，必进断其志焉，示不敢专，以尊天

也。"郑注："立以为《易》谓作《易》。易抱龟，易官名。"是易为书名，
又为官名。易之为官，盖掌卜筮。筮官曰易，因而筮官之书亦曰《易》；犹
史官曰史，因而史官之书亦曰史也。其本字疑当为觋。《说文》："觋，能斋
肃事神明也。在男曰觋，在女曰巫。从巫，从见。"《国语·楚语》："在男
曰觋，在女曰巫。"《荀子·正论》篇："出户而巫觋有事。"杨注："女曰
巫，男曰觋。"按：《周礼·春官》有男巫，有女巫，知巫非专限于女也。
卜筮原为巫术，远古之世，实由巫觋掌之。《周礼》卜筮之官有大卜、卜
师、占人、籍人等，非初制也。巫觋掌筮，尤可论定。《说文》："簭，《易》
卦用蓍也。从竹，从筮，筮，古文巫。"字通作筮。巫掌筮，故筮字从巫，
其证一也。《周礼·籍人》："籍人掌《三易》以辨九籍之名，一曰《连
山》，二曰《归藏》，三曰《周易》。九籍之名：一曰巫更，二曰巫咸，三曰
巫式，四曰巫目，五曰巫易，六曰巫比，七曰巫祠，八曰巫参，九曰巫环。
以辨吉凶。"巫掌筮，故九籍之名皆冠巫字，其证二也。《世本·作》篇曰：
"巫咸作筮"（《周礼·龟人》郑《注》引），《吕氏春秋·勿躬》篇文同。
作筮者巫，则掌筮者其始必亦巫，其证三也。觋与巫同义，易与觋同音。
筮官为巫，而《礼记》称易，则易盖即觋之借字矣。巫官之易既为觋之借
字，则筮书之易亦即觋之借字矣。朱骏声曰："《三易》之易读若
觋。"（《说文通训定声·解部》）说虽无征，确有见也。《周易·系辞上》
曰："生生之谓易。"以变易之义释筮书之名，恐不可从。郑玄《易赞》及
《易论》云："易一名而含三义：易简一也，变易二也，不易三也。"（孔颖
达《周易正义序》引）更属骈枝之说矣。

二、八卦与六十四卦

　　《周易》之原为八卦。八卦者：☰为《乾》，☷为《坤》，☲为《离》，

为《坎》，为《巽》，为《震》，为《艮》，为《兑》。《易·系辞传下》曰："古者包牺氏之王天下也。仰则观象于天，俯则观法于地，观鸟兽之文与地之宜，近取诸身，远取诸物，于是始作八卦，以通神明之德，以类万物之情。"作八卦者为包牺，此乃先秦以来相传之故说，向无异议。包牺乃原始时代之人物，彼时尚无文字，自无史籍，故此相传之故说，是否史实，殊难论定。吾人只能肯定八卦作于远古时代，相传为包牺所作而已。但吾人敢断言者，、、、、、、、，当时所画之形，《乾》《坤》《离》《坎》《巽》《震》《艮》《兑》，后人所予之名也。

八卦之用途，亦难考见。《易纬乾凿度》曰："，古文天字。，古文地字。，古文火字。，古文水字。，古文风字。，古文雷字。，古文山字。，古文泽字。"此以八卦为文字，汉人之说也。夫物以万数，而字仅八形，不是作记事之用甚明。然则以八卦为古代文字，实难于理解。但《易纬》之说亦有所本。《易·说卦传》云："《乾》为天，《坤》为地，《离》为火，《坎》为水，《巽》为风，《震》为雷，《艮》为山，《兑》为泽。"《彖传》《象传》为卦作解，《左传》《国语》引《易》以占，均与《说卦》相同，《易纬》谓八卦为古文八个字者，据此而言也。考《周易》在占筮上以八卦象征上述八物，即以象征天，以象征地，以象征火，以象征水，以象征风，以象征雷，以象征山，以象征泽也。此种象征起于何时，当时有何用途，亦莫能明也。

八卦重为六十四卦，则用于占筮矣。重卦不知始于何时，《易·系辞传下》："八卦成列，象在其中矣。因而重之，爻在其中矣。"未明言重卦之人。先秦古书均未道及。司马迁云："文王……其囚羑里，盖益《易》之八卦为六十四卦。"（《史记·周本纪》）班固云："文王……重《易》六爻。"（《汉书·艺文志》）其后王弼谓伏牺重卦，郑玄谓神农重卦，孙盛谓夏禹重卦（并孔颖达《周易正义序》引）。此皆无征之言，不足信也。窃谓重卦之事，至晚当在殷代。《世本·作》篇云"巫咸作筮"（《周礼·龟人》郑《注》引），《吕氏春秋·勿躬》篇亦云"巫咸作筮"。是先秦故说作筮者乃巫咸也。《书·君奭》篇云："在大戊时，则有巫咸乂王家。"是巫咸者，殷大戊时人也。按：筮之产生，盖上古巫者群众性之创造，不能专归功于殷代巫咸，巫咸之前当已有一段发展过程，然则重卦之事当在巫咸之前也。至于《连山》《归藏》，亦以六十四卦组成之筮书，但其书早亡，不知作于何时，不能据之以考重卦之时代。《礼记·礼运》记殷有遗书名曰《坤乾》。从坤乾二字观之，此乃筮书。郑玄《注》谓即《归藏》之类，其说可信。则殷代已有重卦之筮书矣。由此可见，谓重卦之事至晚当在殷代，虽无坚确不破之明证，亦据先秦相传之故说，尚不至大谬矣。

三、《周易》外之先秦筮书

《周礼·大卜》："大卜掌《三易》之法，一曰《连山》，二曰《归藏》，三曰《周易》。其经卦皆八，其别皆六十有四。"《筮人》："掌三易……一曰《连山》，二曰《归藏》，三曰《周易》。"郑《注》引杜子春云："《连山》，宓戏；《归藏》，黄帝。"贾《疏》引《郑志》云："近师皆以为夏、殷也。"《易》孔《疏》引郑玄《易赞》及《易论》云："夏曰《连山》，殷曰《归藏》，周曰《周易》。"孔氏又曰："案《世谱》群书，神农一曰《连山氏》，一曰《列山氏》。黄帝一曰《归藏》。"此又《连山》为神农易，《归藏》为黄帝易。三说不同，盖无由定其年代，各作射覆之辞耳。孙诒让《周礼正义》云："《连山》《归藏》二易，《汉书·艺文志》未载，而《北堂书钞·艺文部》引桓谭《新论》云：'《厉山》（即《连山》）藏于兰台。《归藏》藏于太卜。'又《御览·学部》引《新论》亦云：'《连山》八万言，《归藏》四千三百言。'则汉时实有此二易。《汉书》本《七略》，或偶失著录耳。"（见《春官·大卜》）亨按：孙说是也。《礼记·礼运》郑注谓《归藏》书存，亦其证也。二书久佚，今所传者后人伪托。依《周礼》所记，皆与《周易》相类，按其次序，似《归藏》作于《周易》之前，《连山》作于《归藏》之前，依桓谭所记，《连山》八万言似有经有传，《归藏》四千三百言似有经无传。要皆先秦之筮书也。

《礼记·礼运》："孔子曰：'我欲观夏道，是故之杞而不足征也，吾得《夏时》焉。我欲观殷道，是故之宋而不足征也，吾得《坤乾》焉。《坤乾》之义，《夏时》之等，吾以是观之。'"郑玄注"得《夏时》"句曰："得夏四时之书也，其书存者有《小正》。"注"得《坤乾》"句曰："得殷阴阳之书也，其书存者有《归藏》。"亨按：此殆战国儒生之言而托之孔子。《论语·八佾》篇："子曰：'夏礼吾能言之，杞不足征也。殷礼吾能言之，宋不足征也。文献不足故也，足则吾能征之矣。'"《卫灵公》篇："子曰：'行夏之时，乘殷之辂，服周之冕。'"《礼运》之文即由此演出，虽非孔子之言，然可以证明战国儒生曾见夏代历书，名曰《夏时》，曾见殷代筮书，名曰《坤乾》，又由其名推测，此筮书首列《坤》卦，次列《乾》卦，或上卷之首为《坤》卦，下卷之首为《乾》卦，与《周易》之卦名有相同者，与《周易》之卦序则异。郑氏以《大戴礼》之《夏小正》当《礼运》之《夏时》，以汉代仍存之《归藏》当《礼运》之《坤乾》。余谓《大戴礼》之《夏小正》，固历书也，然未必作于夏代；汉人所见之《归藏》，固筮书也，或可能作于殷代。因此郑氏之说，以其书之性质言，可云不误；以其书之时代言，则有可商。要之，《坤乾》乃战国儒生所认为殷代之筮书也。

先秦时代，《周易》外别有筮书，在《左传》中又有明证。《僖公十五年》："秦伯伐晋，卜徒父筮之吉，其卦遇《蛊》☶，曰：'千乘三去，三去之余，获其雄狐。……'"《成公十六年》："晋侯伐郑，楚子救郑。公筮之，史曰：'吉，其卦遇《复》☷，曰："南国蹙，射其元王，中厥目。"……'"其筮辞均不见于《周易》，所据自是别种筮书，或即《连山》、《归藏》与《坤乾》之类也。又《晋书·束皙传》载："《易繇阴阳卦》二篇，与《周易》略同，繇辞则异。"此亦《周易》外一种筮书，可断言也。

总之，先秦时代之筮书，当不止于三四种。盖上古之世，人类战胜自然之力量甚微，迷信神道之意识甚浓，有所举事，往往探求神之指示。筮即探求神之指示之一种巫术，故筮法之兴起当甚早，筮书之编作亦不能过迟，其用途又广，因而逐渐增多，乃必然之事也。

四、《周易》古经的作者与时代

据先秦载籍，殷代已有筮书。至于《周易》古经，则周代之筮书也。《易·系辞传下》曰："《易》之兴也，其于中古乎？作《易》者其有忧患乎？"又曰："《易》之兴也，其当殷之末世、周之盛德邪？当文王与纣之事邪？"可见何人作《周易》，晚周人不能确言，仅疑其作于殷、周之交而已。司马迁云："西伯拘羑里，演《周易》。"（《史记·太史公自序》）殆以《周易》卦爻辞为文王所作。班固云："文王……重《易》六爻，作上下篇。"（《汉书·艺文志》）说与迁同。其后马融、陆绩等谓文王作卦辞，周公作爻辞（孔颖达《周易正义·序》引），此两说者先秦人未尝言之，恐不可信。

《周易》古经，盖非作于一人，亦非著于一时也。其中有为筮事之记录。古代卜与筮皆有记录。盖当时有人将举一事，卜人为之卜，遇某种兆象，论断其休咎，及事既举，休咎有验，卜人（或史官）记录其所卜之事要，与其卜时之论断与其事之结果，此即卜事之记录也。同此，当时有人将举一事，筮人为之筮，遇某卦爻，论断其休咎，及事既举，休咎有验，筮人（或史官）记录其所筮之事要与其筮时之论断与其事之结果，此即筮事之记录也。殷虚甲骨卜辞，即殷王朝之卜事记录（其中有殷王自卜之辞）。卜与筮性质相同，卜人既有卜事记录，则筮人亦有筮事记录明矣。此在古籍中亦有明证。《周礼·占人》云："凡卜筮既事，则系币以比其命。岁终，则计其占之中否。"所谓"既事"者，谓卜毕筮毕之后也。所谓"系币"者，杜子春《注》："以帛书其占，系之于龟也。"郑玄《注》："谓既卜筮，史必书其命龟之事及兆于策，系其礼神之币，而合藏焉。"两说不同。亨按：杜说较胜，唯尚未尽当。《说文》："币，帛也。"系币，谓系其记录占事之帛于某处，如今人之用卡片，但卜非系之于龟，筮非系之于蓍也。所谓"比其命"者，命，谓命龟或命蓍也。卜人卜时，以所卜之事告于龟，谓之命龟；筮人筮时，以所筮之事告于蓍，谓之命蓍。卜人将命龟之辞，依其兆象，分别系列；筮人将命蓍之辞，依其卦爻，分别系列。此即所谓"比其命"也。由此可见，古代卜人有卜事记录，筮人有筮事记录矣。筮人将其筮事记录，选择其中之奇中或屡中者，分别移写于筮书六十四卦卦爻之下，以为来时之借鉴，逐渐积累，遂成《周易》卦爻辞之一部分矣。此在《周易》卦爻辞中有其内证。《比》云："吉，原筮元永贞无咎，不宁方来后夫凶。"（元下疑脱亨字，说见《今注》）原筮二字，当是复筮之时所追题。其云"吉"者，复筮之辞也。其云"元永贞无咎，不宁方来后夫凶"者，原筮之辞也。据此，卦爻辞中有原筮所记者，有再筮、三筮、多至四筮、五筮所记者，但未处处标明耳。以上足以证明《周易》古经中有为筮事之记录也。其中亦有撰人之创作，即有人取筮人之旧本加以订补，将其对于事物之观察，对于涉世之经验，对于哲理之见解，纂入书中。其表达方法，或用直叙，或用比喻，或用历史故事。其目的在显示休咎之迹象，指出是非之标准，明确取舍之途径。《周易》古经经过此人之订补，始成完书矣。例如《谦》卦之"谦谦""鸣谦""劳谦""撝谦"，《渐》卦之"鸿渐于干""鸿渐于磐""鸿渐于陆""鸿渐于木""鸿渐于陵""鸿渐于陆"（此陆字当作陂，说见《今注》）等，其为撰人之创作笔墨，固甚明也。但此种创作笔墨中，亦有出于筮人之手，而最后则经过撰人之订补焉。总之，《周易》古经，盖非作于一人，亦非著于一时也。

《周易》古经，大抵成于周初。其中故事，最晚者在文、武之世。《随》上六云："拘系之，乃从维之，王用亨于西山。"余谓从读为纵，维读为遗，纵遗，犹纵逸也。此文王被囚于羑里又被释放之事也。《晋》云："康侯用锡马蕃庶，昼日三接。"康侯，即康叔，初封于康，后封于卫。此康叔封卫前之事也。《坤》六三云："含章可贞。"《姤》九五云："含章有陨自天。"余谓含章当读为戡商，此武王克商之事也。《明夷》六五云："箕子之明夷利贞。"箕子亦殷末周初之人也。其中无武王以后事，可证此书成于周初矣。至于最后撰人为谁，则不可知。后儒谓文王作卦辞，周公作爻辞，与此书之内容无所抵触。其或文王、周公对于此书有订补之功欤？

《周易》古经有传七种，即《彖》《象》《文言》《系辞》《说卦》《序卦》《杂卦》。而《彖》《象》《系辞》各分上、下两篇，共得十篇，先儒称为《十翼》，谓《周易》古经之有传，犹鸟之有翼也。司马迁云："孔子晚而喜《易》，序《彖》《系》《象》《说卦》《文言》。"（《史记·孔子世家》）班固云："孔氏为之《彖》《象》《系辞》《文言》《序卦》之属十篇。"（《汉书·艺文志》）后儒遂谓《十翼》皆孔子所作。按：孔子确曾读过《周易》。《论语·述而》篇："子曰：'加我数年，五十以学《易》，可以无大过矣。'"（《释文》："鲁读易为亦，今从古。"《史记·孔子世家》载此文作易，不作亦，鲁读非是）《子路》篇："子曰：'南人有言曰："人而无恒，不可以作巫医。"善夫！''不恒其德，或承之羞。'子曰：'不占而已矣。'""不恒其德，或承之羞"，乃引《易·恒》九三爻辞。皆其明证。至于以《十翼》为孔子所作，则非也。宋欧阳修始谓"《易传》非孔子之作，亦不出于一人之手"（《易童子问》）。清崔述说与欧阳氏同。（《洙泗考信录》）皆可信从，兹不详论。

五、《易》卦之贞悔

八卦重为六十四卦。六十四卦各函两卦，其下卦为内，古谓之贞；其上卦为外，古谓之悔。《书·洪范》云："七稽疑，择建立卜筮人，乃命卜筮，曰雨，曰霁，曰蒙，曰驿，曰克，曰贞，曰悔，凡七。卜五，占用二。"按：雨、霁、蒙、驿、克五者，指卜时所得龟兆之形，故曰"卜五"也。贞、悔二者，指筮时所得《易》卦之体。伪孔《传》云："内卦曰贞，外卦曰悔。"故曰"占用二"也。《左传·僖公十五年》："秦伯伐晋。卜徒父筮之吉，其卦遇《蛊》☶☴。"又云："蛊之贞风，其悔山也。"按：《蛊》之下卦为《巽》，上卦为《艮》。《易·说卦传》云："《巽》为风，《艮》为山。"《蛊》之下卦为风，上卦为山，而《左传》谓之"贞风悔山"，此并下卦称贞、上卦称悔之证。又筮时所得之卦为"本卦"，所变之卦为"之卦"。古人亦称"本卦"曰贞，称"之卦"曰悔。《国语·晋语》："公子亲筮之，曰：'尚得晋国！'得贞《屯》、悔《豫》，皆八也。"得贞《屯》、悔《豫》，犹云遇《屯》之《豫》，即"本卦"为《屯》，"之卦"为《豫》，此"本卦"称贞、"之卦"称悔之证。

六、《周易》之爻题

《周易》古经每卦之六爻，以"初""二""三""四""五""上"标明其爻之位次，乃自下而上也。以"九""六"标明其爻之性质，即九为阳爻，六为阴爻也。标明爻位之一个字与标明爻性之一个字相结合，成为每一爻之题识，可称为爻题。例如《泰》卦六爻之"初九""九二""九三"

"六四""六五""上六"，皆爻题也，其余类推。

《周易》古经，初时殆无爻题，爻题似晚周人所加。《左传》《国语》凡记筮事，皆云遇某卦之某卦，所谓遇某卦之某卦者，乃筮得本卦而某爻变（阳爻变为阴爻，或阴爻变为阳爻），因而转为别一卦也。以筮法言之，主要在观本卦之变爻，然则可云遇某卦某爻，而《左》《国》绝不云遇某卦某爻，其所以如此，盖彼时尚无爻题也。请举其例。《左传·昭公十二年》："南蒯之将叛也，枚筮之，遇《坤》☷之《比》☵，曰：'黄裳元吉。'"按："黄裳元吉"，乃《坤》六五爻辞，而不云"遇《坤》之六五"。可见彼时尚无爻题也。其例一。《庄公二十二年》："陈厉公生敬仲，其少也，周史有以《周易》见陈侯者，陈侯使筮之，遇《观》☴之《否》☶，曰：'是谓观国之光，利用宾于王。'"按："观国之光，利用宾于王"，乃《观》六四爻辞，而不云"遇《观》之六四"，可见彼时尚无爻题也。其例二。但此两例，可云因筮者以"本卦"占，兼以"之卦"占，故如此耳。至于引用《周易》之文，宜云"在某卦某爻"矣，而《左》《国》亦云"在某卦之某卦"，其所以如此，盖彼时尚无爻题也。请举其例。《左传·昭公二十九年》："《周易》有之，在《乾》☰之《姤》☴曰：'潜龙勿用。'其《同人》☲曰：'见龙在田。'其《大有》☲曰：'飞龙在天。'其《夬》☱曰：'亢龙有悔。'其《坤》☷曰：'见群龙无首，吉。'《坤》☷之《剥》☶曰：'龙战于野。'"按：所引"潜龙勿用"，乃《乾》初九爻辞，而不云"在《乾》之初九"；"见龙在田"，乃《乾》九二爻辞，而不云"其九二"；"飞龙在天"，乃《乾》九五爻辞，而不云"其九五"；"亢龙有悔"，乃《乾》上九爻辞，而不云"其上九"；"见群龙无首吉"，乃《乾》用九爻辞，而不云"其用九"；"龙战于野"，乃《坤》上六爻辞，而不云"《坤》之上六"。此见彼时尚无爻题也。其例一。《襄公二十八年》："《周易》有之，在《复》☳之《颐》☶曰：'迷复凶。'"按：所引之句，乃

《复》上六爻辞，而不云"在《复》之上六"，可见彼时尚无爻题也。其例二。又《宣公六年》："其在《周易·丰》䷶之《离》䷝，弗过之矣。"按：此乃暗引《丰》上六爻辞"丰其屋，蔀其家，窥其户，阒其无人，三岁不觌，凶"，而不云"在《周易·丰》之上六"，可见彼时尚无爻题也。其例三。然则谓《周易》之爻题似晚周人所加，可云有征矣。《周易》初时原无爻题，每卦中各爻爻辞之间，可能皆有空格，晚周人加以爻题，标明各爻之爻位与爻性，此《周易》组织上之一大进步也。

《周易》爻题以"初""二""三""四""五""上"等字标明其爻位，此易知者；以九标明阳爻，以六标明阴爻，以此二字标明爻性，何也？按：筮法成爻之时，著四策为一揲，其数不外四种：①六揲，二十四策；②七揲，二十八策；③八揲，三十二策；④九揲，三十六策。九揲、七揲为阳爻。六揲、八揲为阴爻。从而以"六"字代表六揲之阴爻，以"七"字代表七揲之阳爻，以"八"字代表八揲之阴爻，以"九"字代表九揲之阳爻。成卦之后，再求其宜变之爻。如其宜变之爻为"七"为"八"，则不变，因而不以此爻爻辞占之矣；如其宜变之爻为"九"为"六"，则变"九"为"六"，变"六"为"九"，乃得"之卦"，因而即以此爻爻辞占之矣。爻题之所以以"九""六"标明爻性者，正以此耳。申言之，其宜变之爻如为九揲之阳爻，则用此爻爻辞定休咎，如为七揲之阳爻，则不用此爻爻辞定休咎，故爻题用"九"字而不用"七"字也。其宜变之爻如为六揲之阴爻，则用此爻爻辞定休咎，如为八揲之阴爻，则不用此爻爻辞定休咎，故爻题用"六"字而不用"八"字也。详见《周易筮法》。

七、《周易》卦爻辞古皆称"繇"

《周易》卦辞、爻辞，先秦人皆称之曰"繇"。《国语·晋语》："公子亲筮之，曰：'尚得晋国！得贞《屯》悔《豫》，皆八也。'司空季子曰：'吉，是在《周易》皆利建侯。'《屯》……其繇曰：'元亨利贞，勿用有攸往，利建侯。'《豫》……其繇曰：'利建侯行师。'……"按：所引之句乃《屯》与《豫》之卦辞，此卦辞称"繇"之证。《左传·襄公二十五年》："武子筮之，遇《困》䷮之《大过》䷛，其繇曰：'困于石，据于蒺藜，入于其宫，不见其妻，凶。'"按：所引之句乃《困》六三爻辞。《昭公七年》："孔成子以《周易》筮之……遇《屯》䷂之《比》䷇……其繇曰：'利建侯。'……"按：所引之句乃《屯》初九爻辞，此爻辞称"繇"之证。

不独《周易》卦爻辞称繇，古代卜书，每种兆下皆有兆辞，兆辞亦称"繇"。《左传·僖公四年》："初，晋献公欲以骊姬为夫人，卜之不吉……且其繇曰：'专之渝，攘公之羭。一薰一莸，十年尚犹有臭。'"《襄公十年》："郑皇耳帅师侵卫，楚令也。孙文子卜追之，献兆于定姜。姜氏问繇。曰：'兆如山陵，有夫出征，而丧其雄。'"《哀公十七年》："卫侯梦于北宫，见人登昆吾之观，被发北面而噪……卫侯贞卜，其繇曰：'如鱼窥尾，衡流而方羊，裔焉大国，灭之将亡。阖门塞窦，乃自后逾。'"此并兆辞称"繇"之证。

筮书之卦爻辞及卜书之兆辞所以称"繇"者，何哉？考《说文》云："籀，读书也。从竹，籀声。《春秋传》曰'卜籀'。"许氏所引之"卜籀"，即《左传》之卜繇，据此，卜书之繇借为籀；推之筮书之繇亦借为籀，并以其辞须诵读，因谓之籀耳。此一说也。近儒以为繇借为谣。《尔雅·释乐》："徒歌谓之谣。"谣，古字作䚻。《说文》："䚻，徒歌。从言，肉声。"因筮书之卦爻辞及卜书之兆辞，大抵为简短之韵语，有似歌谣，故谓之谣。此又一说也。亨谓后说是也。考卜筮之繇，古亦谓之"颂"。《周礼·大卜》云："大卜掌三兆之法，一曰玉兆，二曰瓦兆，三曰原兆。其经兆之体皆百有二十，其颂皆千有二百。"郑注："颂，谓繇也。"此卜书兆辞称"颂"之证。又《占人》云："占人掌占龟，以八簭占八颂，以八卦占簭之八故。"所谓"八颂"，孙诒让谓"颂是簭辞之名"（《周礼正义》），甚是。此簭书卦、爻辞称"颂"之证。此两者所以称为颂，孙诒让谓"卜繇之文皆为韵语，与诗相类，故亦谓之颂"。其说至确。兆辞与簭辞，因其与诗相类而称为颂，以此类推，自是因其与歌相类而称为谣，此亦繇借为谣之旁证也。

总之，《周易》卦、爻辞，古称为"繇"，又称为"颂"，今称之为"簭辞"，则更明确而显示出其辞之性质矣。

第二篇
周易卦名误脱表

《周易》通例，每卦先列卦形，次列卦名，次列卦辞，依此通例以读全书，知《履》《否》《同人》《艮》四卦卦名皆误脱。兹先列表如次：

周易原文之分析			误脱之卦名	附注
卦形	卦名	卦辞		
䷀	乾	元亨利贞		
䷁	坤	元亨利牝马之贞……		
䷂	屯	元亨利贞……		
䷃	蒙	亨匪我求童蒙……		
䷄	需	有孚光亨……		
䷅	讼	有孚窒惕……		
䷆	师	贞丈人吉无咎		
䷇	比	吉原筮元永贞无咎		
䷈	小畜	亨密云不雨……		
䷉		履虎尾不咥人亨	卦名履字误脱	
䷊	泰	小往大来吉亨		
䷋		否之匪人……	卦名否字误脱	
䷌		同人于野……	卦名同人二字误脱	
䷍	大有	元亨		此卦可能脱大有二字
䷎	谦	亨君子有终吉		

续表

周易原文之分析			误脱之卦名	附注
卦形	卦名	卦辞		
䷏	豫	利建侯行师		
䷐	随	元亨利贞无咎		
䷑	蛊	元亨利涉大川……		
䷒	临	元亨利贞……		
䷓	观	盥而不荐……		
䷔	噬嗑	亨利用狱		
䷕	贲	亨小利有攸往		
䷖	剥	不利有攸往		
䷗	复	亨出入无疾……		
䷘	无妄	元亨利贞……		
䷙	大畜	利贞不家食吉……		
䷚	颐	贞吉观颐自求口实		
䷛	大过	栋桡利有攸往亨		
䷜	习坎	有孚维心……		习字疑涉初六爻辞而衍
䷝	离	利贞亨畜牝牛吉		
䷞	咸	亨利贞取女吉		
䷟	恒	亨无咎利贞……		
䷠	遁	亨小利贞……		
䷡	大壮	利贞		
䷢	晋	康侯用锡马蕃庶……		
䷣	明夷	利艰贞		

续表

周易原文之分析			误脱之卦名	附注
卦形	卦名	卦辞		
䷤	家人	利女贞		
䷥	睽	小事吉		
䷦	蹇	利西南不利东北……		
䷧	解	利西南……		
䷨	损	有孚元吉		
䷩	益	利有攸往……		
䷪	夬	扬于王庭		
䷫	姤	女壮勿用取女		
䷬	萃	亨王假有庙……		
䷭	升	元亨用见大人勿恤……		
䷮	困	亨贞大人吉……		
䷯	井	改邑不改井……		
䷰	革	巳日乃孚		
䷱	鼎	元吉亨		
䷲	震	亨震来虩虩……		
䷳		艮其背不获其身……	卦名艮字误脱	
䷴	渐	女归吉利贞		
䷵	归妹	征凶无攸利		
䷶	丰	亨王假之……		
䷷	旅	小亨旅贞吉		
䷸	巽	小亨利有攸往……		
䷹	兑	亨利贞		

续表

周易原文之分析			误脱之卦名	附注
卦形	卦名	卦辞		
䷺	涣	亨王假有庙……		
䷻	节	亨苦节不可贞		
䷼	中孚	豚鱼吉……		此卦可能脱中孚二字
䷽	小过	亨利贞……		
䷾	既济	亨小利贞……		
䷿	未济	亨小狐汔济……		

　　细观此表，则《履》《否》《同人》《艮》四卦卦名，皆转写脱去，甚为明显。《大有》《中孚》二卦，似亦脱去卦名或卦辞之首二字，兹申述之：

　　一、"䷃履虎尾不咥人。"按："履"字当重，上"履"字乃卦名，下"履"字乃卦辞之首字。如不重"履"字，以"履"字为卦名，则"虎尾不咥人"五字不成一句；以"履"字为卦辞，则"履虎尾不咥人"六字固成一句，而卦名阙焉。故知其脱一"履"字也。盖古文遇有重字，往往作"＝"画于其字下，此文本作"䷃《履》＝虎尾，不咥人"，转写脱其"＝"画耳。余三卦卦名所以脱去者同此。

　　二、"䷋否之匪人。"按："否"字当重，上"否"字乃卦名，下"否"字乃卦辞之首字。如不重"否"字，以"否"字为卦名，则"之匪人"三字不成一句；以"否"字为卦辞，则"否之匪人"固成一句，而卦名阙焉，故知其脱一"否"字也。

　　三、"䷌同人于野。"按："同人"二字当重，上"同人"二字乃卦名，下"同人"二字乃卦辞之首二字。如不重"同人"二字，以"同人"二字为卦名，则"于野"二字不成一句；以"同人"二字为卦辞，则"同人于野"四字固成一句，而卦名阙焉。故知其脱"同人"二字也。

四、"☶艮其背，不获其身。"按："艮"字当重。上"艮"字乃卦名，下"艮"字乃卦辞之首字。如不重"艮"字，以"艮"字为卦名，则"其背不获其身"六字不成一句；以"艮"为卦辞，则"艮其背不获其身"固成一句，而卦名阙焉。故知其脱一"艮"字也。

五、"☲大有元亨。"按："大有"二字似亦当重。上"大有"二字乃卦名，下"大有"二字乃卦辞。如不重"大有"二字，以"大有"为卦名，以"元亨"为卦辞固可也。但此卦"大有"之名又何自来哉？故余疑其脱去"大有"二字也。卦辞云"大有元亨"者，言占岁者筮遇此卦，可逢大有之年，元亨乃举行大享之祭时所记也。参详《周易卦名来历表》及《今注》。此说未知是否。

六、"☴中孚豚鱼吉。"按："中孚"二字似亦当重。上"中孚"二字乃卦名，下"中孚"二字乃卦辞。如不重"中孚"二字，以"中孚"为卦名，以"豚鱼吉"为卦辞固可也。但此卦"中孚"之名又何自来哉？故余疑其脱去"中孚"二字也。卦辞云"中孚豚鱼吉"者，中，读为忠。孚，信也。言祭祀之时，心存忠信，虽用豚鱼之微物亦吉也。参详《周易卦名来历表》及《今注》。此说未知是否。

第三篇
周易卦名来历表

《周易》六十四卦，卦各有名，先有卦名乎？先有筮辞乎？吾不敢确言也。但古人著书，率不名篇，篇名大都为后人所追题，如《书》与《诗》皆是也。《周易》之卦名，犹《书》《诗》之篇名，疑筮辞在先，卦名在后，其初仅有六十四卦形以为别，而无六十四卦名以为称，依筮辞而题卦名，亦后人之所为也。窃本此旨，造为一表，以明《易》卦得名之原由。

卦形	卦名	爻题	筮 辞		附注
			外形与卦名有关者	内容与卦名有关者	
䷀	乾				
		九三	君子终日乾乾夕惕若		
䷁	坤				卦名与筮辞无关
䷂	屯				
		六二	屯如邅如		
		九五	屯其膏		
䷃	蒙		匪我求童蒙童蒙求我		
		初六	发蒙		
		九二	包蒙		
		六四	困蒙		
		六五	童蒙		
		上九	击蒙		
䷄	需				
		初九	需于郊		
		九二	需于沙		
		九三	需于泥		
		六四	需于血		

续表

卦形	卦名	爻题	筮　辞		附注
			外形与卦名有关者	内容与卦名有关者	
		九五	需于酒食		
䷅	讼				
		九二	不克讼归而逋		
		九四	不克讼复即命渝		
		九五	讼元吉		
䷆	师				
		初六	师出以律		
		九二	在师中吉		
		六三	师或舆尸		
		六四	师左次		
		六五	长子帅师		
䷇	比				
		初六	比之无咎		
		六二	比之自内		
		六三	比之匪人		
		六四	外比之		
		九五	显比		
		上六	比之无首		
䷈	小畜				卦名与筮辞无关
䷉	履		履虎尾不咥人		
		初九	素履		
		九二	履道坦坦		
		六三	眇能视跛能履履虎尾咥人凶		
		九四	履虎尾愬愬		
		九五	夬履		
		上九	祝履考祥		
䷊	泰				卦名与筮辞无关

卦形	卦名	爻题	筮　辞		附注
			外形与卦名有关者	内容与卦名有关者	
䷋	否		否之匪人		
		六二	小人吉大人否		
		九五	休否		
		上九	倾否先否后喜		
䷌	同人		同人于野		
		初九	同人于门		
		六二	同人于宗		
		九五	同人先号咷而后笑		
		上九	同人于郊		
䷍	大有		元亨		卦名与筮辞无关，或当重大有二字
䷎	谦				
		初六	谦谦君子		
		六二	鸣谦		
		九三	劳谦		
		六四	扐谦		
		上六	鸣谦		
䷏	豫				
		初六	鸣豫		
		六三	盱豫		
		九四	由豫		
		上六	冥豫		
䷐	随				
		六三	随有求得		
		九四	随有获		
䷑	蛊				
		初六	干父之蛊		
		九二	干母之蛊		

卦形	卦名	爻题	筮　辞		附注
			外形与卦名有关者	内容与卦名有关者	
		九三	干父之蛊		
		六四	裕父之蛊		
		六五	干父之蛊		
䷒	临				
		初九	咸临		
		九二	咸临		
		六三	甘临		
		六四	至临		
		六五	知临		
		上六	敦临		
䷓	观				
		初六	童观		
		六二	窥观		
		六三	观我生		
		六四	观国之光		
		九五	观我生		
		上九	观其生		
䷔	噬嗑				
		六二	噬肤灭鼻		
		六三	噬腊肉遇毒		
		九四	噬干胏得金矢		
		六五	噬干肉得黄金		
䷕	贲				
		初九	贲其趾		
		六二	贲其须		
		九三	贲如濡如		
		六四	贲如皤如		
		六五	贲于丘园		

卦形	卦名	爻题	筮　辞		附注
			外形与卦名有关者	内容与卦名有关者	
		上九	白贲		
䷖	剥				
		初六	剥床以足		
		六二	剥床以辨		
		六三	剥之无咎		
		六四	剥床以肤		
		上九	君子得舆小人剥庐		
䷗	复		反复其道七日来复		
		初九	不远复		
		六二	休复		
		六三	频复		
		六四	中行独复		
		六五	敦复		
		上六	迷复		
䷘	无妄				
		初九	无妄往吉		
		六三	无妄之灾		
		九五	无妄之疾		
		上九	无妄行		
䷙	大畜				
		九三		良马逐	马畜也
		六四		童牛之牿	牛亦畜也
		六五		豮豕之牙	豕亦畜也
䷚	颐		观颐自求口实		
		初九	观我朵颐		
		六二	颠颐拂经于丘颐		
		六三	拂颐		
		六四	颠颐		

续表

卦形	卦名	爻题	筮 辞		附注
			外形与卦名有关者	内容与卦名有关者	
		上九	由颐		
䷛	大过				
		九二		老夫得其女妻	此过也
		九五		老妇得其士夫	此亦过也
		上六	过涉灭顶		
䷜	习坎				此习字疑衍
		初六	习坎入于坎窞凶		
		九二	坎有险		
		六三	来之坎坎险且枕入于坎窞勿用		
		九五	坎不盈祗既平		
䷝	离				
		六二	黄离		
		九三	日昃之离		
䷞	咸				
		初六	咸其拇		
		六二	咸其腓		
		九三	咸其股		
		九五	咸其脢		
		上六	咸其辅颊舌		
䷟	恒				
		初六	浚恒		
		九三	不恒其德		
		六五	恒其德		
		上六	振恒		
䷠	遯				
		初六	遯尾		
		九三	系遯		

续表

卦形	卦名	爻题	筮　辞		附注
			外形与卦名有关者	内容与卦名有关者	
		九四	好遯		
		九五	嘉遯		
		上九	肥遯		
䷡	大壮				
		初九	壮于趾		
		九三	小人用壮		
		九四	壮于大舆之輹		
䷢	晋				
		初六	晋如摧如		
		六二	晋如愁如		
		九四	晋如鼫鼠		
		上九	晋其角		
䷣	明夷				
		初九	明夷于飞垂其翼		
		六二	明夷夷于左股		
		九三	明夷于南狩得其大首		
		六四	入于左腹获明夷之心于出门庭		
		六五	箕子之明夷		
		上六	不明晦初登于天后入于地		
䷤	家人				
		初九	闲有家		
		六二		无攸遂在中馈	此就妇人而言,妇人亦家人也
		九三	家人嗃嗃悔厉吉妇子嘻嘻终吝		
		六四	富家		

卦形	卦名	爻题	筮 辞		附注
			外形与卦名有关者	内容与卦名有关者	
		九五	王假有家		
䷥	睽				
		九四	睽孤遇元夫		
		上九	睽孤见豕负涂		
䷦	蹇				
		初六	往蹇来誉		
		六二	王臣蹇蹇		
		九三	往蹇来反		
		六四	往蹇来连		
		九五	大蹇朋来		
		上六	往蹇来硕		
䷧	解				
		九四	解而拇		
		六五	君子维有解		
䷨	损				
		初九	酌损之		
		九二	弗损益之		
		六三	三人行则损一人一人行则得其友		
		六四	损其疾		
		上九	弗损益之		
䷩	益				
		六二	或益之十朋之龟		
		六三	益之用凶事无咎		
		上九	莫益之		
䷪	夬				
		九三	君子夬夬独行		
		九五	苋陆夬夬中行		

续表

卦形	卦名	爻题	筮　辞		附注
			外形与卦名有关者	内容与卦名有关者	
䷫	姤				
		上九	姤其角		
䷬	萃				
		初六	乃乱乃萃		
		六三	萃如嗟如		
		九五	萃有位		
䷭	升				
		初六	允升		
		九三	升虚邑		
		六五	升阶		
		上六	冥升		
䷮	困				
		初六	臀困于株木		
		九二	困于酒食		
		六三	困于石		
		九四	困于金车		
		九五	困于赤绂		
		上六	困于葛藟于臲卼		
䷯	井		改邑不改井无丧无得往来井井汔至亦未繘井		
		初六	井泥不食旧井无禽		
		九二	井谷射鲋		
		九三	井渫不食		
		六四	井甃		
		九五	井洌寒泉食		
		上六	井收勿幕		
䷰	革				
		初九	巩用黄牛之革		

卦形	卦名	爻题	筮辞		附注
			外形与卦名有关者	内容与卦名有关者	
		六二	巳日乃革之		
		九三	革言三就		
		上六	小人革面		
䷱	鼎				
		初六	鼎颠趾		
		九二	鼎有实		
		九三	鼎耳革		
		九四	鼎折足		
		六五	鼎黄耳金铉		
		上九	鼎玉铉		
䷲	震		震来虩虩笑言哑哑震惊百里不丧匕鬯		
		初九	震来虩虩后笑言哑哑		
		六二	震来厉		
		六三	震苏苏震行无眚		
		九四	震遂泥		
		六五	震往来厉		
		上六	震索索视矍矍征凶震不于其躬于其邻无咎		
䷳	艮				
		初六	艮其趾		
		六二	艮其腓		
		九三	艮其限		
		六四	艮其身		
		六五	艮其辅		
		上九	敦艮		
䷴	渐				
		初六	鸿渐于干		

卦形	卦名	爻题	筮　辞		附注
			外形与卦名有关者	内容与卦名有关者	
		六二	鸿渐于磐		
		九三	鸿渐于陆		
		六四	鸿渐于木		
		九五	鸿渐于陵		
		上九	鸿渐于陆		
䷵	归妹				
		初九	归妹以娣		
		六三	归妹以须		
		九四	归妹愆期		
		六五	帝乙归妹		
䷶	丰				
		六二	丰其蔀		
		九三	丰其沛		
		九四	丰其蔀		
		上六	丰其屋		
䷷	旅				
		初六	旅琐琐		
		六二	旅即次		
		九三	旅焚其次		
		九四	旅于处		
		上九	旅人先笑后号咷		
䷸	巽				
		九二	巽在床下		
		九三	频巽		
		上九	巽在床下		
䷹	兑				
		初九	和兑		
		九二	孚兑		

续表

卦形	卦名	爻题	筮　辞		附注
			外形与卦名有关者	内容与卦名有关者	
		六三	来兑		
		九四	商兑		
		上六	引兑		
䷺	涣				
		九二	涣奔其机		
		六三	涣其躬		
		六四	涣其群元吉涣有丘匪夷所思		
		九五	涣汗其大号涣王居无咎		
		上九	涣其血		
䷻	节		苦节		
		六三	不节若则嗟若		
		六四	安节		
		九五	甘节		
		上六	苦节		
䷼	中孚		豚鱼吉		卦名与筮辞无关，或当重中孚二字
䷽	小过				
		六二	过其祖遇其妣		
		九三	弗过防之		
		九四	弗过遇之		
		上六	弗遇过之		
䷾	既济				
		初九		曳其轮濡其尾	此就济水而言
		六四		繻有衣袽	繻当作濡，此亦就济水而言
		上六		濡其首	此亦就济水而言

续表

卦形	卦名	爻题	筮辞		附注
			外形与卦名有关者	内容与卦名有关者	
䷿	未济		小狐汔济濡其尾		
		初六		濡其尾	此就济水而言
		九二		曳其轮	此亦就济水而言
		六三	未济征凶		
		上九		濡其首	此亦就济水而言

上表卦名外加□者，皆误脱，说见《周易卦名误脱表》。

综观上表，《易》卦得名之义例，共有七端：

一、取筮辞中常见主要之一字以为卦名。如《乾》《屯》《蒙》《需》《讼》《师》《比》《履》《否》《谦》《豫》《随》《蛊》《临》《观》《贲》《剥》《复》《颐》《坎》《离》《咸》《恒》《遁》《晋》《睽》《蹇》《解》《损》《益》《夬》《姤》《萃》《升》《困》《井》《革》《鼎》《震》《艮》《渐》《丰》《旅》《巽》《兑》《涣》《节》四十七卦皆是也。但《乾》卦筮辞五爻有"龙"字，一爻隐"龙"字，仅一爻有"乾"字，不名之曰"龙"而名之曰"乾"，此不可解者也。

二、取筮辞中常见主要之两字以为卦名。如《同人》《无妄》《明夷》《归妹》四卦皆是也。

三、取筮辞中常见主要之一字而外增加一字以为卦名。如《噬嗑》乃取筮辞中之"噬"字而外增"嗑"字，《大壮》取筮辞中之"壮"字而外增"大"字，《小过》取筮辞中之"过"字而外增"小"字皆是也。

四、取筮辞中内容之事物以为卦名。如《大畜》筮辞中有马、有牛、有豕，皆家畜大物是也。但《小畜》筮辞中绝无家畜之内容，何由名为《小畜》，此不可知者也。

五、取筮辞中常见主要之二字及内容之事物以为卦名。如《家人》《未济》两卦是也。

六、取筮辞中常见主要之一字及内容之事物而外增一字以为卦名。如《大过》《既济》两卦是也。

七、卦名与筮辞无关，莫明其所以命名之故者，《坤》《小畜》《泰》，及《大有》《中孚》是也。但《大有》《中孚》似当别论。《大有》原文曰："䷍《大有》，元亨。"按："大有"为卦名，"元亨"为卦辞。但此卦仅九二云："大车以载，有攸往，无咎。"其外绝不见"大有"二字，而此卦非取九二"大"字"有"字以为卦名，可以断言。故余疑其初文当作"《大有》，大有元亨"，上"大有"二字乃卦名，下"大有"二字乃卦辞，卦辞云"大有"者，古谓大丰年为"大有"。盖占岁者筮遇此卦可遇大丰年，故曰"大有"也。后人因取卦辞之首"大有"二字以为卦名，而转写脱去"大有"二字，其卦之所以得名，遂亦湮晦矣。《中孚》原文曰："䷼《中孚》，豚鱼吉。"按："中孚"为卦名，"豚鱼吉"为卦辞，但此卦仅九五云"有孚挛如"，此外绝不见"中孚"二字，而此卦名非取九五"孚"字以为卦名，可以断言。故余以为初文当作"《中孚》，中孚豚鱼吉"，上"中孚"二字乃卦名，下"中孚"二字乃卦辞，卦辞云"中孚豚鱼吉"者，中，读为忠；孚，信也，言人有忠信之心，祭祀之时，虽用豚鱼之微物亦吉也。后人因取卦辞之首"中孚"二字以为卦名，而转写脱去"中孚"二字，此卦之所以得名，遂亦湮晦矣。如余之所疑不谬，则《易》卦之得名又增一义例，即取卦辞首二字以为卦名也。是否尚不可知。

总之，六十四卦卦名，当皆为后人所追题。大多数卦名，不能代表卦象之意义，仅有若干卦名可以体现其卦筮辞之要旨而已。吾人研究《周易》，不必深究其卦名。而《易十翼》之作者不明乎此，往往讲论卦名，轻下定义，以致陷于纰缪，此乃属于《易传》之范围，今姑从略矣。

第四篇

周易筮辞分类表

《周易》每卦爻之筮辞，以其性质分之，可得四类：曰记事之辞，曰取象之辞，曰说事之辞，曰断占之辞。兹次第述之。

一、记事之辞

记事之辞，乃记载古代故事以指示休咎也。可分二类：

（一）采用古代故事者。今儒顾颉刚先生撰《周易卦爻辞中的故事》一文，列举五事，一曰王亥丧牛羊于有易。《大壮》六五云："丧羊于易，无悔。"《旅》上九云："鸟焚其巢，旅人先笑后号咷，丧牛于易，凶。"所言乃殷之先王亥客于有易之国，有易之君绵臣杀王亥而夺其牛羊之故事也。二曰高宗伐鬼方。《既济》九三云："高宗伐鬼方，三年克之。"《未济》九四云："震用伐鬼方，三年有赏于大国。"所言乃殷高宗伐鬼方之国，周人名震者助之，三年战胜鬼方之故事也。三曰帝乙归妹。《泰》六五云："帝乙归妹，以祉，元吉。"《归妹》六五云："帝乙归妹，其君之袂不如其娣之袂良。"所言乃殷帝乙嫁妹（妹乃少女之通称）于周文王之故事也。四曰箕子之明夷。《明夷》六五云："箕子之明夷，利贞。"所言乃箕子之故事也。五曰康侯用锡马蕃庶。《晋》云："康侯用锡马蕃庶，昼日三接。"所言乃周康叔封战胜敌人，献马于周王之故事也。顾氏所述，理明证确，为研究《周易》者辟一新路，进而寻求，《周易》中古代故事为数不少，综合观之，有其事甚明，其人可指者，如顾氏所举五事是也。有其事甚明，其人不可指者，如《解》上六云："公用射隼于高墉之上，获之。"公为何人，无从知之，是也。有其事隐约可知，其人仿佛可指者，如《比》云："不宁方来，后夫凶。"似禹诛防风氏之事，是也。有其事隐约可知，其人不可指者，如《讼》九五云："不克讼，归而逋，其邑人三百户无眚。"是也。

《周易》中所以采用古代故事者，盖筮辞之用途，在指示人以休咎，采用古代故事，亦指示休咎之一种方法，筮人可用古代故事之过程比附于占事者之前途，而论定其休咎。如筮得《旅》上九，则用王亥丧牛于易之故事，论定占事者之将有凶祸，筮得《既济》九三，则用高宗伐鬼方之故事，论定占事者之将以三年之久胜敌。其余以此推之。

采用古代故事以指示休咎，乃古今卜书筮书通用之一种方法。《左传·僖公二十五年》："秦伯师于河上，将纳王。狐偃言于晋侯曰：'求诸侯莫如勤王，诸侯信之，且大义也，继文之业而信宣于诸侯，今为可矣。'使卜偃卜之，曰：'吉，遇黄帝战于阪泉之兆。'公曰：'吾不堪也。'对曰：'周礼未改，今之王，古之帝也。'"考《大戴礼·五帝德》篇："黄帝……教熊罴貔豹虎以与赤帝战于版泉之野，三战然后得行其志。"《逸周书·史记》篇："昔阪泉氏用兵无已，诛战不休，并兼无亲，文无所立，智士寒心，徙居至于独鹿，诸侯畔之，阪泉以亡。"据此，黄帝有战胜炎帝于阪泉之故事。古代卜书采用此古事以指示某种兆象之休咎，卜偃即以此故事论定晋文公纳王之必胜（周襄王时，王子带、颓叔、桃子等攻王，王出居于郑之汜邑），此古代卜书中有记事之辞之明证。扬雄仿《周易》而作《太玄》，《太玄》亦筮书之类也（但无人以《太玄》占筮者），其中无记事之辞。焦延寿《易林》（此书似非焦氏原著），亦筮书也，则多有之。如《大畜》之《中孚》云："武王不豫，周公祷谢，载璧秉珪，安宁如故。"此武王有疾，周公为之祈祷，武王之疾遂愈之故事也（见《书·金縢》篇）。《讼》之《大有》云："尹氏伯奇，父子生离，无罪被辜，长舌所为。"此尹吉甫信后妻之言，而逐孝子伯奇之故事也（见《御览》九九三《羽族部》引曹植

《令禽恶鸟论》）。《比》之《家人》云："懿公浅愚，不深受谋，无援失国，为狄所灭。"此卫懿公好鹤，国人不服，狄人进侵，遂灭卫杀懿公之故事也（见《左传·闵公二年》）。《观》之《泰》云："黄池之盟，吴、晋争强，勾践为患，夷国不安。"此吴王夫差与晋君争盟于黄池，越王勾践乘机侵吴之故事也（见《左传·哀公十三年》）。此后世筮书中有记事之辞之明证。今世之牙牌神数亦多有此例，读者可按验也。

（二）记录当时筮事者。《周易琐语》所谓筮事之记录，此其一部分也。如《周易》中言"亨"（或享）与"元亨""小亨"者甚多，以余观之，皆记当时享祀之事（详后）。盖古人尚迷信，敬鬼神，重祭祀。祭祀必筮（或卜），得吉而后行之。祭祀之前，筮得某卦爻，既得吉矣；祭祀之后，事实果无不吉矣。筮人从而记录于当时所遇卦爻之下，即成为卦爻辞之文句。《周易》中之亨字（或享字），其来历盖皆如此。但记"亨"字者，抑或谓筮遇某卦某爻，可以举行享祀也。《周易》中所以有此类记事之辞者，乃筮人记录其经验以为来时之借鉴，以前占之果吉，证后占之必吉，以前事之有利，证后事之必利，其用意亦在于指示休咎也。

《周易》记事之辞，有时将一个故事重系于两卦。《坤》六三云："含章可贞。"《姤》九五云："含章，有陨自天。"余谓"含章"当读为"戡商"，戡，克也。此当是武王克商之事，其例一也。《泰》六五、《归妹》六五皆记帝乙归妹之事，其例二也。《大壮》六五、《旅》上九皆记王亥丧牛羊于有易之事，其例三也。《既济》九三、《未济》九四皆记高宗伐鬼方之事，其例四也。有时将一个故事，依其过程分系于一卦各爻。《睽》九四云："睽孤遇元夫、交孚，厉，无咎。"上九云："睽孤见豕负涂，载鬼一车，先张之弧，后说之弧，匪寇，婚媾。"所言为一故事甚明，其例一也。《益》六三云："益之用凶事无咎，有孚，中行告公用圭。"六四云："中行告公从，利用为依迁国。"其辞相联，所言为一故事尤甚明，其例二也。《旅》

六二云："旅即次，怀其资，得童仆贞（贞下疑脱吉字）。"九三云："旅焚其次，丧其童仆，贞厉。"上九云："鸟焚其巢，旅人先笑后号咷，丧牛于易，凶。"上九所言为王亥故事，顾氏既已证明。考《楚辞·天问》篇："该秉季德，厥父是臧，胡终弊于有扈，牧夫牛羊？干协时舞，何以怀之？平胁曼肤，何以肥之？有扈牧竖，云何而逢？击床先出，其命何从？"先师王静安说"有扈为有易之误"（见《观堂集林·殷卜辞中所见先公先王考》），是也。王亥故事，莫可详晓；《天问》所云，不能尽知。然《周易》之"童仆"，即《天问》之"牧竖"，似无疑义。是《易》三爻所言为一故事亦甚明，其例三也。无论其如何系法，皆在于借古代故事指示卦爻之休咎。

二、取象之辞

取象之辞者，乃采取一种事物以为人事之象征而指示休咎也。其内容较简单者，近于诗歌中之比兴。《大过》九二云"枯杨生稊，老夫得其女妻"，九五云"枯杨生华，老妇得其士夫"，《中孚》九二云"鸣鹤在阴，其子和之，我有好爵，吾与尔靡之"，皆其例也。其内容较复杂者，近于散文中之寓言。如《履》六三云："眇能（'能'读为'而'）视，跛能履，履虎尾，咥人。"今推演此文曰："有人焉，目既盲而视物，足既跛而行路，结果践于虎尾之上，为虎所噬。"此即一简短之寓言矣。又如《井》九二云："井谷射鲋，瓮敝漏。"今推演此文曰："井泉之中有小小之鲋鱼焉，有人引弓发矢以射鲋鱼，结果汲水之瓮被射破而漏水。"此即一简短之寓言矣。并其例也。

在古人文章中常见两种对立之表达方法：一曰以具体之事物表达抽象之道理，是谓取象，《周易》中多有之。二曰以抽象之道理概括具体之事物，是谓谈玄,《老子》中多有之。试证吾说:《周易·睽》六三云:"见舆曳,其牛掣,其人天且劓。"见舆曳者,象人逆物而行也。其牛掣者,象有大力者牵掣之也。其人天且劓者,象人陷于重刑也。此三句乃写一具体事物。人若逆物而行,且有大力者牵掣之,则将陷于重刑,乃其所表达之抽象道理也。《困》六三云:"困于石,据于蒺藜,入于其宫,不见其妻。""困于石"者,象人遭遇阻难之环境也。"据于蒺藜"者,象人依靠险毒之人也。"入于其宫,不见其妻"者,象人丧其家室也。此三句乃写一具体事物。人若遭遇阻难之环境,而依靠险毒之人,则将丧其家室,乃其所表达之抽象道理也。若是之类,在《周易》中实屡见不鲜也。《老子》二十四章云:"自见者不明,自是者不彰,自伐者无功,自矜者不长。"六十三章云:"天下难事必作于易,天下大事必作于细。"其所言者乃极简要之抽象道理,而所概括者则万不同之具体事物。若是之类,在《老子》中亦屡见不鲜也。取象者用在演绎,谈玄者出于归纳。远古质朴,抽象之概念既少,文辞之术语无多,故《周易》取象之辞多而谈玄之辞少。但《周易》取象之辞有非以具体之事物表抽象之道理者,不可一例视之也。

　　古人文章中取象之辞,以其性质分之,可有二类:一曰理解性之取象,即其所言之事物固出于想象,而有客观现实为根据,虽非实有而是能有者也,《周易》取象,皆属此类。二曰幻想性之取象,即其所言之事物纯出于幻想,并无客观现实为根据,既非实有,又非能有者也。《庄子》之文,多有此类,若鲲鹏之化于北冥(《逍遥游》篇),蛮触之战于蜗角(《则阳》篇),波臣之呼于涸辙(《外物》篇),井蛙之夸于海鳖(《秋水》篇),倏忽之凿混沌(《应帝王》篇),匠石之斫鼻垩(《徐无鬼》篇),任公子之钓巨鱼(《外物》篇),宋元君之梦神龟(《外物》篇),其例甚多,今不多举。物或古今所绝无,事皆宇宙所不有,即所谓"谬悠之说,荒唐之言"矣。《庄子》此种取象,通称为寓言,取象与寓言有其相同之义意焉。

　　《周易》取象之辞，以其所取之象分之，亦有二类：一曰就物取象，如《乾》之言"龙"，《渐》之言"鸿"，是也；二曰就人取象，如《需》之言"需"，《咸》之言"咸"，是也。余疑《周易》先有图象，后有文辞，若《山海经》《天问》之比。以《乾》卦言，初九云"潜龙勿用"，初本绘一龙伏水中，后乃题其图曰"潜龙"，断其占曰"勿用"。九二云曰"见龙在田，利见大人"，初本绘一龙在田间，后乃题其图曰"见龙在田"，断其占曰"利见大人"。九四云"或跃在渊，无咎"，初本绘一龙跃于渊内，后乃题其图曰"或跃在渊"，断其占曰"无咎"。九五云"飞龙在天，利见大人"，初本绘一龙飞于天上，后乃题其图曰"飞龙在天"，断其占曰"利见大人"。上九云"亢龙有悔"，"亢"当读为"沆"，池也。初本绘一龙在池中，后乃题其图曰"亢龙"，断其占曰"有悔"。用九云"见群龙无首吉"，初本绘众龙首隐于云，后乃题其图曰"见群龙无首"，断其占曰"吉"。以《需》卦言，初九云"需于郊，利用恒，无咎"，初本绘一人立郊上，后乃题其图曰"需于郊"，断其占曰"利用恒，无咎"。九二云"需于沙，小有言，终吉"，初本绘一人立沙上，后乃题其图曰"需于沙"，断其占曰"小有言，终吉"。九三云"需于泥，致寇至"，初本绘一人立泥中，后乃题其图曰"需于泥"，断其占曰"致寇至"。六四云"需于血，出自穴"，"血"当读为"阆"，即"阈"字。初本绘一人由穴中出，立于阈间，后乃题其图曰"需于血，出自穴"。无断占之辞者，盖此图所示者止于此也。九五云"需于酒食，贞吉"，初本绘一人立于酒食之前，后乃题其图曰"需于酒食"，断其占曰"贞吉"。上六云"入于穴，有不速之客三人来，敬之，终吉"，初本绘一人入穴中，穴外有三人来，后乃题其图曰"入于穴，有不速之客三人来"，断其占曰"敬之，终吉"。总之，凡取象之辞皆似原有图。即记事之辞抑或原有图，《山海经》《天问》，其图有若干故事，是其例。据此而论，则《周易》之成书，当有三阶段：有卦形，有图象，而无文辞，此第一阶段也；有卦形，有图象，兼系文辞，此第二阶段也；有卦形，有文辞，而删图象，此第三阶段也。然统观全书，其决无图象之卦爻亦不少，抑又何也？岂其以图占者别为一书，《周易》编者甄采而用之欤？无由知其故矣。

取象之辞，其用途亦在于指示人以休咎；其表达方法具有一定之技巧，便于筮人之运用。盖取象之辞，乃采取一种事物以为比喻，其灵活性较大，筮人尽可以一推之于百，以小推之于大，以近推之于远，在运用上颇有附会之余地，为占事者论断其休咎也。

采取一种事物以为象征而指示休咎，亦古今筮书之通例。《太玄》中多有之。如《戾》次五云："东南射兑，西北其矢。"《羡》次五云："孔道夷如，蹊路微如，大舆之忧。"上九云："车轴折，其衡拐，四马就括，高人吐血。"《增》上九云："崔嵬不崩，赖彼峡岬。"（范注："峡岬，山足也。"）《进》次八云："进于渊，君子用舡。"《穷》次六云："山无角，水无鳞，困犯身。"《失》次六云："满其食，芜其田。食其实，不养其根。"《勤》上九云："其勤其勤，抱车入渊，负舟上山。"皆其例。《易林》中亦多有之，如《讼》之《豫》云："弱鸡无距，与鹊格斗；翅折目盲，为鸠所伤。"《比》之《坤》云："取火流泉，钓鲂山颠，鱼不可得，火不得燃。"《谦》之《随》云："双鸟俱飞，欲归稻池，经涉藋泽，为矢所射，伤我胸臆。"《豫》之《师》云："蝗食我稻，驱不可去，实穗无有，但见空蘽。"皆其例。

《周易》取象之辞，有时将一种物象重系于两卦。《泰》初九、《否》初六并云"拔茅茹以其汇"，其例一也；《小畜》《小过》六五并云"密云不雨，自我西郊"，其例二也；《夬》九四、《姤》九三并云"臀无肤，其行次且"，其例三也。有时将一种物象分系于一卦各爻而稍变其文。《剥》初六云"剥床以足"，六二云"剥床以辨"，六四云"剥床以肤"，其例一也；《咸》初六云"咸其拇"，六二云"咸其腓"，六三云"咸其股"，九五云"咸其脢"，上九云"咸其辅颊舌（舌疑吉字之误）"，其例二也。此类多有顺序，剥由足而辨，而肤；咸由拇而腓，而股，而脢，而辅颊，皆自下而上焉。两卦卦爻可有同式之休咎，故取象之辞一，而可重系于两卦。一卦卦爻，其休咎必不尽同，故取象之辞分系于一卦，所主事物虽一，而文必有别也。

三、说事之辞

说事之辞，乃直说人之行事以指示休咎也。其行事之是非成败，即为休咎之原因或现象，所以说事之辞，本身含有休咎之意义。如《乾》九三云："君子终日乾乾，夕惕若，厉无咎。""君子终日乾乾，夕惕若"，乃说事之辞。君子昼而努力，夕而警惕，其结果自是"厉无咎"矣。《谦》九二云："鸣谦，贞吉。""鸣谦"，乃说事之辞。"鸣"疑借为"名"，有名誉而谦，其结果自"吉"矣。九三云："劳谦，君子有终，吉。""劳谦"，乃说事之辞。有功劳而谦，其结果则"君子有终"且"吉"矣。六四云："无不利，㧑谦。""㧑谦"，乃说事之辞。㧑，施予也。有所施予而谦，其结果自"无不利"矣。《师》九二云："师或舆尸，凶。""师或舆尸"，乃说事之辞。师中有人以车载尸，是此师有丧亡也。其现象自是"凶"矣。六五云："长子帅师，弟子舆尸，贞凶。""长子帅师，弟子舆尸"，乃说事之辞。长子为师之主帅，而弟子车载尸，是此师有丧亡也，其现象自是"凶"矣。由此可见，说事之辞，本身皆含有休咎之意义，与断占之辞有内在联系。又如《大畜》六五"何天之衢"，此乃说事之辞。"何"读为"荷"，"衢"读为"麻"，受天之庇麻，其结果自为吉，而爻辞未言之。《比》六三云"比之匪人"，此乃说事之辞。比，辅也。辅佐者非其人，其结果自为凶，而爻辞未言之。《讼》上九云"或锡之鞶带，终朝三褫之"，此乃说事之辞。鞶带者，君赐臣之命服也。褫，夺也。君赐之鞶带，一日间三夺之。其事为始吉而终不吉，而爻辞未言之。《中孚》九二云："得敌，或鼓或罢，或泣或歌。"此乃说事之辞。战争获得敌俘，诚为可喜，而吾之士卒则或鼓或病，或泣或歌。其事为有利有不利，而爻辞未言之。以上诸例，皆说事之辞本身含有休咎之意义，而筮辞未指明其休咎者也，皆仅有说事之辞，而无断占之辞者也。

说事之辞，其用途亦在指示人以休咎，其表达方法，则较记事之辞与取象之辞为简捷。盖记事之辞，乃采用古代故事为例以指示休咎，取象之辞，乃采取一种事物为譬以示休咎；而说事之辞，则迳举人之行事以示休咎，比前两者为显明而直切也。

直说人之行事以指示休咎，亦古今筮书之通例，《太玄》中多有之，如《周》次三云："出我入我，吉凶之魁。"《傒》初一云"冥贼傒（傒，待也）天凶"，次二云"冥德傒天昌"。《减》次七云："减其疾，损其恤，厉不至。"《视》次二云："君子视内，小人视外。"并其例。《易林》中亦多有之，如《否》之《泰》云："行不如远，直不如屈，进不若退，可以安吉。"《谦》之《大壮》云："防患备灾，凶恶不来。虽困无忧，未获安休。"《无妄》之《屯》云："伪言妄语，传相诖误，道左失迹，不知乡处。"《大壮》之《大畜》云："坐争立讼，纷纷匈匈，卒成祸乱，灾及家公。"并其例。

《周易》说事之辞，有时将相类之事综系于一卦。如《临》初九云"咸临"，九二云"咸（此咸疑威字之误）临"，六三云"甘临"，六四云"至临"，六五云"知临"，上六云"敦临"。六爻言"临"。《蹇》初六云"往蹇来誉"，九二云"王臣蹇蹇，匪躬之故"，九三云"往蹇来反"，六四云"往蹇来连"，九五云"大蹇朋来"，上九云"往蹇来硕"。六爻言"蹇"。

《兑》初九云"和兑",九二云"孚兑",六三云"来兑",九四云"商兑",上六云"引兑"。五爻言"兑"。《同人》云"同人于野",初九云"同人于门",六二云"同人于宗",上九云"同人于郊"。卦与三爻言"同人"。此较为整齐者,余多参差也。有时将相同之事重系于一卦而断占稍异。如《谦》六二云"鸣谦,贞吉",上六云"鸣谦,利用行师,征邑国",两言"鸣谦",其例一也。《蛊》初六云"干父之蛊,有子考无咎,厉终吉",九三云"干父之蛊,小有悔,无大咎",六五云"干父之蛊,用誉",三言"干父之蛊",其例二也。有时将相同之事重系于两卦。如《损》六五云"或益之十朋之龟,弗克违,元吉",《益》六二云"或益之十朋之龟,弗克违,永贞吉",其例一也。《泰》六四云"翩翩不富以其邻,不戒以孚",《谦》六四云"不富以其邻,利用侵伐,无不利",其例二也。

四、断占之辞

断占之辞者,乃论断休咎之语句也。筮书本为卜问休咎而作,故筮辞中皆系有论断休咎之语句,或含有指示休咎之意义,此筮书之通例。今仅将《周易》中断占之辞加以分析,不更举其他筮书以为旁证焉。

《周易》卦爻辞中,有为记事之辞,有为取象之辞,有为说事之辞。三者之外,更多断占之辞,且多与三者有内在之联系,此一般之例也。然亦仅有记事之辞而无断占之辞者,其休咎寓于故事中,或取其事之结果也。如《随》上六云"拘系之,乃从维之,王用亨于西山",《明夷》六四云"入于左腹,获明夷之心于出门庭",《归妹》六三云"归妹以须,反归以娣",皆是此类。有仅有取象之辞而无断占之辞者,其休咎寓于象之中也。如《坤》上六云"龙战于野,其血玄黄",《屯》上六云"乘马班如,泣血涟如",《履》云"履虎尾,不咥人",皆是此类。有仅有说事之辞,而无断占之辞者，其休咎寓于行事中，或取其事之措置也。如《比》六三云"比之匪人"，《观》六三云"观我生，进退"，《大畜》上九云"何天之衢"，皆是此类。故卦爻之下虽无断占之辞，仍不失其占事之用焉。

所谓断占之辞多与记事、取象、说事之辞有内在之联系者，即记事、取象、说事之辞本意含有休咎之意义，断占之辞遂揭示其休咎也。因此断占之辞有承记事之辞而言者。如《泰》六五云"帝乙归妹，以祉，元吉"，《明夷》六五云"箕子之明夷，利贞"，《升》六四云"王用亨于岐山，吉，无咎"，是也。有承取象之辞而言者。如《坤》六四云"括囊，无咎无誉"，《履》九五云"夬履，贞厉"，《大畜》六四云"童牛之牿，元吉"，《中孚》上九云"翰音登于天，贞凶"，是也。有承说事之辞而言者。如《师》六三云"师或舆尸，凶"，《比》上六云"比之无首，凶"，《恒》九五云"恒其德，贞妇人吉，夫子凶"，《家人》初九云"闲有家，悔亡"，是也。有无所承者，即卦爻之下，仅有断占之辞者也。如《坤》用六云"利永贞"，《恒》九二云"悔亡"，《解》初六云"无咎"，《涣》初六云"用拯马壮吉"，是也。

断占之辞，多承记事、取象、说事之辞而言，故断占之辞居记事、取象、说事之辞之后，如上所举各例皆是。此其通例也。然断占之辞有居记事之辞之前者。《未济》九四云"贞吉，悔亡，震用伐鬼方，三年有赏于大国"，似此类也。有居取象之辞之前者。《姤》初六云"有攸往见，凶，羸豕孚蹢躅"，《升》六五云"贞吉，升阶"，是也。有居说事之辞之前者，《谦》六四云"无不利撝谦"是也。全书中仅此数条，亦其变例也，其古人行文之便或不拘欤？抑系辞之时有先后欤？不可知也。

断占之辞多用"利""吉""吝""厉""悔""咎""凶"等字以指示休咎，然亦有不用此等字而休咎自见，仍属断占之辞者，不可不知也。如《坤》六三云"或从王事，无成有终"，《泰》九三云"勿恤其孚，于食有福"，《否》上九云"先否后喜"，《豫》九四云"勿疑朋盍簪"，《无妄》

云"其匪正有眚",《坎》云"行有尚",《睽》初九云"丧马,勿逐自复",《夬》九四云"闻言不信",《井》云"无丧无得",《渐》九五云"妇三岁不孕",《巽》六四云"田获三品",《兑》九四云"介疾有喜",并其例。此皆就事断占,所断更为具体,其事之可否、得失、利害亦在辞中矣。

断占之辞,其类有五:一曰概括断占。如《乾》初九云"勿用",九四云"无咎",上九云"有悔",用九云"吉",是也。二曰就事断占。如《乾》九二云"利见大人",《蒙》上九云"不利为寇,利御寇",《讼》九五云"讼元吉",《师》九二云"在师中吉,无咎,王三锡命",《豫》六五云"贞疾,恒不死",《大畜》云"不家食吉",《节》初九云"不出户庭无咎",是也。三曰就人断占。如《师》云"贞大人吉",《履》九二云"幽人贞吉",《否》六二云"小人吉,大人否",《恒》九四云"贞妇人吉,夫子凶",是也。四曰方位断占。如《坤》云"西南得朋,东北丧朋",《蹇》云"利西南,不利东北",《解》云"利西南",是也。五曰时间断占。如《屯》六二云"女子贞不字,十年乃字",《小畜》上九云"月几望,君子征凶",《蛊》云"利涉大川,先甲三日,后甲三日",《巽》九五云"先庚三日,后庚三日,吉",《既济》六二云"妇丧其茀,勿逐七日得",是也。后列四类,可总称具体断占,彼此不无错综,兹不详述。

断占之辞,一卦爻下仅系一项者为多。有系二项者。《屯》初九云:"利居贞,利建侯。"《同人》云:"利涉大川。利君子贞。"是也。有系三项者。《坤》云:"利牝马之贞。君子有攸往,先迷后得主,利,西南得朋,东北丧朋。安贞吉。"《屯》云:"利贞。勿用有攸往。利建侯。"《大畜》云:"利贞。不家食吉。利涉大川。"是也。有系四项者。《复》云:"出入无疾。朋来无咎。反复其道,七日来复。利有攸往。"是也。有系五项者。《损》云:"有孚,元吉,无咎,可贞,利有攸往,曷之用二簋。可用享。"《巽》九五云:"贞吉,悔亡,无不利,无初有终,先庚三日后庚三日吉。"

是也。

　　《周易》筮辞，共四百五十条（卦辞六十四条，爻辞三百八十四条，《乾》用九、《坤》用六各一条），皆不出乎记事、取象、说事、断占四类。今制一表，四类分栏叙列，不相参杂。但遇其辞虽非一类，而关联甚切者，分之两伤，则不强为割裂；遇其辞可归之此类又可归之彼类者，则置之一类。大体如是，幸览者详之。

卦形	卦名	爻题	筮　辞			
			记事之辞	取象之辞	说事之辞	断占之辞
☰	乾		元亨			利贞
		初九		潜龙		勿用
		九二		见龙在田		利见大人
		九三			君子终日乾乾夕惕若	厉无咎
		九四		或跃在渊		无咎
		九五		龙飞在天		利见大人
		上九		亢龙		有悔
		用九		见群龙无首		吉
☷	坤		元亨			利牝马之贞君子有攸往先迷后得主利西南得朋东北丧朋安贞吉
		初六		履霜坚冰至		
		六二			直方大不习	无不利
		六三	含章			可贞或从王事无成有终
		六四		括囊		无咎无誉
		六五		黄裳		元吉
		上六		龙战于野其血玄黄		
		用六				利永贞

卦形	卦名	爻题	筮　辞			
			记事之辞	取象之辞	说事之辞	断占之辞
䷂	屯			元亨		利贞勿用有攸往利建侯
		初九		磐桓		利居贞利建侯
		六二		屯如邅如乘马班如匪寇婚媾		女子贞不字十年乃字
		六三		即鹿无虞惟入于林中		君子几不如舍往吝
		六四		乘马班如		求婚媾往吉无不利
		九五		屯其膏		小贞吉大贞凶
		上六		乘马班如泣血涟如		
䷃	蒙			亨	匪我求童蒙童蒙求我初筮告再三渎渎则不告	利贞
		初六		发蒙		利用刑人用说桎梏以往吝
		九二		包蒙		吉纳妇吉子克家
		六三				勿用取女见金夫不有躬无攸利
		六四		困蒙		吝
		六五		童蒙		吉
		上九		击蒙		不利为寇利御寇
䷄	需			亨	有孚光	贞吉利涉大川
		初九		需于郊		利用恒无咎
		九二		需于沙		小有言终吉
		九三		需于泥致寇至		
		六四		需于血出自穴		

续表

卦形	卦名	爻题	筮　辞			
			记事之辞	取象之辞	说事之辞	断占之辞
䷄	需	九五		需于酒食		贞吉
		上六	入于穴有不速之客三人来敬之终吉			
䷅	讼				有孚窒惕	中吉终凶利见大人不利涉大川
		初六			不永所事	小有言终吉
		九二	不克讼归而逋其邑人三百户无眚			
		六三			食旧德	贞厉终吉或从王事无成
		九四			不克讼复即命渝	安贞吉
		九五				讼元吉
		上九			或锡之鞶带终朝三褫之	
䷆	师					贞丈人吉无咎
		初六			师出以律	否臧凶
		九二				在师中吉无咎王三锡命
		六三			师或舆尸	凶
		六四				师左次无咎
		六五			长子帅师弟子舆尸	田有禽利执言无咎贞凶
		上六			大君有命开国承家	小人勿用

卦形	卦名	爻题	筮 辞			
			记事之辞	取象之辞	说事之辞	断占之辞
䷇	比		原筮元① 不宁方来后 夫凶			吉 永贞无咎
		初六			有孚比之有 孚盈缶	无咎 终来有它吉
		六二			比之自内	贞吉
		六三			比之匪人	
		六四			外比之	贞吉
		九五	显比王用三 驱失前禽邑 人不诫吉			
		上六			比之无首	凶
䷈	小畜		亨	密云不雨自 我西郊		
		初九		复自道		何其咎吉
		九二		牵复		吉
		九三		舆说辐夫妻 反目		
		六四			有孚血	去惕出无咎
		九五			有孚挛如富 以其邻	
		上九		既雨既处尚 德载		妇贞厉月几望君子征凶
䷉	履		亨	履虎尾不咥人		
		初九		素履		往无咎
		九二		履道坦坦		幽人贞吉
		六三		眇能视跛能履 履虎尾咥人		凶武人为于大君
		九四		履虎尾愬愬		终吉
		九五		夬履		贞厉
		上九		视履考祥		其旋元吉

卦形	卦名	爻题	筮　辞			
			记事之辞	取象之辞	说事之辞	断占之辞
䷊	泰		亨			小往大来吉
		初九		拔茅茹以其汇		征吉
		九二	包荒用冯河不遐遗朋亡得尚于中行			
		九三			无平不陂无往不复	艰贞无咎勿恤其孚于食有福
		六四			翩翩不富以其邻不戒以孚	
		六五	帝乙归妹以祉			元吉
		上六	城复于隍勿用师自邑告命			贞吝
䷋	否				否之匪人	不利君子贞大往小来
		初六	亨	拔茅茹以其汇		贞吉
		六二	亨	包承		小人吉大人否
		六三		包羞		
		九四				有命无咎畴离祉
		九五			休否其亡其亡系于苞桑	大人吉
		上九			倾否	先否后喜
䷌	同人		亨		同人于野	利涉大川利君子贞
		初九			同人于门	无咎
		六二			同人于宗	吝
		九三			伏戎于莽升其高陵三岁不兴	
		九四			乘其墉弗克攻	吉

续表

卦形	卦名	爻题	筮　辞			
			记事之辞	取象之辞	说事之辞	断占之辞
䷌	同人	九五	同人先号咷而后笑大师克相遇			
		上九			同人于郊	无悔
䷍	大有		元亨			
		初九			无交害	匪咎艰则无咎
		九二		大车以载		有攸往无咎
		九三	公用亨于天子			小人弗克
		九四			匪其彭	无咎
		六五			厥孚交如威如	吉
		上九			自天祐之	吉无不利
䷎	谦		亨			君子有终
		初六			谦谦	君子用涉大川吉
		六二			鸣谦	贞吉
		九三			劳谦	君子有终吉
		六四			㧈谦	无不利
		六五			不富以其邻	利用侵伐无不利
		上六			鸣谦	利用行师征邑国
䷏	豫					利建侯行师
		初六			鸣豫	凶
		六二		介于石不终日		贞吉
		六三			盱豫	悔迟有悔
		九四			由豫	大有得勿疑朋盍簪
		六五				贞疾恒不死
		上六			冥豫成有渝	无咎

卦形	卦名	爻题	筮　辞			
			记事之辞	取象之辞	说事之辞	断占之辞
䷐	随		元亨			利贞无咎
		初九			官有渝	贞吉出门交有功
		六二		系小子失丈夫		
		六三		系丈夫失小子		随有求得利居贞
		九四		随有获	有孚在道	贞凶 以明何咎
		九五				孚于嘉吉
		上六	拘系之乃从维之王用亨于西山			
䷑	蛊		元亨			利涉大川先甲三日后甲三日
		初六			干父之蛊	有子考无咎厉终吉
		九二			干母之蛊	不可贞
		九三			干父之蛊	小有悔无大咎
		六四			裕父之蛊	往见吝
		六五			干父之蛊	用誉
		上九			不事王侯高尚其事	
䷒	临		元亨			利贞至于八月有凶
		初九			咸临	贞吉
		九二			咸临	吉无不利
		六三			甘临	无攸利既忧之无咎
		六四			至临	无咎
		六五			知临大君之宜	吉
		上六			敦临	吉无咎

卦形	卦名	爻题	筮　辞			
			记事之辞	取象之辞	说事之辞	断占之辞
䷓	观				盥而不荐	有孚颙若
		初六			童观	小人无咎君子吝
		六二			窥观	利女贞
		六三			观我生进退	
		六四			观国之光	利用宾于王
		九五			观我生	君子无咎
		上九			观其生	君子无咎
䷔	噬嗑		亨			利用狱
		初九		履校灭趾		无咎
		六二		噬肤灭鼻		无咎
		六三		噬腊肉遇毒		小吝无咎
		九四		噬干胏得金矢		利艰贞吉
		六五		噬干肉得黄金		贞厉无咎
		上九		何校灭耳		凶
䷕	贲		亨			小利有攸往
		初九		贲其趾舍车而徒		
		六二		贲其须		
		九三		贲如濡如		永贞吉
		六四		贲如皤如白马翰如匪寇婚媾		
		六五			贲于丘园束帛戋戋	吝终吉
		上九		白贲		无咎

续表

卦形	卦名	爻题	筮　辞			
			记事之辞	取象之辞	说事之辞	断占之辞
䷖	剥					不利有攸往
		初九		剥床以足		蔑贞凶
		六二		剥床以辨		蔑贞凶
		六三				剥之无咎
		六四		剥床以肤		凶
		六五			贯鱼以宫人	宠无不利
		上九	硕果不食君子得舆小人剥庐			
䷗	复					亨 出入无疾朋来无咎反复其道七日来复利有攸往
		初九		不远复		无祗悔元吉
		六二		休复		吉
		六三		频复		厉无咎
		六四		中行独复		
		六五		敦复		无悔
		上六		迷复		凶有灾眚用行师终有大败以其国君凶至于十年不克征
䷘	无妄					元亨 利贞其匪正有眚不利有攸往
		初九			无妄往	吉
		六二			不耕获不菑畬	则利有攸往
		六三	无妄之灾或系之牛行人之得邑人之灾			
		九四				可贞无咎
		九五			无妄之疾	勿药有喜
		上九			无妄行	有眚无攸利

续表

卦形	卦名	爻题	筮　辞			
			记事之辞	取象之辞	说事之辞	断占之辞
䷙	大畜					利贞不家食吉利涉大川
		初九				有厉利己
		九二		舆说輹		
		九三		良马逐 曰闲舆卫		利艰贞 利有攸往
		六四		童牛之牿		元吉
		六五		豮豕之牙		吉
		上九	亨		何天之衢	
䷚	颐			观颐自求口实		贞吉
		初九		舍尔灵龟观 我朵颐		凶
		六二		颠颐拂经于 丘颐		征凶
		六三		拂颐		贞凶十年勿用无攸利
		六四		颠颐 虎视眈眈其 欲逐逐		吉 无咎
		六五		拂经		居贞吉不可涉大川
		上九		由颐		厉吉利涉大川
䷛	大过		亨	栋挠		利有攸往
		初六		藉用白茅		无咎
		九二		枯杨生稊老 夫得其女妻		无不利
		九三		栋桡		凶
		九四		栋隆		吉有它吝
		九五		枯杨生华老 妇得其士夫		无咎无誉
		上六		过涉灭顶		凶无咎

续表

卦形	卦名	爻题	筮 辞			
			记事之辞	取象之辞	说事之辞	断占之辞
䷜	习坎②		亨		有孚维心	行有尚
		初六		习坎入于坎窞		凶
		九二		坎有险		求小得
		六三		来之坎坎险且枕入于坎窞		勿用
		六四			樽酒簋贰用缶纳约自牖	终无咎
		九五		坎不盈祗既平		无咎
		上六		系用徽纆置于丛棘三岁不得		凶
䷝	离		亨			利贞畜牝牛吉
		初九		履错然		敬之无咎
		六二		黄离		元吉
		九三			日昃之离不鼓缶而歌则大耋之嗟	凶
		九四			突如其来如焚如死如弃如	
		六五		出涕沱若戚嗟若		吉
		上九	王用出征有嘉折首获匪其丑			无咎

卦形	卦名	爻题	筮辞			
			记事之辞	取象之辞	说事之辞	断占之辞
䷞	咸		亨			利贞取女吉
		初六		咸其拇		
		六二		咸其腓		凶居吉
		九三		咸其股执其随		往吝
		九四			憧憧往来朋从尔思	贞吉悔亡
		九五		咸其脢		无悔
		上六		咸其辅颊舌		
䷟	恒		亨			无咎利贞利有攸往
		初六		浚恒		贞凶无攸利
		九二				悔亡
		九三			不恒其德或承之羞	贞吝
		九四				田无禽
		六五			恒其德	贞妇人吉夫子凶
		上六		振恒		凶
䷠	遯		亨			小利贞
		初六		遯尾		厉勿用有攸往
		六二		执之用黄牛之革莫之胜说		
		九三		系遯		有疾厉畜臣妾吉
		九四		好遯		君子吉小人否
		九五		嘉遯		贞吉
		上九		肥遯		无不利
䷡	大壮					利贞
		初九		壮于趾		征凶有孚

卦形	卦名	爻题	筮 辞			
			记事之辞	取象之辞	说事之辞	断占之辞
䷡	大壮	九二				贞吉
		九三		羝羊触藩羸其角	小人用壮君子用罔	贞厉
		九四		藩决不羸壮于大舆之輹		贞吉悔亡
		六五	丧羊于易			无悔
		上六		羝羊触藩不能退不能遂		无攸利艰则吉
䷢	晋		康侯用锡马蕃庶昼日三接			
		初六			晋如摧如	贞吉罔孚裕无咎
		六二	晋如愁如贞吉受兹介福于其王母			
		六三			众允	悔亡
		九四			晋如鼫鼠	贞厉
		六五				悔亡失得勿恤往吉无不利
		上九		晋其角		维用伐邑厉吉无咎贞吝
䷣	明夷					利艰贞
		初九	明夷于飞垂其翼君子于行三日不食			有攸往主人有言
		六二	明夷夷于左股			用拯马壮吉
		九三	明夷于南狩得其大首			不可疾贞
		六四	入于左腹获明夷之心于出门庭			
		六五	箕子之明夷			利贞
		上六		不明晦初登于天后入于地		

续表

卦形	卦名	爻题	筮　辞			
			记事之辞	取象之辞	说事之辞	断占之辞
䷤	家人					利女贞
		初九			闲有家	悔亡
		六二			无攸遂在中馈	贞吉
		九三			家人嗃嗃 妇子嘻嘻	悔厉吉 终吝
		六四			富家	大吉
		九五	王假有家			勿恤吉
		上九			有孚威如	终吉
䷥	睽					小事吉
		初九				悔亡丧马勿逐自复见恶人 无咎
		九二			遇主于巷	无咎
		六三		见舆曳其牛掣 其人天且劓		无初有终
		九四	睽孤遇元夫 交孚			厉无咎
		六五			厥宗噬肤	悔亡 往何咎
		上九	睽孤见豕负涂 载鬼一车先张 之弧后说之弧 匪寇婚媾			往遇雨则吉
䷦	蹇					利西南不利东北利见大人 贞吉
		初六			往蹇来誉	
		六二			王臣蹇蹇匪 躬之故	

续表

卦形	卦名	爻题	筮　辞			
			记事之辞	取象之辞	说事之辞	断占之辞
䷦	蹇	九三			往蹇来反	
		六四			往蹇来连	
		九五			大蹇朋来	
		上六			往蹇来硕	吉利见大人
䷧	解					利西南无所往其来复吉有攸往夙吉
		初六				无咎
		九二	田获三狐得黄矢			贞吉
		六三		负且乘致寇至		贞吝
		九四			解而拇	朋至斯孚
		六五			君子维有解	吉有孚于小人
		上六	公用射隼于高墉之上获之			无不利
䷨	损				有孚	元吉无咎可贞利有攸往曷之用二簋可用享
		初九				已事遄往无咎酌损之
		九二				利贞征凶弗损益之
		六三	三人行则损一人一人行则得其友			
		六四			损其疾使遄有喜	无咎
		六五			或益之十朋之龟	弗克违元吉
		上九				弗损益之无咎贞吉利有攸往得臣无家

续表

卦形	卦名	爻题	筮　辞			
			记事之辞	取象之辞	说事之辞	断占之辞
䷩	益					利有攸往利涉大川
		初九				利用为大作元吉无咎
		六二	王用享于帝吉		或益之十朋之龟	弗克违永贞吉
		六三	益之用凶事无咎有孚中行告公用圭			
		六四	中行告公从利用为依迁国			
		九五			有孚惠心有孚惠我德	勿问元吉
		上九			莫益之或击之	立心勿恒凶
䷪	夬		扬于王庭孚号有厉告自邑			不利即戎利有攸往
		初九		壮于前趾		往不胜为咎
		九二			惕号莫夜有戎	勿恤
		九三		壮于頄	君子夬夬独行遇雨若濡	有凶有愠无咎
		九四		臀无肤其行次且		牵羊悔亡闻言不信
		九五		苋陆夬夬中行		无咎
		上六			无号	终有凶
䷫	姤					女壮勿用取女
		初六		系于金柅羸豕孚蹢躅		贞吉有攸往见凶
		九二		包有鱼		无咎不利宾
		九三		臀无肤其行次且		厉无大咎

续表

卦形	卦名	爻题	筮 辞			
			记事之辞	取象之辞	说事之辞	断占之辞
䷫	姤	九四		包无鱼		起凶
		九五	含章有陨自天	以杞包瓜		
		上九		姤其角		吝无咎
䷬	萃		亨王假有庙亨			利见大人 利贞用大牲吉利有攸往
		初六	有孚不终乃乱乃萃若号一握为笑			勿恤往无咎
		六二				引吉无咎孚乃利用禴
		六三			萃如嗟如	无攸利往无咎小吝
		九四				大吉无咎
		九五			萃有位	无咎匪孚元永贞悔亡③
		上六			赍咨涕洟	无咎
䷭	升		元亨			用见大人勿恤南征吉
		初六		允升		大吉
		九二				孚乃利用禴无咎
		九三		升虚邑		
		六四	王用亨于岐山			吉无咎
		六五		升阶		贞吉
		上六		冥升		利于不息之贞
䷮	困		亨			贞大人吉无咎有言不信
		初六		臀困于株木入于幽谷三岁不觌		
		九二		困于酒食朱绂方来		利用亨祀征凶无咎
		六三		困于石据于蒺藜入于其宫不见其妻		凶

续表

卦形	卦名	爻题	筮辞			
			记事之辞	取象之辞	说事之辞	断占之辞
䷮	困	九四		来徐徐困于金车		吝有终
		九五		劓刖困于赤绂乃徐有说		利用祭祀
		上六		困于葛藟于臲卼		曰动悔有悔征吉
䷯	井			改邑不改井往来井井汔至亦未繘井羸其瓶		无丧无得 凶
		初六		井泥不食旧井无禽		
		九二		井谷射鲋瓮敝漏		
		九三		井渫不食为我心恻可用汲王明并受其福		
		六四		井甃		无咎
		九五		井洌寒泉食		
		上六			井收勿幕有孚	元吉
䷰	革		元亨		巳日乃孚	利贞悔亡
		初九		巩用黄牛之革		
		六二			巳日乃革之	征吉无咎
		九三			革言三就有孚	征凶贞厉
		九四				悔亡有孚改命吉
		九五			大人虎变	未占有孚
		上六			君子豹变小人革面	征凶居贞吉

卦形	卦名	爻题	筮　辞			
			记事之辞	取象之辞	说事之辞	断占之辞
䷱	鼎		亨			元吉
		初六	得妾以其子	鼎颠趾		利出否 无咎
		九二	鼎有实我仇有疾不我能即			吉
		九三		鼎耳革其行塞雉膏不食方雨亏		悔终吉
		九四		鼎折足覆公𫗧其形渥		凶
		六五		鼎黄耳金铉		利贞
		上九		鼎玉铉		大吉无不利
䷲	震		亨震来虩虩笑言哑哑震惊百里不丧匕鬯			
		初九		震来虩虩后笑言哑哑		吉
		六二	震来厉亿丧贝跻于九陵勿逐七日得			
		六三		震苏苏震行无眚		
		九四		震遂泥		
		六五		震往来		厉意无丧有事
		上六		震索索视矍矍震不于其躬于其邻		征凶 无咎婚媾有言

续表

卦形	卦名	爻题	筮　辞			
			记事之辞	取象之辞	说事之辞	断占之辞
䷳	艮			艮其背不获其身行其庭不见其人		无咎
		初六		艮其趾		无咎利永贞
		六二		艮其腓不拯其随其心不快		
		九三		艮其限列其夤		厉熏心
		六四		艮其身		无咎
		六五		艮其辅言有序		悔亡
		上九		敦艮		吉
䷴	渐					女归吉利贞
		初六		鸿渐于干		小子厉有言无咎
		六二		鸿渐于磐饮食衎衎		吉
		九三		鸿渐于陆	夫征不复妇孕不育	凶利御寇
		六四		鸿渐于木或得其桷		无咎
		九五		鸿渐于陵		妇三岁不孕终莫之胜吉
		上九		鸿渐于陆其羽可用为仪		吉
䷵	归妹					征凶无攸利
		初九	归妹以娣	跛能履		征吉
		九二		眇能视		利幽人之贞
		六三	归妹以须反归以娣			
		九四	归妹愆期迟归有时			

卦形	卦名	爻题	筮 辞			
			记事之辞	取象之辞	说事之辞	断占之辞
䷵	归妹	六五	帝乙归妹其君之袂不如其娣之袂良			月几望吉
		上六		女承筐无实士刲羊无血		无攸利
䷶	丰		亨王假之勿忧宜日中			
		初九			遇其配主	虽旬无咎往有尚
		六二	丰其蔀日中见斗往得疑疾			有孚发若吉
		九三	丰其沛日中见沫折其右肱			无咎
		九四	丰其蔀日中见斗遇其夷主			吉
		六五	来章有庆誉			吉
		上六		丰其屋蔀其家窥其户阒其无人三岁不觌		凶
䷷	旅		小亨			旅贞吉
		初六	旅琐琐斯其所取灾			
		六二	旅即次怀其资得童仆			贞④
		九三	旅焚其次丧其童仆			贞厉

续表

卦形	卦名	爻题	筮　辞			
			记事之辞	取象之辞	说事之辞	断占之辞
䷷	旅	九四	旅于处得其资斧我心不快			
		六五	射雉一矢亡终以誉命			
		上九	鸟焚其巢旅人先笑后号咷丧牛于易			凶
䷸	巽		小亨			利有攸往利见大人
		初六			进退	利武人之贞
		九二			巽在床下	用史巫纷若吉无咎
		九三			频巽	吝
		六四				悔亡田获三品
		九五				贞吉悔亡无不利无初有终先庚三日后庚三日吉
		上九			巽在床下丧其资斧	贞凶
䷹	兑		亨			利贞
		初九			和兑	吉
		九二			孚兑	吉悔亡
		六三			来兑	凶
		九四			商兑未宁	介疾有喜
		九五			孚于剥	有厉
		上六			引兑	

卦形	卦名	爻题	筮　辞			
			记事之辞	取象之辞	说事之辞	断占之辞
䷺	涣		亨王假有庙			利涉大川利贞
		初六				用拯马壮吉
		九二		涣奔其机		悔亡
		六三		涣其躬		无悔
		六四		涣其群 涣有丘匪夷 所思		元吉
		九五		涣汗其大号 涣王居		无咎
		上九		涣其血去逖出		无咎
䷻	节		亨		苦节	不可贞
		初九				不出户庭无咎
		九二				不出门庭凶
		六三			不节若则嗟若	无咎
		六四	亨		安节	
		九五			甘节	吉往有尚
		上六			苦节	贞凶悔亡
䷼	中孚					豚鱼吉利涉大川利贞
		初九				虞吉有它不燕
		九二		鸣鹤在阴其子 和之我有好爵 吾与尔靡之		
		六三			得敌或鼓或 罢或泣或歌	
		六四				月几望马匹亡无咎
		九五			有孚挛如	无咎
		上九		翰音登于天		贞凶

卦形	卦名	爻题	筮 辞			
			记事之辞	取象之辞	说事之辞	断占之辞
䷽	小过		亨	飞鸟遗之音		利贞可小事不可大事不宜上宜下大吉
		初六		飞鸟以⑤		凶
		六二		过其祖遇其妣不及其君遇其臣		无咎
		九三			弗过防之从或戕之	凶
		九四			弗过遇之往厉必戒	无咎勿用永贞
		六五	公弋取彼在穴	密云不雨自我西郊		
		上六			弗遇过之飞鸟离之	凶是谓灾眚
䷾	既济		亨			小利贞初吉终乱
		初九		曳其轮濡其尾		无咎
		六二				妇丧其茀勿逐七日得
		九三	高宗伐鬼方三年克之			小人勿用
		六四		繻有衣袽		终日戒
		九五	东邻杀牛不如西邻之禴祭实受其福			
		上六		濡其首		厉

卦形	卦名	爻题	筮　辞			
			记事之辞	取象之辞	说事之辞	断占之辞
䷿	未济		亨	小狐汔济濡其尾		无攸利
		初六		濡其尾		吝
		九二		曳其轮		贞吉
		六三		未济		征凶利涉大川
		九四	震用伐鬼方三年有赏于大国			贞吉悔亡
		六五			君子之光有孚	贞吉无悔吉
		上九		濡其首	有孚于饮酒有孚失是	无咎

附注：①元后脱亨字。②习字疑衍。③元后疑脱吉字。④贞后疑脱吉字。⑤以后疑脱矢字。

第五篇

元亨利贞解

《周易》卦辞爻辞中，元、亨、利、贞四字，为数甚多。此四字之义不明，则全书莫能通晓。

《乾》卦曰："乾，元亨利贞。"《文言》曰："元者，善之长也；亨者，嘉之会也；利者，义之和也；贞者，事之干也。君子体仁足以长人，嘉会足以合礼，利物足以和义，贞固足以干事。君子行此四德者，故曰'乾，元亨利贞'。"《左传·襄公九年》："穆姜薨于东宫，始往而筮之，遇《艮》之八䷳，史曰：'是谓《艮》之《随》䷐，随其出也。君必速出。'姜曰：'亡。是于《周易》曰："随，元亨利贞无咎。"元，体之长也；亨，嘉之会也；利，义之和也；贞，事之干也。体仁足以长人，嘉德足以合礼，利物足以和义，贞固足以干事，然故不可诬也。是以虽随无咎。今我妇人，而与于乱，固在下位，而有不仁，不可谓元；不靖国家，不可谓亨；作而害身，不可谓利；弃位而姣，不可谓贞。有四德者随而无咎；我皆无之，岂随也哉！我则取恶，能无咎乎？必死于此，弗得出矣。'"此元、亨、利、贞最古之解释，后世奉为金科玉律者也。

据此解释，则元、亨、利、贞为人之四德。元以仁为本，亨以礼为宗，利以义为干，贞以固为质。然执此说以读《周易》，往往扦格而不通。姑举一例：《坤》卦辞曰："元亨利牝马之贞。"如谓元、亨、利、贞为四德，则此果何等语乎？岂牝马亦有所谓"贞操"乎？余故谓《文言》《左传》所云，决非元、亨、利、贞之初义。

元、亨、利、贞之初义维何？曰：元，大也；亨，即享祀之享；利，即利益之利；贞，即贞卜之贞也。

"元，大也"者，《说文》："元，始也，从一，从兀。""从一，从兀"，徐锴《系传》作"从一，兀声"。金文作𠕁（虢叔钟），作𠕋（舀鼎）。甲骨文作𠕋（《殷虚书契前编》卷四第三十二页），作𠕋（同上）。皆从人，从二，二，古文上。《尔雅·释诂》："元，首也。"乃元之本义。戴侗《六书故》、朱骏声《说文通训定声》、徐灏《说文段注笺》、林义光《文源》皆如此说，是也。许训元为始，以元为一兀合体，皆不符元之初形初义。引申为大义，《诗·六月》"元戎十乘"，《毛传》："元，大也。"《礼记·文王世子》"一有元良"，郑注："元，大也。"《书·金縢》"今我即命于元龟"，马注："元龟，大龟也。"其例不可备举。《易》中元字皆为此义。其曰"元吉"者，犹云大吉也。其曰"元亨"者，犹云大亨也。其曰"元夫"者，犹云大夫也。此乃《周易》元字之初义也。

亨即享祀之享者，《说文》："含，献也，从高省，曰象进孰物形。"篆文作亯，隶书作享，或作亨，亨、享实一字也。金文作亯（仲辛父鼎），作亯（盂鼎）。甲骨文作亯（《殷虚书契后编·上》第二十一页）。吴大澂《说文古籀补》曰："象宗庙之形。"余疑象所献食器之形。是享本献物以祭之义。故《逸周书·谥法》篇曰："享，祀也。"《广雅·释言》曰："亯，祀也。"《诗·楚茨》"以享以祀"，《载见》"以孝以享"，正用其本义。引申献物致贡亦曰亨。《礼记·曲礼下》"五官致贡曰亨"，是也。其在《周易》，亨即此义，尤为明显。《困》九二曰"利用享祀"，《损》曰"曷之用二簋，可用享"，其字作享，其义亦决为享祀，其证一也。《大有》九三曰"公用亨于天子"，此亨字乃诸侯致贡之义。《随》上六曰"王用亨于西山"，《益》六二曰"王用亨（亨今本作享，《释文》作亨）于帝"，《升》六四曰"王用亨于岐山"。此三亨字皆享祭之享，确然无疑，其证二也。《丰》曰"亨，王假之"，《萃》曰"亨，王假有庙"，《涣》曰"亨，王假有庙"。上言"亨",故下言"王假",此二亨字即享祀之享,亦确然无疑,其证三也。古人祭祀,必问诸卜筮以定可否,殷虚卜辞多记卜祭,即其明验。故凡《周易》中单言"亨"者,举行享祭也;言"元亨"者,举行大享之祭也;言"小亨"者,举行小享之祭也。此乃《周易》亨字之初义也。

利即利益之利者,《说文》:"利,铦也,从刀,和然后利,从和省。《易》曰:'利者义之和也。'𥝢古文利。"金文作𥝢(师遽尊),作𥝥(利鼎)。甲骨文作𥝥(《殷虚书契前编》卷二第十八页),作𥝥(《殷虚书契前编》卷二第三页)。俞樾曰:"利从刀,从禾,会意,非从和省也。成二年《左传》曰:'先王疆理天下,物土之宜,而布其利。'盖利之本义谓土地所出者。土地所出者莫重于禾,以刀刈禾,利无大于此者矣。《诗》曰:'彼有遗秉,此有滞穗,伊寡妇之利。'则利字从刀从禾之意也。至铦利之义,即从以刀刈禾而得,非其本义也。"(《儿笘录》)按:此说甚是。古文利刀中增二画,即象所刈禾穗之形。是利之本义谓利益也。《周易》利字皆谓利益。其曰"无不利"者,言有所举事,筮遇某卦爻无有不利也。其曰"无攸利"者,言有所举事,筮遇某卦爻无所利也。其曰"利某事某人某方"者,言筮遇某卦爻则利某事某人某方也。其曰"利贞"者,犹言利占也。此乃《周易》利字之初义也。

贞即贞卜之贞者,《说文》:"贞,卜问也,从卜,具以为贽;一曰,鼎省声,京房所说。"金文贞作鼑(散盘),作鼎(汤鼎),作鼎(窃鼎),作鼎(伯迟父鼎。鼎或不释贞,非。余别有说)。甲骨贞字最多,形与鼎相近,而不从卜,皆为卜问之义。余疑古直借鼎为贞,后增卜作鼑,又后变鼎为贝作贞。是贞本卜问之义,故其字从卜。用龟以卜而问事,既谓之贞,则用蓍以筮而问事,自可谓之贞,故《周易》贞可训为筮问,以常用之词释之,即占问也。其曰"贞吉"者,谓其占吉也;其曰"贞凶"者,谓其占凶也；其曰"贞吝"者，谓其占难也，其曰"贞厉"者，谓其占危也；其曰"可贞"或"不可贞"者，谓其所占问之事可行或不可行也；其曰"贞某事或某事贞"者，谓占问某事也；其曰"利贞"者，谓其占乃利占也；其曰"利某贞"者，谓其占利某占也。此乃《周易》贞字之初义也。

由此观之，《乾》《随》之"元亨利贞"，犹言大享利占耳。《文言》《左传》四德之说，既无当于《乾》《随》二卦之旨，亦大有悖于《周易》全经之义。元、亨二字，前贤所说亦偶有不误，而今人李镜池言利、贞二字，尤为允当，特都未能明融耳。今取卦辞爻辞中之有"元亨利贞"四字者，分组排列，每一卦辞或一爻辞为一条，次第释之，所释以"元亨利贞"四字为主，其他辞句，均于《今注》中详之。

一、释元

一、元吉：（1）《坤》六五："黄裳元吉。"（2）《讼》九五："讼元吉。"（3）《履》上九："视履考祥，其旋元吉。"（4）《泰》六五："帝乙归妹以祉，元吉。"（5）《复》初九："不远复，无祗悔，元吉。"（6）《大畜》六四："童牛之牿，元吉。"（7）《离》六二："黄离，元吉。"（8）《损》："有孚，元吉。"（9）《损》六五："或益之十朋之龟，弗克违，元吉。"（10）《益》初九："利用为大作，元吉，无咎。"（11）《益》九五："有孚惠心，勿问，元吉，有孚惠我德。"（12）《萃》九五："萃有位无咎。匪孚元（元下疑脱吉字），永贞悔亡。"（13）《井》上六："井收，勿幕，有孚，元吉。"（14）《鼎》："元吉。亨。"（15）《涣》六四："涣其群，元吉。"以上十五条，皆云"元吉"。元吉，犹大吉也。《家人》六四云"富家，大吉"，《萃》九四云"大吉，无咎"，《升》初六云"允升，大吉"，《鼎》上九云"鼎玉铉，大吉，无不利"，《小过》云"飞鸟遗之音，不宜上，宜下，大吉"，此《周易》言大吉之例。《左传·昭公十二年》："南蒯之将叛也，枚筮之，遇《坤》之《比》曰'黄裳，元吉'，以为大吉也"。以元吉为大吉，是也。

二、元亨：（1）《乾》："元亨，利贞。"（2）《坤》："元亨，利牝马之贞。"（3）《屯》："元亨，利贞。"（4）《比》："吉。原筮：元（元下当有亨字，说见《今注》），永贞无咎。"（5）《大有》："元亨。"（6）《随》："元亨，利贞，无咎。"（7）《蛊》："元亨。"（8）《临》："元亨，利贞，至于八月，有凶。"（9）《无妄》："元亨，利贞。"（10）《升》："元亨。"（11）《革》："元亨，利贞，悔亡。"以上十一条，皆言"元亨"，元亨，犹云大享也。《书·盘庚上》"兹予大享于先王"，此古书言大享之例。凡云"元亨"，皆记古人举行大享之祭，或谓筮遇此卦可以举行大享之祭也。

三、元夫：（1）《睽》九四："睽孤遇元夫，交孚，厉，无咎。""元夫"，犹云大夫也。《礼纪·王制》"卿大夫元士之适子"，《孟子·万章篇下》"元士受地视子男"，元士即上士。大夫之称元夫，犹上士之称元士耳。古恒用元为大义以施之于人，故有元子之称。《书·召诰》"有王虽小，元子哉"，《诗·閟宫》"建尔元子，俾侯于鲁"，是也。有元女之称，《左传·襄公二十五年》"庸以元女大姬配胡公"，是也。有元妃之称，《左传·隐公元年》前记"惠公元妃孟子"，《竹书纪年》"夏帝癸十四年而弃其元妃于洛"，是也。有元舅之称，《诗·崧高》"不显申伯，王之元舅"，是也。有元老之称，《诗·采芑》"方叔元老，克壮其犹"，是也。有元侯之称，《国语·鲁语》"元侯作师"，是也。大夫称元夫，亦同此例。

二、释亨

一、亨：（1）《蒙》："亨。匪我求童蒙，童蒙求我。初筮告，再三渎，渎则不告。利贞。"（2）《需》："亨，贞吉。"（3）《小畜》："亨。密云不雨，自我西郊。"（4）《履》："履虎尾，不咥人。亨。"（5）《泰》："小往大来，吉。亨。"（6）《否》初六："拔茅茹以其汇，贞吉。亨。"（7）《否》六二："包承，小人吉，大人否。亨。"（8）《同人》："同人于野。亨。"（9）《谦》："亨。君子有终。"（10）《噬嗑》："亨。利用狱。"（11）《贲》："亨。小利有攸往。"（12）《复》："亨。出入无疾。朋来无咎。"（13）《大畜》上九："何天之衢。亨。"（14）《大过》："栋挠，利有攸往。亨。"（15）《习坎》（习字疑衍）："有孚维心。亨。行有尚。"（16）《离》："利贞。亨，畜牝牛吉。"（17）《咸》："亨，利贞。取女吉。"（18）《恒》："亨，无咎，利贞。"（19）《遁》："亨，小利贞。"（20）《萃》："亨，王假有庙。利见大人。亨利贞，用大牲吉。"（21）《困》："亨。贞大人吉，无咎。"（22）《鼎》："元吉。亨。"（23）《震》："亨，震来虩虩，笑言哑哑，震惊百里，不丧匕鬯。"（按：匕鬯享祀所用，不丧匕鬯，正承享字言，亦可证亨即享也。享祀之时，偶逢雷雨，震惊百里，而不丧匕鬯，是不失其祭仪也。）（24）《丰》："亨，王假之，勿忧，宜日中。"（25）《兑》："亨，利贞。"（26）《涣》："亨，王假有庙。"（27）《节》："亨，苦节不可贞。"（28）《节》六四："安节。亨。"（29）《小过》："亨，利贞。"（30）《既济》："亨，小利贞。"（31）《未济》："亨，小狐汔济，濡其尾，无攸利。"以上三十一条，亨字皆即享字，乃记古人举行享祀，或谓可以举行享祀也。（32）《损》："曷之用二簋，可用享。"（33）《困》九二："利用享祀。"（34）《困》九五："利用祭祀。"（《释文》："祭祀本亦作享祀。"）以上三条，享字皆当作亨，盖读者知其为享祀之享，故皆改作享也。（35）《大有》九三："公用亨于天子，小人弗克。"《周易》亨字，惟此义稍异。《左传·僖公二十五年》引亨作享，而释为飨。按：享祀者，以酒食献于鬼神。宴享者，以酒食献于宾客。且古代宴享大礼在宗庙中举行，故享祀之享转为宴享之享，此一义之引申也。又余疑此亨字乃由致祭之义，引申为贡物与助祭之义，《礼记·曲礼下》："五官致贡曰享。"《书·洛诰》："汝其敬识百辟享，亦识其有不享。"《诗·殷武》："昔有成汤，自彼氐羌，莫敢不来享，莫敢不来王。"此贡物之享也。《诗·文王》："殷士肤敏，祼将于京。"《雍》："相维辟公。天子穆穆。於荐广牡。相予肆祀。"《载见》："载见辟王，曰求厥章……率见昭考，以孝以享。"此助祭之享也。(36)《随》上六："拘系之，乃从维之，王用亨于西山。"(37)《益》六二："王用享于帝吉。"（此享字亦当作亨，盖读者知此亨字为享，故改之也）(38)《升》六四："王用亨于岐山，吉，无咎。"以上四条，亨即享祀之享，尤为明显。

二、小亨：(1)《旅》："小亨。旅贞吉。"(2)《巽》："小亨。利有攸往。利见大人。"以上二条皆言"小亨"，小亨即小享，乃记古人举行小享之祭。或谓可以举行小享之祭也。

三、元亨：凡十一条，见"释元"之二。元亨犹言大享也。

三、释利

一、无不利：(1)《坤》六二："直方，大不习，无不利。"(2)《屯》六四："乘马班如，求婚媾，往吉，无不利。"(3)《大有》上九："自天祐之，吉，无不利。"(4)《谦》六四："无不利，撝谦。"(5)《谦》六五："不富以其邻，利用侵伐，无不利。"(6)《临》九二："咸临吉，无不利。"(7)《剥》六五："贯鱼以宫人宠，无不利。"(8)《大过》九二："枯杨生稊，老夫得其女妻，无不利。"(9)《遯》上九："肥遯，无不利。"(10)《晋》六五："往吉，无不利。"(11)《解》上六："公用射隼于高墉之上，获之，无不利。"(12)《鼎》上九："鼎玉铉，大吉，无不利。”（13）《巽》九五：“贞吉，悔亡，无不利。”以上十三条皆云“无不利”。“无不利”者，言筮得此卦爻，有所举事无有不利也。

二、无攸利：（1）《蒙》六三：“勿用取女，见金，夫不有躬，无攸利。”（2）《临》六三：“甘临，无攸利，既忧之，无咎。”（3）《无妄》上九：“无妄行，有眚，无攸利。”（4）《颐》六三：“拂颐，贞凶，十年勿用，无攸利。”（5）《恒》初六：“浚恒，凶，无攸利。”（6）《大壮》上六：“羝羊触藩，不能退，不能遂，无攸利，艰则吉。”（7）《萃》六三：“萃如，嗟如，无攸利。”（8）《归妹》：“征凶，无攸利。”（9）《归妹》上六：“女承筐无实，士刲羊无血，无攸利。”（10）《未济》：“亨。小狐汔济，濡其尾，无攸利。”以上十条皆云“无攸利”。“无攸利”者，无所利也。言筮得此卦爻，有所举事皆无所利也。

三、利某或不利某：

（甲）利某事或不利某事：（1）《乾》九二：“见龙在田，利见大人。”（2）《乾》九五：“飞龙在天，利见大人。”（3）《坤》：“君子有攸往，利，西南得朋，东北丧朋。”（4）《屯》：“利建侯。”（5）《屯》初九：“盘桓，利居贞，利建侯。”（6）《蒙》上九：“击蒙，不利为寇，利御寇。”（7）《需》：“利涉大川。”（8）《需》初九：“需于郊，利用恒。”（9）《讼》：“利见大人，不利涉大川。”（10）《师》六五：“田有禽，利执言。”（11）《同人》：“利涉大川。”（12）《谦》六五：“不富以其邻，利用侵伐。”（13）《谦》上六：“鸣谦，利用行师征邑国。”（14）《豫》：“利建侯行师。”（15）《蛊》：“利涉大川，先甲三日，后甲三日。”（16）《观》六四：“观国之光，利用宾于王。”（17）《噬嗑》：“亨。利用狱。”（18）《贲》：“亨。小利有攸往。”（19）《剥》：“不利有攸往。”（20）《复》：“利有攸往。”（21）《无妄》：“不利有攸往。”（22）《无妄》六二：“不耕获，不菑畲，则利有攸往。”（23）《大畜》：“利涉大川。”（24）《大畜》九三：

"良马逐，利艰贞，曰闲舆卫，利有攸往。"（25）《颐》上九："由颐厉吉，利涉大川。"（26）《大过》："栋挠，利有攸往。"（27）《恒》："利有攸往。"（28）《蹇》："利见大人。贞吉。"（29）《蹇》上六："往蹇来硕，吉。利见大人。"（30）《损》："利有攸往。"（31）《损》上九："利有攸往，得臣无家。"（32）《益》："利有攸往，利涉大川。"（33）《益》初九："利用为大作。"（34）《益》六四："中行告公从，利用为依迁国。"（35）《夬》："不利即戎，利有攸往。"（36）《姤》九二："包有鱼，无咎，不利宾。"（37）《萃》："利见大人。……利有攸往。"（38）《萃》六二："孚乃利用禴。"（39）《升》："元亨。用见大人。"（《释文》 "用见本或作利见"。）（40）《升》九二："孚乃利用禴，无咎。"（41）《困》九二："利用享祀。"（42）《困》九五："利用祭祀。"（43）《鼎》初六："鼎颠趾，利出否。"（44）《渐》九三："鸿渐于陆，夫征不复，妇孕不育，凶。利御寇。"（45）《巽》："利有攸往，利见大人。"（46）《涣》："利涉大川。"（47）《中孚》："利涉大川。"（48）《未济》六三："未济，征凶，利涉大川。"以上四十八条，皆言利某事或不利某事。利某事者，谓筮得此卦爻，举行某事有利也，不利某事者与此相反。

（乙）利某人：（1）《蒙》初六："发蒙，利用刑人，用说桎梏，以往吝。"（2）《大畜》初九："有厉，利已。"以上两条言利某人，利某人者谓筮得此爻对某人有利也。

（丙）利某方或不利某方：（1）《蹇》："利西南，不利东北。"（2）《解》："利西南，无所往，其来复吉，有攸往，夙吉。"以上两条言利某方或不利某方。利某方者谓筮得此卦，往某方或对某方有利也，不利某方者与此相反。

四、利贞：

（甲）泛言利贞：（1）《乾》："元亨，利贞。"（2）《屯》："元亨，利贞。"（3）《蒙》："利贞。"（4）《随》："元亨，利贞，无咎。"（5）《临》："元亨，利贞，至于八月有凶。"（6）《无妄》："元亨，利贞，其匪正有眚。"（7）《大畜》："利贞。"（8）《离》："利贞，亨，畜牝牛吉。"（9）《咸》："亨，利贞。"（10）《恒》："亨，无咎，利贞。"（11）《遯》："亨，小利贞。"（12）《大壮》："利贞。"（13）《明夷》六五："箕子之明夷，利贞。"（14）《损》九二："利贞，征凶。"（15）《萃》："亨，利贞。"（16）《革》："元亨，利贞。"（17）《鼎》六五："鼎黄耳金铉，利贞。"（18）《渐》："女归吉，利贞。"（19）《兑》："亨，利贞。"（20）《涣》："亨，王假有庙……利贞。"（21）《中孚》："利贞。"（22）《小过》："亨，利贞。"（23）《既济》："亨，小利贞。"以上二十三条，皆云"利贞"。利贞，犹言利占，谓筮遇此卦爻，举事有利也。

（乙）利某事贞：（1）《坤》："元亨。利牝马之贞。""利牝马之贞"者，以有关牝马之事问之于筮，遇此卦则利也。《睽》初九云"丧马勿逐自复"。《中孚》六四云："月几望，马匹亡，无咎。"可证古人失马则筮而求之，所谓有关牝马之事者，求所失之牝马，即其一端矣。（2）《坤》用六："利永贞。"（3）《艮》初六："艮其趾，无咎，利永贞。"以上二条皆云"利永贞"。《说文》："永，长也。"《尔雅·释诂》："永，长也。"古书永字多谓时间之长。《诗·文王》"永言配命"，《楚茨》"永锡尔极"，《既醉》"永锡尔类"，古铜器恒言"永宝"，皆是也。占问长期之休咎，谓之永贞。《周礼·大祝》："掌六祝之辞，以事鬼神示，祈福祥，求永贞。"求永贞，殆谓求永贞之吉也。《左传·宣公三年》："成王定鼎于郏鄏，卜世三十，卜年七百。"此殆所谓永贞也。今人往往占问一生或一岁之休咎，殆亦所谓永贞也。《比》云："永贞无咎。"《贲》九三云："永贞吉。"《益》六二云："永贞吉。"《萃》九五云："永贞悔亡。"《小过》九四云："勿用永贞。"其义并同。（4）《屯》初九："盘桓，利居贞，利建侯。"（5）《随》六三：

"系丈夫，失小子，随有求得，利居贞。"以上二条皆云"利居贞"。利居贞者，占问居宅，筮遇此爻则利也。古人定居，必先问诸卜筮。《颐》六五、《革》上六并云"居贞吉"，其义并同。(6)《大畜》九三："良马逐，利艰贞，曰闲舆卫，利有攸往。"(7)《噬嗑》九四："筮干胏，得金矢，利艰贞吉。"(8)《明夷》："利艰贞。"以上三条皆云"利艰贞"。利艰贞者，谓占问艰难之事，筮遇此卦爻则利也。(9)《升》上六："冥升，利于不息之贞。""不息"犹云不休也。"利于不息之贞"者，谓对于某事欲继续进行而不休止，问之于筮，筮遇此爻则利也。

(丙) 利某人贞：(1)《否》："否之匪人，不利君子贞。"(2)《同人》："利君子贞。""不利君子贞"者，谓君子有所占问，筮遇此卦则不利也。"利君子贞"，义正相反。(3)《观》六二："窥观，利女贞。"(4)《家人》："利女贞。""利女贞"者，谓女子有所占问，筮遇此卦爻则利也。(5)《巽》初六："进退，利武人之贞。""利武人之贞"者，谓武人有所占问，筮遇此爻则利也。(6)《归妹》九二："眇能视，利幽人之贞。"幽，囚也。"利幽人之贞"者，谓囚人有所占问，筮遇此爻则利也。

四、释贞

一、贞吉：

(甲) 泛言贞吉：(1)《需》："有孚光。亨。贞吉。"(2)《需》九五："需于酒食，贞吉。"(3)《比》六二："比之自内，贞吉。"(4)《比》六四："外比之，贞吉。"(5)《否》初六："拔茅茹以其汇，贞吉。"(6)《谦》六二："鸣谦，贞吉。"(7)《豫》六二："介于石，不终日，贞吉。"(8)《随》初九："官有渝，贞吉。"(9)《临》初九："咸临，贞吉。"(10)《颐》："贞吉。观颐，自求口实。"(11)《咸》九四："贞吉，悔亡，憧憧往来，朋从尔思。"（12）《遯》九五："嘉遯，贞吉。"（13）《大壮》九二："贞吉。"（14）《大壮》九四："贞吉。悔亡。"（15）《晋》初六："晋如摧如，贞吉。罔孚裕无咎。"（16）《晋》六二："晋如愁如，贞吉，受兹介福于其王母。"（17）《家人》六二："无攸遂，在中馈，贞吉。"（18）《蹇》："贞吉。"（19）《解》九二："田获三狐，得黄矢，贞吉。"（20）《损》上九："弗损益之，无咎，贞吉。"（21）《姤》初六："系于金柅，贞吉。"（22）《升》六五："贞吉，升阶。"（23）《旅》六二："旅即次，怀其资，得童仆贞（贞下疑脱吉字）。"（24）《巽》九五："贞吉，悔亡，无不利。"（25）《未济》九二："曳其轮，贞吉。"（26）《未济》九四："贞吉，悔亡。"（27）《未济》六五："贞吉，无悔。"以上二十七条，皆泛言"贞吉"。贞吉，犹言占吉也。

（乙）某事贞吉：（1）《屯》九五："屯其膏，小贞吉，大贞凶。"此条言"小贞吉"。占问小事为小贞，占问大事为大贞。"小贞吉大贞凶"者，占问小事，筮遇此爻则吉；占问大事，筮遇此爻则凶也。（2）《坤》："安贞吉。"（3）《讼》九四："安贞吉。"以上二条皆言"安贞吉"。占问安否谓之安贞。"安贞吉"者，占问安否，筮遇此卦爻则吉也。（4）《贲》九三："贲如濡如，永贞吉。"（5）《益》六二："或益之十朋之龟，弗克违，永贞吉。"以上二条皆言"永贞吉"。占问长期之休咎，谓之永贞。"永贞吉"者，占问长期之休咎，筮遇此卦爻则吉也。（6）《颐》六五："拂经，居贞吉。"（7）《革》上六："君子豹变，小人革面，征凶，居贞吉。"以上二条皆言"居贞吉"。占问居处谓之居贞。"居贞吉"者，占问居处，筮遇此卦爻则吉也。

（丙）某人贞吉：（1）《师》："贞丈人吉。"（《集解》引崔憬曰"《子夏传》作大人"）（2）《困》："亨。贞大人吉。""贞大人吉"者，大人有所占问，筮遇此卦则言也。（3）《履》九二："履道坦坦，幽人贞吉。"幽，囚也。"幽人贞吉"者，被囚之人有所占问，筮遇此爻则吉也。（4）《恒》六五："恒其德，贞妇人吉，夫子凶。""贞妇人吉、夫子凶"者，妇人有所占问，筮遇此爻则吉；夫子有所占问，筮遇此爻则凶也。（5）《旅》："小亨。旅贞吉。"旅，客也。"旅贞吉"者，客人有所占问，筮遇此爻则吉也。

二、贞凶：

（甲）泛言贞凶：（1）《师》六五："长子帅师，弟子舆尸，贞凶。"（2）《随》九四："随有获，贞凶。"（3）《颐》六三："拂颐，贞凶。"（4）《恒》初六："浚恒，贞凶，无攸利。"（5）《巽》上九："巽在床下，丧其资斧，贞凶。"（6）《节》上六："苦节，贞凶。"（7）《中孚》上九："翰音登于天，贞凶。"以上七条，皆言"贞凶"。贞凶，犹言占凶也。

（乙）某事贞凶：（1）《屯》九五："屯其膏，小贞吉，大贞凶。"（2）《剥》初六："剥床以足，蔑贞凶。"（3）《剥》六二："剥床以辨，蔑贞凶。"蔑当读为梦，古字通用。"蔑贞凶"者，占梦筮遇此爻则凶也。古人占梦，说详《今注》。

（丙）某人贞凶：（1）《恒》六五："恒其德，贞妇人吉，夫子凶。"

三、贞吝：（1）《泰》上六："城复于隍，勿用师，自邑告命，贞吝。"（2）《恒》九三："不恒其德，或承之羞，贞吝。"（3）《晋》上九："晋其角，维用伐邑，厉，吉，无咎，贞吝。"（4）《解》六三："负且乘，致寇至，贞吝。"以上四条，皆言"贞吝"。吝借为遴，遴，难行也。贞吝者，有所占问，筮遇此爻，其事难行，或将遇艰难也。

四、贞厉：

（甲）泛言贞厉：（1）《讼》六三："食旧德，贞厉，终吉。"（2）《履》九五："夬履，贞厉。"（3）《噬嗑》六五："噬干肉，得黄金，贞厉，无咎。"（4）《大壮》九三："小人用壮，君子用罔，贞厉。"（5）《晋》九四：“晋如鼫鼠，贞厉。”（6）《革》九三：“征凶。贞厉。”（7）《旅》九三：“旅焚其次，丧其童仆，贞厉。”以上七条，皆言“贞厉”。厉，危也。贞厉者，有所占问，筮遇此爻则危也。

（乙）某人贞厉：（1）《小畜》上九：“既雨既处，尚德载，妇贞厉。月几望，君子征凶。”“妇贞厉”者，妇人有所占问，筮遇此爻则危也。

五、贞某事：（1）《屯》六二：“女子贞不字，十年乃字。”字，许嫁也。“女子贞不字，十年乃字”者，女子占问不许嫁之事，筮遇此爻，十年乃许嫁也。（2）《比》：“吉。原筮元。永贞无咎。不宁方来，后夫凶。”占问长期之休咎，谓之“永贞”，“永贞无咎”者，占问长期之休咎，筮遇此卦则无咎也。（3）《泰》九三：“无平不陂。无往不复。艰贞无咎。”占问艰难之事，谓之“艰贞”，“艰贞无咎”者，占问艰难之事，筮遇此爻则无咎也。（4）《恒》六五：“贞疾恒不死。”恒，久也。“贞疾恒不死”者，占问病久之事，筮遇此爻则不至于死也。（5）《萃》九五：“永贞悔亡。”“永贞悔亡”者，占问长期之休咎，筮遇此爻则悔亡也。（6）《小过》九四：“勿用永贞。”用，施行也。“勿用永贞”者，占问长期之休咎，筮遇此爻则不可有所施行也。

六、可贞：（1）《坤》六三：“含章，可贞。”（2）《蛊》九二：“干母之蛊，不可贞。”（3）《无妄》九四：“可贞，无咎。”（4）《明夷》九三：“明夷于南狩，得其大首。不可疾贞。”（5）《损》：“有孚，元吉。无咎。可贞。”（6）《节》：“亨。苦节，不可贞。”以上六条，言“可贞”或“不可贞”。“可贞”者，所占问之事可行也；“不可贞”者，所占问之事不可行也。

七、利贞：凡三十八条，见“释利”之四。

上释元亨利贞竟。

综计《周易》卦辞、爻辞中，有元、亨、利、贞四字者凡一百八十八条。元皆大义，亨皆享祀之亨，利皆利益之利，贞皆贞卜之贞，殆无疑义。而《文言》《左传》妄以四德释之，千载学者为其所蔽，致《周易》古经之初旨晦翳不明，甚可慨也。

问者曰："《易》中元亨与利贞连言者，《乾》《坤》《屯》《随》《临》《无妄》《革》七卦。非谓举行大享之祭之时筮遇此卦则为利占乎?"曰：是殆不然。以余观之，凡云"元亨利贞"者，"元亨"为句，"利贞"为句，"利贞"非承"元亨"而言也。请举其证。《坤》云"元亨利牝马之贞"，"利牝马之贞"与"元亨"无关，其证一也。《蛊》云"元亨，利涉大川"，"利涉大川"与"元亨"无关，其证二也。《升》云"元亨，用见大人，勿恤"，用乃利字之误，"利见大人"与"元亨"无关，其证三也。《比》云"元，永贞无咎"，元下脱亨字，"永贞无咎"与"元亨"无关，其证四也。《大有》但云"元亨"，无"利贞"字，知有"利贞"字者亦与"元亨"无关，其证五也。《蒙》曰"亨……利贞"，"亨"与"利贞"之间有"匪我求童蒙，童蒙求我，初筮吉，再三渎，渎则不告"五句，是"亨"与"利贞"无关，其证六也。《同人》云"亨，利涉大川，利君子贞"，"利涉大川，利君子贞"与"亨"无关，其证七也。《离》云"利贞，亨，畜牝牛吉"，"利贞"反在"亨"上，明与"亨"无关，其证八也。《恒》云"亨，无咎，利贞"，"亨"与"利贞"之间有"无咎"二字，是"利贞"与"亨"无关，其证九也。《涣》云"亨，王假有庙，利涉大川，利贞"，"亨"与"利贞"之间有"王假有庙，利涉大川"二句，是"亨"与"利贞"无关，其证十也。

第六篇

吉吝厉悔咎凶解

《周易》一书，所用表示休咎之字凡七：曰利，曰吉，曰吝，曰厉，曰悔，曰咎，曰凶。此七者，皆《周易》中常见之词，亦重要之词也。利字说见《元亨利贞解》。兹将吉、吝、厉、悔、咎、凶六字次第释之。

一、释吉

《说文》："吉，善也，从士口。"（据金文、甲骨文，吉之初形非从士口，原义不可知，兹从略。）《广雅·释诂》："吉，善也。"《书·皋陶谟》"吉哉"，伪《孔传》："吉，善也。"《诗·摽有梅》"迨其吉兮"，《毛传》："吉，善也。"盖事有善果为吉，故吉训善。善果者，福祥也。故吉者，福祥也。《周易》吉字，均为此义，今分类述之：

一、吉：（1）《乾》用九："见群龙无首，吉。"（2）《屯》六四："乘马班如，求婚媾，往吉，无不利。"（3）《蒙》九二："包蒙，吉。纳妇吉，子克家。"（4）《蒙》六五："童蒙，吉。"（5）《师》九二："在师中，吉，无咎，王三锡命。"（6）《比》："吉。原筮：元（元下当有亨字），永贞，无咎，不宁方来，后夫凶。"（7）《比》初六："有孚，比之无咎，有孚盈缶，终来有它，吉。"（8）《比》九五："王用三驱。失前禽，邑人不诫，吉。"（9）《小畜》初九："复自道，何其咎，吉。"（10）《小畜》九二："牵复，吉。"（11）《泰》："小往大来，吉。"（12）《泰》初九："拔茅茹以其汇，征吉。"（13）《否》六二："包承，小人吉，大人否。"（14）《否》九五："休否，大人吉，其亡其亡，系于苞桑。"（15）《同人》九四："乘其墉，弗克，攻，吉。"（16）《大有》六五："厥孚交如，威如，吉。"（17）《大有》上九："自天祐之，吉，无不利。"（18）《谦》初六："谦谦，君子用涉大川，吉。"（19）《谦》九三："劳谦，君子有终，吉。"（20）《随》九五："孚于嘉，吉。"（21）《临》九二："咸临，吉，无不利。"（22）《临》六五："知临，大君之宜，吉。"（23）《临》上六："敦临，吉，无咎。"（24）《噬嗑》九四："噬干肺，得金矢，利难贞，吉。"（25）《复》六二："休复，吉。"（26）《无妄》初九："无妄往，吉。"（27）《大畜》："利贞。不家食，吉。"（28）《大畜》六五："豮豕之牙，吉。"（29）《颐》六四："颠颐，吉。虎视眈眈，其欲逐逐，无咎。"（30）《颐》上九："由颐，厉，吉。"（31）《大过》九四："栋隆，吉，有它吝。"（32）《离》："亨，畜牝牛吉。"（33）《离》六五："出涕沱若，戚嗟若，吉。"（34）《咸》："取女吉。"（35）《咸》六二："咸其腓，凶，居吉。"（36）《咸》上六："咸其辅颊，舌。"（舌似吉字之误）（37）《遁》九三："系遁，有疾厉，畜臣妾吉。"（38）《遁》九四："好遁，君子吉，小人否。"（39）《大壮》上六："羝羊触藩，不能退，不能遂，无攸利，艰则吉。"（40）《晋》六五："悔亡，失得，勿恤，往吉，无不利。"（41）《晋》上九："晋其角，维用伐邑，厉，吉。"（42）《明夷》六二："明夷夷于左股，用拯马壮吉。"（43）《家人》九三："家人嗃嗃，悔，厉，吉。"（44）《家人》九五："王假有家，勿恤，吉。"（45）《睽》："小事吉。"（46）《睽》上九："往遇雨则吉。"（47）《蹇》上六："往蹇来硕，吉。"（48）《解》："利西南。无所往，其来复吉。有攸往，夙吉。"（49）《解》六五："君子维有解，吉，有孚于小人。"（50）《萃》："亨。利贞，用大牲吉。"（51）《升》："南征吉。"（52）《升》六四："王用亨于岐山，吉，无咎。"（53）《困》上六："困于葛藟于臲卼，曰动悔有悔，征吉。"（54）《革》六二："巳日乃革之，征吉，无咎。"（55）《革》九四：

"悔亡，有孚，改命吉。"（56）《鼎》九二："鼎有实，我仇有疾，不我能即，吉。"（57）《震》初九："震来虩虩，后笑言哑哑，吉。"（58）《艮》上九："敦艮，吉。"（59）《渐》："女归吉，利贞。"（60）《渐》六二："鸿渐于磐，饮食衎衎，吉。"（61）《渐》九五："鸿渐于陵，妇三岁不孕，终莫之胜，吉。"（62）《渐》上九："鸿渐于陆，其羽可用为仪，吉。"（63）《归妹》初九："跛能履，征吉。"（64）《归妹》六五："月几望吉。"（65）《丰》六二："丰其蔀，日中见斗，往得疑疾，有孚，发若吉。"（66）《丰》九四："丰其蔀，日中见斗，遇其夷主，吉。"（67）《丰》六五："来章有庆誉，吉。"（68）《巽》九二："巽在床下，用史巫纷若，吉，无咎。"（69）《巽》九五："先庚三日，后庚三日吉。"（70）《兑》初九："和兑，吉。"（71）《兑》九二："孚兑，吉，悔亡。"（72）《涣》初六："用拯马，壮吉。"（73）《节》九五："甘节，吉，往有尚。"（74）《中孚》："豚鱼吉。"（75）《中孚》初九："虞吉，有它不燕。"以上七十五条，有泛言"吉"者，如《乾》用九"见群龙无首，吉"是也。有指事言"吉"者，如《蒙》九二"纳妇吉"是也。有指人言"吉"者，如《否》六二"包承，大人吉"是也。有指时言"吉"者，如《归妹》六五"月几望吉"是也。

二、初吉，中吉，终吉：（1）《既济》："初吉，终乱。"（2）《讼》："有孚窒惕，中吉，终凶。"（3）《需》九二："需于沙，小有言，终吉。"（4）《需》上六："入于穴，有不速之客三人来，敬之终吉。"（5）《讼》初六："不永所事，小有言，终吉。"（6）《讼》六三："食旧德，贞厉，终吉。"（7）《履》九四："履虎尾，愬愬，终吉。"（8）《蛊》初六："干父之蛊，有子考无咎。厉，终吉。"（9）《贲》六五："贲于丘园，束帛戋戋，吝，终吉。"（10）《家人》上九："有孚威如，终吉。"（11）《鼎》九三："鼎耳革，其行塞，雉膏不食，方雨亏，悔，终吉。"以上十一条，或言"初吉"，或言"中吉"，或言"终吉"，以事之阶段而分也。

三、贞吉：凡三十九条，见《元亨利贞解》"释贞"之一。贞吉，犹言占吉，谓筮得此卦则吉也。

四、大吉：（1）《家人》六四："富家，大吉。"（2）《萃》九四："大吉，无咎。"（3）《升》初六："允升，大吉。"（4）《鼎》上九："鼎玉铉，大吉，无不利。"（5）《小过》："飞鸟遗之音，不宜上宜下，大吉。"

五、元吉：凡十五条，见《元亨利贞解》"释元"之一。元，大也。元吉与大吉同义。

六、引吉：（1）《萃》六二："引吉，无咎。"此条言"引吉"。引吉，犹长吉也。但引当为弘字之误，弘亦大也，说见《今注》。

二、释吝

《周易》吝字皆借为遴。《说文》："遴，行难也，从辵粦声。《易》曰：'以往遴。'僯，或从人。"《广雅·释诂》："遴，难也。"考《易·蒙》初六云"发蒙，利用刑人，用说桎梏，以往吝"，许引作"遴"，可证许所据本，全书吝字皆作遴也。又按《易·说卦》曰"为吝啬"，《释文》："吝，京作遴。"盖京房本行难之义作吝，爱啬之义作遴欤？抑其全书吝字皆作遴欤？不可知也。《汉书·地理志下》"民以贪遴争讼"，《杜钦传》"不可以遴"，《王莽传上》"班赏亡遴"，颜注并云："遴与吝同。"《高惠高后文功臣表》"遴柬布章"，《王莽传下》"性实遴啬"，颜注并云："遴读与吝同。"此又吝、遴通用之证。行难谓之遴，故遴者，艰难也。《周易》吝字均借为遴。今分类述之：

一、吝：（1）《屯》六三："即鹿无虞，惟入于林中，君子几不如舍，往吝。"（2）《蒙》初六："发蒙，利用刑人，用说桎梏，以往吝。"（3）《蒙》六四："困蒙，吝。"（4）《同人》六二："同人于宗，吝。"（5）《蛊》六四："裕父之蛊，往见吝。"（6）《观》初九："童观，小人无咎，君子吝。"（7）《贲》六五："贲于丘园，束帛戋戋，吝，终吉。"（8）《大过》九四："栋隆，吉，有它吝。"（9）《咸》九三："咸其股，执其随，往吝。"（10）《姤》上九："姤其角，吝，无咎。"（11）《困》九四："来徐徐，困于金车，吝，有终。"（12）《巽》九三："频巽，吝。"（13）《未济》初六："濡其尾，吝。"以上十三条言"吝"，谓其事难行，或遭遇艰难之事也。

二、小吝：（1）《噬嗑》六三："噬腊肉，遇毒，小吝，无咎。"（2）《萃》六三："萃如嗟如，无攸利，往无咎，小吝。"以上二条言"小吝"，谓遭遇小小艰难也。

三、终吝：《家人》九三："妇子嘻嘻，终吝。"此条言"终吝"，谓毕竟艰难也。

四、贞吝：凡四条，见《元亨利贞解》"释贞"之三。贞吝，犹言占吝，谓筮得此爻，将遭遇艰难也。

三、释厉

《易·乾》九三云："君子终日乾乾，夕惕若，厉，无咎。"《文言传》："子曰：'君子进德修业……故乾乾因其时而惕，虽危无咎矣。'"正以危释厉。故《释文》曰："厉，危也。"《颐》上九云"由颐厉吉"，《释文》："厉，马、王肃云：危也。"《噬嗑》六五云"贞厉，无咎"，《遯》九三云"系遯，有疾厉"，《震》六二云"震来厉"，《艮》九三云"厉，薰心"，《集解》并引虞翻曰："厉，危也。"盖皆本于《文言》。《广雅·释诂》：

"厉，危也。"《书·金縢》"遘厉虐疾"，伪《孔传》："厉，危也。"是厉者，危险也。《周易》厉字皆为此义，今分类述之：

一、厉：（1）《乾》九三："君子终日乾乾，夕惕若，厉，无咎。"（2）《蛊》初六："干父之蛊，有子考无咎，厉，终吉。"（3）《复》六三："频复，厉，无咎。"（4）《颐》上九："由颐，厉，吉。"（5）《遯》初六："遯尾，厉。"（6）《遯》九三："系遯，有疾厉，畜臣妾吉。"（7）《晋》上九："晋其角，维用伐邑，厉，吉，无咎。"（8）《家人》九三："家人嗃嗃，悔，厉，吉。"（9）《睽》九四："睽孤遇元夫，交孚，厉，无咎。"（10）《姤》九三："臀无肤，其行次且，厉，无大咎。"（11）《震》六二："震来，厉，亿丧贝，跻于九陵，勿逐，七日得。"（12）《震》六五："震往来，厉，意无丧有事。"（13）《艮》九三："艮其限，列其夤，厉，薰心。"（14）《渐》初六："鸿渐于干，小子厉，有言无咎。"（15）《小过》九四："弗过遇之，往厉必戒。"（16）《既济》上六："濡其首，厉。"以上十六条皆言"厉"。其先云"厉"后云"无咎"者，或为虽厉而无咎，或为果厉而无咎，当随文读之。其先云"厉"后云"吉"者同此。

二、有厉：（1）《大畜》初九："有厉，利己。"（2）《夬》："扬于王庭，孚号，有厉告自邑。"（3）《兑》九五："孚于剥，有厉。"以上三条言"有厉"，谓有危事也。

三、贞厉：凡八条，见《元亨利贞解》"释贞"之四。贞厉，犹言占厉，谓筮得此爻有危事也。

四、释悔

《说文》："悔，恨也。从心每声。"《广雅·释诂》："悔，恨也。"

《诗·云汉》"宜无悔怒"，《毛传》："悔，恨也。"《论语·为政》篇"多见阙殆，慎行其余，则寡悔"，皇《疏》："悔，恨也。"按：悔恨之情比悲痛为轻，悔恨之事不及咎凶之重。《周易》所谓"悔"，其实不过困厄而已，《系辞传上》云："悔吝者，忧虞之象也。"又云："悔吝者，言乎其小疵也。"是其征矣。今分类述之：

一、悔：(1)《家人》九三："家人嗃嗃，悔，厉，吉。"(2)《鼎》九三："鼎耳革，其行塞，雉膏不食，方雨亏，悔，终吉。"以上二条单言"悔"，谓筮遇此爻则困厄也。其既言"悔"又言"吉"者，谓困厄之后仍归于吉也。

二、有悔：(1)《乾》上九："亢龙有悔。"(2)《蛊》九三："干父之蛊，小有悔，无大咎。"以上二条言"有悔"，谓有困厄也。

三、悔有悔：(1)《豫》六三："盱豫，悔，迟有悔。"(2)《困》上六："困于葛藟，于臲卼，曰动悔有悔，征吉。"以上二条言"悔有悔"，有并读为又。悔又悔，谓悔之事相寻而至也。

四、无悔：(1)《同人》上九："同人于郊，无悔。"(2)《复》六五："敦复，无悔。"(3)《咸》九五："咸其脢，无悔。"(4)《大壮》六五："丧羊于易，无悔。"(5)《涣》六三："涣其躬，无悔。"(6)《未济》六五："贞吉，无悔。"以上六条皆言"无悔"，谓无困厄也。(7)《复》初九："不远复，无祗悔，元吉。"此条言"无祗悔"。祗，犹大也。谓无大困厄也。

五、悔亡：(1)《咸》九四："贞吉，悔亡，憧憧往来，朋从尔思。"(2)《恒》九二："悔亡。"(3)《大壮》九四："贞吉，悔亡。"(4)《晋》六三："众允，悔亡。"(5)《晋》六五："悔亡，失得勿恤，往吉，无不利。"(6)《家人》初九："闲有家，悔亡。"(7)《睽》初九："悔亡，丧马，勿逐，自复。"(8)《睽》六五："悔亡，厥宗噬肤，往何咎!"(9)《夬》九四："臀无肤，其行次且，牵羊悔亡。"（10）《萃》九五："永贞悔亡。"（11）《革》："元亨。利贞，悔亡。"（12）《革》九四："悔亡，有孚改命吉。"（13）《艮》六五："艮其辅，言有序，悔亡。"（14）《巽》六四："悔亡，田获三品。"（15）《巽》九五："贞吉，悔亡，无不利。"（16）《兑》九二："孚兑吉，悔亡。"（17）《涣》九二："涣奔其机，悔亡。"（18）《节》上六："苦节，贞凶，悔亡。"（19）《未济》九四："贞吉，悔亡。"以上十九条皆言"悔亡"。悔亡者，昔有悔而令其悔去也。

五、释咎

《说文》："咎，灾也。从人从各。各者，相违也。"金文咎作 🅰 （集咎敦），作 🅱 （咎卣）。从人从旮，旮即各字。又作 🅲 （仆儿钟），从人，从二各。各之初义为至，与灾无涉，疑咎本从人，各声，各属鱼部，咎属幽部，两部往往相转也。又作 🅳 （齐侯甗），增爿旁，爿古床字，病者所居，灾义益显。其文曰："毋瘳，毋 🅴 。"毋读为毋。🅴 当释疣，从疒，兄声，即《诗·出车》"仆夫况瘁"之况，病也。此正瘳之初义也。《尔雅·释诂》："咎，病也。"《吕氏春秋·侈乐》篇"弃宝者必离其咎"，高注："咎，殃也。"《书·洪范》："曰咎征：曰狂，恒雨若；曰僭，恒旸若；曰豫，恒燠若；曰急，恒寒若；曰蒙，恒风若。"按：久雨、久晴、久暖、久寒、久风皆天灾，而谓之咎征，是咎亦灾义也。但《周易》所谓"咎"，比悔为重，比凶为轻。悔乃较小之困厄，凶乃巨大之祸殃，咎则较轻之灾患也。今分类述之。

一、为咎：《夬》初九："壮于前趾，往不胜，为咎。""为咎"谓将成为灾患也。

二、匪咎：《大有》初九："无交害，匪咎，艰则无咎。"匪读为非。"匪咎"，谓此非灾患也。

三、何咎：（1）《小畜》初九："复自道，何其咎！吉。"（2）《随》九四："有孚在道，以明，何咎！"（3）《睽》六五："厥宗噬肤，往何咎！"以上三条言"何咎"。何咎者，谓不致有灾患也。

四、无咎：（1）《乾》九三："君子终日乾乾，夕惕若，厉，无咎。"（2）《乾》九四："或跃在渊，无咎。"（3）《坤》六四："括囊，无咎无誉。"（4）《需》初九："需于郊，利用恒，无咎。"（5）《师》："贞丈人吉，无咎。"（6）《师》九二："在师中，吉，无咎，王三锡命。"（7）《师》六四："师左次，无咎。"（8）《师》六五："田有禽，利执言，无咎。"（9）《比》："永贞，无咎。"（10）《比》初六："有孚，比之，无咎。"（11）《小畜》六四："有孚，血，去，惕出，无咎。"（12）《复》初九："素履往，无咎。"（13）《泰》九三："无平不陂，无往不复，艰贞无咎。"（14）《否》九四："有命无咎，畴离祉。"（15）《同人》初九："同人于门，无咎。"（16）《大有》初九："无交害，匪咎，艰则无咎。"（17）《大有》九二："大车以载，有攸往，无咎。"（18）《大有》九四："匪其彭，无咎。"（19）《豫》上六："冥豫，成有渝，无咎。"（20）《随》："元亨。利贞，无咎。"（21）《蛊》初六："干父之蛊，有子考无咎，厉终吉。"（22）《蛊》九三："干父之蛊，小有悔，无大咎。"（23）《临》六三："甘临，无攸利，既忧之，无咎。"（24）《临》六四："至临，无咎。"（25）《临》上六："敦临，吉，无咎。"（26）《观》初九："童观，小人无咎，君子吝。"（27）《观》九五："观我生，君子无咎。"（28）《观》上九："观其生，君子无咎。"（29）《噬嗑》初九："履校灭趾，无咎。"（30）《噬嗑》六二："噬肤灭鼻，无咎。"（31）《噬嗑》六三："噬腊肉，遇毒，小吝，无咎。"（32）《噬嗑》六五："噬干肉，得黄金，贞厉，无咎。"（33）《贲》上九："白贲，无咎。"（34）《剥》六三：
"剥之，无咎。"（35）《复》："朋来无咎。"（36）《复》六三："频复，厉，
无咎。"（37）《无妄》九四："可贞，无咎。"（38）《颐》六四："颠颐吉，
虎视眈眈，其欲逐逐，无咎。"（39）《大过》初六："藉用白茅，无
咎。"（40）《大过》九五："枯杨生华，老妇得其士夫，无咎无誉。"
（41）《大过》上六："过涉灭顶，凶，无咎。"（42）《坎》六四："樽酒簋，
贰用缶，纳约自牖，终无咎。"（43）《坎》九五："坎不盈，祗既平，无
咎。"（44）《离》初九："履错然，敬之无咎。"（45）《恒》："亨，无咎，
利贞。"（46）《晋》初六："晋如摧如，贞吉，罔孚，裕无咎。"（47）《晋》
上九："晋其角，维用伐邑，厉，吉，无咎，贞吉。"（48）《睽》初九：
"见恶人，无咎。"（49）《睽》九三："遇主于巷，无咎。"（50）《睽》九
四："睽孤遇元夫，交孚，厉，无咎。"（51）《解》初六："无咎。"
（52）《损》："有孚，元吉，无咎，可贞。"（53）《损》初九："已事遄往，
无咎，酌损之。"（54）《损》六四："损其疾，使遄有喜，无咎。"
（55）《损》上九："弗损益之，无咎，贞吉。"（56）《益》初九："利用为
大作，元吉，无咎。"（57）《益》六三："益之用凶事，无咎，有孚，中行
告公用圭。"（58）《夬》九五："苋陆夬夬中行，无咎。"（59）《姤》九二：
"包有鱼，无咎，不利宾。"（60）《姤》九三："臀无肤，其行次且，厉，
无大咎。"（61）《姤》上九："姤其角，无咎。"（62）《萃》初六："有孚
不终，乃乱乃萃，若号，一握为笑，勿恤，往无咎。"（63）《萃》六二：
"引吉，无咎。"（64）《萃》六三："萃如嗟如，无攸利，往无咎，小
吝。"（65）《萃》九四："大吉，无咎。"（66）《萃》九五："萃有位，无
咎。"（67）《萃》上六："赍咨涕洟，无咎。"（68）《升》九二："孚乃利
用禴，无咎。"（69）《升》六四："王用亨于岐山，吉，无咎。"
（70）《困》："亨，贞大人吉，无咎。"（71）《困》九二："困于酒食，朱绂

方来，利用亨祀，征凶，无咎。"（72）《升》六四："井甃，无咎。"
（73）《革》六二："巳日乃革之，征吉，无咎。"（74）《鼎》初六："得妾
以其子，无咎。"（75）《震》上六："震不于其躬，于其邻，无咎。"
（76）《艮》："艮其背，不获其身，行其庭，不见其人，无咎。"（77）《艮》
初六："艮其趾，无咎，利永贞。"（78）《艮》六四："艮其身，无
咎。"（79）《渐》初六："鸿渐于干，小子厉，有言无咎。"（80）《渐》六
四："鸿渐于木，或得其桷，无咎。"（81）《丰》初九："遇其配主，虽旬
无咎，往有尚。"（82）《丰》九三："丰其沛，日中见沫，折其右肱，无
咎。"（83）《巽》九二："巽在床下，用史巫纷若，吉，无咎。"（84）《涣》
九五："涣王居，无咎。"（85）《涣》上九："涣其血，去，逖出，无
咎。"（86）《节》初九："不出户庭，无咎。"（87）《节》六三："不节若，
则嗟若，无咎。"（88）《中孚》六四："月几望，马匹亡，无咎。"
（89）《中孚》九五："有孚挛如，无咎。"（90）《小过》六二："过其祖，
遇其妣，不及其君，遇其臣，无咎。"（91）《小过》九四："无咎。弗过遇
之，往厉必戒，勿用永贞。"（92）《既济》初九："曳其轮，濡其尾，无
咎。"（93）《未济》上九："有孚于饮酒，无咎。"以上九十三条皆言"无
咎"，谓无灾患也。有指人而言者。如《观》初九云"小人无咎"，九五、
上九并云"君子无咎"是也。有指事而言者。如《萃》六三云"往无咎"，
《节》初九云"不出户庭，无咎"是也。

六、释凶

《说文》："凶，恶也，象地穿交陷其中也。"《广雅·释诂》："凶，恶
也。"盖事有恶果为凶，故凶训恶。恶果者，祸殃也；故凶者，祸殃也。
《周易》凶字，均为此义。今分类述之：

一、凶：（1）《师》初六："师出以律，否臧凶。"（2）《师》六三："师或舆尸，凶。"（3）《比》："不宁方来，后夫凶。"（4）《比》上六："比之无首，凶。"（5）《履》六三："眇能视，跛能履，履虎尾，咥人，凶，武人为于大君。"（6）《豫》初六："鸣豫，凶。"（7）《噬嗑》上九："何校灭耳，凶。"（8）《剥》六四："剥床以肤，凶。"（9）《复》上六："迷复，凶，有灾眚，用行师，终有大败，以其国君凶，至于十年不克征。"（10）《颐》初九："舍尔灵龟，观我朵颐，凶。"（11）《大过》九三："栋挠，凶。"（12）《大过》上六："过涉灭顶，凶。"（13）《坎》初六："习坎，入于坎，窞，凶。"（14）《坎》上六："系用徽纆，置于丛棘，三岁不得，凶。"（15）《离》九三："日昃之离，不鼓缶而歌，则大耋之嗟，凶。"（16）《咸》六二："咸其腓，凶。"（17）《恒》上六："振恒，凶。"（18）《益》上九："莫益之，或击之，立心勿恒，凶。"（19）《姤》初九："有攸往见，凶，羸豕孚蹢躅。"（20）《姤》九四："包无鱼，起凶。"（21）《困》六三："困于石，据于蒺藜，入于其宫，不见其妻，凶。"（22）《井》："往来井，井汔至，亦未繘井，羸其瓶，凶。"（23）《鼎》九四："鼎折足，覆公𫗧，其形渥，凶。"（24）《渐》九四："鸿渐于陆，夫征不复，妇孕不育，凶，利御寇。"（25）《丰》上六："丰其屋，蔀其家，窥其户，阒其无人，三岁不觌，凶。"（26）《旅》上九："鸟焚其巢，旅人先笑后号咷，丧牛于易，凶。"（27）《兑》六三："来兑，凶。"（28）《节》九二："不出门庭，凶。"（29）《小过》初六："飞鸟以凶。"（30）《小过》九三："弗过防之，从或戕之，凶。"（31）《小过》上六："弗遇过之，飞鸟罗之，凶，是谓灾眚。"以上三十一条，皆单言"凶"，谓筮得此卦爻则凶也。(32)《小畜》上九："月几望，君子征凶。"（33）《颐》六二："颠颐、拂经于丘颐，征凶。"（34）《大壮》初九："壮于趾，征凶，有孚。"（35）《损》九二："利贞，征凶，弗损益之。"（36）《困》九二："困于酒食，朱绂方来，利用亨祀。征凶。"（37）《革》九三："征凶，贞厉。"（38）《革》上六："君子豹变，小人革面，征凶，居贞吉。"（39）《震》上六："震索索，视矍矍，征凶。"（40）《归妹》："征凶，无攸利。"（41）《未济》六三："未济，征凶。"以上十条皆言"征凶"。征凶，谓征伐人国则凶也。

二、终凶：《讼》："有孚窒惕，中吉，终凶。"此条言"终凶"。终凶谓其事之结果则凶也。

三、有凶：（1）《临》："元亨。利贞，至于八月有凶。"（2）《夬》九三："壮于頄，有凶。"（3）《夬》上六："无号（无疑犬字之误），终有凶。"以上三条言"有凶"。有凶谓有殃祸也。

四、贞凶：凡十一条，见《元亨利贞解》"释贞"之二。贞凶，犹言占凶，谓筮得此卦爻则凶也。

上释吉吝厉悔咎凶六字竟。

总之，吉者，福祥也；吝者，艰难也；厉者，危险也；悔者，困厄也；咎者，灾患也；凶者，祸殃也。吉与利均表示其有好前途、好结果，属于"休"之范围，两字之含义不殊。吝、厉、悔、咎、凶均表示其有坏前途、坏结果，属于"咎"（此咎字是广义的，《周易》中之咎是狭义的）之范围，五字之含义有差异。此其大要也。《周易》为筮书，其用在告人以休咎，而具体行动与事实之是非得失，亦常常寄托在表示休咎之词汇中。凡筮辞具有是非得失之意义者，尤值得吾人注意也。

第七篇

周易筮法新考

司马迁曰："三王不同龟，四夷各异卜。"（《史记·太史公自序》）又曰："蛮、夷、氐、羌，虽无君臣之序，亦有决疑之卜，或以金石，或以草木，国不同俗。"（《史记·龟策列传》）允哉斯言！卜筮之法，因时演变，随地差殊，稽古验今，均有明征，不须申述也。《周礼·大卜》："大卜掌三易之法，一曰《连山》，二曰《归藏》，三曰《周易》。其经卦皆八，其别皆六十有四。"《连山》《归藏》，其书久佚，经卦、别卦虽与《周易》同，而筮法或与《周易》异。盖筮书非一本，筮法非一制，乃极可能之事也。

考筮之工具，最初当用竹，其后分用蓍草。《说文》："籌，《易》卦用蓍也。从竹，从弄。弄，古文巫字。"通作筮。又《说文》："蓍，蒿属，生十岁百茎，《易》以为数，天子蓍九尺，诸侯七尺，大夫五尺，士三尺，从草，耆声。"盖古之筮用竹，巫掌之，故筮从竹，从巫。可见最初之筮，当用竹而非用蓍。《楚辞·离骚》："索藑茅以筳篿兮，命灵氛为余占之。"王注："藑茅，灵草也。筳，小折竹也。楚人名结草折竹以卜曰篿。"可为旁证。

《周易》筮法，最初可能仅用六十四卦以筮，当斯时仅有六十四占。其后并用三百八十四爻以筮，当斯时则有四百四十八占。又后增入《乾》之"用九"、《坤》之"用六"，当斯时则有四百五十占。东周时代之《周易》，即四百五十占之筮书也。

筮法之发展，当由简易而繁难。《周易》最古之筮法无可考，但东周之筮法尚可略知。东周之筮法，历世儒生相继研讨，前人之谬，后人匡之；前人之阙，后人补之；渐达详密之境。然皆明于成卦而昧于变卦，得之成卦而失之变卦，故成卦之法已有定案，而变卦之法尚须商论也。自有《周易》以来，其筮法盖代代相传，时时演进。近世之筮法中当有古代之遗则，而亦不免有所阙误。吾人研求东周筮法，自须参照近世之筮法，并以《周易·系辞》所载之筮法，与《左传》《国语》所记之筮事融合裁度而言之。《系辞》所载之筮法，略而不详，非参以《左》《国》，无以究其变；《左》《国》所记之筮事，杂而无贯，非本乎《系辞》，无以明其术。兼观并考，融合而裁度之，晚周筮法，庶几可知。然昔儒犹明于成卦而昧于变卦，得之成卦而失之变卦者，其虑有所未及，其察有所未照也。余探索筮法，采览旧说，知夫成卦之法涣乎无疑，变卦之法滞而未通，如《左传·襄公九年》所云"遇《艮》之八☶……是谓《艮》之《随》䷐"，《国语·晋语》所云"得贞《屯》悔《豫》皆八也"，向无人能说其究竟也。乃取《系辞》《左》《国》反覆推究，旷然有悟，得其变卦之法。《系辞》无用之言因而有用；《左》《国》难解之语因而可解。乃采取昔儒之论述作《成卦法》，根据个人之考索作《变卦法》。

一、成卦法

《易·系辞传上》曰："大衍之数五十，其用四十有九。分而为二以象两，挂一以象三，揲之以四以象四时，归奇于扐以象闰。五岁再闰，故再扐而后卦。天一，地二，天三，地四，天五，地六，天七，地八，天九，地十。（此二十字原误窜入下文，今据《汉书·律历志》引移正）天数五，地数五，五位相得而各有合。天数二十有五，地数三十，凡天地之数五十有五，此所以成变化而行鬼神也。《乾》之策二百一十有六，《坤》之策百四十有四，凡三百六十。当期之日。二篇之策，万有一千五百二十，当万物之数也。是故四营而成《易》，十有八变而成卦，八卦而小成。引而伸之，触类而长之，天下之能事毕矣。"此筮法之大略也。

筮人以椟盛蓍五十策，筮时仅用四十九策，即所谓"大衍之数五十，其用四十有九"也。以四十九策演之如下：

一变，以四十九策演之如下：

一演将四十九策任意分为两部分，即所谓"分而为二以象两"也。

二演取此一部分挂其一策，即所谓"挂一以象三"也。

三演将挂余之策，每四策为一组，数之，即所谓"揲之以四以象四时"也。

四演数至最后，或余一策，或余二策，或余三策，或余四策，取而夹之指间，即所谓"归奇于扐以象闰"也。

五演取彼一部分，每四策为一组，数之，所谓"再揲之以四"也。

六演数至最后，或余一策，或余二策，或余三策，或余四策，取而夹之指间，即所谓"再归奇于扐"也。

七演取指间所夹之策而挂之，所谓"再扐而后卦"者，包括五演、六演、七演而言也。

上一变毕，其结果有两种：

1. 余四十四策。

2. 余四十策。

二变，以一变所余之策演之如下：

八演如一演。

九演如二演。

十演如三演。

十一演如四演。

十二演如五演。

十三演如六演。

十四演如七演。

上二变毕，其结果有三种：

1. 余四十策。

2. 余三十六策。

3. 余三十二策。

三变，以二变所余之策演之如下：

十五演如一演。

十六演如二演。

十七演如三演。

十八演如四演。

十九演如五演。

二十演如六演。

二十一演如七演。

上三变毕，其结果有四种：

1. 余三十六策，九揲之数，是为九，是为老阳，是为可变之阳爻。

2. 余三十二策，八揲之数，是为八，是为少阴，是为不变之阴爻。

3. 余二十八策，七揲之数，是为七，是为少阳，是为不变之阳爻。

4. 余二十四策，六揲之数，是为六，是为老阴，是为可变之阴爻。

至此初爻成。所云"三变而成爻"也。阳爻画"—"，如其为老阳，则记一"九"字于画旁；如其为少阳，则记一"七"字于画旁。阴爻画"——"，如其为老阴，则记一"六"字于画旁；如其为少阴，则记一"八"字于画旁。"九""七"奇数为阳，"八""六"偶数为阴，所谓"天一，地二，天三，地四，天五，地六，天七，地八，天九，地十"。此占其四。又"九""八""七""六"谓之四营。《易》以四营而成卦，又以四营而变卦，故曰"四营而成《易》"。《周易集解》引荀爽曰："营者，谓七、八、九、六也。"是也。

二、三、四、五、上各爻皆依初爻之演法而得出。六爻俱得而卦成。每卦六爻，每爻三变，故十八变乃成一卦，即所谓"十有八变而成卦"也。

《周易》筮法，以"七""八"为不变之爻，"九""六"为宜变之爻者，何也？盖筮法以四营象四时，即以"七"象春，以"九"象夏，以"八"象秋，以"六"象冬。春时阳气渐壮，故象春之"七"为少阳。夏时阳气渐老，故象夏之"九"为老阳。秋时阴气渐壮，故象秋之"八"为少阴。冬时阴气渐老，故象冬之"六"为老阴。由春而夏，乃由阳而阳，时序虽改而阳气未变，故"七"为不变之阳爻焉。由夏而秋，乃由阳而阴，时序既改，阳气亦变，故"九"为宜变之阳爻焉。由秋而冬，乃由阴而阴，时序虽改而阴气未变，故"八"为不变之阴爻焉。由冬而春，乃由阴而阳，时序既改，阴气亦变，故"六"为宜变之阴爻焉。

《周易》筮法，以"七"象春，以"九"象夏，以"八"象秋，以"六"象冬者，何也？盖《易》卦之基本观念，以奇数象阳，以偶数象阴，故一画之"━"为阳爻，两画之"━ ━"为阴爻，所谓"天一，地二；天三，地四；天五，地六；天七，地八；天九，地十"，正因天为阳，故以奇数象之，地为阴，故以偶数象之耳。四营之数，"七""九"为奇数，"八""六"为偶。四时之序，春夏阳气当令，秋冬阴气当令，故筮法以"七""九"象春夏，以"八""六"象秋冬也。由春而夏，其气温逐渐上升，植物逐渐生长，故以"七"象春。以"九"象夏，由"七"而"九"，其数字正在上升焉。由夏而秋，由秋而冬，其气温逐渐下降，植物逐渐衰落，故以"八"象秋，以"六"象冬。由"九"而"八"，由"八"而"六"，其数字正下降焉。再由冬而春，其气温又转而上升，植物又转而滋长，故以"六"象冬，以"七"象春，由"六"而"七"，其数亦正上升焉。由此可见，四营数字之长消循环，乃与四时气温之长消循环及植物生命之长消循环相配合，然则筮法之以"七"象春，以"九"象夏，以"八"象秋，以"六"象冬，固非随意安排也。

二、变卦法

《易·系辞传上》所云："天一，地二；天三，地四；天五，地六；天七，地八；天九，地十。天数五，地数五，五位相得而各有合，天数二十有五，地数三十。凡天地之数五十有五，此所以成变化而行鬼神也。"此言果何所为而发哉？由"天一，地二；天三，地四；天五，地六；天七，地八；天九，地十"，可知"九"与"七"为阳，"六"与"八"为阴，吾人已明其故矣。又云："天数五，地数五，天数二十有五，地数三十，凡天地之数五十有五"者，其故安在？夫天数五个奇，一、三、五、七、九，其和二十五；地数五个偶，二、四、六、八、十，其和三十。两和之总五十五，此简单之数，五尺童子皆能计之，何待烦言！如此数与筮法无关，则此言岂非无用哉？又云"此所以成变化而行鬼神也"，此又何所指哉？余详求其故，始知此五十五之数，为变卦而言，所云"此所以成变化而行鬼神也"者，谓五十五之数所以定卦之变化也。请述其法：

每卦六爻，每爻或"九"或"八"或"七"或"六"，是谓四营，即不出于此四种营数也。每爻各有一种营数，六数之和，可称之曰"卦之营数"。如六爻皆"六"，其营数为三十六，此营数之最小者；如六爻皆"九"，其营数为五十四，此营数之最大者；如六爻"九""八""七""六"参差错综，其营数不出三十六与五十四之间；天地之数五十有五，比营数之最大者多一。古人之设此数，盖有微意矣。余以为欲定变卦，当以卦之营数与爻之序数凑足天地之数，其法于五十五内减去卦之营数，以其余数自初爻上数，数至上爻，再自上爻下数，数至初爻，更自初爻上数，如此折回数之，至余数尽时乃止，所止之爻即宜变之爻也。兹制一详表如次：

求宜变之爻方法表

天地之数	减号	卦之营数	等号	余数	数法及其所止						宜变之爻
					初爻	二爻	三爻	四爻	五爻	六爻	
55	−	54	=	1	1						初
55	−	53	=	2	1	2					二
55	−	53	=	2	1	2	3				三
55	−	51	=	4	1	2	3	4			四
55	−	50	=	5	1	2	3	4	5		五
55	−	49	=	6	1	2	3	4	5	6	上
55	−	48	=	7	1	2	3	4	5	6 7	上
55	−	47	=	8	1	2	3	4	5 8	6 7	五
55	−	46	=	9	1	2	3	4 9	5 8	6 7	四
55	−	45	=	10	1	2	3 10	4 9	5 8	6 7	三
55	−	44	=	11	1	2 11	3 10	4 9	5 8	6 7	二
55	−	43	=	12	1 12	2 11	3 10	4 9	5 8	6 7	初
55	−	42	=	13	1 12 13	2 11	3 10	4 9	5 8	6 7	初
55	−	41	=	14	1 12 13	2 11 14	3 10	4 9	5 8	6 7	二
55	−	40	=	15	1 12 13	2 11 14	3 10 15	4 9	5 8	6 7	三

（续表）

天地之数	减号	卦之营数	等号	余数	数法及其所止						宜变之爻
					初爻	二爻	三爻	四爻	五爻	六爻	
55	－	39	＝	16	1 12 13	2 11 14	3 10 15	4 9 16	5 8	6 7	四
55	－	38	＝	17	1 12 13	2 11 14	3 10 15	4 9 16	5 8 17	6 7	五
55	－	37	＝	18	1 12 13	2 11 14	3 10 15	4 9 16	5 8 17	6 7 18	上
55	－	36	＝	19	1 12 13	2 11 14	3 10 15	4 9 16	5 8 17	6 7 18 19	上

　　筮时所得之卦，谓之"本卦"，所变之卦，谓之"之卦"。四营之别，"九""六"为可变之爻，"七""八"为不变之爻，故"本卦"六爻皆"七""八"，是为不变之卦。不变之卦，主要以"本卦"卦辞占之，不须求其宜变之爻也。"本卦"六爻皆"九""六"，是为全变之卦。全变之卦，《乾》卦以"用九"爻辞占之，《坤》卦以"用六"爻辞占之，他卦以"之卦"卦辞占之，亦不须求其宜变之爻也。此两者外，均须求其宜变之爻。宜变之爻为"九"则变为"六"；为"六"则变为"九"，而得"之卦"，主要以"本卦"变爻爻辞占之，其余各爻之或"九"或"七"或"六"或"八"皆不计也。宜变之爻为"七"为"八"则不变，其占法比较复杂。

此其大要也。今分别述之：

一、六爻皆七八：

是为不变之卦，不须求其宜变之爻，以"本卦"卦辞占之。如筮得 ䷭《升》卦，六爻全不变，即以《升》卦卦辞占之。

二、一爻为九六：

（1）如此爻适为宜变之爻，其为"九"则变为"六"，为"六"则变为"九"，而得"之卦"。主要以"本卦"变爻爻辞占之。例如筮得 ䷯《井》卦。其营数为四十七。自五十五减四十七，余八。依法数之，至五爻而八尽，故五爻为宜变之爻。五爻适为"九"，乃变为"六"而成 ䷭《升》卦，是为"遇《井》之《升》"。主要以《井》卦九五爻辞占之。

（2）如此爻非宜变之爻，主要以"本卦"卦辞占之。例如筮得 ䷥《睽》卦。其营数为四十六。自五十五减四十六，余九。依法数之，至四爻而九尽，故四爻为宜变之爻。四爻为"七"，不变，是谓"遇《睽》之七"。主要以《睽》卦卦辞占之。

又一爻为"九""六"，亦可能不须求其宜变之爻，其为"九"即变为"六"，其为"六"即变为"九"，而得"之卦"，主要以本卦变爻爻辞占之。

三、两爻为九六：

（1）如其一爻为宜变之爻，其为"九"则变为"六"，为"六"则变为"九"，而得"之卦"。主要以"本卦"变爻爻辞占之。例如筮得 ䷫《姤》卦。其营数为四十三。自五十五减四十三，余十二。依法数之，至初爻而十二尽，故初爻为宜变之爻。初爻为六，乃变为九而成 ䷀《乾》卦，是谓"遇《姤》之《乾》"，以《姤》卦初六爻辞占之。

（2）如两爻均非宜变之爻，主要以"本卦"卦辞占之，因其可变之爻少于不变之爻也。例如筮得 ䷮《困》卦。其营数为四十九。自五十五减四十九，余六。依法数之，至上爻而六尽，故上爻为宜变之爻。上爻为"八"，不变，是谓"遇《困》之八"。主要以《困》卦卦辞占之。

四、三爻为九六：

（1）如其一爻为宜变之爻，其为"九"则变为"六"，为"六"则变为"九"，而得"之卦"。主要以"本卦"变爻爻辞占之。

（2）如其三爻均非宜变之爻，则变三爻之"九"为"六"、"六"为"九"，而得"之卦"。主要以"本卦""之卦"卦辞合占之。因其可变之爻与不变之爻相等，是贞悔相争之卦，故以两卦辞占之也。《国语·晋语》所记重耳"筮得贞《屯》悔《豫》皆八"，即其例。详见后。

五、四爻为九六：

（1）如其一爻为宜变之爻，其为"九"则变为"六"，为"六"则变为"九"，而得"之卦"。主要以"本卦"变爻爻辞占之。

（2）如其四爻均非宜变之爻，则变四爻之"九"为"六"，"六"为"九"，而得"之卦"。主要以"之卦"卦辞占之。因其可变之爻多于不变之爻也。

六、五爻为九六：

（1）如其一爻为宜变之爻，其为"九"则变为"六"，为"六"则变为"九"，而得"之卦"。主要以"本卦"变爻爻辞占之。

（2）如其五爻均非宜变之爻，则变五爻之"九"为"六"，"六"为"九"，而得"之卦"。主要以"之卦"卦辞占之，因其可变之爻多于不变之爻也。《左传·襄公九年》所记穆姜"筮遇《艮》之八 ䷳……是谓《艮》

之《随》☷☳"，即其例。详见后。

七、六爻皆九六：

是为全变之卦，不须求其宜变之爻，变六爻之"九"为"六"，"六"为"九"，而得"之卦"。遇《乾》之《坤》，主要以《乾》用九爻辞占之。遇《坤》之《乾》，主要以《坤》用六爻辞占之。遇他卦主要以"之卦"卦辞占之，因其全卦变也。例如筮得☳《震》卦，则变为☴《巽》卦，是谓"遇《震》之《巽》"。主要以《巽》卦卦辞占之。

要而言之，以天地之数与卦之营数为定变爻之主干。不变之卦，则以"本卦"卦辞占之；全变之卦，则以"之卦"卦辞占之（《乾》《坤》例外）。此二者外，若宜变之爻与可变之爻相值，则以"本卦"变爻爻辞占之。若宜变之爻与可变之爻不相值，可变之爻少于不变之爻，则以"本卦"卦辞占之；可变之爻多于不变之爻，则以"之卦"卦辞占之；可变之爻等于不变之爻，则以"本卦""之卦"卦辞合占之。此其大概也。此法在《左传》《国语》中，或有征，或无征。有征者，以其征知之；无征者，以其有征者推知之；当无大谬也。

三、东周筮法之实征

《左传》《国语》所记之筮事，可作东周筮法之实征，兹分类述之：

一、六爻皆不变者：

（1）《左传·僖公十五年》："秦伯伐晋。卜徒父筮之，吉。涉河，侯车败。诘之。对曰：'乃大吉也。三败必获晋君。其卦遇《蛊》☶，曰："千乘三去，三去之余，获其雄狐。"夫狐、蛊，必其君也。《蛊》之贞，风也，其悔，山也。岁云秋矣，我落其实而取其材，所以克也。实落材亡，不败何待?' 三败及韩。……壬戌，战于韩原。……秦获晋侯以归。"

　　(2)《左传·成公十六年》："楚晨压晋军而陈。……苗贲皇言于晋侯曰：'楚之良在其中军王族而已。请分良以击其左右，而三军萃于王卒，必大败之。'公筮之，史曰：'吉。其卦遇《复》☷☳，曰："南国蹙，射其元王，中厥目。"国蹙王伤，不败何待?'"

　　上两条盖六爻皆七八者，不变之卦也。其遇《蛊》为☶☴，其遇《复》为☷☳。此变卦法中一之类也。但其繇辞不见于《周易》，盖据别种筮书，其繇辞当为卦辞，其卦名与《周易》同，可为《周易》筮法之旁证。

　　(3)《国语·晋语》："十月，惠公卒。十二月，秦伯纳公子。……董因迎公于河。公问焉，曰：'吾其济乎?'对曰：'……臣筮之。'得《泰》之八，曰：'是谓天地配，"亨，小往大来"。今及之矣，何不济之有?'"

　　上一条乃一爻或两爻为九六，而宜变之爻与可变之爻不相值者，其宜变之爻，不值"九""六"而值"八"，故云"得《泰》之八"。所云"亨，小往大来"，《泰》卦卦辞也。是以"本卦"卦辞占之。此变卦法中二之（2）或三之（2）之类也。

　　二、一爻变者：

　　(1)《左传·昭公十二年》："南蒯之将判也……枚筮之，遇《坤》☷☷之《比》☵☷（《坤》五爻变），曰：'黄裳元吉。'（《坤》六五爻辞）以为大吉也。示子服惠伯曰：'即欲有事，何如?'惠伯曰：'吾尝学此矣。忠信之事则可；不然，必败。外强内温，忠也；和以率贞，信也；故曰："黄裳元吉。"黄，中之色也；裳，下之饰也；元，善之长也。中不忠，不得其色；下不共，不得其饰；事不善，不得其极。外内倡和为忠，率事以信为共，供养三德为善。非此三者弗当。且夫《易》不可以占险，将何事也，且可饰乎？中美能黄，上美为元，下美则裳，参成可筮。犹有阙也，筮虽吉，未也。'"

（2）《左传·哀公九年》："晋赵鞅卜救郑，遇水适火。……阳虎以《周易》筮之，遇《泰》䷊之《需》䷄（《泰》五爻变），曰：'宋方吉，不可与也。微子启，帝乙之元子也。宋、郑，甥舅也。祉，禄也。若帝乙之元子归妹而有吉禄（《泰》六五云："帝乙归妹以祉元吉。"）我安得吉焉？'乃止。"

（3）《左传·僖公二十五年》："秦伯师于河上，将纳王。狐偃言于晋侯曰：'求诸侯，莫如勤王，诸侯信之，且大义也。继文之业而信宣于诸侯，今为可矣。'……公曰：'筮之。'筮之，遇《大有》䷍之《睽》䷥（《大有》三爻变），曰：'吉。遇公用亨于天子（《大有》九三云"公用亨于天子"）之卦。战克而王飨，吉孰大焉！且是卦也，天为泽以当日；天子降心以逆公，不亦可乎！《大有》去《睽》而复，亦其所也。'晋侯辞秦师而下。"

（4）《左传·庄公二十二年》："陈厉公……生敬仲。其少也，周史有以《周易》见陈侯者，陈侯使筮之。遇《观》䷓之《否》䷋（《观》四爻变），曰：'是谓："观国之光，利用宾于王。"（《观》六四爻辞）此其代陈有国乎！不在此，其在异国；非此其身，在其子孙。光，远而自他有耀者也；《坤》，土也；《巽》，风也；《乾》，天也；风为天于土上，山也。有山之材而照之以天光，于是乎居土上，故曰"观国之光，利用宾于王"；庭实旅百，奉之以玉帛，天地之美具焉，故曰"利用宾于王"；犹有观焉，故曰其在后乎；风行而着于土，故曰其在异国乎。若在异国，必姜姓也。姜，大岳之后也，山岳则配天。物莫能两大，陈衰，此其昌乎！'及陈之初亡也，陈桓子始大于齐，其后亡也，成子得政。"

（5）《左传·昭公五年》："初，穆子之生也，庄叔以《周易》筮之，遇《明夷》䷣之《谦》䷎（《明夷》初爻变），以示卜楚丘。曰：'是将行而归为子祀，以谗人入，其名曰牛，卒以馁死。《明夷》，日也。日之数十，故有十时，亦当十位。自王已下，其二为公，其三为卿。日上其中，食日为二，旦日为三。《明夷》之《谦》，明而未融，其当旦乎！故曰为子祀；日之《谦》，当鸟，故曰"明夷于飞"；明之未融，故曰"垂其翼"；象日之动，故曰"君子于行"；当三在旦，故曰"三日不食"。《离》，火也；《艮》，山也。《离》为火，火焚山，山败。于人为言，败言为谗，故曰"有攸往，主人有言"。（《明夷》初九爻辞云："明夷于飞，垂其翼。君子于行，三日不食。有攸往，主人有言。"）言必谗也；纯离为牛，世乱谗胜，胜将适离，故曰其名曰牛；谦不足，飞不翔，垂不峻，翼不广，故曰其为子后乎！吾子，亚卿也，抑少不终。'"

（6）《左传·襄公二十五年》："齐棠公之妻，东郭偃之姊也。东郭偃臣崔武子。棠公死，偃御武子以吊焉。见棠姜而美之，使偃取之。偃曰：'男女辨姓。今君出自丁，臣出自桓，不可。'武子筮之，遇《困》䷮之《大过》䷛（《困》三爻变），史皆曰'吉'。示陈文子，文子曰：'夫从风，风陨妻，不可取也。且其繇曰："困于石，据于蒺梨，入于其宫，不见其妻，凶。"（《困》六三爻辞）困于石，往不济也；据于蒺梨，所恃伤也；入于其宫，不见其妻，凶，无所归也。'崔子曰：'嫠也，何害！先夫当之矣。'遂取之。"

（7）《左传·僖公十五年》："初，晋献公筮嫁伯姬于秦，遇《归妹》䷵之《睽》䷥（《归妹》上爻变）。史苏占之，曰：'不吉。其繇曰："士刲羊，亦无衁也；女承筐，亦无贶也。"（《归妹》上六云："女承筐无实。士刲羊无血。"《左传》所引与今本《周易》稍异）西邻责言，不可偿也；《归妹》之《睽》，犹无相也。《震》之《离》，亦《离》之《震》，为雷，为火，为嬴败姬。车说其輹，火焚其旗，不利行师，败于宗丘。《归妹》：

"睽孤，寇张之弧。"（《睽》上九云："睽孤见豕负途，载鬼一车，先张之弧，后说之弧，匪寇婚媾。"）侄其从姑，六年其逋，逃归其国，而弃其家，明年其死于高梁之虚。'及惠公在秦，曰：'先君若从史苏之占，吾不及此夫！'韩简侍，曰：'龟，象也；筮，数也。物生而后有象，象而后有滋，滋而后有数。先君之败德，及可数乎？史苏是占，勿从何益！'"

上七条皆以"本卦"变爻爻辞占之者，而（7）条兼以"之卦"变爻爻辞占之，此在《左》《国》中少见之例也。

（8）《左传·昭公七年》："卫襄公夫人姜氏无子，嬖人婤姶生孟絷。孔成子梦康叔谓己：'立元！余使羁之孙圉与史苟相之。'史朝亦梦康叔谓己：'余将命而子苟与孔烝鉏之曾孙圉相元。'史朝见成子，告之梦，梦协。晋韩宣子为政，聘于诸侯之岁，婤姶生子，名之曰元。孟絷之足不良，能行。孔成子以《周易》筮之，曰：'元尚享卫国，主其社稷。'遇《屯》䷂。又曰：'余尚立絷，尚克嘉之！'遇《屯》䷂之《比》䷇（《屯》初爻变），以示史朝。史朝曰：'元亨，又何疑焉。'（《屯》卦辞）成子曰：'非长之谓乎？'对曰：'康叔名之，可谓长矣。孟非人也，将不列于宗，不可谓长。且其繇曰"利建侯"（《屯》初九爻辞），嗣吉何建，建非嗣也。二卦皆云。（谓《屯》《比》皆云"元亨"。今本《周易·比》爻辞云："吉，原筮元，永贞无咎。"元下脱亨字。）子其建之！康叔命之，二卦告之，筮袭于梦，武王所用也。弗从何为？弱足者居。侯主社稷，临祭祀，奉民人，事鬼神，从会朝，又焉得居？各以所利，不亦可乎？'故孔成子立灵公。"

上一条以"本卦"卦辞、"本卦"变爻爻辞、"之卦"卦辞合占之，此亦《左》《国》中少见之例也。

（9）《左传·闵公二年》："成季之将生也，桓公使卜楚丘之父卜之……又筮之，遇《大有》䷍之《乾》䷀（《大有》五爻变），曰：'同复于父。敬如君所。'及生，有文在其手曰友，遂以命之。"

右一条 "同复于父，敬如君所"，非《大有》六五爻辞也，乃言本卦之卦象也。盖《大有》上卦之《离》变为《乾》。《乾》为父为君。《离》变《乾》，有复于父处，往于君所之象。如，往也。所，处也。此未引卦辞爻辞，只以卦象占之也。

（10）《左传·闵公元年》："初，毕万筮仕于晋，遇《屯》☲之《比》☷（《屯》初爻变）。辛廖占之曰：'吉。《屯》固《比》入，吉孰大焉！其必蕃昌。《震》为土；车从马，足居之，兄长之，母覆之，众归之。六体不易，合而能固，安而能杀，公侯之卦也。公侯之子孙，必复其始。'"

上一条未引卦辞爻辞，只以卦名及卦象占之。

上十条皆以《周易》筮之者也，皆宜变之爻与可变之爻相值者也。其卦如有一爻为 "九" "六"，则 "变卦法" 中二之（1）之类也；如有两爻为 "九" "六"，则 "变卦法" 中三之（1）之类也；如有三爻为 "九" "六"，则 "变卦法" 中四之（1）之类也；如有四爻为 "九" "六"，则 "变卦法" 中五之（1）之类也；如有五爻为 "九" "六"，则 "变卦法" 中六之（1）之类也。当其筮时，盖不出五类。

三、三爻变者：

（1）　《国语·晋语》："公子亲筮之，曰：'尚有晋国！'得贞《屯》（☲）悔《豫》（☷）（《屯》初、四、五爻皆变），皆八也。筮史占之，皆曰：'不吉。闭而不通，爻无为也。'司空季子曰：'吉。是在《周易》，皆利建侯。不有晋国，以辅王室，安能建侯？我命筮曰："尚有晋国！"筮告我曰："利建侯。"得国之务也，吉孰大焉！《震》，车也；《坎》，水也；《坤》，土也；《屯》，厚也；《豫》，乐也。车班外内，顺以训之，泉原以资之，土厚而乐其实，不有晋国，何以当之！《震》，雷也，车也；《坎》，劳也，水也，众也。主雷与车而尚水与众。车有震，武也；众而顺，文也；文武具，厚之至也，故曰 "屯"。其繇曰："元亨，利贞，勿用有攸往，利建侯。"（《屯》卦辞）主震雷，长也，故曰"元"；众而顺，嘉也，故曰"亨"；内有震雷，故曰"利贞"；车上水下，必伯。小事不济，壅也，故曰"勿用有攸往"，一夫之行也；众顺而有武威，故曰"利建侯"。《坤》，母也；《震》，长男也；母老子强，故曰"豫"。其繇曰"利建侯行师"（《豫》卦辞），居乐出威之谓也。是二者，得国之卦也。'"

上一条初、四、五爻皆变者也。当其筮时，盖得䷂《屯》卦。其营数为四十八。自五十五减四十八余七。依法数之，至上爻而七尽，故上爻为宜变之爻。而上爻为"八"，乃不变之爻，是得《屯》之八也。不得以《屯》之上六爻辞占之矣，遂变《屯》之九为六，六为九，则得䷏《豫》卦。《屯》卦上爻之八，亦即《豫》卦上爻之八，故曰"得贞《屯》悔《豫》，皆八也"。贞者，"本卦"；悔者，"之卦"也；故以《屯》《豫》两卦卦辞合占之。此变卦法中四之（2）之类也。非以余所言之变卦法，则此文"得贞《屯》悔《豫》皆八也"终莫能解，可见余所言之变卦法非臆撰也。

（2）《国语·周语》："单襄公曰：'……成公之归也，吾闻晋之筮之也，遇《乾》䷀之《否》䷋（《乾》初、二、三爻皆变），曰："配而不终，君三出焉。"一既往矣，后之不知，其次必此。'"

上一条初、二、三爻皆变者也。当其筮时，盖得䷀《乾》卦。其营数为四十八。自五十五减四十八，余七。依法数之，至上爻而七尽，故上爻为宜变之爻。而上爻为七，乃不变之爻，是得《乾》之七也。不得以《乾》之上九爻辞占之矣，遂变《乾》之九皆为六，则得䷋《否》卦，宜以《乾》《否》两卦卦辞合占之，《国语》略而未言也。此亦变卦法中四之（2）之类也。

四、五爻变者：

（1）《左传·襄公九年》："穆姜薨于东宫。始往而筮之，遇《艮》之八☶，史曰：'是谓《艮》之《随》☳（《艮》初、三、四、五、上爻皆变）。随其出也，君必速出。'姜曰：'亡！是于《周易》曰："随，元亨，利贞，无咎。"（《随》卦辞）。元，体之长也；亨，嘉之会也；利，义之和也；贞，事之干也。体仁足以长人，嘉德足以合礼，利物足以和义，贞固足以干事，然故不可诬也，是以虽随无咎。今我妇人，而与于乱，固在下位，而有不仁，不可谓元；不靖国家，不可谓亨；作而害身，不可谓利；弃位而姣，不可谓贞。有四德者，随而无咎；我皆无之，岂随也哉？我则取恶，能无咎乎！必死于此，弗得出矣。'"

上一条初、三、四、五、上爻皆变者也。当其筮时，盖得☶《艮》卦，其营数为四十四。自五十五减四十四，余十一。依法数之，至二爻而十一尽，故二爻为宜变之爻。而二爻为八，乃不变之爻，故曰"遇《艮》之八"。不得以《艮》之六二爻辞占之矣，遂变《艮》之九为六，六为九，则得☳《随》卦，故曰"是谓《艮》之《随》"。引《随》之卦辞曰"元亨，利贞，无咎"，是以"之卦"卦辞占之也。此变卦法中六之（2）之类也。非以余所言之变卦法，则此文"遇《艮》之八是谓《艮》之《随》"，终莫能解，亦可见余所言之变卦法非臆撰也。

综观《左传》《国语》所记之筮事，则东周之筮法，大略可知矣。要而言之，筮法有六端：一曰成卦，即得"本卦"也；二曰变卦，即得"之卦"也；三曰观筮辞，即观其卦辞爻辞也；四曰观卦象，即观其贞悔之象，如《左传》所云"《蛊》之贞风也，其悔山也"是也；五曰观卦名，如《国语》所云"《屯》厚也，《豫》乐也"是也；六曰观人事，如《左传》所记南蒯遇《坤》之"黄裳元吉"而不吉，穆姜遇《随》之"元亨，利贞，无咎"而有咎是也。其后四端，参错复杂，不可格以一规。盖卜筮之道，事托鬼神，理涉虚幻，或休或咎，往往随筮人等之引申附会而无成轨。如《国语》所记重耳筮得贞《屯》悔《豫》皆八，筮史皆以为不吉，司空季子独以为吉；《左传》所记崔武子筮《困》之《大过》，史皆以为吉，陈文子独以为不吉；可证休咎之断亦因人所见而异。故余此文以述成卦法、变卦法为主；于观筮辞一端，详其通例而略其特例；于观卦象、观卦名、观人事三端，则暂阙而不论焉。

吾人居今之世，不复迷信鬼神，亦不欲以上古之巫术惑世欺人，然则考究古代筮法有何益哉？曰：因其有助于吾人研读古书耳。盖非略通古代筮法，则研读《周易》古经、《周易大传》及《左传》《国语》，有时不易明悉其义蕴，此可确言者也。今举例说明之。

《周易》古经之爻题，以"初""二""三""四""五""上"表示六爻之位次，此易解者；以"九"表示爻之阳性，以"六"表示爻之阴性，则非易解者矣。吾人初观之，仅知"九"为奇数，故以表示阳性；"六"为偶数，故以表示阴性。然而试问奇数有"一""三""五""七""九"，《周易》何以只用"九"字？偶数有"二""四""六""八""十"，《周易》何以只用"六"字？即不能答也。吾人略通筮法，则知是爻所以用"九"者，乃筮时所得之爻为九揲蓍草（一揲四策，一策即今语所谓一根），乃可变之阳爻也；阴爻所以用"六"者，乃筮时所得之爻为六揲蓍草，乃可变之阴爻也。其例一。

《周易大传》载有属于筮法之言，如非略通古代筮法，当即无从理解，观前文所述则知之，不重论。今欲阐明此义，再举前文所已提及之几句以为例。《系辞传上》曰："《乾》之策二百一十有六。《坤》之策百四十有四。凡三百有六十，当期之日（一年三百六十日）。"《周易·乾》卦六爻皆九，据筮法，每爻皆九揲蓍草，每揲四策。以六与九与四相乘，正得二百一十六策；《周易·坤》卦六爻皆六，据筮法，每爻皆六揲蓍草，每揲四策。以六与六与四相乘，正得一百四十四策。两数相加，正得三百六十策。其算式如下：

6 爻×9 揲×4 策＝216 策……………………《乾》卦策数

6 爻×6 揲×4 策＝144 策……………………《坤》卦策数

216 策＋144 策＝360 策…………………………两卦总策数

《系辞传上》又云："二篇之策万有一千五百二十，当万物之数也。"《周易》古经上下两篇共六十四卦，每卦六爻，共三百八十四爻。阳爻为九者与阴爻为六者各居其半，即各为一百九十二爻。据筮法，阳爻为九者九揲蓍草，每揲四策；以一九二与九与四相乘，得六千九百一十二策；阴爻为六者六揲蓍草，每揲四策，以一九二与六与四相乘，得四千六百零八策。两数相加，正得一万一千五百二十策。其算式如下：

64 卦×6 爻＝384 爻…………………全书爻数

384 爻÷2＝192 爻…………………全书阳爻阴爻皆此数

192 爻×9 揲×4 策＝6912 策…………………全书阳爻策数

192 爻×6 揲×4 策＝4608 策…………………全书阴爻策数

6912 策＋4608 策＝11520 策………………全书总策数

以上所述，如非略通古代筮法，即难于理解。其例二。

至于《左传》《国语》所记筮事，有遇某卦者，有遇某卦之某卦者，有遇卦之八者，如非略通古代筮法，更不能洞晓，复案前文，可证吾言不诬，不须申说矣。

周易古经今注卷一

乾第一

☰乾上
☰乾下 　乾

元亨。利贞。

乾，卦名也。元，大也。亨即享字。古人举行大享之祭，曾筮遇此卦，故记之曰"元亨"。利贞犹言利占也。筮遇此卦，举事有利，故曰"利贞"。

初九，潜龙，勿用。

《集解》引崔憬曰："潜，隐也。"《说文》："潜，藏也。"古代龙为习见之物，故《周易》取象焉。《左传·昭公二十九年》传："秋，龙见于绛郊。魏献子问于蔡墨曰：'吾闻之，虫莫知于龙，以其不生得也。谓之知，信乎？'对曰：'人实不知，非龙实知。古者畜龙，故国有豢龙氏，有御龙氏。'献子曰：'是二氏者，吾亦闻之，而不知其故，是何谓也？'对曰：'昔有飂叔安有裔子曰董父，实甚好龙，能求其耆欲以饮食之，龙多归之，乃扰畜龙以服事帝舜。帝赐之姓曰董，氏曰豢龙，封诸鬷川。鬷夷氏，其后也。故帝舜氏世有畜龙。及有夏孔甲扰于有帝。帝赐之乘龙，河汉各二，各有雌雄。孔甲不能食，而未获豢龙氏。有陶唐氏既衰，其后有刘累，学扰龙于豢龙氏，以事孔甲，能饮食之。夏后嘉之，赐氏曰御龙，以更豕韦之后。龙一雌死，潜醢以食夏后，夏后飨之，既而使求之，惧而迁于鲁县。范氏，其后也。'献子曰：'今何故无之？'对曰：'夫物物有其官，官修其方，朝夕思之。一日失职，则死及之。失官不食，官宿其业，其物乃至。

若泯弃之，物乃抵伏，郁湮不育。……龙，水物也。水官弃矣，故龙不生得。不然，《周易》有之，在《乾》☰之《姤》☴曰："潜龙勿用。"其《同人》☲曰："见龙在田。"其《大有》☰曰："飞龙在天。"其《夬》☱曰："亢龙有悔。"其《坤》☷曰："见群龙无首吉。"《坤》之《剥》☶曰："龙战于野。"若不朝夕见，谁能物之。'"其言甚确。《韩非子·说难》篇："龙之为虫也，柔可狎而骑也，然其喉下有逆鳞径尺，若人有婴之者，则必杀人。"韩非之世，当无骑龙之事，然其言必有所本，亦其证也。《说文》："用，可施行也。"是用有施行之义。《易》中其漫言勿用者，谓勿施行一切事也。《乾》初九云："潜龙勿用。"《颐》六三云："拂颐，贞凶，十年勿用。"《坎》六三云："来之坎，坎险且枕，入于坎，窞，勿用。"《既济》九三云："高宗伐鬼方，三年克之，小人勿用。"皆其例。（此采王引之说）其言勿用某事者，请勿施行某事也。《比》云："勿用有攸往。"《蒙》六三云："勿用取女。"《泰》上六云："勿用行师。"《遯》初六云："勿用有攸往。"《姤》云："勿用取女。"《小过》九四云："勿用永贞。"皆其例。潜龙隐而不见、静而不动之象。筮遇此爻，不可有所施行，故曰潜龙勿用。

九二，见龙在田，利见大人。

见龙之见，《释文》云："贤遍反。"是即今之现字，出现也，对上文潜字而言也。用九云："见群龙无首，吉。"义同。此云："见龙在田。"《坤》上六云："龙战于野。"可证龙本两栖动物。大人者，有官位者之称也。《易》中言大人者，《乾》九二、九五，《讼》，《师》（此卦大误作丈），《否》六二、九五，《蹇》上六，《萃》，《升》，《困》，《革》九五，《巽》，凡十三处。言君子者，《乾》九三，《坤》，《屯》六三，《小畜》上九，《否》，《同人》，《谦》初六、九三，《观》初六、九五、上九，《剥》上九，

《遯》九四，《大壮》九三，《明夷》初九，《解》六五，《夬》九三，《革》上六，《未济》六五，凡二十处。言小人者，《师》上六，《大有》九三，《否》六二，《观》初九，《剥》上九，《遯》九四，《大壮》九三，《解》六五，《革》上六，《既济》九三，凡十处。而其中《否》六二大人小人对举。《观》初六，《剥》上九，《遯》九四，《大壮》九三，《解》六五，《革》上六，皆君子小人对举。大人君子皆有官位者之称，小人乃无官位者之称也。何以明之？《师》上六云："大君有命，开国承家，小人勿用。"小人对大君而言也。《大有》九三云："公用亨于天子。小人弗克。"小人对公而言也。《既济》九三云："高宗伐鬼方，三年克之，小人勿用。"小人对高宗而言也。则小人为无官位之平民，确无疑义。以一反三，知大人君子皆有官位者之称矣。龙在田终将乘云腾升。筮遇此爻，一见大人，即将显达，故曰"见龙在田，利见大人"。

九三，君子终日乾乾，夕惕若，厉无咎。

《说卦传》云："乾，健也。"《广雅·释训》："乾乾，健也。"《吕氏春秋·士容》篇："乾乾乎取舍不悦。"高注："乾乾，进不倦也。"《释文》："惕，郑玄云'惧也'。"《说文》："惕，敬也。"《广雅·释诂》："惕，惧也。"敬惧义相近。惕若犹言惕然，惧貌也。"无"者，奇字无也。無即古舞字，篆文作𣥸，从大，象人双手执舞具之形。无亦古舞字，篆文作𣞤，象人戴冠伸臂、曲胫而舞之形。無、无皆借为有无之义。君子日则黾勉，夕则惕惧，虽处危境，亦可无咎，故曰"君子终日乾乾，夕惕若，厉无咎"。

九四，或跃在渊，无咎。

此承上文龙言。龙本是水中动物。龙跃于渊，得其所之象。人得其所，可以无咎，故曰"或跃在渊，无咎"。

九五，飞龙在天，利见大人。

《庄子·天运》篇："龙……乘云气而养乎阴阳。"《韩非子·难势》篇引《慎子》曰："飞龙乘云。"盖栖于田，游于渊，飞于天，皆龙之本能也。龙飞于天，腾升之象。筮遇此爻，一见大人，即可显达。故曰"飞龙在天，利见大人"。

上九，亢龙，有悔。

亢疑借为沆。《说文》："沆，大泽。"（此从小徐本，大徐本泽下有兒字。）徐锴《系传》："《博物志》曰：'停水，东方曰都，一名沆也。'"《汉书·刑法志》："除山川，沆斥，城池，邑居，园囿，术路。"沆即沆字之讹。字亦作坑，《楚辞·七谏·初放》："与麋鹿同坑。"王注："陂池曰坑。"洪《补注》："坑，字书作阬，俗作坑。"按：阬即坑字之讹。或以阬为之，《玉篇》："阬，池也。"《庄子·天运》篇："在谷满谷，在阬满阬。"《汉书·赵充国传》："出盐泽，过长阬。"《后汉书·马融传》："弥纶阬泽。皋牢陵山。"《文选·西京赋》："绝阬逾斥。"阬皆此义。或以阬为之，《广雅·释地》："阬，池也。"沆、坑、阬、阬并从亢声，古书通用，古时字少，故《周易》但作亢也。《淮南子·坠形》篇："东南方曰具区，曰元泽。"王念孙曰："元泽当为亢泽，字之误也。亢与沆同。《初学记·地部上》《太平御览·地部》一引此并作沆泽，是其证也。"（《读书杂志》）其说甚碻。此古书以亢为沆之例。亢龙者，谓池泽中之龙也。池泽水浅而幅员或小，草多而泥淖或深。龙处其中，为境所困之象也。人为境所困，是为有悔。故曰"亢龙有悔"。

用九，见群龙无首，吉。

"见群龙无首"者，群龙在天，首为云蔽，而仅见其身尾足也。此群龙腾升之象。故曰"见群龙无首，吉"。

坤第二

䷁坤上坤下　**坤**

元亨。利牝马之贞。君子有攸往，先迷后得主，利，西南得朋，东北丧朋。安贞吉。

坤，卦名也。元，大也。亨即享字。古人举行大享之祭，曾筮遇此卦，故记之曰"元亨"。利牝马之贞犹言利牝马之占也。筮问有关于牝马之事，遇此卦则利，故曰"利牝马之贞"。《尔雅·释言》："攸，所也。"《易》中多用攸字，罕用所字。《象传》曰："先迷失道。"以失道解迷字，是也。《说文》："迷，惑也。从辵，米声。"《广雅·释诂》："迷，误也。"《韩非子·解老》篇："凡失其欲往之路而妄行者之谓迷。"失道为迷，故字从辵。主者，旅客之主人也。《左传·昭公三年》传："丰氏故主韩氏。"杜注："丰氏至晋，旧以韩氏为主人。"《定公六年》传："昔吾主范氏。今子主赵氏。"《大戴礼·曾子制言》篇："曾子门弟子或将之晋，曰：'吾无知焉。'曾子曰：'何必然，往矣，有知焉谓之友，无知焉谓之主。'"《孟子·万章》篇："孔子……于卫主颜雠由……微服而过宋……主司城贞子。"又曰："吾闻观近臣以其所为主，观远臣以其所主。"其义并同。先迷后得主者，承君子有攸往言，谓先失道而后得主人以客礼待我也。《睽》九二云："遇主于巷。"《丰》初九云："遇其配主。"九四云："遇其夷主。"主皆谓主人也。（此采王引之说）主下利字疑涉上文而衍。其证有三。《周易》利字皆云利某某，而不云某某利，此文不应独异，其证一也。既云"先迷后得主"，先迷者不利也，后得主者利也，是君子有所往，在时间上有利有不利，不应概以利字，其证二也。又云"西南得朋，东北丧朋"，得朋者利也，丧朋者不利也，是君子有所往，在空间上有利有不利，亦不应概以利字，其证三也。《周易》朋字，其义有二。一为朋友之朋，《泰》九二云："不遐遗朋。"《豫》九四云："勿疑朋盍簪。"《复》云："朋来无咎。"《咸》九四云："朋从尔思。"《蹇》九五云："大蹇朋来。"《解》九四云："朋至斯孚。"皆是也。一为朋贝之朋，即十贝曰朋。（说见《损》卦）《损》六五、《益》六二并云："或益之十朋之龟。"是也。本卦朋字，解作朋友之朋，或解作朋贝之朋，均通。盖西南得朋、东北丧朋亦承君子有攸往言，如解作朋友之朋，则谓往西南则有得友之喜，往东北则有丧侣之悲也。《损》六三云："三人行则损一人。一人行则得其友。"损一人与丧朋同意。得其友与得朋同意。如解作朋贝之朋，则谓往西南则得财，往东北则丧财也。此二解未知孰是。君子有所往，筮遇此卦，先失道而后得主人，宜往西南，勿往东北，盖西南得朋，东北丧朋也。故曰"君子有攸往，先迷后得主，西南得朋，东北丧朋"。占问安否谓之安贞，占问安否者，筮遇此卦，则吉。故曰"安贞吉"。

初六，履霜，坚冰至。

古书常言履霜，《诗·葛屦》："纠纠葛屦，可以履霜。"《大东》亦有此二句，即其例也。履霜，秋日之象也。坚冰，冬日之象也。履霜坚冰至者，谓人方履霜，而坚冰将至，喻事之有渐也。《文言传》云："积善之家，必有余庆。积不善之家，必有余殃。臣弑其君，子弑其父，非一朝一夕之故，其所由来者渐矣。由辩之不早辩也。《易》曰：'履霜，坚冰至。'盖言顺也。"得其恉矣。筮遇此爻，当防微杜渐也。

六二，直方，大不习，无不利。

直当读为值，同声系，古通用。古值有持义。《诗·宛丘》："值其鹭羽。"又曰："值其鹭翿。"《毛传》："值，持也。"即其证也。值训持，即借为持，值、持古亦通用，《诗·柏舟》："实维我特。"《释文》："特，《韩诗》作直。"《我行其野》："求尔新特。"《释文》："特，《韩诗》作直。"并其左证。《易》此文正以直为持，犹《韩诗》之以直为特也。《说文》："方，并船也。"《尔雅·释水》："大夫方舟。"李注："并两船曰方舟。"《诗·汉广》："江之永矣，不可方思。"《邶风·谷风》："就其深矣，方之舟之。"皆此义。直方即持方，谓操方舟也。大读为太。习，谓闲习也。方舟以渡，不易倾覆，虽甚不习于操舟之术，亦不致有隝越之虞，故曰"直方，大不习，无不利"。人据坚固之势，虽非干练之才，亦无往不利，乃其设象之恉也。

六三，含章可贞。或从王事，无成有终。

含疑借为戡。含、戡皆从今声，古通用。《说文》："戡，杀也。"引《书》曰："西伯既戡黎。"今《书·西伯戡黎》篇戡作戡，古通用。《尔雅·释诂》："戡，克也。"章疑当读为殷商之商。章、商古通用。《吕氏春秋·勿躬》篇："弦章。"《韩非子·外储说左下》作弦商。《荀子·王制》篇："审诗商，禁淫声。"《贾子·辅佐》篇："审诗商，命禁邪音，息淫声。"诗商即诗章。(此王念孙《读书杂志》说)并其证。含章即戡商，谓武王克商也。《姤》九五云："含章，有陨自天。"含章亦即戡商。有陨自天言商之陨灭，乃由天命也。《丰》六五云："来章有庆誉，吉。"章亦即商，言来商有赏有誉也。《易》中仅此三章字，皆用为殷商之商也。此爻乃以武王克商之事示休咎，故记之曰"含章"。所占事可行谓之可贞。筮遇此爻，乃武王克商之兆，所占之事，自为可行，故曰"含章可贞"。武王克商，从征者有人未立功亦得赏，是无成而有终。故曰"或从王事，无成有终"。此二句亦承含章而言也。

六四，括囊，无咎无誉。

《集解》引虞翻曰："括，结也。"《说文》："括，絜也。"（《六书故》引作括结也）结絜义同。括囊者，束结囊口也。束结囊口，则内无所出，外无所入，人之于事不问不闻，有似于此。于事不问不闻，则无咎无誉。故曰"括囊，无咎无誉"。

六五，黄裳，元吉。

古人贵黄金，故以黄为贵色。《诗·绿衣》："绿衣黄里。"又曰："绿衣黄裳。"是其证。《易》则以黄为吉祥之色。本爻云："黄裳元吉。"其证一也。《噬嗑》六五云："噬干肉，得黄金，贞厉，无咎。"其证二也。《离》六二云："黄离，元吉。"其证三也。《遯》六二云："执之用黄牛之革，莫之胜，说。"此非凶象。其证四也。《解》九二云："田获三狐，得黄矢，贞吉。"其证五也。《革》初九云："巩用黄牛之革。"此亦非凶象。其证六也。《鼎》六五云："鼎黄耳金铉，利贞。"其证七也。由是可知黄裳者吉祥之服也。元吉犹言大吉也。此爻乃以黄裳示吉祥之兆。故曰"黄裳，元吉"。

上六，龙战于野，其血玄黄。

古说龙有五色。《墨子·贵义》篇："帝以甲乙杀青龙于东方，以丙丁杀赤龙于南方，以庚辛杀白龙于西方，以壬癸杀黑龙于北方，以戊己杀黄龙于中方。"（末句原挩，据《太平御览》引补）即其证。但此五行之说，或出于臆造。然龙确有黑色者，有黄色者。《史记·封禅书》："昔秦文公出猎，获黑龙。"《文帝本纪》："十五年，黄龙见成纪。"即其证。盖古人认为，龙本凉血动物，其血不赤，黑龙血黑，黄龙血黄，故曰"龙战于野，其血玄黄"。此二龙相斗，两败俱伤之象。筮辞未言吉凶，而凶象自在文中矣。

用六，利永贞。

占问长期之休咎，谓之永贞。筮遇此爻，占问长期之休咎者利，故曰"利永贞"。

屯第三

䷂ 坎上
震下 屯

元亨，利贞。勿用有攸往。利建侯。

屯，卦名也。元，大也。亨即享字。古人举行大享之祭，曾筮遇此卦，故记之曰"元亨"。利贞犹言利占也。筮遇此卦，举事有利，故曰"利贞"。筮遇此卦，不可有所往，故曰"勿用有攸往"。建侯者，建立诸侯也。古者封侯授国，新侯嗣国，皆自天子命之，统曰"建侯"。筮遇此卦，建侯则利，故曰"利建侯"。

初九，磐桓，利居贞，利建侯。

《释文》："磐，本亦作盘，又作槃。"《集解》磐作般。《尔雅·释言》《释文》引与《集解》同。古字均通用。此以磐为本字。《文选·海赋》李注引《声类》曰："磐，大石也。"桓疑借为垣，同声系，古通用。《说文》："垣，墙也。"磐垣，以大石为墙也。占问居处谓之居贞。居处有石墙则安。故曰"磐桓利居贞"。建侯所以屏藩王室。王室之有侯国，犹居之有垣。（《诗·板》："大师维垣。"）故又曰"利建侯"。

六二，屯如邅如，乘马班如，匪寇婚媾。女子贞不字，十年乃字。

《广雅·释诂》："屯，聚也。"《楚辞·离骚》："屯余车其千乘兮。"王注："屯，陈也。"盖屯乃聚列之义，故王训陈。本卦屯字皆聚义也。屯如犹屯然，状乘马而来者之多也。焦循曰："邅，转也。"亨按：《广雅·释诂》："邅，转也。"《楚辞·离骚》："邅吾道夫昆仑兮。"王注："邅，转也，楚人名转曰邅。"《九歌·湘君》："邅吾道兮洞庭。"王注："邅，转也。"邅如犹邅然，状乘马而来者之转行也。《释文》："班，郑本作般。"焦循曰："班，旋也。"亨按：班、般古通用。《左传·僖公五年》经："曹伯班卒。"《公羊》经班作般。《襄公十八年》传："有班马之声。"《尔雅·释言》郭注引班作般。《成公十三年》传："郑公子般。"《释文》："般本作班。"《穀梁传·襄公三十年》："蔡世子般。"《释文》："般本作班。"《礼记·檀弓下》："公输般。"《列子·汤问》篇、《孟子·离娄》篇赵注并般作班。皆其证也。（此采惠栋、李富孙说）此班当读为般。般如犹般然，回旋之貌也。匪读为非。《周易》通以匪为非。《说文》："媾，重婚也。""屯如邅如，乘马班如，匪寇婚媾"者，谓乘马而来者，屯然而拥至，邅然而转行，又般然而回旋，非劫财之寇贼，乃娶女之婚媾也。今人谓此写古代掠婚之事，殆是欤。《贲》六四云："贲如，皤如，白马翰如，匪寇婚媾。"其意略同。字，许嫁也。《仪礼·士昏礼记》："女子许嫁，笄而醴之，称字。"《礼记·曲礼上》："女子许嫁，笄而字。"是其义也。（此采耿南仲、惠栋说）《集解》引虞翻曰："字，妊娠也。"王引之曰："《说文》曰：'字，乳也。'《广雅》曰：'字，乳生也。'《墨子·节用》篇：'十年若纯三年而字，子生可以二三年矣。'《太玄·事》次四：'男女事，不代之字。'范望注曰：'男而女事，犹为不宜，况于字育，故不代也。'《中山经》：'苦山有木，名曰黄棘，其实如兰，食之不字。'郭璞注曰：'字，生也。《易》曰："女子贞不字。"'然则不生谓之不字，必不孕而后不生，故不字亦兼不孕言之。不字犹言妇三岁不孕也。"其说似是而非。盖《周易》妇女二字，截然有别。本爻云："女子贞不字，十年乃字。"《蒙》六三云："勿用取女。"《观》六二云："利女贞。"《大过》九二云："老夫得其女妻。"《咸》云：

"取女吉。"《家人》云："利女贞。"《姤》云："女壮，勿用取女。"《渐》云："女归吉。"《归妹》上六云："女承筐无实。士刲羊无血。"诸女字皆指未嫁者也。《蒙》九二云："纳妇吉，子克家。"《小畜》上九云："妇贞厉。"《大过》九五云："老妇得其士夫。"《恒》六五云："贞妇人吉，夫子凶。"《家人》九三云："妇子嘻嘻。"《渐》九三云："妇孕不育。"九五云："妇三岁不孕。"《既济》六二云："妇丧其茀。"唯《蒙》九二妇字谓子之妻，余皆指已嫁者也。然则女子决不能言不妊娠、不生育，而字为许嫁之义，明矣。"女子贞不字，十年乃字"者，谓筮遇此爻，若占问女子不许嫁之事，则十年乃克许嫁也。

六三，即鹿无虞，惟入于林中，君子几不如舍，往吝。

焦循曰："即，从也。"亨按：《说文》："即，就食也。"《广雅·释诂》："即，就也。"鹿在山野，猎者往就之，是为即鹿。即鹿犹言从鹿、逐鹿耳。《象传》曰："即鹿无虞，以从禽也。"以从释即，以禽释鹿。《后汉书·何进传》："《易》称即鹿无虞。"李注："即鹿犹从禽也。"正用《象传》义。是即鹿犹言从鹿、逐鹿矣。《集解》引虞翻曰："虞谓虞人，掌禽兽者。"《书·舜典》："益，汝作朕虞。"伪《孔传》："虞，掌山泽之官。"惠士奇曰："《逸周书·大武解》有五虞。五虞者，一鼓走疑，二备从来，三佐军举旗，四采虞人谋，五后动撚之。撚，蹂也，蹂其后而从之，此从禽之所以必有虞人也。""惟入于林中"谓鹿入于林中也。逐鹿若有虞人，则鹿入于林中，虞人可设法使鹿惊而走出。今逐鹿无虞人之助，而鹿入于林中，则不可获矣。《释文》："几，子夏作近。"几、近古通用。《中孚》六四云："月几望。"《释文》："几，京作近。"亦其例也。几、近疑皆借为祈。几、祈古通用。《周礼·肆师》："及其祈珥。"郑注："故书祈为几。杜子春读几为祈。"是其证。近、祈古亦通用。《礼记·祭法》："相近于坎坛。"郑注："相近当为禳祈，声之误也。"是其证。《说文》："祈，求福也。"《广雅·释诂》："祈，求也。"《诗·宾之初筵》："以祈尔爵。"《毛传》："祈，求也。"《礼记·儒行》："不祈土地。"郑注："祈犹求也。"君子几不如舍，言君子求鹿不如舍之也。吝，难也。往吝者，言君子仍往而求之，则鹿难得也。人有所求，而无助之者，且所求又在难得之数，则求之徒劳而无功，不如勿求。故曰"即鹿无虞，惟入于林中，君子几不如舍，往吝"。

六四，乘马班如，求婚媾，往吉，无不利。

班读为般，旋也。乘马般旋，以求婚媾，筮遇此爻，往则吉，无不利。故曰"乘马班如，求婚媾，往吉，无不利"。

九五，屯其膏，小贞吉，大贞凶。

屯，聚也。《说文》："膏，肥也。"《国语·晋语》："夫膏粱之性难正也。"韦注："膏，肉之肥者。"是膏者，肥肉也。《鼎》九三云："雉膏不食。"义同。小事之占为小贞，大事之占为大贞。屯其膏者，储而不用，积而不施，如此为小事则成，为大事则败，故曰"屯其膏，小贞吉，大贞凶"。

上六，乘马班如，泣血涟如。

涟如犹涟然，亦犹涟涟也。《楚辞·九叹·忧苦》："涕流交集兮，泣下涟涟。"王注："涟涟，流貌也。"《诗·氓》："泣涕涟涟。"义同。"乘马班如，泣血涟如"者，行盘旋而心悲凄之象，未言吉凶，而凶象在其辞中矣。

蒙第四

䷃ 艮上坎下 蒙

亨。匪我求童蒙，童蒙求我。初筮告，再三渎，渎则不告。利贞。

蒙，卦名也。亨即享字。古人举行享祀，曾筮遇此卦，故记之曰"亨"。蒙疑借为矇，古字通用。《诗·灵台》"矇瞍奏公"，《白孔六帖》引作"蒙瞍奏功"，即其证。《说文》："矇，童矇也，一曰不明也。"《释名·释疾病》："矇，有眸子而失明，蒙蒙无所别也。"《诗·灵台》："矇瞍奏公。"《毛传》："有眸子而无见曰矇。"《国语·周语》："矇诵。"《晋语》："矇瞍不可使视。"韦注并与毛同。是矇之为疾，眸子未损，而有翳蔽，不能见物也。本卦蒙字皆借作矇，以喻愚昧无知之人。年幼而无知者，谓之童蒙。此童蒙谓求筮者也。我，筮人自谓也。匪我求童蒙，童蒙求我，言有来筮而无往筮也。渎借为嬻。《说文》："嬻，握持垢也。"引《易》曰："再三嬻。"正作嬻字。《广雅·释诂》："嬻，狎也。"初筮告，再三渎，渎则不告，言求筮者初来求筮，则为之筮，而告以休咎。若不信初筮，反覆多疑，而再三求筮，是狎辱筮人，则不为之筮也。"童蒙"五句，乃筮人之标语，不宜系此卦下，说见《通说》。利贞，言利占也。筮遇此卦，举事有利，故曰"利贞"。

初六，发蒙，利用刑人，用说桎梏，以往吝。

《广雅·释诂》："发，开也。"蒙借为矇。发矇者，医去其目翳而复明也。利用犹利于也。《需》初九云："利用恒。"《谦》六五云："利用侵伐。"上六云："利用行师，征邑国。"《观》六四云："利用宾于王。"《噬嗑》云："利用狱。"《益》初九云："利用为大作。"六四云："利用为依迁国。"《萃》六二、《升》九二并云："孚乃利用禴。"《困》九二云："利用享祀。"九五云："利用祭祀。"义皆同。用说，犹以说也。《损》云："可用享。"《井》九三云："可用汲。"义并同。《易》中用字，字同其义或不同，当随文读之。焦循曰："说，读如脱去之脱。"亨按：说借为挩。《说文》："挩，解挩也。"古书通以脱与说为之。《说文》："桎，足械也。梏，手械也。"目盲而复明，是去黑暗之境，而入光朗之域之象也。刑人脱桎梏，出图圄似之。故筮遇此爻，"利用刑人，用说桎梏"。《归妹》九二云："眇能视，利幽人之贞。"发蒙，即眇能视也。利用刑人，用说桎梏，即利幽人之贞也。其恉相同。又矇者不能见路，发矇虽能见路，而不知路，以其无经验也。故又曰"以往吝"。

九二，包蒙吉，纳妇吉，子克家。

包疑借为庖。《易》或以包为庖。《姤》九二云："包有鱼。"《释文》："包本亦作庖。"即其证。《说文》："庖，厨也。"古称厨人亦曰庖。《庄子·养生主》篇："良庖岁更刀，割也。族庖月更刀，折也。"即其例。蒙借为矇。庖矇谓庖人目病生翳也。蒙下吉字疑涉纳妇吉句而衍。盖包蒙之吉在纳妇，不在它事也。《尔雅·释亲》："子之妻为妇。"纳妇者，为子娶妻也。《左传·宣公八年》传："日中而克葬。"杜注："克，成也。"子克家，谓子有室也。庖人矇则厨事废，为子娶妻，则中馈有主，子亦有室，故曰"包蒙，纳妇吉，子克家"。

六三，勿用取女，见金，夫不有躬，无攸利。

《释文》："取，本又作娶。"《说文》："娶，取妇也。"古无娶字，故

《易》作取。金谓夋金也。《诗·氓》："以尔车来。以我贿迁。"《易》之金即《诗》之贿也。夫不有躬，谓女之夫将丧其身也。筮遇此爻，不可娶女。娶女则但见夋金，而女之夫将有丧身之祸，无所利。故曰"勿用取女，见金，夫不有躬，无攸利"。

六四，困蒙，吝。

蒙借为矇。愚昧无知之人处困窘之境，谓之困矇。若此者举措艰难，故曰"困矇，吝"。

六五，童蒙，吉。

童蒙解见初九。童蒙为大人所爱护，故曰"童蒙，吉"。又按：《老子》曰："含德之厚，比于赤子，毒虫不螫，猛兽不据，攫鸟不搏。"毒虫、猛兽、攫鸟皆以喻残暴之人，此言虽残暴之人，不加害于赤子也。《周易》之童蒙，即《老子》之赤子。人果能比德童蒙，于物无忤，则物不害之，故曰"童蒙，吉"。

上九，击蒙，不利为寇，利御寇。

蒙借为矇。攻击愚昧无知之人，谓之击矇。矇者未犯我，而我击之，是虽有必胜之势，而大背人道，天下所共嫉。矇者先犯我，而我击之，是既有必胜之势，且不背人道，天下所共许。故曰"击蒙，不利为寇，利御寇"。

需第五

䷄ 坎上乾下 需

有孚，光。亨。贞吉。利涉大川。

需，卦名也。孚即俘字。《说文》："孚，卵孚也。从爪从子。"按：许说误。林义光曰："孚即俘之古文，象爪持子。"（《文源》）是也。《说文》："俘，军所获也。"军队虏获敌方之人员财物谓之孚。例如《小盂鼎》云："孚人万三千八十一人，孚马□□匹，孚车十两（辆），孚牛三百五十五牛，羊二十八羊。"即以孚为俘也。古人认为此乃光荣之事，故曰"有孚，光"。《未济》六五云："君子之光有孚。"句义同此。亨即享字。古人举行享祀，曾筮遇此卦，故记之曰"亨"。贞吉犹占吉也。有所占问，筮遇此卦则吉。故曰"贞吉"。又筮遇此卦，涉大川则利，故曰"利涉大川"。

初九，需于郊，利用恒，无咎。

《彖传》曰："需，须也。"《杂卦传》曰："需，不进也。"本卦需字皆驻止之义。《尔雅·释地》："邑外谓之郊。"需于郊，以象人处旷平之境也。《恒卦·彖传》曰："恒，久也。"旷平之境，利于久驻，自可无咎。故曰"需于郊，利用恒，无咎"。

九二，需于沙，小有言，终吉。

沙上难行，需于沙，以象人处艰难之境也。言疑当作**䇂**。篆文言作

言，𧮫作𧮫，形近而讹。《说文》："言，直言曰言，论难曰语。从口，
辛声。𧮫，语相诃歫也。从口𢆉。𢆉，恶声也，读若蘗。"考甲骨文，
言作𧮫（《殷虚书契前编》卷五第二十页。𧮫《殷虚书契后编下》第十
页）。𧮫作𧮫（《殷虚书契前编》卷四第二十八页）𧮫（《殷虚书契前
编》卷六第二十九页）。二字厘然有别。《易》此言字乃诃谴之义，当
作𧮫，不当作言。小有言，谓小受诃谴也。《讼》初六："不永所事，小
有言，终吉。"《明夷》初九云："有攸往，主人有言。"《震》上六云：
"婚媾有言。"《渐》初六云："小子厉，有言，无咎。"诸言字并与此同
义，人处艰难之境，小受诃谴，庶知戒慎，而终获福，故曰"需于沙，
小有言，终吉"。

九三，需于泥，致寇至。

需于泥，以象人处污垢之境也。愈陷愈深，寇将乘之，故曰"需于泥，
致寇至"。

六四，需于血，出自穴。

此殆记一古代故事也。"需于血，出自穴"者，言先立足于血泊之中，
后乃从院墙穴窦中逃出，得以免祸，故《周易》记之曰"需于血，出自
穴"。筮辞未言吉凶者，其吉凶之象，寓于此故事中也。《左传·哀公元年》
传："昔有过浇，杀斟灌以伐斟鄩，灭夏后相，后缗方娠，逃出自窦，归于
有仍，生少康焉。"《周易》所记，当即后缗之事也。

九五，需于酒食，贞吉。

需于酒食者，酒食在前而驻止，不饮不食也。是人既醉饱而酒食有余
也。推之它事，所用已足，其资有余者，似之。故曰"需于酒食，贞吉"。

上六，入于穴，有不速之客三人来，敬之终吉。

《释文》："速，马云：召也。"《诗·伐木》"以速诸父"郑《笺》，

《仪礼·乡饮酒礼》"主人速宾"郑注，并与马同。不速之客亦宜敬之，故曰"入于穴，有不速之客三人来，敬之终吉"。此殆古代故事欤。

讼第六

乾上 坎下　讼

有孚，窒惕，中吉，终凶。利见大人。不利涉大川。

讼，卦名也。孚即俘字，有孚，谓军队虏得敌方之人员财物也。于省吾曰："窒惕，乃至易之假字也。至，甚也。"中对终言。筮遇此卦，得俘甚易，但事之中段是吉，事之末段是凶。故曰"有孚，窒惕，中吉，终凶"。又筮遇此卦，见大人则利，故曰"利见大人"。涉大川则不利，故曰"不利涉大川"。

初六，不永所事，小有言，终吉。

不永所事者，所事未久而中辍也。言当作䇂，诃谴也。说见《需》卦。筮遇此爻，所事未久而欲中辍，将小受诃谴而终吉，故曰"不永所事，小有言，终吉"。

九二，不克讼，归而逋，其邑人三百户无眚。

《礼记·礼器》："我战则克。"郑注："克，胜也。"不克讼，犹今言不胜诉也。《集解》引荀爽曰："逋，逃也。"《说文》："逋，亡也。亡，逃也。"《释文》："眚，马云：'灾也。'"《说文》："眚，目病生翳也。"引申为灾义。此殆古代故事。盖有为大夫者，受封邑三百户，虐其邑人。邑人讼其主于公所，或王所。其主败诉，邑被夺，且将获罪，乃归而逃。其邑人遂免于灾虐。故曰"不克讼,归而逋,其邑人三百户无眚"。

六三,食旧德,贞厉,终吉。或从王事,无成。

惠栋曰:"食,读如日月有食之之食。"窃谓食借为蚀。《说文》:"蚀,败创也。"食旧德,谓亏损其故日之德行也。食旧德则危难至,危难至则知惕惧,知惕惧则可无败。故曰"食旧德,贞厉,终吉"。从王事者,贵克忠克勤,始终如一,否则将无所成,故又曰"或从王事,无成",亦承食旧德而言也。

九四,不克讼,复即命渝。安贞吉。

《说卦传》曰:"复,反也。"焦循曰:"即,从也。"亨按:渝犹败也。《说文》:"渝,变污也。"凡事物由美转恶,由利转害,由成转毁,皆谓之渝。故渝可训败,又可训堕。《豫》上六云:"成有渝。"《随》初九云:"官有渝。"是也。字亦作输,《诗·正月》:"其车既载,乃弃而辅,载输尔载。"郑《笺》:"输,堕也。"《公羊·隐公六年》经曰:"郑人来输平。"(《左传》输作渝)传曰:"输平者何?输平犹堕成也。何言乎堕成?败其成也。"《穀梁》经文同。传曰:"输者,堕也。"《荀子·成相》篇:"春申道缀基毕输。"皆其例。"不克讼,复即命,渝"者,言不胜诉者,归而从上之令,是讼事失败也。占问安否谓之安贞。筮遇此爻,占问安否者吉,故曰"安贞吉"。此句与上文无涉。

九五,讼元吉。

元吉,大吉也。筮遇此爻,讼事大吉,故曰"讼元吉"。

上九,或锡之鞶带,终朝三褫之。

《集解》引虞翻曰:"锡,谓王之锡命。鞶带,大带,男子鞶革。"亨按:锡借为赐,《说文》:"赐,予也。"又曰:"鞶,大带也,从革,般声。"引《易》此句。《左传·桓公二十年》:"鞶厉游缨。"杜注:"鞶,绅带也，一名大带。”盖鞶带以革为之，故鞶从革，乃命服也。《释文》：“褫，郑本作拕。”焦循曰：“褫犹夺也。”亨按：《说文》：“褫，夺衣也，读若沱。”郑作拕，借为褫。《淮南子·人间》篇：“拕其衣被。”高注：“拕，夺也。”拕，俗拕字，亦借拕为褫。或锡之鞶带，终朝三褫之，言君之宠命变易无常也。

师第七

䷆坤上坎下 **师**

贞丈人吉，无咎。

师，卦名也。丈人，《集解》引崔憬曰："《子夏传》作大人。"李鼎祚曰："《子夏传》作大人，是也。"吴澄曰："丈字盖大字之讹。"姚配中曰："此当从《子夏传》作大人。"亨按：诸说是也。《易》恒言大人（说见《乾》卦），无言丈人者，而《否》九五云："大人吉。"与此义同。《困》云："贞大人吉。"与此句同。是其证也。大人有所占问，筮遇此卦则吉，而无咎，故曰"贞大人吉，无咎"。

初六，师出以律，否臧凶。

师，军队也。孔颖达曰："律，法也。"臧疑借为壮。古书或以臧为壮，《诗·駉》："思马斯臧。"《閟宫》："俾尔寿而臧。"二臧字皆当读为壮。臧、壮同声系，古得通用也。壮，强也。古谓兵强曰"师壮"。《左传·僖公二十八年》："师直为壮，曲为老。"《宣公十二年》："楚师方壮。"皆其例也。兵出必以律，不然，其师虽壮亦凶，故曰"师出以律，否臧凶"。

九二，在师中吉，无咎，王三锡命。

《释文》："锡，郑本作赐。"朱骏声曰："《周礼》一命受职，再命受服，三命受位。"《曲礼》："一命受爵，再命受服，三命受车马。"亨按：锡借为赐。筮遇此爻，在师中者吉而无咎，君将三次锡命，以嘉其功劳。故曰"在师中吉，无咎，王三锡命"。

六三，师或舆尸，凶。

《集解》引卢氏曰："尸在车上，故舆尸凶矣。"舆尸者，以舆载死人也。战败卒死，载尸而还，是凶也。故曰"师或舆尸，凶"。

六四，师左次，无咎。

《集解》引荀爽曰："次，舍也。"《广雅·释诂》："次，舍也。"《左传·庄公三年》："凡师一宿为舍，再宿为信，过信为次。"筮遇此爻，其师舍于左则无咎，故曰"师左次，无咎"。

六五，田有禽，利执言，无咎。长子帅师，弟子舆尸，贞凶。

《集解》引荀爽曰："田，猎也。"《白虎通·田猎》篇："禽者何？鸟兽之总名，为人所禽制也。"田有禽者，田猎而获鸟兽也。《恒》九四云："田无禽。"《解》九二云："田获三狐。"《巽》六四云："田获三品。"皆言田猎之事也。（此采王引之说）筮遇此爻，田猎有获，故曰"田有禽"。言疑借为焉，二字古通用。《诗·大东》："眷言顾之。"《荀子·宥坐》篇引言作焉，即其证。《说文》："焉，焉鸟也，黄色，出于江淮。"余谓焉鸟不限于江淮；《易经》此言字即借为焉，执焉即捕焉鸟，正承上句"田有禽"而言也。捕焉鸟，筮遇此爻，则利而无咎。故曰"利执言，无咎"。《吕氏春秋·原乱》篇："乱必有弟。"高注："弟，次也。"通作第，《小尔雅·广诂》："第，次也。"然则弟子犹言次子矣。长子为主将，而次子丧其军，是用其亲以致败绩也。故曰"长子帅师，弟子舆尸，贞凶"。

上六，大君有命，开国承家，小人勿用。

程颐曰："大君以爵命赏有功也。开国，封之为诸侯也。承家，以为卿大夫也。承，受也。"亨按：程说是也。筮遇此爻，有位者将以功受邦，是为开国。或以功受邑，是为承家。小人则不可有所施行，故曰"大君有命，开国承家，小人勿用"。

比第八

坎上
坤下　比

吉。原筮元。永贞无咎。不宁方来，后夫凶。

比，卦名也。原筮者，后人追称旧筮之辞也。元下疑当有亨字，转写挩去。《左传·昭公七年》："卫襄公夫人姜氏无子，嬖人婤姶生孟絷。孔成子梦康叔谓己：'立元！余使羁之孙圉与史苟相之。'史朝亦梦康叔谓己：'余将命而子苟与孔烝锄之曾孙圉相元。'史朝见成子，告之梦，梦协。晋韩宣子为政聘于诸侯之岁，婤姶生子，名之曰元。孟絷之足不良，能行。孔成子以《周易》筮之曰："元尚享卫国，主其社稷。'遇《屯》☳。又曰：'余尚立絷，尚克嘉之。'遇《屯》☷之《比》☵。以示史朝。史朝曰：'元亨，又何疑焉。'成子曰：非长之谓乎？'对曰："康叔名之，可谓长矣。孟非人也，将不列于宗，不可谓长。且其繇曰："利建侯。"嗣吉何建，建非嗣也。二卦皆云。于其建之。康叔命之。二卦告之。筮袭于梦。武王所用也。弗从何为？弱足者居，侯，主社稷，临祭祀，奉民人，事鬼神，从会朝，又焉得居，各以所利，不亦可乎！'故孔成子立灵公。"考史朝所谓"元亨"者，《屯》之卦辞也。所谓"二卦皆云"者，《屯》《比》二卦皆云"元亨"也。今本《周易·屯》卦辞有"元亨"，而《比》卦辞有"元"无"亨"，此元下挩亨字之铁证。元亨，大享也。古人举行大享之祭，曾筮遇此卦，故记之曰"元亨"。占问长期之休咎谓之永贞。"永贞无咎"，言占问长期之休咎，遇此卦则无咎也。不宁方来，后夫凶，殆古代故事也。王夫之曰："不宁方，谓不宁之方，犹《诗》言'榦不庭方'。"其说甚趚。宁，安也。方犹邦也。《诗·荡》："覃及鬼方。"《抑》："用遏蛮方。"《常武》："徐方绎骚。"诸方字皆犹邦也。古金文或用方为邦义。不宁方谓不安静之邦，即好为乱之邦也。《周礼·考工记·梓人》："祭侯之礼，以酒脯醢，其辞曰：'惟若宁侯，毋或若女不宁侯，不属于王所，故抗而射汝。'"《大戴礼·投壶》篇："鲁命弟子辞曰：'嗟尔不宁侯，为尔不朝于王所，故亢而射女。'"《白虎通·乡射》篇："礼射祝曰：'嗟尔不宁侯，尔不朝于王所，以故天下失业，亢而射尔。'"《说文》："侯，春飨所射侯也。其祝曰：'毋若不宁侯，不朝于王所，故伉而射汝也。'"《仪礼·大射仪》："量侯道。"郑注："尊者射之以威不宁侯，卑者射之以求为侯。"是不宁侯为古代成语。不宁之侯谓之不宁侯，不宁之邦谓之不宁方，其意一也。不宁方或言不庭方，《诗·韩奕》："榦不庭方。"是也。或言不廷方，《毛公鼎铭》："衔裒不廷方。"（衔即衔字，远也。旧释率误）是也。宁与庭、廷，盖一声之转也。不宁方来谓不宁之邦来朝也。后夫者，后至之人也。诸侯朝王，后至者诛，故曰"不宁方来，后夫凶"。《国语·鲁语》："仲尼曰：'丘闻之，昔禹致群神于会稽之山，防风氏后至，禹杀而戮之。'"《竹书纪年》："帝禹八年春，会诸侯于会稽，杀防风氏。""不宁方来，后夫凶"疑即记禹杀防风氏之故事也。"元亨永贞无咎不宁方来后夫凶"十三字，殆皆原筮之辞也。

初六，有孚，比之无咎。有孚盈缶，终来有它，吉。

孚即俘字，有俘，谓军队虏得敌方之人员财物也。《象传》曰："比，辅也。"《尔雅·释诂》："比，俌也。"《说文》："俌，辅也。"俌，即辅佐之辅之本字。本卦比字皆为辅义，且皆就臣辅君而言也。臣之于君，有所辅弼，若筮遇此爻，则无咎。故曰"比之无咎"。《说文》："缶，瓦器，所以盛酒浆。"《汉书·五行志中》之下："季桓子穿井得土缶。"颜注："缶即今之盆。"有孚盈缶，谓虏得器物满于盆中也。于省吾曰："来当作未。《说文》：'它，虫也。上古草居患它，故相问无它乎。'重文作蛇。是古人称意外之患曰它。"此爻云："终来有它。"《大过》九四云："有它吝。"《中孚》初九云："有它不燕。"义并同。殷虚卜辞亦有"有它""亡它"之文，筮遇此爻，终无意外之患，故曰"终来有它，吉"。

六二，比之自内，贞吉。

比之自内与六四外比之对言。公卿在朝，作王股肱，比之自内也。诸侯在国，作王屏藩，外比之也。帏幄献谋，朝夕纳谏，比之自内也。帅师远征，奉使外出，外比之也。厥例不可胜举。在内辅君，筮遇此爻则吉，故曰"比之自内，贞吉"。

六三，比之匪人。

《释文》："匪人，王肃本作匪人凶。"亨按：有凶字意较备。比之匪人者，所辅之君不贤也。若龙逢之辅夏桀，比干之辅殷纣，范增之辅项王，皆其例。此凶象也。故曰"比之匪人凶"。

六四，外比之，贞吉。

外比之，在外辅君也。在外辅君，筮遇此爻则言，故曰"外比之，贞吉"。

九五，显比，王用三驱，失前禽，邑人不诫，吉。

显比者，以光明之辅也。《尔雅·释诂》："显，光也。"《广雅·释诂》："显，明也。"古语鸟兽皆称禽，此禽乃谓鸟也。俞樾曰："诫读为骇。"是也。诫、骇古通用。《周礼·钟师》："《祴夏》。"郑注："杜子春云：'祴读为陔。'"《大司马》："鼓皆骇。"《释文》："骇本作骇。"《大仆》："始崩戒鼓。"郑注："故书戒作骇。"《仪礼·乡饮酒礼》："宾出奏

《陔》。"郑注："《陔》，《陔夏》也。陔之言戒也。"《庄子·德充符》篇："又以恶骇天下。"《释文》："骇，崔本作骃。"并其左证。《说文》："骇，惊也。"此殆古代故事，盖王田之时，有鸟在前，王三驱而逐之，不获，以为邑人惊走此鸟，欲诛邑人。王臣证明邑人未曾骇鸟，王乃不诛。故曰"显比，王用三驱，失前禽，邑人不诫，吉"。《晏子春秋·内篇·谏上》："景公射鸟，野人骇之。公怒，令吏诛之。"晏子谏，乃不诛。此故事与《晏子》故事相类也。

上六，比之无首，凶。

"比之无首"者，臣辅其君而罹杀身之祸，若龙逢、比干之类是也。如此者凶。故曰"比之无首，凶"。

小畜第九

☰☴ 巽上
乾下 **小畜**

亨。密云不雨，自我西郊。

小畜，卦名也。古人举行亨祀，曾筮遇此卦，故记之曰"亨"。"密云不雨，自我西郊"者，事在酝酿之象。大雨之前，云多起于西方，故言西郊也。《小过》六五亦云："密云不雨，自我西郊。"义同。

初九，复自道，何其咎，吉。

《杂卦传》："复，反也。"《说文》："复，往来也。"盖往而重来为复。《说文》："复，行故道也。"出而能返，尚何咎哉。不徒无咎，且言也。故曰"复自道，何其咎，吉"。

九二，牵复吉。

《说文》："牵，引前也。"《广雅·释诂》："牵，引也。"《释言》："牵，挽也。"牵复者，被人挽引而返也。此今语所谓被动也。被动以复，与自动以复，其复一耳。故曰"牵复吉"。

九三，舆说辐，夫妻反目。

说，《说文》引作脱。并借为挩。《说文》："挩，解挩也。"说、脱、挩同声系，古通用。《释文》："辐，本亦作輹。马云：'车下缚也。'"《集解》辐作輹。焦循曰："辐当作輹。"亨按：焦说是也。《说文》："輹，车轴缚也。"引《易》曰:"舆脱輹。"车挩其輹,则舆与轮离,此乖离之象也。《大畜》九二云:"舆说輹。"义同。反目者,相背而视也。夫妻反目,亦乖离之象也。舆轮一体也。夫妻一体也。筮遇此爻,将有亲近乖离之事,故曰"舆说辐,夫妻反目"。

六四,有孚,血去,惕出无咎。

孚读为浮,罚也。《小尔雅·广言》:"浮,罚也。"《书·盘庚中》:"以不浮于天。"《礼记·投壶》:"若是者浮。"《晏子春秋·内篇·杂下》:"请浮晏子。"浮皆罚义。血去,谓血流而去其身。"有孚,血去",即受挞笞之罚而流血也。焦循曰:"惕,遏也。"亨按:惕疑借为遏。《说文》:"逖,远也。"古文作遏。惕、遏同声系,古通用。故此以惕为遏。出犹走也。字孳乳为赻。《说文》:"赻,走也,从走,出声,读若屈。"遏出犹云远走耳。《涣》上九云:"涣其血去,逖出,无咎。"与此句法相似。此作惕,用借字,彼作逖,用本字也。筮遇此爻,将受挞笞之罚而流血,固不吉矣。然可避而免也,避之之道,宜去而远走,果去而远走,则无咎矣。故曰"有孚,血去,惕出无咎"。今世卜者,往往告人去家避祸,即此类也。

九五,有孚挛如,富以其邻。

孚读为浮,罚也。《说文》:"挛,系也。"挛如犹挛然,拘系之貌。拘系而囚之,亦罚之一种也。《中孚》九五云:"有孚挛如。"义同。富以其邻者,盗劫邻之财以富其家也。《泰》六四云:"翩翩不富以其邻。"则言被盗而贫,与此意相反,可以互证。盗劫邻之财以富其家,当受拘囚之罚,故曰"有孚挛如,富以其邻"。

上九,既雨既处,尚德载。妇贞厉。月几望,君子征凶。

俞樾曰:"《说文·几部》:'处,止也,得几而止,从几,从夂。'重文

处，曰：'或从虍声．'是处之本义为止，故《诗·江有汜》：'其后也处．'
《凫鹥》：'公尸来燕来处．'《毛传》并曰：'处，止也．'既雨既处者，既
雨既止也．止谓雨止，犹言既雨既霁也．《说文·雨部》：'霁，雨止也．'
不曰既止，而曰既处，取于协韵耳．"《集解》德作得．《音训》："德，晁
氏曰：'《子夏传》作得，京、虞翻同．'"亨按：德当读为得．《说文》：
"载，乘也．"《大有》九二云："大车以载．"《睽》上九云："载鬼一车．"
其义并同．既雨既处，尚德载，就行人而言也．行人在途，天既雨矣，雨
既止矣，路难行矣，然亦勿虑也，将遇车求载而得载也．此出行大吉之象
也．但在妇人则遇车得载，有被劫之虞，故曰"妇贞厉"．几疑借为既．
《中孚》六四云："月几望，马匹亡，无咎．"《释文》："几，荀作既．"以
此例之，本爻几字，古本亦当有作既者也．《易·小畜》上九，《泰》初九，
《谦》上六，《复》上六，《颐》六二，《离》上九，《大壮》初九，《损》
九二，《升》，《困》九二，《革》九三、上六，《震》上六，《归妹》，《未
济》六三，皆言征．《孟子·尽心下》篇："征者，上伐下也．"《尔雅·释
言》："征，行也．"此二义古书习用之．《易》中征字则皆上伐下之义．
《谦》上六云："鸣谦，利用行师征邑国．"其证一．《复》上六云："迷复
凶，有灾眚，用行师终有大败，以其国君凶，至于十年不克征．"其证二．
《离》上九云："王用出征，有嘉折首，获匪其丑．"其证三．筮遇此爻，在
月望之后，君子有所征伐则凶．故曰"月几望，君子征凶"．

履第十

≣乾上
兑下　**履**

履虎尾，不咥人。亨。

履字当重。履，履虎尾者，上履字乃卦名，下履字乃卦辞，此全书之通例也（说见《通说》）。《说文》："履，足所依也。"《小尔雅·广服》："在足谓之履。"此履之本义也。《诗·生民》："履帝武敏。"《毛传》："履，践也。"《论语·乡党》篇："行不履阈。"皇《疏》："履，践也。"此履之引申义也。本卦履字有用本义者，初九、九五是也，有用引申义者，卦辞、九二、六三、九四、上九是也。《释文》："咥，马云：'齕也。'郑云：'啮也。'"履虎尾不咥人者，险而不凶之象也。亨即享字，古人举行享祀，曾筮遇此卦，故记之曰"亨"。

初九，素履往，无咎。

《周礼·屦人》："掌王及后之服屦，为赤舄，黑舄，赤繶，黄繶，青句，素屦，葛屦。"《仪礼·士冠礼》："素积白屦。"是古人有素履之证。素履无文采，质而不饰之象也。以质而不饰之度，有所往则无咎，故曰"素履往，无咎"。

九二，履道坦坦，幽人贞吉。

《广雅·释训》："坦坦，平也。"《集解》引虞翻说："在狱中，故称幽人。"是虞释幽为囚。《易林·剥》曰："执囚束缚，拘制于吏，幽人有喜。"是汉人亦释幽为囚。是也。《左传·襄公十七年》："遂幽其妻。"《太平御览·人事部》一二七引《尸子》："文王幽于羑里。"幽并囚义。《荀子·王霸》篇："公侯失礼则幽。"杨注："幽，囚也。"《吕氏春秋·骄恣》篇："劫而幽之。"高注："幽，囚也。"《韩非子·喻老》篇："主父万乘之主，而以身轻于天下……是以生幽而死。"《淮南子·人间》篇："劫而幽之。"幽亦囚也。(此采惠栋、王念孙、孔广森诸家说)《书》则用要字。要、幽古通用。《诗·七月》："四月秀葽。"《大戴礼·夏小正》篇葽作幽。即其左证。《康诰》："要囚服念五六日，至于旬日。丕蔽要囚。"《多方》："要囚殄戮多罪亦克用勤。"又曰："我惟时其战要囚之。"要囚皆即幽囚也。幽人谓囚人，今呼为囚徒。《归妹》九二云："利幽人之贞。"义同。履道坦坦，在平夷途径之象也。筮遇此爻，将脱险就夷，故曰"履道坦坦，幽人贞吉"。

六三，眇能视，跛能履，履虎尾，咥人，凶。武人为于大君。

《释文》："眇，字书云：'盲也。'"《集解》二能字并作而。按：能并读为而。眇而视，跛而履者，无其能而为其事也。履虎尾者，自致于险境也。咥人者，遭大祸也。眇不能视而视焉。跛不能履而履焉。终以视不明而履于虎尾。又以履不捷而及于虎口。其凶甚矣。武人无大君之德，而据大君之位，亦将以妄行遭祸，覆国杀身，有似于此。故曰"眇能视，跛能履，履虎尾，咥人，凶。武人为于大君"。

九四，履虎尾，愬愬，终吉。

《释文》："愬愬，《子夏传》云：'恐惧貌。'马本作虩虩，云：'恐惧也。'"《集解》引侯果曰："愬愬，恐惧也。"按：愬借字，虩本字。《说文》："虩，《易》履虎尾，虩虩恐惧，从虎，𧈆声。"履虎尾者，履险之象也。履险而惧，则险化为夷。故曰"履虎尾，愬愬，终吉"。

九五，夬履，贞厉。

夬履者，断裂之履也。夬，篆文作𡍮，《说文》："𡍮，分决也，从又，屮象决形。"按：丨象决物之器，彐象所决之物。是夬原为断裂之义。故从夬得声之字，亦多有断裂之义。《说文》："决，行流也，从水，夬声。（行流谓断土使水流）抉，挑也，从手，夬声。（挑谓以手挑之使断）契，画坚也，从丯，夬声。（画坚谓丯划坚物）鈌，刺也，从金，夬声。缺，器破也，从缶，夬声。𡙇，城缺也，从𦎫，夬声。𦥍，𨸏突也，从𦣻，夬声。突，穿也，从穴，夬声。窫，深抉也，从穴，抉声。肤，孔也，从肉，夬声。疦，瘕也，从疒，夬声。（谓口有缺处）玦，玉佩也，从玉，夬声。"（如环而缺不连）皆其例。然则夬履谓断裂之履，明矣。《吕氏春秋·分职》篇："今民衣弊不补，履决不组。"《庄子·让王》篇："纳履而踵决。"二决字并断裂之义。夬与决古今字耳。著夬履以行，将有伤足之虞。故曰"夬履，贞厉"。

上九，视履考祥，其旋元吉。

《释文》："祥，本亦作详。"《音训》："祥，晁氏曰：'荀、郑作详。'"亨按：此文既言其旋元吉，则考祥谓有所往无疑矣。考疑当训登。《仪礼·士丧礼》："考降无有近悔。"郑注："考，证也。"《公羊·隐公五年》经："考仲子之宫。"传："考宫者何？考犹入室也，始祭仲子也。"《国语·周语》："所以修洁百物，考神纳宾也。"韦注："考，合也。"按：考神谓进于神也。《楚辞·九叹·离世》："身憔悴而考旦。"王注："考犹终也。"按：考旦犹言至旦也。诸考字义相近。此考有登义之证。祥疑借为庠，同声系，古通用其作详，亦同声系也。《说文》："庠，礼官养老，夏曰校，殷曰庠，周曰序。"《礼记·王制》："有虞氏养国老于上庠，养庶老于下庠。夏后氏养国老于东序，养庶老于西序。殷人养国老于右学，养庶老于左学。周人养国老于东胶，养庶老于虞庠。虞庠在国之西郊。"《乡饮酒义》："主人拜迎宾于庠门之外。"《孟子·滕文公上》篇："设为庠序学校以教之。庠者，养也。校者，教也。序者，射也。夏曰校，殷曰序，周曰庠。学则三代共之。"是庠者古代行养老之礼之地也。视履考祥者，视焉履焉以登于庠，得预于养老之礼也。其返也，醉饱而已，自是大吉。故曰"视履考祥，其旋元吉"。

泰第十一

坤上　泰
乾下

小往大来，吉。亨。

泰，卦名也。小往大来者，所失者小，所得者大也。筮遇此爻，将失小而得大。故曰"小往大来，吉"。亨即享字，古人举行享祀，曾筮遇此卦，故记之曰"亨"。

初九，拔茅茹以其汇，征吉。

《说文》："茹，饲马也。从草，如声。"以，用也。《释文》："汇，古文作蒉。"《尔雅·释木》："谓衬采薪。"《释文》："谓，舍人本作汇，云：'汇者茎也。'"是汇有草茎之义。又汇、蒉古通用，《说文》谓重文作蒉。即其左证。《礼记·礼运》："蒉桴而土鼓。"《明堂位》："土鼓蒉桴苇籥，伊耆氏之乐也。"蒉桴谓以蒿莛作鼓桴，是蒉亦有草茎之义。拔茅饲马必用茅茎者，盖拔茅则连根，连根则带土，带土则马不食也。拔茅茹以其汇，是养其所需以备取用之象也。如此者征吉。故曰"拔茅茹以其汇，征吉"。《否》初六云："拔茅茹以其汇，贞吉。"义同。

九二，包荒，用冯河，不遐遗朋，亡，得尚于中行。

包疑借为匏。《说文》："匏，瓟也。"《释文》："荒，郑读为康，云：'虚也。'"《集解》荒作㤉。引翟玄曰："㤉，虚也。"荒、康、㤉古通用。荒亦训虚。《尔雅·释诂》："濂，虚也。"《释文》"濂，郭云：'本或作荒．'"《诗·桑柔》："具赘卒荒。"《毛传》："荒，虚也。"又训空。《国语·吴语》："荒成不盟。"韦注："荒，空也。"匏荒，谓瓠空虚也。《集解》引虞翻曰："冯河，涉河。"《尔雅·释训》："冯河，徒涉也。"《诗·小旻》："不敢冯河。"《毛传》："徒涉曰冯河。"《吕氏春秋·安死》篇："不敢冯河。"高注："无舟渡河曰冯。"其本字为淜。《说文》："淜，无舟渡河也。从水，朋声。"古人冯河，常抒瓠而空之，以为腰舟。《庄子·逍遥游》篇："今子有五石之瓠，何不虑以为大樽，而浮于江湖。"《释文》："司马云：'樽如酒器，缚之于身，浮于江湖，可以自渡。'"其证一也。《鹖冠子·学问》篇："中流失船，一壶千金。"陆注："壶，瓠也，佩之可以济涉，南人谓之腰舟。"壶即瓠之借字。（《诗·七月》："八月断壶。"《毛传》："壶，瓠也。"陈奂《疏》云："壶，读与瓠同。"）其证二也。包荒用冯河，谓匏空而以之涉河也。孔《疏》："遗，弃也。"《诗·汝坟》："既见君子，不我遐弃。"义正同。不遐遗朋者，冯河之时，不遐弃其友，即携友以渡也。亡上疑当有悔字，转写挩去。《易》常言悔亡，即其证也。尚，王引之训助，于义甚谐，但余谓尚借为赏。《坎》云："行有尚。"《丰》初九云："往有尚。"《节》九五云："往有尚。"并同。《未济》九四云："有赏于大国。"赏亦当作尚。盖《易》皆以尚为赏。后人仅知《未济》之尚为赏，故增贝，它卦尚字，不知其为赏，故未改耳。《易》之以尚为赏，以孚为浮罚之浮，皆古字也。《尔雅·释宫》："行，道也。"中行谓中道。《益》六三云："中行告公用圭。"六四云："中行告公从。"《夬》九五云："苋陆夬夬，中行。"义并同。得尚于中行，谓在道中得赏也。用匏冯河，不弃其友，是临难不忘旧也。其上将嘉而赏之。故曰"包荒，用冯河，不遐遗朋，悔亡，得尚于中行"。疑此亦古代故事也。

九三，无平不陂，无往不复，艰贞无咎，勿恤其孚，于食有福。

"无平不陂，无往不复"，喻人之否泰相寻也。占问患难之事，谓之艰贞。筮遇此爻，患难之事可以无害，故曰"艰贞无咎"。盖否极而泰来矣。《说文》："恤，忧作。"孚读为浮，罚也。其孚，谓饮酒之罚也。《说文》："畐，满也，从高省，象高厚之形。福，祐也，从示，畐声。"金文畐作畐（叔氏钟），甲骨文畐作畐（《殷虚书契前编》卷四第二十三页）。并用为福。金文福作福（虢叔钟）、福（国差𦉜）、福（曾子簠），甲骨文福作福（《殷虚书契前编》卷四第二十三页）、福（《殷虚书契后编下》第十三页）、福（《龟甲兽骨文字》卷一第十九页）。畐、福当为一字，祭神之酒也。畐象酒器，福又增示旁耳。《周礼·膳夫》："凡祭祀之致福者。"郑注："福谓诸臣祭祀，进其余肉，归胙于王。"《国语·晋语》："必速祠而归福。"韦注："福，胙肉也。"以字形证之，福为祭酒，胙为祭肉。致福归福与致胙归胙异义。一飨神饮之余，一飨神食之余。其物不同，其意则一。郑、韦混福胙为一，盖福之古义湮沉久矣。（此采罗振玉说，见《殷虚文字类编》）此云"于食有福"，正谓在食之时，有福酒可饮也。筮遇此爻，勿忧其罚，乃在祭祀之时，受饮祭神余酒之罚也。故曰"勿恤其孚，于食有福"。

六四，翩翩，不富以其邻，不戒以孚。

翩翩，《释文》作篇篇，云："《子夏传》作翩翩，向本同，古文作偏偏。"并通用字。其本字疑为頩。《说文》："頩，头妍也，从页，翩省声，读若翩。"不富以其邻者，邻人虏取其财物，以致家贫也。《谦》六五云："不富以其邻。"义同。孚即俘字，虏取也。頩頩而美者，本富家人也。今也不富，以其邻之虏取其财物也。是固邻人之恶，然亦以其人之不自戒也。故曰"翩翩，不富以其邻，不戒以孚"。

六五，帝乙归妹以祉，元吉。

《集解》引虞翻曰："帝乙，纣父。"按：《左传·哀公九年》解此爻，以帝乙为微子启父。启，纣兄也。盖即虞翻所本。是也。《集解》又引虞翻曰："归，嫁也。"《归妹》卦王注曰："妹，少女之称也。"其解甚是。

《诗·大明》："倪天之妹。"义与此同。旧释妹为姊妹之妹，非是。《归妹》初九云："归妹以娣。"既言妹，不得再言娣，可见妹非姊妹之妹，即其证。《诗·江有汜》："之子归，不我以。"郑《笺》："以犹与也。"祉疑当作侄，古音之误。《荀子·礼论》篇："社止于诸侯。"《史记·礼书》止作至。即止、至古音相近而字相乱之证。或古无侄字，故《周易》以祉为侄也。《诗·韩奕》："韩侯取妻，汾王之甥，蹶父之子。韩侯迎止，于蹶之里……诸娣从之，祁祁如云。"《公羊传·庄公十九年》："诸侯娶一国，则二国往滕之，以侄娣从……诸侯壹聘九女。"则此云归妹以侄，固其宜矣。《归妹》初九云："归妹以娣。"六三云："归妹以须。"可证此爻祉字当作侄也。元吉，大吉也。帝乙归妹者，嫁少女于文王也。《诗·大明》："文王初载，天作之合。在洽之阳，在渭之涘。文王嘉止，大邦有子，倪天之妹。文定厥祥，亲迎于渭。造舟为梁，不显其光。有命自天，命此文王，于周于京。缵女维莘，长子维行，笃生武王。保右命尔，燮伐大商。"盖文王元妃乃殷帝之子，《诗》曰"大邦有子"者，周人往往称殷为大邦，而自称为小邦。《书·召诰》："天既遐终大邦殷之命。"《顾命》："皇天改大邦殷之命。"《大诰》："兴我小邦周。"即其例。则《诗》之大邦指殷，明矣。《诗》云"倪天之妹"者，《释文》："倪，《韩诗》作磬，云：'磬，譬也。'"《说文》："倪，譬谕也。"是倪、磬字异而义同。此言大邦之子如天上之少女也。文王次妃即大姒，武王之母也。《诗》云"缵女维莘"者，《说文》："缵，继也。"谓继娶之女为有莘氏之子也。"长子维行"者，请其在姊妹之行列为长子也。（《礼记·祭统》："于祭者，子行也。"与此行字同义）有莘姒姓，故称大姒。帝乙所归之妹，疑因故大归。《归妹》六三云："归妹以须，反归以娣。"或即记此事也。因帝乙所归之妹大归，故文王又娶大姒，乃生武王也。帝乙归妹，在当时本为大吉之事，故曰"帝乙归妹以祉，元吉"。此采顾颉刚氏说而参以管见。

上六，城复于隍，勿用师，自邑告命，贞吝。

复疑当读为覆，倾也。《集解》引虞翻曰："隍，城下沟，无水称隍，有水称池。"《说文》："隍，城池也，有水曰池，无水曰隍。"引《易》此句。城复于隍者，城崩而倾覆于隍中也。师上疑当有行字，转写挩去。《易》屡言行师。《谦》上六云："利用行师征邑国。"《豫》云："利建侯行师。"《复》上六云："用行师终有大败。"即其证。勿用行师，承城复于隍而言。盖城覆则无以守，更不可攻也。自邑告命者，由邑以城覆之事告命于君也。此疑亦古代故事。盖邑城崩而覆于隍，自不可行师。邑人告命于君。此本患难之兆也。故曰"城复于隍，勿用行师，自邑告命，贞吝"。

否第十二

䷋ 乾上坤下　否

否之匪人，不利君子贞，大往小来。

否字当重。"否。否之匪人"者，上否字乃卦名，下否字乃卦辞，此全书之通例也。（说详《通说》）《释文》："否，闭也，塞也。"《集解》引崔憬曰："否，不通。"《遯》云："小人否。"《释文》："王肃云：'否，塞也。'"《论语·雍也》篇："予所否者，天厌之，天厌之。"《列子·天瑞》篇："圣有所否。"其义并同。使不肖者闭而不通，是否其所当否也。使贤者闭而不通，是否其所不当否也。否其所不当否，是谓否之匪人。否之匪人，则贤者斥，国政乱，君位危矣。故曰"否之匪人，不利君子贞"。大往小来者，所失者大，所得者小也。筮遇此卦，将失大而得小，故又曰"大往小来"。

初六，拔茅茹以其汇，贞吉。亨。

拔茅茹以其汇者，是养其所需以备取用之象也。故（说见《泰》卦）曰"贞吉"。

六二，包承，小人吉，大人否。亨。

初六爻辞亨字当在本爻包字上，盖后人增六二两字错置其位也。"亨包承"者，亨即享字，言包承也。《广雅·释诂》："包，裹也。"《诗·野有死麕》："白茅包之。"《毛传》"包，裹也。"字亦作苞。《礼记·曲礼上》：

"凡以弓剑苞苴箪笥问人者。"郑注："苞苴，裹鱼肉者也，或以苇，或以茅。"《荀子·大略》篇："苞苴行与。"义同。承疑当读为胔。《说文》："胔，骏也。从肉，丞声，读若丞。"胔既从肉，其本义当属于肉，许训非其朔也。《仪礼·燕礼》及《大射仪》并云："无胔。"郑注并云："胔，俎实。"《燕礼·记》："有胔。"郑注："胔，折俎也。"《特牲馈食礼》："宗人告祭胔。"郑注："胔，俎也。"《少牢馈食礼》："卒胔。"郑注："胔，以牲体实鼎也。"《特牲馈食礼·记》又云："众宾及兄弟内宾宗妇若有公有司私臣皆殽胔。"义同。《国语·周语》："禘郊之事，则有全烝。（韦注："烝，升也，全烝，全其牲体而升之，凡郊禘皆血腥。"）王公立饫则有房烝。（韦注："房，大俎也。《诗》云：'笾豆大房。'谓半解其体，升之房也。"）亲戚宴飨，则有肴烝。"（韦注："肴烝，升体解节折之俎也，谓之折俎。"）《国语》之肴烝，即《仪礼》之殽胔，可证《国语》之烝，即《仪礼》之胔矣。由此观之，胔者，祭祀宴飨之时所升之肉也。亨胔者，举行享祭以茅苇包胔肉也。享祭所升之肉，宜实于鼎俎。小人包胔，虽无鼎俎，尚有胔肉，是小裕之象也。大人包胔，虽有胔肉，已无鼎俎，是大贫之象也。故曰"亨包承，小人吉，大人否"。

六三，包羞。

六二爻辞亨字当在本爻包字上，盖后人增六三两字错置其位也。亨包羞者，亨即享字，言享祭包羞也。《说文》"羞，进献也。从羊，羊所进也，从丑，丑亦声。"金文羞作𦏧（不嬰敦）、𦏲（武生鼎）。甲骨文羞作𦏲（《殷虚书契前编》卷二第十一页）、𣏟（《殷虚书契前编》卷四第三十四页）。皆从又持羊，篆文失其朔矣。盖献肉谓之羞，因而肉类皆谓之羞。《周礼·膳夫》："掌王之食饮膳羞。"郑注："羞，有滋味者。"又云："羞用百有二十品。"郑注："羞出于牲及禽兽，以备滋味，谓之庶羞。"是其例。但羞盖专指熟肉而言。《方言》十二："羞，熟也。"《广雅·释诂》："羞，毂也。"

是其证。包羞者，以茅苇包熟肉也。此有所馈献之象。其休咎《易》未明言。

九四，有命，无咎，畴离祉。

有命者，君有锡命加于其身也。《师》上六云："大君有命，开国承家。"义同。《释文》："畴，郑作古畜字。"按：畴疑借为寿，古字通用。盖畴即畜字。《说文》畜重文作畜。金文多以畜为寿。《易》古经或本作畜。后人依《说文》改为畜。又从俗改为畴耳。《集解》引《九家易》曰："离，附也。"离训附，当读为丽，古字通用。《诗·渐渐之石》："月离于毕。"《论衡·说日》篇、《淮南子·原道》篇高注并引离作丽。《仪礼·乡饮酒礼》："乃歌鱼丽。"《释文》："丽，本作离。"《易·兑·象传》："丽泽兑。君子以朋友讲习。"《释文》："丽，郑作离。"皆其证。《周礼·大司寇》："而未丽于法。"《小司寇》："以八辟丽邦法。"《乡士》："各丽其法。"《礼记·王制》："邮罚丽于事。"郑注并云："丽，附也。"《集解》引《九家易》曰："祉，福也。"《说文》："祉，福也。"畴离祉即寿丽祉，谓寿附于福，即谓寿随福而至也。筮遇此爻，将有锡命至。锡命至是为福至。福至则无咎。寿亦随至。故曰"有命，无咎，畴离祉"。

九五，休否，大人吉。其亡其亡，系于苞桑。

休犹怵也（《说文》："怵，恐也。"《广雅·释诂》："怵，惧也。"休、怵双声，盖一语之转）。古休有怵义。《诗·蟋蟀》一章曰："无已大康，职思其居，好乐无荒，良士瞿瞿。"二章曰："无已大康，职思其外，好乐无荒，良士蹶蹶。"三章曰："无已大康，职思其忧，好乐无荒，良士休休。"《尔雅·释训》："瞿瞿，俭也。蹶蹶，敏也。"余谓休休犹怵怵也。瞿瞿，警惧见于目也。蹶蹶，警惧见于动作也。休休，警惧存于心也。《国语·楚语》："以休惧其动。"休惧犹怵惧也（《周礼·瞽矇》郑注引休作怵，乃后人所改）。并其证。休否者，惧否塞之来也。即安而不忘危，治而不忘乱，存而不忘亡也。

有位者能如此则吉。故曰"休否，大人吉"。《尔雅·释诂》："苞，丰也。"
《诗·鸨羽》："集于苞栩。集于苞棘。集于苞桑。"《晨风》："山有苞栎。
山有苞棣。"《下泉》："浸彼苞稂。浸彼苞萧。浸彼苞蓍。"《四牡》："集于苞
栩。集于苞杞。"诸苞字并为草木丰茂之义。苞桑者，深根而固柢者也。其
亡其亡，惧其危亡也。系于苞桑，譬其安固也。此正申休否大人吉之意也。
《系辞传下》："子曰：危者安其位者也。亡者保其存者也。乱者有其治者
也。是故君子安而不忘危，存而不忘亡，治而不忘乱，是以身安而国家可
保也。《易》曰：'其亡其亡，系于苞桑。'"得其恉矣。

上九，倾否，先否后喜。

倾疑读为顷。《说文》："顷，头不正也。"盖侧首谓之顷，因而一侧首
之时间亦谓之顷。犹下首谓之顿，因而一下首之时间亦谓之顿；转目谓之
瞬，因而一转目之时间亦谓之瞬也。《庄子·秋水》篇："夫不为顷久推
移。"《释文》："顷久犹早晚也。"余谓顷久犹久暂也。《荀子·正论》篇：
"蹪跌碎折，不待顷矣。"《性恶》篇："天下之悖乱而相亡，不待顷矣。"
杨注并云："顷，少顷也。"《战国策·秦策》："莅政有顷。"高注："有顷，
言未久。"并此义。顷否犹言暂否也。筮遇此爻，将有暂时之否塞。否塞既
过，喜庆即至。故曰"倾否，先否后喜"。

同人第十三

☰ 乾上
☲ 离下　**同人**

同人于野，亨。利涉大川。利君子贞。

同人二字当重。"同人。同人于野"者，上同人二字乃卦名，下同人二字乃卦辞，此全书之通例也（说见《通说》）。《说文》："同，合会也。"《诗·七月》："我稼既同。"郑《笺》："既同，言已聚也。"又曰："同我妇子，馌彼南亩。"又曰："二之日其同，载缵武功。"义并同。《吉日》："兽之所同。"郑《笺》："同，聚也。"是同有聚合之义。同人犹言聚众耳。《尔雅·释地》："邑外谓之郊。郊外谓之牧。牧外谓之野。"《诗·駉》："在坰之野。"《毛传》："邑外曰郊。郊外曰野。"《说文》门下云："邑外谓之郊。郊外谓之野。"其释虽异，而野为郊外之地则一。故此云"同人于野"，上九云"同人于郊"，其恉不同也。"同人于野"或指田猎之事而言，若《七月》"二之日其同"之例。盖田猎必在野地也。亨即享字，古人举行享祀，曾筮遇此卦，故记之曰"亨"。又筮遇此卦，涉大川则利，故曰"利涉大川"。君子有所占问亦利，故曰"利君子贞"。

初九，同人于门，无咎。

同人犹言聚众也。"同人于门"者，国有大故，君致万民于门有所询也。《周礼·大司徒》："若国有大故，则致万民于王门。"《小司寇》："掌外朝之政，以致万民而询焉，一曰询国危，二曰询国迁，三曰询立君。其位王南乡，三公及州长百姓北面，群臣西面，群吏东面，小司寇摈以叙进而问焉，以众辅志而弊谋。"所谓外朝，即王门之外也。为聚众于门之事而筮遇此爻，则无咎。故曰"同人于门，无咎"。

六二，同人于宗，吝。

同人犹言聚众也。《说文》："宗，尊祖庙也。"《随》六五云："厥宗噬肤，往何咎。"义同。"同人于宗"，不知其何所为。祭祀在宗庙，又古人行赏宴飨，亦在宗庙。《书·甘誓》："用命赏于祖。弗用命戮于社。"此古人行赏在宗庙之证。《诗·湛露》："厌厌夜饮，在宗载考。"此古人宴飨在宗庙之证。"同人于宗"或指祭祀行赏宴飨之事而言也。为聚众于宗之事而筮，遇此爻则吝。故曰"同人于宗，吝"。

九三，伏戎于莽，升其高陵，三岁不兴。

此就战事而言。"伏戎于莽"者，设伏兵于草莽之中也。设伏兵不可令敌人见之。而升其高陵，适可见之。其必为敌人所算，而覆军杀将，明矣。经此败绩，将有长期之不振。故曰"伏戎于莽，升其高陵，三岁不兴"。

九四，乘其墉，弗克，攻，吉。

此就攻城而言。《说文》："墉，城垣也。"攻城者已登其墉，而守者未退，城犹未克，则亟攻之，必拔矣。若止而不攻，于守者以缮修之暇，则更不易攻矣。故曰"乘其墉，弗克，攻，吉"。

九五，同人先号咷而后笑，大师克，相遇。

《释文》："号咷，啼呼也。"《说文》咷下云："楚人谓儿泣不止曰嗷咷。"咷嗷与号咷义同。先号咷而后笑者，先悲后喜也。《旅》上九云："旅人先笑后号咷。"先喜后悲也。可以参证。《尔雅·释言》"克，能也"，此殆古代故事。盖有一军被敌人围攻，将就歼灭，相聚大哭，乃突围而走，幸与援兵相遇，而转败为胜，故曰"同人先号咷而后笑，大师克，相遇"。

上九，同人于郊，无悔。

邑外曰郊。说见前。"同人于郊"，疑指祭祀之事而言。古者祀上帝于郊，因而此祭亦名郊。《书·召诰》："越三日丁巳，用牲于郊，牛二。"《逸周书·作雒》篇："乃设立丘兆于南郊，以祀上帝。"《汉书·郊祀志上》："古者天子夏亲郊祀上帝于郊，故曰郊。"是其义也。《礼记·月令》："立春之日，天子亲帅三公九卿诸侯大夫以迎春于东郊……立夏之日，天子亲帅三公九卿大夫以迎夏于南郊……立秋之日，天子亲帅三公九卿诸侯大夫以迎秋于西郊……立冬之日，天子亲帅三公九卿大夫以迎冬于北郊。"此皆祭祀之事。《月令》固属后起之说。然古人祭祀在郊，当不止祀上帝一事也。祭祀于郊，必有多人同往，故《易》以"同人于郊"四字概括之。为"同人于郊"之事而筮，遇此爻则无悔。故曰"同人于郊，无悔"。

大有第十四

☲离上
☰乾下　**大有**

大有。元亨。

大有二字疑当重。"大有。大有"者，上大有二字乃卦名，下大有二字乃卦辞，此全书之通例也。（说见《通说》。）古者谓丰年曰"有"，谓大丰年曰"大有"。《诗·甫田》："自古有年。"《有駜》："岁其有。"《毛传》："岁其有，丰年也。"《春秋·桓公三年》经："有年。"《宣公十六年》经："大有年。"《公羊传》："此其曰有年何？仅有年也。彼其曰大有年何？大丰年也。"《榖梁传》：五谷皆熟为有年也。五谷大熟为大有年。并其例。古者预占岁之丰歉。《诗·无羊》："牧人乃梦。众维鱼矣。旐维旟矣。大人占之。众维鱼矣，实维丰年。旐维旟矣，室家溱溱。"此因梦而占得丰年之事也。《汉书·艺文志》杂占，有《泰一杂子候岁》二十二卷，《子赣杂子候岁》二十六卷，盖即占岁之书也。占岁者筮遇此卦，则大丰，故曰"大有"。元，大也。亨即享字。古人举行大享之祭，曾筮遇此卦，故记之曰"元亨"。

初九，无交害匪咎，艰则无咎。

交害犹言相贼也。彼此无相贼害，则相安无事，自不为咎，故曰"无交害匪咎"。既无交害之事，则无相仇之心，若值艰难之时，可得同情之助，而归于无咎，故又曰"艰则无咎"。

九二，大车以载，有攸往，无咎。

《荀子·劝学》篇："假舆马者，非利足也，而致千里。"大车可以任重致远，故曰"大车以载，有攸往，无咎"。

九三，公用亨于天子。小人弗克。

《释文》："亨，众家并香两反。京云：'献也。'干云：'亨，宴也。'姚云：'亨，祀也。'"《左传·僖公二十五年》："狐偃言于晋侯曰：'求诸侯莫如勤王……'……公曰：'筮之。'筮之，遇《大有》☰之《睽》☲。曰：'吉，遇"公用亨于天子"之卦也。战克而王飨，吉孰大焉。'"是读亨为飨，为最古说。《释文》干云"亨，宴"，即本《左传》也。余谓亨为享字，已无疑义。但此享字，当为致贡之义（解见《通说》）。此殆古代故事，盖某国某公致贡天子，曾筮遇此爻，故记之曰"公用亨于天子"。后之筮者，公侯遇此爻，其吉自同，但小人则不能，故又曰"小人弗克"。

九四，匪其彭，无咎。

此匪字可读为非，可读为诽，可读为排，大意相同，以后者为胜。排谓排而除之也。《释文》："彭，子夏作旁，虞作尪。"《集解》彭作尪。亨按：尪为正字，彭、旁皆借字也。《说文》："尢，跛曲胫也。"重文作尪。跛曲胫之人，其足不正，其行亦不正，因而以喻不正之人及不正之事。排除此种人事，自无咎矣。故曰"匪其彭，无咎"。

六五，厥孚交如威如，吉。

孚读为浮，罚也。交疑当读为皎，同声系，古通用。《广雅·释诂》："皎，明也。"《释训》："皎皎，明也。"或读为曒。交、曒古亦通用。《诗·月出》："月出皎兮。"《文选·月赋》李注引皎作曒。《大车》："有如曒日。"《释文》："曒，本作皎。"《桑扈》："彼交匪敖。"《汉书·五行志》引作"匪徼匪傲"。并其左证。《方言》十二："曒，明也。"《一切经音义》

四引《埤苍》："皦，明也。"交如犹皎然，明貌。威如犹威然，严貌。厥孚交如威如，言君上之罚明且严也。古人行罚贵明贵严。《书·康诰》："敬明乃罚。"《多士》："将天明威，致王罚。"正此意。明者，当罚乃爵，决无含冤服屈也。严者，当罚必罚，决不阿私徇情也。其罚明严，则民畏服，故曰"厥孚交如威如，吉"。《随》九四云："有孚在道，以明何咎。"此又行罚贵明之谓也。《家人》上九云："有孚威如，终吉。"此又行罚贵严之谓也。可相参证。

上九，自天祐之，吉，无不利。

《集解》祐作右。古字通用。《系辞传上》："《易》曰：'自天祐之，吉无不利。'子曰：'祐者，助也。'"《说文》："祐，助也。从示，右声。"盖天助为祐，故字从示。又《说文》："右，助也。"义同。自天助之，自吉而无不利。故曰"自天祐之，吉，无不利"。

谦第十五

䷎ 坤上
艮下　谦

亨。君子有终。

谦，卦名也。亨即享字。古人举行享祀，曾筮遇此卦，故记之曰
"亨"。君子之事有终。故曰"君子有终"。

初六，谦谦，君子用涉大川，吉。

谦谦者，谦而又谦也。自矜善射，多死于矢。自矜善战，多死于兵。
自矜善涉，多死于水。若临大川而惕栗，操巨舟而戒慎，则无沉溺之患，
故曰"谦谦，君子用涉大川，吉"。

六二，鸣谦，贞吉。

《广雅·释诂》："鸣，名也。"《庄子·大宗师》篇："子以坚白鸣。"
《寓言》篇："鸣而当律，言而当法。"《列子·仲尼》篇："子以公孙龙之
鸣皆条也。"鸣皆当训名。《豫》初六云："鸣豫凶。"义同。鸣谦即名谦，
谓有名而谦，即有令闻广誉，而自以为不克当也。上六云："鸣谦。"义同。
名谦则其名益章，其德益进，其助益多，故曰"鸣谦，贞吉"。

九三，劳谦，君子有终，吉。

《周礼·司勋》："事功曰劳。"《礼记·明堂位》："成王以周公为有勋
劳于天下。"郑注同。《国语·周语》："平、桓、庄、惠皆受郑劳。"韦注：
"劳，功也。"有功劳而不自伐，是为劳谦。《论语·公冶长》篇："颜渊曰：

'愿无伐善，无施劳。'"无施劳即劳谦之意。劳谦者有其功，《老子》曰："不自伐，故有功。"即此意也。有功而谦，君子之事有终，是吉也。故曰"劳谦，君子有终，吉"。

六四，无不利，扨谦。

扨疑当读作为。同声系，古通用。《广雅·释诂》："为，施也。"盖为有施行之义，亦有施予之义，《诗·凫鹥》："福禄来为。"来为谓来施也。《礼记·祭统》："是故贤者之祭也，致其诚信，与其忠敬，奉之以物，道之以礼，安之以乐，参之以时，明荐之而已矣，不求其为。"不求其为，谓不求祖先有所施于我也。《老子》："为而不恃。"谓施而不以为德也。又曰："圣人不积，既以为人己愈有，既以为人己愈多。"为人，谓施予人也。并为有施予之义之证。扨谦即为谦。有施于人，而无居德之心、伐德之言，是为扨谦。扨谦则人皆感恩戴德，故曰"无不利，扨谦"。

六五，不富以其邻，利用侵伐，无不利。

不富以其邻，义见《泰》卦。因邻人盗劫其财物而家贫，是人之不富以其邻也。因邻国寇掠其财物而国贫，是国之不富以其邻也。有邻如此，侵伐之，名正而言顺。故曰"不富以其邻，利用侵伐"。不富以其邻，则知所戒备。知所戒备，则无忧患。所谓有备无患是也。故又曰"无不利"。

上六，鸣谦，利用行师征邑国。

鸣谦即名谦，说见上。有名而谦，则四方向风，万民慕德，有东征西怨之思，箪食壶浆之迎，故曰"鸣谦，利用行师征邑国"。

豫第十六

䷏ 震上
坤下 **豫**

利建侯行师。

豫，卦名也。筮遇是卦，建侯行师皆利，故曰"利建侯行师"。

初六，鸣豫，凶。

鸣亦名也，说见《谦》卦。《杂卦传》云："豫，怠也。"《尔雅·释诂》："豫，厌也。"《楚辞·九章·惜诵》："行婟直而不豫兮。"王注："豫，厌也。"盖古谓持事厌倦为豫。字亦作斁（豫、斁古通用，《惜诵考异》云"豫一作斁"，即其证。《书·顾命》："王不怿。"《汉书·律历志》引怿作豫。亦其左证）。《诗·思齐》："古之人无斁。"《振鹭》："在此无斁。"《駉》："思无斁。"无斁皆谓无厌倦也。本卦豫字皆斯义。鸣豫者，谓令闻既彰，而持事厌倦，此正志骄意盈之象，与鸣谦相反。故曰"鸣豫，凶"。

六二，介于石，不终日，贞吉。

《释文》："介，古文作砎。"《晋书音义》中引《字林》："阶，坚也。"《说文》无砎，盖即硈之异文。介、吉声系相通。《仪礼·士冠礼》："将冠者采衣纪紒。"郑注："古文紒为结。"《广雅·释诂》："紒，髻也。"曹宪音："紒，籀文髻。"并其证。《说文》："硈，石坚也。"《尔雅·释言》："硈，巩也。""砎于石"者，犹言坚于石也。《系辞传下》："子曰，知幾其神乎！君子上交不谄，下交不渎，其知幾乎！幾者动之微，吉之先见者也。君子见幾而作，不俟终日。《易》曰：'介于石，不终日，贞吉。'介如石焉，宁用终日，断可识矣。君子知微知彰，知柔知刚，万夫之望。"是以如释于，其意相近。《白虎通·谏诤》篇引作介如石，盖亦《易》之别本也。"介于石，不终日"，吉坚刚之度，不敢持之终日也，盖坚刚者易败，故《老子》曰："兵强则灭。木强则折。"（王弼本作兵强则不胜，木强则兵，据《列子·黄帝》篇、《文子·道原》篇、《淮南子·原道》篇引改）又曰："飘风不终朝。骤雨不终日。"若坚刚之度，不敢持之终日，而以韧柔为尚，自有良果，故曰"介于石，不终日，贞吉"。

六三，盱豫，悔，迟有悔。

《释文》："盱，子夏作纡，京作污。姚作盱，云：'日始出。'引《诗》曰：'盱日始旦。'"按：姚解是也。盱正字作旭。《说文》："旭，日旦出皃，读若勖。"《诗·匏有苦叶》："旭日始旦。"姚氏所引盖三家《诗》也。盱豫者，晨而厌倦也。与上六冥豫正相对为文。王引之曰："此与他卦言有悔者不同。他卦有悔对无悔言之也。此有字则当读为又。古字有与又通。言盱豫既悔迟又悔也……《困》上六：'困于葛藟，于臲卼，曰动悔有悔。'曰之言聿，语助也。有亦当读又。"其说是也。古人早起持事，《诗·氓》《小宛》《抑》并云："夙兴夜寐。"是其证也。晨而厌倦，其业必荒，悔将频至，故曰"盱豫，悔，迟有悔"。

九四，由豫，大有得。勿疑朋盍簪。

《释文》："由，马作犹。"按：由疑当读为游，古字通用。《左传·成公十六年》："养由基。"《后汉书·班彪传》作养游基。《文选》阮嗣宗《咏怀诗》："素质游商声。"沈注："游字应作由，古人字类无定也。"陈孔璋《檄吴将校部曲文》："则将军苏游反为内应。"李注："游与由同。"并其证。马作犹者，犹、游古亦通用。《周礼·师氏》："凡国之贵游子弟学焉。"

郑注："杜子春云：'游当为犹。'"即其证。古人谓田猎之事为游。《书·无逸》："文王不敢盘于游田。"《石鼓铭》："君子鼎邋，鼎邋鼎斿。"（当读为君子云猎，云猎云游）并其证也。由豫者，游田而厌倦也。耽于游田，古人所戒。故《无逸》称"文王不敢盘于游田"，《左传·襄公四年》载后羿以游田杀身，《书》伪《五子之歌》载太康以游田失国，《礼记·郊特牲》曰："好田好女者亡其国。"《国语·越语》载句践之言曰："吾年既少，未有恒常，出则禽荒，入则酒荒，吾百姓之不图，唯舟与车，上天降祸于越，委制于吴。"并其证也。然则游田而厌倦者，必将改其荒嬉之度，补其阙失之德，急于正务，有所成功，明矣。故曰"由豫，大有得"。盍疑借为嗑，《说文》："嗑，多言也。"《释文》："簪，古文作贷，京作撍，马作臧，荀作宗，虞作戠。"按：簪疑借为谮，簪、谮同声系，古通用。京作撍，亦同声系。其作贷、臧、宗、戠，亦一音之转耳。《说文》："谮，愬也。"《一切经音义》十七引《三苍》"谮，谗也。"《广雅·释诂》："谮，诇也。"《论语·颜渊》篇："浸润之谮。"皇《疏》："谮，谤也。"《诗·雨无正》："谮言则退。"《巷伯》："谋欲谮人。"义并同。勿疑朋嗑谮者，谓勿疑朋友之多言而谮己也。《诗·桑柔》："朋友已谮。"即谓朋友簪己。筮遇此爻，则勿疑有此事，故曰"勿疑朋盍簪"。

六五，贞疾恒不死。

疾恒，犹今言病久也。占问疾久者，筮遇此爻，则不死，故曰"贞疾恒不死"。

上六，冥豫，成有渝。无咎。

《说文》："冥，幽也。"《诗·斯干》："哕哕其冥。"郑《笺》："冥，夜也。"冥豫与六三"盱豫"对言，谓暮夜而厌倦也。《升》上六云："冥升。"冥义与此同。成疑借为城，古字通用。《诗·板》："无俾城坏。"《汉书·诸侯王表》引城作成。《左传·文公十一年》："王子成父。"《管子·

小匡》篇成父作城父。皆其证也。渝，堕也，败也，说见《讼》卦。成有渝，谓城有毁圮也。《随》初九云："官有渝。"官，古馆字。可证此文成当读为城矣。夜既厌倦而息矣，而城忽圮，若筮遇此爻则无咎。故曰"冥豫，成有渝。无咎"。

周易古经今注卷二

随第十七

☲ 兑上
☳ 震下　随

元亨。利贞。无咎。

随，卦名也。元，大也。亨即享字。古人举行大享之祭，曾筮遇此卦，故记之曰"元亨"。利贞犹利占也。筮遇此卦，举事有利且无咎，故曰"利贞。无咎"。

初九，官有渝，贞吉，出门交有功。

《释文》："官，蜀才作馆。"《说文》："官，吏事君也。从宀，从𠂤，𠂤犹众也，此与师同意。"按：官吏与宀𠂤无涉，许解非也。官即古馆字。《说文》："馆，舍也，从食，官声。"官之初义正为舍，故从宀在𠂤上，则官即古馆字，明矣。《礼记·曲礼下》："在官言官。"郑注："官，谓版图文书之处。"《玉藻》："在官不俟屦。"郑注："官谓朝廷治事处也。"《汉书·贾谊传》："学者所学之官也。"《文翁传》："修起学官于成都市中。"诸官字或指公舍，或指学舍，要皆馆字之义。在公舍治事之吏，亦曰官，其引申义也（此采俞樾《儿笘录》说）。《周易》此官字，正用其初义，蜀才作馆，用后造字。渝，堕败也（说见《讼》卦）。官有渝，谓馆舍有毁圮也。《小尔雅·广言》："交，俱也。"交有功谓俱有功也。《睽》九四云："交孚。"义同。古人馆舍毁圮，盖往往占其吉凶，若筮遇此爻则吉，出门则俱有功。故曰"官有渝，贞吉，出门交有功"。

六二，系小子，失丈夫。

《说文》："系，絜束也，从人，从系，系亦声。"系盖即系缧之系，故从系从人，以绳系人之象也。系小子，失丈夫，殆指俘虏而言，乃小存大亡之象，未言休咎，休咎自在辞中矣。

六三，系丈夫，失小子，随有求得，利居贞。

《说文》："随，从也。"从人之后为随，引申为逐义。《广雅·释诂》："随，逐也。"随有求得，谓追逐而有所求则得也。系丈夫，失小子，大存小亡之象，且小子逃可追逐而及之，故曰"系丈夫，失小子，随有求得"。若人有所失欲追求之，筮遇此爻，则得之。又占问居处者筮遇此爻则利，故又曰"利居贞"。利居贞自为一事，非承上句而言。

九四，随有获，贞凶。有孚在道，以明何咎。

随，逐也。逐而有获，不得云贞凶。疑获当读为攫，同声系，古通用。《书·费誓》："杜乃攫。敜乃阱。"伪《孔传》："攫，捕兽机槛。"《周礼·雍氏》："春令为阱攫沟渎之利于民者，秋令塞阱杜攫。"郑注："攫，柞鄂也。"《冥氏》："掌设弧张，为阱攫，以攻猛兽，以灵鼓驱之。"《礼记·中庸》："驱而纳诸罟获陷阱之中。"孔《疏》："攫，谓柞鄂也。"盖攫者所以捕兽，汉人名作鄂。此文获字即用作攫。逐而有攫，不徒不能捕物，且将为人所捕，故曰"随有获，贞凶"。孚读为浮，罚也。行罚贵明，明者当罚乃罚，决无含冤服屈也。行罚能明，尚何咎哉。虽行罚在路中，亦无咎也。故曰"有孚在道，以明何咎"。《大有》六五云："厥孚交如威如吉。"交借为皎明也。亦行罚贵明之意。（参详彼注）又，"随有获，贞凶"与"有孚在道，以明何咎"不相关涉。

九五，孚于嘉，吉。

孚读为浮，罚也。此谓饮酒之罚也。《说文》："嘉，美也。从壴，加声。"古谓喜庆之事为嘉。故字从壴。壴，古鼓字也。《周礼·大宗伯》："以嘉礼亲万民，以饮食之礼亲宗族兄弟，以昏冠之礼亲成男女，以宾射之礼亲故旧朋友，以飨燕之礼亲四方之宾客，以脤膰之礼亲兄弟之国，以贺庆之礼亲异姓之国。"嘉礼其总名，饮食、昏冠、宾射、飨燕、脤膰、贺庆六礼其细目也。《周易》此嘉字，即嘉礼之嘉（此采惠栋说而补充之）。虽不能如《周礼》所分之类，然其为喜庆之事则与《周礼》不异。《离》上九云："王用出征，有嘉折首。"《遁》九五云："嘉遁，贞吉。"义并同。"孚于嘉"者，谓在行嘉礼之时，因失仪而被罚酒也。是虽被罚，不失为吉，故曰"孚于嘉，吉"。

上六，拘系之，乃从维之，王用亨于西山。

从读为放纵之纵，古字通用。《小过》九三云："从或戕之。"从义与此同。维疑当读为遗，古字通用，《诗·敝笱》："其鱼唯唯。"《释文》："唯唯，《韩诗》作遗遗。"即其左证。《说文》："遗，亡也。亡，逃也。"纵遗之者，纵之使去也。此乃文王故事。《左传·襄公三十一年》："纣囚文王七年，诸侯皆从之囚，纣于是乎惧而归之。"今本《竹书纪年》："帝辛二十三年囚西伯于羑里，二十九年释西伯。"纣囚文王于羑里一事，又见于《战国策·赵策》，《尸子》（《御览》四八六引），《韩非子·难二》篇，《吕氏春秋·首时》篇，《淮南子·汜论》篇、《道应》篇，《史记·殷本纪》、《周本纪》。殆信有之事。《周易》此文"拘系之"，谓纣囚文王于羑里也。"从维之"，谓放归于周也。亨即享字。"王用亨于西山"，谓文王归周以为赖神之庇佑，得免于难，因享祀于西山以报之也。

蛊第十八

艮上
巽下　**蛊**

元亨。利涉大川，先甲三日，后甲三日。

蛊，卦名也。元，大也。亨即享字。古人举行大享之祭，曾筮遇此卦，故记之曰"元亨"。王引之曰："《蛊》：'先甲三日，后甲三日。'《巽》九五：'先庚三日，后庚三日，吉。'甲庚乃十日之名。先甲三日，后甲三日，先庚三日，后庚三日，皆行事之吉日也。事必诹日以行，故《蛊》用先后甲之辛与丁，《巽》用先后庚之丁与癸也。古人行事之日，多有用辛与丁癸者，《郊特牲》曰：'郊之用辛也，周之始郊日以至。'《春秋·宣八年》：'六月辛巳有事于大庙。'《昭二十五年》：'秋七月上辛大雩，季辛又雩。'《夏小正》曰：'二月丁亥，万用入学。'《召诰》曰：'丁巳用牲于郊。'《少牢馈食礼》曰：'日用丁巳。'《春秋·隐三年》：'冬十有二月，癸未，葬宋穆公。'《桓十七年》：'秋八月癸巳葬蔡桓侯。'《庄二十二年》：'春王正月癸丑葬我小君文姜。'葬必卜日，是辛也、丁也、癸也皆行事之吉日也。《汉书·武帝纪》：'诏曰，望见泰一，修天文禮。辛卯夜若景光，十有二明。《易》曰："先甲三日，后甲三日"。朕甚念年岁未咸登，饬躬斋戒，丁酉拜况于郊。'颜注曰：'辛夜有光，是先甲三日也。丁日拜况，是后甲三日也。'此辛与丁为吉日，而择以行事之明证。西汉时古义犹未亡矣。"

亨按：王说甚碻。但此文"先甲三日，后甲三日"乃承"利涉大川"而言，谓筮遇此爻，涉大川而利，唯利在甲前之辛日，与甲后之丁日，余日则不利也。故曰"利涉大川，先甲三日，后甲三日"。《巽》九五云："先庚三日，后庚三日，吉。"谓庚前之丁日，庚后之癸日，举事则吉也。此则王氏所不及。

初六，干父之蛊，有子，考无咎，厉终吉。

《集解》引虞翻曰："干，正也。"《广雅·释诂》："干，正也。"此干谓匡正、纠正也。《说文》："蛊，腹中虫也。《春秋传》曰：'皿虫为蛊。'晦淫之所生也。枭桀死之鬼亦为蛊。从虫从皿。"按：食物在器，腐而生虫为蛊，故其字从皿从虫。用以喻人，淫邪之女亦谓之蛊，《左传·昭公元年》："女惑男谓之蛊。"是其证。本卦蛊字即此义也。干父之蛊，谓子匡正其父淫邪之妾也。有子如此，则父自无咎，虽危亦终吉矣。故曰"干父之蛊，有子，考无咎，厉终吉"。

九二，干母之蛊，不可贞。

此就为子者言，子不可干涉其母闺房之事，故曰"干母之蛊，不可贞"。

九三，干父之蛊，小有悔，无大咎。

子干父之蛊，则其父将怒责之而已，小有悔，无大咎。故曰"干父之蛊，小有悔，无大咎"。

六四，裕父之蛊，往见吝。

《广雅·释诂》四："裕，容也。"子包容其父奸邪之妾，则招致艰难之事，故曰"裕父之蛊，往见吝"。

六五，干父之蛊，用誉。

子干父之蛊，可得令名，故曰"干父之蛊，用誉"。

上九，不事王侯，高尚其事。

此隐居不仕之意。古人筮仕，若遇此爻，则勿仕可也。

临第十九

坤上 临
兑下

元亨。利贞，至于八月有凶。

临，卦名也。元，大也。亨即享字。古人举行大享之祭，曾筮遇此卦，故记之曰"元亨"。利贞犹利占也。"至于八月有凶"，承利贞而言，谓筮遇此卦，举事则利，但利于八阅月之内，而不利于八阅月之外，故曰"利贞，至于八月有凶"。

初九，咸临，贞吉。

《象传》曰："咸临贞吉，志行正也。"盖读咸为感，谓君子志行正，方可以感人也。王注："咸，感也。"《集解》引虞翻曰："咸，感也。"殆皆本《象传》以立训。咸字古有感义，《咸》卦《彖传》曰："咸，感也，圣人感人心而天下和平。"《荀子·大略》篇曰："《易》之《咸》见夫妇……咸，感也。"按：《咸》卦之咸，本斩伤之义（说见《咸》卦），《象传》《荀子》所诂，在《咸》卦则无当，但咸有感义，由此可知。《广雅·释言》："咸，感也。"咸训感，即借为感，同声系，古通用。《左传·昭公二十一年》："窕则不咸。"《释文》："咸，本作感。"即其证。《说文》："感，动人心也。从心，咸声。"本爻咸字，正借为感，谓以己之志行感动人也。此一解也。又疑咸借为諴，同声系，古通用。《说文》："諴，和也。"《书·召诰》："其丕諴于小民。"用本字。《无逸》："用咸和万民。"用借字。本爻亦用借字。此二解也。两解俱通。《说文》："𦣊，监临也。从卧，品声。"考金文临作𦣏（毛公鼎）、作𦣊（孟鼎）。本自上监下之义，从人，从目，从品。品，众物之形也。篆文讹目为臣，许云"从卧，品声"，非也。《诗·大明》："上帝临女。"《皇矣》："皇矣上帝，临下有赫。"此谓上帝之监临下人也。《左传·昭公六年》："临之以敬。"《论语·为政》篇："临之以庄则敬。"《雍也》篇："居敬而行简，以临其民。"此谓君上之监临下民也。本卦临字，皆指临民而言，六五云："知临，大君之宜，吉。"即其证。如读咸为感，则咸临即感临，谓以感化临民也。《论语·颜渊》篇"君子之德风，小人之德草，草上之风必偃。"《子路》篇："其身正，不令而行。其身不正，虽令不从。"然则君子正己以感下，则民自向化，故曰"感临，贞吉"。如读咸为诚，则咸临即诚临，谓以诚和临民也。与《召诰》《无逸》所言相契。诚临则民自爱戴，故曰"咸临，贞吉"。

九二，咸临，吉，无不利。

《周易》通例，一卦之筮辞，其文有相同者，其旨趣必异，如《谦》六二云："鸣谦，贞吉。"上六云："鸣谦，利用行师征邑国。"《蛊》初六云："干父之蛊，有子，考无咎，厉终吉。"九三云："干父之蛊，小有悔，无大咎。"六五云："干父之蛊，用誉。"《大过》云："栋挠，利有攸往。"其九三云："栋挠凶。"并其例。而本卦初九云："咸临，贞吉。"九二云："咸临，吉，无不利。"旨趣不殊。知二咸字必有一讹也。疑此爻咸当作威，形近而讹。威临者，以威临民也。初九《象传》曰："咸临贞吉，志行正也。"志行正方可感人，盖读咸为感，是古本初九爻辞作咸临也。九二《象传》曰："咸临吉无不利，未顺命也。"民未顺命，故临之以威，是古本九二爻辞作威临也。《书·吕刑》："德威惟畏。德明惟明。"《左传·文公七年》引《夏书》曰："戒之用休。董之用威。"（伪《书》采入《大禹谟》）可见以威临民，自古尚之。有威则万民服，无威则天下乱，故曰"威临，吉，无不利"。

六三，甘临，无攸利，既忧之，无咎。

甘犹严也。（《说文》："严，教命急也。"）从甘得声之字，多有强制之义，《说文》："拑，胁持，从手，甘声。箝，籋也，从竹，拑声。钳，以铁有以劫束也，从金，甘声。"并其例。然则甘古亦当有强制之义，与严意相近。且甘、严音亦相近，《荀子·解蔽》篇："强钳而利口。"《哀公》篇："无取詌。"钳借为詌，詌即《说文》之諴。（《说文》："諴，诞也。"）是其证也。然则甘临犹云严临矣。《说文》："忧，和之行也。"引《诗》曰："布政忧忧。"今《诗·长发》作"敷政优优"。忧、优古通用，《尔雅·释言》："优优，和也。"和谓宽和。《周易》此忧字，即宽和之义。以严临民，政急刑酷，则民困而怨上，是无所利，若能易之以宽和，亦可无咎，故曰"甘临，无攸利，既忧之，无咎"。

六四，至临，无咎。

至疑当读为质，古字通用。《讼》云："有孚窒。"《释文》："窒，马作咥，云：'读为踬。'"《损·象传》云："君子以惩忿窒欲。"《释文》："窒，郑、刘作恎，孟作怪。"并其左证。《小尔雅·广言》："质，信也。"《左传·襄公九年》："要盟无质。"服注："质，诚也。"《大戴礼·卫将军文子》篇："子贡以其质告。"卢注："质由实也。"是质有诚信之义。至临者即质临，谓以诚信临民也。以诚信临民，自无咎，故曰"至临，无咎"。

六五，知临，大君之宜，吉。

知读为智。知临者，以智临民也。《礼记·中庸》："惟天下至圣为能聪明睿知，足以有临也。"即此意。以智临民，大君当如此，果能如此，始克明察万幾，曲应咸当，故曰"知临，大君之宜，吉"。

上六，敦临，吉，无咎。

惠栋曰："敦，厚也。"焦循曰："敦，厚也。"亨按：敦借为惇，《说文》："惇，厚也。"敦临者，以敦厚临民也。以敦厚临民，亦吉无咎，故曰"敦临，吉，无咎"。

观第二十

䷓ 巽上
坤下　观

盥而不荐，有孚颙若。

观，卦名也。《释文》马云："盥，进爵灌地以降神也。"是马读盥为祼，《说文》："祼，灌祭也。"《书·洛诰》："王入太室祼。"《诗·文王》："祼将于京。"皆此义。字亦作灌，《礼记·礼器》："灌用郁鬯。"《论语·八佾》篇："禘自既灌而往者。"皆其例。盥、祼、灌古通用字也。《尔雅·释诂》："荐，进也。"此荐为荐牲也。古祭礼先灌后荐，《礼记·郊特牲》："既灌然后迎牲。迎牲而后献荐。"即其证。（此采惠栋说）盥而不荐，是祭不终礼也。孚，即俘字，谓虏获敌方人员也。此谓鬼神之罚也。《说文》："颙，大头也。"《诗·六月》："四牡修广。其大有颙。"《毛传》："颙，大貌。"颙若，犹颙然，大貌，谓其人之大也。祭不荐牲，乃因有俘，可杀之以当牲也。故曰"盥而不荐，有孚颙若"。

初六，童观，小人无咎，君子吝。

《释文》："童，郑云稚也。"亨按：童观所见者浅鲜，小人如此，无害于事。君子如此，则难有成。故曰"童观，小人无咎，君子吝"。

六二，窥观，利女贞。

此殆指婚媾之事而言。男女婚媾，纯由父母之命、媒妁之言，男女不得自主，不得一相见，此周末繁文之制，周初民质，盖不然也。余疑周初女子许嫁之前，得一窥观男子，而自决可否。窥观之后，亦或筮之，若遇此女，许嫁则利，故曰"窥观，利女贞"。

六三，观我生，进退。

生疑当读为姓。姓者，官也。《书·尧典》："九族既睦，平章百姓，百姓昭明，协和万邦，黎民于变时雍。"伪《孔传》："百姓，百官。"《书》以九族、百姓、万邦、黎民递序而言，知伪《传》所训甚韪。《逸周书·商誓》篇："昔及百官里居。"又云："百姓里居。"（居皆君字之讹）则百姓即百官益明。古亦以生为之。《史颂毁》："里君百生。"《伯吉父盘》："其惟诸侯百生。"百生即百姓也。是生姓古今字，原有官义之证。本卦三生字皆此义。观我庶官，将行黜陟，《书·尧典》："三载考绩，三考黜陟幽明。"是其事。故曰"观我生，进退"。进谓陟之，退谓黜之也。

六四，观国之光，利用宾于王。

观国之光，谓朝于王国也。《书·立政》："以觐文王之耿光。"谓朝于文王也。《毛公鼎》："亡不闬于文武耿光。"亡读为无，闬借为瞯（闬、瞯古通用，《诗·考槃》："考槃在涧。"《释文》："涧，《韩诗》作干。"《仪礼·聘礼·记》："皮马相间。"郑注："古文间作干。"并其左证。《广雅·释诂》："瞯，视也。"），谓无不朝于文武也。又《书·洪范》："凡厥庶民，极之敷言，是训是行，以近天子之光。"其意亦相近。筮遇此爻，利于朝王，故曰"观国之光，利用宾于王"。

九五，观我生，君子无咎。

生亦官也。观我庶官，则知其贤否。知其贤否，则黜陟得宜。黜陟得宜，则庶绩咸熙。故曰"观我生，君子无咎"。

上九，观其生，君子无咎。

生亦官也。观其生，观他国之庶官也。观他国之庶官，则知其官之贤否。知其官之贤否，则知其政之举废。知其政之举废，则知其国之治乱。故曰"观其生，君子无咎"。

噬嗑第二十一

```
䷔ 离上
   震下
```
噬嗑

亨。利用狱。

噬嗑，卦名也。亨即享字，古人举行享祀，曾筮遇此卦，故记之曰"亨"。又筮遇此卦，利于讼狱，故曰"利用狱"。

初九，屦校灭趾，无咎。

孔《疏》："屦，谓著而履践也。"亨按：《周易》践履之义，皆用履字，而此文独作屦，且校加于足上，亦不得云践履，知孔说非也。屦疑当读为娄，同声系，古通用。娄，曳也。《诗·山有枢》："子有衣裳，弗曳弗娄。"《毛传》："娄，曳也。"《公羊传·昭公二十五年》："且夫牛马维娄。"何注："系马曰维，系牛曰娄。"娄亦谓以绳曳牛。此娄有曳义之证。娄校者，足曳校而行也。《说文》："校，木囚也。"盖校者囚人刑具之通名，或施于足（亦谓之桎），故此曰："屦校灭趾。"谓校掩其足也。或施于项（今谓之枷），故上九云："何校灭耳。"谓校掩其耳也。《释文》趾作止。云："本亦作趾。"止正字，趾俗字。《周易》初文当作止，后人加足旁耳。屦校灭趾，拘囚之耳，此轻罚也。受轻罚于前，则知所警惕，亦免重戮于后。故曰"屦校灭趾，无咎"。《系辞传下》曰："小人不耻不仁，不畏不义，不见利不劝，不威不惩，小惩而大诫，此小人之福也。《易》曰：'履校灭趾，无咎。'此之谓也。"（屦当作履，见《校勘记》）得其恉矣。

六二，噬肤灭鼻，无咎。

王注："噬，啮也。"《说文》："噬，啖也。"诂异而义同。噬者，齿而未咽也。本卦噬字皆此义。《广雅·释器》："肤，肉也。"《仪礼·少牢馈食礼》："雍人伦肤九，实于一鼎。"郑注："肤，胁革肉。"《聘礼》："肤鲜鱼鲜腊。"郑注："肤，豕肉也。"《礼记·内则》："糜肤鱼醢。"郑注："肤，切肉也。"据此凡肉皆可称肤。灭鼻，犹掩鼻也。噬肉掩鼻，其裔大耳，食得大裔，自无咎，故曰"噬肤灭鼻，无咎"。

六三，噬腊肉，遇毒，小吝，无咎。

《集解》腊作昔。《说文》："昔，干肉也。"籀文作腊。噬腊肉而遇毒，毒仅在口，未入于腹，害仅及口，未及于身，故曰"噬腊肉遇毒，小吝，无咎"。此或古代故事欤？

九四，噬干胏，得金矢，利艰贞，吉。

《释文》："胏，马云：'有骨谓之胏。'"《集解》引陆绩曰："肉有骨谓之胏。"噬干胏而得金矢者，盖古人射兽，矢着兽体，镞折而钳于骨肉中，未剔出，故噬胏而得金矢也。肉有骨，故食之难。食之难，故发见金矢。否则必误吞金矢入腹矣。其未吞金矢入腹者，由于肉有骨而食之难也。故曰"噬干胏，得金矢，利艰贞，吉"。此或古代故事欤？

六五，噬干肉，得黄金，贞厉，无咎。

噬干肉得黄金者，吃干肉而发现其中有黄金粒也。黄金粒甚微，其不入腹，幸也。黄金粒入腹则死，其人之不死，亦幸也。此遇险化夷之象。故曰"噬干肉，得黄金，贞厉，无咎"。此或古代故事欤？

上九，何校灭耳，凶。

《释文》："何，本亦作荷。王肃曰：'荷，担也。'"《说文》："何，儋也。从人可声。"《诗·候人》："何戈与祋。"《无羊》："何蓑何笠。"皆用何之本义。此文亦然。《大畜》上九云："何天之衢。"与此同。古书通借荷为何，而儋俗书作担，于是何儋之本义俱亡矣。此文何又作荷者，后人所改。何校灭耳，此重罚也。故曰"何校灭耳，凶"。《系辞传下》曰："善不积不足以成名。恶不积不足以灭身。小人以小善为无益，而弗为也，以小恶为无伤，而弗去也。故恶积而不可掩。罪大而不可解。《易》曰：'何校灭耳，凶。'"得其恉矣。

贲第二十二

艮上 贲
离下

亨。小利有攸往。

贲，卦名也。亨即享字，古人举行享祀，曾筮遇此卦，故记之曰
"亨"。筮遇此卦，有所往则小利，故曰"小利有攸往"。

初九，贲其趾，舍车而徒。

《序卦传》："贲者，饰也。"《吕氏春秋·壹行》篇："孔子卜得《贲》。
孔子曰：'不吉。'子贡曰：'夫贲亦好，何谓不吉乎？'孔子曰：'夫白而
白，黑而黑，夫贲又何好乎！'"据此杂色文饰为贲。《说文》："贲，饰也。
从贝，卉声。"盖古人贯贝而系于颈，以为美饰。《说文》："賏，颈饰也。
从二贝。""婴，颈饰也。从女賏。"婴正象女颈系贝之形，即其证。贝之色
相不一，有素贝，《文选·登徒子好色赋》："齿如含贝。"李注："贝，海
螺，其色白。"是也。有玄贝，《尔雅·释鱼》："玄贝，贻贝。"郭注："黑
色贝也。"《逸周书·王会》篇："共人玄贝。"是也。有黄贝，《山海经·
西山经》："濛水其中多黄贝。"《中山经》："潚潚之水，是多黄贝。"是也。
有紫贝，《楚辞·九歌·河伯》："紫贝阙兮朱宫。"《九叹·逢纷》："紫贝
阙而玉堂。"是也。有文贝，《山海经·西山经》："浊浴之水……其中多文
贝。"《北山经》："鱼水……其中多文贝。"《尔雅·释鱼》："贝，余賑黄，
白文。"郭注："以黄为质，白为文点。"《释鱼》又云："余泉白，黄文。"

郭注:"以白为质,黄为文点。"皆文贝之类也。取诸色贝以为颈饰,是为贲,故贲从贝而为杂色文饰之义。本卦贲字,即此义也。《庄子·逍遥游》篇:"越人断发文身。"古人文身,盖不独越国为然。金文文作◆(旂鼎)、作◆(利鼎)、作◆(夌尊)、甲骨文文作◆(《殷虚书契前编》卷一第十八页)、作◆(《殷虚书契前编》卷四第三十八页)、作◆(同上),殆即文身之文,象人身有文之形,即其证。《释文》:"趾,一本作止。"止正字,趾俗字。《周易》初文当作止。贲其趾者,谓文其足也。徒者,赤足步行也。《说文》:"徒,步行也。"《广雅·释诂》:"徒,袒也。"袒谓袒足。合而观之,则徒有赤足步行之义明矣。《韩非子·初见秦》篇:"顿足徒裼。"《战国策·韩策》:"秦人捐甲徒裎以趋敌。"徒字皆赤足步行之义也。文其足,乘车则其文不见,舍车而赤足步行,则人皆见之矣。故曰"贲其趾,舍车而徒"。不宜饰足而饰足,不宜舍车而舍车,不宜徒行而徒行,此务文失实之象也。

六二,贲其须。

贲者,不一色也。《说文》:"须,面毛也。从页,从彡。"今俗字作鬚,非也。贲其须者,须有黑有白也。此老人之象,寿考之征也。

九三,贲如濡如,永贞吉。

此承上爻贲其须而言。言须贲如濡如也。《乾》初九云:"潜龙勿用。"九二云:"见龙在田。"九四云:"或跃在渊。"或跃在渊承上两爻龙字而言。《遯》初六云:"遯尾厉。"(遯借为豚,说详《遯》卦)六二云:"执之用黄牛之革。"执之承上爻遯字而言,皆与此同例。贲如者,黑白参杂之皃。濡疑借为需,《说文》:"需,䪞也,遇雨不进,止䪞也。从雨,而声。"余谓需即沾濡之濡,从雨,从而,《说文》:"而,颊毛也。"即遇雨而须濡也。许解非。濡如者,雨湿沾润之皃。老人之须贲然,寿考之征也。出行遇雨濡然,吉利之兆也。《易》恒以遇雨为吉兆。《睽》上九云:"往遇雨则吉。"《夬》九三云:"君子夬夬独行,遇雨若濡,有愠,无咎。"《鼎》九三云:

"鼎耳革，其行塞，雉膏不食，方雨亏悔，终吉。"并其例。故曰"贲如濡如，永贞吉"。永字与寿考之象意相应也。

六四，贲如皤如，白马翰如，匪寇婚媾。

贲如者，马有斑文贲然也。《集解》："皤亦白素之貌。"《说文》："皤，老人白也，从白，番声。"盖物白均可曰皤，不专属于老人，故其字从白。皤如者，马色白皤然也。《释文》："翰，董云：'马举头高卬也。'马、荀云：'高也。'"其义固通。但余谓翰借为𬸣或𣤥。《说文》："𬸣，马毛长者。从马，倝声。𣤥，兽豪也。从毛，倝声。"《尚书大传》："取白狐青翰。"郑注："翰，毛长也。"以翰为𣤥。长毛曰𣤥。长毛之马曰𬸣。乃一音一义之转，此云翰如，则马毛长之皃也。盖贲皤与翰皆就马毛而言，故知翰借为𬸣或𣤥也。又此马必白多而斑文少，故虽云贲如，而仍名白马也。来者所乘之马贲然而有斑文，皤然而白，翰然而毛长，非寇也，乃婚媾也。故曰"贲如皤如，白马翰如，匪寇婚媾"。《屯》六二云："屯如邅如，乘马班如，匪寇婚媾。"意略同。

六五，贲于丘园，束帛戋戋，吝，终吉。

此疑指婚礼纳征而言。贲，饰也。丘园，女家之所居也。"贲于丘园"，谓纳征之日，女家结彩以饰其门也。古人重幖识。婚嫁大典，必用幖识。今之婚礼，纳征之日，女家结彩饰门，殆古之遗俗也。束帛，纳征所用。戋戋当为少皃。从戋得声之字，多有少小之义，㦒为小言，笺为小简，饯为小食，栈为小棚，钱为小物，醆为小酒器，陕为小阜，帴为小巾，线为细缕，贱为贾少，浅为水少，俴亦训浅，皆其例。则戋戋为少皃，允矣。《仪礼·士昏礼》："纳征玄𫄸束帛俪皮。"其《记》曰："纳征……曰某有先人之礼，俪皮束帛，使某也请纳征。"《周礼·媒氏》："凡嫁子取妻，入币纯帛无过五两。"是纳征用束帛之证。束帛仅五两，《礼记·杂记下》："纳币一束，束五两，两五寻。"是束帛之长仅二十五寻，当二百尺，其数甚少，诚为戋戋矣。《仪礼》《周礼》所定纳征帛数，非周初之制，且未必通行，其实女家嫌纳征物少，而起争议，往往有之，古今皆然，此即本爻所谓吝也。婚礼纳征之日，女家结彩饰其所居，男家致其戋戋之束帛，女家嫌其少而起争议，终以媒妁亲友之调解，而归于谐和，故曰"贲于丘园，束帛戋戋，吝，终吉"。为纳征而筮遇此爻，当如此也。

上九，白贲，无咎。

白贲者，就素为杂色文彩也。《周礼·考工记》："画缋之事，杂五色，东方谓之青，南方谓之赤，西方谓之白，北方谓之黑，天谓之玄，地谓之黄。青与白相次也，赤与黑相次也，玄与黄相次也。青与赤谓之文，赤与白谓之章，白与黑谓之黼，黑与青谓之黻，五采备谓之绣。"此皆所谓贲也。又曰："凡画缋之事后素功。"《论语·八佾》篇："于夏问曰：'素以为绚兮，何谓也？'子曰：'绘事后素。'"此皆所谓白贲也。白贲者，由质而文之象，此自无咎，故曰"白贲，无咎"。

剥第二十三

䷖ 艮上坤下 **剥**

不利有攸往。

剥，卦名也。筮遇此卦，不利有所往，故曰"不利有攸往"。

初六，剥床以足，蔑贞凶。

《诗·七月》："八月剥枣。"《毛传》："剥，击也。"本卦剥字皆此义。蔑疑当读为梦，古字通用。《穀梁传·昭公二十年》经："夏，曹公孙会自鄸出奔宋。"《释文》："梦，本或作蔑。"即其证。《尔雅·释地》："云梦。"《释文》："梦，本或作蒙。"《荀子·劝学》篇："南方有鸟焉，名曰蒙鸠。"杨注："蒙当为蔑，《方言》云：'鹪鹩自关而西谓之桑飞，或谓之蔑雀。'"此又梦、蒙、蔑三字相通之证。古人梦则占。《诗·斯干》："乃占我梦。"《无羊》："牧人乃梦。大人占之。"《正月》："讯之占梦。"《周礼·春官》："占梦……以日月星辰占六梦之吉凶。"皆其证。蔑贞犹言占梦矣。古人病而后设床。床之古文作𤕪或𤕢，疾病类字多从𤕢，即其证也。剥床以足，病痛之象。筮遇此爻，占梦则凶，故曰"剥床以足，蔑贞凶"。

六二，剥床以辨，蔑贞凶。

《释文》："辨，薛、虞云：'膝下也。'"王引之曰："辨当读为膞。《释名·释形体》曰：'膝头曰膞。膞，团也，因形团圆而名之也。或曰膞，膞，扁也，亦因形而名之也。'膞盖髌之转声，《说文》：'髌，膝耑也。'髌之为踾，犹猕猴之为㺎猴也。膝头在足之上，故初爻言足，二爻言踾。古声辨与踾通，犹周遍之遍通作辨也（遍与辨通，详见《日知录》卷五）。古字多假借，后人失其读耳。"亨按：王说甚塙。辨借字，髌本字，踾俗字也。剥床以髌，亦病痛之象。筮遇此爻，占梦亦凶，故曰"剥床以辨，蔑贞凶"。

六三，剥之，无咎。

剥之者，其剥不指定谁何也。筮遇此爻，有所剥击，无可咎，故曰"剥之，无咎"。

六四，剥床以肤，凶。

《释文》："肤，京作簠。"肤、簠古音相近通用。疑并借为髆。簠、髆同声系，古亦通用。《说文》："髆，肩甲也。"击床以肩甲，亦病痛之象，故曰"剥床以肤，凶"。

六五，贯鱼以宫人，宠，无不利。

《释文》："贯，穿也。"《广雅·释言》："贯，穿也。"以绳穿物曰贯。贯鱼，即以绳穿鱼，此必并头相次，不得相越。以，用也。宫人，宫中妃妾之属也。君使用宫人如贯鱼，轮流当夕，则宫人无怨言，虽宠之亦无不利，故曰"贯鱼以宫人，宠，无不利"。

上九，硕果不食，君子得舆，小人剥庐。

《释文》："得舆，京作德舆。董作德车。"《集解》得舆作德车。得与德，舆与车，古并通用。《说文》："德，升也。"乃其本义。则德车犹言登车，此就德字为解也。古者赏赐赠贻常以车马。《诗·采菽》："君子来朝，何锡予之？虽无予之，路车乘马。"《崧高》："王遣申伯，路车乘马。"《诗·渭阳》："何以赠之？路车乘黄。"《韩奕》："其赠维何？乘马路车。"是也。则得舆谓得赏赐或赠贻，此就得字为解也。后义为胜。其作德者，亦当读为得也。剥庐者，击其庐舍而毁之也。硕果不食，喻货利在前而不取也。君子不取货利，则其德日广。小人不取货利，则其生日窘。其人不同，其务亦异，故曰"硕果不食，君子得舆，小人剥庐"。言君子有所得，小人有所失，君子吉，小人凶也。

复第二十四

䷗ 坤上
震下　复

亨。出入无疾。朋来无咎。反复其道，七日来复。利有攸往。

复，卦名也。亨即享字，古人举行享祀，曾筮遇此卦，故记之曰
"亨"。筮遇此卦，或出或入，皆无疾病，故曰"出入无疾"。有朋友来，可
无咎，故又曰"朋来无咎"。王引之曰："《震》之六二曰：'震来厉，亿丧
贝，跻于九陵，勿逐，七日得。'《既济》之六二曰：'妇丧其茀，勿逐，七
日得。'丧而复得，皆以七日为期，盖日之数十，五日而得其半，不及半则
称三日，过半则称七日，欲明失而复得，多不至十日，则云七日得，此卦
之七日来复，亦犹是也……占者得此，则凡已去者可以来复，至多不过七
日，故云七日来复。七日者，人事之迟速。"亨按：此说甚塙。古人常占问
行人返期，筮遇此卦，七日可返，故曰"反复其道，七日来复"。道乃道路
之道也。又筮遇此卦，有所往则利，故又曰"利有攸往"。

初九，不远复，无祗悔，元吉。

不远复者，行未远而返也。《系辞传下》引此句韩注："祗，大也。"
《集解》引侯果曰："祗，大也。"祗训大，借为衼。祗、衼同声系，古通
用，《说文》："衼，大也，读若氏。"往而不返，去而不归，则不知所届止，
将失其故居，故《周易》以复为吉，不远而复虽悔不大，且为大吉，故曰

"不远复，无祗悔，元吉"。

六二，休复，吉。

《尔雅·释言》："休，庆也。"《广雅·释言》："休，喜也。"休复者，欣悦而返也。与六三频复义相对。欣悦而返，既已善矣，且为此行有利之象，故曰"休复，吉"。

六三，频复，厉，无咎。

王注："频，频蹙之貌也。"《释文》："频，马云：'频，忧也。'"《集解》引虞翻曰："频，蹙也。"《说文》："顑，水厓，人所宾附，频蹙不前而止。从页，从涉。"隶变作濒，或省作频，又别作滨。人至水厓，蹙眉而涉，故濒为水厓之义，又为蹙眉之义。此用蹙眉之义。蹙眉，愁苦之状也。《巽》九三云："频巽，吝。"义同。蹙眉而返，盖迫于危险，然知难而返，仍可无咎，故曰"频复，厉，无咎"。

六四，中行独复。

《尔雅·释官》："行，道也。"中行犹言中道。《益》六三云："中行告公用圭。"六四云："中行告公从。"《夬》九五云："苋陆夬夬，中行。"其义并同。中行独复者，与人同往，至中道而己独返也。此亦吉利之象。筮遇此爻，宜不与人同流也。

六五，敦复，无悔。

《说文》："敦，怒也，诋也，一曰谁何也。"（谁何读为谯诃，《新书·过秦论上》："陈利兵而谁何。"义同。是谁何与怒诋意相近）《诗·北门》："王事敦我。"《释文》："《韩诗》云：'敦，迫也。'"是敦本督责促迫之义。敦复者，受人之督责促迫而返。其复虽由于被动，然能复则无悔，故曰"敦复，无悔"。

上六，迷复，凶，有灾眚。用行师，终有大败，以其国君凶，至于

十年不克征。

迷，失路也。（说详《坤》卦）失其往路并失其归路也。迷路而始返，不识归路，终不得返，将遘大祸，故曰"迷复，凶，有灾眚"。行师迷路而始返，必为敌所乘，而致大败。若其国君在师中，亦不免此难。大败之后，十年之内，不能兴师，故又曰"用行师，终有大败，以其国君凶，至于十年不克征"。此殆亦古代故事也。

无妄第二十五

☰乾上
☳震下　无妄

元亨。利贞。其匪正有眚。不利有攸往。

无妄，卦名也。元，大也。亨即享字，古人举行大享之祭，曾筮遇此卦，故记之曰"元亨"。利贞犹利占也。筮遇此卦，举事有利，故曰"利贞"。其匪正有眚，言其所为不正则有灾眚也。不利有攸往，言筮遇此卦，不利有所往也。

初九，无妄往，吉。

《说文》："妄。乱也。"《广雅·释诂》："妄，乱也。"凡言不当谓之妄言，行不当谓之妄行，则"无妄"者谓其当然者也。"无妄往"者，无乱往也，即当往则往，不当往则不往也。如是则行无过，而祸不及，故曰"无妄往，吉"。

六二，不耕获，不菑畲，则利有攸往。

王注："不耕而获。不菑而畲。"《释文》："菑，马云：'田一岁也。'畲，马云：'田三岁也。'"《说文》："菑，不耕田也。"重文作甾。"畲，三岁治田也。"《尔雅·释地》："田一岁曰菑，三岁曰畲。"据此，菑者，今人所谓荒田也。畲者，今人所谓熟田也。引申之，垦荒田亦曰菑。治熟田亦曰畲。《易》正用此义。不耕而获，不菑而畲，唯有营利于外而后可，唯有不为农而为商为宦而后可，故曰"不耕获，不菑畲，则利有攸往"。

六三，无妄之灾，或击之牛，行人之得，邑人之灾。

《说文》："灾，天火曰灾。"古文作𤆎。籀文作灾。重文作灾。此灾字正谓火灾。"无妄之灾"者，当得之灾也。如灶不曲突，积薪其侧，滥掷火种，以致火患，皆是也。此殆古代故事。盖邑人不慎，其宅焚，适或系其牛于宅外，牛见火惊而逸，为行人所得，故记之曰"无妄之灾，或击之牛，行人之得，邑人之灾"。

九四，可贞，无咎。

筮遇此爻，所占之事可行且无咎，故曰"可贞，无咎"。

九五，无妄之疾，勿药有喜。

无妄之疾者，当得之疾也，如食过饱、酒过量、贪色过度、服事过劳等所致之疾，皆是也。有喜，谓病愈也。《损》六四云："损其疾，使遄有喜。"《兑》九四云："介疾有喜。"皆斯义。殆亦古代之成语也。未尝妄作而得疾病，筮之遇此爻，则不药而愈，故曰"无妄之疾，勿药有喜"。

上九，无妄行，有眚，无攸利。

此爻上"无"字疑衍，盖后人见卦名《无妄》，初九、六三、九五皆有"无妄"二字，因于此爻增"无"字耳。妄，乱也。妄行则必有灾，而无所利，故曰"妄行，有眚，无攸利"。若作"无妄行"，是其行正当，安得云"有眚，无攸利"哉！然则"无"为衍文，明矣。或曰"此警诫之语"。无犹毋也，禁止之词。与上文三无字义稍异。人毋妄行，如妄行则有眚而无所利，故曰"无妄行，有眚，无攸利"。

大畜第二十六

☰☰ 艮上 乾下 大畜

利贞。不家食吉。利涉大川。

大畜，卦名也。利贞犹利占也。筮遇此卦，举事有利，故曰"利贞"。今人往往受术士之指示，某日不食于家，而食于外，以避灾眚，古人盖亦有此类事，故曰"不家食吉"。又筮遇此卦，涉大川则利，故曰"利涉大川"。

初九，有厉，利已。

筮遇此爻，将有危险，然亦无害，终利于己，故曰"有厉，利已"。

九二，舆说輹。

舆说輹者，乖离之象。解见《小畜》。

九三，良马逐，利艰贞，曰闲舆卫，利有攸往。

《释文》："逐，郑本作逐逐，云：'两马走也。'姚云：'逐逐，疾并驱之貌。'"《颜氏家训·书证》篇引亦作逐逐。考《颐》六四云："虎视眈眈，其欲逐逐。"余谓本卦当作逐，其作逐逐者，后人依《颐》卦而妄增。讵知本卦之逐，与《颐》卦之逐逐，其义迥异也。《说文》："逐，追也。"良马逐者，谓驾良马有所追逐也。马良行速，其途虽艰，亦无害，故曰"良马逐，利艰贞"。曰疑当作四，形近而讹。四借为驷。《说文》："驷，马一乘也。"《诗·清人》："驷介旁旁。"《礼记·三年问》："若驷之过隙。"

《论语·颜渊》篇："驷不及舌。"皆用一驷字作四马之义。《诗·四牡》："四牡騑騑。"《仪礼·既夕》孔《疏》引四作驷。《驷驖》："驷驖孔阜。"《说文·马部》引驷作四。《大明》："驷騵彭彭。"《公羊传·隐公元年》徐疏引驷作四。是四驷古今字。周初盖无驷字，故只作四耳。《释文》："闲，马、郑云：'习也。'"甚是。《尔雅·释诂》："闲，习也。"《诗·驷驖》："四牡既闲。"《六月》："四牡既佶，既佶且闲。"《卷阿》："君子之马，既闲且驰。"并以闲为马驾车之闲习。《尔雅·释诂》："卫，嘉也。嘉，善也。"《淮南子·原道》篇："弯綦卫之箭。"高注："卫，利也。"箭利亦箭善也。驷闲而舆善，自利有所往，故曰"四闲舆卫，利有攸往"。

六四，童牛之牿，元吉。

《释文》："牿，九家作告。"《集解》亦作告。《说文》："告，牛触人，角箸横木，所以告人也。从口，从牛。"引《易》曰："僮牛之告。"童、僮，告、牿，古并通用。许解告字则失之，解《易》文则得之。牿之言梏也。以木箸牛角谓之牿，以木箸人手谓之梏，其义一也。童牛角初生，喜触，其角未坚，易折，牿之则不致触伤人物，或伤其角，故曰"童牛之牿，元吉"。

六五，豮豕之牙，吉。

《释文》："豮，刘云：'豕去势曰豮。'"《说文》："豮，羠豕也。"古人畜马、牛、羊、犬、豕往往去其势，马曰騬，牛曰犍、曰犗，羊曰羠、曰羯，犬曰猗，豕曰豮，其义一也。《释文》："牙，郑读为互。"牙、互古通用。《汉书·刘向传》："宗族盘互。"《谷永传》："百官盘互。"颜注并云："互字或作牙。"即其证。(采丁晏说) 互者，盖交木为阑以闲豕也。《说文》："笝，所以纠绳也。从竹，象形，中象人手所推握。"重文作互。互殆古文，象形。今互作╳形 (五即古互字)，正交木以为之者也。《周礼·牛人》："凡祭祀共其牛牲之互。"郑注："郑司农云：'互谓楅衡之属。'玄谓互若今屠家县肉格。"玄注为是。《诗·楚茨》："絜尔牛羊，以往烝尝，或剥或亨，或肆或将。"《毛传》："肆，陈；将，齐也。或陈于互，或齐其肉。"是陈肉之格亦名互，亦交木以为之者也。《周礼·修闾氏》："掌比国中宿互欙者。"郑注："故书互为巨。郑司农云：'巨当为互，谓行马，所以障互禁止人也。'"字亦作柜。《周礼·掌舍》："掌王会同之舍，设梐柜，再重。"郑注："故书柜为柜。杜子春读为梐柜。梐柜谓行马。"《说文》："柜，行马也。从木，互声。"徐锴《系传》："柜者，交互其木，以为遮阑也。"（以为遮阑四字，今本脱，据《韵会》引补）盖舍外为阑，古人名柜或梐柜，汉人名行马，柜得名于互，亦交木以为之者也。然则交木为阑以闲豕，亦得名互明矣。�34豕其创处甚痛，将愈甚痒，往往疾走，或故以其创处触物，以致创裂而死，交木为阑以闲之，乃无虞，故曰"�34豕之牙，吉"。

上九，何天之衢。亨。

《文选·鲁灵光殿赋》张注引何作荷。《说文》："何，儋也。"（说见《噬嗑》卦）此文何犹受也。衢疑当读为休，古字通用。《说文》：昫读若拘。瞿读若章句之句。趣读若劬。《周礼·考工记·弓人》："夫角之末蹙于36，而休于气。"郑注："休读为煦。"即瞿、句、休声系相通之证。《说文》："休，息止也。从人依木。"重文作庥。云："休或从广。"盖人息止树下为休，引申树木庇荫人亦为休，室屋庇荫人亦为休，字孳乳作庥，故《尔雅·释言》曰："庥，荫也。"《诗·长发》："何天之休。"休即庥字，谓受天之庇荫也。此云何天之衢，即何天之休也。《诗·长发》又云："何天之宠。"《信南山》《桑扈》《下武》并云："受天之祐。"《仪礼·士冠礼》云："承天之休。"又云："承天之祜。"又云："承天之庆。"其句法文义皆相类。筮遇此爻，实受上天之庇荫，故曰"何天之衢"。古人举行享祀，曾筮遇此爻，故记之曰"亨"。

颐第二十七

䷚ 艮上
震下　颐

贞吉。观颐，自求口实。

颐，卦名也。筮遇此卦，举事则吉，故曰"贞吉"。《说文》："臣，颐也，象形。"篆文作颐。食物在口，其颐隆起，观人之颐，不能饱，须自求食物，故曰"观颐，自求口实"。此示人以勿羡于人，宜求于己也。

初九，舍尔灵龟，观我朵颐，凶。

舍尔灵龟者，谓舍尔龟肉而不食也。《周礼·龟人》："掌取互物，以时籍鱼鳖龟蜃凡狸物。春献龟蜃。秋献龟鱼。"此古人食龟之证。《尔雅·释角》说龟之类曰："二曰灵龟。"盖灵龟其甲宜卜，其肉可食也。王注："朵颐者，嚼也。"《释文》："朵，京作揣。"余谓朵乃团然隆起之皃。《说文》："朵，树木垂朵朵也。"食在口中，颐团然隆起，如华朵，故曰"朵颐"。《庄子·逍遥游》篇："三餐而反，腹犹果然。"《释文》："果然，众家皆云：'饱貌。'"以朵状颐之隆起，以果状腹之隆起，其例正同。京作揣者，字借为稄，《说文》："稄，禾垂皃……读若端。"稄谓禾穗。禾之穗犹华之朵也。朵稄双声，歌寒对转，音相近，而义亦相通。汝有美味而不食，徒观我之唉嚼，是弃汝之所有，而羡我之所有，不亦凶乎？故曰"舍尔灵龟，观我朵颐，凶"。

六二，颠颐拂经于丘颐，征凶。

焦循曰："颠，读为颠实之颠，填也。"亨按：颠借为填，同声系，古通用。《说文》："填，塞也。"以食物填于口中，使颐隆起，是为填颐。故填颐与糊口同意。（《说文》："糊，寄食也。"考《左传·隐公十一年》传："而使糊其口于四方。"许盖本此立训。但《昭公七年》传载《正考父鼎铭》曰："饘于是，鬻于是，以糊余口。"《庄子·人间世》篇："挫针治繲，足以糊口。"糊均非寄食之义，糊之言糊也，亦以食物塞口之意。）《说文》："拂，过击也。"经疑借为胫，同声系，古通用，《论语·宪问》篇："以杖叩其胫。"拂胫与叩胫同意。丘颐者，殆丘之两坡也，口之两旁为颐，因而丘之两坡曰丘颐，犹人之颠施于山则曰山颠，人之脊施于山曰山脊，人之足施于山曰山足耳。但余又疑丘颐本作丘颛。颛颐形近且涉上下文而讹。颛借为隅，《诗·绵蛮》："止于丘隅。"《易》之丘颐即《诗》之丘隅也（《易》中有颛字，见《观》卦）。"填颐拂胫于丘隅"者，以填口颐之故，而致叩胫之辱于丘隅之间也。此所遇不利之象。征伐人国，以求益地，譬之填颐也。败绩于战场，譬之拂胫于丘隅也。故曰"颠颐拂经于丘颐，征凶"。

六三，拂颐，贞凶，十年勿用，无攸利。

拂颐者，有人击其颐也。与后世言批颊同义。勿用，言不可施行也。古时拂颐，盖为奇耻大辱，俘虏奴隶罪徒或受之。筮遇此爻，举事则凶，十年不可有所施行，无所利，故曰"拂颐，贞凶，十年勿用，无攸利"。

六四，颠颐吉，虎视眈眈，其欲逐逐，无咎。

颠亦借为填。填颐者，有食在口之象，是吉也。故曰"颠颐吉"。《释文》："眈眈，马云：'虎下视貌。'"《说文》："眈，视近而志远也。"引《易》曰："虎视眈眈。"《广雅·释训》："眈眈，视也。"《释文》："逐逐，《子夏传》作攸攸，荀作悠悠。刘作笃，云：'远也。'"逐逐当读为悠悠，《尔雅·释诂》："悠，远也。"《诗·载驰》："驱马悠悠。"《毛传》："悠悠，远貌。"《黍离》："悠悠苍天。"《毛传》："悠悠，远意。"实借为遥遥。

悠、遥古通用。《诗·雄雉》："悠悠我思。"《说苑·辨物》篇引悠悠作遥遥。即其证。虎其视眈，其欲远，将求食以填颐也。以虎之雄威，自可得其大欲，故曰"虎视眈眈，其欲逐逐，无咎"。

六五，拂经，居贞吉，不可涉大川。

拂亦击也。经亦借为胫，拂胫者，有人击其胫也。此出行有悔之象，利于卜居，不可涉大川，故曰"拂经，居贞吉，不可涉大川"。

上九，由颐，厉吉，利涉大川。

由疑借为舀，古字通用，《诗·清人》："左旋右抽。"《说文》引抽作掏。即其左证。《孟子·万章下》："由由然不忍去也。"《韩诗外传》引由由作愉愉。《诗·生民》："或舂或揄。"《说文》引揄作舀。亦由、俞、舀三声相通之证。《说文》："舀，抒臼也，从爪臼。"引《诗》曰："或簸或舀。"（簸当作舂，许引误）亦以掏为之，《广雅·释诂》："掏，抒也。"以手抒臼为舀，因而以手抒颐谓之舀颐。由颐即舀颐。舀颐者，食毕以手剔牙之象。人既饱食，可以捍难。虽危亦吉，可以克艰，利涉大川。故曰"由颐，厉吉，利涉大川"。

大过第二十八

≡≡ 兑上
≡≡ 巽上　**大过**

栋挠，利有攸往。亨。

大过，卦名也。《校勘记》曰："挠，各本作桡，是挠字误也。"亨按：字当作桡。《释文》："桡，曲折也。"《说文》："桡，曲木。"盖曲木曰"桡"，木曲亦曰"桡"，栋桡则将折，栋折则室倾，居家则受害，出外则免祸，故曰"栋桡"，利有攸往。亨即享字，举行享祀也。此亨字当在下文"初六"二字之下，传写之误。

初六，藉用白茅，无咎。

《说文》："藉，祭藉也。"《诗·野有死麕》："白茅包之。"《毛传》："白茅。取洁清也。"古人陈祭有藉，藉用茅，《周礼·乡师》："大祭祀羞牛牲，共茅蒩。"郑注："郑大夫读蒩为藉，谓祭前藉也。"（引《易》此句）《仪礼·士虞礼》："苴刌茅，长五寸，束之，实于筐。"郑注："苴犹藉也。"并其证。享而藉用白茅，敬慎之至，故曰"亨，藉用白茅，无咎"。

九二，枯杨生稊，老夫得其女妻，无不利。

王注："稊者，杨之秀也。"《集解》引虞翻曰："稊，稚也，杨叶未舒称稊。"《释文》："稊，郑作荑。"二字古通用。《大戴礼·夏小正》："正月柳稊。"《传》："稊也者，发孚也。"义与此同。草木初生，通称为荑。《诗·静女》："自牧归荑。"《毛传》："荑，茅之始生也。"《硕人》："手如柔荑。"义同。《尔雅·释木》:"女桑,桋桑。"《诗·七月》:"猗彼女桑。"
《毛传》:"女桑,荑桑也。"孔《疏》:"荑,叶之新生者。"(桋与荑通)并
其例。然则枯杨生稊犹云枯杨生叶耳。枯杨生稊,乃反枯为荣之象,而老
夫得其女妻之兆,盖杨叶之将蔚茂,犹女妻之年方少艾也。筮遇此爻,自
无不利,故曰"枯杨生稊,老夫得其女妻,无不利"。

九三,栋桡凶。

栋桡则将折,栋折则室倾,自是凶象,故曰"栋桡凶"。卦辞云:"栋
桡,利有攸往。"设象同而断占异,盖其取义殊别,此《周易》之通例也。

九四,栋隆吉,有它吝。

《小尔雅·广言》:"隆,高也。"有它,谓有意外之患也。(说见《比》
卦)栋高者室巨,室巨者家大。自是吉象。然高明之家,鬼瞰其室,一有意
外之患,则不易克服。如寇盗不来则已,来必徒众力伟,而难抵御也。故
曰"栋隆吉,有它吝"。

九五,枯杨生华,老妇得其士夫,无咎无誉。

《荀子·非相》篇:"处女莫不愿得以为士。"杨注:"士者,未娶妻之
称。"枯杨生华亦反枯为荣之象,而老妇得其士夫之兆,盖杨华之易陨落,
犹老妇之年大色衰也。老妇得其士夫,固不为辱,亦不为荣,故曰"枯杨
生华,老妇得其士夫,无咎无誉"。

上六,过涉灭顶,凶,无咎。

《广雅·释诂》:"过,误也。"误涉没顶,将溺死于水,故曰"过涉灭
顶,凶"。"无咎"二字疑衍。《汉书·艺文志》曰:"刘向以中古文《易
经》校施、孟、梁丘经,或脱去无咎悔亡,唯费氏经与古文同。"据此知古
文《易》中"无咎"二字有为今文《易》所无者,今文未必非,古文未必
是也。今所传者乃费氏本,即古文本。其"无咎"二字,墙似衍文,当为

今文本所无者，有四处。本爻云："过涉灭顶，凶，无咎。"凶与无咎相矛盾，无咎当为衍文，此一处也。《困》九二云："困于酒食，朱绂方来，利用享祀，征凶，无咎。"征凶与无咎亦相矛盾，无咎当为衍文，此二处也。《艮》云："艮其背，不获其身，行其庭不见其人，无咎。"艮其背二句明为凶象，与无咎相矛盾，无咎当为衍文，此三处也。《节》六三云："不节若，则嗟若，无咎。"嗟若亦不吉之象，与无咎相矛盾，无咎当为衍文，此四处也。其悔亡二字塙似衍文，当为今文本所无者，有一处，《节》上六云："苦节，贞凶，悔亡。"贞凶与悔亡相矛盾，是也。若是之类，虽无古本可据，然可由辞意推知之。或者一卦一爻之辞，非一时一人之作，凶与无咎等乃各据所占，各依其事以记之，故有矛盾之象欤？

坎第二十九

䷜ 坎上
坎下　**习坎**

有孚维心。亨。行有尚。

习坎，卦名也。此卦古有二名，一曰习坎，《彖传》曰："习坎，重险也。"《象传》曰："水洊至习坎。"并其证。（《易稽览图》列六十四卦名，称此卦为《习坎》，即据《彖》《象》）二曰坎，《序卦传》序列六十四卦，曰："物不可以终过，故受之以坎，（阮元《周易注疏校勘记》云：古本坎上有习字。亨按：习字后人依《彖》《象》所加）坎者，陷也。"《杂卦传》备解六十四卦，曰："《离》上而《坎》下也。"并其证。二名皆见于《十翼》。因《十翼》非一人所作，故有歧异。余疑此卦本名《坎》，不名《习坎》，卦辞习字乃涉初六习坎二字而衍。周末《易》之传本，已有衍习字者，《彖》《象》作者据此本以立称，而《序卦》《杂卦》作者所据本，固未衍习字也。孚即俘字，有俘谓虏得敌方之人员财物也。维，缚系也。（详见《解》六二）心，疑当作之，隶书之作㞢，与心形近，故讹为心耳。《益》九五云："有孚惠心。"心字亦之字之讹，可以互证。亨即享字，享，祀也。捉得敌方俘虏，用绳缚之，杀之以享祀鬼神，故曰"有孚维之，亨"。尚借为赏。（说见《泰》卦）筮遇此卦，出门可得赏，故曰"行有尚"。

初六，习坎，入于坎，窞，凶。

《象传》曰："习坎，重险也。"《集解》引陆绩曰："习，重也。"习当读为袭，古字通用。《周礼·胥师》："袭其不正者。"郑注："故书袭为习。"《老子》："是谓习常。"傅奕本习作袭。并其证。《广雅·释诂》："袭，重也。"《尔雅·释山》："山三袭，陟。"郭注："袭亦重也。"《管子·轻重丁》篇："使其墙三重而门九袭。"尹注："袭亦重也。"袭坎者，坎中又有坎也。窞当读为臽。《说文》："臽，小阱也，从人在臼上。"臽之本义当为人坠坎阱中，故从人在臼上，古人掘地为臼，臼即坎也。字孳为陷，《说文》："陷，高下也。从阜，从臽，臽亦声。"高下也者，谓从高坠下也。坎中有坎，其险甚矣。入于坎中而陷焉，其出难矣。故曰"习坎，入于坎，窞，凶"。

九二，坎有险，求小得。

《说文》："险，阻难也。"坎中有险，有求不易，仅可小得，故曰"坎有险，求小得"。

六三，来之坎，坎险且枕，入于坎，窞，勿用。

此文"来之坎"句，"坎险且枕"句，旧读皆误。之犹是也（见《经传释词》）。来之坎，犹云来此坎也。《释文》："枕，古文作沈。"俞樾曰："枕当为沈。《释文》谓古文作沈，是也。《庄子·外物》篇：'慰暋沈屯。'《释文》引司马注曰：'沈，深也。'险且沈者，险且深也。"其说甚韪。但"坎险且枕"四字为句，俞氏犹未见及。枕当读为沈，同声系字，古皆通用也。窞读为臽为陷，说见前。来此坎上，坎险且深，入于坎中而陷焉，则不易出，筮遇此爻，不可有所施行，故曰"来之坎，坎险且枕，入于坎，窞，勿用"。

六四，樽酒簋，贰用缶，纳约自牖，终无咎。

《释文》："旧读樽酒簋绝句，贰用缶一句。"按：此读是也。《说文》："簋，黍稷方器也。"《诗·伐木》："陈馈八簋。"《毛传》："圆曰簋。"《周礼·舍人》："凡祭祀共簠簋。"郑注："方曰簠，圆曰簋，盛黍稷稻粱器。"

諓古铜器，簠方簋圆，知许说非而毛、郑说是也。簋下当有资字，传写误脱。资借为粢，《禹庙残碑》："资盛三牲。"可为例证。粢者，六谷之总名也。《集解》引虞翻曰："贰，副也。"《诗·宛丘》孔《疏》引郑注："贰，副也。"惠栋曰："贰，副也。《周礼·酒正》云：'大祭三贰，中祭再贰，小祭壹贰。'郭注云：'贰，副益也。'"王引之曰："《礼器》曰：'五献之尊，门外缶，门内壶。'是缶可为尊也。又曰：'夫奥者，老妇之祭也，盛于盆，尊于瓶。'"《正义》曰："盛食于盆，谓粢盛也。盆谓缶也。《尔雅》："盎谓之缶。"郭注曰："盆也。"盛于盆者，盛黍稷于缶以代簠簋也。'然则用缶者以缶为尊，又以缶为簋也。"亨按：樽酒簋，贰用缶，谓樽酒与簋其贰皆用缶，即樽之副用击，簋之副亦用缶也。约字疑衍，盖传本纳字或以形近误作约，校者并纪之，遂衍约字耳。纳自牖，谓献其酒食自牖也。此疑指嫁女之祭而言。《礼记·昏义》："古者妇人先嫁三月，祖庙未毁，教于公宫，祖庙既毁，教于宗室，教以妇德、妇言、妇容、妇功，教成祭之，牲用鱼，芼之以蘋藻，所以成妇顺也。"《诗·采蘋》曰："于以采蘋，南涧之滨。于以采藻，于彼行潦。于以盛之，维筐及筥。于以湘之，维锜及釜。于以奠之，宗室牖下。谁其尸之？有齐季女。"《毛传》："古之将嫁女者，必先礼之于宗室，牲用鱼，芼之以蘋藻。"是毛用《礼记》释《诗》，正以《采蘋》为咏嫁女之祭之事。《诗》云奠之牖下者，郑《笺》："牖下，户牖间之前，祭不于室中者，凡昏事于女礼设几筵于户外，此其义也。"盖古礼通例，家祭在室中，外祭在室外，嫁女之祭，乃女为祭主，女将归外姓，是外祭也，故在室外牖下也。诗言奠之牖下，《易》言纳自牖，似为一事。《诗》不言樽簋，《易》不言蘋藻，文各有不备，礼各有小异耳。嫁女之祭当筮之，若遇此爻，则依祭法以祭，可终无咎，故曰"樽酒簋，贰用缶，纳自牖，终无咎"。

九五，坎不盈，祗既平，无咎。

阮元《校勘记》曰："《石经》岳本祗作祇，是也。"《释文》："祗，郑云：'当为坁，小丘也。'京作禔。"《说文》引亦作禔。考古韵氏属支部，氐属脂部，二部音常相转，从氏得声与从氐得声之字，亦得通用，清儒于此，多有拘泥，不可从也。此文祗字依郑氏说当借为坁，《说文》："坁，小渚也。"《尔雅·释水》："水中可居者曰洲，小洲曰陼，小陼曰沚，小沚曰坁。"此坁乃水中小丘也。《方言》六："坁，场也。梁宋之间蚍蜉犁鼠之场谓之坁。"十一："蚍蜉其场谓之坁，或谓之垤。"《广雅·释诂》："坁垤，场也。"此坁乃地上小丘也。《易》之祗字借为坁，指地上小丘。坎下之坎虽未盈，而突起之坁则已平，此哀多益寡，损有余补不足渐臻平均之象，自可无咎。故曰"坎不盈，祗既平，无咎"。

上六，系用徽纆，置于丛棘，三岁不得，凶。

《释文》："刘云：'三股曰徽，两股曰纆，皆索名。'"《集解》引马融云："徽纆，索也。"《说文》："徽，三纠绳也。"纆正字作纆，《说文》："纆，索也。"徽纆所以拘系罪人也。《释文》："寘，张作置。"二字古通用。丛棘，听狱之处也。《周礼·朝士》："掌建邦外朝之法，左九棘，孤卿大夫位焉。群士在其后，右九棘，公侯伯子男位焉。群吏在其后，面三槐，三公位焉。州长众庶在其后，左嘉石，平罢民焉。右肺石，达穷民焉。"《大司寇》："以嘉石平罢民，凡万民之有罪过而未丽于法而害于州里者，桎梏而坐诸嘉石，役诸司空……以肺石达穷民，凡远近茕独老幼之欲有复于上而其长弗达者，立于肺石，三日，士听其辞。"知二石为讼狱之标，九棘为听狱之处，其证一也。《礼记·王制》："正以狱成告于大司寇。大司寇听之棘木之下。"其证二也。（故说皆如此，《集解》引虞翻曰："狱外种九棘，故称丛棘。"意谓囹圄之外种九棘，故称囹圄曰丛棘，其说独异，亦可取。狱外种棘，所以防罪人越狱逃逸，但其数不必九，《左传·哀公八年》传："邾子又无道，吴子使大宰子余

讨之，囚诸楼台，桥之以棘。"盖即狱外种棘之意也。）得，谓得其狱之情也。凡听
疑狱，务得其情，不得则不断。有罪人焉，系之以绳索，置之于丛棘，以
听其辞，疑莫能断，历时三载，不得其情，如此稽迟，足招百姓之怨，而
失万民之心，故曰"系用徽缥，置于丛棘，三岁不得，凶"。

离第三十

离上
离下　离

利贞。亨，畜牝牛吉。

离，卦名也。《集解》离（離）作离，古字通用。筮遇此卦，举事则利，故曰"利贞"。亨即享字，古人举行享祀，曾筮遇此卦，故记之曰"亨"。畜牝牛吉者，以牲言也。古时祭祀之牲特畜之。《周礼·充人》："掌系祭祀之牲牷，祀五帝则系于牢，刍之三月，享先王亦如之，凡散祭祀之牲，系于国门，使养之。"《墨子·明鬼》篇："牺牲不与昔聚群。"是其证也。古时祭祀之牲必卜而后畜之，《礼记·祭义》："君召牛纳而视之，择其毛而卜之，吉然后养之。"是其证也。筮牲遇此卦则畜牝牛吉，故曰"畜牝牛吉"。

初九，履错然，敬之无咎。

错然，黄金色貌。《说文》："错，金涂也。从金，昔声。"金涂，谓以金涂物，《诗·采芑》《烈祖》并云："约軝错衡。"《韩奕》云："簟茀错衡。"错衡，谓以金涂衡也。以金涂之，其色黄，故错然可训黄金色貌。履错然者，履以黄纠为之，其色错然。《诗·车攻》："赤芾金舄。"《晏子春秋·内篇·谏下》："景公为履，黄金之綦。"并其类也。此履贵人所服，敬之乃无咎，故曰"履错然，敬之无咎"。

六二，黄离，元吉。

《集解》离（離）作离。离本字，離借字。《说文》：“离，山神兽也，从禽头，从厹，从中。欧阳乔说，离，猛兽也。”许云“离，山神兽”者，谓离乃山中之神兽也。《文选·西京赋》李注引作山神兽形，恐非许氏原本。古亦借螭为之，《左传·宣公三年》：“昔夏之方有德也，远方图物，贡金九牧，铸鼎象物，百物而为之备，使民知神奸，故民入川泽山林，不逢不若，螭魅罔两，莫能逢之。”服注：“螭，山神兽形。”《文公十八年》传：“舜臣尧，宾于四门，流四凶族，浑敦、穷奇、梼杌、饕餮投诸四裔，以御螭魅。”贾注：“螭，山神兽形。”可见离者先民目为神兽，著于夏鼎。此兽盖有黄色，即此文之黄离也。此兽必能害人，人或见之，辄云不祥，但黄为吉祥之色（说见《坤》卦），是以黄离反为大吉之象，故曰“黄离，元吉”。

九三，日昃之离，不鼓缶而歌，则大耋之嗟，凶。

《集解》离（離）作离。离，山神兽也，见于日昃之时，则云日昃之离也。《诗·宛丘》孔《疏》引《易》郑注曰：“《诗》云：‘坎其击缶。’则乐器亦有缶。”《说文》：“缶，瓦器，所以盛酒浆，秦人鼓之以节歌。”实则鼓缶节歌，不独秦人为然。《校勘记》曰：“《石经》耋作耊，岳本同。”亨按：依《说文》当作耊。《释文》：“王肃云：‘八十曰耊。’”《说文》：“耊，八十曰耊。”《尔雅·释言》：“耊，老也。”郭注：“八十为耊。”《方言》一：“耊，老也，宋、卫、兖、豫之内曰耊。”郭注与《雅》注同。此一说也。《释文》又曰：“马云：‘七十曰耊。’”《左传·僖公九年》传：“以伯舅耊老。”杜注：“七十曰耊。”此二说也。《公羊传·宣公十二年》传：“使率一二耊老而绥焉。”何注：“六十称耊。”又《尔雅·释言》舍人注：“耊，年六十称也。”此三说也。余谓耊乃老之通称，《尔雅》《方言》所训至当，汉儒强为指定年数，非也。盖古人日昃见离，以为不祥，必鼓缶而歌以厌之，若弗厌之，则其祸主在大耋之人，而大耋之人悲欢矣，故曰“日昃之离，不鼓缶而歌，则大耋之嗟，凶”。（吾乡夜闻狼嗥，辄云“里将有丧亡"，群击铜盆以厌之，盖亦古之遗俗也。）

九四，突如，其来如，焚如，死如，弃如。

《音训》："突，晁氏曰：'京、郑皆作𡘺。'"《说文》："�，不顺忽出也，从倒子，《易》曰：'突如其来如。'不孝子突出，不容于内也。"重文作𡘺，云："或从到古文子，即《易》突字。"据此，突借字，𡘺本字。𡘺者，逐出不孝子也。即流放之流也。古者子不孝则逐出之，如殷高宗之放孝己，尹吉甫之放伯奇，孝己、伯奇虽皆至孝，而高宗、吉甫则以为不孝而放之，并其例也。如犹焉也。来者，被出之子复来家也。焚、死、弃者，施于不孝子之刑也。《周礼·掌戮》："凡杀其亲者焚之。"郑注："焚，烧也，《易》曰：'焚如，死如，弃如。'"孔《疏》引郑氏《易注》曰："不孝之罪，五刑莫大焉，得用议贵之辟刑之，若如所犯之罪，焚如，杀其亲之刑，死如，杀人之刑，弃如，流宥之刑。"《汉书·匈奴传》："莽作焚如之刑。"颜注："应劭曰：'《易》有焚如、死如、弃如之言，莽依此作刑名也。'如淳曰：'焚如、死如、弃如者，谓不孝子也，不畜于父母，不容于朋友，故烧杀弃之，莽依此作刑名也。'"是汉儒故说以焚、死、弃为施于不孝子之刑，是也。《吕氏春秋·孝行览》篇引《商书》曰："刑三百，罪莫重于不孝。"（疑出于《汤刑》，《左传·昭公六年》传："商有乱政，而作《汤刑》。"今本《竹书纪年》："祖甲二十四年重作《汤刑》。"《墨子·非乐上》引《汤之官刑》，盖即商代刑书也。）则不孝之刑重，由来久矣。不孝之子，既逐出焉，彼复来焉，则罪重者焚焉，其次死焉，更次弃焉，故曰"突如，其来如，焚如，死如，弃如"。（此采丁晏、丁寿昌说而补之）

六五，出涕沱若，戚嗟若，吉。

沱若，泪多貌。《诗·泽陂》："涕泗滂沱。"义同。《渐渐之石》："月离于毕，俾滂沱矣。"滂沱，雨多貌，所施不同，其义一也。戚借为慽，《说文》："慽，忧也。"字亦作感。《广雅·释诂》："感，悲也。"出涕沱若，戚嗟若，乃忧悲泣叹之象，似不宜言吉，吉字疑衍，盖即若字复文而又讹变也。或筮遇此爻，在穷愁之时，将有休祥之兆欤？

上九，王用出征，有嘉折首，获匪其丑，无咎。

古谓喜度之庆为嘉。（说见《随》卦）《集解》引虞翻曰："丑，类也。"获丑谓俘得敌众。《诗·出车》《采芑》并云："执讯获丑。"皆此义。获匪其丑，谓敌类之外更有所获也。此殆古代故事，盖有王者出征，斩首甚多，且敌类之外更有所获，故记其事而断其占曰"王用出征，有嘉折首，获匪其丑，无咎"。

咸第三十一

≣≣ 兑上
艮下　咸

亨。利贞。取女吉。

咸，卦名也。亨即享字，古人举行享祀，曾筮遇此卦，故记之曰
"亨"。又筮遇此卦，举事有利，故曰"利贞"。取借为娶。筮遇此卦，娶女
则吉，故曰"取女吉"。

初六，咸其拇。

《说文》："咸，皆也，悉也。从口，从戌。戌，悉也。"余谓咸之初义
当训斩也，从戊，戊、戌古本一字（罗振玉说，见《殷虚文字类编》），大斧也，
口象物形，以戊斩物之状也。《书·君奭》："咸刘厥敌。"《逸周书·世俘》
篇："咸刘商王纣。"咸刘独言斩戮耳。本卦咸字皆斩伤之义。《释文》：
"拇，马、郑、薛云：'足大指也。'子夏作踇，荀作母。"《集解》拇作母，
引虞翻曰："母，足大指也。"拇本字，踇俗字，母借字。《说文》："拇，将
指也。从手，母声。"字既从手，初义当为手大指，今北地方言谓手大指曰
拇指，即古语之遗也。施之于足，亦得同名。《庄子·骈拇》篇云："骈拇
枝指，出乎性哉。"又云："骈于足者，连无用之肉也。枝于手者，树无用
之指也。"此足大指曰拇之证。《易》之拇字，亦谓足大指，盖初六之拇，
六二之腓，九三之股，九五之脢，上六之辅颊，正自下而上，即其证也。
咸其拇，出门则小伤之象。

六二，咸其腓，凶，居吉。

《释文》："腓，郑云：'膊肠也。'王廙云：'腓，腓肠也。'荀作肥。"朱熹曰："腓，足肚也。"丁晏曰："《说文》：'腓，胫腨也。腨，腓肠也。'古腓、肥通用，《艮》六三云：'艮其腓。'《释文》云：'腓，本亦作肥。'"亨按：腓之言肥也，足肚肉肥，因得腓名。《庄子·天下》篇："腓无胈。胫无毛。"义同。居下疑当有贞字，转写误挩。《颐》六五、《革》上九并云："居贞吉。"即其左证。《屯》初九、《随》六三并云："利居贞。"亦居贞二字连用，则此文盖挩一贞字矣。占问居宅，谓之居贞（说见《通说》）。占问居宅者，求其所止也。咸其腓，大伤之象，固凶矣。然求其所止，则可无伤。故曰"咸其腓，凶，居贞吉"。

九三，咸其股，执其随，往吝。

随借为隋。《说文》："隋，裂肉也。从肉，从陸省。"（当作陸省声）裂肉，谓以刀割裂之肉，此文正用斯义。《艮》六二云："艮其腓，不拯其随，其心不快。"亦以随为隋。咸其股，执其隋，亦伤之象，难于有所往。故曰"咸其股，执其随，往吝"。

九四，贞吉，悔亡，憧憧往来，朋从尔思。

《释文》："憧憧，马云：'行貌。'王肃云：'往来不绝貌。'"《广雅·释训》："憧憧，往来也。"《诗·汉广》："汉有游女，不可求思。"《毛传》："思，辞也。"憧憧往来，朋从尔思，乃多友相从之象。筮遇此爻，举事则吉，悔可以亡，有多友相从，故曰"贞吉，悔亡，憧憧往来，朋从尔思"。

九五，咸其脢，无悔。

《释文》："脢，郑云：'背脊肉也。'"《集解》引虞翻曰："脢，夹脊肉也。"《说文》："脢，背肉也。"咸其脢，不敢有所负荷；不敢有所负荷，自可无悔。即小惩大戒，不敢任重之意，故曰"咸其脢，无悔"。

上六，咸其辅颊舌。

《释文》："辅，虞作酺。"辅借字。酺本字。《说文》："酺，颊也。颊，面旁也。"是酺、颊同义。咸其辅颊舌，多言招祸之象。《象传》曰："咸其辅颊舌，滕口说也。"得其恉矣。但余疑舌当作吉，形近而讹。咸其辅颊，以小伤之警，守慎言之戒，则吉。故曰"咸其辅颊吉"。《艮》六五云："艮其辅，言有序，悔亡。"艮犹顾也。辅亦借为酺。谓顾其酺颊，不敢妄言，则悔亡。彼文就言立象，仅举酺不及舌。此文亦就言立象，举酺颊已足，不必及舌也。故知舌为误字。

恒第三十二

震上
巽下　恒

亨。无咎，利贞，利有攸往。

恒，卦名也。亨即享字。古人举行享祀，曾筮遇此卦，故记之曰"亨"。又筮遇此卦无咎，举事有利，且利有所往，故曰"无咎，利贞，利有攸往"。

初六，浚恒，贞凶，无攸利。

《释文》："浚，郑作濬。"二字古通用。《说文》："浚，抒也。濬，深通川也。"浚训抒，亦谓抒水使深，是浚濬义亦不殊。《书·益稷》："浚畎浍距川。"《左传·庄公九年》经："浚洙。"此抒河之浚也。《孟子·万章》篇："使浚井。"此抒井之浚也。《象传》曰："恒，久也。"《序卦传》曰："恒者久也。"《集解》引侯果曰："恒，久也。"本卦恒字皆久义。浚河浚井皆宜适可而止，浚久则过深，过深则水益涌，工必败，故曰"浚恒，贞凶，无攸利"。《象传》曰："浚恒之凶，始求深也。"得其恉矣。

九二，悔亡。

筮遇此爻者悔亡，故曰"悔亡"。

九三，不恒其德，或承之羞，贞吝。

《说文》："承，受也。"焦循曰："羞犹辱也。"《诗·氓》："士也罔极，二三其德。"不恒其德即二三其德之意。《论语·子路》篇："子曰：'南人有言曰，人而无恒，不可以作巫医，善夫，不恒其德，或承之羞。'子曰：'不占而已矣。'"孔子引《易》，以明人不可无恒，然《易》之此言，非谓无恒之绝对不可。故曰"不恒其德，或承之羞，贞吝"。或也者，不尽然也。吝也者，未至于凶也。九五云："恒其德，贞妇人吉，夫子凶。"则不贵恒之意。

九四，田无禽。

田，猎也。禽，鸟兽之总名也（说见《师》卦）。筮遇此爻，猎不得禽兽，故曰"田无禽"。

六五，恒其德，贞妇人吉，夫子凶。

《象传》曰："妇人贞吉，从一而终也。夫子制义，从妇凶也。"其释甚莹。盖妇人以从夫为义，其道一轨，恒则吉。夫子以义制事，其道多方，恒则凶。故曰"恒其德，贞妇人吉，夫子凶"。

上六，振恒，凶。

《释文》："振，马云：'动也。'张作震。"《集解》振作震。二字古通用。《广雅·释诂》："振，动也。"《尔雅·释诂》："震，动也。"动不可久。动久则凶。《老子》曰："静为躁君。"又曰："躁则失君。"即此意。故曰"振恒，凶"。又《说文》："楮，柱砥，古用木，今以石，从木，耆声。"引《易》曰："楮恒凶。"是《易》古本振亦作楮（振楮通用，文脂对转），义为柱砥。《尔雅·释言》："楮，柱也。"训略同。柱砥久则不固，不固则室败，故曰"楮恒，凶"。此亦汉人古义。两解未知孰是。

周易古经今注卷三

遯第三十三

☰乾上 ☶艮下 遯

亨。小利贞。

遯，卦名也。亨即亯字，古人举行亯祀，曾筮遇此卦，故记之曰"亨"。又筮遇此卦，举事小利，故曰"小利贞"。

初六，遯尾，厉，勿用有攸往。

遯疑借为豚，古字通用。《中孚》云："豚鱼吉。"《释文》："豚，黄作遯。"即其证。本卦遯字皆借为豚。《说文》："豚，小豕也。"《小尔雅·广兽》："豵，猪也，其子曰豚。"《方言》八："猪，其子谓之豚。"遯尾即豚尾耳。今人豢小豕往往断其尾，问其故，曰"易肥"，古人盖亦如此。是豚尾有被断之危，故曰"遯尾，厉"。人有所往，或有挫折之虞，故又曰"勿用有攸往"。

六二，执之用黄牛之革，莫之胜，说。

此承上爻遯字而言。执借为絷，古字通用。《礼记·月令》："则执腾驹。"《释文》："执，蔡本作絷。"即其证。《说文》："馽，绊马也，从马，口其足……读若辄。"重文作絷，云："馽或从系，执声。"《广雅·释器》："絷，绊也。"《诗·白驹》："絷之维之。"《毛传》："絷，绊也。"《楚辞·九歌·国殇》："霾两轮兮絷四马。"王注："絷，绊也。"是绊马足曰絷。引申绊它兽足亦曰絷。执之即絷之，谓絷豚，即绊豚之足也。说借为挩。《说文》："挩，解挩也。"畜豚者绊其足，所以防放逸也。然以物小力弱之豚，而绊以黄牛之革之劲，则豚必不胜，是防其放逸，适以害其行动，唯有解捝其絷为宜耳。故曰"执之黄牛之革，莫之胜，说"。

九三，系遯，有疾厉，畜臣妾吉。

《释文》："系，本或作繋。"二字古通用。遯借为豚。系豚者以绳系小豕，而又系之于杙，所以防其放逸也。就所系之豕以为象，人有疾缠身，犹有绳在豚也，故曰"系遯，有疾厉"。就系豚之人以为象，人之臣妾不得逃亡，犹豚之不得放逸也，故又曰"畜臣妾吉"。

九四，好遯，君子吉，小人否。

好，读为美好之好，与爱好之好，义皆不谐。疑好者馈也。《周礼·大宰》："九曰好用之式。"（郑注："好用，燕好所赐予。"）好用谓馈用也。《内饔》："凡王之好赐肉脩，则饔人共之。"（郑注："好赐，王所善而赐也。"）《玉府》："凡王之好赐，共其货贿。"《内府》："凡王之好赐予则共之。"以好赐并谓馈赐也。《左传·昭公五年》："宴有好货。"（杜注："宴饮以货为好。"）好货谓馈赐之货也。《七年》传："好以大屈。"（杜注："宴好之赐，大屈，弓名。"）谓馈以大屈也。皆好有馈义之证。（好、馈盖一声之转，《诗·巷伯》"骄人好好"，《尔雅·释训》好好作旭旭，《史记·殷本纪》，以西伯昌、九侯、鄂侯为三公，《礼记·明堂位》《战国策·魏策》九侯并作鬼侯，即好、九、鬼三声相通之证。）此旧籍罕见之古义，先儒多以燕好释之，非也。遯借为豚。好豚，谓馈人以豚也。馈人以豚，在君子以成其礼，《论语·阳货》篇："阳货欲见孔子，孔子不见，归孔子豚。"（归读为馈）是其例也。在小人大丧其财。《礼记·内则》："凡接子择日，冢子则大牢，庶人特豚，士特豕，大夫少牢，国君世子大牢。"接子之大典，庶人仅用特豚，则庶人馈豚不徒财有不给，亦礼所不许，故曰"好遯，君子吉，小人否"。

九五，嘉遯，贞吉。

古谓喜庆之事为嘉（说见《随》卦）。遯借为豚。嘉豚者，喜庆之事所用之豚也。嘉豚自是吉象，故曰"嘉遯，贞吉"。

上九，肥遯，无不利。

《说文》："肥，多肉也。"此用其本义。遯借为豚。肥豚利于作祭物，利于作馈物，利于作膳物，故曰"肥遯，无不利"。

震上
乾下　**大壮**

利贞。

大壮，卦名也。利贞犹利占也。筮遇此卦，举事有利，故曰"利贞"。

初九，壮于趾，征凶，有孚。

《释文》："壮，马云：'伤也。'"《集解》引虞翻曰："壮，伤也。"壮训为伤，实借为戕，《说文》："戕，枪也。他国臣来弑君曰戕，从戈，爿声。"《丰·象传》："窥其户，阒其无人，自藏也。"《释文》："藏，众家作戕。郑云：'伤也。'"《国语·晋语》："可以小戕。"韦注："戕犹伤也。"本卦壮字皆伤义。《夬》初九："壮于前趾。"九三："壮于頄。"并同。孚读为浮，罚也。"壮于趾"，不可以行，出征必败，兵败则将士有罚，故曰"壮于趾，征凶，有孚"。

九二，贞吉。

贞吉，犹占吉也。筮遇此爻，所占者吉，故曰"贞吉"。

九三，小人用壮，君子用罔，贞厉，羝羊触藩羸其角。

用犹以也。罔疑当读为惘，忧也。《文选·神女赋》："罔兮不乐。"李注："罔，忧也。"《东京赋》："罔然若酲。"薛注："罔然，犹惘惘然也。"并以罔为惘。《西征赋》："惘辍驾而容与。"李注："惘犹惘惘，失志之貌也。"则用惘字。《说文》无惘字，其制稍晚，故《易》以罔为之。筮遇此爻，有所举事，小人以伤，君子以忧，实为危兆，故曰"小人用壮，君子用罔，贞厉"。《释文》："羝，张云：'羖羊也。'"（《说文》："羖，夏羊牡曰羖。"）《说文》："羝，牡羊也。"《释文》："藩，马云：'篱落也。'"《广雅·释室》："藩，篱也。"《释文》："羸，马云：'大索也。'王肃作缧，郑、虞作累，蜀才作累，张作累。"《集解》引侯果曰："触藩，故角被拘羸。"以拘羸释羸，拘羸犹拘系也。其说是也。此文以累为正字。《说文》："累，大索也。"引申以索系物亦曰累。《左传·成分三年》："两释累囚。"杜注："累，系也。"累其角即系其角，作羸借字耳。《姤》初六云："羸豕孚蹢躅。"义同。羝羊触藩，若系其角而縻之，则无藩破之患，凡系羊者多系其角也。（此采俞樾说）又余疑"羝羊触藩羸其角"七字，当为九四之首句，盖转写误窜此处。其证有三，本爻云："小人用壮，君子用罔，贞厉。"文意已备，断占已毕，不宜更赘"羝羊触藩羸其角"一句，其证一也。九四云"贞吉，悔亡"正承"羝羊触藩羸其角"而言，明为一爻之辞，其证二也。九四又云："藩决不羸，壮于大舆之輹。"亦正承"羝羊触藩羸其角"而反言之，明为一爻之辞，其证三也。

九四，贞吉，悔亡。藩决不羸，壮于大舆之輹。

九四二字下当有"羝羊触藩羸其角"七字，误窜入上爻。羝羊触藩而系其角，乃见机预防之象，能见机预防，则吉且悔亡，故曰"羝羊触藩羸其角，贞吉，悔亡"。决者，断裂也，凡从夬得声之字多有断裂之义（说见《履》卦），然则藩决犹言藩破耳。壮，伤也。《释文》："輹，本又作辐。"此文当作辐。《小畜》九三云："舆说辐。"辐当作輹。义各有当也。此句承上二句言，羝羊触藩，藩既破矣，而仍不系羊之角，则羊将更触伤大车之辐，此不知惩前毖后之象也。

六五，丧羊于易，无悔。

此殷先王亥之故事。王亥屡见于殷虚卜辞，世次在成汤前。《吕氏春秋·勿躬》篇："王冰作服牛。"（王先生说："冰，篆文作⿱八冫，⿱八冫与亥形近，王冰亦王亥之误。"）《世本·作》篇："胲作服牛。"《山海经·大荒东经》："王亥托于有易河伯仆牛，有易杀王亥，取仆牛。"郭注引古本《竹书纪年》：
"殷王子亥，宾于有易而淫焉，有易之君绵臣，杀而放之，是故殷主甲微假
师于河伯，以伐有易，遂杀其君绵臣也。"《楚辞·天问》篇："该秉季德，
厥父是臧，胡终弊于有扈，牧夫牛羊？干协时舞，何以怀之？平胁曼肤，
何以肥之？有扈牧竖，云何而逢？击床先出，其命何从？恒秉季德，焉得
夫朴牛？何往营班禄，不但还来？昏微遵迹，有狄不宁，何繁鸟萃棘，负
子肆情？"（王先生说："有扈乃有易之误。"）综而观之，《吕氏春秋》之王冰，
《世本》之胲，《天问》之该，皆即王亥。《山海经》之仆牛，《天问》之朴
牛，即《吕氏春秋》《世本》之服牛。盖服牛之事，由王亥创始，与相土作
乘马，同一有功人类之事也。王亥曾客于有易之国，从事牧畜牛羊，终为
有易之君所杀，而丧其牛羊，此云"丧羊于易，无悔"，谓王亥丧其羊于有
易，结果则无悔也。《旅》上九云："鸟焚其巢，旅人先笑后号咷，丧牛于
易，凶。"谓王亥被杀，丧其牛于有易，结果则凶也。由《易》文椎断，丧
羊在王亥生时，丧牛在王亥死后，一云"无悔"，一云"凶"，皆就实记之。
更有左证，《山海经》云："有易杀王亥取仆牛。"而不及羊，知王亥丧牛，
自为一事，其左证一也。《天问》云："恒秉季德，焉得夫朴牛？"恒即殷先
王恒，得朴牛即得王亥所丧之朴牛，亦不及羊。又知王亥丧牛自为一事，
其左证二也。至王亥之史实，由王先生发见（见《殷卜辞中所见先公先王
考》）。《易》中之"丧羊于易""丧牛于易"，即王亥故事，由顾颉刚氏发
见（见《周易卦爻辞中的故事》），兹采其说而镕裁之如上，余详《旅》卦。

上六，羝羊触藩，不能退，不能遂，无攸利，艰则吉。

《集解》引虞翻曰："遂，进也。"羝羊触藩，其角为藩所笮，既不能
退，又不能进，此动不量力以致进退两困之象。人行事如此，自无所利，
故曰"羝羊触藩，不能退，不能遂，无攸利"。然处艰难之时，存惕戒之
心，不敢轻举妄动，则无此患，故又曰"艰则吉"。

晋第三十五

☲离上
☷坤下　晋

康侯用锡马蕃庶，昼日三接。

晋，卦名也。《释文》："晋，孟作齐。"二字音相近，盖古通用耳。康侯，即康叔封也。《书·康诰》："王若曰，孟侯，朕其弟，小子封。"伪《孔蒐传》："封，康叔名。"《左传·定公四年》："分康叔以大路、少帛、綪茷、旃旌、大吕，殷民七族，陶氏、施氏、繁氏、锜氏、樊氏、饥氏、终葵氏，封畛土，略自武父以南及圃田之北竟，取于有阎之土，以共王职，取于相土之东都，以会王之东蒐，聃季授土，陶叔授民，命以《康诰》，而封于殷虚。"又曰："武王之母弟八人，周公为太宰，康叔为司寇，聃季为司空，五叔无官。"《世本·居》篇："康叔居康，从康徙卫。"《康侯鼎铭》曰："康侯半作宝尊。"半即《说文》之半，与封通用，据此康叔名封，武王之弟，为周司寇，初封于康，徙封于卫，故称康叔，亦称康侯。《易》之康侯即《康侯鼎铭》之康侯丰。而康侯丰即康叔封，塙无疑矣。锡犹献也。《书·禹贡》："九江入锡大龟。"又曰："禹锡玄珪，告厥成功。"《召诰》："大保乃以庶邦冢君出，取币，乃复入，锡周公。"谙锡字并献义。盖古者自上赏下曰锡，自下贡上亦曰锡，犹之子曰受，取亦曰受，卖曰沽，买亦曰沽也。《释文》："接，郑音捷，胜也。"考接、捷古通用。《左传·庄公十二年》："宋万杀其君捷。"《僖公三十二年》经："郑伯捷卒。"《文公十四年》经："晋人纳捷菑于邾。"《公羊经》捷并作接。《礼记·内则》："接以太牢。"郑注："接读为捷。"《庄子·则阳》篇："接子。"《汉书·古今人表》作捷子,皆其证。(此采李富孙说)《诗·采薇》："一日三捷。"《毛传》："捷,胜也。"盖康叔曾奉王命,攻伐异国,一日三胜,俘马甚众,以献于王,故记之曰"康侯用锡马蕃庶,昼日三接"。此为康叔故事,由顾颉刚氏发见(见《周易卦爻辞中的故事》),兹采其说而镕裁之如左。

初六,晋如摧如,贞吉,罔孚裕,无咎。

《象传》曰："晋,进也。"《序卦传》曰："晋者进也。"《说文》："晋,进也,日出万物进,从日,从臸。"按:晋本日上进之义,故从日从臸,许云日出万物进,曲说也。《尔雅·释诂》："晋,进也。"《广雅·释诂》："晋,进也。"本卦晋字皆侵伐之进,其本字似当作戬,《说文》："戬,灭也。从戈,晋声,《诗》曰'实始戬商'。"考《毛诗·閟宫》云："后稷之孙,实维大王,居岐之阳,实始翦商。"《毛传》："翦,齐也。"许氏所引当为三家《诗》。太王之世,不得云灭商,知许训戬曰灭,非也。戬者,进而有所侵伐也。实始戬商,犹云实始侵商耳。毛《诗》作翦而训齐者,齐当读为剂,亦谓侵削商土,大恉与作戬不殊。然则本卦晋字殆即戬商之戬矣。如犹焉也。《说文》："摧,折也。"晋如,谓进侵敌国也。摧如,谓摧折敌兵也。《尔雅·释言》："罔,无也。"孚即俘字,虏得敌方之人员财物谓之俘。罔孚,未有此事也。《说文》："裕,衣物饶也。"用兵者筮遇此爻,则进侵敌国,摧折敌兵,实为吉占,虽无所俘,但裕而无咎也。故曰"晋如摧如,贞吉,罔孚裕,无咎"。

六二,晋如愁如,贞吉,受兹介福于其王母。

晋者,进而有所侵伐也。愁疑借为遒,古字通用。《诗·长发》："百禄是遒。"《说文》引遒作揂。《周礼目录》："秋者,遒也。"《释名·释天》："秋,緧也,緧迫品物使时成也。"又鳛俗作鰍,緧俗作緅,并其左证。《说文》："遒，迫也。"《广雅·释诂》："遒，迫也。"《荀子·议兵》篇："蹢之以刑罚。"蹢即遒之异文，谓迫之以刑罚也。《强国篇》："大燕鳅吾后。"鳅借为遒，谓大燕迫吾后也。愁如即遒如，谓以兵胁迫敌国使之屈服也。《诗·破斧》："周公东征，四国是遒。"遒谓被胁迫而屈服，与《易》文义相近。《释文》："介，大也。"介训大，借为夼。《说文》："夼，大也，从大，介声。"《尔雅·释亲》："父之妣为王母。""受兹介福于其王母"，盖谓王母嘉其功劳，锡之爵禄，爵禄即大福也。此疑亦康叔故事，《诗·思齐》曰："思齐大任，文王之母。"康叔乃文王之子，则康叔之王母，即大任矣。盖康叔帅师，进侵敌国，迫之使降，实得吉占，大妊嘉其功劳，命文工或武王锡之爵禄，故记之曰"晋如愁如，贞吉，受兹介福于其王母"。康叔之初封于康，或即由于战功软？

六三，众允，悔亡。

《集解》引虞翻曰："允，信也。"《说文》："允，信也。"《尔雅·释诂》："允，信也。"驭民者，帅师者，众人信之，则悔亡，故曰"众允，悔亡"。

九四，晋如鼫鼠，贞厉。

晋者，进而有所侵伐也。如，似也，与前文如字义异。《释文》："鼫鼠，《子夏传》作硕鼠。"《集解》与《子夏传》同。《尔雅·释兽》："鼫鼠。"郭注："形大如鼠，头如兔，尾有毛，青黄色，好在田中食粟豆。"《诗·硕鼠》曰：硕鼠硕鼠，无食我黍。硕鼠硕鼠，无食我麦。硕鼠硕鼠，无食我苗。可见鼫鼠为食稼之物。又名田鼠，《礼记·月令》："季春之月，田鼠化为鴽。"《郊特牲》："迎猫为其食田鼠也。"《逸周书·时训》篇："田鼠不化为鴽，国多贪残。"田鼠即鼫鼠，以其常在田中，故有是称。鼫鼠之食稼，乘人不备，出没无常，而往往被猫或人所获。进兵侵伐敌国，如乘其不备而袭之，出没无常，正似鼫鼠之食稼，即所谓"晋如鼫鼠"也。

用兵如此，亦有易败之虞，故曰"晋如鼫鼠，贞厉"。

六五，悔亡，失得，勿恤，往吉无不利。

《说文》："恤，忧也。"筮遇此爻，悔可亡，失物可得，勿忧，有所往吉且无不利，故曰"悔亡，失得，勿恤，往吉无不利"。

上九，晋其角，维用伐邑，厉吉，无咎，贞吝。

晋其角者，兽进其角而有所抵触也，进其兵而有所侵伐者似之。角之坚，犹兵之坚也。角之不锐，犹兵之不锐也。以坚而不锐之兵，攻伐邑国，以其坚也，必无溃败，虽危亦吉，且无咎，以其不锐也，难于克敌，故曰"晋其角，维用伐邑，厉吉，无咎，贞吝"。

明夷第三十六

坤上
离下　明夷

利艰贞。

明夷，卦名也。筮艰难之事者遇此卦则利，故曰"利艰贞"。

初九，明夷于飞垂其翼。君子于行三日不食。有攸往，主人有言。

以"明夷于飞垂其翼"句观之，明夷为鸟类，可断言也。明疑借为鸣，古字通用。《文选》陆机《乐府·长安有狭邪行》："欲鸣当及晨。"李注："《春秋考异记》曰：'鸡应旦明。'明与鸣同，古字通也。"《拟今日良宴会》："譬彼伺晨鸟，扬声当及旦。"李注："《春秋考异邮》曰：'鸡应旦明。'明与鸣同，古字通。"李康《运命论》："里社鸣而圣人出。"李注："《春秋潜潭巴》曰：'里社明，此里有圣人出。'明与鸣古字通。"并其证也。（此采李镜池说）夷疑借为雉，古字通用。《周礼·秋官·序言》："薙氏。"郑注："薙，《书》或作夷。"《释文》："薙，本作雉。"《左传·昭公十七年》：五雉为五工正，夷民者也。孔《疏》："雉声近夷。"《汉书·扬雄传》："列新雉于林薄。"服虔注："新雉，香草也，雉、夷声相近。"颜注："新雉，即辛夷耳。"并夷、雉通用之证。明夷即鸣雉。本卦明夷二字皆此义。言当作奇，呵谴也。（说见《需》卦）"鸣雉于飞垂其翼"，饥不得食之象。君子于行饥不得食似之，故曰"明夷于飞垂其翼。君子于行三日不食"。此殆亦古代故事也。君子所以不得食者，盖主人怒之，靳而不予也，故又曰"有攸往，主人有言"。

六二，明夷夷于左股，用拯马壮吉。

明夷借为鸣雉。下夷字伤也。《序卦传》云："夷者伤也。"《小尔雅·广言》："夷，伤也。"是夷古有伤义。"明夷夷于左股"，谓鸣雉被射而伤于左股，此殆古代故事也。《释文》："拯，《子夏传》作抍。"《说文》靁下引同。《音训》拯作承，引晁氏曰："《九家》亦作承。"按：拯、抍、承古通用。此并当读为骒。拯、承与骒古通用。《诗·抑》："子孙绳绳。"《韩诗外传》六引绳绳作承承。《绵》："其绳则直。"《释文》："绳，本作乘。"《周礼·稿人》："乘其事。"《颜氏家训·音辞》篇引刘昌宗《周官音》读乘若承。并其左证。抍、骒古亦通用。《列子·黄帝》篇："俱升高台。"殷氏《释文》："升，一本作乘。"即其左证。《说文》："骒，犗马也。"《广雅·释兽》："骒，犗也。"拯马即骒马，去马之势也。古人犗马，盖必筮之，"用拯马壮吉"，言筮遇此爻犗马，马壮且吉。《涣》初六云："用拯马壮吉。"义同。鸣雉伤于左股，无害于翼，仍可飞，犹之马割其势，无害于足，仍可行。故曰"明夷夷于左股，用拯马壮吉"。

九三，明夷于，南狩得其大首，不可疾贞。

明夷借为鸣雉。但此文义不可晓。于下疑当有飞字，盖转写挩去。"明夷于飞"句，初九云："明夷于飞垂其翼。"即其左证。古书常言鸟"于飞"。《诗·葛覃》："黄鸟于飞。"《燕燕》："燕燕于飞。"《雄雉》："雄雉于飞。"《东山》："仓庚于飞。"《鸿雁》："鸿雁于飞。"《鸳鸯》："鸳鸯于飞。"《卷阿》："凤皇于飞。"《振鹭》："振鹭于飞。"《有駜》："鹭于飞。"皆有例。由此可证初九"明夷于飞垂其翼"，明夷决为鸟名；而本爻亦当作"明夷于飞"也。"南狩得其大首"句，俞樾曰："首当读为道。《周书·芮良夫》篇：'予小臣良夫稽道。'《群书治要》作稽首。《史记·秦始皇本纪》：'追首高明。'《索隐》曰：'会稽刻石首作道。'并其证也。得其大首，犹云得其大道也。"此释是也。"明夷于飞，南狩得其大道"，乃记一古代故事。盖鸣雉于飞，南狩之人追之，入于深山大林而迷路，终能得其大道，故记之曰"明夷于飞，南狩得其大首"。又占问疾病之事，筮遇此爻，则不可有所施行，故曰"不可疾贞"。

六四，入于左腹获明夷，之心于出门庭。

此文义亦不可晓。疑腹借为覆，同声系，古通用。《说文》："覆，地室也。从穴，复声。"引《诗》曰："陶覆陶穴。"《广雅·释室》："覆，窒也。"《毛诗·绵》："陶复陶穴。"则许氏所引乃三家《诗》也。《淮南子·氾论》篇："古者民泽处复穴。"亦以复为覆，与《毛诗》同。但山穴地穴均得称覆，不必限于人所居者也。"入于左腹"即入于左覆，言入于左旁之覆穴也。明夷借为鸣雉。"入于左腹获明夷"句，谓入于左覆而得鸣雉也。雉常栖止于山穴，故入覆而得之，此亦古代故事也。之心疑当作小心。盖古文小作ʃ，之作ʮ，形近而讹。古书恒言小心，《诗·正月》："哀我小心，癙忧以痒"。《小宛》："惴惴小心，如临于谷。"《大明》："维此文王，小心翼翼。"《烝民》："小心翼翼，古训是式。"并其例。其意则谓谨慎也。此文"小心于出门庭"句，谓筮遇此爻，在出门庭之时，当小心谨慎也。《艮》九三云："艮其限，列其夤，厉，薰心。"薰读为惛（说见《艮》卦），小心与薰心，辞例相似。

六五，箕子之明夷，利贞。

《集解》引马融曰："箕子，纣之诸父。"明夷借为鸣雉。然则箕子之明夷，即箕子之鸣雉矣。辞意不完，未之详也。疑之下当有获字，转写挽去。箕子之获明夷，记箕子得鸣雉之事也。箕子得鸣雉，盖有利之事也。筮遇此爻，自是利占，故曰"箕子之（获）明夷，利贞"。又疑本卦自初九至六五皆记箕子得鸣雉之事。初九云："明夷于飞垂其翼。君子于行三日不食。"君子似指箕子，盖箕子南狩，鸣雉垂翼而飞，箕子逐之，入深山大林，迷道不能归，以致三日不得食也。六二云："明夷夷于左股。"谓箕子射鸣雉而伤雉之左股也。九三云："明夷于飞，南狩得其大首。"谓鸣雉依然于飞，而南狩之箕子，亦得其大道而返也。六四云："入于左腹获明夷。"谓鸣雉入于道左穴内，箕子入穴而获之也。六五云："箕子之获明夷。"谓箕子终得此鸣雉也。因各爻所记事之情节不同，故断占之辞亦异。未知是否。

上六，不明晦，初登于天，后入于地。

明借为鸣。此承前文明夷言，不明谓雉不鸣也。晦疑当作悔，即悔吝之悔。盖悔、晦形近，后人见与明字连文，因改悔为晦也。雉不鸣即处悔之时，故曰"不明悔"也。雉不鸣而悔者，谓雉入水化为蜃也。《大戴礼·夏小正》篇："十月，玄雉入于淮为蜃。"《礼记·月令》："孟冬之月，雉入大水为蜃。"《逸周书·时训》篇："立冬之日，水始冰，又五日地始冻，又五日雉入大水化为蜃。"《国语·晋语》："雉入于淮为蜃。"《吕氏春秋·孟冬纪》《淮南子·时则》篇文并与《月令》同。是古说相传孟冬之月雉入水化为蜃。本爻所言，正指此事。但地当作渊，盖后人所改。"初登于天，后入于渊"，文相对，韵相谐，古书多如此。《诗·鹤鸣》曰："鹤鸣于九皋，声闻于天。鱼在于渚，或潜在渊。"《旱麓》曰："鸢飞戾天，鱼跃于渊。"并其例。此文渊误作地，则失其韵，其证一也。"初登于天"，言为雉之时飞于天也。"后入于渊"，言化蜃之时入于渊也。雉化蜃乃入于水，而非入于地，则地为误字益明，其证二也。盖后人习见天地相对，罕见天渊相对，而改之耳。本爻亦以雉设象。雉当不鸣之时，即处悔之日，昔为雉而升于天，今化蜃而入于渊，非悔而何哉？故曰"不明悔，初登于天，后入于渊"。

家人第三十七

☲ 巽上离下　家人

利女贞。

家人，卦名也。女子筮遇此卦则利，故曰"利女贞"。

初九，闲有家，悔亡。

《释文》："闲，马云：'阑也，防也。'"《说文》："闲，阑也，从门中有木。"盖闭门而以木拒之为闲，所以防人之阑入也。有犹于也。闲有家，犹云闲于家也。九五云："王假有家。"《萃》云："王假有庙。"其九五云："萃有位。"《震》六五云："意无丧有事。"《涣》云："王假有庙。"其六四云："涣有丘。"《既济》六四云："繻有衣袽。"诸有字并于义。闲于家则盗莫能入，故曰"闲有家，悔亡"。

六二，无攸遂，在中馈，贞吉。

遂疑借为队，同声系，古通用。《震》九四云："震遂泥。"《释文》："遂，荀本作队。"即其证。《说文》："队，从高队也。从阜，㒸声。"《左传·僖公二十八年》："俾队其师。"杜注："队，陨也。"《国语·楚语》："自先王莫队其国。"韦注："队，失也。"俗字作坠。《尔雅·释诂》："坠，落也。"《广雅·释诂》："坠，失也。""无攸遂"，谓无所陨队也。《震》九四之"震遂泥"，亦借遂为队，与此同（互详彼注）。《说文》："馈，饷也。"具饮食以奉人为馈。中馈对野馈言，中馈即内馈，家中之馈也。中馈，妇人之职，知此爻就妇人言。无所陨失矣！在何事乎？在中馈也。是克尽妇职，自无不吉，故曰"无攸遂，在中馈，贞吉"。又按：《汉书·谷永传》引《易》曰："在中馈，无攸遂。"（馈与馈同）辞气较今本为直。

九三，家人嗃嗃，悔，厉，吉。妇子嘻嘻，终吝。

《释文》："嗃嗃，荀作确确，刘作熇熇。"余疑嗃借为嗷，古字通用。《说文》："劈读若豪。"《书·旅獒·序》："西旅献獒。"郑注："獒读曰豪。"并其左证。其作确、熇者，皆通用字也。《说文》："嗷，众口愁也。从口，敖声。"《诗·鸿雁》曰："鸿雁于飞，哀鸣嗷嗷。"嗷嗷，哀鸣之声也。家人嗷嗷者，众口愁哀之声也。发愁哀之声者，处艰危之境。处艰危之境者，存戒惧之心。存戒惧之心者，有奋勉之志。忧劳足以兴国，而况家乎？故曰"家人嗃嗃，悔，厉，吉"。《释文》："嘻嘻，马云：'笑声。'张作嬉嬉，陆作喜喜。"《集解》引侯果曰："嘻嘻，笑也。"陆本作喜，当为初文，《说文》："喜，乐也。"重言之则为欢笑之义，与嗃嗃正相反。嘻嘻者，乐而忘忧，安而忘危，存而忘亡，以其骄逸之度，终致患难之来，故曰"妇子嘻嘻，终吝"。

六四，富家，大吉。

富家备物，自为大吉，故曰"富家，大吉"。

九五，王假有家，勿恤，吉。

王注曰："假，至也。"《方言》一："假，至也，"《广雅·释诂》："假，至也。"假实借为徦，同声系，古通用。《说文》："徦，至也。"有犹于也。《说文》："恤，忧也。"《吕氏春秋·音初》篇："夏后氏孔甲田于东阳䕺山。天大风晦盲。孔甲迷惑，入于民室。主人方乳。或曰：'后来，是良日也，之子是必大吉。'或曰：'不胜也，之子是必有殃。'后乃取其子以归曰：'以为余子，谁敢殃之。'子长成人，幕动坼橑，斧斫斩其足，遂为守门者。孔甲曰：'呜呼！有疾，命矣夫！'"据此王至于民家，民有不胜之观念，而筮其吉凶，若遇此爻，则勿忧是吉也，故曰"王假有家，勿恤，吉"。此或亦古代故事欤？

上九，有孚威如，终吉。

孚读为浮，罚也。威如犹威然，严貌。《大有》六五云："厥孚交如威如，吉。"义同（参详彼注）。严罚者，当罚必罚，决不阿私徇情也。如此则罚行而民畏服，自终吉矣，故曰"有孚威如，终吉"。

睽第三十八

离上
兑下　**睽**

小事吉。

睽，卦名也。筮遇此卦，小事则吉，故曰"小事吉"。

初九，悔亡，丧马勿逐自复，见恶人，无咎。

恶人如盗贼之类。筮遇此爻，其悔则亡，失马勿寻求，马将自返，遇恶人亦无咎，故曰"悔亡，丧马勿逐自复，见恶人，无咎"。

九二，遇主于巷，无咎。

遇主人于巷则旅人得所，故曰"遇主于巷，无咎"。

六三，见舆曳，其牛掣，其人天且劓，无初有终。

见，疑当作其，盖其损为具，因讹为见也。其舆曳，其牛掣，其人天且劓，句法相同。曳者，自后引之也。《说文》："𣸣，束缚捽抴为𣸣，从申从乀。曳，𣸣曳也，从申，从丿。丿者抴也。"亨按：𣸣当作𦥑，自前引之也，从𦥑，从人。曳当作𦥯，自后引之也，从𦥑，从反人，亦可云从反𣸣，篆形稍误，许说亦未得。𣸣、曳均可训引，而义自有别。《一切经音义》十九引《广雅》："曳，引也。"此文曳字谓自后引之也。其舆曳者，其车自后引之也。《释文》："掣，郑作挈，《说文》作𤼩，子夏作挈，荀作觭。"字当以掣为正，《说文》无掣字，《释名·释姿容》："掣，制也，制顿之使顺己也。"《文选·西征赋》李注引字书曰："掣，牵也。"盖掣本强制强牵，任己而不从人之义。其牛掣者，其牛强进而不肯从驭者之意也。《释文》："天，剠也，马云：'剠凿其额曰天。'"《集解》引虞翻曰："黥额为天。"《说文》："天，颠也。"此文天字即颠耳。《山海经·海外西经》："形天与帝至此争神，帝断其首，葬之常羊之山，乃以乳为目，以脐为口，操干戚以舞。"形天即刑颠，亦以天为颠。凿颠之刑曰颠，与去耳曰刵，去鼻曰劓，去髌曰髌同例。《汉书·刑法志》："秦用商鞅……有凿颠、抽胁、镬亨之刑。"凿颠之刑，盖不自商君始。额者，颠之一部，故剠额亦名颠也。（此采章炳麟说，见《小学答问》）《集解》引虞翻曰："割鼻为劓。"《说文》："劓，刑鼻也。从刀，臬声。"引《易》曰："天且劓。"重文作劓。劓之古音读与鼻同。此言驭牛车者，欲退其车，从后曳之，而牛则掣而前进。夫倒曳其车，其势不顺也。其牛掣之，其力不胜也。势既不顺，力又不胜，足致天劓之刑。然车非决不能移，牛非决不可制，失之于前，可得之于后，败之于始，可成之于终，故曰"其舆曳，其牛掣，其人天且劓，无初有终"。

九四，睽孤遇元夫，交孚，厉，无咎。

《序卦传》曰："睽者乖也。"《杂卦传》曰："睽，外也。"亨按：《说文》："睽，目不相视也。"综核《易传》，则睽当为乖离在外，远不相见之义。而睽孤即遭难在外之孤子矣。但余疑睽孤者，即今所谓遗腹孤也。遗腹孤与其父未曾相见，故曰"睽孤"，若夏少康者是也。元，大也。元夫，大夫也（说见《通说》）。《小尔雅·广言》："交，俱也。"孚即俘字，被虏也。此乃古代故事。盖有睽孤者，遭难在外，遇一大夫，与之同行，偶为人所俘，其危甚矣，然终脱于祸，故记之曰"睽孤遇元夫，交孚，厉，无咎"。或即夏少康之故事乎？（说见上九）

六五，悔亡，厥宗噬肤，往何咎。

噬遇此爻，其悔可亡，故曰"悔亡"。《说文》："宗，尊祖庙也。"《广雅·释器》："肤，肉也。"厥宗噬肤，疑指宴飨之事而言。古人宴飨之礼在宗庙行之（说见《小畜》卦）。宴飨于宗庙，往有何咎哉！故曰"厥宗噬肤，往何咎"。

上九，睽孤见豕负涂，载鬼一车，先张之弧，后说之弧，匪寇婚媾，往遇雨则吉。

睽孤即九四之睽孤，本一人也。负疑借为伏，古字通用。《周礼·车人》："牝服二柯有参分柯之二。"郑注："郑司农云，服读为负。"《文选》陆士衡《吴王郎中时从梁陈作》："谁谓伏事浅。"李注："服与伏同。"此负、服、伏三字相通之证。《论语·阳货》篇："遇诸涂。"《集解》引孔注："涂，道也。"《说文》："弧，木弓也。"之犹其也。说犹弛也，字借为挩，《说文》："挩，解挩也。"解挩与弛义相近。"睽孤见豕负涂，载鬼一车，先张之弧，后说之弧，匪寇婚媾"五句，乃记一古代故事。盖睽孤夜行，见豕伏道中，更有一车，众鬼乘之。睽孤先张弓欲射之，后弛弓而不射，盖详审之非鬼也，乃人也，非寇也，乃婚媾也。筮遇此爻，有所往遇雨则吉，盖睽孤所遇之事，适在天雨之时，以古象今，当得此兆。故曰"往遇雨则吉"。又按：九四及本爻所记疑皆夏少康故事。《左传·哀公元年》："昔有过浇，杀斟灌以伐斟鄩，灭夏后相，后缗方娠，逃出自窦，归于有仍，生少康焉，为仍牧正，惎浇能戒之，浇使椒求之，逃奔有虞，为之庖正，以除其害，虞思于是妻之以二姚，而邑诸纶。"今本《竹书纪年》文略同。《易》文之睽孤，似即少康，少康，帝相之遗腹子也。"睽孤遇元夫，交孚，厉，无咎"者，盖少康由有仍奔有虞时，遇一大夫从之，曾俱被俘而终脱去也。"睽孤见豕负涂，载鬼一车，先张之弧，后说之弧"者，盖少康由有仍奔有虞时，夜行遇有虞之人之情状也。"匪寇婚媾"者，即指虞思妻少康以二姚而言也。故简残阙，未由证成吾说已。

蹇第三十九

坎上 艮下　蹇

利西南，不利东北。利见大人。贞吉。

蹇，卦名也。筮遇此卦，有所往利于西南，不利于东北，又利见大人，又此卦为吉占，故曰"利西南，不利东北。利见大人，贞吉"。

初六，往蹇来誉。

蹇借为謇。《一切经音义》十引本卦名作《謇》。又六二云："王臣蹇蹇，非躬之故。"《楚辞·离骚》王注、《后汉书·杨震传》李注、《三国志·陈群传》裴注、《文选·辨亡论》李注并引蹇蹇作謇謇。此本卦蹇字古本有均作謇字者之证。《楚辞·离骚》："余固知謇謇之为患兮。"王注："謇謇，忠贞貌。"《汉书·龚遂传》："蹇蹇亡已。"颜注："蹇蹇，不阿顺之意也。"蹇蹇即謇謇。《说文》无謇字。《广韵》："謇，正言也。"余谓謇当训直谏也，从言，寒省声。本卦蹇字皆借为謇也。往蹇来誉，言我直谏于君而人誉我也。

六二，王臣蹇蹇，匪躬之故。

蹇蹇借为謇謇。古本亦作謇謇（见上）。《广雅·释诂》："故，事也。"（此采王引之说）"王臣蹇蹇，匪躬之故"，言王臣謇謇忠告直谏者，非其身之事，乃君国之事也。以本爻观之，知本卦蹇字皆谓臣直谏于君矣。

九三，往蹇来反。

蹇借为謇。反，疑借为辩，古字通用。《诗·猗嗟》："四矢反兮。"《释文》："反，《韩诗》作变。"《易·坤·文言传》："由辩之不早辩也。"《释文》："辩，荀作变。"此反、变、辩三字相通之证。盖辩者反驳其辞，故《易》迳以反为之，《书·大诰》："尔庶邦君，越庶士、御事，罔不反曰艰大，民不静。"反义与此同。往蹇来反，言我直谏于君而君辩驳之也。

六四，往蹇来连。

蹇借为謇。连疑借为讕，古字通用。《说文》澜重文作涟，《诗·伐檀》："河水清且涟猗。"《尔雅·释水》郭注引涟作澜。《淮南子·天文》篇："日至于连石。"高注："连读腐烂之烂。"《楚辞·招魂》："网户朱缀刻方连些。"王注："横木关柱为连。"正借连为阑。并其左证。《说文》："讕，诋讕也。"《汉书·文三王传》："王阳病，抵讕置辞。"颜注："讕，诬讳也。"《谷永传》："满讕诬天。"颜注："讕，谓诬罔也。"据此，讕者伪词饰过之义，今人谓之抵赖，即《说文》之诋讕也（讕赖，寒泰对转）。往蹇来连，言我直谏于君而君伪词饰过也。

九五，大蹇朋来。

蹇借为謇。大謇，极进直谏也。《论语·里仁》篇："德不孤，必有邻。"大謇则忠直之节章，而钦服之人至矣。故曰"大蹇朋来"。

上六，往蹇来硕，吉，利见大人。

蹇借为謇。硕疑当读为度。据《说文》硕从石声，度从庶省声，古得通用。《说文》拓重文作摭，《孟子·尽心上》："蹠之徒也。"《音义》引张音"蹠与跖同。"《吕氏春秋·用众》篇："必食其跖。"高注："跖，读如拓摭之摭。"《山海经·北山经》："发鸠之山，其上多柘木。"《说文》："樜，木也，出发鸠山。"是柘、樜通用，并其左证。《尔雅·释诂》："度，谋也。"《诗·皇矣》:"爰究爰度。"郑《笺》:"度亦谋也。"又《皇皇者华》:"周爰咨度。"《毛传》:"咨礼义所宜为度。"《左传·襄公四年》:"咨礼为度。"《国语·鲁语》:"咨义为度。"是度者咨询谋访之义。往謇来度,言我直谏于君,而君咨询谋访于我也。如是者乃君信其臣,故曰"往謇来硕,吉,利见大人"。综观本卦六爻,臣直谏之事情,大略备矣。

解第四十

䷧ 震上
坎下 **解**

利西南，无所往，其来复吉，有攸往，夙吉。

解，卦名也。筮遇此卦，如有所往则利西南，故曰"利西南"。如无所往而归还则吉，故曰"无所往，其来复吉"。如必有所往，则早行乃吉，故曰"有攸往，夙吉"。

初六，无咎。

筮遇此爻，可以无咎，故曰"无咎"。

九二，田获三狐，得黄矢，贞吉。

田，猎也。《噬嗑》九四云："得金矢。"黄矢与金矢同意。此殆古代故事，盖有人猎获三狐，且拾得金矢，自是吉事，故曰"田获三狐，得黄矢，贞吉"。

六三，负且乘，致寇至，贞吝。

负，负物也。乘，乘车也。负物而乘车，所以致盗也。盖车既可载人，亦可载物，今乘车而负物，则其物之宝贵，人尽知之矣。盗思夺之矣，其患难由此生矣。故曰"负且乘，致寇至，贞吝"。《系辞传上》："子曰：'慢藏诲盗，冶容诲淫。'《易》曰：'负且乘，致寇至，盗之招也。'"尚得其恉。《老子》曰："圣人被褐怀玉。"所以防盗也。

九四，解而拇，朋至斯孚。

而，汝也。《释文》："拇，荀作母。"《集解》与荀同。亨按：拇、母疑并借为罟。同声系，古通用。《说文》："罟，网也，从网，每声。"盖所以捕鱼或鸟兽者也。孚读为浮，罚也。解而罟，犹云解汝网。解汝网者何人？乃汝之友也。汝之友乃败汝事，是当因其来而罚之，故曰"解而拇，朋至斯孚"。此殆亦古代故事欤？

六五，君子维有解，吉，有孚于小人。

《说文》："维，车盖系也。从系，隹声。"考维之为系，本不限于车盖，凡以绳系物皆曰维，故系舟曰维，《诗·采菽》："泛泛杨舟，绋纚维之。"《尔雅·释水》："诸侯维舟。"郭注："维连四船。"即其例。系马曰维，《诗·白驹》："皎皎白驹，食我场苗，絷之维之，以永今朝。"《毛传》："维，系也。"《公羊传·昭公二十五年》："且夫牛马维娄。"何注："系马曰维。"即其例。系鸟亦曰维，《仪礼·士相见礼》："下大夫相见以雁，饰之以布，维之以索。"郑注："维谓系联其足。"即其例。维字从系，从隹，其初义似谓系鸟矣。但余谓维者鸟罗之系也，故从系，从隹。《说文》："罗，以丝罟鸟也，从网，从维。"罗既从维，则维之初义为鸟罗之系，明矣。引申车盖之系，舟船之系，羁马之系，及他物之系，均可曰维。本爻维字，指缚系君子之绳也。君子因故被上级缚系之，筮遇此爻，则将解脱。孚读为浮，罚也。筮遇此爻，小人则将受罚。

上六，公用射隼于高墉之上，获之，无不利。

《集解》引《九家易》曰："隼，鸷鸟也。"《国语·鲁语》："有隼集于陈侯之庭而死。"韦注："隼，鸷鸟，今之鹗也。"《说文》："墉，城垣也。"此殆古代故事，盖有某国某公曾射隼于高墉之上，射中而获隼，自是大利之事，筮遇此爻当亦无不利，故曰"公用射隼于高墉之上，获之，无不利"。

损第四十一

⚏艮上 **损**
⚌兑下

有孚，元吉，无咎，可贞，利有攸往，曷之用二簋。可用享。

损，卦名也。孚即俘字，虏获敌方之人员财物也。曷疑借为饁，古字通用，《礼记·月令》："曷旦不鸣。"《坊记》："相彼盍旦。"曷旦即盍旦。此其左证。《说文》："饁，馌田也。"《广雅·释诂》："饁，馈也。"《左传·僖公三十三年》传《释文》引《字林》："饁，野馈也。"《诗·七月》："饁彼南亩。"《毛传》："饁，馈也。"簋，黍稷园器也。（说见《坎》卦）"曷之用二簋"，承"利有攸往"言，谓将有人馈行者以二簋也。可用享，犹云可以享也。筮遇此卦，有俘，大吉无咎，故曰"有孚，元吉，无咎"。又所占事则可行，故曰"可贞"。又利有所往，将有人馈之以二簋，故曰"利有攸往，曷之用二簋"。又可以举行享祀，故曰"可用享"。

初九，已事遄往，无咎，酌损之。

《释文》："已，虞作祀。"《集解》已作祀。惠栋曰："郑《诗谱》云：孟仲子，子思弟子，子思论《诗》：'於穆不已。'孟仲子曰：'於穆不祀。'知已与祀通。"亨按：此文字当作巳，巳借为祀。《革》云："巳日乃孚。"六二云："巳日乃革之。"并以巳为祀。余疑《周易》初本祀皆作巳，今多作祀者，后人增示旁耳。唯本卦与《革》卦三巳字，后人不确知其为祀之借字，故未改也。《集解》引虞翻曰："遄，速也。"《尔雅·释诂》："遄，速也。"《说文》:"酌,盛酒行觞也。"祭祀所献之酒亦曰酌。《礼记·曲礼下》:"酒曰清酌。"是也。酌损之,谓将所献之酒减损之也。筮过此爻,祀事则速往,乃无咎,所献之酒则减损之,故曰"已事遄往,无咎,酌损之"。或曰,酌损之谓将其祭品斟酌减损之。

九二,利贞,征凶,弗损益之。

弗损益之,谓于事物仍其旧贯,勿损之亦勿益之也。筮遇此爻,举事有利,实为利占,但出师征伐则凶,于事物宜勿损益之,故曰"利贞,征凶,弗损益之"。

六三,三人行则损一人,一人行则得其友。

《坤》曰:"君子有攸往,先迷后得主,利,西南得朋,东北丧朋。"朋或即朋友之朋。三人行则损一人,损一人即丧朋也。一人行则得其友,得其友即得朋也。筮遇此爻,三人行则丧朋,一人行则得朋,三人行则凶,一人行则吉,故曰"三人行则损一人,一人行则得其友"。此殆亦古代故事,盖某人欲有所为,使三人往甲处,结果失其一人,使一人往乙处,结果遇其友同来,故记之如此。

六四,损其疾,使遄有喜,无咎。

古谓疾愈曰"有喜"。(说见《无妄》)有病者医之以减其病,使之速愈,自无咎,故曰"损其疾,使遄有喜,无咎"。

六五,或益之十朋之龟,弗克违,元吉。

《集解》引崔憬曰:"双贝曰朋。价直二十大贝,龟之最神贵者。"《诗·菁菁者莪》:"锡我百朋。"郑《笺》:"古者货贝五贝为朋。"王先生曰:"古贝五枚为系,二系为朋,释二贝者言其系,释五贝者举其一系之数也。"(见《观堂集林·释朋》)然则十朋之龟,即价值百贝之龟矣。弗克违,犹云不能违也。古人以龟卜。其龟当购自渔者。购之之时,当筮其吉否。

或益之十朋之龟，谓以十朋之龟求售于人，售之以龟，即增益其龟矣。筮遇此爻，则不能拒而不购，乃大吉也。故曰"或益之十朋之龟，弗克违，元吉"。《益》六二亦云："或益之十朋之龟，弗克违。"义同。

上九，弗损益之，无咎。贞吉。利有攸往。得臣无家。

弗损益之，谓于事物仍其旧贯，勿损之亦勿益之也。臣犹仆也。无家，谓臣无家室也。筮遇此爻，于事物弗损益之，乃无咎，故曰"弗损益之，无咎"。又举事则吉。可称吉占，故曰"贞吉"。又利有所往，故曰"利有攸往"。又可得一无家室之臣仆，故曰"得臣无家"。

益第四十二

☶巽上
☳震下 益

利有攸往。利涉大川。

益，卦名也。筮遇此卦，有所往则利，涉大川亦利，故曰"利有攸往，利涉大川"。

初九，利用为大作，元吉，无咎。

孔《疏》："大作，谓兴作大事也。"亨按：《礼记·缁衣》引叶公之顾命曰："毋以小谋败大作。"大作犹云大事（郑注："大作，大臣之所为也。"非是）。可为孔说之证。然则利用为大作，犹云利于为大事矣。但余疑此文大作即今语所谓大建筑也。盖古谓造物为作，古铜器铭文率云作某器，即其明证。因而建筑亦谓之作。此皆作字之初义也。《诗·定之方中》曰："作于楚宫。"又曰："作于楚室。"（于犹为也）《鸿雁》曰："之子于垣，百堵皆作。"《十月》曰："作都于向。"《雨无正》曰："谁从作尔室。"《巧言》曰："奕奕寝庙，君子作之。"《绵》曰："作庙翼翼。"《文王有声》曰："作邑于丰。"又曰："作丰伊匹。"诸作字皆建筑之义。秦官有将作。汉官有将作大匠。并掌营宫室，亦其证也。此作盖亦建筑之义。利用为大作，犹云利于兴大建筑耳。古人兴大建筑，亦问诸龟蓍。若筮遇此爻，则利，大吉无咎，故曰"利用为大作，元吉，无咎"。

六二，或益之十朋之龟，弗克违。永贞吉。王用享于帝，吉。

"或益之十朋之龟，弗克违"，解见《损》卦。占问长期之休咎，谓之永贞。享于帝，享祀上帝也。筮遇此爻，或益之十朋之龟，不能拒而不购，故曰"或益之十朋之龟，弗克违"。又占问长期之休咎者吉，故曰"永贞吉"。又王者享祀上帝亦吉，故曰"王用享于帝，吉"。疑"王用享于帝，吉"亦古代故事也。

六三，益之用凶事无咎，有孚，中行告公用圭。

《周礼·大宗伯》："以凶礼哀邦国之忧，以丧礼哀死亡，以荒礼哀凶札，以吊礼哀祸灾，以礼哀围败，以恤礼哀寇乱。"盖凶礼之别有五，即丧礼、荒礼、吊礼、礼、恤礼。则此所谓凶事，即死亡、凶札、祸灾、围败、寇乱之类。所谓益之，即对于有凶事者赠之以财物，或助之以力役也。人有凶事，我则益之，此自无咎。故曰"益之用凶事无咎"。孚即俘字，军队虏得敌方之财物也。中行，中道也。《说文》："圭，瑞玉也。"古文作珪。古者国有凶事，则告诸他邦，或有所求助。告必有将往之仪，《国语·鲁语》："鲁饥，臧文仲以鬯圭与玉磬如齐告籴。"即其例。中行告公用圭，谓有凶事者使人在中道以圭告公，乞其援助也。此古代故事，详见六四。

六四，中行告公从，利用为依迁国。

中行告公从，谓有凶事者，中道告公，有所乞请，而公从其乞请也。依疑当读为殷，古字通用。《书·康诰》："殪戎殷。"《礼记·中庸》引作"壹戎衣"。郑注："衣读如殷，声之误也。齐人言殷声如衣。"《吕氏春秋·慎人》篇："汤为天子，夏民亲郼如夏。"高注："郼读如衣，今兖州人谓殷氏皆曰衣。"殷虚卜辞殷祭之殷皆作衣，并其证。此文以依为殷，犹《礼记》以衣为殷矣。六三及本爻所记，乃一古代故事，或即殷周之故事也。盖殷某王时，国有凶事（或即水患），遣使持圭告周某公，而乞请援助。周某公从其乞请，遂以财物力役助之迁都，故六三记之曰"益之用凶事无咎，有孚，中行告公用圭"。本爻记之曰"中行告公从，利用为依迁国"。考今本《竹书纪年》："武乙三年，自殷迁于河北，命周公亶父，赐以岐邑。十五年，自河北迁于沫。二十一年，周公亶父薨。"此书虽出于后人纂辑，然亦多有所本，武乙与古公亶父年代亦相值，则《易》所记盖武乙、亶父故事，所谓公即古公亶父欤？

九五，有孚惠心，勿问，元吉。有孚惠我德。

孚亦俘字。《广雅·释言》："惠，赐也。"心当作之，形近而误。德读为得。军出得俘，君上赏之，不必问，乃大吉，得俘之赏我得之矣。故曰"有孚惠之，勿问，元吉。有孚惠我德"。

上九，莫益之，或击之，立心勿恒，凶。

勿犹弗也。此言人之处世，既无人襄助辅益之，且有人攻击破坏之，若立心不恒，守志不坚，因而改其故行，辍其宿业，食其旧德，渝其大节，则事败功亏，身陨名裂，是凶矣。故曰"莫益之，或击之，立心勿恒，凶"。

夬第四十三

兑上
乾下　**夬**

扬于王庭，孚号，有厉告自邑，不利即戎，利有攸往。

夬，卦名也。扬疑借为详，古字通用。《诗·墙有茨》："中冓之言，不可详也。"《释文》："详，《韩诗》作扬。"即其证。《左传·成公十七年》："夷羊吾。"《国语·晋语》作夷阳午。《礼记·曲礼上》："身有疡则浴。"《释文》："疡，本或作痒。"《韩非子·说林上》篇："乐羊。"《汉书·古今人表》作乐阳。亦并其左证。《说文》："详，审议也。"孚借为俘。《说文》："俘，军所获也。"厉，危也。"扬于王庭"句，言审议俘虏于王庭也。《诗·出车》《采芑》并曰："执讯获丑。"《皇矣》曰："执讯连连。"执讯即审议俘虏也。《孚号》句，言俘虏被刑而哭号也。"有厉告自邑"句，言有危急之事自邑来告，所谓危急之事，疑是邻敌入寇也。此殆古代故事，盖有王者，坐朝审议俘虏，加之以刑，俘虏哭号，正在此时，邻敌入寇，邑人来告，其事之象征乃不利即戎，利有攸往。故曰"扬于王庭，孚号，有厉告自邑，不利即戎，利有攸往"。

初九，壮于前趾，往不胜，为咎。

壮借为戕，伤也（说见《大壮》卦）。戕于前趾，不利于行之象也。往不胜，盖指征伐而言，不胜谓不胜敌也。俞樾曰："为咎，犹有咎也。《孟子·滕文公》篇：'将为君子焉。将为野人焉。'赵注曰：'为，有也。'又

《尽心》篇：'为间不用。'注曰：'为间，有间也。'然则为可训有，有咎而曰为咎，亦犹有间而曰为间也。《庄子·大宗师》篇：'莫然有间。'《释文》曰：'本亦作为间。'可证古字之通。"亨按：俞说固通，但此为如字读亦可。伤于前趾，不利于行，如此有所征伐，往则不胜，适以为咎，故曰"壮于前趾，往不胜，为咎"。

九二，惕号，莫夜有戎，勿恤。

《集解》引虞翻曰："惕，惧也。"（说见《乾》卦）《说文》："舋，日且冥也。从日在茻中。"隶变作莫，俗字作暮。有戎，谓有寇兵也。《说文》："恤，忧也。"筮遇此爻，惕惧焉，哭号焉，暮夜之中有寇兵至焉，其祸似将不测，然而勿忧焉，将不足为患也，故曰"惕号，莫夜有戎，勿恤"。

九三，壮于頄，有凶。君子夬夬独行，遇雨若濡，有愠。无咎。

壮借为戕，伤也。王注："頄，面权也。"《释文》："頄，郑作頯，蜀才作仇。"《说文》："頯，权也。从页，弇声。"《玉篇》："頄，面颧也。"頄即頯之异文，仇则借字也。頄在面，不易伤，伤于頄，大不吉，故曰"壮于頄，有凶"。夬疑借为趹，同声系，古通用。《说文》："趹，马行皃。从足，夬声。"趹者行疾之貌。《淮南子·修务》篇："欥踥趹步。"（步字原脱，王念孙校当有步字，《庄子·庚桑楚》篇《释文》引正有步字，今据补）高注："趹，趣也。"是也。古或以趏为趹，《广雅·释诂》："趏，疾也。"抑或以駃为趹，《广雅·释诂》："駃，奔也。"又或以决为趹，《庄子·齐物论》篇："麋鹿见之决骤。"《释文》："决，李云疾貌。"今语谓行疾曰快，快本当作趹也。本卦夬夬皆借为趹趹，行疾之貌也。若犹而也，君子趹趹然独行，遇雨而濡，只使人怒耳，固无咎也。故曰"君子夬夬独行，遇雨若濡，有愠，无咎"。

九四，臀无肤，其行次且，牵羊悔亡，闻言不信。

《广雅·释器》："肤，肉也。"《释文》："次且，本亦作越趄，或作趦跙。"《说文》："赾趄，行不进也。"次且借字，趺跙俗字。"臀无肤，其行次且"，臀部受杖之象也。《左传·宣公十二年》："楚子围郑……克之，入自皇门，至于逵路，郑伯肉袒牵羊以逆。"杜注："肉袒牵羊，示服为臣仆。"《易》之牵羊，盖与《左传》同。但余疑肉袒以示愿受罚责，牵羊以云欲求免祸。古以羊为吉祥之物，《说文》："羊，祥也。"善、美、义皆从羊，是其证。或先民风俗，以为牵羊可以解厄，可以除灾，可以逢凶化吉欤？《说文》："信，诚也。"筮遇此爻，有臀部受杖之兆，唯牵羊而往，可以解免，故曰"臀无肤，其行次且，牵羊悔亡"。又古人闻言不能定其诚否，盖亦筮之，若遇此爻，则其言不诚，故曰"闻言不信"。《困》云："有言不信。"义同。

九五，苋陆夬夬，中行无咎。

《路史·后纪》注五引孟喜曰："苋陆，兽名。"亨按：苋当作莧，形近而讹。陆者，跃驰也。孟说犹未尽谛。《说文》："莧，山羊细角者，从兔足，苜声（当云象角头足尾之形）……读若丸，宽字从此。《系传》曰："《本草》注莧羊似麢羊，角有文，俗作羱。"《尔雅·释兽》："羱如羊。"郭注："羱羊似吴羊而大角，角椭，出西方。"《易》此文乃莧羊之莧，非苋草之苋也。（此采吴澄、王夫之等说）《庄子·马蹄》篇："马翘尾而陆。"（尾原作足，《释文》："足，崔本作尾。"《文选·江赋》李注引足作尾。作尾是也，今据改）《释文》："陆，司马云：'跳也。'字书作騕。"《文选·江赋》李注引陆作踛。余谓陆乃跃驰之义，翘尾而陆，谓翘尾而跃驰也。《易》此文之陆，即《庄子》之陆。夬借为趹，趹趹，行疾之貌。中行，人名。莧羊跃驰，逞意放足，中行亦能如此，自可无咎，故曰"莧陆夬夬，中行无咎"。

上六，无号终有凶。

"无号"义不可通。疑无当作犬，形近而讹。犬号者，凶兆也。《墨子·非攻下》篇云："昔者三苗大乱……龙生于庙,犬哭乎市。"《太平御览·兽部》十七引《随巢子》曰："昔三苗大乱……龙生于庙,犬哭于市。"并其证。今吾乡犹以犬号为凶兆,殆古之遗俗也。故曰"犬号终有凶"。

姤第四十四

乾上巽下　姤

女壮，勿用取女。

姤，卦名也。《释文》："姤，薛云古文作遘，郑同。"按：姤、遘古通用。取，《释文》作娶，云："本亦作取。"按：取借为娶。筮遇此卦，女虽壮亦勿娶，故曰"女壮，勿用取女"。或曰，壮亦借为戕，伤也。因娶女则女伤，故不可娶女也。

初六，系于金柅，贞吉。有攸往见凶，羸豕孚蹢躅。

《释文》："柅，《说文》作檷。"按：柅借为檷。《说文》："檷，络丝柎也。从木，尔声，读若柅。""系于金柅"，谓络丝者系丝于金檷也。金为贵物。黄为吉色（说见《坤》卦）。则系于金檷，自是吉象。故曰"系于金柅，贞吉"。《释文》："羸，陆读为累。"按：陆读是也。累正字作纍。《说文》："纍，大索也。"引申以索系物亦曰纍（说见《大壮》卦）。纍豕，谓以索系豕也。此孚字疑借为捊，同声系，古通用。《说文》："捊，引取也。"《说文》蹢下云："蹢躅，住足也。"（蹢躅二字原挩，据《文选·古诗十九首》李注引《别赋》补）蹢躅双声连语，住足不进之貌。纍豕捊蹢躅，言将杀豕者，以索系豕，强引而行，其行蹢躅不进也。筮遇此爻，有所往见则凶，其凶象如豕之将就戮也，故曰"有攸往见凶，羸豕孚蹢躅"。

九二，包有鱼，无咎，不利宾。

《释文》："包，本亦作庖，下同。"按：包借字，庖本字。宾者，作他人之客也。《观》六四云："观国之光，利用宾于王。"宾字义与此同。庖有鱼，口腹之福，自无咎，但舍其庖中之味，而作他人之客，则不利矣，故曰"包有鱼，无咎，不利宾"。

九三，臀无肤，其行次且，厉，无大咎。

"臀无肤，其行次且"，解见《夬》卦，此臀部受杖之象也。臀部受杖，固为困厄，然此本轻刑，自无大咎，故曰"臀无肤，其行次且，厉，无大咎"。

九四，包无鱼，起凶。

包借为庖。起疑当作祀，《易》中祀字或作祀，《困》九二云："利用享祀。"九五云："利用祭祀。"是也。或作巳，《损》初九云："巳事遄往。"《革》云："巳日乃孚。"六二云："巳日乃革之。"是也。疑初本祀皆作巳，后人依义加示旁，此起字本亦作巳，后人不知为祀字，而误加走旁也。鱼者易得之物，祀者敬神之礼，夫困于家贫，祀无牛羊豕，神所不责也。若鱼者垂钩可出，举网可得，而亦无之，则神怒其慢，而降之殃矣。故曰"包无鱼，祀凶"。

九五，以杞包瓜，含章，有陨自天。

杞疑借为芑，同声系，古通用。《说文》："芑，白苗嘉谷。"《尔雅·释草》："芑，白苗。"郭注："芑，今之白粱粟。"《诗·生民》："维穈维芑。"《毛传》："芑，白苗也。"《释文》："包，子夏作苞。"《集解》包作苞。《广雅·释诂》："包，里也。"《诗·野有死麕》："白茅包之。"《毛传》："包，裹也。"其作苞者，古字通用也。包瓜者率用蒿茅。以芑包瓜者，拔芑于田中以包瓜也。瓜之既熟，芑亦将成，芑本嘉谷，所以养生，瓜虽味甘，不能充饥，今为惜瓜之故，而包之以苣，是因其所爱而害其所以养之象也。含疑借为戗，克也。章疑当读为殷商之商（说见《坤》卦）。有犹乃也（见《古书虚字集释》）。戗商，有陨自天，言武王之克商，乃是天陨灭商祚也。《书·甘誓》："有扈氏，威侮五行，怠弃三正，天用剿绝其命。"其语意与此同。纣嬖妲己，囚戮忠臣，以博妲己之欢，屠毒万民，以满妲己之欲，是亦因所爱而害其所以养，犹之以苣包瓜矣。故曰"以杞包瓜，含章，有陨自天"。

上九，　姤其角，吝无咎。

卦名姤字，古文、郑本并作遘，则此姤字当亦然。余疑姤、遘皆借为冓。遘、冓同声系，古通用。姤、冓古亦通用，《诗·野有蔓草》："邂逅相遇。"《释文》："逅，本作遘。"《绸缪》："见此邂觏。"《释文》："觏，本作逅。"并其左证。《说文》曰：冓，交积材也，象对交之形。构，盖也。从木，冓声。冓、构本一字，架木为室之义。《淮南子·氾论》篇："筑土構木。"高注："構，架也。"字亦作搆，《韩非子·五蠹》篇："上古之世，人民少而禽兽众，人民不胜禽兽虫蛇，有圣人作，搆木为巢，以避群害，而民悦之，使王天下，号之曰有巢氏。"即其例。是冓、構本架木之义。冓其角者，谓架木于兽角之上也。《说文》告下云："牛触人，角箸横木，所以告人也。"角箸横木，即此所谓冓其角也。《大畜》六四云："童牛之牿。"牿即此所谓冓也（参详彼注）。"吝无咎"，谓虽吝无咎也。架木于兽角，兽虽有触人之事，触不伤人，亦不为害，故曰"姤其角，吝无咎"。

萃第四十五

☰ 兑上
☷ 坤下　萃

亨，王假有庙。利见大人。亨。利贞。用大牲吉。利有攸往。

萃，卦名也。亨即享字。《集解》引虞翻曰："假，至也。"（参见《家人》卦）有犹于也（说见《家人》卦）。古有王者，筮遇此卦，以举行享祀，而至于庙，故记之曰"亨，王假有庙"。又筮遇此卦，见大人则利，故曰"利见大人"。更有古人举行享祀，筮遇此卦，故再记之曰"亨"。又此卦乃利占，故曰"利贞"。又筮遇此卦，祭祀用大牲则吉，故曰"用大牲吉"。又利有所往，故曰"利有攸往"。

初六，有孚不终，乃乱乃萃，若号，一握为笑，勿恤，往无咎。

孚读为浮，罚也。有孚不终，谓有罚不果行也。乱者，神志昏乱也。《左传·宣公十五年》："疾病则乱。"《论语·乡党》篇："唯酒无量不及乱。"二乱字皆神志昏乱之义。《象传》曰："乃乱乃萃，其志乱也。"得其恉矣。萃疑当读为瘁，《尔雅·释诂》："瘁，病也。"字亦作瘁，《诗·雨无正》："憯憯日瘁。"《毛传》："瘁，病也。"《蓼莪》："生我劳瘁。"郑《笺》："瘁，病也。"萃、瘁、瘁古通用，《诗·出车》："仆夫况瘁。"《释文》："瘁，本作萃。"《四月》："尽瘁以仕。"《释文》："瘁，本作萃。"《北山》："或尽瘁事国。"《汉书·五行志》引瘁作瘁。《瞻卬》："邦国殄瘁。"《汉书·王莽传》引瘁作瘁。并其证。诸瘁字亦皆病义也。若犹而也。

乃乱乃萃若号，谓其人乃发狂（即今人精神错乱之病），乃病瘁，而哭号也。《释文》："郑云：'握当读为夫三为屋之屋。'蜀才同。"《周礼·小司徒》："考夫屋及其众寡。"郑注："夫三为屋。屋三为井。"《司马法》："晦百为夫。夫三为屋。"是一屋谓三夫也。但余谓此握即借为屋，一屋犹云一室，谓一室之人也。一屋为笑，言一室人皆因而笑之也。《说文》："恤，忧也。"此殆古代故事，盖有某人得罪，其上欲罚之，而未果行，其人大惧，因而发狂，因而得病，而哭号，一室之人皆笑之，遂筮之，其断曰，勿忧，但往无咎，不致被罚，故记之曰"有孚不终，乃乱乃萃，若号，一屋为笑，勿恤，往无咎"。

六二，引吉，无咎，孚乃利用禴。

《尔雅·释诂》："引，长也。"是引言犹云长吉、永吉矣。但余疑引当作弘，形近而讹。《尔雅·释诂》："弘，大也。"弘吉与大吉、元吉同义。殷虚卜辞屡言弘吉，即其证也。筮遇此爻，大吉无咎，故曰"弘吉，无咎"。《说文》："孚，信也。"《尔雅·释诂》："孚，信也。"《诗·文王》："黄邦作孚。"《毛传》："孚，信也。"《书·吕刑》："五辞简孚。"《史记·周本纪》作五辞简信。正以信释孚。则孚有信义亦古矣。《升》九二云："孚乃利用禴。"《兑》九二云："孚兑吉。"《中孚》云："中孚豚鱼吉。"孚皆信义。《周易》孚字，解者皆训为信，实则孚为信义，仅此四处耳。禴字或作礿，其解有二，一为夏祭之名，《说文》："礿，夏祭也。"《周礼·大宗伯》："以禴夏享先王。"《礼记·明堂位》："夏礿。"《公羊传·桓公八年》："夏曰礿。"《尔雅·释天》："夏祭曰礿。"是也。二为春祭之名。《礼记·王制》："春曰礿。"《祭统》："春祭曰礿。"是也。考《既济》九五云："东邻杀牛，不如西邻之禴祭，实受其福。"可证禴祭不用牛。《周礼·大司马》：中春遂以蒐田，献禽以祭社。中夏遂以苗田，献禽以享礿。中秋遂以狝田，致禽以祀祊。中冬遂以狩田，献禽以享烝。可证禴祭未尝不用禽。《春秋繁露·四祭》篇："夏曰礿……礿者，以四月食麦也。"《祭义》篇："夏约，故曰礿，贵所初约也。"《白虎通·宗庙》篇："夏曰禴者，麦熟进之。"《公羊传》何注："麦始熟可汋，故曰礿。"《尔雅》孙注："禴，薄也，夏时百谷未登，可荐者薄也。"郭注："新菜可汋。"《既济》王注："禴，祭之薄者也。"其释不同。窃谓禴祭当是以麦菜为主，不用家牲，用野禽，春夏之时皆可行之，祭之薄约者也。《左传·隐公三年》曰："苟有明信，涧溪沼沚之毛，蘋蘩蕰藻之菜，筐筥錡釜之器，潢污行潦之水，可荐于鬼神，可羞于王公。……《风》有《采蘩》《采蘋》，《雅》有《行苇》《泂酌》，昭忠信也。"是祭祀鬼神，贵有忠信，果有忠信，祭物虽薄，而鬼神享之，故曰"孚乃利用禴"。

六三，萃如，嗟如，无攸利，往无咎，小吝。

萃读为悴，为瘁，病也。如犹焉也。萃如嗟如，犹云病焉叹焉，此乃疾苦之象，自无所利。故曰"萃如，嗟如，无攸利"。但疾病之灾，出门可解，特扶病而行，不无稍难耳，故又曰"往无咎，小吝"。

九四，大吉无咎。

筮遇此爻，大吉无咎，故曰"大吉无咎"。

九五，萃有位，无咎。匪孚，元，永贞悔亡。

萃读为悴，为瘁，病也。有犹于也（说见《家人》卦）。萃有位，犹云瘁于位，谓为职事而劳病也。《诗·四牡》："尽瘁以仕。"《北山》："或尽瘁事国。"即萃有位之意。瘁于位，自可无咎，故曰"萃有位，无咎"。孚读为浮，罚也。元下疑当有吉字，盖转写挩去。"匪孚元吉"为句，《坤》六五、《讼》九五、《履》上九、《泰》六五、《复》初九、《大畜》六四、《离》六二、《损》六五、《益》九五、《井》上九、《涣》六四皆云"元吉"，可证也。筮遇此爻，非有罚来，乃大吉，故曰"匪孚元吉"。占问长期之休咎，谓之永贞，筮遇此爻，永贞者其悔可去，故曰"永贞悔亡"。

上六，赍咨涕洟，无咎。

《集解》引虞翻曰："赍，持也。"《说文》："赍，持遗也。"《集解》咨作资，引虞翻曰："资，赒也，货财丧曰赒。"（亨按：财下疑挩助字，《仪礼·既夕》，若赒，郑注，赒之言补也，助也，货财曰赒。《白虎通·崩薨》篇，赒者助也。盖以货财助丧曰赒，助丧之货财亦曰赒。）亨按：咨借为资，《说文》："资，货也。"此处专指助丧之货财而言。《释文》："郑云：'自目曰涕。自鼻曰洟。'"《集解》引虞翻曰："自目称涕，自鼻称洟。"赍资涕洟，吊他人之丧之象也。吊他人之丧，古人盖亦占其可否，筮遇此爻则无咎，故曰"赍咨涕洟，无咎"。

升第四十六

坤上
巽下 **升**

元亨。用见大人，勿恤，南征吉。

升，卦名也。元，大也。亨即享字。古人举行大享之祭，曾筮遇此卦，故记之曰"元亨"。《释文》："用见，本或作利见。"亨接：作利见是也。《乾》九二、九五，《讼》《蹇》上六，《萃》《巽》并云"利见大人"，即其证。《说文》："恤，忧也。"筮遇此卦，见大人则利，可勿忧，南征亦吉，故曰"利见大人，勿恤，南征吉"。

初六，允升，大吉。

《说文》："𦫵，进也。从𠦝，从中，允声。"引《易》曰："𦫵升大吉。"《汉上易传》引施雠本允作𦫵。又引施雠曰："𦫵，进也。"考金文𦫵作𥾝（《虢季子白盘》）、作𥾝（《兮甲盘》），当为草木生长上进之义，从𣎳，允声。𣎳，古卉字，从屮，下象其根，然则此文允借为𦫵，其义为进矣。《集解》引郑玄曰："升，上也。"《列子·黄帝》篇"俱升高台"，殷氏《释文》："升，登也。"本卦升字皆此义。允升者，前行而登高也。自是大吉之象，故曰"允升，大吉"。

九二，孚乃利用禴，无咎。

孚乃利用禴，解见《萃》卦。筮遇此爻可无咎，故曰"无咎"。

九三，升虚邑。

《释文》:"虚,马云:'丘也。'"《说文》:"虚,大丘也。从丘,虍声。"此用其本义。虚邑,邑之在丘者,故云升也。升虚邑者,不畏水患。古者洪水为灾,徙家迁国,利升虚邑,本爻或为徙家迁国者言欤?

六四,王用亨于岐山,吉,无咎。

亨即享字。此乃周初故事,盖大王或王季或文王或武王享祭于岐山,筮遇此爻,而获介福,故记之曰"王用亨于岐山,吉,无咎"。

六五,贞吉,升阶。

贞吉,犹占吉也。升阶,步步上进,路无坎坷之象也。筮遇此爻则吉,以其象为升阶,故曰"贞吉,升阶"。

上六,冥升,利于不息之贞。

冥,夜也(说见《豫》卦)。《广雅·释言》:"息,休也。"《诗·殷其雷》:"莫敢遑息。"《毛传》:"息,止也。"冥升者,昏夜不休,以求上进之象也。人之从事亦昏夜不休,以求上进,则必有成功,故曰"冥升,利于不息之贞"。

困第四十七

☵☱ 兑上
坎下　**困**

亨。贞大人吉，无咎。有言不信。

困，卦名也。亨即享字。古人举行享祀，曾筮遇此卦，故记之曰
"亨"。筮遇此卦，大人则吉而无咎，故曰"贞大人吉，无咎"。《说文》：
"信，诚也。"筮遇此卦，所闻之言不诚，故曰"有言不信"。

《夬》九四云："闻言不信。"义同。参详彼卦。

初六，臀困于株木，入于幽谷，三岁不觌。

"臀困于株木"者，盖谓臀部受刑杖也。杖以木株为之，故谓之株木。
《庄子·列御寇》篇："为外刑者，金与木也。"郭注："金谓刀锯斧钺，木
谓棰楚桎梏。"棰楚以杖，则刑杖得谓之株木，明矣。"入于幽谷"者，盖
谓入于圜土也。《周礼·司救》："掌万民之邪恶过失……其有过失者，三让
而罚，三罚而归于圜土。"郑注："罚谓挞击之也。圜土，狱城也。"《大司
寇》："以圜土聚教罢民。"郑注："圜土，狱城也。"《易》之"臀困于株
木"，即《周礼》之罚也。《易》之"入于幽谷"，即《周礼》之归于圜土
也。圜土即囹圄，其黑暗若幽谷，故《易》以幽谷譬圜土也。《释文》：
"觌，见也。"《尔雅·释诂》："觌，见也。"三岁不觌，谓三年不见其人，
即囚于圜土三年之久也。《周礼·司圜》："掌收教罢民，凡害人者弗使冠饰
而加明刑焉，任之以事，而收教之，能改者上罪三年而舍，中罪二年而舍，

下罪一年而舍，其不能改而出圜土者杀。"《易》之"三岁不觌"，即《周礼》之"上罪三年而舍"也。筮遇此爻，将得重罪，受刑杖，入囹圄三年，故曰"臀困于株木，入于幽谷，三岁不觌"。此亦凶象也。

九二，困于酒食，朱绂方来，利用享祀，征凶，无咎。

"困于酒食"者，饮过量，食过饱，为酒食所困也。《论语·子罕》篇："不为酒困。"义同。特《论语》未及食耳。《易乾凿度》郑注，《仪礼·士冠礼》孔《疏》，并引绂作韨。《说文》市下《系传》引绂作市。《说文》："市，韠也，上古衣蔽前而已，市以象之，天子朱市，诸侯赤市。"篆文作韨。徐铉曰："今俗作绂。"是市、绂、韨一字。许云："天子朱市。"考朱市非天子专有之服，《诗·采芑》："方叔莅止，其车三千……服其命服，朱芾斯皇。"芾借为市，即其证也。许又云："诸侯赤市。"考赤市亦非诸侯专有之服，《诗·曹风·候人》："彼其之子，三百赤芾。"《毛传》："大夫以上赤芾。"《说文》市下《系传》引《诗》芾作市，即其证也。《礼记·玉藻》："一命缊韨幽衡，再命赤韨幽衡，三命赤韨葱衡。"《易乾凿度》引孔子曰："天子三公九卿朱绂，诸侯赤绂。"其说均不确。余疑自天子达于公卿，皆朱绂。自诸侯达于大夫，皆赤绂也。朱绂方来，谓君加之以宠命，命服朱绂也。《象传》曰："困于酒食，中有庆也。"有庆指朱绂之来而言也。筮遇此爻，将设宴以庆，为酒食所困，其庆维何，乃朱绂之宠命方来耳，故曰"困于酒食，朱绂方来"。又筮遇此爻，享祀则利，故曰"利用享祀"。又筮遇此爻，征伐则凶，故曰"征凶"。既言征凶，不宜又言"无咎"，疑"无咎"二字衍文，盖今文经之所无也，说见《大过》。

六三，困于石，据于蒺藜，入于其宫，不见其妻，凶。

《集解》引虞翻曰："蒺藜，木名。""困于石"者，足踬于石也。"据于蒺藜"者，手据于刺木也。"入于其宫，不见其妻"者，丧失其妇也。足既踬于石，手又据于刺木，譬人之遭乎坎坷之境，而依乎奸宄之人，其将丧失其妇，必矣。故曰"困于石，据于蒺藜，入于其宫，不见其妻，凶"。

九四，来徐徐，困于金车，吝，有终。

《释文》："徐徐，马云：'安行貌。'子夏作荼荼。"《集解》徐徐亦作荼荼，引虞翻曰："荼荼，舒迟也。"按：徐本字，荼借字。《说文》："徐，安行也。从彳，余声。"安行犹缓行也。《广雅·释诂》："徐，缓也。""来徐徐"者，其来迟缓也。"困于金车"者，金车或逢峻坂而不能上，或陷深淖而不能出，其人为此所困也。其人之来徐徐而迟缓者，因为金车所困也。此仅是路上遇一艰难耳，终可达其所期之地，故曰"来徐徐，困于金车，吝有终"。

九五，劓刖，困于赤绂，乃徐有说，利用祭祀。

《释文》："劓刖，荀、王肃本作臲卼，云：'不安貌。'陆同。郑云：'劓刖当为倪仉。'京作劓剕。"《集解》引虞翻曰："割鼻曰劓。断足曰刖。"亨按：劓刖乃危而不安之义。当读为陧阢。《说文》："陧，危也。从阜，从毁省，班固说，不安也。《周书》曰：'邦之阢陧。'读若虹霓之霓。阢，石山戴土也。从阜，从兀，兀亦声。"盖阢陧乃山阜危而欲崩之义，阢借字，陧本字。（《说文》："扤，动也。从手，兀声。"《方言》九："扤，不安也。"又《说文》："劓，船行不安。从舟，劓省声，读若兀。"扤劓俱有不安之义，与阢古音同。）《书·秦誓》："邦之杌陧。"伪《孔传》："杌陧，不安，言危也。"《说文》引作阢陧。阢、杌古字通用也。《易》之劓刖即陧阢，与《书》之阢陧，乃一辞之倒转耳。荀、王肃、陆作臲卼者，当即臲硊，盖卼即柷之异文，柷之作卼，犹《左传》之梼杌《说文》引作梼柷也。卼本从臬兀声，与硊同声系，古通用。凄硊，危而不安也。臲从危，臬声。硊从危，兀声。皆后造之专字也。上六云："困于葛藟于臲硊。"上六臲硊当作臬兀，今作臲硊者，后人误解其义而增危旁。九五则当作臲硊耳。郑云"劓刖当为倪仉"者，盖亦以倪仉为危而不安之义，即暗读倪仉为陧阢也。京作劓剕者，以剭剠为陧阢也。总之，剭剠也，嵔虨也，倪仉也，剭剠也，并字异而音义同，依《说文》皆当读为陧阢也。（《说文》："剭重文作剭，郑云：'剭当为倪。'"《说文》："陧读若嵑。"此剭嵔、倪陧音同之证。《说文》："剠重文作仉，郑云：'剠当为仉。'"此剠虨、仉阢音同之证。）虞说恐非。赤绂者，自诸侯达于大夫之命服也。说借为挩，《说文》："挩，解挩也。""剭剠困于赤绂"者，言危而不安，为赤绂所困，即因服赤绂之服，而处于不安之境也。筮遇此爻，或能徐徐解其赤绂，而脱于危险，故曰"剭剠困于赤绂，乃徐有说"。有犹或也。《释文》："祭祀，本亦作享祀。"按：当作享祀。九二云："利用享祀。"可证。《易》中无一祭字也。筮遇此爻，举行享祀则利，故曰"利用享祀"。

上六，困于葛藟于臲卼，曰动悔有悔，征吉。

"困于葛藟于臲卼"当作"困于葛藟据于臲卼"。传写脱据字。六三云："困于石，据于蒺藜。"可为例证。《释文》："藟似葛之草，本又作虆。《毛诗草木疏》云，一名巨荒，似燕薁，连蔓而生，幽州人谓之椎藟。"《说文》："藟，草也。《诗》曰：'莫莫葛藟。'（《旱麓》文）一曰秬鬯也。"（秬鬯疑即巨荒之音转）《广雅·释草》："藟，藤也。"此一解也。《玉篇》："虆，葛蔓也。"《汉书·杨王孙传》："葛藟为缄。"颜注："藟，葛蔓也。"此又一解也。两解俱通。《释文》："臲，《说文》作剭，薛同。卼，《说文》作黜，薛又作杌。"考《说文》黜下云："槷黜不安也，从出，臬声，《易》曰槷黜。"与陆氏所见不同。盖《释文》经后人之改易矣。臲卼当是叠韵连语，危而不安也，臲从危臬声，卼从危兀声，说见九五。但在本爻，于义不通，臲卼二字，《易》之初文，疑仅作臬兀，今作臲卼者，后人依九五增危旁也。臬兀者，木橛也。《说文》："臬，射准的也。从木，自声。"盖立木橛以为射之准的谓之臬，引申其它木橛亦谓之臬。《尔雅·释宫》："枳谓之杙，在地者谓之臬。"即其例。字孳乳为闑，《说文》："闑，门阃也。从门，臬声。"《礼记·曲礼》上："由闑右。"郑注："闑，门橜。"盖闑者门正中之木橜也。《说文》引作槷者，臬槷古通用，《周礼·考工记·匠人》："置槷以县。"郑注："槷，古文臬，假借字。"即其证。《仪礼·士冠礼》："布席于门中闑西。"郑注："古文闑为槷。"《士丧礼》："席于闑西阈外。"《特牲馈食礼》："席于门中闑西阈外。"郑注并云："古文闑作槷。"亦均其左证。兀借为黜，故《说文》引作黜。但许云："黜，槷黜不安也。从出，臬声。"则为汉人经说所误。设其字从出，与不安之义无关，可知其谬。余谓黜，臬也，橜也，从臬，出声，兀、出古声系相通，《左传·文公十八年》："天下之民谓之梼杌。"《说文》梼下引梼杌作梼柮。即其证。今本作杌，薛作杌，皆从兀声，而《说文》作黜，可知黜从臬出声，非从出臬声也。黜与橜本一音之转，《周礼·内司服》"阙狄"，《礼记·玉藻》作屈狄。《左传·文公十年》经"厥貉"，《公羊》经作屈貉。《左传·宣公十二年》："韩厥"，《公羊传·襄公元年》传作韩屈。并其左证。兀与橜亦一音之转，《说文》朓重文作覜。削从舟，刖省声，读若兀。此兀、月音转之证。《白虎通·日月》篇："月之为言阙也。"《说文》《释名·释天》《广雅·释言》并云："月，阙也。"此月、阙音转之证。然则兀与橜亦得相转，明矣。由斯言之，以兀为橜之借字，以黜为橜之异文，亦无不可。《说文》："橜，弋也。从木，厥声，一曰门闑也。"《尔雅·释宫》："橜谓之闑。"《广雅·释室》："橜，杙也。"《易》之鞃臲初文当作臬兀，即臬黜。木橜在地者，在门者，作射准的者，皆可名臬，皆可名黜，连言之曰臬黜，自经生误释为不安，而于臬兀增危旁，于是《易》之原意，湮矣。王引之云："曰之言聿，语助也。有读为又。"（详见《豫》卦）"困于葛藟"者，足为葛藟所绊而踬也。"据于鞃臲"者，手抓在木橜之上也。葛藟木橜皆小物，如此者动必悔而又悔，故曰"困于葛藟于鞃臲，曰动悔有悔"。征伐之事，步步削除障碍物。葛藟木橜皆易刈斩而去之，故曰"征吉"。

井第四十八

☲坎上
☴巽下 井

改邑不改井，无丧无得。往来井，井汔至，亦未繘井，羸其瓶，凶。

井，卦名也。"改邑不改井"者，谓改建其邑而不改造其井也。"无丧无得"者，谓无造新井之劳费，亦不得新井之利益也。"往来井"句，"井汔至"句，旧读皆误。往来井者，谓邑人往来井上而汲水也。《说文》："汔，水涸也。"《广雅·释诂》："汔，尽也。"至借为窒。《说文》："窒，塞也。"井汔窒者，谓井水涸竭而泥塞其中也。《释文》："繘，郑云绠也。"《说文》："繘，绠也。"在此文意不谐，繘借为矞，同声系，古通用，抑或《周易》初文作矞，后儒误以为汲水绳之繘，而增系旁耳。《说文》："矞，以锥有所穿也。从矛，从冏。"《广雅·释诂》："矞，穿也。"《孟子·尽心上》篇："掘井九轫。"矞井与掘井同义。亦未矞井，谓井虽涸塞而亦未穿之也。《释文》："羸，蜀才作累，郑读曰虆。"按：羸与累、虆古通用，此羸字疑借为儡。儡、累、虆同声系（累正字作纍），知羸、儡古亦通用。《说文》："儡，相败也。"败毁义相近，则儡可训毁，儡其瓶，谓毁其瓮也。改邑不改井，无丧无得，未尝不可。但若汲水人多，井既涸塞，则宜穿井，苟不穿井，反以瓶为无用而毁之，是无汲水之处，且无汲水之器，将无以为饮食也，故曰"改邑不改井，无丧无得。往来井，井汔至，亦未繘井，羸其瓶，凶"。

初六，井泥不食。旧井无禽。

王引之曰："《易》爻凡言'田有禽，田无禽，失前禽'，皆指兽言之，此禽字不当有异。井当读为阱，阱字以井为声（《说文》阱，大陷也。从阜井，井亦声），故阱作井，与井泥不食之井不同，井泥不食，一义也。旧阱无禽，又一义也。阱与井相似，故因井而类言之耳。《柴誓》：'杜乃擭，敜乃穽。'（与阱同）郑注曰：'山林之田，春始穿地为阱，或投擭其中以遮兽。'（见《正义》）《秋宫·雍氏》：'春令为阱擭沟渎之利于民者，秋令塞阱杜擭。'郑注曰：'阱，穿地为堑，所以御禽兽，其或超逾，则陷焉，世谓之陷阱。'又《冥氏》：'为阱擭以攻猛兽，以灵鼓驱之。'注曰：'驱之使惊趋阱擭。'《鲁语》：'鸟兽成，于是乎设穽鄂，以实庙庖。'韦注曰：'穽，陷也，鄂作格，所以误兽也，谓立夏鸟兽已成，设取兽之物。'是阱所以陷兽也。旧阱，湮废之阱也。阱久则淤浅，不足以陷兽，故无禽也。"亨按：王说是也。古者汲水之井，陷兽之井，其物相似，其名不异，其字无二，后乃别制阱字，以为陷兽之井字耳。"井泥不食"者，汲水之井不可用也。"旧井无禽"者，陷兽之井不可用也。此二句皆物不可用之象，筮者当从事改造也。

九二，井谷射鲋，瓮敝漏。

《集解》引虞翻曰："鲋，小鲜也。"《太平御览》九三七引王肃注："鲋，小鱼也。"《说文》："鲋，鱼名。"《庄子·外物》篇："守鲵鲋。"《释文》引李注："鲋，小鱼。"《吕氏春秋·贵直》篇："鲋入而鲵居。"高注："鲋，小鱼。"王引之曰："《说文》壑字从谷，谷犹壑也。《庄子·秋水》篇说坎井之龟曰：'擅一壑之水，跨跱坎井之乐。'壑即谷也，井中容水之处也。《秋水》篇又曰：'井鱼不可以语海者，拘于虚也。'（俗本改鱼为龟，辨见《读书杂志》）《吕氏春秋·谕大》篇曰：'井中之无大鱼也。新林之无长木也。'井中无大鱼,故郑注曰:'所生鱼无大鱼,但多鲋鱼耳',言微小也(见刘逵《吴都赋》注)。射谓以弓矢射之也。《吕氏春秋·知度》篇曰:'非其人而欲有功,譬之若射鱼指天,而欲发之当也。'《淮南子·时则》篇曰:'命渔师始渔,天子亲往射鱼。'《说苑·正谏》篇曰:'昔白龙下清泠之渊,化为鱼,渔者豫且射中其目,白龙上诉天帝,天帝曰,鱼固人之所射也。'是古有射鱼之法也。左思《吴都赋》曰:'虽复临河而钓鲤,无异射鲋于井谷。'射鲋与钓鲤并言,其为射而取之,明矣。盖晋以前治《易》者,本有是说,故太冲用之也。"亨按:王说是也。瓮正字作甕,《说文》:"甕,汲瓶也。从缶,雍声。"射鱼者必临乎大水,施于大鱼,若井谷射鲋,不能中鱼,适穿其瓮,而瓮以破漏耳。故曰"井谷射鲋,瓮敝漏"。人之从事亦多有似于此者也。

九三,井渫不食,为我心恻,可用汲,王明并受其福。

王注:"渫,不停污之谓也。"《释文》:"渫,黄云:'治也。'"《集解》引荀爽曰:"渫,去秽浊,清洁之意也。"《说文》:"渫,除去也。从水,枼声。"盖渫者除去井中之污泥,使复于清也,今人所谓淘井是也。《集解》引干宝曰:"恻,伤悼也。"《说文》:"恻,痛也。"《广雅·释诂》:"恻,悲也。"用犹以也。《广雅·释言》:"并,俱也。"《书·立政》:"以并受此丕丕基。"《诗·宾之初筵》:"既醉而出,并受其福。"并皆俱义。井渫不食,为我心悲,井渫之可以汲,犹臣贤之可以用,然王明而后能知贤,知贤而后能用贤,用贤而后天下俱受其福,故曰"井渫不食,为我心恻,可用汲,王明并受其福"。《史记·屈原列传》:"人君无愚智贤不肖,莫不欲求忠以自为,举贤以自佐,然亡国破家相随属,而圣君治国累世而不见者,其所谓忠者不忠,而所谓贤者不贤也。怀王以不知忠臣之分,故内惑于郑袖,外欺于张仪,疏屈平而信上官大夫、令尹子兰,兵挫地削,亡其六郡,客死于秦,为天下笑,此不知人之祸也。《易》曰:'井渫不食,为我心恻，可以汲，王明并受其福’王之不明，岂足福哉。”得其恉矣。

六四，井甃，无咎。

《释文》："甃，马云：‘为瓦里下达上也。’干云：‘以砖累井曰甃。’"《集解》引虞翻曰："以瓦甓垒井称甃。"《说文》："甃，井壁也。"井壁曰甃，造井壁亦曰甃，此文用后义。井甃则水可长清，故曰"井甃，无咎"。

九五，井洌寒泉食。

《集解》引崔憬曰："洌，清洁也。"《说文》："洌，水清也。"《广雅·释诂》："洌，清也。"《诗·大东》："有洌氿泉。"洌亦清义。古人或就泉造井，故此井泉并言，井清而泉寒则食之，故曰"井洌寒泉食"。殆亦臣贤则用之意也。

上六，井收，勿幕，有孚，元吉。

《集解》引虞翻曰："收谓以辘轳收縆也。"亨按：收谓汲毕而收其縆也。勿犹弗也。《集解》引虞翻曰："幕，盖也。"又引干宝曰："幕，覆也。"孚读为浮，罚也。盖古人汲水既毕，必盖其井，以防雨水秽物之侵入，若有不盖者则罚之，所以保清洁而重卫生，因此食者无疾病，故曰"井收，勿幕，有孚，元吉"。

革第四十九

≣ 兑上
离下 革

巳日乃孚。元亨。利贞，悔亡。

革，卦名也。巳疑借为祀（说见《损》卦）。孚读为浮，罚也。巳日乃孚，谓祀社之日乃行罚也。古人行罚在社，《书·甘誓》："用命赏于祖，弗用命戮于社。"其证一也。《论语·八佾》篇："哀公问社于宰我，宰我对曰：'夏后氏以松，殷人以柏，周人以栗，曰使民战栗。'"因社为行罚之地，故宰我以使民战栗释之。其证二也。《墨子·明鬼下》篇："古圣王（古，今本误作故，依孙诒让说改），其赏也必于祖，其僇也必于社，赏于祖者，何也？告分之均也。僇于社者，何也？告听之中也。"此即本《甘誓》之文而申言之。其证三也。行罚之时，必祀社以告神，故曰"巳日乃孚"。元，大也。亨即享字。古人举行大享之祭，曾筮遇此卦，故记之曰"元亨"。又筮遇此卦，举事有利，其悔则亡，故曰"利贞，悔亡"。

初九，巩用黄牛之革。

《说文》："巩（鞏），以韦束也。从革，巩声。"引《易》此句，甚切当。《说文》："革，兽皮治去其毛革更之。"按：去毛之兽皮曰革，即革韦之革，乃革字之本义也。去兽皮之毛亦曰革，即改革之革，乃革字之引申义也。本卦革字，有用其本义者，初九、上六是也。有用其引申义者，六二、九三是也。《杂卦传》曰："革，去故也。"《集解》引郑玄曰："革，改也。"专依其引申义以立训，适于六二、九三，而不适于初九、上六也。

巩用黄牛之革，谓以黄牛之革束物也。黄为吉祥之色（说见《坤》卦），革为坚韧之物，知此乃吉祥坚固之象矣。

六二，巳日乃革之，征吉，无咎。

巳借为祀。革，改也。革之，谓改祀日也。古者祭先筮日，不吉则筮远日，《仪礼·特牲馈食礼》《少牢馈食礼》并记筮日之仪甚详，可按谶也。祭者筮日，遇此爻，则改筮他日，故曰"巳日乃革之"。又筮遇此爻，征伐则吉而无咎，故曰"征吉，无咎"。

九三，征凶，贞厉。革言三就有孚。

筮遇此爻，征伐则凶，占问他事则危，故曰"征凶，贞厉"。革言三就有孚，似指断狱定罪而言。革，改也。革言，谓有罪者更改其供辞也。三就者，《书·舜典》："五刑有服，五服三就。"《国语·鲁语》："大刑用甲兵，其次用斧钺。中刑用刀锯，其次用钻笮。薄刑用鞭扑。故大者陈之原野。小者致之市朝。五刑三次。"韦注："次，处也。三处，野、朝、市也。"《易》之三就，盖即《书》之三就，《书》之三就，盖即《国语》之三次也。据此，三就者，或就刑于野，或就刑于朝，或就刑于市也。孚读为浮，罚也。革言者将致之于野朝市而加罚，故曰"革言三就有孚"。

九四，悔亡。有孚改命吉。

孚读为浮，罚也。有孚改命，言君子有所罚，其命既下而又改之也。筮遇此爻，其悔可亡，故曰"悔亡"。君子有罚，改命乃吉，故曰"有孚改命吉"。

九五，大人虎变，未占，有孚。

变疑借为辩，古字通用。《坤·文言传》："由辩之不早辩也。"《释文》："辩，荀作变。"《礼记·礼运》："大夫死宗庙谓之变。"郑注："变当作辩，声之误也。"并其左证。《说文》："辩，驳文。从文，辡声。"《广雅·释诂》：“辩，文也。”然则大人虎辩犹云大人虎文矣。上六云：“君子豹变。”义同。《象传》：“大人虎变，其文炳也。君子豹变，其文蔚也。”正以文释变耳。大人虎变，喻其政威猛，民视之如虎也。孚读为浮，罚也。大人之政威猛如虎，是以筮遇此爻者，在未筮之前已有罚加于其身，故曰“大人虎变，未占，有孚”。

上六，君子豹变，小人革面，征凶。居贞吉。

变疑借为辩。君子豹变犹云君子豹文，喻其政威猛，民视之如豹也。革，韦也。小人革面，言小人之面如革韦，而不知耻也。《论语·为政》篇：“道之以政，齐之以刑，民免而无耻。”君子豹变，即道以政、齐以刑之意。小人革面，即民免无耻之意。上下如此，有所征伐，则民不用命，必致败绩。故曰“君子豹变，小人革面，征凶”。又卜居者筮遇此爻则吉，故曰“居贞吉”。居贞非承上文言也。

鼎第五十

≡≡ 离上
≡≡ 巽下　鼎

元吉。亨。

鼎，卦名也。元，大也。筮遇此卦者，大吉，故曰"元吉"。亨即享字。古人举行享祀，曾筮遇此卦，故记之曰"亨"。

初六，鼎颠趾，利出否。得妾以其子，无咎。

《释文》："颠，倒也。"鼎颠趾者，溉鼎之时，鼎口在下，鼎足在上，以倾除其中之秽污也（此采毛奇龄说）。出读为黜，古字通用。《庄子·徐无鬼》篇："君将黜耆欲。"《释文》："黜，本又作出。"即其证。《说文》："黜，贬下也。从黑，出声。"《书·舜典》："三载考绩，三考黜陟幽明。"伪《孔传》："黜退其幽者。升进其明者。"《易》之出字，即《书》之黜字也。盖贬退臣下，乃出之于朝外，故可直作出字。黜字从黑，原为除去黑垢，故可用作贬退之义。出与黜，古今字之变也。《释文》："否，恶也。"《诗·抑》："未知臧否。"《烝民》："邦国若否。"《释文》并云："否，恶也。"此否字指奸恶之臣。出否谓贬黜奸恶之臣也。鼎颠趾者，倾除秽污之象。人君贬黜奸恶者似之。故曰"鼎颠趾，利出否"。得妾以其子者，以犹与也，盖妾固曾为人妇，且有子焉，今携其子归我也。此殆古代故事，盖有人娶妾，有其先夫之子从焉，筮遇此爻，终归无咎，故记之曰"得妾以其子，无咎"。

九二，鼎有实，我仇有疾，不我能即，吉。

《释文》：“仇，匹也。”《尔雅·释诂》：“仇，匹也。”《诗·关雎》：“窈窕淑女，君子好逑。”《毛传》：“逑，匹也。”《礼记·缁衣》引逑作仇。郑注：“仇，匹也。”然则我仇犹言我妻矣。《说文》：“即，就食也。”此用其本义。此殆古代故事。盖有人陈鼎，鼎中有食物，方将食之，而其妻病，不能与之就食，筮遇此爻，终归于吉，故记之曰“鼎有宝，我仇有疾，不我能即，吉”。

九三，鼎耳革，其行塞，雉膏不食，方雨亏悔，终吉。

《集解》引虞翻曰：“鼎以耳行，耳革行塞。”亨按：鼎耳革者，鼎之耳脱去也。《说文》：“革，兽皮治去其毛革更之。”治去兽皮之毛，即使兽皮之毛脱去，是革本有脱去之义。鼎之耳脱去，犹兽皮之毛脱去，故曰“鼎耳革”也。凡鼎既实，则以铉贯耳而举之，移之食处，其耳脱去，则不能行，故曰“鼎耳革，其行塞”也。《释文》：“郑云：‘雉膏，食之美者。’”按：膏者肥肉也（说见《屯》卦）。《尔雅·释诂》：“亏，毁也。”《小尔雅·广言》：“亏，损也。”以铉举鼎，将移食处，而鼎耳脱去，其行塞止，鼎中雉膏犹未食，适值天之方雨，鼎耳既损，雉膏亦亏，可谓悔矣。然鼎耳可重修，雉膏可更调，是为终吉。故曰“鼎耳革，其行塞，雉膏不食，方雨亏悔，终吉”。

九四，鼎折足，覆公𫗧，其形渥，凶。

《释文》：“𫗧，马云：‘健也。’郑云：‘菜也。’”《说文》：“鬻，鼎实，惟苇及蒲，陈留谓健为鬻。”重文作𫗧（苇当作笋）。许氏前义与郑说合。《诗·韩奕》：“其蔌维何？维笋及蒲。”《毛传》：“蔌，菜肴也。”《广雅·释器》：“菜谓之蔌。”是𫗧即蔌矣。此一解也。许氏后义与马说合。《说文》：“鬻，鬻也。”重文作𫗰。《左传·昭公七年》传载《正考父鼎铭》曰：“饘于是。鬻于是。以糊余口。”杜注：“于是鼎中为饘鬻。”《博古图》

有宋公繻铼鼎。铼鼎者鬻鼎也。是鏈可为鼎实矣。此二解也。（此采王引之说）两解俱通。盖古者鼎之用不限于一鬲也。王注，"渥，沾濡之貌也。"《说文》："渥，沾也。"鼎之足折断，公之铼倾覆，其铼之形渥然而沾濡，此因不胜任以致偾事之象也。故曰"鼎折足，覆公铼，其形渥，凶"。《系辞传下》："子曰，德薄而位尊，知小而谋大，力小而任重，鲜不及矣。《易》曰：'鼎折足，覆公铼，其形渥，凶。'言不胜其任也。"得其恉矣。

六五，鼎黄耳，金铉，利贞。

《释文》："铉，扛鼎而举之也。"孔《疏》："铉，所以贯鼎而举之也。"《说文》："铉，举鼎具也。《易》谓之铉，《礼》谓之鼏，从金，玄声。"金色黄，云黄耳，其质金可知也。云金铉，其色黄可知也。金为坚贵之物，黄为吉祥之色（说见《坤》卦），是鼎黄耳金铉者，坚贵吉祥之象，故曰"鼎黄耳，金铉，利贞"。

上九，鼎玉铉，大吉，无不利。

玉铉者，以玉为铉也。玉，宝物也。鼎而玉铉，则为宝鼎可知矣。宝鼎乃吉利之品，筮遇此爻，大吉而无不利，故曰"鼎玉铉，大吉，无不利"。

震第五十一

䷲ 震上
　震下　震

亨，震来虩虩，笑言哑哑，震惊百里，不丧匕鬯。

震，卦名也。亨即享字。"震来虩虩，笑言哑哑"八字，疑涉初九爻辞而衍。请列四证以明之。虩虩者，恐惧之貌。哑哑者，笑言之声。虩虩必不哑哑，哑哑必不虩虩，初九云"震来虩虩后，笑言哑哑"，有后字义乃通，此无后字，辞意相忤，其证一也。笑言哑哑，乃言燕居之乐，不丧匕鬯则言祭祀之庄，是"震来"二句又与"震惊"二句辞意相忤，其证二也。删此八字，则亨字之下，继以"震惊百里，不丧匕鬯"，正记享祀之时，迅雷大作，而祭者仍不失其敬仪，如有此八字，则辞意隔阂，其证三也。卦辞曰："震来虩虩，笑言哑哑。"初九曰："震来虩虩后，笑言哑哑。"辞意重复。且卦辞《象传》曰："震来虩虩，恐致福也。笑言哑哑，后有则也。"初九《象传》曰："震来虩虩，恐致福也。笑言哑哑，后有则也。"亦辞意重复。设《象传》既释于前，《象传》何须重道于后。可见卦辞无此八字，《象传》十六字，亦后人取《象传》增入，其证四也。《说文》："震，辟历振物者。从雨，辰声。"（辟历，徐铉曰，今俗别作霹雳）《诗·十月之交》："烨烨震电。"《毛传》："震，雷也。"按：巨雷曰震。本卦震字皆用其本义。震惊百里，言雷声之大也。匕者匙也。《说文》："匕，一名柶。"又曰："柶，匕也。"又曰："匙，匕也。"是匕匙同义。匙与柶双声转注字也。今之匙有浅斗，古之匕亦然，《仪礼·有司彻》："二手执桃匕枋以挹湇，注于疏匕。"郑注："此二匕者皆有浅斗，状如饭椮。"即其证。匕或以木，或以角，长者数尺，短者数寸，用以载牲体，用以扱鼎实，用以扱黍稷，用以扱铏羹，用以扱酒醴。《仪礼·士冠礼》："冠者即筵坐，左执觯，右祭脯醢，以柶祭醴三。"是用匕扱酒醴之例。《易》以匕鬯连言。鬯与酒醴同类，则此文之匕当谓扱鬯者矣。《说文》："鬯，以秬酿郁草，芬芳，攸服以降神也。从凵。凵，器也，中象米，匕所以扱之。"引《易》曰："不丧匕鬯。"考《毛公鼎铭》鬯作𩰊，《盂鼎铭》鬯作𩰊，其字纯象器形，篆文变作𩰊，许解非是。据此鬯亦酒类。《书·文侯之命》："用赉尔秬鬯一卣。"《诗·江汉》："釐尔圭瓒，秬鬯一卣。"《毛公鼎铭》："锡女𩰊鬯一卣。"《盂鼎铭》："锡女鬯一卣。"并此义也。因而盛鬯之器亦曰鬯。《周礼·大宗伯》："凡祀大神，享大鬼，祭大示……莅玉鬯，省牲镬，奉玉鬯。"《国语·周语》："有神降于莘。王使大宰忌父帅傅氏及祝史奉牺牲玉鬯往献焉。"并此义也。凡举鬯之器可以括鬯之物，犹举尊可以括酒也。《易》此鬯字即举其器而括其物也。匕鬯者祼祭所用，古人举行享祝，适巨雷方作，远惊百里，而祭者仍能从容行礼，不失其匕鬯，故记之曰"亨，震惊百里，不丧匕鬯"。(匕鬯之义，略采王引之说)。

初九，震来虩虩后，笑言哑哑，吉。

《释文》："虩虩，马云：'恐惧貌。'郑同。"亨按：马、郑说是也。解见《履》卦。《释文》："哑哑，马云：'笑声'。郑云：'乐也。'"亨按：马、郑说是也。《说文》："哑，笑也。"此正用其本义。震来虩虩后笑言哑哑者，先惧后喜之象。故曰"震来虩虩后，笑言哑哑，吉"。

六二，震来厉，亿丧贝，跻于九陵，勿逐七日得。

王注："亿，辞也。"《释文》："亿，本又作噫，辞也。"亨按：《易》之初文当作意，其作亿与噫，皆后人所改，六五云："震往来厉，意无丧有事。"正作意,即其证。意读为繄,古字通用,《庄子·骈拇》篇:"意仁义其非人情乎!"《释文》:"意,本作医。"即其左证。《左传·隐公元年》:"尔有母遗,繄我独无。"杜注:"繄,语助也。"《襄公十四年》传:"王室之不坏,繄伯舅是赖。"杜注:"繄,发声也。"意与繄亦古今语之变也。意、繄皆犹惟也。《释文》:"跻,本又作隮,升也。"孔《疏》:"跻,升也。"跻、隮古通用。《说文》:"跻,登也。""亿丧贝,跻于九陵",谓丧贝之时,方登于九陵也。逐者,寻求也。《既济》六二云:"妇丧其茀,勿逐七日得。"义同。此殆古代故事,盖巨雷来若欲击人,其势甚危,有人因惊而丧其贝,缘其时方登于九陵,乃筮之,其断曰"勿逐七日得",故记之曰"震来厉,亿丧贝,跻于九陵,勿逐七日得"。古人失物往往问诸卜筮,今人犹然也。

六三,震苏苏,震行无眚。

王注:"惧苏苏也。"《释文》:"苏苏,疑惧貌。郑云:'不安也。'"孔《疏》:"苏苏,畏惧不安之貌。"亨按:苏苏犹怵怵也。畏惧之貌。震行者,即六五所云震往来也。巨雷常为灾,《竹书纪年》武乙三十五年:"王畋于河渭,暴雷震死。"《左传·僖公十五年》经:"震夷伯之庙。"皆其例。古人畏惧,盖或筮之,若遇此爻者无灾,故曰"震苏苏,震行无眚"。

九四,震遂泥。

《释文》:"遂,荀本作队。"亨按:遂借字,队本字,《说文》"队,从高陨也,从阜,㒸声。"《周礼·考工记·轮人》:"殷畒而驰不队。"郑注:"队,落也。"《淮南子·天文》篇:"丙子干壬子星队。"高注:"队,陨也。"《荀子·天论》篇:"星队木鸣。"义同。盖队即今之坠字也。《家人》六二云:"无攸遂,在中馈。"亦以遂为队。震队泥者,巨雷作,人惊而陨落于泥中也。此不堪物惊以致陨败之象,当非吉占也。

六五，震往来厉，意无丧有事。

意犹惟也（说见前）。有犹于也（说见《家人》卦）。巨雷往来，其势甚危，故曰"震往来厉"。古人惧雷，盖或筮之，若遇此爻，惟无害于事，故曰"意无丧有事"。

上六，震索索，视矍矍，征凶。震不于其躬于其邻，无咎。婚媾有言。

《释文》："索索，郑云：'犹蹜蹜，足不正也。'"亨按：郑以蹜蹜释索索，是也。考蹜蹜乃步履战栗之貌。《礼记·玉藻》："执龟玉，举前曳踵，蹜蹜如也。"《论语·乡党》篇："执圭……勃如战色，足蹜蹜如有循。"皆此义。盖蹜蹜乃恐惧存于心而形于足也。今北土方言，状人身战栗之状曰"哆哆索索"，疑索索即《易》之索索，古代之遗言也。矍之初文当作䀠，《说文》："䀠，左右视也。从二目，读若拘。又若'良士瞿瞿'。"孳乳为瞿，《说文》："瞿，鹰隼之视也。从隹，从䀠，䀠亦声，读若章句之句。"又孳乳为矍，《说文》："矍，隹欲逸走也。从又持之矍矍也。一曰视遽皃。"又孳乳为奭，《说文》："奭，目邪也。从䀠，从大，大，人也。"又孳乳为奡《说文》："奡，举目惊奡然也。从夰从䀠，䀠亦声。"此五字皆惊视之貌。矍矍者，恐惧存于心而形于目也。巨雷作而足则蹜蹜，视则矍矍，此怯懦者之象也。怯懦者行兵则败，故曰"震索索，视矍矍，征凶"。巨雷不击其身而击其邻，是灾不在己而在他人之象也。故曰"震不于其躬于其邻，无咎"。言当作㫄，诃谴也（说见《需》卦）。筮遇此爻，婚媾之家将有诃谴之言，故曰"婚媾有言"。

艮第五十二

≣≣ 艮上
≣≣ 艮下　**艮**

艮其背不获其身，行其庭不见其人，无咎。

艮字当重。艮艮其背者，上艮字乃卦名，下艮字乃卦辞，此全书之通例也（说见《通说》）。《彖传》《说卦传》《杂卦传》并曰："艮，止也。"亨按：《说文》："𥃩，很也。从匕目，匕目犹目相匕，不相下也……匕目为𥃩，匕目为真也。"隶变作艮。许解迂曲而无当。考《说文》："𥃩，视也。从儿从目。"金文作🄐（珗鼎）、作🄑（宗周钟），甲骨文作🄒（《殷虚书契前编》卷一第二十九页）、作🄓（《殷虚书契前编》卷四第四十五页），并从目从人，而𥃩从目从匕，匕即人之反文，则艮即见之反文，明矣。故余谓艮者顾也，从反见。顾为还视之义，引申为注视之义。艮亦为还视之义，引申为注视之义。本卦艮字皆当训顾，其训止者，当谓目有所止耳。获疑借为护，同声系，古通用，艮其背不获其身，犹云顾其背不护其身，顾其小者忘其大者，身之将亡，背何能有？故曰"艮其背不获其身，行其庭不见其人"。此当为凶象，不宜再言"无咎"，疑"无咎"二字衍文，盖今文经之所无也。说见《大过》。

初六，艮其趾，无咎，利永贞。

艮犹顾也。艮其趾，犹言顾其足也。顾其足者不敢妄行，可以无咎，可以长无咎，故曰"艮其趾，无咎，利永贞"。

六二，艮其腓，不拯其随，其心不快。

艮犹顾也。腓，足肚也（说见《咸》卦）。拯，《释文》作承，古字通用，此疑借为增，拯承与增古亦通用。《礼记·文王世子》："至于赗赙丞含。"郑注："承读为赠，声之误也。"即其左证。《说文》："增，益也。"随借为隋，《说文》："隋，裂肉也，从肉从隓省。"（当作隓省声）按：裂肉谓之隋，乃隋之本义，《咸》六三云："咸其股，执其随。"亦以随为隋，是也。肉亦谓之隋，乃随之引申义，此文"不拯其随"以随为隋，是也（参见《咸》卦）。不增其隋，谓其腓肉不增益也。顾其腓者，欲其腓肉之增益。其腓肉竟不增益，是以其心不快，故曰"艮其腓，不拯其随，其心不快"。此事实反于希望之象也。

九三，艮其限，列其夤，厉薰心。

艮犹顾也。王注："限，身之中也。"《释文》："马云：'限，要也。'郑、荀、虞同。"（要今俗作腰）艮其限，谓人仅注视其要也。《集解》列作裂。按：列本字，裂借字。《说文》："列，分解也。从刀，歺声。"古书通以裂为列。列者以刀割物使分也。《释文》："夤，马云：'夹脊肉也。'郑本作䐃。"丁寿昌曰："《说文》：'胂，夹脊肉也。'《易》盖假夤为胂，故马季长云'夹脊肉'。康成作䐃，则胂之或体。"亨按：丁说是也。但余有疑者，《说文》："𡃈，敬惕也。从夕，寅声。《易》曰，夕惕若厉。"从夕去敬惕之义远，许引《易》为证，亦迂曲。窃谓夤即夹脊肉之义，从肉寅声。夕即肉之省文。《说文》膏从肉，甲骨文作𡴂（《殷虚书契前编》卷二第十五页），从夕。胤从肉，金文作𢆶（衡鼎），从夕。多从重夕，实从二肉，取肉多之义。可证古文从肉之字，或省作夕形，而非从夕，夤盖亦如此，郑本作䐃，正移肉于寅旁，尤其明征。许氏误以为从夕，失其朔矣。列其夤者，谓列伤其夹脊肉也。《释文》："薰，荀作动。"《集解》薰作阍。薰、阍古通用。荀作动者，乃勖字之讹。此疑借为愔。愔与阍同声系，古通用。《说文》："愔，不憭也。"《大戴礼·曾子立事》篇："怒之而观其不愔也。"卢注："愔，乱也。"《战国策·秦策》："皆愔于教。"高注："愔，不明也。"《列子·黄帝》篇："以黄金抠者愔。"张注："愔，迷愔也。"是愔者心中迷乱之义。顾其要而伤其脊肉，是顾此失彼，以此处事，危矣，诚心中迷乱者矣。故曰"艮其限，列其夤，厉薰心"。

六四，艮其身，无咎。

艮犹顾也。身统四肢五官百骸而言。顾其身则善保之，斯无咎矣。故曰"艮其身，无咎"。

六五，艮其辅，言有序，悔亡。

艮犹顾也。辅借为酺，《说文》："酺，颊也。"（说见《需》卦）艮其酺，犹云顾其颊也。言有序，不妄谈也。顾其颊者不敢妄谈，以招批颊之辱，其悔自亡。《论语·为政》篇："多闻阙疑，慎言其余，则寡尤。"言有序悔亡，即慎言寡尤之意。故曰"艮其辅，言有序，悔亡"。

上九，敦艮，吉。

敦犹多也。《礼记·曲礼上》："敦善行而不怠。"郑注："敦，厚也。"按：犹言多善行而不怠也。《乐记》："及夫敦乐而无忧。"郑注："敦，厚也。"按：犹言及夫多乐而无忧也。敦训厚，厚亦训多，《周礼·考工记·弓人》："是故厚其液而节其帛。"郑注："厚，犹多也。"《吕氏春秋·务本》篇："以此厚望于主。"《审应》篇："不义愈益厚也。"高注并云："厚，多。"然则敦可训多，明矣。又《诗·行苇》："敦彼行苇。"《毛传》："敦，聚也。"聚多义相近。敦者，苇多之貌。亦敦有多义之证。艮犹顾也。是敦艮即多顾之意。人处世多所顾及，则考虑周详，不致顾此失彼，顾前失后，庶无偾事。故曰"敦艮，吉"。

渐第五十三

☴巽上 渐
☶艮下

女归吉，利贞。

渐，卦名也。筮遇此卦，女嫁则吉，举事有利，故曰"女归吉，利贞"。

初六，鸿渐于干，小子厉，有言，无咎。

王注曰："鸿，水鸟也。"《序卦传》曰："渐者进也。"《集解》引虞翻曰："渐，进也。"亨按：渐借为趣，《说文》："趣，进也。"（此采朱骏声《说文通训定声》说）《释文》："干，陆云：'水畔称干。'翟云：'涯也。'"此读干为岸，《诗·伐檀》："置之河之干兮。"《毛传》："干，涯也。"亦读干为岸，其例正同。此一解也。《释文》："干，王肃云：'山间涧水也。'"《集解》引虞翻曰："小水从山下流称干。"此读干为涧。干、涧古通用。《诗·考盘》："考盘在涧。"《释文》："涧，《韩诗》作干。"即其证。《诗·斯干》："秩秩斯干。"《毛传》："干，涧也。"亦读干为涧，其例正同。此二解也。两解俱通。读干为岸，其义较胜。言当作言，诃谴也（说见《需》卦）。鸿为水鸟，进于水岸，固无不可，其在成人，进于水岸，亦无不可，若在小子，进于水岸，则有落水之虞，危矣。但若有大人诃谴之，则不及于险，可无咎，故曰"鸿渐于干，小子厉，有言，无咎"。

六二，鸿渐于磐，饮食衎衎，吉。

《史记·武帝本纪》《封禅书》《汉书·郊祀志》并引磐作般。《音训》："晁氏曰：'般古文。'"亨按：《易》之初文当作般。《说文》无磐。磐后制字。此磐疑借为泮，《说文》："泮，诸侯飨射之宫，西南为水，东北为墙，从水，从半，半亦声。"字亦作頖。《礼记·王制》："天子曰辟雍。诸侯曰頖宫。"《明堂位》："米廪，有虞氏之庠也。序，夏后氏之序也。瞽宗，殷学也。頖宫，周学也。"《礼器》："必先有事于頖宫。"并其例。盖此学称泮宫，亦单称泮。《诗·泮水》曰："既作泮宫。"又曰："在泮献馘。"又曰："在泮献囚。"又曰："在泮献功。"即其征矣。磐、泮古通用，《屯》初九云："磐桓，利居贞。"《张表碑》磐作畔。史晨《奏铭》："饮酒畔宫。"畔宫即泮宫。即磐、畔、泮通用之证。《一切经音义》八曰："柈，古文作鎜，籀文作槃。"亦半、般声系相通之证。"鸿渐于磐"，即鸿趣于泮。泮为周学，盖其来旧矣。泮宫当为禁止射猎之所。《诗·泮水》曰："翩彼飞鸮，集于泮林，食我桑黬，怀我好音。"鸮乃恶鸟，以集泮林，诗人咏之，况鸿也哉！《说文》："衎，喜兒。"《尔雅·释诂》："衎，乐也。"《礼记·檀弓上》："饮食衎尔。"郑注："衎尔，自得貌。"饮食衎衎，谓鸿饮食喜乐也。但余疑衎衎鸿雁鸣声也。古人常以字音代鸟音，《淮南子·原道》篇："夫鸟之哑哑，鹊之唶唶，岂尝为寒暑燥湿变其声哉！"即其例。鸿雁鸣声似衎衎，故《易》以衎衎状之。《诗·关雎》："关关雎鸠。"《毛传》："关关，和音也。"衎、关音相近。则衎衎犹关关耳。鸿进于泮，无矰缴之害，有饮食之利，自是吉象，故曰"鸿渐于磐，饮食衎衎，吉"。

九三，鸿渐于陆，夫征不复，妇孕不育，凶。利御寇。

《释文》："马云：'山上高平曰陆。'"《集解》引虞翻曰："高平称陆。"《说文》："陆，高平地。"鸿本水鸟，而进于陆，是物失其宜之象也。夫征而不返家，妇孕而不生子，亦物失其宜者也。是以筮遇此爻，则夫征不复，妇孕不育，是为凶，故曰"鸿渐于陆，夫征不复，妇孕不育，凶"。但鸿进于陆，处高视阔，弋射之人，不能袭取，故又曰"利御寇"。

六四，鸿渐于木，或得其桷，无咎。

《释文》："翟云：'桷，椽也。'马、陆云：'桷，榱也。'"《集解》引虞翻曰："桷，椽也。"《说文》："桷，榱也。"（参见《姤》卦）此桷谓人所伐之椽而置于林野河岸者也。《尔雅·释鸟》："凫雁丑，其足蹼。"鸿之足蹼，不能栖于木枝，今渐于木，难得所止，然或得人所伐之桷，则可栖息，此进非其所，偶得其所之象也，可无咎，故曰"鸿渐于木，或得其桷，无咎"。

九五，鸿渐于陵，妇三岁不孕，终莫之胜，吉。

《说文》："陵，大阜也。""鸿渐于陵"与九三"鸿渐于陆"大恉相同。陵高于陆者也。鸿本水鸟，而进于陵，是物失其宜之象也。妇久不孕，亦物失其宜者也。是以筮遇此爻，则妇三岁不孕，故曰"鸿渐于陵，妇三岁不孕"。但鸿渐于陵，其处益高，其视益阔，弋射之人，莫能篡之，故又曰"终莫之胜，吉"。

上九，鸿渐于陆，其羽可用为仪，吉。

此上五爻，文皆有韵，而本爻陆、仪独非韵，且"鸿渐于陆"与九三相重，可知陆为讹字。江永曰："以韵读之，陆当作阿，大陵曰阿，九五为陵，则上九宜为阿，阿、仪相叶，《菁菁者莪》是也。"亨按：江说近是。但其羽可用为仪，言其易于弋取，而九三云"鸿渐于陆，利御寇"，九五云"鸿渐于陵，终莫之胜"，皆取其不易弋取之象。设此文为鸿渐于阿，阿高于陵，更高于陆，是益不易弋取，讵能云其羽可用为仪乎？余疑此陆字当作陂，形近而讹。陂、仪韵亦相谐。《说文》："陂，阪也，一曰沱也。从阜，皮声。"此取后义。陂训沱者，沱，古池字也。《广雅·释地》："陂，池也。"《礼记·月令》"毋漉陂池"郑注、《国语·周语》"陂唐污庳"韦注、《淮南子·说林》篇"十顷之陂"高注并云："蓄水曰陂。""鸿渐于陂"，谓鸿进于野间池上也。仪盖舞具也。《书·益稷》："箫《韶》九成，凤皇来仪。"来仪犹云来舞。舞谓之仪，舞具亦谓之仪，一义之转耳。《周礼·舞师》："掌教兵舞，帅而舞山川之祭祀；教帗舞，帅而舞社稷之祭祀；教羽舞，帅而舞四方之祭祀；教皇舞，帅而舞旱暵之事。"郑注："郑司农云，皇舞蒙羽舞，书或为喤，或为义。玄谓皇析五采羽为之，亦如帗。"《乐师》："凡舞有帗舞，有羽舞，有皇舞，有旄舞，有干舞，有人舞。"郑注："郑司农云，皇舞者，以羽冒覆头上，衣饰翡翠之羽。玄谓……皇杂五采羽如凤皇色，持以舞。"是皇舞乃舞之一种，而皇乃舞时所持之具，其字《周礼》亦或作义，义、仪古通用，则《周易》之仪，即《周礼》之义，明矣。古者文舞执羽，武舞执干戚。仪者文舞所执，以羽为之。其羽可用为仪，言鸿羽可用作舞具也（此略采毛奇龄说）。鸿渐于陂，可以弋取，而用其羽为舞具，此就鸿言之则凶，就人言之则吉，故曰"鸿渐于陆，其羽可用为仪，吉"。就人言之也。

归妹第五十四

☳震上
☱兑下　归妹

征凶，无攸利。

归妹，卦名也。筮遇此卦，征则凶，且无所利，故曰"征凶，无攸利"。

初九，归妹以娣，跛能履，征吉。

《集解》引虞翻曰："归，嫁也。"王注："妹者，少女之称也。"《说文》："娣，女弟也。"古人嫁女媵以娣，《诗·韩奕》："韩侯取妻，汾王之甥，蹶父之子，韩侯迎止，于蹶之里……诸娣从之，祁祁如云。"即其证。归妹以娣，谓嫁女以其娣为媵也。《集解》能作而。按：此文当作跛能履，与《履》卦不同。跛能履者，足疾愈也。足疾愈者，利于征也。故曰"跛能履，征吉"。

九二，眇能视，利幽人之贞。

《集解》能作而。按：此文当作眇能视，与《履》卦不同。幽，囚也（说见《履》卦）。眇能视者，目疾愈也。目疾愈者，由晦返明也。囚人脱囹圄者似之。故曰"眇能视，利幽人之贞"。

六三，归妹以须，反归以娣。

《释文》："须，荀、陆作嬬，陆云：'妾也。'"《音训》："晁氏曰：'子夏、孟、京作嬬，媵之妾也。'"《说文》："嬬，下妻也。"是归妹以须者，归妹而媵以女仆也。此解固通，而实不然。须疑借为嬃，姊也。《说文》：
"嬃，女字也。《楚辞》曰：'女嬃之婵媛。'贾侍中说，楚人谓姊为嬃。从
女，须声。"是嬃有姊义。归妹以嬃，谓归妹而媵以姊也（此采姚配中说，孔
广森《经学卮言》、邹汉勋《读书偶识》、吴子馨《殷虚书契解诂》说并同）。反归以
娣者，谓被出而与其娣返归母家也。

九四，归妹愆期，迟归有时。

《释文》："愆，马云：'过也。'"《集解》引虞翻曰："愆，过也。"
《说文》："愆，过也。"愆期，犹今言延期耳。迟归有时，《穀梁传·隐公七
年》传范注引作迟归有待。按：时借为待。《象传》曰："愆期之志，有待
而行也。"《释文》："一本待作时。"盖《象传》本亦作时。后人依义改作
待。而不知《易》经传皆以时为待，不可改字也。时、待同声系，古通用。
《蹇·象传》："往蹇来誉，宜待也。"《释文》："张本作宜时也。"《礼记·
月令》："毋发令而待。"《吕氏春秋·季夏纪》作"无发令而干时"。《方
言》十二："萃离时也。"《广雅·释诂》时作待。并其证也（此采王念孙
说）。古人嫁女亦或延期，《诗·氓》："匪我愆期，子无良媒，将子无怒，
秋以为期。"即其证。归妹愆期迟归有时者，谓嫁女延期而迟归者，因有所
待也。

六五，帝乙归妹，其君之袂不如其娣之袂良，月几望，吉。

《泰》六五云："帝乙归妹以祉无吉。"与此爻所记者为一事也。帝乙，
纣父也。归妹，嫁少女于文王也。君谓嫁为邦君夫人者也。《礼记·玉藻》：
"君命屈狄。"郑注："君，女君也。"《论语·季氏》篇："邦君之妻，君称
之曰夫人……邦人称之曰君夫人，称诸异邦曰寡小君。"是其义也。袂疑借
为妜，同声系，古通用。《说文》："妜，鼻目间皃。从女，夬声，读若烟火
炔炔。"此字古书罕见。据许训当谓鼻目间之容态，与貌字义相近。此云其
君之袂不如其娣之袂良，正谓其君鼻目间之容态，不如其娣鼻目间之容态

之美也。《易》虽借袂为之，亦足证《说文》袂字之义矣。《释文》："几，荀作既。"二字古通用。几当读为既。既望，十五日之后也。《中孚》六四云："月几望，马匹亡，无咎。"《释文》："几，荀作既。"与此同。此乃古代故事，盖帝乙归妹于文王，其娣媵从，其君之貌不如其娣之貌美，其归妹之期，在月望之后，其事则吉，故记之曰"帝乙归妹，其君之袂不如其娣之袂良，月几望，吉"。又疑此卦初九、六三、九四、六五所记皆帝乙归妹之事。初九云"归妹以娣"者，帝乙归妹以娣为媵也。六三云"归妹以须，反归以娣"者，帝乙归妹以庶姊为媵，其后妹娣皆因故返归，仅其姊仍留也。九四云"归妹愆期，迟归有时"者，帝乙归妹，初定某日，旋因有所待而延期也。惜经无明文，它书无征，不敢质言，所敢质言者，仅本卦六五及《泰》六五耳。（此采顾颉刚说，参以管见）

上六，女承筐无实，士刲羊无血，无攸利。

《左传·僖公十五年》："初晋献公筮嫁伯姬于秦，遇《归妹》䷵之《睽》䷥，史苏占之曰：'不吉。其繇曰，士刲羊，亦无衁也，女承筐，亦无贶也。'"杜注："《周易·归妹》上六爻辞也。衁，血也。贶，赐也。"与此文小异，盖古《周易》之别本也。《说文》："承，奉也。"《释文》："刲，马云：'刺也。'"《集解》引虞翻曰："刲，刺也。"《说文》："刲，刺也，从刀，圭声。"此殆指男女结婚之事而言。疑周初之婚礼在神前或宗庙中行之，女持筐，出其实以献焉，男刺羊，洒其血而祭焉。《墨子·明鬼下》篇："昔者齐庄君之臣，有所谓王里国中里徼者，此二子者讼三年而狱不断，齐君由谦杀之，恐不辜，犹谦释之，恐失有罪。（王念孙云："由犹皆欲也，谦与兼同。"）乃使之人共一羊，盟齐之神社（共与供同）。二子许诺，于是泏洫摡羊而漉其血（《太平御览·事类赋》并引以上八字作"以羊血洒社"。亨按：此八字当作"摡羊出血而洒其社"，王引之曰："摡即刟字，刭也。"），读王里国之辞既已终矣。读中里徼之辞未半也，羊起而触之，折其脚，祧神之而槁之

（神下之字当作出，孙诒让曰，槁当读为敲），殪之盟所。"古婚礼士之刲羊，或亦如盟之摏羊欤？今女持筐而无实，士刺羊而无血，则无以成其婚礼，乃大不利之象也。故曰"女承筐无实，士刲羊无血，无攸利"。《易》中往往有周初礼制习俗与后代不同者，此其一端也。

丰第五十五

震上
离下　丰

亨，王假之，勿忧，宜日中。

丰，卦名也。亨即享字。《集解》引虞翻曰："假，至也。"字借为假，《说文》："徦，至也。"王假之，言享之时，王亲至其处也。《易》中亨字有指明享上帝者，《益》六二云："王用亨于帝。"是也。有指明享名山之神者，《随》上六云："王用亨于西山。"《升》六四云："王用亨于岐山。"是也。有指明享先王者，《萃》云："亨，王假有庙。"《涣》云："亨，王假有庙。"是也。其泛言享者，当皆指享先王，唯此文所谓亨，殆非指一端，故曰"亨，王假之"。之只代所至之处耳。勿忧者，言王有所禳祈，可以解祸得福，不须忧也。宜日中者，言举行享祀，宜在日中之时也。此殆古代故事，盖有王者，偶遭眚灾，筮遇此卦，乃于日中举行享祀以禳祈焉，终以得福，故记之曰"亨，王假之，勿忧，宜日中"。

初九，遇其配主，虽旬无咎，往有尚。

《释文》："配，郑作妃，云：'嘉耦曰妃。'"丁寿昌曰："古妃、配通。《诗·皇矣》：'天立厥配。'《释文》：'配，本作妃。'《左传·文公十四年》：'子叔姬妃齐昭公。'《释文》：'妃，本作配。'又《襄公二十五年》：'庸以元女太姬妃胡公。'《释文》：'妃，本作配。'《说文》：'妃，匹也。'"亨按：配借字，妃本字，配主，盖谓女主人也。遇其配主，言出行之人，遇其女主人也。虽当读为唯，古字通用（见王引之《经传释词》）。唯旬无咎，言在十日之内无咎也。《象传》曰："虽旬无咎，过旬灾也。"正读虽为唯。殷虚卜辞屡言"旬亡囚"，盖商人每旬必卜，其卜也于本旬之末日，卜下旬之休咎，《易》言"唯旬无咎"亦筮旬之事也。尚借为赏（说见《泰》卦），往有赏，言有所往则得赏也。筮遇此爻，出行之人遇其女主人，十日之内无咎，且可得赏，故曰"遇其配主，虽旬无咎，往有尚"。

六二，丰其蔀，日中见斗，往得疑疾，有孚，发若，吉。

《象传》曰："丰，大也。"《序卦传》曰："丰者大也。"《方言》一："丰，大也，凡物之大貌曰丰。"二："燕赵之间言围大谓之丰。"《说文》："丰，豆之丰满者也。从豆，象形。"引申固有大义。但《说文》又曰："寷，大屋也。从宀，丰声。《易》曰：'寷其屋。'"许氏所引乃本卦上六爻辞。据此，许所见《周易》丰皆作寷。本卦四丰字皆指屋室而言，可知丰为借字，寷为本字矣。王注："蔀，覆暖障光明之物也。"《释文》："蔀，郑、薛作菩，云：'小席。'"亨按：蔀者盖院中架木，上覆以席，所以蔽夏日者也。《周礼·考工记》："轮人为盖……信其桯围，以为部广，部广六寸，部长二尺。"郑注："郑司农云：'部，盖斗也。'"覆于盖上者谓之部，覆于院上者谓之蔀，其义一也。丰其蔀，谓其蔀席大也。《释文》："见斗，孟作见主。"亨按：孟本是也。此当作见主。九四乃作见斗耳。《周易》此主字与它主字义异，《说文》："主，镫中火主也。从主，象形，从●，●亦声。"《系传》云："主即脂烛也，古初以人执烛，后易之以镫。"章炳麟曰："斯论甚精。主、烛古音相同，故主变易为烛。"（《文始》）亨按：二家谓主即古烛字，是也。篆文主象镫檠、镫盏、镫焰之形。主、烛古音同，《周礼·考工记·匠人》："水属不理孙。"郑注："属读为注。"《函人》："为甲，犀甲七属。"郑注："属读如灌注之注。"《仪礼·既夕礼》："属纩以俟绝气。"《荀子·礼论》篇属纩作注纩。《荀子·劝学》篇:"强自取柱。"借柱为剧。并其左证。《周易》此主字正用其本义。日中见主,即日中见烛,谓正午燃烛也。疑疾者,精神错乱多惊多疑之疾也。《韩非子·内储说下》篇:"燕人其妻有私通于士,其夫早自外而来,士适出,夫曰:'何客也?'其妻曰:'无客。'问左右。左右言无有,如出一口。其妻曰:'公惑易也。'因浴之以狗矢。"疑疾,即惑易之疾也。孚读为浮,罚也。有孚,谓有疑疾者必乱动妄语,人将罚之也。《释名·释言语》:"发,拨也,拨使开也。"《广雅·释诂》:"发,开也。"又曰:"发,去也。"发若吉,言开去其蔀则吉也。为大蔀以蔽午日,而燃烛以取明,是蔽其大明,用其微光之象也。蔽其大明,用其微光,则所见不瞭。所见不瞭,则中心迷乱,而举措失宜。中心迷乱者,疑疾之征也。举措失宜者,致罚之端也。但去其蔀则吉矣。故曰"丰其蔀,日中见主,往得疑疾,有孚,发若吉"。此或亦古代故事也。

九三,丰其沛,日中见沬,折其右肱,无咎。

《释文》:"沛,本或作旆。子夏作芾。郑、干作市。"(市原误作常,今改正)亨按:沛、旆、芾、市疑并借为废。古字通用。《诗·候人》:"三百赤芾。"《汉书·东平宪王仓传》颜注引芾作绂。《长发》:"武王载旆。"《说文》引旆作坺。《荡》:"颠沛之揭。"借颠沛为蹎跋。并其左证。《说文》:"废,舍也。从广,发声。"古亦以茇为废。《诗·甘棠》:"召伯所茇。"《毛传》:"茇,草舍也。"《周礼·大司马》:"中夏教茇舍。"郑注:"茇,读如莱沛之沛,茇舍,草止之也。"并此义。郑读茇为沛,尤为茇沛通用之证。丰其沛,谓大其草舍也。《释文》:"沬,《字林》作昧(昧原误作眜,今改正),郑作眛。"《音训》:"晁氏曰:'马同郑,《九家》同《字林》。'"《汉书·王商传》《王莽传》《广韵》十三未,并引沬作昧。亨按:沬与眛、昧疑皆借为魅,同声系,古通用。《说文》:"彲,老精物也。从鬼从彡,彡,鬼毛。"重文作魅。《广雅·释天》："物神谓之魅。"《周礼·春官》："凡以神仕者……致地示物鬽。"郑注："百物之神曰鬽。"《左传·宣公三年》传："螭魅罔两，莫能逢之。"杜注："魅，怪物。"是魅者鬼怪之类也。字亦作袜。《玉篇》："袜，即鬼魅也。"《山海经·海内北经》："袜，其为物人身，黑首，从目。"郭注："袜即魅也。"此仅魅之一种耳。此殆古代故事，盖有人在大草舍中，一日日中见魅，大骇而仆，以致折其右肱，医之而痊，终归于无咎，故记之曰"丰其沛，日中见沫，折其右肱，无咎"。

九四，丰其蔀，日中见斗，遇其夷主，吉。

《集解》引虞翻曰："斗，七星也。"惠栋曰："日中见斗，日食之象也。"（《周易集解》本评注）《诗·瞻卬》："靡有夷届。"《毛传》："夷，常也。"《逸周书·武穆》篇："夷德之用。"孔注："夷，常也。"《涣》六四云："匪夷所思。"义同。夷主者，作客者所常寄寓之主人也。此殆亦古代故事，盖有人为大蔀以蔽夏日，一日正午日食，北斗星见，其人适有所往，似非吉兆，而遇其夷主，终归于言，故记之曰"丰其蔀，日中见斗，遇其夷主，吉"。

六五，来章有庆誉，吉。

章疑当读为殷商之商（说见《坤》卦）。《诗·楚茨》："孝孙有庆。"《甫田》："农夫之庆。"郑《笺》并云："庆，赐也。"《孟子·告子下》篇："入其疆，土地辟，田野治，养老尊贤，俊杰在位，则有庆，庆以地。"赵注："庆，赏也。""来章有庆誉，吉"，谓来朝于商，有赏有誉，是吉也。此殆周人故事，盖克殷以前，周王或周臣来朝于商，商王赏之，商人誉之，故记之曰"来章有庆誉，吉"，或即文王之事欤？又此辞乃在商时所系，故不曰"往商""如商""朝商"，而曰"来商"也。

上六，丰其屋，蔀其家，窥其户，阒其无人，三岁不觌，凶。

蔀犹蔽也。院中架木，上覆以席，所覆之席曰蔀，六二、九四是也。

以席覆之亦曰蔀，本爻是也。此乃一义之转变也。《释文》："阒，《字林》云：'静也。'"《集解》引虞翻曰："阒，空也。"既大其屋，又蔀其家，其为巨室可知矣。而窥其户，则空静无人，且三年之久，不见有人，其或囚，或流，或逃，或死，可知矣。此巨家被祸之象也。故曰"丰其屋，蔀其家，窥其户，阒其无人，三岁不觌，凶"。

旅第五十六

䷷离上艮下 旅

小亨。旅贞吉。

旅，卦名也。亨即享字，古人举行小享之祭，曾筮遇此卦，故记之曰"小亨"。《释文》："旅，羁旅也。"孔《疏》："旅者，寄客之名，羁旅之称，失其本居而寄他方谓之为旅。"本卦旅字多谓客人。旅贞者，客人有所占问也。客人有所占问，筮遇此卦则吉，故曰"旅贞吉"。

初六，旅琐琐，斯其所，取灾。

《释文》："琐琐，郑云：'琐琐，小也。'王肃云：'细小貌。'"《集解》引陆绩曰："琐琐，小也。"《说文》："琐，玉声也，从玉，贵声。贵，贝声，从小贝。"盖小贝曰贵，其声贵贵，故许训贝声。小玉曰琐，其声琐琐，故许训玉声。二字本皆以小为义。《尔雅·释训》："琐琐，小也。"《诗·节南山》："琐琐姻娅。"《毛传》："琐琐，小貌。"其训并与郑同。余又疑琐或借为惢，《说文》："惢，心疑也，从三心……读若《易》旅琐琐。"可证琐、惢古通用。许慎读惢为《易》之琐，或即本于汉人故训欤？旅惢惢，言旅人之多疑也。俞樾曰："此当以斯其所为句。《说文·斤部》：'斯，析也。'析之则离，故斯亦训离，《尔雅·释言》：'斯，离也。'《列子·黄帝》篇：'不知斯齐国几千万里。'张湛注曰：'斯，离也。'然则斯其所者，离其所也。斯其所取灾，言离其所乃取灾害也。"亨按：俞说可从。旅人琐瑣然，离其故居，见恨于人，灾害遂至，故曰"旅琐琐，斯其所，取灾"。疑此亦记殷王亥旅于有易之故事也（参见《大壮》）。

六二，旅即次，怀其资，得童仆贞。

《集解》引虞翻曰："即，就；次，舍也。"《广雅·释诂》："次，舍也。"《礼记·檀弓上》："反哭于尔次。"郑注："次，舍也。"次训舍，实借为茨，《说文》："茨，以茅苇盖屋也。从草，次声。"旅即次，谓旅人就客舍也。《释文》："怀其资，本或作怀其资斧。"亨按：资下有斧字，是也。盖转写捝去。九四云："得其资斧。"正承此爻言，即其证。《巽》上九云："丧其资斧。"亦其左证。怀者，藏之于衣也。《楚辞·怀沙》："怀瑾握瑜兮。"王注："在衣为怀。"是也。《论语·阳货》篇："怀其宝而迷其邦。"《老子》："圣人被褐怀玉。"其义并同。《集解》引虞翻曰："资，财也。"《说文》："资，货也。从贝，次声。"资既从贝，当指贝属而言也。斧当读为布，同声系，古通用。《诗·氓》："抱布贸丝。"《毛传》："布，币也。"《周礼·廛人》："掌敛市絘布，总布，质布，罚布，廛布。"郑注："布，泉也。"《孟子·公孙丑上》篇："廛无夫里之布。"赵注："布，钱也。"盖古者铜币有作斧形者，其名即曰斧，其字即作斧，后以布字为之，此古今字之变也。然则《易》文之斧指铜币之斧而言也。余注此经时，与友人王献唐同寓，王氏方撰《中国货币史》，据其考定，中国之有铜币，盖在殷周之际，《易》言资斧，即其一证也。由斯言之，《易》之资斧，犹今云钱财耳。九四及《巽》上九其义并同。怀其资斧，谓怀藏其资斧也。贞下疑当有吉字，转写捝去。《象传》曰："得童仆贞，终无尤也。"正以无尤二字释吉字，即其证。得童仆真吉与九三"丧其童仆，贞厉"正相对为文也。《集解》童作僮。《说文》："童，男有罪曰奴，奴曰童。僮，未冠也。"是奴仆之义宜作童。稚幼之称宜作僮。古书往往滥用。此文以作童为正。得其童仆，谓得其奴仆也。此殆亦王亥故事，盖王亥初到有易，就于客舍，怀其资斧，又得童仆，其所以得之，无由知也。《楚辞·天问》篇述王亥之事曰："有扈牧竖，云何而逢？"（王先生说有扈乃有易之误）本爻与九四之童仆，疑即《天问》之牧竖，本爻之得童仆，疑即《天问》之逢牧竖，不然何以如此巧合哉！王亥初旅有易，所遇甚善，得童仆尤可喜之事，是吉也，故记之曰"旅即次，怀其资斧，得童仆贞，吉"。

九三，旅焚其次，丧其童仆，贞厉。

此殆亦王亥故事。盖王亥旅有易时，所居客舍，忽遭火焚，而失其童仆，其事甚危，故记之曰"旅焚其次，丧其童仆，贞厉"。其客舍之所以焚，童仆之所以丧，无由知也。《楚辞·天问》篇述王亥之事曰："击床先出，其命何从？"似客舍被焚时，有人击床先出，其为何人，亦无由知也。

九四，旅于处，得其资斧，我心不快。

此殆亦王亥故事，《说文》："处，止也。"《广雅·释诂》："处，尻也。"（尻通作居）旅于处者，盖王亥在客舍被焚之后，自造室屋而居之也。资斧解见前。得其资斧者，盖前客舍被焚之时，资斧被人盗去或劫去，今复得之也。我心不快者，盖客舍被焚，童仆亦丧，资斧又失，明是有人暗害之，今虽复得资斧，而我仍不快也。至资斧所以复得，无由知也。

六五，射雉一矢亡，终以誉命。

射雉一矢亡者，盖射中而雉未死，带矢飞去也。《国语·鲁语》："仲尼在陈，有隼集于陈侯之庭而死，楛矢贯之，石砮，其长尺有咫，陈惠公使人以隼如仲尼之馆问之，仲尼曰：'隼之来也远矣。此肃慎氏之矢也。'"此云射雉一矢亡，其同于陈庭之隼可知矣。终以誉命者，盖射而中雉，众人称其善射，其上锡以爵命也。此殆古代故事，盖有人射雉而中，雉未死，带矢飞去，虽有亡矢之失，而得善射之誉，其上因而锡以爵命，故记之曰"射雉一矢亡，终以誉命"。疑此事亦与王亥有关也。

上九，鸟焚其巢，旅人先笑后号咷，丧牛于易，凶。

此亦王亥故事。鸟焚其巢者，喻旅人之焚其居也。号咷，哭也（说见
《同人》卦）。易即有易，国名。据《山海经·大荒东经》《竹书纪年》《楚
辞·天问》篇所载，殷王亥曾客于有易之国，从事牧畜牛羊，王亥淫于有
易，有易之君绵臣杀之，而取其牛羊。本爻云"鸟焚其巢"者，王亥之居
被焚也。"旅人先笑后号咷"者，王亥先逞淫乐而欢笑，后临被杀而号哭
也。"丧牛于易"者，失其牛于有易也。此诚凶事，故记之曰"鸟焚其巢，
旅人先笑后号咷，丧牛于易，凶"。（此采顾颉刚氏说参以管见，互详《大壮》
卦）综观《大壮》及本卦所记，王亥之事，经过颇为复杂，失资斧又得资
斧，得童仆又丧童仆，焚其次又焚其巢，丧其羊又丧其牛，诸书阙载，莫
知其详，仅于《易》辞略见端倪而已。

巽第五十七

巽上 巽下　巽

小亨。利有攸往。利见大人。

巽，卦名也。亨即享字，古人举行小享之祭，曾筮遇此卦，故记之曰"小亨"。又筮遇此卦，有所往则利，见大人亦利，故曰"利有攸往，利见大人"。

初六，进退利武人之贞。

武人占问行军，筮遇此爻，则或进或退皆利，故曰"进退利武人之贞"。

九二，巽在床下，用史巫纷若吉，无咎。

《杂卦传》曰："巽，伏也。"亨按：《说文》："𦥑，二卪也，巽从此，阙。𢁥，具也，从丌，巴声。𢁣，古文巽。巽，篆文巽。"考甲骨文巴作𢀩（《龟甲兽骨文字》卷一第二十四页）作𢀩（《殷虚书契前编》卷六第五页），字从二卪（卪，古跽字，说见拙撰《金石甲骨文字通笺》，象二人跽伏之形，其本义当为伏也。）罗振玉曰："𢀩，疑即古巽字。"（《殷虚文字类编》）其说甚是。盖𢀩一变而为𢁣，一象其藉，再变而为𢁥，又变而为𢁣为𢁣为𢁥，《说文》所载巽字三体，或有小讹耳。巽即巴字，《杂卦传》训伏，甚契初恉。本卦巽字皆伏义也。纷疑借为衯，同声系，古通用。《说文》："衯，血祭也，象祭灶也，从爨省（"从爨省"句当在"象祭灶也"句上），从酉，酉所以祭也，从分，分亦声。"

凡杀牲以血涂物，因遂荐牲以祭曰衅。其衅也，或衅屋，《周礼·饔人》："衅庙。"《小子》："衅社稷五祀之宫兆。"《圉师》："衅厩。"《司约》："衅户。"皆是也。或衅器，《周礼·大司马》："莅衅主及军器。"《小子》："衅邦器及军器。"《天府》："衅宝镇及宝器。"《龟人》："衅龟。"《大史》："衅龟策。"《左传·僖公三十三年》传："不以纍臣衅鼓。"《昭公五年》传："楚子以驲至于罗汭，吴子使其弟蹶由犒师，楚人执之，将以衅鼓。"《礼记·杂记》："宗庙之器则衅之以豭豚。"《孟子·梁惠王上》篇："王坐于堂上，有牵牛而过堂下者，王见之曰：'牛何之?'对曰：'将以衅钟。'王曰：'以羊易之'。"《吕氏春秋·慎大》篇："衅鼓旗甲兵。"皆是也。(此略采朱骏声《说文通训定声》说)或衅人，《国语·齐语》："庄公将杀管仲。齐使者请曰：'请生之。'于是庄公使束缚以予齐使。齐使受之而退。比至，三衅三浴之。桓公亲逆之于郊。"《吕氏春秋·本味》篇："汤得伊尹，祓之于庙，爝以爟火，衅以牺猳。"(高注：以牲血涂之曰衅。)《赞能》篇："管夷吾……至齐境，桓公使人以朝车迎之，祓以爟火，衅以牺猳焉。"(高注：杀牲以血涂之为衅)皆是也。其牲或牛，或羊，或豕，或犬，或鸡，军中或以敌人为牲，其事大都由巫掌之。《周礼·女巫》："掌祓除衅浴。"是也。纷衅古音并读重唇(今衅读虚振切，失其朔，前儒言之详矣)。故《易》以纷为衅。古史巫之职不分，故《易》史巫并言。用史巫纷若者，谓用史巫衅之。巽在床下，指人而言，则衅若当亦谓衅其人。衅人者先涂以牲血，而后浴之，所以厌鬼魅，除不祥也。人居室中，偶见鬼物，惊惧而伏于床下，则用史巫衅之可吉而无咎，故曰"巽在床下，用史巫纷若，吉无咎"。

九三，频巽吝。

频，蹙眉也。(说见《复》卦)巽，伏也。频巽者，被人强制不得不伏，故蹙眉而伏也。此难加于身之象，故曰"频巽吝"。

六四，悔亡，田获三品。

筮遇此爻，其悔可亡，故曰"悔亡"。田，猎也，品犹类也。《书·禹贡》："厥贡惟金三品。"谓金属三类，此云三品，谓禽兽之属三类也。筮遇此爻，猎则得禽兽三品，故曰"田获三品"。

九五，贞吉，悔亡，无不利，无初有终，先庚三日后庚三日吉。

"先庚三日后庚三日吉"九字为句，先庚三日者，丁日也。后庚三日者，癸日也。言举事在丁癸二日则吉也（说见《蛊》卦）。筮遇此爻，所占者吉，其悔可亡，无不利，有所为虽无初可有终，举事在庚前三日庚后三日则吉，故曰"贞吉，悔亡，无不利，无初有终，先庚三日后庚三日吉"。

上九，巽在床下，丧其资斧，贞凶。

巽，伏也。资斧，今言钱财也（说见《旅》卦）。巽在床下丧其资斧者，盗贼入室，主人恐惧，伏于床下，盗贼掠其钱财以去也。有外寇之来，无自卫之勇，丧室中之财，非凶而何，故曰"巽于床下，丧其资斧，贞凶"。

兑第五十八

兑上
兑下　**兑**

亨。利贞。

兑，卦名也。亨即享字，古人举行享祀，曾筮遇此卦，故记之曰
"亨"。又筮遇此卦，所占者利，故曰"利贞"。

初九，和兑吉。

《彖传》曰："兑，说也。"《说卦传》曰："兑，说也。"《序卦传》曰：
"兑者，说也。"亨按：《说文》："兑，说也。从儿，㕣声。""说，释也，
从言兑一曰谈说也。"说既从言，当以谈说为本义。《诗·氓》："士之眈兮，
犹可说也。女之眈兮，不可说也。"正用其本义。兑即说之古文，从八，从
口，八象气之分散，许云"㕣声"，非也。《彖传》等训兑为说，当取谈说
之义，非喜悦之悦也。本卦兑字皆谓谈说。和兑者，以温和之度向人谈说
也。如是者吉，故曰"和兑吉"。

九二，孚兑吉，悔亡。

孚，信也。（说见《萃》卦）孚兑者，以诚信之度向人谈说也。如是者
吉，其悔可亡，故曰"孚兑吉，悔亡"。

六三，来兑，凶。

来兑者，言未及我，而我自来说也。《论语·季氏》篇："言未及之而
言谓之躁。"《荀子·劝学》篇："不问而告谓之傲。"又曰："未可与言而

言谓之傲。"《易》之来兑，即《论语》所谓躁，《荀子》所谓傲也。古人不取多言，故《系辞传下》曰："吉人之辞寡，躁人之辞多。"来兑者必多言，多言者必多败，故曰"来兑凶"。其戒人者深矣。

九四，商兑未宁，介疾有喜。

王注："商，商量裁制之谓也。"《释文》："商，商量也。"《说文》："商，从外知内也。从㕯，章省声。"从外知内，谓从其言知其心，是商本商量之义。《广雅·释诂》："商，度也。"《管子·海王》篇："禺策之商日二百万。"尹注："商，计也。"大意并同。今为之训曰：商者，计议也。商兑，犹今言商谈，即相与计议之谈说也。《尔雅·释诂》："宁，安也。安，定也。"商谈者其事未定，故曰"商兑未宁"。筮遇此爻，所占之事亦在未定中也。介疑借为疥，《说文》："疥，搔也。从疒，介声。"按：疥疾亦名搔，故许训疥为搔。《管子·地员》篇："其泉白青，其人坚劲，寡有疥骚。"以骚为之。亦作瘙，后制字也。《广雅·释诂》："疥，病也。"《易》谓病愈曰"有喜"（说见《无妄》卦）。筮遇此爻，疥疾将愈，故曰"介疾有喜"。

九五，孚于剥，有厉。

孚读为浮，罚也。《剥》卦《释文》："马云：'剥，落也。'"《说文》："剥，裂也。"《广雅·释诂》："剥，离也。"引申国破家毁亦谓之剥。君子行罚于剥，则臣下怨叛。小人被罚于剥，则境遇益困。其势皆危，故曰"孚于剥，有厉"。

上六，引兑。

引兑者，言及于我而我乃说也。即有人牵引我言，而我乃言也。《论语·季氏》篇："言及之而不言谓之隐。"《荀子·劝学》篇："可与言而不言谓之隐。"《易》之引兑，即不隐之意也。综观此卦，初九云："和兑吉。"则言宜和而不可戾矣。九二云："孚兑吉，悔亡。"则言宜信而不可诈矣。

六三云："来兑凶。"则不当言勿言，而不可躁矣。九四云："商兑未宁。"则无人计议不可偏执矣。上六云："引兑。"则当言即言，而不可隐矣。其辞难简，而于谈说之道，可云周备。

涣第五十九

☷巽上
☵坎下　涣

亨，王假有庙。利涉大川，利贞。

涣，卦名也。亨即享字。《集解》引虞翻曰："假，至也。"字借为徦，《说文》："徦，至也。"有犹于也（说见《家人》卦）。古有王者举行享祀，亲至于庙，筮遇此卦，故记之曰"亨，王假有庙"。又筮遇此卦，涉大川则利，且举行它事亦利，故曰"利涉大川，利贞"。

初六，用拯马，壮吉。

《释文》："拯，子夏作抍。"亨按：拯、抍古通用，此疑借为骍，《说文》："骍，辖马也。"谓去马之势也（说见《明夷》卦）。古人骍马则筮之，若遇此爻，则马强壮而吉，故曰"用拯马，壮吉"。

九二，涣奔其机，悔亡。

《说文》："涣，流散也。"《诗·溱洧》："溱与洧，方涣涣兮。"《毛传》："涣涣，盛也。"按：谓水流之盛也。或借洹字为之，《诗·释文》："涣涣，《韩诗》作洹洹。"《广雅·释训》："洹洹，流也。"或借灌字为之，《汉书·地理志》引《诗》涣涣作灌灌，颜注："灌灌，水流盛也。"本卦涣字皆水流之义。俞樾曰："贲与奔，古通用。《诗·鹑之奔奔》《礼记·表记》引作鹑之贲贲，是也。奔其机，当作贲其机，《射义》：'贲军之将。'郑注曰：'贲读为偾，偾犹覆败也。'《大学》'此谓一言贲事。'《释文》

曰：贲，本又作偾，犹覆败也。'然则贲其机者，犹言败其机也。"亨按：俞说是也。奔即借为偾。《说文》："偾，僵也。从人，贲声。"《尔雅·释言》："偾，僵也。"盖人僵仆谓之偾，引申它物倾覆亦谓之偾矣。机疑当作杬，形近而讹，或后人罕见杬，习见机，因改杬为机也。《说文》："篗，古文作杬。"此杬字疑借为厩，古字通用。《说文》："廐，马舍也。从广，叚声。"古文作鼀。考鼀从皀，九声，必非廐字，当即殷字，殷即篗字，盖古文经借鼀为廐，故许以鼀为廐之古文，此杬、厩通用之证。又《说文》："遒，读若九。"亦其左证。涣奔其杬，即涣偾其廐，谓水流冲倒其马廐也。涣偾其廐，则粪秽尽涤荡以去，人之悔亡似之，故曰"涣奔其杬，悔亡"。

六三，涣其躬，无悔。

涣者，水流有所荡涤也。涣其躬者，水流荡涤其身也。水流荡涤其身，则其身之污垢皆去，人之自新其德似之。《礼记·大学》引汤之《盘铭》曰："苟日新，日日新，又日新。"盘为浴器，其铭如此。可见古人以涤其身喻新其德，由来已久。自新其德者当可无悔，故曰"涣其躬，无悔"。

六四，涣其群，元吉。涣有丘，匪夷所思。

涣者，水流有所荡涤也。涣其群者，水流荡涤其众也。水流荡涤其众，则其众之污垢皆去，百姓皆自新其德似之，百姓皆自新其德，即新民之意也。《书·康诰》："作新民。"可见新民之思想，周初已有之。《礼记·大学》："大学之道，在明明德，在亲民，在止于至善。"亲读为新，新民一言，即承《康诰》之余绪也。新民自是大吉，故"涣其群，元吉"。有犹于也。（说见《家人》卦）涣有丘者，水流荡涤于丘也。夷，常也（说见《丰》卦）。匪夷所思者，非乎常所想象者也。本卦涣字皆不含淹没之义，唯水之所涣，上及于丘，则其水之大可知，而其患之大出乎平常想象之外矣，故曰"涣有丘，匪夷所思"。

九五，涣汗其大号。涣王居，无咎。

涣汗其大号，疑当作涣其汗大号，盖转写其汗二字误倒耳。九二云："涣奔其机。"六三云："涣其躬。"六四云："涣其群。"上九云："涣其血。"则此文常作涣其汗，明矣。水流曰涣，因而汗流亦曰涣，所施不同，其义无殊。然则涣其汗犹云流其汗矣。涣其汗大号者，遭祸变，抱病痛之象也。盖涣其汗者或因天热，或因饮汤，或因勩劳，或因遭祸变，或因抱病痛，然天热、饮汤、勩劳，流汗皆不能大号，唯遭祸变与抱病痛者，流汗且大号，故知涣其汗大号者，遭祸变、抱病痛之象也。筮遇此爻，当为凶征。涣王居之涣，水有所荡涤也。涣王居者，水流荡涤王之居处也。涣不含淹没之义，则水涣王居，仍可无咎，故曰"涣王居，无咎"。

上九，涣其血去，逖出，无咎。

水流曰涣，因而血流亦曰涣，所施不同，其义无殊。血去，谓血流去其身也。王注："逖，远也。"《说文》："逖，远也。"古文作逷。《尔雅·释诂》："逷，远也。"出犹走也（说见《小畜》卦）。涣其血去，伤衄之象。然此祸可避而免也。避之之道，当去而远走。去而远走则无咎矣。故曰"涣其血去，逖出，无咎"。《小畜》六四云："有孚血去，惕出，无咎。"大意与此同。

节第六十

坎上
兑下　　**节**

亨。苦节，不可贞。

节，卦名也。亨即享字，古人举行享祀，曾筮遇此卦，故记之曰"亨"。节者俭也，《逸周书·谥法》篇："好廉自克曰节。"《贾子·道术》篇："费弗过适谓之节。"《左传·成公十八年》："节器用。"杜注："节，省也。"《吕氏春秋·召类》篇："其惟仁且节与?"高注："节，俭也。"本卦节字皆俭义。古圣人贵俭。《论语·泰伯》篇："子曰：禹，吾无间然矣，菲饮食而致孝乎鬼神，恶衣服而致美乎黻冕，卑宫室而尽力乎沟洫。禹，吾无间然矣。"是其俭也。苦节者，以俭为苦也。苦节则必奢，君子奢则病国，小人奢则败家，是苦节乃不可之事，故曰"苦节，不可贞"。

初九，不出户庭，无咎。

筮遇此爻，不出户庭乃无咎，故曰"不出户庭，无咎"。今俗间卜书云"不利出门"，意与此同。

九二，不出门庭，凶。

筮遇此爻，不出门庭则凶，宜去家外游也。故曰"不出门庭，凶"。今俗间卜书云"不利在家"，意与此同。

六三，不节若，则嗟若，无咎。

若犹焉也。不节则多费，多费则穷困，穷困则愁叹，故曰"不节若，则嗟若"。既言嗟若，则不宜又言"无咎"，疑"无咎"二字衍文，盖今文经之所无也，说见《大过》。

六四，安节，亨。

安节者，安于节俭也。此示人宜安于节俭也。亨即享字，古人举行享祀，曾筮遇此爻，故记之曰"亨"。

九五，甘节，吉，往有尚。

甘节者，以俭为甘也。与卦辞及上六之苦节，义正相反。人之于俭也，乐而甘之，其上者也，习而安之，其次者也，行而苦之，则不能俭矣。故曰"甘节，吉"。尚借为赏（说见《泰》卦），筮遇此爻，往则有赏，故曰"往有尚"。

上六，苦节，贞凶，悔亡。

苦节者，以俭为苦也。卦辞云："苦节，不可贞。"言苦节之不可也。苦节之所以不可者，盖苦节则奢，贫而苦节，则为盗贼而蹈刑戮。富而苦节，则荡家财或蠹邦国。故此爻又申之曰："苦节，贞凶。"既言贞凶，不宜又言悔亡，疑悔亡二字衍文，盖今文经之所无也，说见《大过》。

中孚第六十一

三三 巽上
兑下　　**中孚**

中孚，豚鱼吉。利涉大川。利贞。

中孚二字当重。中孚中孚者，上中孚二字乃卦名，下中孚二字乃卦辞，此全书之通例也（说见《通说》）。中借为忠，古字通用。《书》伪《仲虺之诰》："建中于民。"《释文》："中，本或作忠。"《孝经》引《诗》云："中心藏之。"《释文》："中，本亦作忠。"并其证。汉《张迁碑》："中謇于朝。"魏《横海将军吕君碑》："君以中勇。"并以中为忠之例。《说文》："忠，敬也。"《荀子·礼论》篇："其忠至矣。"杨注："忠，诚也。"《易》此中字即忠字，诚也。孚，信也（说见《萃》卦）。然则中孚犹云忠信耳。王引之曰："豚鱼者，士庶人之礼也。《士昏礼》：'特豚合升去蹄，鱼十有四。'《士丧礼》：'豚合升，鱼鱄鲋九，朔月奠用特豚鱼腊。'《楚语》：'士有豚犬之奠。庶人有鱼炙之荐。'《王制》：'庶人夏荐麦，秋荐黍，麦以鱼，黍以豚。'豚鱼乃礼之薄者……豚鱼吉，言虽豚鱼之荐亦吉也。"亨按：王说甚塙。但此文"中孚，豚鱼吉"五字为句，指祭祀言，谓事神有忠信之心，虽豚鱼之薄祭亦吉也。古人事神，贵有诚心，不贵厚物，故曰"中孚，豚鱼吉"。《萃》六二云："孚乃利用禴。"大恉相同。参详彼注。

初九，虞吉，有它不燕。

《集解》引荀爽曰："虞，安也。"《广雅·释诂》："虞，安也。"《国语·周语》：“虞于湛乐。”韦注：“虞，安也。”虞训安，借为娱，虞、娱古通用，《庄子·让王》篇：“许由虞于颍滨。”《释文》：“虞，本作娱。”《楚辞·九章·怀沙》：“舒忧娱哀兮。”《史记·屈原列传》引娱作虞。《汉书·魏相传》：“则君安虞而民和睦。”颜注：“虞与娱同。”并其证。《说文》：“娱，乐也。”乐与安义相近。然则虞吉者，安而吉也。有它者，有意外之患也。（说见《比》卦）燕亦安也。《诗·鹿鸣》：“以燕乐嘉宾之心。”《毛传》：“燕，安也。”《蓼萧》：“孔燕岂弟。”郑《笺》：“燕，安也。”燕训安，借为宴，燕、宴古通用，《诗·谷风》：“宴尔新婚。”《释文》：“宴，本作燕。”《北山》：“或燕燕居息。”《汉书·五行志》引燕燕作宴宴。《论语·述而》篇：“子之燕居。”《释文》：“燕，郑作宴。”并其证。《说文》：“宴，安也。”然则有它不燕者，有意外之患则不安也。筮遇此爻者安而吉，但如有意外之患则不安，故曰“虞吉，有它不燕”。

九二，鸣鹤在阴，其子和之，我有好爵，吾与尔靡之。

《说文》：“阴，山之北，水之南也。”此疑借为荫，《说文》：“荫，草阴地。”盖树影所蔽之处为荫。鸣鹤在阴者，鸣鹤在树荫之下也。其子，鹤之雏也。《说文》：“和，相譍也。”吾字疑衍，盖经文我字一本作吾，校者并记之，误入正文，后又移于与字上耳。我有好爵，与尔靡之，辞意已足，增一吾字，适为复赘，其证一也。鸣鹤在阴，其子和之，我有好爵，与尔靡之，乃四言诗体，增一吾字，则失其句例，其证二也。爵者，饮酒之器。好爵，美爵也。《说文》：“爵，礼器也。”《诗·宾之初筵》：“酌彼康爵。”《行苇》：“洗爵奠斝。”并用其本义。《易》文盖亦然。爵位之爵，乃后起之义也。《释文》：“靡，《韩诗》云：‘共也。’（《诗·氓》“三岁为妇，靡室劳矣”，韩训此靡字为共）孟同。”《集解》引虞翻曰：“靡，共也。”我有好爵，与尔靡之，言我有美爵，与尔共之，即共饮此酒也。（此略采王夫之说）鹤之鸣和，犹人之酬酢，故曰“鸣鹤在阴，其子和之，我有好爵，与尔靡之”。

此嘉惠他人之象也。《诗》之《伐木》《鹿鸣》，是其类矣。

六三，得敌，或鼓或罢，或泣或歌。

得敌者，虏得敌人也。鼓者，击鼓也。《广雅·释诂》："罢，劳也。"《国语·吴语》："今吴民既罢。"韦注："罢，劳也。"罢训劳，借为疲，罢、疲古通用，《左传·成公十六年》："而罢民以逞。"《释文》："罢，本作疲。"《昭公十九年》传："劳罢死转。"《释文》："罢，本作疲。"《国语·楚语》："国民罢焉。"韦注："罢，通作疲。"并其证。《说文》："疲，劳也。从疒，皮声。"劳极则病，故疲从疒，而有病义。古书亦以罢为之，《尔雅·释诂》《释文》引字书："罢，病也。"《国语·齐语》："罢士无伍。罢女无家。"韦注："罢，病也。"即其例。此云或罢，谓其士卒有劳病者也。鼓者，勇有余也。罢者，力已竭也。泣者，有所哀也。歌者，有所乐也。战争得敌，其事可庆，然士卒或鼓焉，或罢焉，或泣焉，或歌焉，可见战胜有利有害，战败则有害而无利矣。故曰"得敌，或鼓或罢，或泣或歌"。其为好战者警，深矣。

六四，月几望，马匹亡，无咎。

《释文》："几，荀作既。"亨按：几、既古通用。几读为既。月既望者，十五日以后也。筮遇此爻，在月之十五日以后，丧失马匹，可无咎，其马当复得也。故曰"月几望，马匹亡，无咎"。

九五，有孚挛如，无咎。

孚读为浮，罚也。《说文》："挛，系也。"挛如犹挛然，拘系之貌。拘系而囚之，亦罚之一种也。有罚加身，缧绁挛然，但筮遇此爻，即可解挩，故曰"有孚挛如，无咎"。《小畜》九五亦云："有孚挛如。"义同。参详彼卦。

上九，翰音登于天，贞凶。

《集解》引侯果曰："鸡曰翰音。"亨按：侯说是也。《礼记·曲礼下》：

"鸡曰翰音。"即侯所本。亦作鷎音，《说文》鷎下云："鲁郊以丹鸡祝曰，以斯鷎音赤羽，去鲁侯之咎。"翰与鷎古字通用也。《小尔雅·广诂》："登，升也。"鸡本不能高飞，今高飞而升于天，物反其常，乃妖孽之征，实为凶兆，故曰"翰音登于天，贞凶"。

小过第六十二

震上
艮下　　小过

亨。利贞。可小事，不可大事。飞鸟遗之音，不宜上宜下。大吉。

小过，卦名也。亨即享字，古人举行享祀，曾筮遇此卦，故记之曰"亨"。又筮遇此卦，举事有利，但可以举小事，不可以举大事，故曰"利贞。可小事，不可大事"。《广雅·释诂》："遗，予也。"飞鸟予人以音，其飞益上，则其音益远而难闻，其飞益下，则其音益近而易闻，此不宜上宜下之象也。筮遇此卦，有所为时，亦不宜上宜下，得其宜则大吉，故曰"飞鸟遗之音，不宜上宜下，大吉"。

初六，飞鸟以凶。

此句义不可通，疑以下当有矢字，转写挩去。飞鸟以矢者，鸟带矢而飞也。《国语·鲁语》："仲尼在陈，有隼集于陈侯之庭而死，楛矢贯之，石砮，其长尺有咫，陈惠公使人以隼如仲尼之馆问之，仲尼曰：'隼之来也远矣，此肃慎氏之矢也。'"此隼中矢于肃慎，死于陈庭，是带矢飞数千里也。鸟既中矢，飞而矢不脱，其矢贯深矣，其被创甚矣，未有不死者，故曰"飞鸟以矢，凶"。

六二，过其祖，遇其妣，不及其君，遇其臣，无咎。

《说文》："过，度也。越，度也。"是过与越同义。此文过与不及对言，过者，行越其前也，不及者，行落其后也。遇犹遻也，迎而止之也。《说文》："遇，逢也。"盖不期而逢为遇，引申有意逢之亦为遇。有意逢之，即遏止之义矣。九四云："弗过遇之。"上六云："弗遇过之。"其义并同。妣为母之通称。考妣对言，则考为父，妣为母，《书·舜典》："百姓如丧考妣。"是也。祖妣对言，则祖为王父，妣为王母，或祖为各代先父，妣为各代先母，《诗·斯干》："似续妣祖。"《丰年》："烝畀祖妣。"《载芟》："烝畀祖妣。"皆是也。此文祖妣对言，祖当为王父，妣当为王母。过其祖遇其妣者，行过其祖之前，而遇其妣也。不及其君遇其臣者，行在其君之后，而遇其臣也。此谓有所追求，或过焉，或不及焉，虽不获其所追求之人，而能遇其相关之人，亦非徒劳无功也。故曰"过其祖，遇其妣，不及其君，遇其臣，无咎"。但余疑此妣字当作父，盖父字转写挩去，后人以臆增妣字耳。祖父为韵，君臣为韵，即其证。未知是否。

九三，弗过防之，从或戕之，凶。

行路有所越曰过，行路有所误亦曰过。《广雅·释诂》："过，误也。"此过字当为行误之义，弗过防之者，其行未误之时，宜加以防范也。从读为放纵之纵（说见《随》卦）。《集解》引虞翻曰："戕，杀也。"人之对于人，当其未过之时，宜防范之，若纵而任之，或足以成其过，而亡其身，是则凶矣，若庄公之于共叔段是也。故曰"弗过防之，从或戕之，凶"。

九四，无咎，弗过遇之，往厉必戒，勿用永贞。

筮遇此爻，可以无咎，故曰"无咎"。遇犹遏也。弗过遇之者，言当人之行事未过之时，而我遏止之也。弗过遇之与九三"弗过防之"，意稍不同。盖防之者施于未萌之时，遇之者施于将然之际也。《说文》："戒，警也。"往厉必戒，言人有所往，将蹈危境，我必警戒之，使勿往也。人之行事，在其未过之时，我当遏之，彼有所往，将蹈危境，我必戒之，故曰"弗过遇之，往厉必戒"。勿用者，不可有所施行也。占问长期之休咎，筮遇此爻，不可有所施行，故曰"勿用永贞"。

六五，密云不雨，自我西郊，公弋取彼在穴。

《小畜》亦云："密云不雨，自我西郊。"此事在酝酿之象也。参详彼注。《集解》引虞翻曰："弋，矰缴射也。"彼，指所弋之鸟，因弋施于鸟而不施兽，故知之。此殆古代故事，盖有某公弋鸟，鸟中矢，飞入穴中，公乃取之，故记之曰"公弋取彼在穴"。此弋有所获之象也。

上六，弗遇过之，飞鸟离之，凶，是谓灾眚。

遇犹遇也。弗遇过之者，言人之行事，我不但不遏止其过，且故意使之过也。九三云："弗过防之。"九四云："弗过遇之。"上六云："弗遇过之。"语有伦序。离借为罗，古音同，通用。《方言》七："罗谓之离。离谓之罗。"正因其为通用字也。《说文》："罗，以丝罟鸟也。"《尔雅·释器》："鸟罟谓之罗。"盖鸟网曰罗，因而以网捕鸟亦曰罗，即今文法所谓用名词作动词也。《诗·鸳鸯》："鸳鸯于飞，毕之罗之。"是其例。因而鸟入于纲亦曰罗，亦用名词为动词也。古书通以离为之，《诗·新台》："鱼网之设，鸿则离之。"《兔爰》："雉离于罗。"并其例。飞鸟离之，即飞鸟罗之，张罗以捕飞鸟也。我不遏人之过，而且使之过，是设阱陷人，犹张罗而捕飞鸟也，乃为凶矣，因而酿成变乱，胥蒙其灾，故曰"弗遇过之，飞鸟罗之，凶，是谓灾眚"。

既济第六十三

坎上
离下　**既济**

亨。小利贞。初吉终乱。

既济，卦名也。亨即享字，古人举行享祀，曾筮遇此卦，故记之曰
"亨"。又筮遇此卦，举事小利，初吉而终有乱事，故曰"小利贞，初吉终
乱"。

初九，曳其轮，濡其尾，无咎。

此指人渡水而言。曳其轮，当谓曳其车轮矣。然车陷水中，马力不足，
人或曳其辀辕，或推其舆軫，无曳其轮之理；即或加力于轮，亦推其轮，
而不曳其轮，余故谓此轮字，非用其本义也。轮疑借为纶，同声系，古通
用。《文选·西征赋》："徒观其鼓枻迴轮。"李注："轮或为纶。"《诗·采
绿》："言纶之绳。"郑《笺》："纶，缴也。"《文选·江赋》："或挥纶于悬
碕。"李注："轮，钓轮也。"《江赋》之轮，即《采绿》之纶。《释名·释
车》："轮，纶也，言弥纶也，周匝之言也。"并其证。《说文》："纶，青丝
绶也。"《礼记·缁衣》："王言如丝，其出如纶。"郑注："纶，今有秩啬夫
所佩也。"《释文》："纶，绶也。"《法言·孝至》篇："五两之纶。"李注：
"纶，如青丝绶也。"盖以丝作绳，用以佩玉佩印，曰绶曰纶，而带之垂穗
亦曰纶，音转而为厉，《小尔雅·广服》："带之垂者谓之厉。"《诗·都人
士》："垂带而厉。"《毛传》："厉，带之垂者。"《左传·桓公二年》："鞶厉

游缨。"杜注："厉，大带之垂者。"《方言》四："厉谓之带。"郭注："带之垂者为厉。"诸厉字皆纶之转音。《说文》："蜦，读若夐，重文作蜦。"《诗·小宛》："翰飞戾天。"《文选·西都赋》李注引戾作厉。即纶厉相转之证。曳其轮，即曳其纶，谓曳其带之垂穗也。《未济》九二云："曳其轮，贞吉。"义同。《广雅·释诂》："濡，渍也。"尾者，人之尾也。《说文》："尾，微也，从到毛在尸后，古人或饰系尾，西南夷亦然。"尾既从尸，可证古人饰尾。又甲骨文仆作𦓁（《殷虚书契后编》下第二十页），𦓁象人交手带尾之形。从甘，中有物，从辛。亦古人饰尾之证。濡其尾者，水渍其尾也。纶垂于前，饰之贵者也。尾垂于后，饰之贱者也。人之渡水，曳其纶，濡其尾，使尾濡而纶不濡，可谓知其轻重，且水不深，亦可知矣。故曰"曳其轮，濡其尾，无咎"。

六二，妇丧其茀，勿逐，七日得。

王注："茀，首饰也。"《释文》："茀，首饰也。马同，子夏作髴，荀作绂，董作髢。"《集解》茀作髴。亨按：各家但云首饰，未言何物，董本作髢者，《说文》："髲，髪也，益发也。"（此三字今本捝，据《诗·君子偕老》孔《疏》引补）重文作髢。《诗·君子偕老》："鬒发如云，不屑髢也。"郑《笺》："髢，髲也。"《礼记·曲礼上》："敛发毋髢。"郑注："髢，髲也。"《左传·哀公十七年》：卫庄公见己氏之妻发美，使髡之，以为吕姜髢。杜注："髢，髲也。"是髢者，即今所谓假发也。其作茀作髴作绂者，或即髲之声转。《说文》："髲，鬄也。"古亦以被为髲，《诗·采蘩》："被之僮僮。"《毛传》："被，首饰也。"郑《笺》："《礼记》主妇髲鬄。"正读被为髲。《仪礼·少牢馈食礼》："主妇被锡。"郑注："被锡读为髲鬄。"并其例。髲之为绂为茀、髴，乃由歌转泰又转脂耳。逐，寻求也（说见《震》卦）。筮遇此爻，妇失其髲，不须寻求，七日得之，故曰"妇丧其茀，勿逐，七日得"。

九三，高宗伐鬼方，三年克之，小人勿用。

《集解》引虞翻曰："高宗，殷王武丁。鬼方，国名。"又引干宝曰："高宗，殷中兴之君，鬼，北方国也。"亨按：《未济》九四云："震用伐鬼方，三年，有赏于大国。"所记为一事。鬼方又见于《诗·荡》云："文王曰咨，咨女殷商……内奰于中国，覃及鬼方。"是也。今本《竹书纪年》：武丁三十二年伐鬼方，次于荆，三十四年，王师克鬼方，氐羌来宾。据王先生考定鬼方国在西北（《观堂集林·鬼方昆夷玁狁考》）。然则《竹书纪年》所谓"次于荆"，荆当是西北地名，非荆楚之荆也。（《诗·殷武》云"挞彼殷武，奋伐荆楚"，又云"昔有成汤，自彼氐羌，莫敢不来享，莫敢不来王。"丁寿昌曰："《竹书纪年》，魏、晋间伪书，此段事迹，盖合《易》与《诗》附会而成一事。"亨按：丁说非是，余别有考。）高宗伐鬼方，三年克之，筮遇此爻，亦三年克敌之兆，然在小人则不可有所施行，故曰"高宗伐鬼方，三年克之，小人勿用"。

六四，　繻有衣袽，终日戒。

王注："繻，宜曰濡。"《释文》："繻，子夏作襦（即襦字），王廙同。"《说文》糸下引繻作需。《说文系传》引繻作濡。程端礼曰："繻当作濡。"（《周易异文释》引）亨按：繻当作濡，其作需者，当是古文，其作繻、襦者，皆后人不知其义，妄增偏旁也。本卦有二濡字，《未济》有三濡字，本爻云"濡有衣袽"，义与它濡字同。有犹于也（说见《家人》卦）。《说文》："衣，上曰衣，下曰裳。"《释文》："袽，子夏作茹，京作絮。"《周礼·罗氏》郑注、《考工记·弓人》郑注，并引袽作絮。《说文》："絮，洁缊也，一曰敝絮，从糸，奴声。"引《易》曰："需有衣絮。"《易》文当以作絮为正，其作袽者俗字，其作茹者借字，其作絮者，絮亦絮字也。《说文》："缊，绋也。绋，乱麻也。"（麻，今本作系，误，据《一切经音义》十二引改）是许训絮为洁缊者，当谓乱麻之洁净者矣。又《说文》："絮，敝绵也。"是许又训絮为敝絮者，当谓绵之破败者矣。余谓絮字二训，实为一义。絮、絮古音同，实为一字。盖古无棉花，冬衣贵者内实以乱丝，贱者内实以乱麻，统名曰絮，而絮即絮之异文耳。濡有衣絮者，水渍于衣絮，指冬日渡水而言也。濡于衣絮，必终日而后能干，衣干而后能服，服衣而后可以行动，故曰"濡有衣袽，终日戒"。

九五，东邻杀牛，不如西邻之禴祭，实受其福。

王注："牛，祭之盛者也。禴，祭之薄者也。祭祀之盛，莫盛修德，故沼沚之毛，蘋繁之菜，可羞于鬼神，故黍稷非馨，明德惟馨，是以东邻杀牛，不如西邻之禴祭，实受其福也。"《礼记·坊记》引《易》此文，郑注："东邻，谓纣国中也。西邻，谓文王国中也。"亨按：郑、王之说是也。禴为薄祭，说见《萃》卦。

上六，濡其首，厉。

此亦指人渡水而言。《大过》上六云："过涉灭顶，凶。"渡水而濡其首，其去灭顶之祸不远矣。故曰"濡其首厉"。《未济》上九云："濡其首。"义同。

未济第六十四

䷿ 离上坎下　未济

亨。小狐汔济，濡其尾，无攸利。

未济，卦名也。亨即享字，古人举行享祀，曾筮遇此卦，故记之曰
"亨"。小狐汔济濡其尾，《史记·春申君列传》引作"狐涉水，濡其尾"。
当是汉初《易》本，其义稍胜。《释文》："汔，《说文》：'水涸也。'"《集
解》引干宝曰："《说文》曰：'汔，涸也。'"（今本《说文》与《释文》所引
同）《尔雅·释言》："济，渡也。"汔济者，水涸而后渡也。江藩曰："《风
俗通》：'里语，狐欲渡河，无如尾何。'盖狐首轻尾重，负尾而济也。"其
说甚越。然则狐濡其尾，其身已没可知矣。小狐不能泅水，水涸而后渡，
乃水未尽涸，小狐急欲渡，以为水浅，可涉而过，遂招濡尾之祸，此误济
溺身之象也。自无所利，故曰"小狐汔济，濡其尾，无攸利"。

初六，濡其尾，吝。

此指人渡水而言。《既济》初九云："曳其轮，濡其尾。"指人渡水而
言。本爻云："濡其尾。"九二云："曳其轮。"即《既济》初九之文，分系
两爻，则此濡其尾乃指人渡水而言，非指狐渡水而言，可知矣。人知渡水，
仅濡其尾，其水不深，自可无祸，然无桥以渡，无舟以渡，不能履石以渡，
则其渡也，自亦不易，故曰"濡其尾，吝"。

九二，曳其轮，贞吉。

此亦指人渡水而言。轮疑借为纶，带之垂穗，饰之贵者也（说见《既济》

卦)。人之渡水，若曳其纶，则所贵之纶，可不濡污，此能保其所贵者之象
也，自为吉矣，故曰"曳其轮，贞吉"。

六三，未济，征凶，利涉大川。

济，渡也。未济者，渡水而未能过也。如在征伐，遇此必败。故曰
"未济，征凶"。既言未济，不能又言利涉大川，疑利上当有不字，《讼》云
"不利涉大川"，此《易》言不利涉大川之例。

九四，贞吉，悔亡，震用伐鬼方，三年有赏于大国。

震疑为人名，盖周臣也。大国，盖指殷国也。周人往往称殷为大邦，
而自称为小邦 (说见《泰》卦)，则此大国所指当同。赏疑当作尚，《周易》
通以尚为赏 (说见《泰》卦)，此文不应独异，盖后人知此处尚字借为赏字，
因加贝其下，不知他处尚字借为赏字，因而不改，故尚赏间出，前后参差
也。《既济》九三云："高宗伐鬼方，三年克之。"与此所记为一事。盖殷高
宗伐鬼方之时，因鬼方为西北狄国，与周接壤，亦周之强敌，故周君命震
率师伐之，即所以助殷亦所以自为也。其所以出兵，或由于高宗之征命，
或由于殷、周之合谋，或由于周君之自顾，则不可知；然总为高宗所嘉许
之事也。故三年之后，既克鬼方，高宗嘉震之功而赏之，遂记之曰"震用
伐鬼方，三年有赏于大国"。筮遇此爻，所占者吉，其悔可亡，何故？因遇
震伐鬼方之兆也。故曰"贞吉悔亡，震用伐鬼方，三年有赏于大国"。

六五，贞吉，无悔，君子之光有孚，吉。

筮遇此爻，所占者吉且无悔，故曰"贞吉，无悔"。孚即俘字，《说
文》："俘，军所获也。"军队有俘获，乃君子之光荣，乃吉也，故曰"君子
之光有孚，吉"。《需》云："有孚光。"与此义同。

上九，有孚于饮酒，无咎。濡其首，有孚失是。

孚读为浮，罚也。筮遇此爻，将有罚于饮酒，有罚于饮酒，固不为咎，

故曰"有孚于饮酒，无咎"。濡其首者，饮酒之人大醉乱动，其杯中之酒淋在己之头上也。《集解》引虞翻曰："是，正也。"有孚失是，谓其上罚其人失正道也。酒在所持之杯中而淋在头上，是失正也，必加罚以警之，故曰"濡其首，有罚失是"。西周初期，王朝曾禁臣民饮酒。周公作《酒诰》曰："文王诰教小子、有正、有事（司），无彝酒。越庶国，饮惟祀，德将无醉。"又曰："厥或诰曰群饮，汝勿佚，尽执拘以归于周，予其杀。又惟殷之迪诸臣，惟工乃湎于酒，勿庸杀之，姑惟教之。"其禁令之要点如此，与"有孚于饮酒"之说合。

高亨周易经传今注

周易大传今注

高亨 / 著

齐鲁书社
· 济南 ·

前　言

　　《周易》本经简称《易经》，凡六十四卦，每卦六爻（《乾》《坤》两卦各多"用"辞一条），卦有卦名与卦辞（卦名多不代表全卦之意义），爻有爻题与爻辞，是西周初年作品。原为筮（算卦）书，要在用卦爻辞指告人事的吉凶。但客观上反映出上古社会的多种情况，抒写出作者片段的思想认识，含有极简单的哲学因素；且常用形象化的语句，带有朴素的文学色彩。因而这部书是有一定价值的上古史料。

　　《周易大传》简称《易传》，乃《易经》最古的注解。凡七种：（一）《彖》，解释六十四卦的卦名、卦义及卦辞；（二）《象》，解释六十四卦的卦名、卦义及爻辞；（三）《文言》，解释《乾》《坤》两卦的卦辞及爻辞；（四）《系辞》，是《易经》之通论；（五）《说卦》，记述八卦所象的事物；（六）《序卦》，解说六十四卦的顺序；（七）《杂卦》，杂论六十四卦的卦义。均作于战国时代，不是出于一人之手。作者对《易经》一书多加以引申枝蔓甚至歪曲附会的说释，以阐述他们的世界观，可以说《易传》是借旧瓶装新酒。《易传》虽是筮书的注解，然而超出筮书的范畴，进入哲学书的领域。作者虽然不是一人，而其世界观并无矛盾。各种互相补充，构成独具特色的思想体系。其主要特色是含有古朴的辩证法因素较为突出，先秦诸子均不能与之相比。因而《易传》是先秦时代相当重要的思想史料，特别是此时代首届一指之辩证思想史料。但作者乃是站在封建统治阶级的立场，维护封建统治阶级的权利，其借《易经》旧瓶所装新酒大都是用封建主义为曲蘖而酿造的，毒素亦不少。

　　《易传》解经与《易经》原意往往相去很远，所以研究这两部书，应当以经观经，以传观传。解经则从筮书的角度，考定经文的原意，不拘牵于传的说释，不迷惑于传为经所涂的粉墨脸谱，这样才能窥见经的真相。解传则从哲学书的角度，寻求传文的本旨，探索传对经的理解，并看它哪一点与经意相合，哪一点与经意不合，哪一点是经意所有，哪一点是经意所无，这样才能明确传的义蕴。而自汉以后，两千余年，注释《周易》的人约有千家，都是熔经传于一炉，依传说经，牵经就传，传解经而正确，注家也就正确了，传解经而错误，注家也就错误了，不能尽得经的原意，而且失去传的本旨。

《易经》六十四卦，各有卦象，每卦六爻，各有爻象（爻的阴阳）与爻数（爻的位次）。这叫做"象数"。《易经》既是筮书，筮人自然要根据卦爻的象数来判断人事的吉凶。《易经》的卦爻辞自然有些语句和象数有联系。然而决不是句句都有联系的。象数乃筮人用以欺世的巫术。我们研究《易经》，目的在考察上古史实，能读通卦爻辞，洞晓它的原意就够了，追求古代巫术没有什么用处，我认为注释《易经》应当排除一切象数说。

先秦古籍，《论语》、《礼记》、《尸子》（辑本）、《荀子》、《吕氏春秋》、《战国策》等引用《易经》或论述《易经》，均不涉及象数（《荀子》只有一条谈象数），至于《左传》《国语》记春秋时人用《易经》以占事或引《易经》以论事，则多谈卦象，不仅谈本卦卦象，而又谈变卦卦象，但不谈爻象与爻数，这大概是先秦《易》学的一派，似乎是春秋以前的旧《易》学。《易传》则多以本卦卦象与爻象爻数解《易经》，而不谈变卦卦象，这大概是先秦《易》学的又一派，似乎是战国时代的新《易》学。

《易传》作者多用象数以释《易经》的卦名、卦义与卦辞、爻辞，以抒写其对于自然界、社会、政治、人生诸方面的种种观点，因而《易传》成为比较难读的书。《易传》本身既有象数说，因而注释《易传》，研究其中的哲学思想，不能扫除象数说。然而《易传》解经不是尽用象数说，不用象数说的地方也不少。我以为注释《易传》，须讲明其固有的象数说，但要至此而止，不可多走一步。《易传》原无象数说的地方，宜保存其朴素的面目，切勿援用《易传》象数说的义例，增涂象数说的色彩。而历代《周易》注家则不然，不仅大谈《易传》固有的象数，而又大谈《易传》所无的象数，画蛇添足，滥加花样。其巫术的伎俩越多越巧，而《周易》经传的真谛越晦越失。读者遍览千家之言，反坠入五里之雾。注家自己走入泥潭，也引读者走入迷途。但历代注家在文字训诂考释方面，尚有许多贡献，未可一笔抹杀。

解放前，我撰有《周易古经今注》一书（又有《周易古经通说》，乃《今注》之首卷）。解放后，重检旧撰，再加考索，匡谬补阙，有所增删与改正。自一九六四年开始撰写《周易大传今注》，历时数年，至今竣事。我撰《易经今注》，则力求经文之原意，不受《易传》之束缚，尽扫象数之陈说。撰《易传今注》，则力求传文之本旨，只讲《易传》固有之象数说，不讲《易传》原无之象数说。此种研究道路尚不背实事求是之精神。但以余学力不足，认识水平甚低，参考旧注有限，《今注》中误解经的原意与传的本旨的说法当然不在少数。所以这部《易传今注》仅能讲明《易传》本文，为研究者提供参考而已。

一九七〇年高亨写于北京

叙　例

（一）拙著《周易古经今注》（包括《周易古经通说》）只解《易经》，此《周易大传今注》则解《易传》，两书相辅而行。经注用文言写成，故传注亦用文言写之，但力求浅近明白。

（二）《今注》六卷。原书《乾》卦首列全卦卦爻辞，次列《彖传》一条，次列《象传》八条，而其它六十三卦则《彖传》一条列卦辞之后，卦《象传》一条列《彖传》之后，爻《象传》诸条分列各爻爻辞之后，其体例不一。盖汉代编者用《乾》卦之排列方式，示经传单行之面目。我认为无此必要，且读之不便，故本书将《乾》卦《彖传》《象传》改成与其它六十三卦相同之排列方式。

（三）经文之注，首列"经意"，即依经之原意以注经也。其注释均本之《周易古经今注》（修订本），但化繁为简，只取其结论，读者欲知其详，可查阅彼书。凡采用成说，见于已出版之《周易古经今注》，则不指明出于何人何书；如不见于已出版之《周易古经今注》，则指明出于何人何书。又《易经》卦名多不代表全卦之意义，故"经意"中不解卦名。

（四）经文之注，次列"传解"，即依传对于经之理解以注经也。其注释卦名，以《彖传》为依据。《象传》说异，附注于下，说同则不注。注释卦辞，以《彖传》为依据。注释爻辞，以《象传》为依据。皆以简要为主。

（五）"经意"与"传解"相依并列，意在两者对照，以显示经之原意与传之理解之异同。读者一览便知传之解经何者合乎经意，何者不合经意，何者为经意所有，何者为经意所无。

（六）《易传》常以象数解经，而象数之说不易掌握，不易记住。古人注《易》，为省笔墨，对于象数，往往既述于前，则略于后。此体例未尝不佳，而读之实感困难，非反复诵习，不能贯通。因此，本书《通说》中既有《〈易传〉象数说释例》一篇，《今注》中遇有象数说，大都亦随文加以详解，不避重复，以便读者一目了然，不必回检前文。

（七）《今注》中采用古今人之解释，限于正确之训诂与考证及可备一解之说法；但遇似是而非足使人惑者，亦偶录入，而加以辨正。其有异说可以并存者，则并列之。

（八）本书经传原文依阮元校勘《十三经注疏》中之《周易注疏》本。但经传文字，因传本不同，颇有歧异。陆德明《周易释文》、李鼎祚《周易集解》、吕祖谦《古易音训》、阮元《周易注疏校勘记》等及它书所征引均可资参校。本书不重考定异文，惟遇有可以正阮校本之误或可供采用者，则录之而加以论断；其阮校本确属脱误有它本可证者，亦偶增改之，但极少也。此外异文均略而不谈。

（九）《系辞》上下篇有释《易经》爻辞者共十九条，与《象传》所释或同或异。本书重录其文，分列各卦爻辞及《象传》今注之后，以便对照。

（十）《今注》中，采用成说或自抒己见，凡属考证文字概列于各卦注文之后，以避免繁琐，并明其言之有据。读者可略而不看。

（十一）《周易》古经自战国时即分为上、下两篇。《乾》卦至《离》卦为上篇，凡三十卦。《咸》卦至《未济》卦为下篇，凡三十四卦。本书将经之上篇分为两卷，将经之下篇分为两卷，仍不失经之故有编法。《系辞》以下各篇分为二卷。

（十二）六十四别卦每一卦名，可代表一卦经传之全文，等于全书中一章之名，故本书在其旁加上书名符号。但六十四别卦卦名，有时仅是指其卦之卦形或卦象，本书亦在其旁加上书名符号，意在有一贯之标点体例，读之易于识别。至于八经卦之名，则概不加符号。

目 录
CONTENTS

周易大传今注卷首

《周易大传》通说

第一篇　《周易大传》概述

(一)《周易大传》之名称、篇数与编次

《周易》之卦辞（包括卦形、卦名）、爻辞（包括爻题）为经，《彖》《象》《文言》《系辞》《说卦》《序卦》《杂卦》为传。传乃经之最古注解。西汉人已称之为《易大传》。《史记·太史公自序》载司马谈《论六家要指》曰："《易大传》：'天下一致而百虑，同归而殊涂。'……"（《汉书·司马迁传》亦载此文）所引二句见《系辞》。按司马谈所谓《易大传》当为《易传》总称，非《系辞》之专称也。

《周易大传》如上所举共有七种。一曰《彖》，分上、下两篇；二曰《象》，分上、下两篇；三曰《文言》，一篇；四曰《系辞》，分上、下两篇；五曰《说卦》，一篇；六曰《序卦》，一篇；七曰《杂卦》，一篇。共为十篇。汉人称为《十翼》（见《易乾凿度》），言其为《易经》之羽翼也。

《周易大传》十篇原皆单行，列于经后，不与经文相杂。今本《周易》，《彖传》《象传》皆分列于六十四卦，《文言》分列于《乾》《坤》两卦，《系辞》《说卦》《序卦》《杂卦》仍独立为篇，列于经后。此种编法，或曰：始于东汉郑玄。（见《三国志·魏书·高贵乡公传》）或曰：始于西汉费直。（见颜师古《汉书·艺文志》注、晁公武《郡斋读书志》、马端临《文献通考》）未知孰是。

(二)《周易大传》各篇解题

《彖传》：随经分上、下两篇，共六十四条，释六十四卦之卦名（包括卦义，全书同此）及卦辞，未释爻辞。李鼎祚《周易集解》引刘瓛曰："《彖》者，断也。"孔颖达《周易正义》引褚氏、庄氏云："《彖》，断也，断定一卦之义，所以名为《彖》也。"①三家皆训《彖》为断，盖即读《彖》为断也。《彖传》乃论断六十四卦卦名卦辞之意义，故名为《彖》。唯有一问题，不可不辨。《周易系辞》称卦辞为彖凡四见。②而《彖传》又称《彖》。夫卦辞称彖，属于经也。《彖传》称《彖》，属于传也。卦辞称彖，因其论断一卦之吉凶也。《彖传》称《彖》，因其论断一卦卦名卦辞之意义也。两者内容不同，而名称相同，何也？盖《彖传》与《系辞》非一人所作。《彖传》作者题其所作之传曰《彖》，并不称卦辞为彖也。《系辞》作者称卦辞为彖，并不知别有易传名《彖》也。两者各为一书，本不相谋。及编为一帙，彖字之义始易相混。后代注家误认为《十翼》出于一人之手，从而对于《系辞》中之彖字，或释为卦辞，或释为《彖传》，形成分歧，往往不能自圆其说，固不足怪。

《象传》：随经分为上、下两篇，共四百五十条。其释六十四卦卦名卦义者六十四条，未释卦辞。其释三百八十六爻爻辞者三百八十六条。③其释卦名卦义也，皆以卦象为根据；其释爻辞也，亦多以爻象（包括爻位）为根据。故题其篇曰《象》。

《文言》：是《乾》《坤》两卦之解说，只有两章，解《乾》卦之卦辞与爻辞者通称《乾文言》，解《坤》卦之卦辞与爻辞者通称《坤文言》。其名《文言》者，《左传》襄公二十五年："言以足志，文以足言……言之无文，行而不远。"然则《文言》者，谓用文字以记其言也，以记其解《乾》《坤》两卦之言也。

《系辞》：是《易经》之通论，因篇幅较长，分为上、下两篇。以论述《易经》之义蕴与功用为主，亦谈及《周易》筮法、八卦起源等，并选释《易经》爻辞十九条。其名为《系辞》者，谓作者系其论述之辞于《易经》之下也。但有一问题不可不辨。《系辞》篇中六次出现"系辞"二字。④所谓"系辞"谓《易经》作者系卦辞于卦下，系爻辞于爻下也。与篇名《系辞》之义不同。

《说卦》：主要是记述乾、坤、震、巽、坎、离、艮、兑八经卦所象之事物，故名《说卦》。《说卦》者，说八经卦之象也，非说六十四卦也。用八卦以象事物，含有分析事物之性质之意，则诚然矣。但《易经》原为筮书，八卦在筮人之手，则成为巫术之工具。其所象之事物，有其基本之说法及传统之说法，如《说卦》云："乾为天。坤为地。震为雷。巽为风。坎为水。离为火。艮为山。兑为泽。"是也。其他则筮人可以灵活运用，甚至信口雌黄，以售其巫术。是以八卦所象之事物，先秦人之说法已多不同。其一，《说卦》所讲八卦之象与汲冢竹书中《卦下易经》一篇所讲者多异。其二，《说卦》所讲八卦之象与《左传》《国语》所讲者有异。其三，《说卦》所讲八卦之象与《彖传》《象传》所讲者亦偶有不同。（详见《说卦》篇注）由此可见，《说卦》所讲八卦之象，其中有《易》学之通例，亦有一家之私言。读《易》明乎此，甚为必要。盖《说卦》一篇，对于理解《易经》及《彖》《象》等六种《易传》，均大有助益。吾人宜以《说卦》为据，以释六十四卦之象，不可妄自穿凿。但必要时，宜参证它书，择善而从，不可固守《说卦》中一家之私言也。此外，宜指出两点：（一）《说卦》所讲八卦之象，于主要者有所缺漏，即八卦之象见于《彖传》《象传》及《系辞》者，而《说卦》无之也。（二）《说卦》所讲八卦之象，又有琐细无用之言，即从解经解传之角度言之，其所讲者多无用处也（占筮时或有用处）。

《序卦》：乃解说《易经》六十四卦之顺序，故名《序卦》。

长沙马王堆新出土之汉帛书《易经》，六十四卦卦名与今本《易经》皆同而字有异，八经卦之顺序及六十四别卦之顺序与今本迥不相同。（单卦为经，重卦为别）⑤足证明古代《易经》之六十四卦顺序当有几种不同之编次。

今本《易经》六十四卦之顺序是何人所编次不可考见。《序卦》一篇乃作者解说此种顺序之道理。⑥其解说大都根据各卦之名义，有时运用事物向正面发展或向反面转化之朴素辩证观点，具有一定之哲学意义。但其理解各卦之名义，则多不合《易经》之原意。

《杂卦》：解说六十四卦之卦义，不依《易经》六十四卦之顺序，错杂而述之，故名《杂卦》。其解说有以卦象为根据者，有以卦名为根据者。（以《易传》论，卦象卦名皆有密切联系）亦多不合《易经》之原意。

（三）《周易大传》之作者与时代

《周易大传》七种，汉人以为孔丘所作（见《史记·孔子世家》《汉书·艺文志》），先秦人无此说也。《乾文言》记有"子曰"者凡六条，《系辞》记有"子曰"者凡二十三条（二十四个"子曰"），皆引孔丘之言也。⑦孔丘弟子或再传弟子等著书，引孔丘之言，始用"子曰"二字，如《文言》《系辞》为孔丘自著，则全篇皆孔丘之言，岂能复用"子曰"二字。至于《象传》《彖传》《说卦》《序卦》《杂卦》五篇，其中虽无"子曰"字样，然可以断言非孔丘所作。《十翼》虽非孔丘所作，然孔丘确曾读过《易经》（见《论语》之《述而》篇、《子路》篇，又《史记·孔子世家》曰："孔子……读《易》，韦编三绝。"亦当有所据。），并以《易经》教授弟子。（见《史记·仲尼弟子列传》《汉书·儒林传》）但《文言》《系辞》引孔丘之言二十九条均不见它书，自非实录，当是作者伪托。

关于《易传》之作者与时代问题，我以为有两点可以论定：（一）《易传》七种大都作于战国时代；（二）《易传》七种不出于一人之手。

《彖传》当是最早之一篇。《彖传》仅解六十四卦之卦名卦义及卦辞，不解爻辞。《象传》解六十四卦之卦名卦义及三百八十六条爻辞，不解卦辞。《象传》何以只解爻辞，而不解卦辞哉？其因《彖传》已解卦辞，不须重述，灼然甚明。此《彖传》作于《象传》之前之明证。

《象传》作于战国时代，则无可疑。《坤》六二曰："直方，大不习，无不利。"《象传》曰："六二之动，直以方也。"《礼记·深衣》篇曰："故《易》曰：'坤六二之动，直以方也。'"足证《象传》作于《深衣》之前，而《深衣》则是战国儒家所撰也。《左传》昭公二年曾记晋韩宣子见《易象》一书，决非《象传》。⑧

《彖传》多有韵语，《象传》中之爻象传皆是韵语。我对此曾加以研究，知其韵字多超越先秦时期北方诗歌如《易经》卦爻辞及《诗经》等之藩篱，而与南方诗歌如《楚辞》中之屈宋赋及《老庄》书中之韵语之界畔相合。⑨先秦时期，尚无韵书，作者行文押韵，皆根据其方言读法，出于自然，非由矫作，然则《彖传》《象传》之作者必皆是南方人。考《荀子》《非十二子》篇、《儒效》篇、《非相》篇均以仲尼与子弓并称，誉为"圣人""大儒"。《史记·仲尼弟子列传》记孔丘传《易》于鲁人商瞿，瞿传楚人馯臂子弘，弘传江东人矫疵。《汉书·儒林传》子弘作子弓，矫疵作桥庇。《史记索隐》及《正义》均谓馯臂子弓即荀子书中之子弓。则《彖传》可能是馯臂子弓所作，《象传》可能是矫疵所作。

《文言》当亦作于战国时代。《左传》襄公九年记有鲁穆姜释《易经》《随》卦卦辞"元亨利贞"之言，《文言》袭用之，以释《乾》卦卦辞之"元亨利贞"，而小有增改⑩，足证《文言》作于《左传》之后。

《系辞》亦当作于战国时代。陆贾《新语·辨惑》篇："《易》曰：'二人同心，其义断金。'"《明诚》篇："《易》曰：'天垂象，见吉凶，圣人则之。'"所引均见于《系辞》上篇（今本义作利，则作象），足证《系辞》作于西汉以前，当时已称之为《易》矣。我进而考之，《系辞》篇首"天尊地卑，乾坤定矣"二十二句，《礼记·乐记》亦有此文，大致相同。彼此对勘，确是《乐记》作者抄袭《系辞》而略加改动。⑪《乐记》是孔丘再传弟子公孙尼子所作。⑫然则《系辞》作于战国时代，成书于公孙尼子之前，明矣。

《说卦》《序卦》《杂卦》三篇，疑亦作于战国时代，但未得确证。或曰："此三篇乃西汉初期人所撰。"亦无确证。

晋代出土之汲冢竹书，乃战国中期魏襄王殉葬之物，其中有《易经》而无今本《易传》⑬，论者因谓《易传》七种在魏襄王死时均未写成。我认为：《易传》七种非一人所作，写成之时间有早有晚。《彖传》《象传》《文言》《系辞》当写于魏襄王之前，《说卦》《序卦》《杂卦》可能写于魏襄王之后。总之，不可根据汲冢竹书中无《易传》论定魏襄王时无《易传》。盖先秦时代，书籍流传甚难，襄王所收藏而用以殉葬之书本是有限也。

附　注

①刘是南齐人，撰有《周易义疏》，已佚。褚氏名仲都，梁人，撰有《周易讲疏》，已佚。庄氏未详。

②《系辞》上篇曰："彖者，言乎象者也。爻者，言乎变者也。"下篇

曰："象者，材也。爻也者，效天下之动者也。"又曰："八卦以象告，爻象以情言。"又曰："知者观其象辞，则思过半矣。"孔颖达曰："《象》谓卦下之辞。……《爻》谓爻下之辞。"

③六十四卦每卦六爻，共三百八十四爻，再加《乾》卦之"用九"及《坤》卦之"用六"，为三百八十六爻。《乾》卦之"用九"及《坤》卦之"用六"本非爻也，为便于称举，故亦视为爻。

④上篇曰："观象，系辞焉而明吉凶。""系辞焉以断其吉凶。"（两见）"系辞焉，所以告也。""系辞焉以尽其言。"下篇曰："系辞焉而命之。"

⑤按帛书《易经》六十四卦之顺序，实分六十四卦为八组：（一）组：①《键》（《乾》）、②《妇》（《否》）、③《掾》（《遁》）、④《礼》（《履》）、⑤《讼》、⑥《同人》、⑦《无孟》（《无妄》）、⑧《狗》（《姤》）。（二）组：⑨《根》（《艮》）、⑩《泰畜》（《大畜》、⑪《剥》、⑫《损》、⑬《蒙》、⑭《繁》（《贲》）、⑮《颐》、⑯《箇》（《蛊》）。（三）组：⑰《赣》（《坎》）、⑱《襦》（《需》）、⑲《比》、⑳《塞》、㉑《节》、㉒《既济》、㉓《屯》、㉔《井》。（四）组：㉕《辰》（《震》）、㉖《泰壮》（《大壮》）、㉗《余》（《豫》）、㉘《少过》（《小过》）、㉙《归妹》、㉚《解》、㉛《丰》（《丰》）、㉜《恒》。（五）组：㉝《川》（《坤》）、㉞《泰》、㉟《嗛》（《谦》）、㊱《林》（《临》）、㊲《师》、㊳《明夷》、㊴《复》、㊵《登》（《升》）。（六）组：㊶《夺》（《兑》）、㊷《诀》（《夬》）、㊸《卒》（《萃》）、㊹《钦》（《咸》）、㊺《困》、㊻《革》、㊼《随》、㊽《泰过》（《大过》）。（七）组：㊾《罗》（《离》）、㊿《大有》、51《潛》（《晋》）、52《旅》、53《乖》（《睽》）、54《未济》、55《筮嗑》（《噬嗑》）、56《鼎》。（八）组：57《筭》（《巽》）、58《少薪》（《小畜》）、59《观》、60《渐》、61《中复》（《中孚》）、62《涣》、63《家人》、64《益》。据此，帛书《易经》八经卦之顺序是乾☰、艮☶、坎☵、震☳、坤☷、兑☱、离☲、巽☴。六十四卦之顺序是：第一组共八卦，其上卦皆为乾☰；第二组共八卦，其上卦皆为艮☶；第三组共八卦，其上卦皆为坎☵；第四组共八卦，其上卦皆为震☳；第五组共八卦，其上卦皆

为坤☷；第六组共八卦，其上卦皆为兑☱；第七组共八卦，其上卦皆为离☲；第八组共八卦，其上卦皆为巽☴。此种顺序，在占筮时得到某一卦与变为某一卦，易于寻检《易经》本文，只合于巫术之需要，不具有哲学之意义。

⑥六十四卦有三种两卦对立之形态：其一，两卦六爻成彼此互倒之形态，如《屯》（䷂）与《蒙》（䷃），《小畜》（䷈）与《履》（䷉）等，可名为"倒爻对立卦"，共有二十八双。其二，两卦之六爻成阴阳相对之形态。如《乾》（䷀）与《坤》（䷁）、《颐》（䷚）与《大过》（䷛）等，可名为"对爻对立卦"，共有三十二双。其三，两卦之二经卦成彼此互倒之形态，如《屯》（䷂）（上坎下震）与《解》（䷧）（上震下坎）、《蒙》（䷃）（上艮下坎）与《蹇》（䷦）（上坎下艮）等，可名为"倒经对立卦"，共有二十八双。今本《易经》六十四卦之顺序，以"倒爻对立卦"相连编列为通例，正是二十八双；以"对爻对立卦"相连编列为特例，只有四双（《乾》与《坤》、《坎》与《离》、《颐》与《大过》、《中孚》与《小过》）。以倒经对立卦相连编列为附例，即有六双倒经对立卦相连编列（《需》与《讼》、《师》与《比》、《泰》与《否》、《同人》与《大有》、《晋》与《明夷》、《既济》与《未济》）而附属于倒爻对立卦相连编列之例中。要之，今本《易经》此种编列法是构成六十四卦顺序之主要因素。

⑦《系辞》中有一条云："子曰：'颜氏之子……有不善未尝不知，知之未尝复行也。'"《论语·雍也》篇记孔丘称颜回"不贰过"。然则《系辞》所谓"颜氏之子"即颜回，《文言》《系辞》所谓"子曰"云云皆引孔丘之言，无可疑也。

⑧《左传》昭公二年："晋侯使韩宣子来聘……观书于大史氏，见《易象》与《鲁春秋》，曰：'周礼尽在鲁矣。'"《易象》为书名，乃讲《易经》卦爻之象，维护周礼，无可疑者。《左传》之《易象》与《十翼》之《象传》其名同。《左传》之《易象》与《十翼》之《象传》皆讲《易经》卦爻之象，其内容又同。但《左传》之《易象》维护周礼，而《十翼》之《象传》则兼有儒法两家思想，其中无"周礼"字样，其实质不同。况鲁昭

公二年（周景王五年、公元前 540 年）孔丘仅十二岁，此时儒法两家尚未形成，不可能出现反映儒法思想之《象传》。

⑨以《彖传》言之：《乾彖传》用天、形、成、天、命、贞、宁押韵。《讼彖传》用中、成、正、渊押韵。《大畜彖传》用新、贤、正、贤、天押韵。此类尚有，不尽举。以《象传》言之：《姤象传》用牵、宾、牵、民、正、命各押韵。《艮象传》用正、听、心、躬、正、终押韵。《恒象传》用深、中、容、禽、终、凶、功押韵。《革象传》用炳、蔚、君押韵。《涣象传》用顺、愿押韵。《蒙象传》用巽、顺押韵。《乾象传》用道、咎、造、久、首押韵。此类尚多，亦不尽举。《彖传》《象传》此种押韵情况，先秦时期之南方诗歌韵语中多有之，北方诗歌韵语中则无之。

⑩《左传》襄公九年："穆姜……曰：'《周易》曰："《随》：元亨利贞，无咎。"元，体之长也。亨，嘉之会也。利，义之和也。贞，事之干也。体仁足以长人，嘉德足以合礼，利物足以和义，贞固足以干事。……'"《乾文言》曰："元者，善之长也。亨者，嘉之会也。利者，义之和也。贞者，事之干也。君子体仁足以长人，嘉会足以合礼，利物足以和义，贞固足以干事。……"《左传》之"体之长"，《文言》作"善之长"，《左传》之"嘉德"，《文言》作"嘉会"，循其文义以《左传》为切合，其为《文言》抄《左传》，非《左传》抄《文言》，明矣。

⑪《系辞》上："天尊地卑，乾坤定矣。卑高以陈，贵贱位矣。动静有常，刚柔断矣。方以类聚，物以群分，吉凶生矣。在天成象，在地成形，变化见矣。是故刚柔相摩，八卦相荡，鼓之以雷霆，润之以风雨。日月运行，一寒一暑。乾道成男，坤道成女。乾知大始，坤作成物。"《礼记·乐记》："天尊地卑，君臣定矣。卑高已陈，贵贱位矣。动静有常，小大殊矣。方以类聚，物以群分，则性命不同矣。在天成象，在地成形。如此，则礼者天地之别也。地气上齐，天气下降，阴阳相摩，天地相荡，鼓之以雷霆，奋之以风雨，动之以四时，暖之以日月，而百化兴焉。如此，则乐者天地之和也。"两篇所述，内容如此多同，语句如此相似。《系辞》论《易经》，其文是天衣无缝。《乐记》论《礼乐》，其文有抄袭牵改之迹。然则是《乐

记》作者酌采《系辞》，事甚明显。

⑫《乐记》乃公孙尼子所作。《隋书·音乐志》引沈约曰："《乐记》取公孙尼子。"徐坚《初学记》引公孙尼子云："乐者，审一以定和，比物以饰节。"马总《意林》引公孙尼子云："乐者，先王所以饰喜也。"语均在今《乐记》中，《公孙尼子》一书唐以前犹存，沈约、徐坚、马总皆亲见其书。则《乐记》为公孙尼子所作，被录入《礼记》，无疑也。《汉书·艺文志·诸子》儒家有"《公孙尼子》二十八篇"，班固自注："七十子之弟子。"是公孙尼子乃孔丘之再传弟子。《荀子·强国》篇载公孙子评论楚将子发之言一段，公孙子盖即公孙尼子。

⑬《晋书·束皙传》曰："汲冢得书：有《易经》二篇，与《周易》上下经同。……《卦下易经》一篇，似《说卦》而异。……"杜预《左传集解后序》曰："会汲郡汲县有发其界内旧冢者，大得古书，皆简编科斗文字。……《周易》上下篇与今正同。别有《阴阳说》，而无《彖》、《象》、《文言》、《系辞》。"据此，汲冢竹书有别种易说，无今之《易传》。

第二篇　《易传》象数说释例

《周易大传》乃战国时代相当重要之思想史料，然其书不易读通，盖《易传》常以象数解《易经》，《彖传》《象传》以象数解《易经》之卦名、卦辞及爻辞者，更为多见。《易传》所以不易读通，此是最大之原因。

何谓象数？简言之，象有两种：一曰卦象，包括卦位，即八卦与六十四卦所象之事物及其位置关系。二曰爻象，即阴阳两爻所象之事物。数有两种：一曰阴阳数，如奇数为阳数，偶数为阴数等是。二曰爻数，即爻位，以爻之位次表明事物之位置关系。（具体内容见后文）此是象数之主要内容。

《易传》象数说，琐碎而复杂，贯通全书之义例极少。但综合而分析之，亦可得其要领。能掌握其义例，则有助于理解传文。

第一章　卦象与卦位

第一节　卦　象

《易经》六十四卦皆由八卦两两相重组成。古称八卦为经卦，六十四卦为别卦。《周礼》春官大卜："掌三易之法，一曰《连山》，二曰《归藏》，三曰《周易》。其经卦皆八，其别卦皆六十有四。"以《周易》言之：乾（☰）、坤（☷）、震（☳）、巽（☴）、坎（☵）、离（☲）、艮（☶）、兑（☱）八卦即经卦，重之为六十四卦即别卦。八经卦乃象八类事物。重为六十四卦，其同卦相重，仍象一种事物或含有重复之意义；其异卦相重，则象两种事物之联系。故六十四卦之卦象皆由八卦之卦象所构成。

首宜指出：《易传》分八卦为阳阴两类，乾震坎艮为阳卦，坤巽离兑为阴卦。乾（☰）是三阳爻组成，为纯阳之卦。坤（☷）是三阴爻组成，为纯阴之卦。震（☳）、坎（☵）、艮（☶）三卦皆一阳爻两阴爻组成，而其爻画皆为五，为奇数，为阳数，故此三卦亦为阳卦。巽（☴）、离（☲）、兑（☱）三卦皆一阴爻两阳爻组成，而其爻画皆为四，为偶数，为阴数，故此三卦亦为阴卦。[①]《易传》又分宇宙之物（包括人）为阳阴两类。认为阳物之性是刚，阴物之性是柔。从而以阳卦象阳物，即象刚性之物；以阴卦象阴物，即象柔性之物。此种义例，《彖传》常用之，《象传》则不用。

《易传》作者认为：八卦可象宇宙一切事物，每卦可象多种事物，至于某卦象某种事物，《说卦》有具体之记述，而《彖传》《象传》等所讲之卦象则颇有超于《说卦》之外者。今综合《易传》全书，摘要略举其义例。（仅见于《说卦》者从略）

乾（☰）之卦象：㊀"乾为天"（加引号者见《说卦》，下同），此是乾之基本卦象。㊁乾为天而以天比朝廷，此因《易传》作者视朝廷如天廷也。㊂乾为天而以天比其它。此因两者有某种共同点也。㊃"乾为君"，此因《易传》作者认为君在一国之中，尊高如天也。㊄乾为"君子"（指才德刚健之人），此因"君子"之才德刚健，犹天道刚健也。㈥乾为阳气，此因阳气属于天也。㈦乾为刚健，此因天道刚健，运行有规律而不息也。（上七条之实例见《彖传》《象传》）㈧乾为衣，此因衣在人身上部如天在宇宙之上部也。㈨"乾为金（包括金属之刀）"，此因金是坚刚之物也。（上二条之实例见《系辞》下）

坤（☷）之卦象：㈠"坤为地"，此是坤之基本卦象。㈡坤为地而以地比人，此因地与人有某种共同点也。㈢坤为臣民，此因作者认为臣民位在君下，卑下如地也。㈣坤为"小人"（指才德柔弱之人），此因"小人"才德柔弱，犹地道柔弱也。㈤坤为阴气，此因阴气属于地也。㈥坤为柔顺，此因地生养万物随天时而变化，地道柔弱，顺承天道也。（上六条之实例见《彖传》《象传》）㈦坤为裳，此因裳在人身之下部如地在宇宙之下部也。（此条之实例见《系辞》下）

震（☳）之卦象：㈠"震为雷"，此是震之基本卦象。㈡震为雷而以雷比刑②，此因作者认为刑是君之威力，犹雷是天之威力也。㈢"震为鹄"，此因鹄飞于天空而能鸣，犹雷行于天空而能鸣也。㈣震为刚，此因震为阳卦，阳卦为刚也。㈤"震，动也。"此因雷在天空行动，又能震动万物也。（上五条之实例见《彖传》《象传》）㈥"震为长男"，此因震为阳卦，第一爻为阳爻，男为阳性，长男是父母之第一子也。（此条之实例见《序卦》）㈦震为车，此因雷行于天空而有声，车行于地上而有声也。（此条之实例见《系辞》下）

巽（☴）之卦象：㈠"巽为风"，此是巽之基本卦象。㈡巽为风而以风比君上之教令③，此因教令能鼓动万民，犹风能吹动万物也。㈢"巽为木"，此因风吹则木动，木动则知风也。㈣巽为木而以木比人之美德，此因木有花叶之美，其材有利于人，人之美德可与之相比也。㈤巽为柔，此因巽为阴卦，阴卦为柔也。㈥巽，巽也，下巽字读为逊，谦逊也④。此因风力大能折木毁屋，而一般风力遇坚强之物则曲回而退让也。㈦"巽，入也。"此因风之吹物无孔不入也。（上七条之实例见《彖传》《象传》）

坎（☵）之卦象：㈠"坎为水"，此是坎之基本卦象。㈡坎为群众⑤。

此因群众各地皆有，犹水各地皆有也。⑤坎为美德⑥，此因美德有利于人，犹水有利于物（包括人）也。⑭坎为水而以水比其它，此因两者有其某种共同点也。⑤坎为雨。此因雨是水之类也。⑥坎为水而以雨比恩赏；此因恩赏施于人，犹雨水润于百谷草木也。⑦坎为云而以云比未降之恩赏，此因云是未降之雨也。⑧坎为刚，此因坎为阳卦，阳卦为刚也。⑨坎，险也，此因江河之水形成险阻也。（上九条之实例见《彖传》《象传》）

离（☲）之卦象：㊀"离为火"，此是离之基本卦象。㊁离为火而以火比人之明察，此因人明察于事物，犹火照见万物也。㊂离为火而以火比其它，此因两者有某种共同点也。㊃"离为日"而以日比人之明德，此因日为最大光明之物也。㊄"离为电"而以电比人之明察，此因电亦光明之物与火同也。㊅"离为女"，此因离为阴卦，女为阴性也。㊆离为柔，此因离为阴卦，阴卦为柔也。㊇离为文，又为文明，此因日与火照见万物，始能显宇宙之文章也。㊈"离，丽也"，依附也。此因火必依附于物，始能存在也。（上九条之实例见《彖传》《象传》）㊉离为绳，此因古人常燃草绳以保存火种也。（此条之实例见《系辞》下）

艮（☶）之卦象：㊀"艮为山"，此是艮之基本卦象。㊁艮为山而以山比贵族，此因贵族高居民上，犹山高居地上也。㊂艮为山而以山比贤人，此因贤人之才德崇高坚实，可比于山也。㊃艮为山而以山比其它，此因两者有某种共同点也。㊄"艮为男"，此因艮为阳卦，男为阳性也。㊅艮为阳气，此因艮为阳卦也。㊆艮为刚，此因艮为阳卦，阳卦为刚也。㊇"艮，止也。"此因山是静止不动之物也。（上八条之实例见《彖传》《象传》）㊈艮为谷实，此因谷实坚刚，其性可比于山也。（此条见《系辞》下）

兑（☱）之卦象：㊀"兑为泽"，此是兑之基本卦象。㊁兑为民，此因作者认为民在社会上处于最卑下之地位，犹泽在自然界处于最卑下之地位也。㊂兑为泽而以泽比其它，此因两者有某种共同点也。㊃"兑为女"，此因兑为阴卦，女为阴性也。㊄兑为阴气，此因兑为阴卦也。㊅兑为柔，此因兑为阴卦，阴卦为柔也。㊆"兑，说也。"兑读为悦。此因鱼生于泽，鸟飞于泽，兽饮于泽，人取养于泽，泽为万物之所悦也。（上七条之实例见

《彖传》《象传》)㈧兑为畜牲，此因畜牲为人家最卑下之物，犹泽为自然界最卑下之物也。㈨兑为竹，此因竹多生于泽边也。（上二条之实例见《系辞》下）

附　注

①《系辞》下曰："阳卦多阴，阴卦多阳，其故何也？阳卦奇。阴卦耦。"阳卦指震、坎、艮三卦，皆两阴爻一阳爻，即所谓"阳卦多阴"。其爻画皆为五，即所谓"阳卦奇"。阴卦指巽、离、兑三卦，皆两阳爻一阴爻，即所谓"阴卦多阳"。其爻画皆为四，即所谓"阴卦耦"。然则此六卦乃以一卦爻画奇偶之数定其阳阴之性也。乾卦三画，亦为奇数。坤卦六画，亦为偶数。

②古人认为雷是天之刑罚，《左传》僖公十五年，《汉书·刑法志》均有此说。

③古人认为风是天之号令，《后汉书·蔡邕传》下，《文选·东京赋》薛综注均有此说。

④《论语·子罕》篇："巽与之言。"皇侃疏："巽，恭逊也。"此巽有谦逊之义之证。巽、逊古亦通用。《易巽》九二："巽在床下。"《广韵》阳韵引巽作逊。《蒙象传》："顺以巽也。"《释文》郑云："巽，当作逊。"《书·尧典》："巽朕位。"《文选·魏都赋》张载注引巽作逊。并其证也。

⑤《国语·晋语》四论《坎》之卦象曰："坎，水也，众也。"

⑥水具有人类之多种美德，《老子》八章、《管子·水地》篇、《荀子·宥坐》篇、《大戴礼·劝学》篇、《说苑·杂言》篇、《孔子家语·三恕》篇均有此说。

第二节　卦　位

上节所述乃八经卦之象，亦即六十四别卦之象之基础。盖每两经卦之形相重，构成六十四别卦之形，从而每两经卦之象相联系，构成六十四别卦之象。相联系之情况决定于卦位。卦位者，别卦所重之两经卦之位置也。两经卦重为一别卦，总是一经卦在上，一经卦在下，故六十四卦本皆是上下之位。但概以上下之位解之，则有时讲不通或不圆满，所以《易传》将卦位分为六种：（一）异卦相重是上下之位；（二）异卦相重是内外之位；（三）异卦相重是前后之位；（四）异卦相重是平列之位；（五）同卦相重是重复之位；（六）同卦相重而不分其位。前四种共有五十六卦。后二种只有八卦。

要之，六十四别卦各包括两经卦。每卦之两经卦各有其卦象与卦位。卦象与卦位相结合，乃构成其卦象之整体，卦位属于卦象，卦象包括卦位。《彖传》《象传》以卦象卦位解经者极为习见，《系辞》《序卦》《杂卦》亦偶有之。今述其义例于下：

（一）异卦相重是上下之位：即一别卦是不同之两经卦相重，象两种事物，此两种事物是上下之关系。例如：

《蒙》（䷃）《象传》曰："山下出泉，《蒙》。"《蒙》之上卦为艮，下卦为坎。艮为山，坎为水，泉亦水也。然则《蒙》之卦象是山下出泉。

此类，《彖传》较少，《象传》最多。

（二）异卦相重是内外之位：即一别卦是不同之两经卦相重，象两种事物，此两种事物是内外之关系。此乃《易传》以下卦为内卦，以上卦为外卦，将两经卦上下之位视为内外之位也。例如：

《明夷》（䷣）《彖传》曰："内文明而外柔顺。"《明夷》之内卦为离，外卦为坤。离，文明也；坤，柔顺也。然则《明夷》之卦象是内文明而外柔顺，谓人内有文明之德，外抱柔顺之态度。

此类，《彖传》较少，《象传》较多。

（三）异卦相重是前后之位：即一别卦是不同之两经卦相重，象两种事物，此两种事物是前后之关系。此乃《易传》以上卦为前卦，以下卦为后卦，将两经卦上下之位视为前后之位也。例如：

《需》（䷄）《彖传》曰："《需》，须也，险在前也。刚健而不陷。"（须，待也）《需》之前卦为坎，后卦为乾。坎，险也；乾，健也。然则《需》之卦象是有险在前，健者处于险后，不冒险，故未陷于险。

此类，《彖传》尚有一条（《蹇》卦），《象传》无之。

（四）异卦相重是平列之位：即一别卦是不同之两经卦相重，象两种事物，此两种事物是平列之关系。此乃《易传》将两经卦上下之位视为平列之位也。例如：

《屯》（䷂）《彖传》曰："雷雨之动满盈。"《屯》之下卦为震，上卦为坎。震为雷，坎为水，雨亦水也。然则《屯》之卦象是雷行雨降，雷雨并动，乃平列之关系。

此类，《彖传》中多有之，《象传》中盖无之。然《象传》中有似此类而非此类者，不可不辨。例如：

《屯》（䷂）《象传》曰："云雷，《屯》。"云与雷似为平列，其实仍以卦之上下之位表示卦象之上下关系。《屯》之上卦为坎，下卦为震。坎为水，云亦水也，震为雷。然则《屯》之卦象是云雷。所谓"云雷"乃云在上，雷在下，谓云行于上，雷击于下也。（与《屯彖传》说异）

（五）同卦相重是重复之位：即一别卦是相同之两经卦相重，象一种事物，此事物是重复之关系。同卦相重只有《乾》《坤》《震》《巽》《坎》《离》《艮》《兑》八卦，而此例有九条：

《彖传》释《巽》（䷸）曰："重巽以申命。"巽为教命。又《彖传》释《坎》（䷜）《离》（䷝），《象传》释《震》（䷲）《巽》（䷸）《坎》（䷜）《离》（䷝）《艮》（䷳）《兑》（䷹）其例同。

（六）同卦相重而不分其位：即一别卦是相同之两经卦相重，象一种事物，此事物仍为一体，不含有重复之意义。此例只有七条：

《彖传》只释《乾》（䷀）为天，只释《坤》（䷁）为地，只释《震》（䷲）为雷，释《艮》（䷳）只曰："《艮》，止也。"释《兑》（䷹）只曰："《兑》，说也。"《象传》释《乾》（䷀）曰："天行健。"释《坤》（䷁）曰："地势坤。"

《彖传》《象传》中之卦象备查表

八卦	卦象	见于某卦
乾	天	彖传见乾、履、泰、否。象传见乾、泰、无妄。
	天、比朝廷	彖传见大畜。象传见需、小畜、大畜、遯、大壮、夬。
	天、比其它	彖传见讼。
	君	彖传见泰、否。象传见履、否、同人、大有、姤。
	君子	象传见泰、否。
	阳气	彖传见泰、否。
	刚健	彖传见需、讼、小畜、泰、否、同人、大有、无妄、大畜、大壮、夬。
坤	地	彖传见坤、泰、否、晋、明夷。象传见师、比、泰、豫、临、观、复、晋、明夷、萃。
	地、比人	象传见升。
	民或臣民	彖传见泰、否。象传见否、谦、剥。
	小人	彖传见泰、否。
	阴气	彖传见泰、否。
	柔顺	彖传见师、泰、否、豫、临、观、剥、复、晋、明夷、萃、升。
震	雷	彖传见屯、噬嗑、恒、解、震。象传见豫、随、复、无妄、归妹。
	雷、比刑	彖传见屯、噬嗑、颐、恒、大壮、解、益、震、丰、小过。
	鹄	彖传见小过。
	刚	彖传见随、噬嗑、恒、益。
	动	彖传见屯、豫、随、噬嗑、复、无妄、恒、大壮、解、益、归妹、丰。
巽	风	彖传见恒。
	风、比教令	彖传见巽。象传见小畜、蛊、观、恒、家人、益、姤、巽、涣、中孚。
	木	彖传见井、鼎、涣、中孚。象传见井、鼎。
	木、比其它	象传见大过、升、渐。
	柔	彖传见蛊、恒、益。
	巽（逊）	彖传见小畜、蛊、观、大过、恒、益、鼎、升、渐、中孚。
	入	彖传见蛊、恒。

（续表）

八卦	卦象	见　于　某　卦
坎	水	彖传见坎、井、涣。象传见井。
	水、比民众	彖传见师、比、涣、节。
	水、比美德	彖传见蒙、坎、蹇。
	水、比其它	彖传见讼、困、既济、未济。
	雨	象传见屯、解。
	雨、比恩赏	象传见解。
	云、比恩赏	象传见屯、需。
	刚	象传见节。
	险	彖传见屯、蒙、需、讼、师、坎、蹇、解、困、节。
离	火	彖传见睽、革。象传见睽、革、鼎。
	火、比明察	彖传见噬嗑、离、睽、鼎、丰、旅。象传见同人、大有、贲、离、家人、丰、旅。
	火、比其它	彖传见既济、未济。
	日、比明德	彖传见晋、明夷。象传见晋、明夷。
	电、比明察	彖传见噬嗑。象传见噬嗑。
	女	彖传见睽、革。
	柔	彖传见噬嗑、贲。
	文与文明	彖传同人、大有、贲、明夷、革。
	丽	彖传见离、晋、睽、旅。
艮	山	象传见蒙、小过。
	山、比贵族	彖传见损。象传见谦、剥、颐。
	山、比贤人	彖传见大畜。象传见蛊、大畜、咸、遁、蹇、渐、小过。
	山，比其它	彖传见大畜。象传见蒙、贲、损、艮、旅。
	男	彖传见咸。
	阳气	彖传见咸。
	刚	彖传见蛊、贲、咸。
	止	彖传见蒙、蛊、贲、剥、大畜、咸、蹇、艮、渐、旅。

（续表）

八卦	卦象	见于某卦
兑	泽	彖传见睽、革、中孚。象传见随、睽、革、归妹。
	泽、比民	彖传见损。象传见履、临、大过、损、夬、萃、中孚。
	泽、比其它	象传见咸、困、兑、节。
	女	象传见咸、睽、革。
	阴气	象传见咸。
	柔	象传见随、咸、节。
	说（悦）	彖传见履、随、临、大过、咸、睽、夬、萃、困、革、归妹、兑、节、中孚。

第二章　爻象与爻数

爻象者，《易》卦之爻所象之事物也，只有阳、阴两种。

《易》卦之基本符号是"—"与"－－"。八经卦由此两种符号组成，六十四别卦亦由此两种符号组成。"—"象阳，故谓之阳爻。"－－"象阴，故谓之阴爻。古人为何以"—"象阳，以"－－"象阴？窃谓：最初乃以"—"象天，以"－－"象地。盖古人目睹天体混然为一，苍苍无二色，故以一整画象之；地体分水陆两部分，故以两断画象之。《系辞》上论天地之数曰："天一，地二。……"天数所以为一，因天体为一，象天之爻亦为一画也；地数所以为二，因地体分水陆两部分，象地之爻亦为两画也。足证"—"本象天体，"－－"本象地体。古人又认为天为阳类之首，地为阴类之首，因而扩展之，以"—"象阳类之物，以"－－"象阴类之物，于是"—"成为代表阳性概念之符号，"－－"成为代表阴性概念之符号。爻象只有此阳阴两种。《易经》之爻题，用"九"字标阳爻，用"六"字标阴爻。

阳爻与阴爻乃矛盾对立之两种符号。阳性与阴性乃矛盾对立之两种事物。天下矛盾对立之两种事物不尽是一为阴性，一为阳性。然《易传》作者运用不科学之观点与方法，将天下事物分为阴阳两种，从而认为阴阳两性事物矛盾对立是事物之普遍规律。又从而认为用阴爻（或阴卦）阳爻（或阳卦）两种符号象阴性阳性两种事物，是《易经》之普遍法则。

《易传》之解《易经》，常认为阳爻象阳性之物，即象刚性之物；阴爻象阴性之物，即象柔性之物。具体言之，《易传》以阳爻象男，象有权力之君上，象有才德之君子，象强而多力之人，象刚健之德，象坚刚之物等；以阴爻象女，象受统治之臣民，象无才德之小人，象弱而少力之人，象柔顺之德，象柔软之物等。要之，其划分之阳阴刚柔，或属于自然性，或属于社会性，凡属于社会性者，多由于作者站在统治阶级之立场。关于阳爻象男、象君上及阴爻象女、象臣民，在《易传》中有其明证：

《说卦》曰："震一索而得男，故谓之长男。巽一索而得女，故谓之长女。坎再索而得男，故谓之中男。离再索而得女，故谓之中女。艮三索而得男，故谓之少男。兑三索而得女，故谓之少女。"索，数也。震（☳）之第一爻为阳爻，故一索而得男。坎（☵）之第二爻为阳爻，故再索而得男。艮（☶）之第三爻为阳爻，故三索而得男。巽（☴）之第一爻为阴爻，故一索而得女。离（☲）之第二爻为阴爻，故再索而得女。兑（☱）之第三爻为阴爻，故三索而得女。此阳爻象男，阴爻象女之证。

《系辞》下曰："阳，一君而二民，君子之道也。阴，二君而一民，小人之道也。"君子指君上。小人指民。阳谓阳卦，指震（☳）、坎（☵）、艮（☶）三卦。三卦皆一阳爻两阴爻。即所谓"一君而二民（一君统治众民）"。阴谓阴卦，指巽（☴）、离（☲）、兑（☱）三卦。三卦皆两阳爻一阴爻，即所谓"二君而一民（一民受君之层层统治）"。此阳爻象君，阴爻象民之证。至于其它则可以类推矣。

爻数者，《易》卦各爻所居之位次，即爻位也。

六十四卦，每卦六爻，六爻位次之顺序乃自下而上。《易经》之爻题，第一爻标以"初"字，第二爻标以"二"字，第三爻标以"三"字，第四爻标以"四"字，第五爻标以"五"字，第六爻标以"上"字。

六十四卦皆两卦相重，故有六爻。但《易传》却有新说。《说卦》曰：

"立天之道曰阴与阳，立地之道曰柔与刚，立人之道曰仁与义。兼三才而两之，故《易》六画而成卦，分阴分阳，迭用柔刚，故《易》六位而成章。"《系辞》下亦有略同之说法。此谓六爻象三才之道，上两爻象天道之阴阳，下两爻象地道之柔刚，中两爻象人道之仁义。此说非《易经》之原意也。

按《易传》，关于爻位之情况有下列四种：

其一，天位、地位、人位：《易传》以《易》卦之"五"爻为天位，以"二"爻为地位，以"三"爻为人位，在《易传》中有其明证：

《易经·乾》九五曰："飞龙在天。"九二曰："见龙在田。"九三曰："君子终日乾乾，夕惕若。"《文言》曰："九四……上不在天，下不在田，中不在人。"足证《文言》认为"五"爻为天位，"二"爻为地位（田是地），"三"爻为人位。

此因《易传》认为：《易》卦六爻象天地人三才，"上""五"两爻象天，人所见者为天之下面，故"五"爻为天位；"二""初"两爻象地，人所处者为地之上面，故"二"爻为地位；"三""四"两爻象人，人生在地上，故"三"爻为人位。引申其义，天位又为君位，为夫位，地位又为臣位，为妻位。

其二，上位、中位、下位：《易传》以《易》卦之上爻为上位，以上卦之中爻与下卦之中爻为中位，以初爻为下位。

其三，阳位、阴位：《易传》以《易》卦之第一爻（初爻）、第三爻、第五爻皆为阳位，因其爻位之序数为奇数，奇数为阳数，故其爻位为阳位。《易传》以《易》卦之第二爻、第四爻、第六爻（上爻）皆为阴位，因其爻位之序数为偶数，偶数为阴数，故其爻位为阴位。

其四，同位：六十四卦之上下两卦皆有上中下三爻。初爻居下卦之下位，四爻居上卦之下位，是为同位，同在下位者也。二爻居下卦之中位，五爻居上卦之中位，是为同位，同在中位者也。三爻居下卦之上位，上爻居上卦之上位，是为同位，同在上位者也。

六十四卦，每卦六爻，每爻各有其象，各有其位，爻象与爻位乃相结合而不可分割者也。《象传》常以一卦之六爻爻象与爻位之结合或某爻爻象与爻位之结合释其卦名、卦义或卦辞。《象传》常以一卦之一爻或两爻爻象爻位之结合释其爻辞。《文言》亦以《乾》卦一爻爻象与爻位之结合释其爻辞。今略述其义例于下。

（一）刚柔相应

刚柔相应者，一卦六爻有阳爻，有阴爻，阳爻为刚，阴爻为柔，刚柔之位次构成彼此相应和之形态也。《彖传》有时以此种形态释其卦名、卦义或卦辞，粗略分析，有五种（《象传》无此例）：

其一，五柔应一刚：一卦六爻，中间有一爻为阳爻，为刚，上下五爻皆为阴爻，为柔，成五柔围护一刚之形态。例如：

《比》（䷇）："不宁方来。"《彖传》曰："上下应也。"《比》之九五为刚，其上下五爻皆为柔，是上下五柔应一刚，乃象上下诸侯皆服从王也。（此例有三条）

其二，五刚应一柔：一卦六爻，中间有一爻为阴爻，为柔，上下五爻皆为阳爻，为刚，成五刚围护一柔之形态。例如：

《小畜》（䷈）《彖传》曰："柔得位而上下应之。"《小畜》之六四为柔，其上下五爻皆为刚，是上下五刚应一柔。柔象无才德之小人，刚象有才德之君子，全卦象众君子辅佐一小人也。（此例有两条）

其三，三双同位爻刚柔相应：一卦六爻之三双同位爻，初爻与四爻，二爻与五爻，三爻与上爻，皆一为阳爻，为刚，一为阴爻，为柔，刚柔相配。例如：

《恒》（䷟）《彖传》曰："刚柔皆应。"《恒》之初六为柔，九四为刚，同位爻刚柔相应；九二为刚，六五为柔，同位爻刚柔相应；九三为刚，上六为柔，同位爻刚柔相应。是三双同位爻皆刚柔相应，此象天地之阳阴相应，国家之君臣相应，家庭之男女相应也。（此例有两条）

其四，三双同位爻刚柔敌应：一卦之三双同位爻，初爻与四爻，二爻与五爻，三爻与上爻，皆同为阳爻，为刚，或同为阴爻，为柔，非刚柔相配，而是刚与刚对立或柔与柔对立。例如：

《艮》（䷳）《彖传》曰："上下敌应，不相与也。"《艮》之下卦初六与上卦六四皆为柔，同位爻柔柔相敌；下卦六二与上卦六五皆为柔，同位爻柔柔相敌；下卦九三与上卦上九皆为刚，同位爻刚刚相敌。是上下卦之三双同位爻皆刚与刚对立或柔与柔对立，此象上下不能合作也。（此例只有《艮》一条）

其五，两中爻刚柔相应：一卦之两中爻（二爻与五爻），一为阳爻，为刚，一为阴爻，为柔，刚柔相应。此是同位爻刚柔相应之一种。

《同人》（䷌）《象传》曰："中正而应。"《同人》之九五为刚，居上卦之中位，六二为柔，居下卦之中位，是两中爻刚柔相应，刚象君，五为君位。柔象臣，二为臣位。中位象正中之道，故此乃象君臣各居其位，各守正中之道以相应也。（此例有八条）

《象传》刚柔相应之说，反映作者刚柔合作论之观点。刚柔合作包括男女合作，君臣合作，亦包括君民合作等。可见此说实质是矛盾调和论与阶级调和论。

（二）刚柔相胜

刚柔相胜有两种：

其一，刚胜柔：一卦六爻，下五爻为刚，上一爻为柔，刚之势力众强，柔之势力孤弱，刚能胜柔。例如：

《夬》（䷪）《象传》曰："刚决柔也。"《夬》之初九、九二、九三、九四、九五五爻皆为刚，上六一爻为柔。五刚连成一片，势力众强，一柔势力孤弱。刚柔斗争，则刚能胜柔，刚能决定柔。刚为君子，柔为小人，此象众君子能胜一小人也。（此例只有《夬》一条）

其二，柔胜刚：一卦六爻，下五爻为柔，上一爻为刚，柔之势力众强，刚之势力孤弱，柔能胜刚。例如：

《剥》（䷖）《象传》曰："柔变刚也。……小人长也。"《剥》之初六、六二、六三、六四、六五五爻皆为柔，上九一爻为刚。五柔连成一片，势力众强，一刚势力孤弱。刚柔斗争，则柔能胜刚，柔能改变刚。柔为小人，刚为君子（"小人长也"一句可证），此象众小人能胜一君子也。（此例只有《剥》一条）

　　《彖传》中刚柔相胜之说，反映作者矛盾斗争论之观点。但其所反映者，仅是统治阶级内部所谓君子与小人之矛盾斗争，其局限性甚大。且作者认为君子与小人非绝对不可调和，如上述"五刚应一柔"一例，即君子与小人之矛盾调和论。

（三）刚柔位当与位不当

　　前文已指出：第一、第三、第五三爻为阳位，第二、第四、第六三爻为阴位。刚柔位当者，阳爻居阳位，阴爻居阴位也。（传中或曰"当位"，或曰"位正"，或曰"正位"，或曰"得位"，或曰"在位"，或曰"居位"）刚柔位不当者，阳爻居阴位，阴爻居阳位也。（传中或曰"不当位"，或曰"未当位"，或曰"失位"，或曰"未得位"，或曰"非其位"）位当象人所处之地位（包括环境）相当，包括人所处之地位有利，人之才德与其职位相当，或人之行事与其职位相当。位不当与此相反。《彖传》有时以位当与位不当之说释卦名、卦义或卦辞，《象传》常以位当位不当之说释爻辞，皆以位当为吉利之象，以位不当为不吉利之象。分述于下：

　　其一，刚柔位当：阳爻居阳位，是为刚位当。阴爻居阴位，是为柔位当。但《象传》多省去刚柔字样，盖以爻题已用"九"字标明其爻为阳爻，为刚，用"六"字标明其爻为阴爻，为柔，可以省去刚柔字样；亦或因《象传》不注重其爻之刚柔，只注重其爻之位也。例如：

　　《既济》（䷾）《彖传》曰："刚柔正而位当也。"《既济》之初九、九三、九五皆阳爻居阳位，六二、六四、上六皆阴爻居阴位，六爻皆是刚柔相当，象君臣上下所处之地位皆相当也。《否》九五："休否，大人吉。"《象传》曰："位正当也。"（位正指九五居上卦之中位，说见后）《否》之九五为阳爻居阳位，是一刚位当。《临》六四："至临无咎。"《象传》曰："位当也。"《临》之六四为阴。此例爻居阴位，是一柔位当。（此例《彖传》有九条，《象传》有十四条）

　　其二，刚柔位不当：阳爻居阴位，是为刚不当位。阴爻居阳位，是为柔不当位。但《象传》多省去刚柔字样，其原因同上。例如：

　　《未济》（䷿）《象传》曰："虽不当位，刚柔应也。"《未济》之九二、

九四、上九皆阳爻居阴位，初六、六三、六五皆阴爻居阳位。六爻皆是刚柔不当位，象君臣上下所处之地位皆不相当。《晋》九四："晋如鼫鼠，贞厉。"《象传》曰："位不当也。"《晋》之九四为阳爻居阴位，是一刚位不当。《否》（䷋）六三曰："包羞。"《象传》曰："位不当也。"《否》之六三为阴爻居阳位，是为一柔位不当。（此例《彖传》有四条，《象传》有二十条）

综计《彖传》《象传》言刚柔位当者二十三条，言位不当者二十四条，共四十七条。足见位当与位不当为《易传》重要义例之一。此义例反映作者重视人所处之地位与环境，并强调人在其位，任其职，宜称其职，宜尽其职。盖人之才德与其职位相当，即在其位称其职之意，人之行事与其职位相当，即在其位尽其职之意。

（四）刚柔得中

刚柔得中者，阳爻为刚，阴爻为柔，刚或柔居上卦之中位或下卦之中位也。每卦之第二爻为下卦之中位，第五爻为上卦之中位，故得中皆指此两爻而言。

《易传》认为：得中乃象人有正中之道德。举证如下：

《乾》（䷀）九二曰："见龙在田。《文言》曰：'龙，德而正中者也。'"九二爻辞之龙象有才德之君子。九二为阳爻，为刚，居下卦之中位，象人有正中之德。故曰："龙，德而正中者也。"又《易传》言"得中"之中，或曰"中道"，或曰"中行"（行亦道也），或曰"中节"。可见得中象人有正中之道德矣。

正中之道德，不偏不邪也，无过无不及也。中则必正，正则必中，中、正二名实为一义。《易传》又认为人有正中之道德，而能实践之，则能胜利，故得中为吉利之象。

《彖传》常以得中释卦名、卦义或卦辞。《象传》常以得中释爻辞。《文言》亦偶以得中释爻辞。其义有五种：

其一，一刚得中：即《易传》只指一阳爻（刚）居下卦之中位或上卦之中位而言者也。刚或为男人，或为君上，或为有才德之君子，或为强而有力之人，或为刚健之德等，须依《易传》之文而定。得中则象其人有正中之道德。例如：

《渐》（䷴）《彖传》曰："其位刚得中也。"此指九五而言。九五为刚，居上卦之中位，是为刚得中，象君得正中之道也。刚得中，《彖传》多简称刚中。《比》（䷇）《彖传》曰："以刚中也。"此指九五而言。九五为刚，居上卦之中位，是为刚中，象君得正中之道也。《夬》（䷪）九二曰："有戎勿恤。"《象传》曰："得中道也。"九二为刚，居下卦之中位，是为刚得中，象人得正中之道。（凡一刚得中，《彖传》多举刚字，《象传》皆省刚字。传文既省之，本书亦多不解刚字）（此例《彖传》有七条，《象传》有三十二条）

其二，一柔得中：即《易传》只指一阴爻（柔）居下卦之中位或上卦之中位而言者也。柔或为妇女，或为臣民，或为弱而少力之人，或为柔顺之德等，须依《易传》之文而定。得中则象其人有正中之道德。例如：

《同人》（䷌）《彖传》曰："柔得位得中。"此指六二而言。六二为柔，居下卦之中位，是为柔得中，象臣得正中之道也。（凡一柔得中，《彖传》皆举柔字，《象传》皆省柔字。传文既省之，本书亦多不解柔字）（此例《彖传》有七条，《象传》有十六条）

其三，双刚得中：即一阳爻（刚）居下卦之中位，又一阳爻（刚）居上卦之中位。《彖传》视为其卦之一种爻象，据之以释卦名、卦义或卦辞。例如：

《中孚》（䷼）《彖传》曰："柔在内而刚得中。……"刚得中乃兼指九二与九五而言。九二与九五皆为刚，居上下卦之中位，是为双刚得中，象人以刚健之德守正中之道也。（柔在内，说见本卦）（此例《彖传》有十一条，《象传》无）

其四，双柔得中：即一阴爻（柔）居下卦之中位，又一阴爻（柔）居上卦之中位。《彖传》视为其卦之一种爻象，据之以释卦名、卦义或卦辞。例如：

《小过》（䷽）《彖传》曰："柔得中。"柔得中乃兼指六二与六五而言。

六二与六五皆为柔，居上下卦之中位，是为双柔得中，象才力弱者得正中之道也。（此例《彖传》有两条，《象传》无）

其五，刚柔分中：即一阳爻（刚）居上卦之中位，一阴爻（柔）居下卦之中位。《彖传》视为其卦之一种爻象，据之以释卦名、卦义或卦辞。例如：

《观》（䷓）《彖传》曰："中正以观天下。"中正乃兼指六二与九五而言。六二为柔，居下卦之中位，又是居臣位，九五为刚，居上卦之中位，又是居君位，是为刚柔分中，象君臣各居其位、各守正中之道也。（此例《彖传》有四条，《象传》无）上述"两中爻相应"一例，实际皆是刚柔分中，但立说之重点不同耳。

此外，一卦之初、三、四、上各爻皆非中位，如其爻为刚，是为刚不中。《易传》亦有以刚不中释卦辞或爻辞者，见《小过》（䷽）《彖传》、《乾文言》，不具述。

《易传》刚柔得中之说，反映作者之中道思想。《易传》作者是战国时代之儒家，所以用中道解《易经》。其所谓中道，乃以封建制度为准则，维护地主阶级之统治也。

（五）刚柔居尊位或居上位或居下位

前文已指出：每卦之第五爻为天位，为君位，为尊位，第六爻为上位，第一爻为下位。《易传》认为：阳爻（刚）或阴爻（柔）居此三位，各有其意义。

其一，刚柔居尊位：一卦之第五爻居乾卦之上或乾卦之中，则此爻为尊位。此爻为阳爻，是为刚居尊位；此爻为阴爻，是为柔居尊位。《易传》认为，居尊位象人居帝王之位。例如：

《需》（䷄）《彖传》曰："位乎天位以正中也。"此指九五而言。《需》之下卦为乾；九五为刚，居上卦之中位，居一卦之天位，又在乾卦之上（乾为朝廷），是为刚得中，居天位。乃象君居帝王之位，又守正中之道也。此刚居尊位之例。《大有》（䷍）《彖传》曰："柔得尊位，大中，而上下应之。"此指六五而言。《大有》之下卦为乾；六五为柔，居上卦之中位（大中），居一卦之天位，又在乾卦之上，是为柔得大中居尊位。乃象臣取得帝王之位，又得正中之道也。此柔得尊位之例。（此例《象传》只有三条）

其二，刚柔居上位：上位指第六爻，即上爻。第六爻为阳爻，是为刚居上位；第六爻为阴爻，是为柔居上位。《象传》认为居位之意义有三（《彖传》无此类）：

（一）第六爻居一卦最高之位，象人居高贵之上位。例如：

《履》（䷉）上九曰："元吉。"《象传》曰："元吉在上，大有庆也。"《履》之上九居一卦之上位，象人居高贵之位也。（此例《象传》有十三条）

（二）第六爻居一卦之尽头，象人处穷困之境。例如：

《节》（䷻）上六曰："苦节，贞凶。"《象传》曰："其道穷也。"《节》之上六居一卦之尽头，象人处穷困之境也。（此例《象传》有五条）

（三）第六爻是一卦之盈满，象人处于极盛之势位而骄傲自满。例如：

《乾》（䷀）上九曰："亢龙有悔。"《象传》曰："盈不可久也。"（传意：极高曰亢）《乾》之上九为刚，居一卦盈满之位，象飞到天空极高处之龙，以喻有富贵权势而自骄满之贵族大官，必将衰落也。（此例《象传》只有一条）

其三，刚柔居下位：下位指第一爻，即初爻。初爻为阳爻，是为刚居下位；初爻为阴爻，是为柔居下位。《象传》认为居下位象人或物处于低下之地位。例如：

《乾》（䷀）初九曰："潜龙，勿用。"《象传》曰："阳在下也。"《乾》之初九为阳爻，居一卦之下位，是"阳在下"，象龙潜于水底，以喻君子居于民间。此刚居下位之例。《大过》（䷛）初六曰："藉用白茅。"《象传》曰："柔在下也。"《大过》之初六为阴爻，为柔，居一卦之下位，是"柔在下"，象白茅垫于祭品之下。此柔居下位之例。（此例《象传》有五条）

（六）柔从刚与柔乘刚

《易传》又有柔从刚与柔乘刚之说，乃比较重要之两种义例，分述于下。

其一，柔从刚：或谓之柔顺刚，即阴爻（柔）在阳爻（刚）之下，成柔者顺从刚者之象也。《彖传》以此释卦名、卦义或卦辞，《象传》以此释爻辞，或指臣民顺从君上，或指妇女顺从男人等等。要之，皆以柔从刚为吉利，乃肯定其事。例如：

《巽》（☴）《彖传》曰："柔皆顺乎刚。"《巽》之下卦初六为柔，九二、九三为刚。初六在九二、九三之下。上卦六四为柔，九五、上九为刚。六四在九五、上九之下。是为"柔皆顺乎刚"，乃象臣民皆顺从君上也。《家人》（☲）六二曰："无攸遂，在中馈，贞吉。"（遂借为坠）《象传》曰："六二之吉，顺以巽也。"（巽，伏从也）六二为柔，九三为刚。六二在九三之下，是为柔从刚，乃象妇女顺从男人也。（此例《彖传》有两条，《象传》有十二条。其中指臣民顺从君上者有八条）

其二，柔乘刚：即阴爻（柔）在阳爻（刚）之上，成柔者凌乘刚者之象也。《彖传》以此释卦名、卦义或卦辞，《象传》以此释爻辞，或指臣民凌乘君上，或指女子凌乘男人等等。要之，皆以柔乘刚为不吉利，乃否定其事。例如：

《噬嗑》（☲）六二曰："噬肤灭鼻。"《象传》曰："乘刚也。"《噬嗑》之六二为柔，初九为刚。六二在初九之上，是为柔乘刚。传意谓庶民因吃肉而受割鼻之刑，以其以柔乘刚，以民凌君上也。《屯》（☵）六二曰："女子贞不字，十年乃字。"《象传》曰："六二之难，乘刚也。"《屯》之六二为柔，初九为刚。六二在初九之上，是为柔乘刚。传意谓女子贞正而难于许嫁，以其以柔乘刚，以女凌男也。《夬》（☱）《彖传》曰："扬于王庭，柔乘五刚也。"《夬》之上六为柔，其下五爻皆为刚。上六在五刚之上，是为柔乘五刚。传意：扬于王庭乃是柔乘五刚，一小人举用于王庭，位居众君子之上也。（此例《彖传》有两条，《象传》有六条。其中指臣民凌乘君上者两条，指女子凌乘男人者两条。）

《易传》中柔从刚与柔乘刚两例，反映作者拥护君权统治与男权统治之思想。简言之，作者在肯定柔从刚中，特肯定臣民顺从君上，即赞同上级统治下级（包括阶级统治），此拥护君权统治之一面也。在否定柔乘刚中，特否定臣民凌乘君上，即反对下级违抗上级，此拥护君权统治之又一面也。作者在肯定柔从刚中，特肯定妇女顺从男人，即赞同男人统治妇女，此拥护男权统治之一面也。在否定柔乘刚中，特否定妇女凌乘男人，即反对妇女违抗男人，此拥护男权统治之又一面。后世"君为臣纲"与"夫为妻纲"之说，先秦时代尚无之，但已有此种思想。《易传》中柔从刚与柔乘刚之说正是此种思想之反映。

（七）

《易传》以爻象与爻位相结合释经之义例，除上述六种外，《象传》尚有若干杂例：（一）刚长（《复》）；（二）刚浸长（《临》）；（三）刚自外来（《无妄》）；（四）柔浸长（《遯》）；（五）柔上升（《晋》《噬嗑》《睽》《升》《鼎》）；（六）柔在内（《中孚》）；（七）柔在外（《兑》）；（八）柔在本末（《大过》）等等，此种杂例皆不重要，解见本卦，今不具述。

《彖传》《象传》中之爻象爻数备查表

爻象爻数义例	见于某卦某爻
五柔应一刚	师、比、豫之彖传
五刚应一柔	小畜、大有之彖传
三双同位爻刚柔相应	恒、未济之彖传
三双同位爻刚柔敌应	艮之彖传
两中爻刚柔相应	同人、鼎、临、无妄、遯、睽、萃、升之彖传
刚胜柔	夬之彖传
柔胜刚	剥之彖传
刚柔位当	小畜、同人、遯、家人、蹇、渐、涣、节、既济之彖传。需上六、比九五、履九五、否九五、随九五、临六四、贲六四、家人六四、蹇六四、巽九五、兑九五、涣九五、节九五、中孚九五之象传。

（续表）

爻象爻数义例	见 于 某 卦 某 爻
刚柔位不当	噬嗑、归妹、小过、未济之象传。履六三、否六三、豫六三、临六三、噬嗑六三、恒九四、大壮六五、晋九四、睽六三、解九四、夬九四、萃九四、困九四、震六三、丰九四、旅九四、兑六三、中孚六三、小过九四、未济六三之象传。
一刚得中	蒙、需、比、履、解、渐、涣之象传。需九五、讼九五、比九五、小畜九二、履九二、九五、否九五、同人九五、随九五、蛊九二、大畜九二、坎九二、九五、恒九二、遯九五、大壮九二、蹇九五、解九二、损九二、夬九二、九五、姤九五、困九二、九五、井九五、巽九二、九五、兑九五、涣九五、节九五、中孚九五、未济九二之象传。
一柔得中	同人、大有、噬嗑、鼎、旅、既济、未济之象传。师六五、泰六五、谦六二、豫六二、六五、临六五、噬嗑六五、复六五、离六二、晋六二、萃六二、鼎六五、震六五、艮六五、归妹六五、既济六二之象传。
双刚得中	讼、小畜、大过、坎、姤、困、井、巽、兑、节、中孚之象传。
双柔得中	离、小过之象传。
刚柔分中	观、家人、蹇、益之象传。
刚柔居尊位	需、履、大有之象传。
刚柔居上位	（一）居高贵之位：履上九、大有上九、豫上六、随上六、贲上九、无妄上九、恒上六、姤上九、萃上六、升上六、井上六、鼎上九、旅上九之象传。（二）居穷困之位：随上六、无妄上九、姤上九、巽上九、节上六之象传。（三）居满盈之位：乾上九之象传。
刚柔居下位	乾初九、剥初六、大过初六、益初九、井初六之象传。

（续表）

爻象爻数义例	见 于 某 卦 某 爻
柔从刚	巽、旅之象传。蒙六五、需六四、讼六三、比六四、颐六五、咸六二、明夷六二、家人六二、六四、鼎初六、渐六四、涣初六之象传。
柔乘刚	夬、归妹之象传。屯六二、蒙六三、豫六五、噬嗑六二、困六三、震六二之象传。

周易大传今注卷一

《乾》第一

▤（下乾上乾）

《乾》：元亨。利贞。

[经意]《乾》，卦名。元，大也。亨即享字，祭也。利即利益之利。贞，占问。卦辞言：筮遇此卦，可举行大享之祭，乃有利之占问。

[传解] 传之读法是："《乾》：元，亨，利，贞。"《乾》，卦名，天也。元，善也。亨，美也。利，利物也。贞，正也。天有善、美、利物、贞正之德，故曰："《乾》：元，亨，利，贞。"《文言》谓君子亦有此德。

《彖》曰：大哉乾"元"，万物资始，乃统天。

《乾》卦象天，故《彖传》以天之德释卦辞。资犹赖也。"大哉乾'元'，万物资始"，谓大哉天德之善，万物赖之而有始。《坤彖传》曰："至哉坤元，万物资生"，谓至哉地德之善，万物赖之以生长。《易传》认为：天地如男女，天创始万物，地生长万物。《三国志·管辂传》裴注载《管辂别传》引此三句而释之曰："统者，属也。""乃统天"，谓万物属于天。

云行雨施，品物流形。

施犹降也。品物，各种品类之物。流犹动也。水动曰流，引申之，他物之动亦曰流。流形谓运动其形体。此二句言天有云行雨降，万物受其滋育，始能运动形体于宇宙之间。

大明终始，六位时成，时乘六龙以御天。

《集解》引侯果曰："大明，日也。"甚是。日为宇宙间最大之光明之物，故古人称之为大明。[①] 终谓日入。始谓日出。"大明终始"犹言日入日出。六位，上下四方之位。俞樾曰："《尔雅·释诂》：'时，是也。'"按上时字，于是也；下时字，时间也。成犹定也。"六位时成"犹言六位是定。日运行于天空，而后宇宙光明，天在上方，地在下方，日出处为东方，日入处为西方，向日处为南方，背日处为北方，于是上下四方之位乃定。故曰："大明终始，六位时成。"乘，驾也。《集解》引荀爽曰："御者，行也。"上古神话：日行于天空，乘车，车上驾六龙，其母羲和御之。②余谓《彖传》借用此神话，言日驾六龙以时运行于天空，故曰："时乘六龙以御天。"非相信实有其事也。此三句言天有日之运行，以定上下四方，以成昼夜四时。

乾道变化，各正性命。

乾道，天道，即天象之自然规律（《易传》所言之自然规律或社会规律皆甚简单而粗浅）。变化指四时、昼夜、风云、雷雨、霜雪、阴晴、寒暖之种种变化。"各正性命"之主语是万物。性，属性。命，寿命。万物如人与鸟兽虫鱼草木等皆受天道变化之支配，适应天道变化而运动。各得其属性之正，如鸟能飞、鱼能游。亦各得其寿命之正，如蜉蝣寿短、龟鹤寿长。故曰："乾道变化，各正性命。"

保合大和，乃"利贞"。

保，保持。合犹成也。大读为太。太和非谓四时皆春，乃谓春暖、夏热、秋凉、冬寒，四时之气皆极调谐，不越自然规律，无酷热，无严寒，无烈风，无淫雨，无久旱，无早霜，总之，无特殊之自然灾害。天能保合太和之景象，乃能普利万物，乃为天之正道，故曰："保合大和，乃'利贞'。"

首出庶物，万国咸宁。

首，始也。出犹生也。庶，众也。咸，皆也。宁，安也。此二句言天始生万物，人类从而备有生活之物质，而万国皆安矣。故曰："首出庶物，万国咸宁。"（在阶级社会中，从无"万国咸宁"之事，此乃《彖传》作者之幻想。）总之，《彖传》认为：天有元、亨、利、贞之德，故卦辞曰："元，亨，利，贞。"天有云雨之行施，大明之运行，四时昼夜等等之变化，而皆有其规律，保合太和之景象，故能始生万物，普利万物，使万物各得性命之正，以活动于宇宙之间，以达于万国皆安之境。然则天为善，是天德之元；天为美，是天德之亨；天能利物，是天德之利；天有正道，是天德之贞。四者乃相结合而不可分割。（《彖传》未点出亨字，而内容则已释之。）

《象》曰：天行健，君子以自强不息。

天行有二解。孔颖达曰："行者运动之称。"王引之曰："行，道也。天行谓天道也。"③按两解均通，以王说为长。《易传》中之君子乃有才德之人之称，无论其有爵位与无爵位。本卦是两乾相重，乾为天，本卦之卦象仍为天。天道刚健，君子观此卦象，以天为法，从而自强不息。故曰："天行健，君子以自强不息。"

初九：潜龙，勿用。

［**经意**］ 初九，爻题也。《易经》之爻题，以"九"字标明阳爻，以"六"字标明阴爻；以"初""二""三""四""五""上"各字标明六爻之顺序，自下而上。全经同此，后不复释。潜，藏于水中。用，施行。勿用犹今语所谓"勿动"。潜龙比喻人隐居不出，静处不动，故筮遇此爻，不可有所作为。

［**传解**］ 与经意同，但认为龙比君子。按《易经》皆从占筮之角度立言，而《易传》皆不从占筮之角度解经，此异点乃全书之通例。

《象》曰："潜龙勿用"，阳在下也。

传意：爻辞云"潜龙勿用"，因初九为阳爻，居一卦之下位也。阳爻象龙，居一卦之下位象潜，故曰"潜龙"。潜龙比喻君子隐居不出，静处不动，故曰"勿用"。

九二：见龙在田，利见大人。

［**经意**］ 见读为现。大人，《易经》中之大人是贵族（王侯、大夫）之通称。龙出现于田中，比喻大人活动于民间，人见之则有利，故筮遇此爻，利见大人。

［**传解**］ 大人，《易传》认为大人是有大才德之人，无论其有爵位与无爵位。余与经意同。

《象》曰:"见龙在田",德施普也。

亨按此普字非普遍之义,当读为溥。《说文》:"溥,大也。"溥是雨泽广大。④传意:爻辞云"见龙在田",比喻大人活动于民间,其德泽施于人者广大也。人见此大人则有利,故曰:"利见大人。"

九三:君子终日乾乾,夕惕若,厉无咎。

[经意]　君子,《易经》中之君子是贵族与士之通称。乾乾,勤勉努力。惕,警惕。若,语助词,惕若犹惕然。厉,危也。咎,灾也。爻辞言:君子昼则勤勉,夜则警惕,虽处危境,亦无咎灾。

[传解]　君子,《易传》认为君子是有才德之人,无论其有爵位与无爵位。余与经意同。

《象》曰:"终日乾乾",反复道也。

反复,往来行之而不舍。道,正道。传意:爻辞云"君子终日乾乾,夕惕若,厉无咎",言君子反复行道而不舍,昼则勤勉不惰,夜则警惕反省,故虽处危境,亦无咎也。(言外之意,如所行非道,则有咎。)

九四:或跃在渊,无咎。

[经意]　"或跃在渊",承上文省龙字。渊,龙之安利住处。龙或跃在渊,比喻人或活动于安利环境,自无咎灾,故筮遇此爻无咎。

[传解]　与经意同,但亦认为龙比君子。

《象》曰:"或跃在渊",进"无咎"也。

传意:爻辞云"或跃在渊,无咎",龙跃在渊比喻君子或活动于安利环境,前进自无咎也。

九五:飞龙在天,利见大人。

[经意]　飞龙在天,比喻大人居高贵之位,有所作为,人见之则有利,故筮遇此爻,利见大人。

[传解]　与经意同。

《象》曰:"飞龙在天","大人"造也。

孔颖达曰:"造,为也。"朱熹曰:"造犹作也。"传意:爻辞云"飞龙在天",比喻大人居高贵之位有所作为。人见此大人则有利,故曰"利见大人"。

上九：亢龙，有悔。

［经意］　亢读为沆，池也。沆龙，池中之龙。悔，较小之不幸。池中之龙实处困境，比喻人处困境，乃较小之不幸，故筮遇此爻有悔。

［传解］　《集解》引王肃曰："极高曰亢。"此解合于传意。《文言》释"亢龙有悔"曰："贵而无位，高而无民，贤人在下位而无辅，是以动而有悔也。"此谓亢龙比喻居极高之位，而脱离臣民之统治者。《文言》又曰："亢之为言也，知进而不知退，知存而不知亡，知得而不知丧。"此谓亢龙比喻居极高之位，而骄傲自满之统治者。然则《易传》认为：亢龙是飞至天空极高处之龙，自逞其能，脱离云层，比喻居极高之位之统治者，骄傲自满，脱离臣民。如此则有悔。

《象》曰："亢龙有悔"，盈不可久也。

盈，满也。传意：爻辞云"亢龙有悔"，亢龙比喻居极高之位之统治者骄傲自满，则不可长久也。《象传》此释乃以上九之爻位为据。上九居一卦最高且满之爻位，象人居极高之位而自满。

用九：见群龙无首，吉。

［经意］　"用九"，汉帛书《周易》作"迥九"。按用当读为迥。迥，通也。"用九"是《乾》卦特有之爻题。依古筮法，筮遇《乾》卦，六爻皆七，则以卦辞断事；六爻皆九，则以用九爻辞断事。用九犹通九，谓六爻皆九也。见亦读为现。爻辞言：群龙出现于天空，其头被云遮住。此比喻众人俱得志而飞腾，自为吉。

［传解］　首，首领，谓龙王也。蜂有蜂王，蚁有蚁王，则古代传说当是龙有龙王。爻辞言：群龙出现，其中无龙王，但龙各有刚健之德，故吉。

《象》曰："用九"天德，不可为首也。

传意：爻辞云"见群龙无首，吉"，因"用九"是《乾》卦六爻皆九，纯阳皆动，乃象"天德"。六爻象群龙并出，各秉刚健之天德，其中不可能有龙王为之首领也。此乃比喻诸侯并立，各秉天德，德齐力均，不可能有帝王为之首领；但以其各秉天德，故吉。（否则不吉）

《文言》曰："元"者，善之长也。

此下为第一段，释《乾》卦卦辞。善之长犹言善之首。

"亨"者，嘉之会也。

《说文》："嘉，美也。会，合也。"嘉之会犹言美之集合。

"利"者，义之和也。

《说文》："和，相应也。"始歌为唱，随歌为和。有唱而后有和，有义而后有利，故利是义之和。

"贞"者，事之干也。

《师象传》曰："贞，正也。"干读为幹，木株也，今语所谓主干即主幹。正是百事之主干。

君子体仁足以长人，

体读为履，践也，行也。君子行仁，是为元德。有元德足以为人君长。

嘉会足以合礼，

君子有亨德足以合礼。

利物足以和义，

利物实指利人。此言利德即利人。君子利人足以和义。

贞固足以干事。

贞固，正而坚，即坚持正道。干是动词，主持，主办。君子有贞德足以干事。

君子行此四德者，故曰："《乾》：元，亨，利，贞。"

四德，仁、礼、义、正也。君子行仁始能善，是为元；行礼始能美，是为亨；行义始能利物，是为利；行正始能干事，是为贞。君子法天以行此四德，故曰："《乾》：元，亨，利，贞。"（按《彖传》以天德释《乾》之"元亨利贞"，属于天道观之范畴。《文言》以君子之德释《乾》之"元亨利贞"，属于人生观之范畴。彼此互异，亦彼此相成。）

初九曰："潜龙勿用。"何谓也？

此下为第二段，以人事释各爻爻辞。

子曰：

子，孔丘。此乃伪托孔丘所说。全书皆同。

"龙，德而隐者也。

此言"潜龙"之龙乃比喻有才德而隐居之君子也。《文言》此释，乃以初九之爻象爻位为据。初九为阳爻，居一卦之下位，象君子隐居于社会下层。

不易乎世，

易犹移也。君子德操坚定，不为时人所转移。

不成乎名，

君子隐居，不求成名。

遯世无闷，

《楚辞·离骚》王注："遯，隐也。"君子甘心隐居，故无烦闷。

不见是而无闷，

不见是，君子之言行不为世人所赞同。

乐则行之，忧则违之，

违，避也。君子于其所乐之事则行之，于其所忧之事则避之。

确乎其不可拔，潜龙也。"

确，坚定。拔犹移也。潜龙指隐居之君子。

九二曰："见龙在田，利见大人。"何谓也？子曰："龙，德而正中者也。

此言"在田"之龙乃比喻有才德而行正中之道之大人也。《文言》此释乃以九二之爻象爻位为据。九二为阳爻，居下卦之中位，象大人行正中之道。

庸言之信，庸行之谨，

李鼎祚曰："庸，常也。"按庸由正中而来。正中者，无过，无不及，无偏，无邪也。正中之言乃为庸言。正中之行乃为庸行。之犹是也。此二句犹云庸言是信，庸行是谨，即信于庸言，谨于庸行。

闲邪存其诚，

《集解》引宋衷曰："闲，防也。"

善世而不伐，

善世，使世人归于善。《左传》襄公十二年杜注："自称其能为伐。"伐即今语所谓夸。善世而不自夸，是谦虚。

德博而化。

博，广大。化，教导人，感化人。

《易》曰：'见龙在田，利见大人。'君德也。"

君德，指上文之正中、信谨、诚谦、善世、化人而言。此谓"见龙在田"比喻大人在民间，虽不在人君之位，而有人君之德。

九三曰："君子终日乾乾，夕惕若，厉无咎。"何谓也？子曰："君子进德脩业。

脩借为修，《集解》本正作修，下文同。

忠信所以进德也。脩辞立其诚，所以居业也。知至至之，可与言幾也。

今本与下无言字。阮元曰："古本、足利本与下有言字。"按《集解》本亦有言字，依文意有言字是也，今据补。知至，预知事业之发展将到某种地步。至之，作到某种地步。与犹以也。《系辞》下曰："幾者，动之微，吉凶之先见者也。"（今本无凶字，据孔疏引古本补）《广雅·释诂》："幾，微也。"事业之发展皆由微小以至巨大，有其客观规律性。君子预知其将发展到某种地步，从而努力为之，作到某种地步，知之不误，行之有恒，是可以谈事业之幾微矣。故曰："知至至之，可与言幾也。"

知终终之，可与存义也。

知终，预知事业将有某种结果。终之，作到某种结果。君子预知其将有某种结果，从而努力为之，作到某种结果，知之不误，行之有恒，是可以存事业之正义矣。故曰："知终终之，可与存义也。"

是故居上位而不骄，在下位而不忧。故乾乾因其时而惕，虽危无咎矣。"

因时犹随时也。

九四曰："或跃在渊，无咎。"何谓也？子曰："上下无常，非为邪也。进退无恒，非离群也。君子进德脩业，欲及时也。故无咎。"

爻辞之言龙，或潜，或见在田，或跃在渊，或飞在天，乃比喻君子之或在上位，或在下位，或进，或退。君子上下无常，进退无恒，进德修业，志欲及时而动。

九五曰："飞龙在天，利见大人。"何谓也？子曰："同声相应，同气相求。水流湿，火就燥。云从龙，风从虎。圣人作而万物睹。

朱熹曰："物犹人也。"亨按睹当读为著。二字同声系，古通用。《国语·晋语》："底著滞淫。"韦注："著，附也。"《太玄·玄攡》篇："必著乎情。"范注："著，附也。"此句言圣人作起，则万人皆亲附之。

本乎天者亲上，本乎地者亲下。

本犹今语所谓"扎根"也。扎根在天者如日月星辰则亲附上天，扎根在地者如鸟兽草木则亲附下地。

则各从其类也。"

万物各从其类。圣人在上位，有所作为，则万民附从，各蒙其利。故爻辞云："飞龙在天，利见大人。"

上九曰："亢龙有悔。"何谓也？子曰："贵而无位，高而无民，贤人在下位而无辅，是以动而有悔也。"

此言：爻辞以亢龙比喻统治者居高贵之位，无人君之德，民不拥护，朝无贤臣，所以动而有悔也。

《系辞》上："'亢龙有悔。'子曰：'贵而无位，高而无民，贤人在下位而无辅，是以动而有悔也。'"文与此同。

"潜龙勿用"，下也。

此下为第三段，又以人事释各爻爻辞。"下也"二字意不完整。

"下"字上疑脱"处"字。王弼曰:"潜龙勿用,何乎?必穷处于下也。"似王本原有处字。"潜龙勿用"比喻君子隐居于下,无所作为,故曰:"处下也。"

"见龙在田",时舍也。

《太玄·去》首:"舍彼枯园。"范注:"舍,居也。""见龙在田"比喻大人活动于民间,乃暂时居住,故曰:"时舍也。"

"终日乾乾",行事也。

"终日乾乾"乃言君子行事勤勉,故曰:"行事也。"

"或跃在渊",自试也。

龙"或跃在渊"比喻君子活动于社会下层,自试其才能,故曰:"自试也。"

"飞龙在天",上治也。

"飞龙在天"比喻大人在上位治国临民,故曰:"上治也。"

"亢龙有悔",穷之灾也。

"亢龙有悔",比喻高居上位之统治者脱离臣民,招致穷困之灾难,故曰:"穷之灾也。"《文言》此释乃以上九之爻象爻位为据。上九为阳爻,居一卦之尽头,象君上处于穷困之境。

乾元"用九",天下治也。

乾元,天之元德,即天之善德。用九爻辞云:"见群龙无首,吉。"比喻诸侯分国而治,其中无天子,然各秉天之元德,天下亦能治安。故曰:"乾元'用九',天下治也。"

"潜龙勿用",阳气潜藏。

此下为第四段,以天道四时之变化释各爻爻辞。《文言》似将一年十二月分配于六爻,每爻占两月。认为:《乾》卦之六个阳爻循位次而上升,乃象天之阳气循时序而上升。而龙之活动则以阳气之上升为转移,故各爻爻辞又代表天道四时之变化。此近于先秦阴阳家之说矣。初九是阳爻在下,象阳气藏于地下。此时约当周历之正月二月、夏历之十一月十二月,龙潜于水中而不动。故曰:"'潜龙勿用',阳气潜藏。"

"见龙在田"，天下文明。

九二是阳爻上升一位，象阳气出于地面。此时约当周历之三月四月、夏历之正月二月，草木始生，大地成文绣而光明，龙亦出现于田野。故曰："'见龙在田'，天下文明。"

"终日乾乾"，与时偕行。

《说文》："偕，俱也。"九三是阳爻又上升一位，象阳气又上升。此时约当周历之五月六月、夏历之三月四月，草木与时俱长。君子终日乾乾，亦与时并进而不息。故曰："终日乾乾，与时偕行。"

"或跃在渊"，乾道乃革。

乾道，天道也。革，改也。九四是阳爻又上升一位，象阳气又上升而更盛。此时约当周历之七月八月，夏历之五月六月，由暖而热，天道乃变，龙有时跃入渊中，以避热气。故曰："'或跃在渊'，乾道乃革。"

"飞龙在天"，乃位乎天德。

位当读为立。《广雅·释诂》："立，成也。"《庄子·天地》篇："德成之谓立。"立乎天德谓成乎天德。九五是阳爻上升至甚高之位，象阳气上升而大盛。此时约当周历之九月十月、夏历之七月八月，草木长成，天德之功已成，龙飞于天空。故曰："'飞龙在天'，乃位乎天德。"

"亢龙有悔"，与时偕极。

偕极，俱达于最高点。上九是阳爻上升至一卦之最高位，象阳气达于极盛。盛极必衰，此时约当周历之十一月十二月、夏历之九月十月，阳气由极盛而衰，草木亦由极盛而衰，龙亦由亢而有悔，皆是与时偕极。故曰："'亢龙有悔'，与时偕极。"

乾元"用九"，乃见天则。

乾元亦谓天之元德。天则，天之法则，即天道运行之规律。《文言》认为：天之元德具于用九。用九是《乾》卦六个阳爻之综合。六个阳爻循位次上升，象阳气循时序上升，故用九可以体现天则。用九爻辞曰："见群龙无首，吉。"谓龙皆依天则以活动，但非有龙王支配之。故曰："乾元'用九'，乃见天则。"（按此段《文言》以阴阳说释《乾》卦之爻辞，逻辑性不强）

《乾》"元"者，始而亨者也。

此下为第五段：以天德释《乾》之卦辞与卦义。王念孙曰："《乾》元下亦当有亨字。"是也。始谓始生万物。本卦《彖传》曰："大哉乾元，万物资始。"《系辞》上曰："乾知大始。"是其义。"《乾》元亨者始而亨者也"，谓《乾》卦辞云"元亨"者，言天始生万物，是其元德，又有亨德也。此释《乾》卦辞之"元亨"，故先举"《乾》元亨"三字，则"《乾》元"下当有"亨"字明矣。

"利贞"者，性情也。

卦辞云"利贞"者，天之利德是利物。天之贞德是有其规律之正。此乃天之性情。

乾始能以美利利天下，不言所利，大矣哉！

此特赞天德之利物。盖天德之元善、亨美、贞正，皆以利物为准。

大哉乾乎！刚健中正，纯粹精也。

色不杂曰纯，米不杂曰粹，米至细曰精。此用以形容天德，是其引申义。此言天之刚健中正之德达于纯粹而精之地步。

六爻发挥，旁通情也。

《广雅·释诂》："挥，动也。旁，广也。"此言《乾》卦之六爻发动，广通于天道、物类、人事之情状。

时乘六龙，以御天也。

本卦《彖传》曰："大明终始，六位时成，时乘六龙以御天。"《文言》盖重述《彖传》也。《彖传》之"时乘六龙"指大明而言，则《文言》此句亦指大明而言，审矣。但前文无大明，此句无主语，当有脱误。疑"时"当作"明"，形似而误，亦或是读者据《彖传》而妄改。《易传》称日为大明，又简称为明。（见附考①）"明乘六龙以御天"，言日乘六龙以行于天空也。

云行雨施，天下平也。

按《文言》仅言天下平之自然条件，未言天下平之社会条件。

君子以成德为行，日可见之行也。"潜"之为言也，隐而未见，行而

未成，是以君子弗"用"也。

此下是第六段，又以人事释各爻爻辞。此数句释初九之"潜龙勿用"。

君子学以聚之，问以辩之，宽以居之，仁以行之。《易》曰："见龙在田，利见大人。"君德也。

此数句释九二爻辞。辩读为辨。君子学以聚积知识，问以辨明是非，宽以存心，仁以行事。

九三重刚而不中，上不在天，下不在田，故"乾乾"因其时而"惕"，虽危"无咎"矣。

此数句释九三之"君子终日乾乾，夕惕若，厉无咎"。九二为阳爻、为刚，九三又为阳爻、为刚，是为"重刚"，乃又象龙或君子。九三不居上下卦之中位，是为"不中"，乃象人不得行正中之道。上卦之中位是第五爻，为天位，故本卦九五云："飞龙在天。"下卦之中位是第二爻，为地位，故本卦九二云："见龙在田。"第三爻为人位，故下文曰："九四……中不在人。"九三上不在天位，下不在地位，乃在人位，乃象人上不在朝，下不在野，而在小官之位。君子做小官，不得行正中之道，但乾乾然而奋勉，因其时而警惕，虽处危境，亦无咎矣。

九四重刚而不中，上不在天，下不在田，中不在人，故"或"之。或之者，疑之也。故"无咎"。

此数句释九四之"或跃在渊，无咎"。九三为阳爻、为刚，九四又为阳爻、为刚，是为"重刚"，乃又象龙或君子。九四亦不居上下卦之中位，是为"不中"，乃象人不得行正中之道。九四上不在天位，下不在地位，中不在人位，乃象龙"上不在天，下不在田，中不在人"。则此龙可能在渊中，可能在河中，可能在泽中，故爻辞言"或跃在渊"。用"或"字者，以示其疑而未定也。此比喻君子上不在朝，下不在野，中不在小官之位，或者隐于深僻之乡，与人隔绝，是亦无咎矣。

夫"大人"者与天地合其德，与日月合其明，与四时合其序，与鬼神合其吉凶，先天而天弗违，后天而奉天时。天且弗违，而况于人乎，况于鬼神乎。

此数句释九五之"飞龙在天，利见大人"。"飞龙在天"比喻居高位之大人有所作为也。"夫'大人'者与天地合其德"，谓其使人皆安其生，皆得其养。"与日月合其明"，谓其明察普照一切事物。"与四时合其序"，谓其政令循四时之顺序。"与鬼神合其吉凶"，谓其赏善罚恶与鬼神福善祸恶一致。(《文言》作者犹迷信鬼神)"先天而天弗违"，谓其走在天象之前而天不违反其预见。"后天而奉天时"，谓其走在天象之后而依天时以行事。要之，传文在说明"利见大人"之义。(极力美化大人)

"亢"之为言也，知进而不知退，知存而不知亡，知得而不知丧。其唯圣人乎。知进退存亡而不失其正者，其唯圣人乎。

此数句释上九之"亢龙有悔"。上"圣人"二字，《释文》云："王肃本作愚人。"按王肃本是也。愚人、圣人相对为文。愚人承亢者而言，圣人承不亢者而言。今依王肃本释之。唯犹是也(王引之《经传释词》有此例)。《文言》之意：亢者，在龙则言其飞至天空极高之处，自逞其能也；在统治者则言其居于极高之位，骄傲自满也。骄傲自满，则认为自己之家国事业，有进无退，有存无亡，有得无丧，仅知进、存、得之一面，不知退、亡、丧之一面，则是愚人也。至于知进退存亡之两面，保持警惕，不失其正道者，则是圣人也。

[附考]

①《彖传》："大明终始。"古人称日为大明。《礼记·礼器》："大明生于东。"郑注："大明，日也。"《素问·六元正纪大论》："大明不彰。"王注："大明，日也。"并其证。《晋彖传》："顺而丽乎大明。"大明亦谓日。《易传》又称日为明。《离象传》曰："明两作，《离》。"谓日今朝出，明朝又出也。《晋象传》曰："明出地上，《晋》。"谓日出地上也。《明夷象传》曰："明入地中，《明夷》。"谓日入地中也。是其证。②《彖传》："时乘六龙以御天。"此用日乘六龙之神话。《山海经·大荒南经》："羲和者，帝俊之妻，生十日。"《初学记·天部》上引《淮南子》曰："爱止羲和，爱息六螭，是谓悬车。"(此《天部》篇文，今本稍异)又引注曰："日乘车，驾以六龙，羲和御之。"(疑是许慎注)此乃上古神话。《楚辞·离骚》："吾令羲和弭节兮，望崦嵫而勿迫。"即

用此神话。《楚辞》刘向《九叹远游》："维六龙于扶桑。"《文选》曹子建《与吴季重书》："思欲抑六龙之首，顿羲和之辔。"亦用此神话。《象传》亦然也。　　③《象传》："天行健。"天行有二解。孔颖达曰："行者运动之称，健者强壮之名。万物壮健皆有衰息，唯天运动未曾休息。故云：'天行健。'"古人不知运行者为地球及行星，而认为运行者为天体、日月星辰皆附属于天之物，故有此说。此一解也。王引之曰："《尔雅》：'行，道也。'天行谓天道也。《晋语》：'岁在大梁，将集天行。'韦昭注曰：'集，成也。行，道也。言公将成天道也。'是古人谓天道为天行也。天行健，地势坤，相对为文，言天之为道也健，地之为势也顺耳。若解为运行之行，则与地势之势文不相当矣。《蛊象传》曰：'终则有始，天行也。'《剥象传》曰：'君子尚消息盈虚，天行也。'《复象传》曰：'反复其道，七日来复，天行也。'皆谓天道。《临象传》曰：'大亨以正，天之道也。'与此同义。《同人象传》曰：'同人于野，亨，利涉大川，乾行也。'亦谓乾道。《乾象传》曰：'乾道变化。'与此同义。"此又一解也。按两解均通，以王说为长。　　④《象传》："德施普也。"亨按此普字非普遍之义，当读为溥。二字古通用。《诗·北山》："溥天之下。"《左传》昭公七年引溥作普。《韩奕》："溥彼韩城。"《潜夫论·志氏姓》篇引溥作普。《老子》："其德乃普。"傅奕本普作溥。皆其证。《说文》："溥，大也。"雨泽广大为溥。

《坤》第二

☷（下坤上坤）

《坤》：元亨。利牝马之贞。君子有攸往，先迷后得主，利，西南得朋，东北丧朋。安贞吉。

［**经意**］《坤》，卦名。元，大也。亨即享字，祭也。贞，占问。迷，迷失道路。主，主人。朋，朋友。安贞，占问安否。卦辞言：筮遇此卦，可举行大享之祭；利于乘驾牝马以远行或出征之占问；君子有所往，先迷路后得主人以客礼相待，亦有利，但往西南则得到朋友，往东北则损失朋友；占问安否则吉。（或曰："十贝曰朋。"贝是上古之货币。）

［**传解**］《坤》，卦名，地也。元，善也。亨，美也。"元亨"言地有善美之德。贞，正也。"利牝马之贞"言牝马驾车行路，利在牝马驰驱之正而不乱。"安贞吉"言人安于正道则吉。余与经意同。

《彖》曰：至哉坤"元"，万物资生，乃顺承天。

《坤》卦象地。《说卦》曰："坤，顺也。"朱熹曰："至，极也。"坤"元"，地德之善也。资犹赖也。《说文》："承，奉也，受也。""乃顺承天"谓地顺受天道之变化，以生养万物。

坤厚载物，德合无疆。

亨按合借为迨。二字同声系，古通用。《说文》："迨，遝也。"（遝，及也）《方言》三："迨，及也。""德迨无疆"谓地德普及万物而无边。

含弘光大，品物咸"亨"。

《尔雅·释诂》："弘，大也。"含弘谓地含容弘大。光借为广。[①]广大谓地体广阔。《尔雅·释诂》："咸，皆也。"亨亦美也。传意：本卦所以名《坤》而卦辞云"元亨"者，坤为地，又为顺，地能生养万物；能顺承天道；体厚能载万物，面广能包容万物，万物得以皆美。是地之德又元善又亨美也。

"牝马"地类，行地无疆，柔顺"利贞"。

"'牝马'地类"，谓牝马是阴性之物，与地同类。"行地无疆"，谓牝马行于地上，可远至无疆。"柔顺"，谓牝马之性柔顺，听人之指挥。"利贞"，谓牝马有利于人，利在其驰驱得正，不惊不乱。传意：卦辞云"利牝马之贞"，言牝马有行远之能力、柔顺贞正之美德。

"君子"攸行，"先迷"失道，"后"顺"得"常。

常谓常道，即正路也。卦辞云："君子有攸往，先迷后得主，利。"言君子有所行，先迷惑而失路，后则顺利，得主人之招待，得其正路。

"西南得朋"，乃与类行。

《象传》以类字释朋字，朋与类义相近。《广雅·释诂》："朋，类也。"《兑象传》曰："君子以朋友讲习。"《集解》引虞翻曰："同类为朋。"盖同业、同僚、同学之人皆可谓之朋。传意：卦辞云"西南得朋"，言往西南则得同类之朋与之同行。

"东北丧朋"，乃终有庆。

庆，吉庆也。传意：卦辞云"东北丧朋"，诚为不利，然其结果则有吉庆。（吉庆之来，由于"安贞"。见下文。）

"安贞"之"吉"，应地无疆。

传意：卦辞云"安贞吉"，言安于正道，则能适应地之广大无边，西南也，东北也，无往不利，故吉。

《象》曰：地势坤，君子以厚德载物。

《说卦》曰："坤，顺也。"《释名·释地》曰："坤，顺也，上顺乾也。"然则"地势坤"犹言地势顺。本卦是两坤卦相重，坤为地，本卦卦象仍为地。地顺承天道，其势是顺于天，其体厚，能载万物。君子观此卦象，从而取法于地，以厚德载物，即以厚德育人，故曰："地势坤，君子以厚德载物。"

初六：履霜，坚冰至。

[**经意**] 履，践也。人方在履霜之时，而坚冰将至，此比喻人事之吉凶皆由渐而来。

[**传解**] 与经意同。

《象》曰："履霜坚冰"，阴始凝也。驯致其道，至"坚冰"也。

"履霜坚冰"一句，《三国志·魏书·文帝纪》许芝引作"初六履霜"。朱熹、项安世、惠栋等皆从之。按《魏书》所引是也。《象传》乃以"阴始凝"释"履霜"二字，非释"坚冰"二字，若坚冰则是阴已大凝，不得云"阴始凝"。可见此句当作"初六履霜"。《集解》引《九家易》曰："驯犹顺也。"按驯借为顺，二字同声系，古书常通用。致犹推也。传意："初六"云"履霜"，言阴气始凝而成霜也；云"坚冰至"，言顺推其自然规律，则坚冰将至也。

六二：直方，大不习，无不利。

[**经意**]　大字疑是衍文。直读为《诗·宛丘》"值其鹭羽"之值，持也。方，并船也。习，熟练也。爻辞言：人操方舟渡河，因方舟不易倾覆，虽不熟练于操舟之术，亦无不利。(闻一多曰："方谓方国。古'直''省'同字，直方疑即省方。……省方犹后世之巡狩，其事劳民耗财，不宜常行，故曰：'不习，无不利。'"按省，视察也。方犹邦也。)

[**传解**]　方，正也。直方，人之德行直且正。不习，不熟习其事或环境。

《象》曰："六二"之动，"直"以"方"也；"不习无不利"，地道光也。

以犹且也。光借为广。地道广，谓地道广大，兼载万物，无所不容。传意：六二云"直方"，言人之行动直且方也；云"不习，无不利"，言人又能取法地道之广大，无所不容，则不熟习其事或环境亦无不利也。《象传》此释乃以六二之爻象爻位为据。六二为阴爻，象地，第二爻又为地之正位，故曰："地道光。"(亨按《象传》举经文未及"大"字，似其所据经文本无"大"字)

六三：含章可贞。或从王事，无成有终。

[经意] 含当读为戡，戡与戬同，克也，战胜也。章当读为商（《兑》九四："商兑。"汉帛书《周易》商作章，可证二字古通用），殷商也。戡商谓周武王克商。贞，占问。可贞，所占之事可行，与利贞之义同。终，事有好结果为终。（说见《比》卦）爻辞言：筮遇此爻，前途如武王克商，所占之事可行，或从王事，不能成功，但亦有好结果。

[传解] 含章，含有文章。贞，正也。"含章可贞"，言人含有文章，行事可归于正。余与经意同。

《象》曰："含章可贞"，以时发也；"或从王事……"知光大也。

知读为智。光借为广。传意：爻辞云"含章可贞"，言人有文章在内，则必以时发之于外，见之于行事，可归于正也。云"或从王事，无成有终"，因人有文章，则才智广大，故虽无成亦有终也。

六四：括囊，无咎无誉。

[经意] 括，束结也。束结囊口，则内无所出，外无所入，此喻人遇事缄口不言，塞耳不闻。如此则无咎亦无誉。

[传解] 与经意同。

《象》曰："括囊无咎"，慎不害也。

传意：爻辞云"括囊，无咎"，乃以括囊比喻人谨慎，谨慎故无灾害也。

六五：黄裳，元吉。

[经意] 元，大也。裳，裙也，裤也。周人认为黄裳是尊贵吉祥之服，代表吉祥之征，故筮遇此爻大吉。（裳，汉帛书《周易》作常。常，大旗也。《周礼》春官司常："日月为常。"又曰："王建大常。"据此，常旗上书日月之形，帝王所建，故曰："黄常，元吉。"）

[传解] 黄裳黄裙内服之美，比喻人内德之美，故大吉。

《象》曰："黄裳元吉"，文在中也。

《广雅·释诂》："文，饰也。"衣与裳皆身之文饰。《左传》闵公二年："衣，身之章也。"昭公十二年："裳，下之饰也。"以章释衣，以饰释裳，是其证。中犹内也。古人穿长衣，衣掩覆下裳。王夫之曰："衣著于外，裳藏于内，故曰在中。"是也。传意：爻辞云"黄裳，元吉"，乃以黄裳比喻人有美德在其内心，故大吉。

上六：龙战于野，其血玄黄。

[**经意**] 玄，青色。玄黄，青黄混合之色。爻辞言：二龙搏斗于野，流血染泥土，成青黄混合之色。比喻人两方战争，俱有牺牲。（亨又按：玄黄亦可读为泫潢，血流甚多之貌。）

[**传解**] 与经意同。

《象》曰："龙战于野"，其道穷也。

穷，困穷。传意：爻辞云"龙战于野，其血玄黄"，乃比喻人之两方战争，俱有牺牲，其所走者乃困穷之道也。《象传》此释乃以上六之爻位为据。盖上六居一卦之尽头，象人走困穷之路。（观此爻爻辞及《象传》，有反对战争之意味。按人类有正义之战争，有非正义之战争，宜肯定前者，否定后者，不可一概反对。正义与非正义宜以民族及人民之利益判断。）

用六：利永贞。

[**经意**] "用六"，汉帛书《周易》作"迵六"。按用当读为迵。迵，通也。用六是《坤》卦特有之爻题。依古筮法，筮遇《坤》卦，六爻皆八，则以卦辞断事；六爻皆六，则以用六爻辞断事。用六犹通六，谓六爻皆六也。永贞，占问长期之吉凶。爻辞言：筮遇用六，利于永贞。

[**传解**] 贞，正也。利永贞，利在永远正直。

《象》曰："用六永贞"，以大终也。

传意：用六云"利永贞"，言永远正直，则得德业广大之结果，故为利也。

《文言》曰：坤至柔而动也刚，

此下数句以地德释《坤》之卦义。地永远顺承天，是其德之至柔。故曰："坤至柔。"地之运动（非地体动）是生养万物，有永恒之规律，是其动之刚。故曰："动也刚。"

至静而德方，

先秦人不知地球运转，认为天动而地静，见天之日月星辰等皆往复旋转，因而谓天道圆（非谓天体圆），又见地之山陵、原野、江河、湖海等皆不移位，不能旋转，因而谓地道方或地德方（非谓地体方）。故曰："至静而德方。"②

后得主而有常，

卦辞曰："君子有攸往，先迷后得主。"本指人行路而言。《文言》则以地道释之，意谓：地道先天而动，如春未至而桃李生花等，是为迷失正道，即"先迷"也。（此层《文言》未讲）地道后天而动，是为得天以为主，即"后得主"。有常谓地生养万物有规律。天者，地之主宰亦万物之主宰。天道有春夏秋冬之变化，而后地道有水土暖热凉寒之变化，而后草木有生长成老之变化，动物亦适应天道之变化而变化其生活。可见地与万物皆以天为主。地后天而动，自是得主，故曰："后得主。"天道之变化，一年一循环，有其规律。地道顺天，亦有其规律，故曰："有常。"（《文言》之意：君子先天时而动则迷；后天时而动则得主。）

含万物而化光。

光借为广。地包万物，而化生之，甚广大。

坤道其顺乎，承天而时行。

地道上承天道而四时运动。

积善之家必有余庆。积不善之家必有余殃。

此下数句释初六爻辞"履霜，坚冰至"。

臣弑其君，子弑其父，非一朝一夕之故，其所由来者渐矣。由辩之不早辩也。

弑，杀也，以下杀上也。辩读为辨，察也。

《易》曰："履霜，坚冰至。"盖言顺也。

顺，古语称事物发展之必然顺序为顺。《庄子·养生主》篇："适来夫子，时也。适去夫子，顺也。"夫子指老聃。此言生而来之老聃乃是偶然时机，死而去之老聃乃是必然顺序。《文言》顺字亦此义。《文言》之意："履霜，坚冰至"，乃言自然界之一种必然顺序也。以比喻人事，善渐积而福庆至，恶渐积而祸殃至，君臣父子间之罪恶渐积而臣子之弑至，乃社会上之几种必然顺序也。

"直"其正也。"方"其义也。

此下数句释六二爻辞"直方，大不习，无不利"。其犹乃也（《经传释词》有此例）。"直"乃存心之正。"方"乃行事之义。

君子敬以直内，义以方外，敬义立而德不孤。"直方，大不习，无不利"，则不疑其所行也。

此文大字当亦是衍文。爻辞云"直方，不习，无不利"，言君子存心以敬而内直，行事以义而外方，则人皆信其所行而不疑。得人之信任，即得人之赞助，虽不熟习其事或环境，亦无不利。

阴虽有美，"含"之以从王事，弗敢成也。地道也，妻道也，臣道也。地道"无成"而代"有终"也。

此数句释六三爻辞"含章可贞。或从王事，无成有终"。美指文章与贞正。《说文》："代，更也。"六三为阴爻，阴象地，又象妻，又象臣。"阴虽有美，'含'之以从王事，弗敢成也"，谓臣虽有文章之美才与可贞之美德，含此二美，以为王干事，事成而不敢有其成也。此释爻辞之"含章可贞。或从王事，无成"。"地道也，妻道也，臣道也"，谓地道即妻道，亦即臣道，地顺天，妻顺夫，臣顺君也。"地道'无成'而代'有终'也"，谓地道无所成，成在于天；但地亦能顺承天道，年年更代取得生养万物之结果。推之，臣道亦无所成，成在于君；但臣亦能顺承君命，时时更代取得干完王事之结果也。此申释爻辞之"无成有终"。

天地变化，草木蕃。

此下数句释六四爻辞"括囊，无咎无誉"。《说文》："蕃，茂也。"《文言》以天地变化，阴阳相交，比喻君臣同力，上下通情；以草木茂盛比喻百业兴隆。

天地闭，贤人隐。

《文言》以天地闭，阴阳不交，比喻君臣乖背，上下隔塞。此时也，贤人隐居不仕。

《易》曰："括囊，无咎无誉。"盖言谨也。

《易经》此爻辞盖言贤人隐居于乱世，言行谨慎之道也。括囊比喻人对事不闻不问，抱谨慎之态度。无咎无誉，则谨慎之结果。

君子"黄"中通理，

此下数句释六五爻辞"黄裳，元吉"。黄裳者，黄色之内服，此是服之黄中。黄为美丽之色，故黄裳比喻人美其内心，此是德之黄中。通理，通达事理。

正位居体，

正位，以正道居其位，如居君位尽君道，居臣位尽臣道，居父位尽父道，居子位尽子道等是。体疑借为礼，居体即居礼，犹言守礼。③《文言》正位之说乃以六五之爻位为据。六五居上卦之中位，象人以正道居其位。

美在其中，而畅于四支，发于事业，美之至也。

畅，达也。支借为肢。四肢，手足也。畅于四肢，表现于行动。君子黄中通理，正位居礼，便是美德存于内心，表现于行动，发挥于事业，是为极美，故大吉。

阴疑于阳必"战"，

此下数句释上六爻辞"龙战于野，其血玄黄"。朱熹曰："疑，谓钧（均）敌而无小大之差也。"王引之曰："疑之言拟也。"皆是也。疑当读为拟，拟犹比也。《韩非子·说疑》篇："孽有拟适（嫡）之子，配有拟妻之妾，廷有拟相之臣，臣有拟主之宠，此四者国之所危也。"诸拟字皆比拟之义。《坤》之六爻皆为阴爻，上六居一卦之上位，乃象阴达于极盛之地位，与阳势均力敌，即阴拟于阳矣。阴阳势均力敌，则必相与斗争，正如人或物两方矛盾对立，势均力敌，则必相与斗争。故曰："阴疑于阳必'战'。"

为其嫌于无阳也，故称"龙"焉。

《集解》无"无"字，乃据荀爽本也。王引之曰："荀本为长。《说文》：'嫌，疑也。'嫌于阳即上文之疑于阳也。疑之言拟也。阴盛上拟于阳，故曰嫌于阳。"亨按：王说是也，王弼本衍"无"字。两物相似谓之嫌，故嫌可训疑。然则嫌于阳谓《坤》上六之阴达于极盛，其势力等于阳也。《文言》之意：上六为阴爻，而龙为阳类之物，爻辞言"龙"者何也？因上六乃极盛之阴，其势力等于阳也。故曰："为其嫌于阳也，故称'龙'焉。"上三句释爻辞之"龙战于野"。

犹未离其类也，故称"血"焉。

朱熹曰："血，阴属。"是也。《文言》之意：爻辞言"血"者何也？因上六之阴虽嫌于阳，然其本身仍属阴类而未离乎阴类，血亦阴类也，故曰："犹未离其类也，故称'血'焉。"

夫"玄黄"者，天地之杂也。天玄而地黄。

阮元曰："古本杂下有色字。"按"杂"下当有"色"字。《说文》："杂，五采相合也。"五色相配合为杂，五色相混合亦为杂。此云"杂色"，即混合之色。《文言》之意：爻辞言"其血玄黄"者何也？非谓龙血或玄或黄，乃谓龙血成为玄黄混合之色，即天色与地色相混合之色，盖天色玄而地色黄也。故曰："夫'玄黄'者，天地之杂色也。天玄而地黄。"上句释爻辞之"其血玄黄"。（按《文言》以阴阳释此爻辞，极为迂曲）

[**附考**]　①《象传》："含弘光大。"《易传》之光有二义：其一，光即光明。《履象传》曰："刚中正，履帝位而不疚，光明也。"《大畜象传》曰："辉光日新。"《萃象传》曰："志未光也。"皆其例。其二，光借为广。光、广古通用。《书·尧典》："光被四表。"《隶释·成阳灵台碑》光作广。《荀子·礼论》篇："积厚者流泽广。"《大戴礼·礼三本》篇广作光。并其证。《坤象传》曰："含弘光大。"《坤象传》曰："不习无不利，地道光也。"又曰："或从王事，知光大也。"《坤文言》曰："含万物而化光。"《屯象传》曰："屯其膏，施未光也。"《颐象传》曰："颠颐之吉，上施光也。"《咸象传》曰："憧憧往来，未光大也。"《夬象传》曰："中行无咎，中未光也。"《兑象传》曰："上六引兑，未光也。"《涣象传》曰："涣其群元吉，光大也。"皆借光为广之例。（此采王引之说而补正之）　②《文言》："坤……至静而德方。"古有天动地静之说。《庄子·天运》篇："天其运乎？地其处乎？"（处，止也。）是其证。又有天道圆、地道方之说。《大戴礼·曾子天圆》篇："单居离问于曾子曰：'天圆而地方者，诚有之乎？'曾子曰：'如诚天圆而地方，则是四角之不相掩也。参尝闻之夫子曰：天道曰圆，地道

曰方。'" 天道之为圆，地道之为方，《大戴礼》无圆通之解说。《吕氏春秋·圜道》篇："天道圜，地道方……何以说天道之圜也？精气一上一下，圜周复杂（匝），无所稽留，故曰天道圜。何以说地道之方也？万物殊类殊形，皆有分职，不能相为，故曰地道方。"《周髀算经》："方属地，圆属天。天圆地方也。"《淮南子·天文》篇："天道曰圆，地道曰方。"《大戴礼》卢辩注引《白虎通》曰："天镇也，其道曰圆。地谛也，其道曰方。"并其证。盖古人见天之日月星辰等皆往复旋转，故曰天道圆，非谓天体圆也。又见地之山陵、原野、江河、湖海皆不移位，不能旋转，故曰地道方，非谓地体方也。《吕氏春秋》所说尚未尽其义。《文言》亦主天动地静、天道圆地道方之说，故曰："至静而德方。"德方犹道方也。　　③《文言》："正位居体。"体借为礼，二字古通用，《易》中亦有之。《系辞》上曰："知崇礼卑。"《释文》："礼，蜀才作体。"《集解》本作体。又曰："而行其典礼。"《释文》："典礼姚作典体。"是其证。

《屯》第三

☳ （下震上坎）

《屯》：元亨，利贞。勿用有攸往。利建侯。

［经意］《屯》，卦名。元，大也。亨即享字，祭也。贞，占问。建侯，天子封侯授国或命新侯嗣位。卦辞言：筮遇此卦，可举行大享之祭；乃有利之占问；不可有所往；又利于建立诸侯。

［传解］《屯》，卦名，难也。（释卦名依据《彖传》，各卦传解同此。本卦《象传》释《屯》为聚，与《彖传》异。）"元亨利贞"，《易传》之读法是："元，亨，利，贞。"元，大也。亨，美也。利，利物也。贞，正也。《屯》之卦象是雷雨并作，形成天地间险难之象，故卦名曰《屯》。但雷雨有元大、亨美、利物、贞正之德。人处险难之境，不可有所往。王处于险难之境，利于建立诸侯。

《彖》曰：《屯》：刚柔始交而难生。

此释卦名之《屯》。陆德明曰："《屯》，难也。"孔颖达说同。此解合于《象传》。《说文》："屯，难也。"可证屯字古有难义。阳为刚，阴为柔，"刚柔始交"谓阳阴二气始相交接。《屯》之下卦为震，上卦为坎。震为雷，坎为雨。然则《屯》之卦象是雷雨并作。先秦、两汉有人认为雷雨是阳阴二气相交而生。《大戴礼·曾子天圆》篇："阴阳之气……和则雨。"《淮南子·天文》篇："阴阳相薄感而为雷。"《说文》："靁（雷），阴阳薄动靁雨，生物者也。"并其证。《象传》亦主此说，认为《屯》之卦象是雷雨并作，雷雨并作是阳阴二气始交，发生斗争，出现艰难，所以卦名曰《屯》。

动乎险中，大"亨贞"。

此释卦辞之"元亨贞"。《屯》之内卦为震，外卦为坎。震，动也。坎，险也。然则《屯》之卦象又是"动乎险中"。雷雨作即雷雨动。雷雨动，则震惊百里，冲击万物，形成天地间险而不平常之现象，是雷雨动于险中。但万物之生长，赖乎"雷以动之，雨以润之"（二语见《说卦》），是雷雨有元大、亨美之德。雷雨之动在春、夏、秋三季，有规律性，是雷雨又有贞正之德。所以卦辞曰："元，亨，贞。"

雷雨之动满盈，天造草昧。

此释卦辞之"利"。章炳麟说："草昧借为草木。"①是也。雷雨之动满盈于天下，乃天以雷雨创造草木，以利人与鸟兽昆虫，是雷雨有利物之德，所以卦辞曰"利"。

宜"建侯"而不宁。

此释卦辞之"利建侯"。亨按传文此句与经文相矛盾，经文以建侯为利，传文何能云建侯不宁哉？《释文》："郑读而为能，能犹安也。"则"而不宁"犹"安不宁"也。②但余疑不当读为丕。古书常以不为丕。《尔雅·释诂》："丕，大也。"丕宁，大安也。《屯》卦有险难之象，王国有险难，则宜建立诸侯，以卫护王朝，而后大安。所以卦辞曰："利建侯。"而传释之曰："宜建侯而丕宁。"按《象传》未释卦辞"勿用有攸往"一句。

《象》曰：云雷，《屯》。君子以经纶。

《广雅·释诂》："《屯》，聚也。"《象传》乃训《屯》为聚。(九五《象传》可证) 经纶犹经纬也。③《屯》之上卦为坎，下卦为震。坎为云，震为雷。然则《屯》之卦象是为云雷聚，云行于上，雷动于下，是以卦名曰《屯》。按《象传》乃以雨比恩泽 (云是未降之雨)，以雷比刑，以云行于上，雷动于下而未有雨，比君之恩泽未降于民，而刑罚已施于下。君子观此卦象及卦名，则善于兼用恩泽与刑罚，以经纬国家。故曰："云雷，《屯》。君子以经纶。"

初九：磐桓，利居贞，利建侯。

[经意] 磐，大石。桓疑借为垣，墙也。居贞，占问居处，与后世所谓"卜居"同意。爻辞言：以大石为院墙，是居处安固之象，又是诸侯围护王朝之象，故筮遇此爻，占问居处则利，建立诸侯亦利。(何楷说："磐，大石也。桓，柱也。磐桓，以大石为柱。"④亦通。)

[**传解**] 《释文》："磐本亦作盘，又作槃。马云：'槃桓，旋也。'"合于传意。磐桓，徘徊也，徬徨也，回旋不进也。贞，正也。"磐桓，利居贞"言人当徘徊之时，利在居于正道。余与经意同。

《象》曰：虽"磐桓"，志行正也。

传意：爻辞云"磐桓，利居贞"，言人虽徘徊，而思想正，行为正，故利也。

以贵下贱，大得民也。

"以贵下贱"，谓贵者以谦虚之态度对待庶民，听取庶民之意见。传意：爻辞云"利建侯"，言建侯之利在于所建之侯能以贵下贱，大得民心也。《象传》此释乃以初九及六二、六三、六四之爻象爻位为据。初九为阳爻，六二、六三、六四皆为阴爻。阳为君、为贵，阴为民、为贱。初九居六二、六三、六四之下是以贵下贱之象。

六二：屯如邅如，乘马班如，匪寇婚媾。女子贞不字，十年乃字。

[**经意**] 屯，聚也。邅，转也。班读为般，旋也。匪借为非。婚媾，犹婚姻也。贞，占问。字，许嫁。爻辞言：有多人屯然而拥至，邅然而转行，乘马般然而回旋，非劫掠之寇贼，乃求女之婚媾，可以许嫁矣。女子占筮遇此爻，而不许嫁，则十年乃能许嫁。

[**传解**] 贞，正也。余与经意同。爻辞言：有多人乘马而来求婚，但终未订婚，女子有贞正之操，而不得许嫁于人，十年乃能许嫁。

《象》曰："六二"之难，乘刚也。"十年乃字"，反常也。

乘刚，柔乘刚也。因本爻为阴为柔，故省柔字。乘，凌也。柔乘刚谓以女凌男。传意：六二云"女子贞不字，十年乃字"，乃言女子有贞正之操而许嫁，则难，此以其人以女凌男，以柔乘刚，无柔顺之德，无人敢娶也。其人直至十年，始能许嫁，以其人违反男尊女卑、男健女顺之常道也。《象传》此释乃以六二及初九之爻象爻位为据。六二为阴爻，初九为阳爻。阴为柔，阳为刚。六二在初九之上，是为柔乘刚。

六三：即鹿无虞，惟入于林中，君子几不如舍，往吝。

[**经意**] 即鹿犹逐鹿也。虞，官名，为贵族掌管鸟兽，在贵族行猎时，为之驱出鸟兽。几，求也。舍借为捨，弃也。吝，难也。爻辞言：君

子逐鹿而无虞官助之，鹿入于林中，则求之不如舍之，仍往求之，亦难得鹿。此象人有所追求，无人相助，而所追求者又难得，则宜知难而止。

[传解] 与经意同。

《象》曰："即鹿无虞"，以从禽也。"君子舍"之，"往吝"穷也。⑤

《说文》："从，随行也。"引申为追逐之义。又《说文》："禽，走兽总名。"此禽字指鹿。穷，穷于术，即今语所谓"没办法"。传意：爻辞云"即鹿无虞"，言逐鹿无虞官助之以追此兽也。云"君子几不如舍，往吝"，言君子舍鹿不追，因往求亦难得，穷于捕之之术也。

六四：乘马班如，求婚媾，往吉，无不利。

[经意] 乘马盘旋，将求婚媾，筮遇此爻，则往吉，无不利。

[传解] 与经意同。

《象》曰："求"而"往"，明也。

明者，王弼曰："见彼之情状也。"传意：爻辞云"求婚媾，往吉，无不利"，因男家求婚而往，明晓女家之情况也。明晓女家之情况，则能达目的，结良缘，吉而无不利。

九五：屯其膏，小贞吉，大贞凶。

[经意] 屯，聚也，即屯积。膏，肥肉。贞，占问。小贞，占问小事。大贞，占问大事。爻辞言：人屯积肥肉，不以予人，正如屯积货财，不以施人，其吝啬甚矣。以此占问小事则吉，以其不须他人辅助也；占问大事则凶，以其无他人辅助也。

[传解] "屯其膏"句与经意同。贞，正也。小贞，小事得其正。大贞，大事得其正。爻辞言：屯其膏，不施予，为小事得其正，尚可成；为大事得其正，亦必败。

《象》曰："屯其膏"，施未光也。

《象传》训屯为聚。光借为广。(说见《坤》卦) 传意：爻辞云"屯其膏"，此喻人屯积货财，少有施予，其施予未广也。

上六：乘马班如，泣血涟如。

[经意] 泣血犹流泪也。《礼记·檀弓》上："高子皋之执亲之丧也，

泣血三年。”郑注：“言泣无声，如血出。”涟如犹涟然，流泪不断之貌。乘马盘旋，流泪不止，是其行徘徊，其心悲痛，当是凶象。

[**传解**] 与经意同。

象曰：“泣血涟如”，何可长也。

传意：爻辞云“泣血涟如”，当是遇灾凶，临危亡，不可长久也。

[**附考**] ①《象传》：“天造草昧。”草昧旧解皆误，从略。章炳麟曰：“《说文》：‘未，味也，象木重枝叶也。’未为木重枝叶。易言‘天造草昧’则草木之借也。”（《章氏丛书·文始》卷二）亨按章说是也。未《说文》作米，金文作米（《史兽鼎》），作米（《守敦》），甲骨文作米（《殷虚书契后编》上第八叶），作米（《龟甲兽骨文字》卷一第十五叶）。皆从木，象枝叶重复之形。进而考之，未甲骨文又作米（《殷虚书契前编》卷二第九叶），作米（《殷虚书契后编》下第一叶），作米（同上）。直是木字。木未双声，木未似古为一字。天造草昧即天造草木，谓雷雨之动是天成草木也。《解象传》曰：“雷雨作而百果草木皆甲坼。”与此意同。　　②《象传》：“宜建侯而不宁。”《释文》：“郑读而为能。能犹安也。”马国翰曰：“推寻郑义，能当如《书·舜典》‘柔远能迩’之能，不宁即《比》卦之‘不宁方’也。亨按《诗·民劳》亦曰：“柔远能迩。”能迩即安迩也。能训安实借为宁。（能、宁古通用。《诗·正月》曰：“宁或灭之。”王应麟《诗考》谓《汉书·谷永传》引《诗》宁作能。是其证。）然则而不宁即能不宁，能不宁即宁不宁，言定国家之不宁也。此说可备一解。　　③《象传》：“君子以经纶。”《说文》：“经，织也。纶，青丝绶也。”绶是绳属，因而编丝成绳亦谓之纶。《诗·采绿》：“之子于钓，言纶之绳。”纶之绳即编丝成钓鱼绳也。是其例。织布帛为经，编丝成绳为纶，引申之，人经纬国家如创兴礼教、建立法度等，古亦谓之经纶。《礼记·中庸》：“唯天下至诚为能经纶天下之大经，立天下之大本。”经纶二字义与此同。　　④初九：“磐桓，利居贞，利建侯。”何楷曰：“磐，大石也。桓，亭邮表也。（按桓训见《说文》）《汉书》注云：‘亭邮四角建大木，贯以方板，名曰桓表，陈宋间言桓声如和，今犹谓之和表。’（按《酷吏尹赏传》颜注引如淳说）即《檀弓》所谓‘桓楹’也。”依此说，则盘桓是以盘为桓，即以石为柱也。贵族宫殿以石为柱，则更坚固，故曰：“利居贞。”诸侯如王朝之石柱，故曰：“利建侯。”此解亦通。　　⑤《象传》：“‘即鹿无虞’，以从禽也。‘君子舍’之，‘往吝’穷也。”郭京本以上有何字。程迥曰：“蔡邕石经、郭京《举正》：‘即鹿无虞，何以从禽也。’皆有何字。今本脱。”按石经有何字，其义较长。但无何字亦通，故不据补。

《蒙》第四

䷃（下坎上艮）

《蒙》：亨。匪我求童蒙，童蒙求我。初筮告，再三渎，渎则不告。利贞。

[经意]《蒙》，卦名。亨即享字，言筮遇此卦，可举行享祭。匪借为非。蒙借为矇，目生翳而视不明也，引申为愚昧之义。童蒙即幼稚愚昧之人。"匪我求童蒙，童蒙求我"，乃筮人之辞，言非我去求童蒙为之占筮，乃童蒙来求我为之占筮，即非我往筮，是人来筮。渎借为嬻，轻侮不敬也。"初筮告，再三渎，渎则不告"，亦筮人之辞，言童蒙以某事初来筮，则为之筮而告以吉凶；若不相信，以此事再三来筮，是轻侮筮人，则不为之筮。以上五句乃筮人之守则，因有蒙字，故系在《蒙》卦。贞，占问，"利贞"言筮遇此卦，乃有利之占问。

[传解]《蒙》，卦名，昧也，不明也。（《象传》释《蒙》为蒙盖或蒙昧）亨，美也。贞，正也。余与经意同。

《彖》曰：《蒙》，山下有险，险而止。《蒙》。

此释卦名。上《蒙》字乃举卦名。《蒙》之上卦为艮，下卦为坎。艮为山，坎为险。然则《蒙》之象象是"山下有险"。又艮，止也。然则《蒙》之卦象又是"险而止"。人见山下有险，遇险而止，不敢冒险以进，因其不明于险之情况也。是以卦名曰《蒙》。故曰："《蒙》，山下有险，险而止，《蒙》。"

《蒙》"亨"，以亨行时中也。

此下释卦辞。中，正也。《蒙》之卦象卦义是不明于事物之情况，遇险而止。卦辞云"亨"者以人有亨美之行，进止得其时又得其正也。

"匪我求童蒙，童蒙求我"，志应也。

应犹合也。卦辞云"匪我求童蒙，童蒙求我"，因我通占筮之术，与童蒙求筮之志相合也。

"初筮告"，以刚中也。"再三渎，渎则不告"，渎蒙也。

刚，健也。中，正也。卦辞云"初筮告"，因求筮者占问刚健正中之事也。（若其占问阴贼邪僻之事，虽是初筮而亦不告。）云"再三渎，渎则不告"，因求筮者轻侮筮人，而又愚昧也。《彖》传以刚中为释，乃以九二之爻象爻位为据。九二为阳爻，为刚，居下卦之中位，是为刚中，象人有刚健正中之德。

蒙以养正，圣功也。

《蒙》卦辞云"利贞"者，言人不明于事物之情况，而能养贞正之德，即圣人之修养工夫，利在于正也。

《象》曰：山下出泉，《蒙》。君子以果行育德。

《象传》释《蒙》为蒙盖。《论语·雍也》篇："由也果。"《集解》引包曰："果谓果敢决断也。"《蒙》之上卦为艮，下卦为坎。艮为山，坎为泉。然则《蒙》之卦象是"山下出泉"。山下出泉，其源被山蒙盖，是以卦名曰《蒙》。按《象传》以泉水比人之美德，认为：泉水以其流果决不回，终能冲破山之压盖而流出，成为渊河，正如人有美德，以其行果决不回，终能冲破外界之压盖而贯彻，成其事业。君子观此卦象及卦名，从而果其行以育其德。故曰："山下出泉，《蒙》。君子以果行育德。"

初六：发蒙，利用刑人，用说桎梏，以往吝。

[经意] 发，除去也。蒙借为矇，目生翳不明也。发蒙，医去其目翳而复明也。利用犹利于也。说读为脱。用说犹以脱也。桎、梏皆刑具，在足曰桎，在手曰梏。吝，难也。爻辞言：除去目之蒙翳，乃去黑暗之境、入光明之域之象。刑人脱桎梏，出牢狱，亦是去黑暗之境，入光明之域。故筮遇此爻，利于刑人，以脱桎梏。但矇者不能见路，发矇虽能见路，而不知由某处至某处之路，以其无经验。故筮遇此爻，有所往则困难。

[传解]　与经意同。

《象》曰："利用刑人"，以正法也。

传意：爻辞云"利用刑人，用说桎梏"，言君上依法律释放拘囚之刑人，以正其法律也。

九二：包蒙吉，纳妇吉，子克家。

[经意]　包疑借为庖，主炊食之厨人也。蒙借为矇。蒙下吉字疑当作吝，形似而误。吝，难也。纳妇，为子娶妻。克，成也。爻辞言：厨人目矇失明，则厨事废，有困难。为子娶妻，有人主炊食，则吉，子亦因而成家。

[传解]　与经意同。

《象》曰："……子克家"，刚柔接也。

传意：爻辞云"纳妇吉，子克家"，男为阳刚，女为阴柔，子娶妻是男女相配，刚柔相接也。《象传》此释乃以九二及六三之爻象爻位为据。九二为阳爻、为刚，六三为阴爻、为柔。九二在六三之下，是为"刚柔接"，象男女相配。

六三：勿用取女，见金，夫不有躬，无攸利。

[经意]　取借为娶。金，铜也，非黄金。周初铜为珍贵之财物，故女家用之陪嫁。夫不有躬，夫丧其身。筮遇此爻，勿举行娶女之事，娶女但见陪嫁之金，而女之夫将有丧身之祸，无所利。（闻一多曰："疑夫当为矢，躬当为弓，并字之误也。金矢即铜矢，谓铜镞之矢。不有弓即无有弓。有矢无弓，不能射，故占曰：'无攸利。'"）

[传解]　与经意同。

《象》曰："勿用取女"，行不顺也。

传意：爻辞云"勿用取女……"，因女子之行悖逆不顺，以女凌男也。《象传》此释乃以六三及九二之爻象爻位为据。六三为阴爻、为柔，九二为阳爻、为刚。六三居九二之上是为柔乘刚，象以女凌男。

六四：困蒙，吝。

[经意]　蒙借为矇，愚昧也。吝，难也。困蒙，处于困境之愚昧之

人。如此人者有艰难。

[**传解**]　与经意同。

《象》曰："困蒙"之"吝"，独远实也。

传意：爻辞云"困蒙，吝"，因其人愚昧，所见远离于客观事实，故招致艰难。

六五：童蒙，吉。

[**经意**]　蒙借为矇，愚昧也。童蒙是年幼无知之人。童蒙在大人爱护教养之下，故吉。

[**传解**]　童蒙顺从大人，故吉。

《象》曰："童蒙"之"吉"，顺以巽也。

《杂卦》曰："《巽》，伏也。"伏而服从为巽。① "顺以巽"谓柔顺而服从。

传意：爻辞云"童蒙，吉"，因童蒙柔顺而服从大人，故吉也。《象传》此释乃以六五及上九之爻象爻位为据。六五为阴爻、为柔，上九为阳爻、为刚。六五在上九之下，象人之柔者服从刚者。

上九：击蒙，不利为寇，利御寇。

[**经意**]　蒙借为矇，愚昧也，错乱也。击蒙，攻击愚昧之人或昏乱之国。为寇，侵略性之进攻。御寇，自卫性之抵抗。爻辞言：击蒙易于取胜，然为寇则不利，御寇则利。

[**传解**]　与经意同。

《象》曰："利"用"御寇"，上下顺也。

传意：爻辞云"利御寇"，因御寇是自卫，上自大臣，下至庶民，皆顺从而支持之，必能胜利也。

[**附考**]　①《象传》："'童蒙'之'吉'，顺以巽也。"亨按《杂卦》曰："《巽》，伏也。"此乃巽之本义。《巽》九二曰："巽在床下。"是也。考巽即㔾字。㔾篆文作𢎘，甲骨文作𢎘（《龟甲兽骨文字》卷一第二十四叶），从二卩。卩，古跽字，象人跪形。𢎘象二人跪形，跪而服从之意也。巽篆文作𢀔，作𢀖，并从㔾。疑殷周古文当作𢎘，象二人跪于地上之形，即㔾之重文。要之，伏于床下谓之巽，跪于地上亦谓之巽，其义一也，而稍有别。巽字又引申为谦逊之义，《易传》常用之。

《需》第五

䷄（下乾上坎）

《需》：有孚，光。亨。贞吉。利涉大川。

[经意]　《需》，卦名。孚即俘字，虏夺人口与财物。亨即享字，祭也。贞，占问。卦辞言：筮遇此卦，战争有所俘虏，是光荣；可举行享祭；所占之事吉；利于渡大川。

[传解]　《需》，卦名，待也。（《象传》亦释《需》为待，又释《需》为驻。）"有孚光亨贞吉"，《易传》之读法是："有孚光亨贞，吉。"孚，信也。光，光明。亨，美也。贞，正也。此言人有诚信、光明、亨美、贞正之德，故吉也。余与经意同。

《彖》曰：《需》，须也。险在前也，刚健而不陷。其义不困穷矣。

此释卦名。须，待也。[①]义读为宜。[②]《彖传》之意：《需》卦之需，即须待，谓须待时机也，故曰："《需》，须也。"《需》之前卦（即上卦）为坎，后卦（即下卦）为乾。坎，险也；乾，健也。然则《需》之卦象是人有刚健之德，遇有险在前，而处于险后，不去冒险，以须待时机，如此则不陷于险，宜其不困穷矣。故曰："险在前也，刚健而不陷。其义不困穷矣。"

《需》，"有孚光亨贞吉"，位乎天位，以正中也。

此下释卦辞。《需》，重举卦名也。上位字当读为立，立犹处也。天位，最尊贵之位，即王位。《需》卦辞云"有孚光亨贞吉"，言其人处于王位，有孚信[③]、光明、亨美、贞正之德，所以为吉。但孚信也，光明也，亨美也，皆以贞正为准则，因而其吉也实出于正中。故曰："'有孚光亨贞吉'，位乎天位，以正中也。"《象传》此释乃以卦象及九五之爻象爻位为据。需之下卦为乾，乾为天。九五为阳爻，阳象君。九五居上卦之中位，又在乾卦之上，象人处于王位，有正中之德。

"利涉大川"，往有功也。

卦辞云"利涉大川"，言其顺利渡过，往而有功。

《象》曰：云上于天，《需》。君子以饮食宴乐。

《象传》亦训需为待。宴，安也。《需》之上卦为坎，下卦为乾。坎为云，乾为天。然则《需》之卦象是"云上于天"，待时而降雨，是以卦名曰《需》。按《象传》以雨比德泽（云是未降之雨），以天比朝廷，以云上于天，喻德泽在朝廷之上，待时以降于民。君子观此卦象及卦名，从而饮食安乐，待时见用。故曰："云上于天，《需》。君子以饮食宴乐。"

初九：需于郊，利用恒，无咎。

［经意］　需，停驻。（不必有所待，下同。）郊，邑外称郊，平旷之野地。恒，久也。爻辞言：停驻于旷平之郊野，比喻人停驻于平安广阔之环境，久处之有利而无咎。

［传解］　与经意同。

《象》曰："需于郊"，不犯难行也。"利用恒，无咎"，未失常也。

《象传》亦训需为停驻。按需待必停驻，停驻是需之引申义，故《象传》既训需为待，又训需为停驻。传意：爻辞云"需于郊"，言人停驻于郊野，不犯险难以行动也。云"利用恒，无咎"，言郊野利于久处，未失其常道，故无咎也。

九二：需于沙，小有言，终吉。

［经意］　沙，难行而可以走出之地。言，谴责。爻辞言：停驻于难行而可以走出之沙上，比喻人停驻于艰难而可以脱离之环境，则小受他人之谴责，因而离去，其结果乃吉。

［传解］　与经意同。

《象》曰："需于沙"，衍在中也。虽"小有言"，以"吉""终"也。

今本吉终作终吉，误。终字协韵。《校勘记》曰："石经、岳本、监、毛本作吉终。"《集解》本同。今据改。孔广森说：衍借为愆④是也。愆，过也。中犹内也，指其人之自身。传意：爻辞云"需于沙"，言其地不可停驻而停驻，可离去而不离去，过失在其人之自身也。云"小有言，终吉"，言其人停驻于沙上，虽小受谴责，但因而离去，终归于吉也。

九三：需于泥，致寇至。

［**经意**］ 泥，污秽难行之地。致，使之至。爻辞言：停驻于泥中，比喻人停驻于污秽难行之环境，则招致贼寇来矣。

［**传解**］ 与经意同。

《象》曰："需于泥"，灾在外也。自我"致寇"，敬慎不败也。

传意：爻辞云"需于泥"，此将有灾自外来也。云"致寇至"，乃自我招致贼寇，然能敬慎以防御之，亦可不败也。

六四：需于血，出自穴。

［**经意**］ 需于血，停驻于血泊之中。出自穴，由穴窦中逃出。此疑是古代故事。盖有人在杀人流血之变乱中，初停驻于血泊中，后由穴窦逃出。爻辞借此故事，以示此爻是先遇凶险而后幸免之象。《左传》哀公元年记夏代寒浞之子浇杀夏帝相。帝相之后缗方在孕期，逃出自窦，归于有仍，生少康。少康后立为夏帝。与此故事相类。

［**传解**］ 与经意同。

《象》曰："需于血"，顺以听也。

王弼曰："见侵则辟（避），顺以听命者也。"是也。传意：爻辞云"需于血，出自穴"，言其人在有权势者杀戮之下，不奋力反抗，乃踏血泊，出穴窦，以逃避之，是顺以听命者也。《象传》此释乃以六四及九五之爻象爻位为据。六四为阴爻，九五为阳爻。阴为柔，阳为刚。六四居九五之下，象人之弱者听命于强者。

九五：需于酒食，贞吉。

［**经意**］ 贞，占问。人停驻于酒食之前，面临醉饱之利，自是吉象。故筮遇此爻，所占问之事吉。

［**传解**］　贞，正也。停驻于酒食之前，以正得之乃吉。

《象》曰："……酒食贞吉"，以中正也。

传意：爻辞云"需于酒食，贞吉"，以其人有正中之德，而得醉饱之福也。《象传》此释又以九五之爻位为据。九五居上卦之中位，象人有正中之德。

上六：入于穴，有不速之客三人来，敬之终吉。

［**经意**］　穴，山洞。古人住山洞，谓之穴居，入于穴犹言入于室。速，召也，延请也。此疑古代故事。盖有人入其所居山洞之内，忽有未延请之客三人来，其人敬而礼之，终得吉福。爻辞借此故事，以示筮遇此爻，当以敬客而得利。

［**传解**］　与经意同。

《象》曰："不速之客来，敬之终吉"。虽不当位，未大失也。

王念孙曰："吉下当有也字。"⑤是也。亨按上六是阴爻居阴位，正是当位，可见传文有误。疑虽当读为唯。不当作其，篆文其作𠀒、不作𠬑，形相近，故误。⑥传意：爻辞云"有不速之客三人来，敬之终吉"，言主人敬客，恰当其位，唯其当位，不为大失，所以终吉。故曰："不速之客来，敬之终吉也。虽其当位，未大失也。"《象传》此释乃以上六之爻象爻位为据。上六为阴爻，第六爻为阴位，阴爻居于阴位，是为当位。象人所行之事与其所处之地位相当。

［**附考**］　①《象传》："《需》，须也。"须可训待。《仪礼·士昏礼》："某敢不敬须。"郑注："须，待也。"须训为待，实借为𩓣。须𩓣同声系，古通用。《说文》："𩓣，待也，从立，须声。"　②《彖传》："其义不困穷矣。"《易传》常以义为宜。义、宜古通用。《旅象传》曰："以旅在上，其义焚也。"《释文》："一本作宜其焚也。"此本书义、宜通用之证。《复象传》曰："频复之厉，义无咎也。"《解象传》曰："刚柔之际，义无咎也。"《渐象传》曰："小子之厉，义无咎也。"《既济象传》曰："曳其轮，义无咎也。"义无咎即宜无咎。《贲象传》曰："舍车而徒，义弗乘也。"义弗即宜弗。《姤象传》曰："包有鱼，义不及宾也。"义不即宜不。《小畜象传》曰："复自道，其义吉也。"《随象传》曰："随有获，其义凶也。"《旅象传》曰："以旅与下，其义丧也。"

《鼎象传》曰："鼎耳革，夫其义也。"其义即其宜。上举诸例，义皆当读为宜。（此采王引之说而加以改动）　　③《象传》："有孚光亨贞吉，位乎天位，以正中也。"《易经》之孚，《易传》皆训为信。《坎》曰："有孚。"《象传》释之曰："行险而不失其信。"《革》曰："巳日乃孚。"《象传》释之曰："革而信之。"《中孚》曰："中孚豚鱼吉。"《象传》释之曰："信及豚鱼也。"《大有》六五曰："厥孚交如。"《象传》释之曰："信以发志也。"《丰》六二曰："有孚发若。"《象传》释之曰："信以发志也。"《革》九四曰："有孚改命吉。"《象传》释之曰："信志也。"《兑》九二曰："孚兑吉。"《象传》释之曰："信志也。"皆以信释孚，是其证。唯《比》初六曰："有孚盈缶。"《象传》当读孚为宝，不释为信。　　④《象传》："需于沙，衍在中也。"孔广森曰："衍盖古文愆字之省。二爻云'衍在中'，三爻云'灾在外'，意正相对。《周易》多古文。《损象传》：'惩忿窒欲。'《释文》惩作征。《系辞》：'言天下之至赜而不可恶也。'荀爽本恶作亚。并省不著心者。"（《经学卮言》）亨按孔读衍为愆，是也。衍、愆同声系，古通用。《左传》昭公二十一年："乐大心、丰愆、华轻御诸横。"《释文》："愆，本或作衍。"即其证。　　⑤《象传》："不速之客来，敬之终吉。"王念孙曰："吉下当有也字。《象传》无连三句不用也字者。且入韵之字，其下皆有也字。此传吉字与失为韵，不得独无。传之以吉失为韵者，如《讼象传》：'食旧德，从上吉也。复即命渝，安贞不失也。'《比象传》：'《比》之初六，有它吉也。比之自内，不自失也。'《小畜象传》：'复自道，其义吉也。牵复在中，亦不自失也。'《随象传》：'官有渝，从正吉也。出门交有功，不失也。'吉下皆有也字。此一证也。《象传》称经文即以为韵者，其韵下皆有也字。如《比象传》：'比之初六，有它吉也。'《大有象传》：'《大有》初九，无交害也。'此类不可枚举。其有上二句称述经文，下二句统释其义者，亦如之。如《讼象传》：'不克讼，归逋窜也。自下讼上，患至掇也。'《归妹象传》：'帝乙归妹，不如其娣之袂良也。其位在中，以贵行也。'与此传正同，而第二句末皆有也字。此又一证也。唐石经已脱也字。"　　⑥《象传》："虽不当位，未大失也。"亨按《易传》之例，阳爻居阳位，阴爻居阴位，谓之当位。阳爻居阴位，阴爻居阳位，谓之不当位。上六为阴爻居阴位，正是当位，何能云"虽不当位"哉？《象传》有误字，明矣。余谓虽当读为唯。虽、唯同声系，古书多通用。《礼记·少仪》："虽有君赐，肃拜。"郑注："虽或为唯。"《杂记》下："虽三年之丧可也。"郑注："虽或为唯。"《庄子·庚桑楚》篇："唯虫能虫。"《释文》："一本唯作虽。"并其证。不当作其，篆文形似而误。说已见前。

《讼》第六

☰☵ （下坎上乾）

《讼》：有孚，窒惕，中吉，终凶。利见大人。不利涉大川。

[经意] 《讼》，卦名。孚，古俘字。窒借为怰，惧也。（窒义采闻一多说）惕，警惕。卦辞言：筮遇此卦，战争中有所俘虏，但须恐惧警惕，其过程是中段吉、终段凶；利于见大人；不利于渡大川。

[传解] 《讼》，卦名，争讼也。孚，信也。余与经意同。

《彖》曰：《讼》，上刚下险，险而健，《讼》。

此释卦名。上《讼》字，举卦名也。《讼》之上卦为乾，下卦为坎。乾，刚也，健也；坎，险也。然则《讼》之卦象是"上刚下险，险而健"。人阴险而又刚健，则争讼，所以卦名曰《讼》。

《讼》，"有孚窒惕中吉"，刚来而得中也。

卦辞云"有孚，窒惕，中吉"，言人之争讼，有忠信之德，存惧惕之心，事之中段乃吉。其所以如此，因其人刚健而得正中之道，气壮不挠，理直不曲也。《彖传》此释乃以九五及九二之爻象爻位为据。九五为阳爻、为刚，居上卦之中位，九二亦为阳爻、为刚，居下卦之中位，是为"刚来而得中"，象刚健之人得正中之道。

"终凶"，讼不可成也。

卦辞云"终凶"，因讼事无所谓成功，讼而败固有损失，讼而胜亦有损失。

"利见大人"，尚中正也。

卦辞云"利见大人"，因其人尊尚正中之道，取得大人之敬重，从而得利也。《彖传》此释亦以九五及九二之爻象爻位为据。九五及九二分居上下卦之中位，象人得正中之道，前文已言之矣。

"不利涉大川"，入于渊也。

卦辞云"不利涉大川"，言渡大川时与人争讼（吵架），则坠入渊中也。

《象》曰：天与水违行，《讼》。君子以作事谋始。

违行，相背而行。《集解》引荀爽曰："天自西转，水自东流，上下违行，成讼之象也。"古人对于天象缺乏科学之理解，见日月星辰之运行皆由东向西，遂认为天向西转①，而水则向东流，天与水相背而行。《讼》之上卦为乾，下卦为坎。乾为天，坎为水。然则《讼》之卦象是天运于上，水流于下，天与水相背而行。人与人相背而行，则有矛盾与斗争，而讼事起。是以卦名曰《讼》。君子观此卦象及卦名，从而作事必考虑其始，以杜争讼之端。故曰："天与水违行，《讼》。君子以作事谋始。"

初六：不永所事，小有言，终吉。

[**经意**] 不永所事，从事未久而中止。言，谴责。筮遇此爻，所作之事中止，将小受他人谴责，但结果是吉。

[**传解**] 事，指讼事。言，指官吏谴责。余与经意同。

《象》曰："不永所事"，讼不可长也。虽"小有言"，其辩明也。

辩，谈判也。传意：爻辞云"不永所事"，因讼事累人，不可长为也。云"小有言，终吉"，言兴讼而罢讼，虽小受官吏之谴责，然双方是非曲直之谈判已明，各得其平，故终吉也。

九二：不克讼，归而逋，其邑人三百户无眚。

[**经意**] 克，胜也。克讼犹今语之"胜诉"。逋，逃也。眚，灾也。爻辞言：奴隶主虐其邑人，邑人讼之于上级奴隶主，其人败诉，将受惩罚，乃归而逃走，其邑人三百家得免于灾难。此是古代故事。（闻一多曰："疑逋当读为赋。赋，敛取其财物也。'不克讼，归而赋其邑人三百户，无眚'者，盖讼不胜而有罪，乃归而赋敛其邑人，于是财用足而得以自赎，故曰无眚也。"）

[**传解**] 与经意同。

《象》曰："不克讼"，"归逋"窜也。自下讼上，患至掇也。

陆德明曰："窜，逃也。"《说文》："窜，匿也，从鼠在穴中。"是鼠逃入穴中为窜。至，止也。逮当读为辍，辍亦止也。传意：爻辞云"不克讼，归而逋"，言其人败诉，归而逃窜也。云"其邑人三百户无眚"，言邑人自下讼上，灾患因而辍止也。②

六三：食旧德，贞厉，终吉。或从王事，无成。

[**经意**]　食借为饬，修也。旧德，故有之美德。贞，占问，厉，危也。爻辞言：人修其旧德，所占之事虽属危险，亦终吉。又筮遇此爻，或为王干事，则无成。

[**传解**]　上句之读法是："食旧德，贞，厉终吉。"贞，正也。余与经意同。

《象》曰："食旧德"，从上"吉"也。

传意：爻辞云"食旧德，贞，厉终吉"，言修其旧德，是为正道，正道在于服从君上，服从君上则虽危亦终吉也。《象传》此释乃以六三及九四之爻象爻位为据。六三为阴爻，象臣下；九四为阳爻，象君上。六三在九四之下，象臣下服从君上。

九四：不克讼，复即命渝。安贞吉。

[**经意**]　复，返也。即犹从也。渝读为谕。《说文》："谕，告也。"贞，占问。安贞，占问安否。爻辞言：人不胜诉，则返而从君上之命令告谕。又筮遇此爻，占问安否则吉。

[**传解**]　贞，正也。安贞，安于正道。余与经意同。

《象》曰："复即命渝"，"安贞"不失也。

传意：爻辞云"不克讼，复即命渝。安贞吉"，言人不胜诉，返而从君上之命令告谕，是安于正道而不失，故吉也。

九五：讼元吉。

[**经意**]　元，大也。筮遇此爻，讼事大吉。

[**传解**]　与经意同。

《象》曰："讼元吉"，以中正也。

传意：爻辞云"讼元吉"，以讼者行其正中之道也。《象传》此释乃以九五之爻位为据。九五居上卦之中位，象人守正中之道。

上九：或锡之鞶带，终朝三褫之。

〔经意〕 锡借为赐。鞶带，以革制成之腰带，大夫以上始得系之。终朝犹终日。褫，夺也。爻辞言：筮遇此爻，王侯或赐其人以鞶带，然在一日之间，三次下令夺回之，其宠荣不可保。

〔传解〕 或锡之鞶带，王侯以其人兴讼争功而赐之。余与经意同。

《象》曰：以讼受服，亦不足敬也。

传意：爻辞云"或锡之鞶带，终朝三褫之"，言其人以争讼而受鞶带之服，非有足敬之功德，所以王侯赐而复悔，一日三夺之也。

〔附考〕 ①《象传》："天与水违行，《讼》。"《逸周书·武顺》篇："天道尚左，日月西移。地道尚右，水道东流。"与"天与水违行"之说相合。　②《象传》："自下讼上，患至掇也。"亨按至有止义。《诗·泮水》："鲁侯戾止。"毛传："止，至也。"止训至，则至亦可训止。《荀子·礼论》篇："社止于诸侯。"《史记·礼书》作"社至乎诸侯"。可证至有止义。(详见拙著《韩非子新笺》)掇当读为辍。二字同声系，古通用。《文选·魏都赋》："剸剐罔掇。"李注"辍掇古字通"是其证。《尔雅·释诂》："辍，已也。"《论语·微子》篇："耰而不辍。"《集解》引郑云："辍，止也。"患至掇犹言患辍止，谓灾患停止也。又按《象传》以归逋窜释经之"归而逋"，以患至掇释经之"无眚"，足以证明传之读法。《易传》作者认为：君上残暴无道，臣下即可以下伐上，故《革象传》曰："汤武革命，顺乎天而应乎人。"人民即可以下讼上，故本爻《象传》曰："自下讼上，患至掇也。"《周礼·大司寇》："以肺石达穷民，凡远近茕独老幼之欲有复于上而其长弗达者，立于肺石，三日士听其辞，以告于上，而罪其长。"是《周礼》作者订出自下讼上之制度。又按劳动人民反抗统治者，用暴动、起义等种种手段，然则邑人自下讼上，亦是反抗统治者之一种斗争手段，虽统治者之法令不允许，劳动人民亦敢为之。在统治者上级下级矛盾之情况下，劳动人民讼上取得胜利，亦属可能。

《师》第七

䷆（下坎上坤）

《师》：贞丈人吉，无咎。

[**经意**]《师》，卦名。贞，占问。丈人，《集解》引《子夏传》作大人，是也。《易经》中之大人皆贵族之称。筮遇此卦，大人有所占问，则吉而无咎。

[**传解**]《师》，卦名，众也。（《象传》亦释《师》为众，又释《师》为军队。）贞，正也。大人指国君。"《师》贞，大人吉，无咎"，言众人皆正，则国君吉而无咎。

《彖》曰：《师》，众也。"贞"，正也。能以众正，可以王矣。

《序卦》曰："《师》者，众也。"与《象传》之训同。"能以"之以，犹使也（裴学海《古书虚字集释》有此例）。王，动词，成王业也。①传意：《师》卦辞云，"《师》贞，大人吉，无咎"，《师》，众也。贞，正也。《师》贞，众人皆正也。大人能使众人皆正，则可以成王业矣。

刚中而应，

此句据《师》卦之爻象爻位以为释。卦之九二为阳爻，为刚，居下卦之中位，是为"刚中"。大人为刚。刚中象大人守正中之道。初六、六三、六四、六五、上六皆为阴爻，为柔，围绕九二之刚，是为五柔应一刚，是为上下皆应，简称曰"应"，象上下之人皆应和大人。"刚中而应"，言大人守正中之道，上下之人皆应和之，亦归于正。

行险而顺，

此句据《师》之卦象以为释。《师》之下卦为坎，上卦为坤。坎，险也；坤，顺也。然则《师》之卦象是"行险而顺"，即大人行动于险难之中，顺乎客观形势、国家礼法。

以此毒天下，而民从之，"吉"又何"咎"矣。

《释文》引马云："毒，治也。"俞樾曰："毒读为督，治也。"②王引之曰："矣犹乎也。"大人正而众人皆应之，又行险而顺，以此治天下，则民从之，自是吉而无咎，故卦辞云："贞，大人吉，无咎。"

《象》曰：地中有水，《师》。君子以容民畜众。

《象传》亦训师为众。《释文》引王肃注："畜，养也。"《师》之外卦为坤，内卦为坎。坤为地，坎为水，然则《师》之卦象是"地中有水"。按《象传》，以水比群众。地中有水，象大地之内有群众，是以卦名曰《师》。大地之内有群众，国君宜容纳之，畜养之。君子观此卦象及卦名，从而容民畜众。故曰："地中有水，《师》。君子以容民畜众。"

初六：师出以律，否臧凶。

［经意］ 师，军队。律，纪律。否，汉帛书《周易》作不。按否读为不。臧读为遵。③爻辞言：师出须有纪律，有人不遵守纪律则凶。

［传解］ 与经意同。

《象》曰："师出以律"，失律"凶"也。

传意：爻辞云"师出以律，否臧凶"，言有人不遵守纪律，是为失律，失律则凶也。

九二：在师中吉，无咎，王三锡命。

［经意］ 锡借为赐。王对其臣赐以奖赏之命令，谓之"锡命"。爻辞言：筮遇此爻，身在师中，吉而无咎，王三次锡命以奖赏之。

［传解］ 与经意同。

《象》曰："在师中吉"，承天宠也。"王三锡命"，怀万邦也。

承，受也。宠，爱也。《尔雅·释言》："怀，来也。"谓招来。传意：爻辞云"在师中吉"，言其受天之宠爱而佑之也。云"王三锡命"，言王赏一人以励其臣，招来万国也。

六三：师或舆尸，凶。

［经意］ 舆，以车载之也。尸读为屍。筮遇此爻，军队出征，或载屍

而归，是凶矣。

[传解]　与经意同。

《象》曰："师或舆尸"，大无功也。

传意：爻辞云"师或舆尸，凶"，言师出战败，将士死亡，大无功也。

六四：师左次，无咎。

[经意]　次，舍也，驻也。筮遇此爻，军队驻于左方则无咎。

[传解]　与经意同。

《象》曰："左次无咎"，未失常也。

常谓常道。军队驻于左方或右方，视其地理环境与敌我形势而定，此是行军之常道。传意：爻辞云"师左次，无咎"，因左次未失行军之常道，故无咎也。

六五：田有禽。利执言，无咎。长子帅师，弟子舆尸，贞凶。

[经意]　田，猎也。有犹得也。禽，鸟兽之总名。执言，《集解》引荀爽曰："执行其言。"弟子，次子。贞，占问。爻辞言：筮遇此爻，田猎得禽兽；利于执行其言，将无咎；长子为主将，帅师出征，次子战败，以车载尸，是任用亲人，贻误戎机，所占者凶。

[传解]　贞，正也。贞指"长子帅师"。凶指"弟子舆尸"。

此言用长子得其正，用次子招凶祸，虽正亦凶。余与经意同。

《象》曰："长子帅师"，以中行也。

中，正也。传意：爻辞云"长子帅师"，言长子有将才，其父使之帅师，是以正道行事，故爻辞言"贞"也。《象传》此释乃以六五之爻位为据。六五居上卦之中位，象人行事得其正。

"弟子舆尸"，使不当也。

传意：爻辞云"弟子舆尸"，言次子非其才而任其事，其父用之不当，以致战败损兵，故爻辞言"凶"也。《象传》此释亦以六五之爻象爻位为据。六五为阴爻居阳位（第五爻为阳位），是为位不当，象用人不称其职位。

上六：大君有命，开国承家，小人勿用。

[经意]　命，封赏之命令。开国，被封为诸侯，始有邦国。承，受

也。承家，被封为大夫，承受家邑。小人，《易经》中之小人皆庶民之通称。用，施行也。筮遇此爻，大君将有封赏之命令加于其人，或开国为诸侯，或受邑为大夫；但庶民则不可有所作为。

[传解] 小人，《易传》认为是无才德之人。用，任用也。余与经意同。

《象》曰："大君有命"，以正功也。

传意：爻辞云"大君有命，开国承家"，言大君封赏之，命令所以正群臣之功，功大者开国，功小者受邑也。

"小人勿用"，必乱邦也。

传意：爻辞云"小人勿用"，因小人无才德，用之必乱国家也。

[附考] ①《彖传》："能以众正，可以王矣。"战国时代，七国诸侯皆称王，但此王字非称王之谓也，乃统一天下（当时人称中国为天下），成就王业之谓也。《吕氏春秋·下贤》篇："王也者，天下之往也。"《风俗通·皇霸》篇引《尚书大传》："王者往也，为天下所归往也。"《韩诗外传》五："往也，天下往之谓之王。"《白虎通·号》篇："王者往也，天下所归往。"《说文》："王，天下所归往也。"是其义。《孟子》《荀子》等书多用王字代表统一天下之意。　　②《彖传》："以此毒天下，而民从之。"王引之曰："《广雅》：'毒，安也。'毒天下者，安天下也。《孟子·梁惠王》篇：'……文王一怒而安天下之民。'是其义。……《老子》曰：'亭之毒之。'亦谓平之安之也。"俞樾曰："《尚书·微子》篇：'天毒降灾，荒殷邦。'《史记·宋世家》毒作笃。昭二十二年《左传》'司马督'《汉书古今人表》作'司马笃'。是毒通作笃，笃通作督，皆声近而义同。此传毒字当读为督。《尔雅·释诂》：'督，正也。'以此督天下，言以此正天下也。《吕氏春秋·顺民》篇：'汤克夏而正天下。'高注曰：'正，治也。'正有治义，故督亦有治义。马氏训治，于传义为近。"亨按俞读毒为督，训督为治，是也。古之治民者乃以政治权力以监督、督促人民，使之服从礼法命令，故谓之督也。　　③"初六：师出以律，否臧凶。"余撰《周易古经今注》读臧为壮。否臧凶言师出不以律，师虽强壮亦凶。此解亦圆通。今按否可读为不。《古易音训》引晁说之曰："否，刘、荀、陆、一行作不。"臧当读为遵。臧、遵双声相转，古通用。《易豫》："勿疑朋盍簪。"《释文》："簪马作臧，荀作宗。"《左传》成公五年："晋伯宗。"《穀梁传》作伯尊。是其佐证。否臧即不遵，谓不遵守纪律也。《左传》宣公十二年引《易》此文而释之曰："执事顺成为臧，逆为否。"执事顺成即遵循纪律，逆即不也。然则读否为不，读臧为遵，与《左传》之说合。今补释于此。

《比》第八

䷇（下坤上坎）

《比》：吉。原筮元。永贞无咎。不宁方来，后夫凶。

[经意]《比》，卦名。原筮，原有之占筮。元下当有亨字。《左传》昭公七年引作"元亨"，可证。元，大也。亨即享字，祭也。永贞，占问长期之吉凶。宁，安也。方犹邦也。后夫，后至之人。卦辞言：筮遇此卦则吉。原有之占筮是：可举行大享之祭；占问长期之吉凶则无咎；反侧不安之国来朝，后至之人有凶祸。按"不宁方来，后夫凶"，疑是古代故事。《国语·鲁语》："昔禹致群神于会稽之山，防风氏后至，禹杀而戮之。"是其类也。

[传解]《比》，卦名，辅佐也。《易传》所据本元下亦当有亨字。"元亨永贞无咎"，传作一句读。元，大也。亨，美也。贞，正也。此句言人有元大、亨美、永远贞正之德，则无咎。余与经意同。

《彖》曰：《比》，"吉"也：《比》，辅也，下顺从也。

朱熹及王念孙并谓吉下也字衍。[①]是也。"《比》吉"二字乃举卦名及卦辞吉字以便申释。《比》之卦辞云"吉"者，《比》，辅也，臣下辅佐其君也，即下顺从其上也。君有臣下辅佐顺从，自是吉。

"原筮元永贞无咎"，以刚中也。

此处元下亦当有亨字。卦辞云"原筮元亨永贞无咎"，言君有元大、亨美、永远贞正之德，则无咎，而主要则以其有正中之德也。《彖传》此释乃以九五之爻象爻位为据。九五为阳爻，为刚（君为刚），居上卦之中位，是为刚中，象君有正中之德。

"不宁方来"，上下应也。

卦辞云"不宁方来"，言上而大国公侯，下而小国子男，皆应和君王而来朝，故不安之国亦来朝也。《象传》此释亦以《比》之爻象爻位为据。九五为阳爻，居一卦之尊位，其余上下五爻皆为阴爻，围绕阳爻，是为"上下应"，象上下诸侯应和其君。

"后夫凶"，其道穷也。

卦辞云"后夫凶"，言诸侯皆尊重王朝，争先而来，后至之人是轻慢王朝，必受诛罚，其所走之路乃穷困而不通也。

《象》曰：地上有水，《比》。先王以建万国，亲诸侯。

《象传》亦训《比》为辅佐。《比》之下卦为坤，上卦为坎。坤为地，坎为水。然则《比》之卦象是"地上有水"。按《象传》以水比群众，以地上有水比大地之上有群众。王须分封诸侯，以辅佐王朝，分区统治。是以卦名曰《比》。先王观此卦象，从而建立万国，亲近诸侯。故曰："地上有水，《比》。先王以建万国，亲诸侯。"

初六：有孚，比之无咎。有孚盈缶，终来有它，吉。

［经意］上孚字即俘虏之俘。比，辅也。下孚字指俘掠之宝物，亦可读为宝，如贝玉黄金之类。②缶，陶器，如瓦盆瓦罐之类。来，语助词。它，古语称意外之患为它。爻辞言：筮遇此爻，出征将得俘虏；臣辅其君则无咎；有宝物充满缶中；最后有意外之患亦吉。（于省吾曰："来疑未字之讹，古文来未二字形近。终未有它，故言吉也。"按《象传》曰："有它吉也。"可见，《象传》作者所据本作来。）

［传解］上孚字，信也。"有孚比之无咎"为一句，言人有诚信之德辅其君，则无咎。余与经意同。

《象》曰：《比》之"初六"，"有它吉"也。

传文对经未加申释。

六二：比之自内，贞吉。

［经意］"比之自内"，臣在朝内辅其君。贞，占问。臣在朝内辅其君，筮遇此爻则吉。

［**传解**］　贞，正也。余与经意同。

《**象**》曰：“**比之自内**”，**不自失也。**

传意：爻辞云“比之自内，贞吉”，言臣在朝内辅君，不失贞正之道，故吉也。

六三：比之匪人。

［**经意**］　匪，汉帛《周易》作非（全经皆同）。按匪读为非。《释文》引王肃本句末有凶字，是也。“比之非人”言所辅佐之君不贤。此自是凶。

［**传解**］　与经意同。

《**象**》曰：“**比之匪人**”，**不亦伤乎。**③

《集解》引干宝说，释伤为伤害。孔疏释伤为悲伤。按干说为胜。传意：爻辞云“比之匪人（凶）”，言辅佐暴君，将受其伤害。

六四：外比之，贞吉。

［**经意**］　“外比之”，臣在朝外辅其君，如大将出征，大臣出使等是。贞，占问。臣在朝外辅其君，占筮遇此爻则吉。

［**传解**］　贞，正也。余与经意同。

《**象**》曰：“**外比**”**于贤，以从上也。**

传意：爻辞云“外比之，贞吉”，言臣在朝外辅佐贤君，顺从其上，乃是正道，故吉也。《象传》“从上”之说乃以六四及九五之爻象爻位为据。六四为阴爻，象臣。九五为阳爻，象君。六四在九五之下，象臣服从君。

九五：显比，王用三驱，失前禽，邑人不诫，吉。

［**经意**］　显，光明。显比，臣以光明之道辅佐其君。禽，鸟兽之总名。诫读为骇，不骇谓不惊走鸟兽。④此似古代故事：有某王行猎，三度驱车逐在前之禽，而终失之。王以为禽被邑人惊走，大怒，欲杀之。某臣以光明之道事君，判定邑人不曾惊走此禽。邑人因而免祸，故曰吉。（又按：诫，惩罚也。邑人不诫谓邑人惊走鸟兽，王不惩罚邑人。此解亦通。）

［**传解**］　与经意同。

《**象**》曰：“**显比**”**之**“**吉**”，**位正中也。舍逆取顺，**“**失前禽**”

也。"邑人不诫"，上使中也。

位犹立也。舍读为捨。兽向猎人而来，以与猎人对抗为逆。兽背猎人而逃，不与猎人对抗为顺。猎人射其逆者则易获得，逐其顺者则多不及。使疑借为吏，二字古通用。⑤传意：爻辞云"显比……吉"，因臣以光明辅其君，立于正中之道，故吉也。云"王用三驱，失前禽"，因王舍兽之逆者而不射，取兽之顺者而逐之，故失前禽也。云"邑人不诫"，因王之官吏正直，判明邑人不曾惊走此禽也。《象传》此释乃以九五之爻位为据。九五居上卦之中位，象人立于正中之道。

上六：比之无首，凶。

[**经意**]　"比之无首"，臣辅其君被杀而头落地，是凶矣。

[**传解**]　与经意同。

《象》曰："比之无首"，无所终也。

古语称有好结果为终。⑥传意：爻辞云"比之无首，凶"，言其无好结果也。

[**附考**]　①《象传》："《比》，'吉'也：《比》，辅也。"朱熹曰："'《比》吉也'，也字衍。当云'《比》吉：《比》辅也，下顺从也'。'《比》，辅也'解比字。'下顺从也'解吉字。"（《朱子语类》）王念孙曰："'《比》，吉也'，也字涉下文'《比》，辅也'而衍。"　②初六："有孚盈缶。"按孚乃谓俘掠之宝物，如贝玉黄金之类。但孚亦可读为宝，孚、宝古通用。《左传》庄公六年经："齐人来归卫俘。"《公羊》《穀梁》经并俘作宝。即其证。"有孚盈缶"谓有宝物满于缶中也。　③《象传》："'比之匪人'，不亦伤乎。"亨按乎似当作也。也犹耶（古书多用邪字），亦犹乎（《经传释词》有此例），盖浅人不知其义而改之也。《易经》三百八十六爻爻辞，《象传》作释，句法皆相类，有三百八十三爻句尾皆用也字，有两爻句尾用矣字，不宜此爻独是例外而用乎字，可证其为误字矣。进而考之，《象传》中也字义与乎同者亦甚多。《屯》上六、《否》上九、《豫》上六、《中孚》上九《象传》并曰："何可长也。"《同人》初九、《解》六三、《节》六三《象传》并曰："又谁咎也。"《大过》九五、《离》九三、《既济》上六《象传》并曰："何可久也。"《同人》九三《象传》曰："安行也。"《恒》九四《象传》曰："安得禽也。"《遯》初六《象传》曰："不往何灾也。"《鼎》九四《象传》曰："信如何也。"《小过》九三《象传》曰："凶如何也。"以上诸条，也字义皆与

乎同，《象传》绝不用乎字。然则此爻乎字当作也，明矣。　　④ 九五："显比，王用三驱，失前禽，邑人不诫，吉。"俞樾曰："诫当读为骇。邑人不骇，言不惊骇也。"闻一多从之，亦谓邑人不自惊骇。亨按诫读为骇，可从，但邑人不骇乃谓邑人不惊骇鸟兽，上文禽字是骇字之宾语。古代统治者追逐鸟兽，有人民惊骇之，则统治者将杀其人。《晏子春秋》内篇《杂》下："昔者先君灵公畋（田猎），有五丈夫来骇兽，故杀之，断其头而葬之，命曰五丈夫之丘。"又内篇《谏》上："景公射鸟，野人骇之。公怒，令吏诛之。"因晏子谏，乃不诛。并其证。　　⑤《象传》："'邑人不诫'，上使中也。"亨按使当读为吏，使、吏古通用。《左传》襄公三十年："吏走问诸朝。"《释文》吏作使，云："王肃本作吏。"《墨子·备城门》篇："所为吏人各得亓（古其字）任。"孙诒让曰："吏、使古字亦通。"（《墨子间诂》）并其证。　　⑥《象传》："'比之无首'，无所终也。"亨按古语谓好结果为终。《坤》六三曰："无成有终。"《谦》曰："君子有终。"《谦》九三曰："君子有终，吉。"《困》九四曰："吝，有终。"《巽》九五曰："无初有终。"有终皆谓有好结果。《归妹象传》曰："君子以永终知敝。"永终者，长有好结果也。更考古语亦称善死曰终。《礼记·文王世子》："文王九十七乃终。武王九十三而终。"终指善死，如横死则不谓之终矣。因事有好结果为终，故《大戴礼·小辨》篇曰："乐义曰终。"《国语·周语》曰："纯明则终。"韦注："终，成也。"又曰："高朗令终。"韦注："终犹成也。"事有好结果有时是成功，故韦注训终为成；有时尚未成功，故《坤》六三曰："无成有终。"此文云："'比之无首'，无所终也。"释为不得善死，更切合矣。

《小畜》第九

☰ （下乾上巽）

《小畜》：亨。密云不雨，自我西郊。

[经意] 小畜二字当重。上《小畜》二字乃卦名，下小畜二字乃卦辞也。小畜犹小牲也。亨即享字，祭也。"《小畜》亨"，言筮遇此卦，可用小牲举行享祭也。"密云不雨，自我西郊"，乃事在酝酿之象。筮遇此卦，所占之事在酝酿中。

[传解] 《小畜》，卦名。《释文》："畜本又作蓄，积也。"此解合于传意。（《序卦》亦释畜为积蓄）《小畜》谓积蓄者小也。亨，通也。"《小畜》：亨"，言积蓄虽小而事业亦亨通。余与经意同。

《彖》曰：《小畜》，柔得位而上下应之，曰《小畜》。

此释卦名。上《小畜》二字举卦名也。《小畜》之六四为阴爻，为柔，处于阴位（第四爻为阴位），是为"柔得位"。六四之上下五爻皆为阳爻，为刚。是为五刚应一柔，是为"上下应之"。柔指无才德之小人，刚指有才德之君子。"柔得位而上下应之"，象小人得位，上下有众君子应和而辅佐之，事业自有积蓄；但以小人无才德，不能大有作为，其积蓄尚小。是以卦名曰《小畜》。

健而巽，刚中而志行，乃"亨"。

传意：卦辞云"亨"者，以其多君子也。《小畜》之下卦为乾，上卦为巽。乾，健也；巽，巽也，谦逊也。然则《小畜》之卦象是刚健而谦逊，此君子之德也。《小畜》之九二为阳爻，为刚，居下卦之中位。九五亦为阳爻，为刚，居上卦之中位。是为"刚中"。象君子有正中之德也。众君子有刚健、谦逊、正中之德，则其志得行而亨通矣。

"密云不雨"，尚往也。"自我西郊"，施未行也。

尚读为上。施，布也。卦辞云"密云不雨"，言云向上往而密集也。云"自我西郊"，言云布于西郊，而雨未行也。①

《象》曰：风行天上，《小畜》。君子以懿文德。

《象传》亦训畜为积蓄。《集解》引虞翻曰："懿，美也。"《小畜》之上卦为巽，下卦为乾。巽为风，乾为天。然则《小畜》之卦象是"风行天上"。按《象传》以风比德教，以天比朝廷，以风行天上比德教行于朝廷之上。德教行于朝廷之上，其成功是逐渐积蓄。但其德教仅及于朝廷，未及于民间，其积蓄尚小，是以卦名曰《小畜》。君子观此卦象及卦名，从而美其文德，以推行或接受或协助朝廷之德教。故曰："风行天上，《小畜》。君子以懿文德。"

初九：复自道，何其咎，吉。

〔经意〕　复，返也。道，正路。人由正路返故居，有何咎哉，自为吉矣。

〔传解〕　与经意同。

《象》曰："复自道"，其义"吉"也。

义读为宜。说见《需》卦。

九二：牵复，吉。

〔经意〕　牵，挽引也。被人牵引而返，虽是被动，亦吉。

〔传解〕　与经意同。

《象》曰："牵复"在中，亦不自失也。

中，正也。传意：爻辞云"牵复，吉"，言牵复在于正道，亦不失之，故吉也。《象传》"在中"之说乃以九二之爻位为据。九二居下卦之中位，象人得正中之道。

九三：舆说辐。夫妻反目。

〔经意〕　舆，车也。说读为脱。辐借为輹，《释文》及《集解》本正作輹。《释文》引马云："輹，车下缚也。"即缚车身与车轴使之相联之绳。

车脱輹，比喻协作之人失其相结合之纽带，彼此乖离，则不能成事。"夫妻反目"，夫妻相憎，面目相背而不相视。夫妻失其相结合之纽带，彼此乖离，则不成家。爻辞所示者乃人与人相乖离之象。(《释文》又引郑云："輹，伏菟。"按菟与兔同。輹即车身下夹轴之木，形如伏兔。此解亦通。)

[传解]　与经意同。

《象》曰："夫妻反目"，不能正室也。

传意：爻辞云"夫妻反目"，言不能使家中之人得其正也。

六四：有孚，血去，惕出无咎。

[经意]　孚，古俘字。血借为恤，忧也。惕借为逷，远也。爻辞言：筮遇此爻，可得俘虏；忧患将去；远出可以无咎。

[传解]　孚，信也。余与经意同。

《象》曰："有孚惕出"，上合志也。

上读为尚。传意：爻辞云"有孚，血去，惕出无咎"，言人有诚信，则他人助之，其忧患可去，远出亦无咎，尚能符合志愿也。

九五：有孚挛如，富以其邻。

[经意]　孚，古俘字，俘虏。挛如犹挛然，拘系相连之貌。以，因也。爻辞言：筮遇此爻，出征将有所俘虏，得男女牛羊等甚多，以绳系之，挛然相连，以掠夺邻国或邻邑而致富。

[传解]　孚，信也。《释文》引马云："挛，连也。"是则有孚挛如，谓人有信连续一贯，非忽而有信，忽而无信。《集解》引虞翻曰："以，及也。"王引之、俞樾并从之。此二解盖合于传意。[2]爻辞言：人有信挛然而一贯，则能以其财物资助邻人，其富及于邻人。

《象》曰："有孚挛如"，不独富也。

传意：爻辞云"有孚挛如，富以其邻"，言其人能富及其邻，非一人独富也。

上九：既雨既处，尚德载。妇贞厉。月几望，君子征凶。

[经意]　处，止也。德，汉帛书《周易》作得。按德读为得；得载，得他人以车载之。贞，占问。厉，危也。几读为既。古人称每月十六日至

二十三日为既望。爻辞言：天既雨，雨既止，路难行，但尚得载，此出行遇艰难而得助之象。唯妇人行路遇雨得载，有被骗劫之危险，故贞厉；君子出征遇雨得载，是自丧其车甚至被俘，故凶。（闻一多曰：“载读为菑。《说文》曰：‘菑，才（今误作不）耕田也。’是菑即耕。德载读为得菑，言雨后尚得施耕也。”解亦通。）

[传解]　贞，正也。“妇贞厉”，谓妇人行路遇雨得载，虽有贞正之德操，亦有被骗劫之危险。余与经意同。

《象》曰：“既雨既处”，“德”积“载”也。“君子征凶”，有所疑也。

德亦读为得。积载谓积物于车中而载之。③传意：爻辞云“既雨既处，尚德载”，言得积物于车中而载之也。云“君子征凶”，言君子对于敌我形势、地理环境、战争策略等有所疑惑，犹豫不决，则将战败，故凶也。

[附考]　①卦辞：“密云不雨，自我西郊。”《彖传》曰：“‘密云不雨’，尚往也。‘自我西郊’，施未行也。”亨按传文当作“密云不雨，施未行也。自我西郊，尚往也。”盖传写误窜。《文选》潘安仁《闲居赋》：“阴谢阳施。”李注：“施，布也。”《大戴礼·曾子天圆》篇：“阳施而阴化也。”义同。施未行谓云布而雨未行。施字正释密云，未行正释不雨，则“施未行也”当在“密云不雨”之下，明矣。尚读为上，二字古书常通用。尚往即上往，谓云向上往。自何处向上往？自西郊。上往正释自西郊，则“尚往也”当在“自我西郊”之下，明矣。《小过》六五亦云：“密云不雨，自我西郊。”《象传》曰：“密云不雨，已上也。”《释文》：“上郑作尚。”可证《小畜》之尚当读为上。《小过象传》乃以“已上也”释“密云不雨，自我西郊”两句，谓密云已自西郊上升于天也。彼此可以互证。今仍依《小畜象传》原文作解，而附管见于此。　　②九五：“有孚挛如，富以其邻。”《象传》曰：“‘有孚挛如’，不独富也。”《释文》：“挛《子夏传》作恋。”亨按《易传》皆释孚为信。（只有一条例外）则传释挛字必与信有密切联系，马融训挛为连，可通。但余谓：依传意，挛当读为烂，明也。挛、烂古通用。（《说文》：“闌，妄入宫掖也。读若阑。”《玉篇》：“闌今作阑。”《汉书·成帝纪》：“阑入尚方掖门。”颜注：“无符籍妄入宫门曰阑。”正以阑为闌。此闌阑两声系字相通之例证。）《文选·西都赋》：“登降炤烂。”李注：“烂亦明也。”《诗·女曰鸡鸣》：“明星有烂。”《韩奕》：“烂其盈门。”《楚辞·九歌·云中君》：“烂昭昭兮未央。”烂皆明也。此

烂有明义之证。《说文》："烂，孰（熟）也。"《玉篇》："暕，明也。"然则烂训明，乃借为暕也。挛如即烂如，犹烂然，昭明之貌。有孚烂如，犹言有信昭然，尽人皆见，即今语"信用昭著"之意。《大有》六五曰："厥孚交如。"《象传》曰："厥孚交如，信以发志也。"依传意，交读为皎，皎亦明也。"有孚烂如"与"厥孚皎如"同意，可以互证。《中孚》九五曰："有孚挛如。"传意同此。又"富以其邻"，王引之曰："以犹及也。"（《经传释词》）俞樾亦曰："以犹及也，言富及其邻也。"（《易贯》）按《象传》释之曰："不独富也。"则传释以为及，明矣。《泰》六四、《谦》六五并曰："不富以其邻。"传意同此。　③《大有》九二："大车以载。"《象传》曰："'大车以载'，积中不败也。"亦释载为积物车中，可以互证。

《履》第十

䷉（下兑上乾）

《履》：履虎尾，不咥人。亨。

　　[经意]　履字当重。上《履》字乃卦名，下履字乃卦辞也。履，践也。咥，噬也。人践在虎尾上，而虎不噬人，乃比喻触犯强暴之人，而强暴之人不伤害之。亨即享字，祭也。筮遇此卦，触犯强暴而不凶，可举行享祭。

　　[**传解**]　《履》，卦名，践也。亨，通也。余与经意同。履虎尾，不咥人，是亨通矣。

　　《彖》曰：《履》，柔履刚也。说而应乎乾，是以"履虎尾，不咥人"。

　　此释卦名及卦辞之"履虎尾，不咥人"。《履》之下卦六三为阴爻，为柔。九二、初九皆为阳爻，为刚。六三在九二、初九之上，是为"柔履刚"，是以卦名曰《履》。人与虎相比，人为柔，虎为刚，然则柔履刚可象人履虎尾。其次，《履》之下卦为兑，上卦为乾。兑，说也（说读为悦，和悦也）；乾，健也，指强者。兑在乾下，是为"兑而应乎乾"，象人以和悦之态度应和强暴之人。以和悦之态度应和强暴之人，虽偶有触犯，亦不致挑起其怒火，招致其伤害，正如履虎尾而虎不咥人。总之，《履》之爻象卦象，是柔弱者触犯强暴者，而以和悦之态度对待强暴者，则强暴者自不伤害之。是以卦辞曰："履虎尾，不咥人。"

　　"亨"，刚中正，履帝位而不疚，光明也。

　　此释卦辞之"亨"。履帝位，处帝王之位。《释文》引马云："疚，病也。"此指灾害。《履》卦云"亨"者，《履》之九五为阳爻，为刚，象君，又居上卦之中位，是为"刚中正"，乃象国君有正中之德。其次，《履》之上卦为乾，乾为天，九五居乾卦之中位，即居天之正位，是为"履帝位"，乃象人处帝王之位。国君有正中之德，处帝王之位而无疚灾，其事业自"光明"，是亨通矣。

《象》曰：上天下泽，《履》。君子以辩上下，定民志。

辩读为辨，分别也。《履》之上卦为乾，下卦为兑。乾为天，兑为泽，然则《履》之卦象是"上天下泽"。按《象传》以天比君，以泽比民，以上天下泽比君处于上，民处于下。君处于上，民处于下，表现为封建社会之礼，即阶级制度与等级制度。礼乃当时人人所当践履者，是以卦名曰《履》。君子观此卦象及卦名，从而制礼明礼，以分别上下之地位，限定人民之志愿，使人民不存非分之想。故曰："上天下泽，《履》。君子以辩上下，定民志。"

初九：素履往，无咎。

〔**经意**〕 素，白色无文彩。履，鞋也。"素履往"比喻人以朴素坦白之态度行事，此自无咎。

〔**传解**〕 与经意同。

《象》曰："素履"之"往"，独行愿也。

传意：爻辞云"素履往"，比喻人以朴素坦白之态度行事，则能独行其志愿，故无咎也。

九二：履道坦坦，幽人贞吉。

〔**经意**〕 履，践也。坦坦，平也。幽，囚也。贞，占问。足踏大路坦坦而平，比喻人进入平安之环境。囚人离去监牢，获得自由，有似于此。故囚人占得此爻则吉。

〔**传解**〕 贞，正也。余与经意同。

《象》曰："幽人贞吉"，中不自乱也。

中，正也。传意：爻辞云"幽人贞吉"，言囚人在监牢之中，刑威之下，守正道而不自乱，则能出狱而归于吉也。《象传》此释乃以九二之爻位为据。九二为阳爻，为刚，居下卦之中位，象人守正中之道。

六三：眇能视，跛能履，履虎尾，咥人，凶。武人为于大君。

〔**经意**〕 眇，目盲。能读为而，《集解》本正作而。履，践也。爻辞言：目盲而视物，足跛而走路，以视不明而踏虎尾，以行不便而被虎噬，是凶矣。此比喻人无其才能而任其职事，致遭祸败。如武人无治国之才能，而做大国之君，是其类。（武人是奴隶社会之武人）

[传解]　与经意同。

《象》曰："眇能视"，不足以有明也。"跛能履"，不足以与行也。"咥人"之"凶"，位不当也。"武人为于大君"，志刚也。

裴学海曰："与犹有也。"（《古书虚字集释》）传意：爻辞云"眇而视"，其目不足以见物也；云"跛而履"，其足不足以行路也。云"履虎尾，咥人，凶"，因其无视与行之能力，而干视与履之事，以致履虎尾而被噬，即其人之能力与其所处之地位不相当，是以凶也。云"武人为于大君"，因武人之志刚愎，遇事不量力而逞强，不能当大君之任也。《象传》"位不当"之说乃以六三之爻象爻位为据。六三为阴爻，居阳位（第三爻为阳位），是为位不当。象人无其才能而居其位，任其事。

九四：履虎尾，愬愬，终吉。

[经意]　愬愬，恐惧也。"履虎尾"比喻人触犯强暴之敌人，踏上危险之境地。然能恐惧警惕，严加防备，终归于吉。

[传解]　与经意同。

《象》曰："愬愬终吉"，志行也。

志行，志愿得行，目的得达。

九五：夬履，贞厉。

[经意]　夬与决通，裂也，破也。履，鞋也。贞，占问。厉，危也。人著破鞋以行路，则有伤足、跌倒之危险。比喻人用破劣之工具（包括无能之人），则有败事之危险。故占得此爻则厉。

[传解]　贞，正也。余与经意同。

《象》曰："夬履贞厉"，位正当也。

传意：爻辞云"夬履贞厉"，比喻人用破劣之工具，行事虽正，亦有危险；然而不至于咎凶者，因其人以正道守其职位，又有才德称当其职位也。《象传》此释乃以九五之爻象爻位为据。九五居上卦之中位，是为位正，象人以正道守其职位。九五为阳爻，居于阳位（第五爻为阳位），是为位当，象人之才德称其职位。

上九：视履考祥，其旋元吉。

[经意] 考，登也。祥借为庠。庠，周代贵族子弟之学校，亦贵族行养老之礼之处所。旋，还也。元，大也。爻辞言：视焉履焉，以登于庠，其还也大吉。因其所往者是吉善之地。考祥，古本亦作考详。旧说有五：荀爽、郑玄说：详，周密也。考详，考察周密也。王弼说：祥，征兆也。考祥，考察吉兆之征兆也。虞翻说：详，善也。考详，考察其事之为善也。毛奇龄说：祥，吉也。考祥，考察其事之为吉也。俞樾说：考，成也。祥，善也。考祥，成其事之善也。均可通。①

[传解] 考，考察也。祥借为详，周密也。余与经意同。

《象》曰："元吉"在上，大有庆也。

传意：爻辞云"视履考祥，其旋元吉"，言在上位之贵族一视一行，考察周密，则胜利而返，大有吉庆也。《象传》"在上"之说乃以上九之爻位为据。上九居一卦之上位，象人居于上位。

[附考] ① 上九："视履考祥，其旋元吉。"《集解》本祥作详，《古易音训》引晁说之曰："祥荀作详，审也。郑作详，云：'考正详备。'"荀、郑释考为考察，释详为详审详备，谓人视履先考察详备而后动，则其还也大吉。此古说之一。王弼曰："祸福之祥，生乎所履，……故可视履而考祥也。"孔颖达曰："祥谓征祥。……考其祸福之征祥。"王、孔释考为考察，训祥为征祥。征祥者，祸福之征兆。谓人视履先考察其祸福之征兆而后动，则其还也大吉。此古说之二。（《左传》僖公十六年："陨石于宋五，陨星也。六鹢退飞过宋都，风也。周内史叔兴聘于宋。宋襄公问焉，曰：'是何祥也？吉凶焉在？'"杜注："祥，吉凶之先见者。"然则王、孔释祥为祸福之征兆，其言有据。）《集解》引虞翻曰："考，稽也。祥，善也。乾为积善，故考祥。"虞训考为稽，训祥为善（善恶之善），谓人视履先考察其为善事而后动，则其还也大吉。此古说之三。毛奇龄用虞翻之说，而曰："盖祥即吉也。"谓人视履先考察其为吉祥而后动，则其还也大吉。此古说之四。俞樾曰："《尔雅·释诂》曰：'考，成也。'祥者，善也。"谓人视履以成其善事，则其还也大吉。此古说之五。此五说均通。但依五说，则经文只言"视履考祥，元吉"即可，何必言"其旋"哉。

《泰》第十一

䷊（下乾上坤）

《泰》：小往大来，吉。亨。

［经意］　泰字当重，上《泰》字乃卦名，下泰字乃卦辞也。泰与汰同，淘汰也，清洗也。小指渺小之庸人。大指高大之贤人。亨即享字，祭也。卦辞云："《泰》：小往大来，吉。亨。"谓统治者淘汰不称职之官吏，则庸劣之官吏去，贤能之官吏来，自是吉。① 又筮遇此卦，可举行享祭。

［传解］　《泰》，卦名。序卦曰："《泰》者，通也。""小往大来"指事业由小而大，由衰而盛。亨，通也。卦辞言：事业由小而大，由衰而盛，是吉矣，是亨通矣。

《彖》曰："《泰》：小往大来，吉。亨。"则是天地交而万物通也；上下交而其志同也；内阳而外阴；内健而外顺；内君子而外小人，君子道长，小人道消也。

《泰》卦辞云："小往大来，吉。亨。"《泰》，通也。其卦象是天地万物，国家事业，个人事业皆通泰也。《泰》之下卦为乾，上卦为坤。乾为天，坤为地。然则《泰》之卦象是天气下降，地气上升，天地相交。天地相交，则万物各遂其生。故曰："则是天地交而万物通也。"此是自然界之泰。乾又为君上，坤又为臣下。然则《泰》之卦象又是君上之意达于下，臣下之意达于上，上下相交。上下相交，则上下同心。故曰："上下交而其志同也。"君臣上下关系如此，则国家昌隆，此是国家之泰。其次，《泰》之内卦为乾，外卦为坤。乾为阳卦，象阳气；坤为阴卦，象阴气。然则《泰》之卦象又是阳气进入宇内，阴气退出宇外。故曰："内阳而外阴。"此亦是自然界之泰。再次，乾，健也；坤，顺也。然则《泰》之卦象又是内有刚健之德，外抱柔顺之态度。故曰："内健而外顺。"人能如此，则可得志。此是个人之泰。又次，乾为阳卦，象有才德之君子；坤为阴卦，象无才德之小人。然则《泰》之卦象又是君子在朝内，小人在朝外，君子之道盛长，小人之道衰消。故曰："内君子而外小人，君子道长，小人道消也。"朝廷有此现象，则国家昌隆，此亦是国家之泰。

《象》曰：天地交，《泰》。后以财成天地之道，辅相天地之宜，以左右民。

《象传》亦训《泰》为通。《集解》引虞翻曰："后，君也。"《释文》："财，荀作裁。"《汉书·食货志》引亦作裁。按财借为裁。裁成谓裁度以成之也。《集解》引郑玄曰："辅、相，助也。"左右，支配也，支配之向左或向右也。天地之道指天地之四时变化及生长万物之规律。天地之宜指雨露霜雪各有宜至之时，山川丘陵原隰各有宜产之物等。《泰》之下卦为乾，上卦为坤。乾为天，坤为地。然则《泰》之卦象是"天地交"。天地交则万物通，是以卦名曰《泰》。国君观此卦象及卦名，从而用其政令，裁成天地之规律，辅助天地之所宜，支配万民从事生产，安排生活，因野而田，因材而工，因山而猎，因水而渔，因四时而耕耘获藏。故曰："天地交，《泰》。后以财成天地之道，辅助天地之宜，以左右民。"

初九：拔茅茹以其汇，征吉。

[经意]　茅，草也。《集解》引虞翻曰："茹，茅根。汇，类也。"王引之曰："以犹及也。"茅草及其同类之物，有害于禾稼，必须连根拔去之，亦易于拔去之。比喻国事，茅类生于田中犹敌国入侵本国，茅类必须拔去犹敌国必须征伐，茅类易于拔去犹敌国易于驱走。其结果必能胜利，故筮遇此爻征吉。

[传解]　与经意同。

《象》曰："拔茅征吉"，志在外也。

志在外，志在征伐外国。

九二：包荒，用冯河，不遐遗朋，亡，得尚于中行。

[经意]　包借为匏，瓠也，今语谓之葫芦。荒，大也。冯借为淜，浮

水渡河。缚大瓠于腰间，以浮水渡河，虽不善游泳，亦可不沉。遐，远也。遗，弃也。朋，朋友，伴侣。《汉》帛书《周易》"朋亡"作"弗忘。"（亡忘古通用）按帛书脱朋字，今本脱弗字。弗亡谓未死。尚借为赏。行，道也。中行即道中。（或曰："中行，人名。"参见《益》卦。）此是古代故事。有人行至河边，见大瓠，遂缚之于腰，浮水以渡，又不远弃其友，甘冒危险，携之共渡，二人均未被水淹死。因其有此义举，在路中得到其友之赏赐。爻辞借此故事，以示行义之有利。

　　[**传解**]　与经意同。

　　《象》曰："包荒得尚于中行"，以光大也。

　　传意：爻辞云"包荒，用冯河，不遐遗朋，亡，得尚于中行"，其人所以得赏，因其冒险携友渡河之义行光明正大也。

　　九三：无平不陂，无往不复，艰贞无咎，勿恤其孚，于食有福。

　　[**经意**]　陂，坡也，倾也。复，返也。艰贞，占问艰难之事。恤，忧也。孚，古俘字，掠夺也。爻辞言：宇宙事物未有平而不坡者，未有往而不返者，故筮遇此爻，占问艰难之事则无咎，艰难将去而平坦即来矣。勿忧被人掠夺，在饮食且有福可享，灾患将去而幸运即来矣。

　　[**传解**]　贞，正也。"艰贞无咎"，处艰难而持正则无咎。"勿恤其孚，于食有福"，传之读法是"勿恤，其孚于食有福"。孚，信也。此谓勿忧，能诚信则于食有福。余与经意同。

　　《象》曰："……无往不复"，天地际也。

　　"无往不复"《释文》作"无平不陂"，云"一本作无往不复"。《集解》本亦作"无平不陂"。要之，皆"无平不陂、无往不复"之省文。亨按际当读为蔡。《小尔雅·广诂》："蔡，法也。"②传意：爻辞云"无平不陂，无往不复"，此乃天地之法则，自然之规律。（或曰："天地际也谓此理贯于天地之间。"）

　　六四：翩翩，不富以其邻，不戒以孚。

　　[**经意**]　翩翩，鸟疾飞之貌，比喻人之游荡。③以，因也。孚，古俘字，掠夺也。爻辞言：此游荡者本是富人，今则不富矣，因其邻掠夺其财

物也，其人游荡，不自戒备，故被掠夺也。

[传解] 翩翩当读为谝谝，巧言欺人也。④上以字，及也。（说见《小畜》卦）下以字，用也。戒，告，告诫也。孚，信也。爻辞言：此谝谝者耗尽自家之财物而不富矣，又骗取其邻之财物，累及其邻，则不告诫以诚信，因告诫亦无益也。

《象》曰："翩翩不富"，皆失实也。"不戒以孚"，中心愿也。

实，财物也。⑤愿疑借为源，同声系古通用。《说文》："源，黠也。"即狡猾之意。传意：爻辞云"翩翩，不富以其邻"，言其人与其邻皆丧失财物，故皆不富也。云"不戒以孚"，谓不告诫之以孚信，因其内心狡猾也。

六五：帝乙归妹以祉，元吉。

[经意] 帝乙，殷帝名乙，纣之父。归，嫁也。妹，少女之通称。祉，福也。元，大也。殷帝乙嫁少女于周文王，为周邦之王妃，因而得福，是大吉之事也。（亨又按祉疑当作咥。古代贵族嫁女，常以嫁者之咥女陪嫁。）

[传解] 与经意同。

《象》曰："以祉元吉"，中以行愿也。

中，正也。传意：爻辞云"帝乙归妹以祉，元吉"，盖其事结两国婚姻之好，得其正矣，又出于两君之所愿，故得福而大吉也。《象传》此释乃以六五之爻位为据。六五居上卦之中位，象人行事得其正。

上六：城复于隍，勿用师，自邑告命，贞吝。

[经意] 复读为覆，倾倒也。隍，城下沟。无水称隍，有水称池。告命犹请命也（《尔雅·释言》："告，请也。"）。贞，占问。吝，难也。此疑是古代故事。某国君下令用兵出征，值邑城崩而倒于隍中，邑人请命不要用兵。此故事所示者是面临困难，故筮遇此爻，将有困难之事。

[传解] 贞，正也。余与经意同。

《象》曰："城复于隍"，其命乱也。

其命乱谓国君用师之命令错乱失当也。传意：爻辞云"城复于隍，勿用师，自邑告命，贞吝"，言城覆于隍，则退不可守，不可用兵，用兵虽是正义，亦有困难，故用兵之命令乃错乱失当也。

[附考]　①《泰》云："小往大来，吉。亨。"按泰字当重。上《泰》字乃卦名，下泰字乃卦辞也。《说文》："大㶊（泰），滑也，从廾水，大声。"又"㳠（汏），淅瀾也，从水，大声"。泰汏是一字。《广雅·释诂》："泰，洒（洗）也。"洗涤乃泰之本义，其字从大，从廾，从水，象双手掬水洗人身之形，大象人形，亦声。字变作汏，今字作汰，所谓"淘汰"即洗涤污秽也。《泰》卦云"泰，小往大来，吉"者，谓淘汰庸劣之官吏，则渺小之庸人去其职位，高大之贤人来就职位，结果自是吉矣。今本脱一泰字，以为《泰》只是卦名，失《周易》之原意。　　②《象传》："'……无往不复'，天地际也。"亨按际当读为蔡。二字同声系，古通用。《小尔雅·广诂》："蔡，法也。"《书·禹贡》："二百里蔡。"伪孔传："蔡，法也。"此蔡有法义之证。进而考之，蔡与臬、艺古音相近。《小尔雅·广诂》："臬，法也。"《书·康诰》："汝陈时臬。"伪孔传："汝当布陈是法。"《左传》昭公十六年："而共无艺。"杜注："艺，法也。"昭公二十年："布常无艺。"杜注："艺，法制也。"盖蔡与臬、艺乃一音之转，故均可训法。　　③六四："翩翩，不富以其邻。"余旧说翩翩借为頩。《说文》："頩，头妍也，从页，翩省声。读若翩。"在《周易古经今注》中已言之矣。今按《集解》引虞翻曰："飞故翩翩。"程颐曰："翩翩，疾飞之貌。"王弼注等大意同此。《说文》："翩，疾飞也。"《诗·泮水》："翩彼飞鸮。"毛传："翩，飞貌。"翩翩本是形容鸟之飞翔，此处乃喻富贵者之游荡。此解亦甚圆通，故用之。

④六四："翩翩，不富以其邻。"亨按翩翩解为游荡，亦通。但依传意，翩似借为谝。翩、谝同声系，古通用。《说文》："谝，便巧言也，从言，扁声。"谝即欺骗之骗，语言巧诈以欺人也。《书·秦誓》："惟截截善谝言。"是其例。《诗·巷伯》："缉缉翩翩，谋欲谮人。"马瑞辰曰："缉缉即咠咠之假借。翩翩即谝谝之假借。"（《毛诗传笺通释》）是也。此古书以翩翩为谝谝之例。爻辞云："翩翩，不富以其邻，不戒以孚。"传意此谝谝巧言欺人者，使自己不富，又累及其邻，则不告诫之以孚信也。《象传》训孚为信，则当训翩翩为不信。然则依传意当读翩为谝矣。《小畜》九五云："有孚挛如，富以其邻。"彼文之富出于有孚，此文之不富出于翩翩。传训孚为信，则当训翩翩为不信。然则依传意亦当读翩为谝矣。　　⑤《象传》："'翩翩不富'，皆失实也。"失实犹言丧财也。《说文》："实，富也，从宀，从贯。贯，货贝也。"是实本财富充实之义。引申之，财物亦称实。《左传》文公十八年："聚敛积实。"杜注："实，财也。"《国语·晋语》："吾有卿之名而无其实。"韦注："实，财也。"《礼记·表记》："耻费轻实。"郑注："实谓财货也。"皆其证。《象传》此处用实字，以与上文之外、大、际谐韵。《蹇象传》曰："当位实也。"《鼎象传》曰："中以为实也。"实皆当训富。

《否》第十二

（下坤上乾）

《否》：否之匪人，不利君子贞，大往小来。

［经意］ 否字当重。上《否》字乃卦名，下否字乃卦辞也。否，闭也，塞也。匪读为非。此君子指天子诸侯大夫。贞，占问。大指高大之贤人，小指渺小之庸人。卦辞言：君子不用贤人，贬斥贤人。闭贤人使不通，是否之非其人也。否之非其人，对于君子不利，因贤能之官吏去，庸劣之官吏来，则政乱而国危矣。

［**传解**］ 《否》，卦名，闭也。①君子指有才德之人，即贤人。贞，正也。"大往小来"指事业由大而小，由盛而衰。卦辞言：统治者闭塞非其人，则不利于君子之正道，事业由大而小，由盛而衰矣。

《彖》曰："否之匪人，不利君子贞，大往小来。"则是天地不交而万物不通也；上下不交而天下无邦也；内阴而外阳；内柔而外刚；内小人而外君子，小人道长，君子道消也。

《否》卦辞云："否之匪人，不利君子贞，大往小来。"否，闭塞也。其卦象是天地万物、国家事业、个人事业皆闭塞也。《否》之上卦为乾，下卦为坤。乾为天，坤为地。然则《否》之卦象是天气不下降，地气不上升，天地不交。天地不交，则万物不能遂其生。故曰："则是天地不交而万物不通也。"此是自然界之否。乾又为君上，坤又为臣下。然则《否》之卦象又是君上之意不通于下，臣下之意不通于上，上下不交。上下不交，则其国将亡，天下无此邦矣。故曰："上下不交而天下无邦也。"此是国家之否。其次，《否》之内卦为坤，外卦为乾。坤为阴卦，象阴气；乾为阳卦，象阳气。然则《否》之卦象又是阴气进入宇内，阳气退出宇外。故曰："内阴而外阳。"此亦是自然界之否。再次，坤为阴卦，为柔；乾为阳卦，为刚。然则《否》之卦象又是内柔懦而外刚健，外强中干。故曰："内柔而外刚。"人若如此，则事业失败。此是个人之否。又次，坤为阴卦，象无才德之小人；乾为阳卦，象有才德之君子。然则《否》之卦象又是小人在朝内，君子在朝外，小人之道盛长，君子之道衰消。故曰："内小人而外君子，小人道长，君子道消也。"朝廷有此现象，则国家危亡，此亦是国家之否。

《象》曰：天地不交，《否》。君子以俭德辟难，不可荣以禄。

《象传》亦训《否》为闭。君子指有才德之人。辟借为避。荣，《集解》本作营。王引之曰："荣读为营，惑也。"[②]谓诱惑也。《否》之上卦为乾，下卦为坤。乾为天，坤为地。然则《否》之卦象是天地不交。天地不交，则万物不能遂其生，乃自然界之闭塞。是以卦名曰《否》。按《象传》以天比君上，以地比臣下。天地不交象君臣上下之情隔阂而不相通。此乃国家之否。君子观此卦象及卦名，当国家方否不可进仕之时，从而崇尚俭德，以安贫贱，以避祸难，不为利禄所诱惑，而苟图富贵。故曰："天地不交，《否》。君子以俭德辟难，不可荣以禄。"

初六：拔茅茹以其汇，贞吉。亨。

[经意] 茅，草也。茹，根也。王引之曰："以犹及也。"汇，类也。贞，占问。亨字当是六二爻辞。爻辞言：治田者拔去茅草之根与茅之类，以免其害禾稼，此乃拔其所宜拔，拔其所易拔也，自是吉。故占筮遇此爻则吉。

[传解] 传之读法是："拔茅茹以其汇，贞，吉，亨。"贞，正也。亨，通也。此言其事是正，其结果是吉，行之能通。

《象》曰："拔茅贞吉"，志在君也。

传意：爻辞云"拔茅茹以其汇，贞吉"，比喻大臣除去朝中之奸恶小人，其志在君，为君谋利益，故为贞正之行，得吉利之结果也。

六二：包承，小人吉，大人否。亨。

[经意] 初六爻辞之"亨"当在"包承"上。亨即享字，祭也。包，裹也。承借为脀，炙肉也。享包晋，谓祭祀时以物包炙肉也。《易经》中之

小人是庶民之通称，大人是贵族之通称。否，闭也，穷困也。亨字当是六三爻辞。爻辞言：祭祀鬼神，庶民无牲可献，尚有包肴可供，是小裕之象，故为吉。贵族无牲可献，只有包肴可供，是没落之象，故为否。

〔传解〕 包借为抱。心有所怀谓之抱，如今语所谓"抱歉""抱愧""抱恨""抱憾"，皆其类。承借为惩，戒也，即"惩前毖后"之惩。③"大人否亨"，《易传》做一句读。亨，通也。爻辞言：人能心怀惩戒，庶民可转为吉利，贵族虽处否困之境，亦有亨通之时。

《象》曰："大人否亨"，不乱群也。

不乱群，谓别贵贱上下，使臣民群众各守职位，不相乱也。传意：爻辞云"包承……大人否。亨"，因大人心怀惩戒，不使群众相乱，故否困亦将亨通也。

六三：包羞。

〔经意〕 六二爻辞之"亨"当在"包羞"上。亨即享字，祭也。包，裹也。羞，熟肉也。享包羞，谓祭祀时以物包裹熟肉也。

〔传解〕 包借为抱。心有所怀谓之抱。羞，《集解》引荀爽注、王弼注皆读为羞耻之羞，此解合于传意。按《恒》九三曰："不恒其德，或承之羞。"羞即羞耻。则传解亦非无据。抱羞谓心怀羞耻。

《象》曰："包羞"，位不当也。

传意：爻辞云"包羞"，因其人之才德不称其职位，故招致耻辱也。《象传》此释乃以六三之爻象爻位为据。六三为阴爻，居阳位（第三爻为阳位），是为位不当。象人之才德不称其职位。

九四：有命，无咎，畴离祉。

〔经意〕 命，天命。畴借为寿。离借为丽，附也。祉，福也。爻辞言：筮遇此爻，已有天命安排，无灾咎，寿附于福，高年之寿附于富贵之福。

〔传解〕 与经意同。

《象》曰："有命无咎"，志行也。

志行，志愿得行。

九五：休否，大人吉。其亡其亡，系于苞桑。

[**经意**]　休犹怵也，恐惧也。④否，闭塞也。大人，《易经》中之大人是贵族之通称。王引之曰："其犹将也。"系借为磬。磬，坚固也。苞，茂也。爻辞言：常恐惧否运之来，则能勤勉谨慎，大人如此则吉。曰："我将亡！我将亡！"则其人及其家国坚固如茂桑矣。

[**传解**]　与经意同。

《象》曰："大人"之"吉"，位正当也。

大人，《易传》中之大人是有才德之人。传意：爻辞云"休否，大人吉"，因大人以正道守其职位，又有才德称其职位，故吉也。《象传》此释乃以九五之爻象爻位为据。九五居上卦之中位，是为位正，象人以中正之道守其职位。九五为阳爻居阳位，是为位当，象人之才德称其职位。(《系辞》下："子曰：危者，安其位者也。亡者，保其存者也。乱者，有其治者也。是故君子安而不忘危，存而不忘亡，治而不忘乱，是以身安而国家可保也。《易》曰：'其亡其亡，系于苞桑。'"可以补充《象传》。)

上九：倾否，先否后喜。

[**经意**]　倾借为顷。顷，顷刻之时间。否，闭塞也。筮遇此爻，只有顷刻之否运，先否而后喜。

[**传解**]　与经意同。

《象》曰："否"终则"倾"，何可长也。

传意：爻辞云"倾否，先否后喜"，言否运已届终段，则只是顷刻而已，何能长久哉。《象传》此释乃以上九之爻位为据。上九是否卦之终爻，象人之否运届于终段。

[**附考**]　①陆德明曰："否，闭也，塞也。"《序卦》论《泰》《否》二卦之顺序曰："《泰》者，通也。物不可以终通，故受之以《否》。"《杂卦》曰："《否》《泰》反其类也。"《泰》之义为通，而《否》与《泰》义相反，则《易传》认为《否》是闭塞不通，明矣。　　②《象传》曰："不可荣以禄。"《集解》本荣作营。王引之曰："营字是也。高诱注《吕氏春秋·尊师》篇、《淮南·原道》篇并曰：'营，惑也。'不可营以禄者，世莫能惑以禄也。……《楚策》曰：'好利可营也。'言可得而惑也。《大

戴礼·文王官人》篇曰：'临之以货色而不可营。'言不可得而惑也。《汉书·叙传》曰：'四皓遯秦，古之逸民。不营不拔，严平郑真。'应劭曰：'爵禄不能营其志，威武不能屈其身也。《易》曰：不可营以禄。又曰：确乎其不可拔也。'汉《娄寿碑》曰：'安贫守贱，不可营以禄。'（今本《隶释》营作荣，后人所改也。都氏《金薤琳琅》及顾氏《隶辨》所载双钩本正作营。）《老子铭》曰：'乐居下位，禄执弗营。'《费凤碑》曰：'退己进弟，不营荣禄。'是两汉相传之本多作营惑之营。其作荣者假借字也。《商子·农战》篇曰：'上作壹，故民不荣。'谓民不营惑也。《韩子·内储说》曰：'乃遗之屈产之乘、垂棘之璧、女乐六，以荣其意而乱其政。'谓营惑其意也。借荣为营，并与此同。"　　③ 六二："包承。"亨按六三之"包羞"，《象传》释为抱羞耻，则此爻之"包承"，《象传》当读包为抱，读承为惩。承、惩古通用。《左传》哀公四年："诸大夫恐其又迁也，承。"杜注："承音惩，盖楚言。"孔疏："承、惩音相近，盖是楚人之言，声转而字异耳。"是其证。　　④ 九五："休否。"余谓休犹怵也，恐惧也。（详见《周易古经今注》）陆德明曰："休，美也。"孔颖达曰："休否者，休，美也，谓能行休美之事于否塞之时。"此训休为美，其解一。陆又曰："休，息也。"此训休为息，谓止息其否运，使否去而泰来。其解二。此二解似可通而实非。爻辞下文曰："其亡其亡，系于苞桑。""其亡其亡"正是恐惧否运之来，与"怵否"之意合，可见经文之休当训怵。一证也。《系辞》下释此二句曰："君子安而不忘危，存而不忘亡，治而不忘乱，是以身安而国家可保也。"不忘危亡与乱，正是恐惧否运之来，与"怵否"之意合，可见《易传》亦训休为怵。二证也。陆、孔之说似是而非，足滋人惑，故附辨于此。

周易大传今注卷二

《同人》第十三

䷌（下离上乾）

《同人》：同人于野，亨。利涉大川。利君子贞。

[**经意**] 同人二字当重。上《同人》二字乃卦名，下同人二字乃卦辞也。同犹聚也。野，郊外之地称野。"同人于野"，谓统治者聚众于野。（似指练习武事。本卦经文似均与战争有关。）亨即享字，祭也。君子，贵族之称。贞，占问。筮遇此卦，可聚众于野，从而举行享祭；利于渡大川；利于君子之占问。

[**传解**]《同人》，卦名，赞同、应和他人也。^①"同人于野"，似谓臣民赞同、应和其君，为田猎、战争等事而出于野。亨，通也。君子，有才德之统治者。贞，正也。余与经意同。

《彖》曰：《同人》，柔得位得中，而应乎乾，曰《同人》。

此释卦名。传首《同人》二字举卦名也。本卦名《同人》者，以其卦爻象含有同人之义也。六二为阴爻，为柔，居阴位（第二爻为阴位），是为"柔得位"，象臣民在适当之地位。六二居下卦之中位，是为柔"得中"，象臣民得正中之道。《同人》之上卦为乾，乾为君。六二居乾卦之下，是为柔"应乎乾"，象臣民应和其君。然则《同人》之卦爻象是臣民得职位，守正道，以应和、赞同其君，是以卦名曰《同人》。

《同人》曰："同人于野，亨。利涉大川"，乾行也。

此释卦辞"同人于野，亨。利涉大川"。"同人曰"三字，朱熹曰："衍文。"按其它六十三卦《彖传》皆无此类语句，朱说是也。此同人二字乃经文窜入传文，曰字乃后人妄加。乾行，王引之释为乾道（说见《乾》卦），是也。此乾道谓君道也。《同人》之上卦为乾，下卦为离。乾为君，离为阴卦，为臣民。然则《同人》之卦象是君在上，臣民在下，臣民赞同其君。君以田猎、战争等事而出于野，臣民皆赞同之，则所行亨通，涉大川之险亦利。是为"乾行"，换言之，是为君道。

文明以健，中正而应，"君子"正也。唯君子为能通天下之志。

此释卦辞"利君子贞"。《同人》之下卦为离，上卦为乾。离为文明，乾为刚健。然则《同人》之卦象是"文明以健"，即有文明与刚健之德。其次，九五为阳爻，为刚，居上卦之中位，是为"中正"，象君守正中之道。六二为阴爻，为柔，居下卦之中位，象臣民守正中之道。六二与九五为同位爻，六二之柔应九五之刚，是为"应"，象臣民应和其君。总之，《同人》之卦象与爻象是君子有文明、刚健之德，守正中之道，臣民亦守正中之道而应和之，要在君子之正。惟君子能以正为准，辨察天下人心之好恶、是非、取舍，而尽知之。故曰："唯君子为能通天下之志。"君子如此，则能有利于事业，有利于人民，是以卦辞曰："利君子贞。"（《彖传》极力美化君子）

《象》曰：天与火，《同人》。君子以类族辨物。

类犹分也。《系辞》下曰："以类万物之情。"类字与此同义。族，种类也。类族即分析事物之种类。[②]《同人》之上卦为乾，下卦为离。乾为天，离为火。然则《同人》之卦象是"天与火"，即上天下火。按《象传》以天比君，以火比人之明察，以上天下火比君之明察及于下。君之明察及于下，首在洞知臣民之是非善恶，因而赞同其是与善者，是以卦名《同人》。君子观此卦象及卦名，从而运用其明察，分析事物之种类，辨别事物之情况，以求同人得正。故曰："天与火，《同人》。君子以类族辨物。"

初九：同人于门，无咎。

［经意］同人，聚众也。统治者聚众于门，盖以大事（似与战争有关）告谕臣民，上情下通，可以无咎。

［传解］《同人》，赞同应和他人。"同人于门"谓同于门外之人。

《象》曰："出门同人"，又谁"咎"也。

传意：爻辞云"同人于门，无咎"，言出门即能同人，与之协作，又有谁咎之哉。

六二：同人于宗，吝。

［**经意**］ 同人，聚众。宗，祖庙。吝，难也。统治者聚众于宗庙，盖以面临艰难（似与战争有关）有所祈祷，故曰"吝"。

［**传解**］ 同人，赞同应和他人。宗，宗族。《左传》昭公三年："胖之宗十一族。"杜注："同祖为宗。"是其例。"同人于宗"谓仅同于宗族之人。

《象》曰："同人于宗"，"吝"道也。

传意：爻辞云"同人于宗，吝"，言同人之范围仅在宗族，与之协作，其所同者甚狭，族外人则不助之，此自招困难之道也。

九三：伏戎于莽，升其高陵，三岁不兴。

［**经意**］ 伏，埋伏。戎，兵也。莽，丛草。升，登也。陵，岭也。爻辞言，作战时，设伏兵于草莽中，意在不使敌人见之。而有人登于其高陵之上，敌人正可见之。此乃自泄戎机，将致大败，三年不能振作。

［**传解**］ 与经意同。

《象》曰："伏戎于莽"，敌刚也。"三岁不兴"，安行也。

安犹何也。行，作为。传意：爻辞云"伏戎于莽"，因敌人兵强，故设伏兵以求胜也。云"升其高陵，三岁不兴"，言战败之后，何能有所作为哉。

九四：乘其墉，弗克，攻，吉。

［**经意**］ 乘，登也。墉，城墙。克，取城曰克。爻辞言，攻人之城，已登其城墙，而守者未退，城犹未下，则继攻之，乃吉。如中止不攻，予守者以缮修之暇，则不易攻矣。

［**传解**］ 与经意同。

《象》曰："乘其墉"，义"弗克"也。其"吉"，则困而反则也。

义，道义。则借为侧；反侧，反复无常也。③传意：爻辞云"乘其墉，弗克"，盖守者声请降服，在道义上不宜取其城，非力不足以取其城也。云"攻，吉"，盖守者在围困之中，请降而又不降，反复无常，故攻之乃吉也。

九五：同人先号咷而后笑，大师克，相遇。

[经意] 同人，聚众。号咷，大哭。克，胜也。此疑是古代故事。盖有军队被敌人围攻，将就败亡。乃聚众大哭，而又转为喜笑。因别有大军战胜敌人，彼此会师，转祸为福。爻辞借此故事，以示筮遇此爻，先危后安，先悲后喜。

[传解] 同人，赞同应和他人。"同人先号咷而后笑"，谓有军队随同别一军队出征，结果是先悲后喜。余与经意同。

《象》曰："同人"之"先"，以中直也。"大师相遇"，言相"克"也。

王引之曰："直者，正也。变正言直，以与克为韵耳。"④克亦胜也。传意：爻辞云"同人先号咷而后笑"，言此随同他人出征之军队所以逢凶化吉，先悲后喜，乃以其行之正中，进行正义之战争也。云"大师克，相遇"，言大军战胜，与此军相会，乃两方相与战胜敌人，非一方之力也。《象传》"中直"之说乃以九五之爻位为据。九五居上卦之中位，象人得正中之道。(《系辞》上："'同人先号咷而后笑。'子曰：'君子之道，或出或处，或默或语。二人同心，其利断金。同心之言，其臭如兰。'"乃以二人同心释同人，谓两方同心，始能转败为胜，转悲为喜。)

上九：同人于郊，无悔。

[经意] 同人，聚众。郊，邑外之地称郊。统治者聚众于郊，疑指祭祀天帝而言。古人祭天在郊，故其祭名曰郊。《吕氏春秋·季夏纪》："以给郊庙祭祀之服。"高注："郊，祀天。"是其例。得天保佑，所以无悔。(祭天似与战争有关)

[传解] 同人，赞同应和他人。"同人于郊"谓仅同于近郊之人。

《象》曰："同人于郊"，志未得也。

志未得犹言不得志。传意：爻辞云"同人于郊，无悔"，言同人之范围仅在近郊，与之协作，其所同者甚近，远地人则不助之，只能无悔，不能得志也。

[附考] ①《序卦》释《同人》曰："与人同者，物必归焉。"《杂卦》曰：

"《同人》，亲也。"然则《易传》认为《同人》是与人同也，即赞同他人，随同他人，与他人协作也。但《易传》又认为同人以"得中"（得正道）为准，非无原则之苟同盲从，同恶合污。《象传》言之甚明。　　②《象传》："君子以类族辨物。"王引之曰："类族辨物乃对文。类，比类也。族，类也（此与类族之类异义）。善恶各有其类，君子法天火之高明，以比类之。《学记》：'知类通达。'郑注曰：'知类，知事义之比也。'《缁衣》：'义不壹，行无类。'注曰：'类谓比式。'因而比方事物亦谓之类。《乐记》：'律小大之称，比终始之序。'《史记·乐书》律作类，类亦比也。襄九年《左传》：'晋君类能而使之。'谓比类其才能而使之也。《周语》曰：'象物天地，比类百则。'又曰：'度之天神，比之地物，类之民则，方之时动。'是类与比方同义。故《系辞》传曰'以类万物之情'也。《祭法》：'非此族也。'《淮南·俶真》篇：'万物百族。'郑高注并曰：'族，类也。'（与类族之类异义）为善为恶，各如其类，以比类之，则谓之类族。各如其品，以辨别之，则谓之辨物。"　　③《象传》："其'吉'，则困而反则也。"反则释为违反法则规约，亦通，但不甚切合。余谓则当借为侧。则、侧同声系，古通用。《庄子·列御寇》篇："醉之以酒而观其侧。"《释文》："侧或作则。"是其证。反则即反侧，反复邪僻无常也。《书·洪范》："无反无侧，王道正直。'冯融注："侧，倾侧也。"《周礼》夏官匡人："使无敢反侧。"义同。　　④《象传》："'同人'之'先'，以中直也。"王引之曰："直者，正也。《说文》：'直，正见也。'《文言》曰：'直其正也。'《曲礼》：'直而勿有。'《郊特牲》：'直祭祝于主。'郑注并曰：'直，正也。'以中直也者，以中正也。《讼象传》曰：'讼元吉，以中正也。'《豫象传》曰：'不终日贞吉，以中正也。'《艮象传》曰：'艮其辅，以中正也。'是也。《同人》九五位居中正，故曰中直。变正言直，以与克为韵耳，其实一也。……《困象传》曰：'乃徐有说，以中直也。'中直亦中正也。变正言直，以与得福为韵耳。"

《大有》第十四

䷍（下乾上离）

《大有》：元亨。

[经意]　大有二字疑当重，上《大有》二字乃卦名，下大有二字乃卦辞也。卦辞云"大有"者，古语称年谷丰收为大有，谓筮遇此卦，将得丰年也。元，大也。亨即享字，祭也。"元亨"谓筮遇此卦，可举行大享之祭。

[传解]　《大有》，卦名，所有者大也。①元，大也。亨，美也。传谓人之所有者大，则其事业大且美矣。

《彖》曰：《大有》，柔得尊位大中，而上下应之，曰《大有》。

此释卦名。传首《大有》二字举卦名也。《大有》之六五为阴爻，为柔，居上卦之中位，又在乾卦之上（下卦为乾为天，为朝廷），是为"柔得尊位"，柔得"大中"。象大臣处于尊贵之位，守大正之道。其次，六五为柔，其上下五爻皆为阳爻，为刚，上下五刚应一柔，是为"上下应之"，象上下之有才德之君子皆应和此大臣。《大有》之卦爻象具此三特点，则此大臣所有者盛多而丰厚矣。是以卦名曰《大有》。

其德刚健而文明，应乎天而时行，是以"元亨"。

此释卦辞。卦辞云"元亨"者，元，大也；亨，美也。《大有》之下卦为乾，上卦为离。乾为刚健，离为文明。然则《大有》之卦象是"其德刚健而文明"，即人有刚健、文明之德。其次，离为明察，乾为天。然则《大有》之卦象又是人明察于天道。明察于天道则能适应之，以时行事，是为"应乎天而时行"。大臣有此两特点，则其事业大而美矣。是以卦辞曰："元亨。"

《象》曰：火在天上，《大有》。君子以遏恶扬善，顺天休命。

《尔雅·释诂》："遏，止也。"迎而止之为遏，即制止之义。又《尔雅·释诂》："休，美也。"休命谓使己之命运美好。《大有》之上卦为离，下卦为乾。离为火，乾为天。然则《大有》之卦象是"火在天上"。按《象传》以火比人之明察，以天比君，以火在天上比明察在于君身。君有明察，则知朝廷百官之贤奸，任其贤而黜其奸，政治于是清明，国家于是乎昌盛，所有者大矣。是以卦名曰《大有》。君子观此卦象及卦名，从而遏止奸恶，扬举贤善，以顺赏善罚恶之天道，求命运之嘉美。故曰："火在天上，《大有》。君子以遏恶扬善，顺天休命。"

初九：无交害匪咎，艰则无咎。

[经意] 交害，相害。匪借为非。人与人无相贼害，此非咎也。不仅非咎，若处艰难，必能彼此互助，可以无咎。

[传解] 与经意同。

《象》曰：《大有》"初九"，无交害也。

传文对经未加申释。

九二：大车以载，有攸往，无咎。

[经意] 用大车以载人与物，有所往则无咎。此比喻人作事有良好之工具，则不失败。

[传解] 与经意同，但以载为专指载物。

《象》曰："大车以载"，积中不败也。

积中，积物于车中。

九三：公用亨于天子，小人弗克。

[经意] 亨即享字。此享当读为飨，宴会也。②小人，庶民之通称。弗克，不能也。筮遇此爻，公侯将受天子之宴飨，庶民则不能。

[传解] 亨，通也。余与经意同。

《象》曰："公用亨于天子"，"小人"害也。

传意：爻辞云"公用亨于天子，小人弗克"，亨，通也；此言公侯可直达于天子，庶民则不能。如庶民越级以直达于天子，则有罪得祸矣。

九四：匪其彭，无咎。

[经意]　匪借为非，排斥、反对之义。彭借为尪，《集解》本正作尪。尪，邪曲也。反对邪曲之人与邪曲之事，自无咎。

[传解]　与经意同。

《象》曰："匪其彭无咎"，明辩晢也。

明犹察也。《尔雅·释训》："明明，察也。"足证明可训察。辩借为辨。《小尔雅·广诂》："辨，别也。"《说文》："晢，昭明也，从日，折声。"（晢亦作晰，音哲，非晰字。）明辨晢谓考察辨别明确也。传意：爻辞云"匪其彭，无咎"，以其察辨明确也。盖反对邪曲之人与邪曲之事，察辨明确，方能无咎。申言之，察辨其人之行事是否邪曲，察辨己之力量能否胜利，得明确之结论，而后反对之，动得其正，操必胜之算，方能无咎。反之，察辨不明，倒置其是非，迷误于利害，则其反对适足以致败招灾，岂能无咎哉。

六五：厥孚交如威如，吉。

[经意]　厥，其也，指统治者。孚，罚也。交借为皎。皎如犹皎然，明察之貌。威如犹威然，威严之貌。统治者之刑罚，既明察而得当，又威严而可畏，则臣民服，是吉矣。

[传解]　孚，信也。交亦读为皎，著明也。爻辞言：其人诚信，皎然而坦白，又威然而严厉，故吉。

《象》曰："厥孚交如"，信以发志也。"威如"之"吉"，易而无备也。

发，明也。③易，平安也。备借为惫，病困也。④传意：爻辞云"厥孚交如"，言其人诚信以明其志也。云"威如吉"，言其人信立而威亦立，众人畏服，遂能平安而无困惫，所以得吉也。《象传》乃以"信"释"孚"，以"发志"释"交如"，以"易而无备"释"吉"。

上九：自天祐之，吉，无不利。

[经意]　祐与佑同，助也。筮遇此爻，自天保佑，吉而无不利。

[传解]　与经意同。

《象》曰：《大有》"上"吉，自天祐也。

上谓在上位之人。上吉谓在上位之人得吉也。《象传》此释乃以上九之爻位为据。上九居一卦之上位，象在上位之人。《系辞》上："《易》曰：'自天祐之，吉无不利。'子曰：'祐者，助也。天之所助者，顺也；人之所助者，信也。履信，思乎顺，又以尚贤也，是以自天祐之，吉无不利也。'"

[**附考**]　①《序卦》论《同人》《大有》《谦》三卦之顺序曰："与人同者，物必归焉，故受之以《大有》。有大者不可以盈，故受之以《谦》。"《杂卦》曰："《大有》，众也。"然则《易传》认为卦名《大有》之含义是所有者大，明矣，不释《大有》为丰年也。　　②九三："公用亨于天子。"此亨字亦即享字，但当读为飨。享、飨古通用，其例甚多，从略。《说文》："飨，乡人饮酒也。"乡人饮酒即众乡人聚而宴会，为古礼之一。按古语，其它宴会亦谓之飨。公用飨于天子，谓天子以宴席礼待公侯也。《左传》僖公二十五年记周王避乱出走，晋文公将出兵勤王，使卜偃筮之遇《大有》此爻，卜偃曰："吉。遇'公用享于天子'之卦。战克而王飨，吉孰大焉。"正以飨释享。　　③《象传》："信以发志也。"亨按《广雅·释诂》："发，明也。"《诗·载驱》："齐子发夕。"《释文》引《韩诗》曰："发，旦也。"《小宛》："明发不寐。"明发犹明旦也（天明为旦）。可证发有明义。信以发志，谓诚信以明其心也。《丰》六二《象传》曰："有孚发若，信以发志也。"其义同。　　④《象传》："易而无备也。"亨按《礼记·中庸》："君子居易以俟命。小人行险以徼幸。"郑注："易犹平安也。"《中庸》易与险对文，可见郑注之确。本书《系辞》上："辞有险易。"《系辞》下："危者使平，易者使倾。"又曰："德行恒易以知险。"《集解》引陆绩曰："易，平易也。"《系辞》易与险或危对文，可见陆注亦确。此《象传》之易即平安之义也。备借为惫。二字古通用。《遯象传》曰："有疾惫也。"《释文》："惫，荀作备。"《既济象传》曰："三年克之，惫也。"《释文》："惫，陆作备。"并其证。《遯》卦《释文》引郑注："惫，困也。"《庄子·山木》篇："何先生之惫邪？"《释文》："惫司马本作病。"是惫又有病义。此《象传》之备即惫，病困之义也。易而无惫，谓平安而无病困也。

《谦》第十五

䷎（下艮上坤）

《谦》：亨。君子有终。

［**经意**］《谦》，卦名。亨即享字，祭也。君子，贵族之通称。终，古语谓好结果为终（说见《比》卦）。筮遇此卦，可举行享祭，君子有好结果。

［**传解**］《谦》，卦名，谦虚也。亨，通也。君子，有才德之人。终，亦是好结果。此言人谦虚则亨通，君子行之有好结果。

《彖》曰：《谦》，"亨"。

人能谦则亨通。理由如下文。

天道下济而光明。

《尔雅·释言》："济，成也。"天道下行以成万物，如日光下射以暖万物，雷下震以动万物，风下行以吹万物，雨下降以润万物是也。光明指日月。天道下济是天道之谦，天道光明是天道之亨。此句以天道说明谦则亨之理。

地道卑而上行。

地道卑，地之位置卑下。上行，地气上升，与天气相交，以生成万物。地道卑是地道之谦，地道上行是地道之亨。此句以地道说明谦则亨之理。

天道亏盈而益谦。

亏，损也。天道亏盈，例如日中则下降，月满则渐亏。天道益谦，例如日出则上升，月虚则渐实。此句以天道说明谦则亨、不谦则不亨之理。

地道变盈而流谦。

俞樾曰："变，毁也。"[①]流犹益也，水与沙土流动至于洼处，使洼处有

所增益也。地道毁盈，例如丘高则渐损，河溢则堤决。地道益谦，例如地
洼则渐平，沟虚则水至。此句以地道说明谦则亨、不谦则不亨之理。

鬼神害盈而福谦。

此句以神道说明谦则亨、不谦则不亨之理。

人道恶盈而好谦。

骄满者人则恶之，谦虚者人则爱之，乃社会之一般规律。此句以人道
说明谦则亨、不谦则不亨之理。

谦，尊而光，卑而不可逾，"君子"之"终"也。

《说文》："逾，越也。"此逾谓凌越。人能谦，处于尊位则光荣，处于
卑位则不可凌越，[②]是即君子之好结果。

《象》曰：地中有山，《谦》。君子以袤多益寡，称物平施。

《释文》："袤，郑、荀、董、蜀才作捊。云：'取也。'"按袤借为捊。
《说文》："捊，引取也。"又《说文》："称，铨也。铨，衡也。"（铨即权衡
之权）称即今之秤字，此处是衡量之义。施，予也。《谦》之外卦为坤，内
卦为艮。坤为地，艮为山。然则《谦》之卦象是"地中有山"。地卑而山
高，地中有山是内高而外卑。谦者，才高而不自许，德高而不自矜，功高
而不自居，名高而不自誉，位高而不自傲，皆是内高而外卑，是以卦名曰
《谦》。按《象传》又以地比庶民，以山比贵族，以地中有山比广大庶民中
间有少数贵族。贵族财多，庶民财寡或无财，此乃不平之现象。君子观此
卦象，从而捊取其财多者以益其财寡与无财者，称量其财物之多寡，以定
其公平之施予。故曰："地中有山，《谦》。君子以袤多益寡，称物平施。"

初六：谦谦，君子用涉大川吉。

[经意]　谦谦，谦而又谦。君子，贵族之通称。谦谦则小心谨慎，君
子以此态度涉大川之险，则吉。

[传解]　传读"谦谦君子"为句。君子，有才德之人。余与经意同。

《象》曰："谦谦君子"，卑以自牧也。

牧犹守也。"卑以自牧"，谓卑以自守也。[③]

六二：鸣谦，贞吉。

[经意] 鸣，名也。鸣谦，有名而谦。贞，占问。鸣谦则所占问之事吉。

[传解]《象传》亦训鸣为名。贞，正也。有名而谦，得正乃吉。

《象》曰："鸣谦贞吉"，中心得也。

中心得即心得中。不言心得中而言中心得，乃以得字为韵耳。中，正也。传意：爻辞云"鸣谦，贞吉"，言鸣谦而心得其正，则吉也。《象传》以"中"字释爻辞之"贞"。《象传》此释乃以六二之爻位为据。六二居下卦之中位，象人得正中之道。

九三：劳谦，君子有终，吉。

[经意] 劳，功劳。劳谦，有功劳而谦。君子，贵族之通称。终，好结果。劳谦则君子有好结果，是吉矣。

[传解] 传读"劳谦君子"为句。君子，有才德之人。余与经意同。

《象》曰："劳谦君子"，万民服也。

传意：爻辞云"劳谦君子，有终吉"，盖有功劳而谦之君子，万民敬服，可以长享富贵，有终吉矣。(《系辞》上："'劳谦君子有终吉。'子曰：'劳而不伐，有功而不德，厚之至也。语以其功下人者也。德言盛。礼言恭。谦也者，致恭以存其位者也。'")

六四：无不利，　扐谦。

[经意] 扐，施也。扐谦，施德惠于人而谦。爻辞言：无不利者是扐谦也。

[传解]《释文》："扐郑读为宣。"宣，明智也。扐谦，明智而谦。明智而谦，不自以为是，则无不利。④

《象》曰："无不利扐谦"，不违则也。

传意：爻辞云"无不利，扐谦"，以其不违反法则也。盖人有明智而能谦，不自骄满，不敢违反法则，自无不利。

六五：不富以其邻，利用侵伐，无不利。

[经意] 以，因也。不富以其邻，本国不富，因其邻之掠夺财物也。此则罪在邻国，我侵伐之，合乎正义，可得胜利，无有不利。

〔**传解**〕 以犹及也（说见《小畜》卦）。"不富以其邻"，谓强暴统治者出兵掠夺其邻国（或邻邑）之财物，劳民丧财，自己不富，又使邻国亦不富。此乃害人又害己，大为不义，有人侵伐之，则有利而无不利。

《**象**》曰："利用侵伐"，征不服也。

传意：爻辞云"不富以其邻，利用侵伐"，因是征讨不服从王侯之制度命令，敢于掠夺邻国之财物之人也。

上六：鸣谦，利用行师征邑国。

〔**经意**〕 鸣谦，即名谦，有名而谦也。行师，出兵。邑国，大夫之邑，诸侯之国。有名而谦，有美誉威声而不骄傲，出兵征伐邑国，自获胜利。

〔**传解**〕 与经意同。

《**象**》曰："鸣谦"，志未得也。可"用行师"，征邑国也。

可用犹可以。传意：爻辞云"鸣谦，利用行师征邑国"，言有名而谦，犹未能得志，邑国犹有不服，则可以出兵征伐邑国，以求得志也。

〔**附考**〕 ①《彖传》："地道变盈而流谦。"俞樾曰："《吕氏春秋·至忠》篇：'颜色不变。'高注曰：'变，毁也。'是变有毁义。地道变盈与天道亏盈义正相近。"此说可从。改变物之原形，即毁坏物之原形，故变可训毁。

②《彖传》："谦，尊而光，卑而不可逾。"尊字有二解：孔颖达曰："尊者有谦而更光明盛大，卑者有谦而不可逾越。（今本《正义》卑下脱"者有"二字，据《集解》引补。）此读尊为尊卑之尊，一说也。王引之曰："尊读撙节退让之撙。撙之言损也。……《系辞》传曰：'谦尊而光。谦以制礼。'《曲礼》曰：'君子恭敬撙节退让以明礼。'其义一而已矣。刘昼《新论·诫盈》篇曰：'未有谦尊而不光，骄盈而不毙者也。'以谦尊对骄盈，则读尊为撙可知，盖当时《易》说有如是解者，故刘氏用之也，正与经旨相合。尊与退让同义，故书传多言尊让者。《儒行》：'儒皆兼此而有之，犹且不敢言仁也。其尊让有如此者。'《乡饮酒义》：'三揖而后至阶，三让而后升，所以致尊让也。'又曰：'君子尊让则不争。'《聘义》：'三让而后传命，三让而后入庙门，三揖而后至阶，三让而后升，所以致尊让也。'《管子·五辅》篇：'夫人必知礼然后恭敬，恭敬然后尊让，尊让然后少长贵贱不相逾越。'《淮南·泰族》篇：'恭敬尊让者，礼之为也。'尊与撙同。尊让即撙节退让也。《说文》无撙字，故多借尊为之。或通作缚。《荀子·不苟》篇：'恭敬缚绌以畏事人。'杨倞注曰：'缚与撙同。绌与黜同。谓自撙节贬损。'又

通作傅。《荀子·仲尼》篇:'恭敬而傅。谨慎而嗛。'(嗛与谦同)注曰:'傅与撙同,卑退也。'"此读尊为撙让之撙。二说也。亨按两解均通。但此文似尊与卑相对为义,故从孔说。 ③《象传》:"'谦谦君子',卑以自牧也。"王弼曰:"牧,养也。"俞樾曰:"《荀子·成相》篇:'请牧基,贤者思。'杨倞注曰:'牧,治也。'然则卑以自牧者,卑以自治也。《方言》曰:'牧,司也。'又曰:'牧,察也。'司、察二义皆与治义相近。"亨按依王说,卑以自牧谓以谦卑为自我修养;依俞说,卑以自牧谓以谦卑克制自己。皆勉强能通,而不甚切。余谓牧犹守也,卑以自牧谓以谦卑自守也。《说文》:"牧,养牛人也,从攴,从牛。"养牛人谓之牧,养牛亦谓之牧。养牛者必看守之,故牧有守义。 ④ 六四:"无不利,㧑谦。"《象传》释之曰:"不违则也。"亨按《释文》:"㧑郑读为宣。"盖合于传意。宣,明也,智也。《左传》僖公七年:"未宣其用。"杜注:"宣,明也。"《国语·晋语》:"武子宣法以定晋国。"韦注:"宣,明也。"《管子·心术》篇:"去欲则宣。"尹注:"宣,通也。"《诗·文王》:"宣昭义问。"《雍》:"宣哲维人。"王引之曰:"宣,明也。宣昭犹明昭,宣哲犹明哲也。"(《经义述闻》)可证宣有明智之义。然则㧑谦即宣谦,谓明智而谦也。明智而谦,则不自以为是,知深识远,而动循法则,自无不利。故《象传》曰:"不违则也。"此解以释经释传皆可通也。此外有二解可备参考:其一,《集解》引荀爽曰:"㧑犹举也。"惠栋、姚配中、张惠言等皆从之。然则㧑谦谓举动能谦也。其二,王弼曰:"指㧑皆谦,不违则也。"陆德明曰:"㧑,指㧑也。义与麾同。《书》云'右秉白旄以麾'是也。"朱熹曰:"㧑与挥同。"程颐、毛奇龄等说同。《说文》:"㧑,一曰:指㧑也。"指㧑即指挥。然则㧑谦谓指挥臣下作事而能谦也。此二说均勉强可通,故录之。尚有异说,皆误,从略。

《豫》第十六

▤▤（下坤上震）

《豫》：利建侯行师。

[经意] 《豫》，卦名。建侯，建立诸侯，封侯建国，新侯嗣位，皆曰建侯。行师，出兵。筮遇此卦，建侯、行师皆有利。

[传解] 《豫》，卦名。《释文》引马云："《豫》，乐也。"① 余与经意同。

《彖》曰：《豫》，刚应而志行，顺以动，《豫》。

此释卦名。传首《豫》字举卦名也。《豫》，乐也。《豫》之九四为阳爻，为刚。其上下五爻皆为阴爻，为柔。上下五柔应一刚，是为"刚应"，象君上得众臣民之拥护应和，如此则君上之志得行矣。其次，《豫》之下卦为坤，上卦为震。坤，顺也；震，动也。然则《豫》之卦象是"顺以动"。顺以动者，如适应自然规律，遵循社会制度等以行事也。君上既得众臣民之拥护应和，其志得行，其行也又能顺以动，则君臣皆乐。是以卦名曰《豫》。

《豫》顺以动，故天地如之，而况"建侯行师"乎。

此释卦辞。《说文》："如，随从也。"《豫》之卦象是顺以动。国君能顺以动，则天地亦随从其志愿，无事不利，而况建侯行师哉。

天地以顺动，故日月不过，而四时不忒。圣人以顺动，则刑罚清而民服。《豫》之时，义大矣哉。

此申释卦义。《释义》引郑注云："忒，差也。"天地以顺动，所以日月之运行无过误，四时之循环无差错。圣人以顺动，则刑罚清明，万民服从。然所谓以顺动者，乃应其时而动也。动应其时则为顺。动不应其时则为逆。

所以《豫》之为乐，在乐得其时，乐得其时，其意义甚大。

《象》曰：雷出地奋，《豫》。先王以作乐崇德，殷荐之上帝，以配祖考。

《集解》引郑玄曰："奋，动也。殷，盛也。荐，进也。"亨按崇犹尊也。崇德谓尊崇其德而歌颂之也。配犹献也。《汉书·艺文志》引配作享，享亦献也。[②]《豫》之上卦为震，下卦为坤。震为雷，坤为地。然则《豫》之卦象是"雷出地"上而"奋"动也。《易传》对于雷有不科学之谬说，认为大陆地区，天暖时雷出于地上，天寒时雷返于地中。[③]雷出地上，震动万物，时为春季，万物皆欢乐，是以卦名曰《豫》。雷声可以震动万物，音乐可以感动天神人鬼。先王观此卦象，从而创作音乐，歌颂功德，洋洋而盛，进之上帝，献之祖考，以娱乐之。故曰："雷出地奋，《豫》。先王以作乐崇德，殷荐之上帝，以配祖考。"

初六：鸣豫，凶。

［经意］鸣，名也。豫借为娱，享乐也。人有名而享乐，则将荒淫，弃德而废事，身败而名裂，是凶矣。

［传解］与经意同。

《象》曰："初六鸣豫"，志穷"凶"也。

传意：爻辞云"鸣豫，凶"，言有名而享乐，则其志必穷，志在保其功名富贵，而功名富贵不可保，志在过享乐生活，而享乐生活不得过，是凶矣。

六二：介于石，不终日，贞吉。

［经意］《释文》："介古文作砎。"按介借为砎，坚也。王引之曰："于犹如也。"贞，占问。爻辞言：人刚坚如石，则易折毁；若其刚坚不过终日之间，即转为柔，则所占之事乃吉。

［传解］贞，正也。余与经意同。

《象》曰："不终日贞吉"，以中正也。

传意：爻辞云"介于石，不终日，贞吉"，以其行之中正也，即其由坚变柔，以归于中正则吉也。（若非中正则不吉）《象传》此释乃以六二之爻位为据。六二居下卦之中位，象人得中正之道。(《系辞》下："子曰：知几，其神乎。君子上交不谄，下交不渎，其知几乎。几者，动之微，吉凶之先见者也。君子见几而作，不俟终日。《易》曰：'介于石，不终日，贞吉。'介如石焉，宁用终日，断可识矣。君子知微知彰，知柔知刚，万夫之望。"此谓君子坚而速变为柔，乃见几而作。)

六三：盱豫，悔，迟有悔。

[**经意**]　盱借为旴。(《释文》："盱，姚作旴。")旴与旭同，日初出也。此旴喻人处于方在上升之时。豫，享乐。悔，小小之不幸。迟，缓也，指时间。有读为又。爻辞言：人处于如晓日初升之时，而乃享乐，则悔事将至，为时稍缓，悔事又至。

[**传解**]　与经意同。

《象》曰："盱豫有悔"，位不当也。

传意：爻辞云"盱豫，悔，迟有悔"，言人处于方在上升之时，而以享乐为事，则必旷其业，废其职，其人之所行与其所处之地位不相当，故悔而又悔也。《象传》此释乃以六三之爻象爻位为据。六三为阴爻居阳位，是为位不当，象人之行事与其地位不相当。

九四：由豫，大有得。勿疑朋盍簪。

[**经意**]　由疑当作田，形似而误。田，田猎。豫，享乐。田豫大有得，言人田猎以行乐，则大获鸟兽，此是有益之享乐。朋，朋友。盍借为嗑，多言也。簪汉帛书《周易》作谗。按簪借为譖，为谗，进恶言以毁人也。勿疑朋嗑譖，言筮遇此爻，勿疑友人多言而谗己。(亨按由亦可读为游。古人谓田猎之事为游。[④])

[**传解**]　与经意同。

《象》曰："由豫大有得"，志大行也。

此由字亦当作田。传意：爻辞云"由豫，大有得"，言田猎志在得鸟兽，其乐亦在得鸟兽，今果大有得，是其志大行也。传未释"勿疑朋盍簪"句。

六五：贞疾，恒不死。

［经意］ 贞，占问。恒，久也。占问疾病，筮遇此爻，则久不死，其寿尚长。

［传解］ 贞，正也。疾，灾害也。人之志行贞正，虽遇灾害，亦久不死。

《象》曰："六五贞疾"，乘刚也。"恒不死"，中未亡也。

乘刚，柔乘刚也。乘，凌也。柔凌刚如臣凌君，妻凌夫，弱者凌强者等是。中，正也。中未亡，正道尚未失去。传意：爻辞云"贞疾"者，言其人之志行贞正而竟遇灾害，所以遇灾害，乃以其人以柔凌刚，持正而犯上也。云"恒不死"者，言其人虽遇灾害而久不死，所以久不死，乃以其人未丧失正道也。《象传》"乘刚"之说乃以六五及九四之爻象爻位为据。六五为阴爻，为柔。九四为阳爻，为刚。六五居九四之上，是为柔乘刚，象臣凌君等等。《象传》"中未亡"之说乃以六五之爻位为据。六五居上卦之中位，象人守正中之道。

上六：冥豫，成有渝。无咎。

［经意］ 冥，日暮也。此冥喻人处于末日晦暗之时。豫，享乐。有汉帛书《周易》作或。按有读为或。渝，败也。爻辞言：人处于如暮日已落之时，而犹享乐，则已成之事或将败毁，然惩前毖后，亦可无咎。（亨又按"无咎"二字疑是衍文。）

［传解］ 与经意同。《象传》所据经本当无"无咎"二字。

《象》曰："冥豫"在"上"，何可长也。

在上谓人居于上位也。传意：爻辞云"冥豫，成有渝"，言其人处于末日晦暗之时，而以享乐为事，以此居上位，何能长久哉。《象传》"在上"之说乃以上六之爻位为据。上六居一卦最上之位，象人居于上位。《象传》以"何可长也"释爻辞之"成有渝"，未释爻辞之"无咎"，且"何可长也"与"无咎"意相矛盾，足证《象传》作者所据《易经》本无"无咎"二字。

［附考］ ①《序卦》论《大有》《谦》《豫》三卦之顺序曰："大有而能谦必豫，故受之以豫。"谓大有而能谦必乐也。《尔雅·释诂》："豫，乐也。"豫训乐，乃借为

娱。《说文》："娱，乐也。"　　②《象传》："先王以作乐崇德，殷荐之上帝，以配祖考。"《集解》引郑玄曰："祀天帝以配祖考者，使与天同飨其功也。故《孝经》云'郊祀后稷以配天，宗祀文王于明堂以配上帝'是也。"　（此上帝指五方之帝，据《礼记·月令》，东方其帝大皞，南方其帝炎帝，西方其帝少皞，北方其帝颛顼，中央其帝黄帝。）后儒多从此说。亨按果如此解，则传文当云"配以祖考"，何能云"以配祖考"哉。按配字古本有异。《汉书·礼乐志》引，《白虎通·礼乐》篇引，《风俗通·声音》篇引，并作配。而《汉书·艺文志》引作享。依意当作享。《说文》："享，献也。"《广雅·释言》："亯，祀也。"祭祀祖考，奏乐献之，故曰"以享祖考"。其作配者，配亦享也。《说文》："𨟍，酒色也：从酉，己声。"按酒色之义不见古书，己与配音亦异，许训非也。金文配作𨟍（《毛公鼎》），作𨟍（《宗周钟》）。其字从酉从人，亦当训享，人持酒以祭之意。《书·吕刑》："惟克天德，自作元命，配享在下。"配、享义同，故联用之也。　　③《象传》："雷出地奋，《豫》。"按《易传》对于雷有不科学之谬说，认为：大陆地区，天暖时雷出于地上，《豫象传》曰"雷出地奋，《豫》"是也；天寒时雷返于地中，《复象传》曰"雷在地中，《复》"是也。滨湖地区，天暖时雷出于泽上，《归妹象传》曰"泽上有雷，《归妹》"是也；天寒时雷入于泽中，《随象传》曰"泽中有雷，《随》"是也。《初学记》一引《洪范·五行传》曰："雷二月出地百八十日，雷出则万物出。八月入地百八十日，雷入则万物入。"《汉书·五行志》："于《易》雷以二月出，其卦曰《豫》，言万物随雷出地，皆逸豫也。以八月入，其卦曰《归妹》，言雷复归入地，则孕毓根核，保藏蛰虫，避盛阴之害。"即承袭先秦之旧说。　　④九四："由豫，大有得。"《释文》："由马作犹。"亨进而考之，由、犹亦可读为狻。（犹、狻古通用。《周礼·考工记》辀人："必鞄其牛后。"郑注："故书鞄作𩮱。"即其佐证。）狻，田猎也。古书多用蒐字。《国语·齐语》："春以蒐振旅。"韦注："春田曰蒐。"《礼记·祭义》："而弟达乎蒐狩矣。"（《孔子家语·正论》篇蒐作蒐）《周礼》大司马："中春教振旅，……遂以蒐田。"《左传》隐公五年："春蒐，夏苗，秋狝，冬狩。"《尔雅·释天》："春猎为蒐。"其义并同。《公羊传》桓公四年："秋曰蒐。"（《释文》蒐作廀，云："本或作搜。"）《穀梁传》文同。（《释文》："蒐，麇氏本作搜。"）其义稍异。两说虽殊，而狻为田猎之名则一也。此文之狻豫谓狻猎以行乐耳。余于此由字提出三解，仍以改由为田较胜。盖《易经》言田猎之事皆用田字，而田、由形极相近，实易互误也。

《随》第十七

䷐（下震上兑）

《随》：元亨。利贞。无咎。

[**经意**]《随》，卦名。元，大也。亨即享字，祭也。贞，占问。筮遇此卦，可举行大享之祭，是有利之占问，无灾咎。

[**传解**]　《随》，卦名，从也。①（《彖传》亦释《随》为从，又释《随》为追。）元，大也。亨，美也。利，利物也。贞，正也。此言人有元大、亨美、利物、贞正之德，则人皆随从之，而无咎也。

《彖》曰：《随》，刚来而下柔，动而说，《随》。

此释卦名。传首《随》字举卦名也。《随》之下卦为震，上卦为兑。震为阳卦，为刚；兑为阴卦，为柔。然则随之卦象是刚居柔下，是为"刚来而下柔"，乃指君下礼于臣民。其次，震，动也；兑，说（悦）也。然则《随》之卦象又是"动而说"，乃指君动而臣民悦之。君有此二者，则人皆随从之，是以卦名曰《随》。

大"亨贞无咎"，而天下随时，随时之义大矣哉。

此释卦辞。《释文》："'大亨贞'本又作'大亨利贞'。"是也。"而天下随时，随时之义大矣哉"，《释文》引王肃本作"而天下随之，随之时，义大矣哉"，亦是也。②卦辞云"元亨。利贞。无咎"者，言君有元大、亨美、利物、贞正之德，故能无咎，而天下之人皆随之也。天下之人皆随之，贵得其时，汤伐桀，而夏人随汤，武王伐纣，而殷人随武王，皆得其时也。所以随之时，其意义甚大。

《象》曰：泽中有雷，《随》。君子以向晦入宴息。

《释文》："嚮，本又作向。"向即嚮之俗字。王引之曰："向犹方也。"

《集解》引翟玄曰："晦者，冥也。"冥谓暮夜也。向晦犹今言向晚也。《说文》："宴，安也。"宴息犹今言休息也。《随》之外卦为兑，内卦为震。兑为泽，震为雷。然则《随》之卦象是"泽中有雷"。《易传》对于雷有不科学之谬说，认为滨湖地区，天寒时雷入于泽中。(详见《豫》卦)此乃雷随天时以休息，是以卦名曰《随》。泽中有雷，为天寒季节，日暮后人不便于活动。君子观此卦象及卦名，从而在向晚之时，进入内室休息。故曰："泽中有雷，《随》。君子以向晦入宴息。"

初九：官有渝，贞吉，出门交有功。

[**经意**]　官，官吏。官下有字，汉帛书《周易》作或。按此有字当读为或。渝，败也。贞，占问。交，俱也。爻辞言：官吏干事或失败，筮遇此爻则吉，出门则俱有功。(亨又按：官，古馆字。官有渝，馆舍有毁坏也。)

[**传解**]　贞，正也。余与经意同。

《象》曰："官有渝"，从正"吉"也。"出门交有功"，不失也。

传意：爻辞云"官有渝，贞吉"，言官吏干事渝败，从贞正之道则吉也。云"出门交有功"，以其从正而不失也。

六二：系小子，失丈夫。

[**经意**]　系，系也，以绳拴之也。小子，未成年之男子。丈夫，已成年之男子。此指俘虏而言。古人得俘虏，以绳系之，以防其逃走。今系小子而失丈夫，乃顾小失大之象。

[**传解**]　与经意同。

《象》曰："系小子"，弗兼与也。

与犹有也。(裴学海《古书虚字集释》有此例)传意：爻辞云"系小子，失丈夫"，言其不能兼而有之也。

六三：系丈夫，失小子，随有求得。利居贞。

[**经意**]　随，追逐。有犹以也。(裴学海《古书虚字集释》有此例)居贞，占问居处。爻辞言：人得俘虏，系丈夫而失小子，此顾大失小也。但小子易捉，追逐以求之，可以复得。又筮遇此爻，占问居处则利。

［**传解**］ 贞，正也。随有求得、利居贞，言人追逐有所求而得之，守正道乃利。(不守正道，虽得之亦不利。) 余与经意同。

《象》曰："系丈夫"，志舍下也。

舍借为捨。传意：爻辞云"系丈夫，失小子"，言人得俘虏，有丈夫，有小子，丈夫劳动力强，价值高，故系之；小子劳动力弱，价值低，故不系。其心宁愿舍其价值低下之小子也。

九四：随有获，贞凶。有孚在道，以明何咎。

［**经意**］ 随，追逐。获当读为攫，猎人捕兽之机槛也。其状未详，盖是建高大木圈，圈有门，门上有机，圈中置小豕或兔等以诱大兽。兽入门触机，门即自闭，兽不能出。贞，占问。郭沫若说："孚恐是俘字。"于省吾曰："明读为盟。"盟，对神发誓立约也。爻辞言：人追逐人或物，在进程中有机攫，则将陷入，此凶象也。故筮遇此爻则凶。又统治者在路中得俘虏，以盟誓约束之，有何咎哉。(亨按孚亦可训为罚。明，明察也。"有孚在道，以明何咎"，言统治者在路中加罚于其臣下，能用其明察，罚之得当，有何咎哉。)

［**传解**］ 获亦读为攫。贞，正也。孚，信也。道，正道也。以，用也。"随有获，贞凶"，谓追逐而有机攫，其行虽正，而亦凶也。"有孚在道，以明何咎"，谓人有信在于正道，又用其明察，尚何咎哉。

《象》曰："随有获"，其义"凶"也。"有孚在道"，"明"功也。

义读为宜 (说见《需》卦)。《小尔雅·广诂》："功，事也。"传意：爻辞云"随有获，贞凶"，盖追逐而有机攫，必闯入祸门，其事固宜凶也。云"有孚在道，以明何咎"，明谓明察于事功也。既信守于正道，又明察于事功，有何咎哉。

九五：孚于嘉，吉。

［**经意**］ 孚，古俘字，掠夺人口财物也。嘉，美也，指兴旺之时。爻辞言：掠夺他国他邑之人口财物在自己兴旺之时，则吉，因被掠夺者不敢报复也。(奴隶主时时出外掠夺)

［**传解**］ 孚，信也。嘉，善也。人之信守在于善，则吉。(若信守在

于不善，何能吉哉。）

《象》曰："孚于嘉吉"，位正中也。

位犹立也。传意：爻辞云"孚于嘉，吉"，以其立于正中之道也。盖所谓"嘉"者非它，即正中之道。"孚于嘉"非它，即信守正中之道。信守正中之道，自得吉福矣。《象传》此释乃以九五之爻位为据。九五居上卦之中位，象人守正中之道。

上六：拘系之，乃从维之，王用亨于西山。

[经意] 拘，囚也。系亦系也。孙经世曰："乃犹又也。"（《经传释词补》）从读为纵，释放也。维读为趡。《广雅·释室》："趡，犇（奔）也。"即急走之义。亨即享字，祭也。西山，岐山，在镐京之西，故称西山。此乃写周文王之故事。殷纣因系文王于羑里，又释放使之走去。文王既归周，祭祀西山，以报答神之保佑。爻辞借此故事以示占者可免于灾难。（郭沫若说："《随》上六似言用人牲供祭。人牲是由战争得来之俘虏。六二：'系小子，失丈夫。'六三：'系丈夫，失小子。'其所系分明是人。故'拘系之'与'从维之'之"之"，非上文之小子即丈夫。"〔此录其大意〕《广雅·释诂》："维，系也。"然则此爻辞言：得俘虏拘系之，又从而缚绑之，周王用之祭祀西山之神。此解亦甚圆通。）

[传解] 与经意同。本爻曰："王用亨于西山。"《升》六四曰："王用亨于岐山。"亨是享祭之享极为明显，故《易传》亦释为享，不释为美或通也。（传解不同于郭说）

《象》曰："拘系之"，上穷也。

上，君上，指爻辞之"王"。传意：爻辞云"拘系之"，言王被囚系，乃处于困穷之境地也。《象传》此释乃以上六之爻位为据。上六居一卦之上位，又居一卦之尽头，象君上处于困穷之境地。

[附考]

①陆德明曰："《随》，从也。"《序卦》释《豫》《随》《蛊》三卦之顺序曰："《豫》必有随，故受之以《随》。以喜随人者必有事，故受之以《蛊》。《蛊》者，事也。"可见《易传》训随为从，即追随之义也。引申之为追逐之义。　　②《象传》："大'亨

贞无咎'，而天下随时，随时之义大矣哉。"《释文》引王肃本作"而天下随之，《随》之时，义大矣哉"。亨按王本是也。以《彖传》之意言之，"而天下随之"，谓天下随其人，非谓天下随时也。"《随》之时义大矣哉"，谓天下随其人而得时宜，其意义甚大，非谓随时之意义甚也。足证王肃本不误。此其一也。以《彖传》之句法言之，《豫彖传》曰："《豫》之时，义大矣哉。"《颐彖传》曰："《颐》之时，大矣哉。"《大过彖传》曰："《大过》之时，大矣哉。"《坎彖传》曰："险之时，用大矣哉。"《遯彖传》曰："《遯》之时，义大矣哉。"《睽彖传》曰："《睽》之时，用大矣哉。"《蹇彖传》曰："《蹇》之时，用大矣哉。"《解彖传》曰："《解》之时，大矣哉。"《姤彖传》曰："《姤》之时，义大矣哉。"《革彖传》曰："《革》之时，大矣哉。"《旅彖传》曰："《旅》之时，义大矣哉。"皆先言某卦之时，而后言"义大矣哉"或"用大矣哉"或"大矣哉"以赞之。然则《随》卦"随时之义大矣哉"当作"《随》之时，义大矣哉"，明矣。"而天下随时"当作"而天下随之"，亦明矣。足证王肃本不误。此其二也。

《蛊》第十八

䷑（下巽上艮）

《蛊》：元亨。利涉大川，先甲三日，后甲三日。

[经意]《蛊》，卦名。元，大也。亨即享字，祭也。我国上古历法：每年十二月。（有闰月置于岁末）每月三旬。每旬十日，以甲、乙、丙、丁、戊、己、庚、辛、壬、癸十字记之。每旬之第一日为甲日，第二日为乙日，第三日为丙日，余以类推。据甲骨刻辞，殷代已用此历法。先甲三日为辛日，后甲三日为丁日。卦辞言：筮遇此卦，可举行大享之祭；涉大川则利，但须在甲前三日之辛日与甲后三日之丁日。

[传解]《蛊》，卦名。《序卦》曰："《蛊》者，事也。"①元，大也。亨，美也。"《蛊》元亨"，言其事宏大而嘉美。余与经意同。

《彖》曰：《蛊》，刚上而柔下，巽而止，《蛊》。

此释卦名。传首《蛊》字举卦名也。《蛊》，事也。《蛊》之上卦为艮，下卦为巽。艮为阳卦，为刚；巽为阴卦，为柔。然则《蛊》之卦象是"刚上而柔下"，乃指君上处于上，臣民处于下。其次，巽，巽也，谦逊也；艮，止也。然则《蛊》之卦象又是人"巽而止"，即谦逊而静止。君臣上下各居其位，不相凌越，谦逊而不骄傲，静止而不妄动，治国之事要在于此，是以卦名曰《蛊》。

《蛊》"元亨"，而天下治也。

《蛊》卦辞云"元亨"者，言治国之事宏大而嘉美，则天下治也。

"利涉大川"，往有事也。

卦辞云"利涉大川"，《蛊》既是事，则涉大川非以邀以游，而是有所事事也。

"先甲三日，后甲三日"，终则有始，天行也。

有读为又。天行，王引之训为天道。（说见《乾》卦）是也。卦辞云"先甲三日，后甲三日"，乃以天道为据也。盖由甲前之三日至甲后之三日，共为七日。天道之运行始于一而复于七，终则又始，往复循环。然则甲前三日之辛日既利涉大川，则由辛日下数至第七日，即甲后三日之丁日亦利涉大川矣。《象传》以为天道至七而复，盖以天道之四时为据。以古代之气候学言之，春夏为阳气处于统治地位时期，共为六个月。秋冬为阴气处于统治地位时期，共为六个月。阴气自正月退出统治地位，至七月（正月后第七个月）又进入统治地位，是阴气至七而复。阳气自七月退出统治地位，至正月（七月后第七个月）又进入统治地位，是阳气至七而复。阴阳二气皆至七个月而复，终则又始，循环不已，即《象传》所谓"终则又始，天行也。"《复》卦辞曰："反复其道，七日来复。"《象传》曰："反复其道，七日来复，天行也。"亦以天道释至七而复，义与此同。（《周易》卦之爻数亦至七而复，每卦六爻，初、二、三、四、五、上，依次数之，数至第七，则复于原爻。正是至七而复。然则《易传》认为《易》卦之爻数至七而复，乃代表天道。）

《象》曰：山下有风，《蛊》。君子以振民育德。

《广雅·释诂》："振，动也。"振民谓教民。《蛊》之上卦为艮，下卦为巽。艮为山，巽为风。然则《蛊》之卦象是"山下有风"。按《象传》以山比贤人，以风比德教，以山下有风比贤人在上位，宣德教于民。此乃治国之大事，是以卦名曰《蛊》。君子观此卦象及卦名，从而以德教振动万民，以育其德。故曰："山下有风，《蛊》。君子以振民育德。"

初六：干父之蛊，有子，考无咎，厉终吉。

[经意] 干，除去也，即今语干掉之干。蛊，毒虫，以喻小人（小人指奸巧之人）。考，父也。古者父在父没皆称考。厉，危也。爻辞言：子能除去其父之益虫，有子如此，则父无灾咎，虽有危险亦终吉。（于省吾曰："考孝金文通用。有子考即有子孝。"）

［传解］　干犹为也，即今干事之干。②蛊，事也。余与经意同。

《象》曰："干父之蛊"，意承"考"也。

传意：爻辞云"干父之蛊，有子，考无咎"，言子干其父之事，志在继承其父也。有子如此，父则无咎矣。

九二：干母之蛊，不可贞。

［经意］　干，除去也。蛊，毒虫，以喻小人。不可贞，所占问之事不可为。爻辞言：子欲除去其母之蛊虫，例如欲除去其母之宠男，此不可为之事。（春秋时，卫灵公之夫人南子与宋公子朝通奸，其子蒯聩欲除去之，结果蒯聩被废黜，是其类。）

［传解］　《易传》之读法是"干母之蛊，不可，贞。"干犹为也。蛊，事也。贞，正也。爻辞言：子干其母之事，其母不以为可，然子为母服劳，亦是正道。

《象》曰："干母之蛊"，得中道也。

中，正也。传意：爻辞云"干母之蛊，不可，贞"，言子干其母之事，得正中之道也。《象传》此释乃以九二之爻位为据。九二居下卦之中位，象人得正中之道。

九三：干父之蛊，小有悔，无大咎。

［经意］　干，除去也。蛊，毒虫，以喻小人。爻辞言：子除去其父之蛊虫，将受其父之怒责，有小小之不幸，无大咎。

［传解］　干犹为也。蛊，事也。爻辞言：子能干其父之事，以无干事之经验，犯小错误，有小小之不幸，但无大咎。

《象》曰："干父之蛊"，终"无咎"也。

传文对经未加申释。

六四：裕父之蛊，往见吝。

［经意］　裕，宽容也。蛊，毒虫，以喻小人。吝，难也。爻辞言：子宽容其父之蛊虫，前往将遇见艰难。因似毒虫之小人将破坏其父之事业。

［传解］　裕，扩大也。蛊，事也。爻辞言：子扩大其父之事，前往将遇见艰难。因其无经验，不免有过失。

《象》曰："裕父之蛊"，往未得也。

得犹当也。《礼记·大学》："虑而后能得。"郑注："得谓得事之宜也。"即此义。处事当谓之得，处事不当谓之失。传意：爻辞云"裕父之蛊，往见吝"，固其往而为之未当，故遇见艰难也。

六五：干父之蛊，用誉。

[经意] 干，除去也。蛊，毒虫，以喻小人。子除去其父之蛊虫，因而有名誉。

[传解] 干犹为也。蛊，事也。余与经意同。

《象》曰："干父用誉"，承以德也。

传意：爻辞云"干父之蛊，用誉"，言子干其父之事而有名誉，因子以德继承其父也。（若承以非德，何能有誉哉。）

上九：不事王侯，高尚其事。

[经意] 下事字，伪《孟子·外书文说》篇引作志，必有所据，当从之。又此两句下，汉帛书《周易》有"德兑"二字，当据补。德读为得。兑读为凶。爻辞乃指伯夷、叔齐而言。意谓：夷齐不为周臣，高尚其志，而得凶祸，饿死于首阳山。（或曰："德，德行也。夷齐反抗周王朝，周人认为其德行是凶。"）

[传解]《象传》所据经文与今本同，以为赞扬隐居不仕之士。

《象》曰："不事王侯"，志可则也。

《尔雅·释诂》："则，法也。""志可则"，言其人之志可以效法。

[附考]

①《序卦》曰："《蛊》者，事也。"王引之曰："蛊又为事。《释文》曰：'蛊一音故。'蛊之言故也。《周官》占人：'以八卦占筮之八故。'郑注曰：'八故谓八事。'襄二十六年《左传》：'问晋故焉。'昭三十年《公羊传》：'习乎邾娄之故。'杜预、何休注并曰：'故，事也。'蛊训为事，故《太玄》有《事》首以象《蛊》卦。……《尚书大传》曰：'乃命五史，以书五帝之蛊事。'蛊事犹故事也。"按王说不合于经意，但合于传意。　②初六："干父之蛊。"俞樾曰："《蛊》卦诸干字并当作幹。《说文》斗部：'幹，蠹柄也。'柄则有秉执之义，故引申之得训为主。字亦通作管。《汉书·食货

志》：'欲擅斡山海之货。'师古注曰：'斡读与管同，谓主领也。'又《车千秋传》：'自以为国家兴榷筦之利。'注曰：'筦即管字，义与斡同，皆谓主也。'盖古音斡与管相近。《匡谬正俗》引《字林》曰：'斡音管，故其义亦通用。'斡父之蛊，斡母之蛊，并言主领其事也。汉隶或以干为斡。《执金丞武荣碑》：'内干三事。'干即斡也。《汉书·窦宪传》：'内干机密。'《刘向传》：'干尚书事。'其字并作干。盖皆沿汉隶之讹。此卦诸干字犹是矣。"亨按俞说不合于经意，但合于传意。盖主其事，管其事，为其事，辨其事，皆谓之干。《乾文言》曰："贞固足以干事。"是其例也。

《临》第十九

䷒（下兑上坤）

《临》：元亨。利贞。至于八月有凶。

[**经意**]《临》，卦名。元，大也。亨即享字，祭也。贞，占问。筮遇此卦，可举行大享之祭，乃有利之占问，但至于八月则有凶祸。

[**传解**]《临》，卦名，临民也，治民也。①元，大也。亨，美也。利，利物也。贞，正也。"《临》元亨利贞"，谓治民须有元大、亨美、利物、贞正之德。余与经意同。

《彖》曰：《临》，刚浸而长，说而顺，刚中而应。

此释卦名。传首《临》字举卦名也。程颐曰："浸，渐也。"《临》卦之最下两爻为阳爻，为刚；其上四爻皆为阴爻，为柔。然则《临》之爻象是"刚浸而长"，即阳渐渐生长，象君子之道渐长。其次，《临》之下卦为兑，上卦为坤。兑，说（悦）也；坤，顺也。然则《临》之卦象是"说而顺"，即人之态度和悦而行事又顺。再次，《临》之九二为阳爻，为刚，居下卦之中位。六五为阴爻，为柔，居上卦之中位。两同位爻，六五之柔应九二之刚，是为"刚中而应"，象君有正中之德，而臣民以中正之德应和之。综之，《临》之卦爻象是君子之道渐长，态度和悦而行事顺，在君位有正中之德而臣民应和。此乃治国临民之道也，是以卦名曰《临》。

大"亨"以正，天之道也。

卦辞云"元亨。利贞"者，元，大也。贞，正也。此言临民者须有元大、亨美、利物、贞正之德也。元大、亨美而又贞正，是天道也。临民者有此三德，是法天也。（《彖传》未举利字）

"至于八月有凶"，消不久也。

卦辞云"至于八月有凶"者，言八月之时，阳气已消衰，不能长久也。《临》之卦为刚浸而长，即阳浸而长。阳气浸长，春时也。至于八月则是中秋，阳气消衰矣，草木凋而昆虫死，岂不凶哉。传意盖谓临民者不增修其德，亦将进入消亡之运，天道固如此也。

《象》曰：泽上有地，《临》。君子以教思无穷，容保民无疆。

"君子以教思无穷，容保民无疆"，即君子以教思民无穷，容保民无疆。"教思"下省"民"字。思，念也，即今语所谓关心。《逸周书·谥法》篇："大省兆民曰思。"是其义也。教思民谓教育民众，关心民众。容保民谓包容民众，保护民众。《临》之下卦为兑，上卦为坤。兑为泽，坤为地。然则《临》之卦象是"泽上有地"，即地高出于泽上，地包容泽。按《象传》以泽比民。地包容泽，象土地包容民众，君上则临治之，是以卦名曰《临》。君子观此卦象及卦名，从而教民思民，至于无穷，容民保民，至于无疆。故曰："泽上有地，《临》。君子以教思无穷，容保民无疆。"

初九：咸临，贞吉。

［经意］ 此咸字借为诚。《说文》："诚，和也。"临，治民也。贞，占问。以和临民，则其占吉。

［传解］ 咸借为感。②贞，正也。以感化之道临民，君上之行正乃吉。

《象》曰："咸临贞吉"，志行正也。

传意：爻辞云"咸临，贞吉"，言君上以感化临民，必其人之志行正，足以作民之模范，始能得吉也。

九二：咸临，吉，无不利。

［经意］ 此咸字疑当作威，形似而误。威临，以刑威临民也。以刑威临民，则民畏服，不敢为非。自吉而无不利。（亨又按咸，杀戮也。咸临谓以刑杀临民。③）

［传解］ 与经意同。

《象》曰："咸临吉无不利"，未顺命也。

此咸字亦当作威。传意：爻辞云"威临，吉，无不利，"因民不顺从君上之命令，敢于违抗，故临之以刑威，则吉而无不利也。

六三：甘临，无攸利，既忧之，无咎。

［**经意**］ 甘当读为拑，强制压迫也。忧当读为优，宽和也。以强制压迫临民，是无所利；然既改为宽和，则无咎。

［**传解**］ 与经意同。

《象》曰："甘临"，位不当也。"既忧之"，"咎"不长也。

传意：爻辞云"甘临，无攸利"，因以强制压迫临民，非临民之道。居临民之位，而行非临民之道，其道与其位不相当，故无所利也。云"既忧之，无咎"，言既改用宽和，则其咎将去，不能长在也。《象传》"位不当"之说乃以六三之爻象爻位为据。六三为阴爻居阳位（第三爻为阳位），是为"位不当"，象人之行事不称其职位。

六四：至临，无咎。

［**经意**］ 至临犹亲临，君上亲至理政以临民。亲临则朝无废事，臣无窃权，可以无咎。

［**传解**］ 与经意同。

《象》曰："至临无咎"，位当也。

传意：爻辞云"至临，无咎"，盖君上亲至以临民，是居其位能负其责，尽其职，其行事与其职位相当，故无咎也。《象传》此释乃以六四之爻象爻位为据。六四为阴爻居阴位（第四爻为阴位），是为"位当"，象人之行事称其职位。

六五：知临，大君之宜，吉。

［**经意**］ 知读为智。大君，大国之君。宜，得当。以明智临民，则大君处理政事得当，自为吉。

［**传解**］ 与经意同。

《象》曰："大君之宜"，行中之谓也。

中，正也。传意：爻辞云"知临，大君之宜，吉"，言大君以智临民，能明辨是非善恶利害，其行合乎正道，故吉也。《象传》此释乃以六五之爻位为据。六五居上卦之中位，象人之行事得正中之道。

上六：敦临，吉，无咎。

[**经意**]　敦，考也。"敦临，吉，无咎"，谓以考察之道临民，则知之周详，施政得当，故吉而无咎。（参见《复》卦）（《集解》引荀爽说，释敦为敦厚。惠栋曰："敦，厚也。"君以敦厚之道临民，则民悦服，自吉而无咎。）

[**传解**]　训敦为厚。

《象》曰："敦临"之"吉"，志在内也。

传意：爻辞云"敦临，吉，无咎"，君上以敦厚临民，乃因其敦厚之心存于内，以施于政事，故得吉也。

[**附考**]

①《临》卦之临，《彖传》《象传》皆训为临民，与爻辞之临字义合。《序卦》曰："《临》者，大也。"非《彖》《象》之意也。《易传》各篇非一人所作，其说有歧，不足怪。　　②初九曰："咸临，贞吉。"王弼曰："咸，感也。"《集解》引虞翻曰："咸，感也。"训咸为感，即读咸为感。《咸象传》曰："《咸》，感也。"则训咸为感，《象传》中已有此例。王、虞之说不合于经意，但合于传意。　　③九二曰："咸临，吉，无不利。"亨按此咸字又似用其本义。《说文》："咸，皆也，悉也。从口，从戌。戌，悉也。"此解不通。甲骨文咸作𠙹（《殷虚书契前编》卷一第四十三叶）。金文作𢦏（史兽鼎）。咸即砍杀之砍，从戌，口象物形。戌即钺字，大斧也。象以斧砍物之形。《书·君奭》曰："咸刘厥敌。"《逸周书·世俘》篇曰："则咸刘商王纣。"咸刘犹杀戮也。咸临谓以刑杀临其民，与威临意相近。

《观》第二十

䷓（下坤上巽）

《观》：盥而不荐，有孚颙若。

[经意] 《观》，卦名。盥读为灌，祭祀时以酒灌地以迎神。荐，献也，献牲于神。古代祭礼，先灌而后荐。郭沫若说："孚恐是俘字。"颙若犹颙然，身体高大之貌。卦辞言：祭者灌酒而不献牲，因有俘虏颙若，杀之以当牲也。

[传解] 《观》，卦名，看也，察也。首句与经意同。孚，信也。《集解》引马融曰："颙，敬也。"此训似合于传意。爻辞言：祭者灌酒而不献牲，其物不丰，其礼不备，然有忠信之心而又肃敬，此亦可观者也。

《彖》曰：大观在上，顺而巽，中正以观天下，《观》。

此释卦名。大观犹遍观也。在上，在君上之位。《观》之九五为阳爻，为君，居上卦之中位，即居一卦之尊位，此象君在上居君位。其下四爻皆为阴爻，为臣，为民。九五在四阴爻之上，象君在上俯临众臣民，观察众臣民，是为"大观在上"。其次，《观》之下卦为坤，上卦为巽。坤，顺也；巽，巽也，谦逊也。然则《观》之卦象又是"顺而巽"，指人有柔顺谦逊之德。再次，《观》之九五居上卦之中位，六二居下卦之中位，是为"中正"，象君臣各守正中之道。综之，《观》之卦象是君在上位，遍观臣民，有柔顺谦逊之德，守正中之道，以观天下。是以卦名曰《观》。

"盥而不荐，有孚颙若"，下观而化也。观天之神道，而四时不忒。圣人以神道设教，而天下服矣。

此释卦辞。"而四时不忒"之而，犹以也。《集解》引虞翻曰："忒，差也。"卦辞云"盥而不荐，有孚颙若"，谓国君祭神，灌酒而不献牲，但有忠信之心而又肃敬，则臣民观而化之，亦能以忠信肃敬对神矣。故曰："下观而化也。"人之所以祭神，因天上有神而神有神道也。何以观天之神道？以其四时运行而无差错。故曰："观天之神道，而四时不忒。"圣人因而以神道设教，教人信神，信神能赏善而罚恶，信神掌握人之富贫贵贱，则不敢越礼为奸，犯上作乱。故曰："圣人以神道设教，而天下服矣。"

《象》曰：风行地上，《观》。先王以省方观民设教。

《说文》："省，视也。"《尔雅·释诂》："省，察也。"方犹邦也。《观》之上卦为巽，下卦为坤。巽为风，坤为地。然则《观》之卦象是"风行地上"。按《象传》以风比德教，以风行地上比德教行于各地。国君巡视邦国，观察民情，正是推行德教之活动，是以卦名曰《观》。先王观此卦象及卦名，从而省方观民设教。故曰："风行地上，《观》。先王以省方观民设教。"

初六：童观，小人无咎，君子吝。

[**经意**] 童观，幼稚之观察。小人，庶民之通称。君子，贵族与士之通称。吝，难也。爻辞言：童观所见者浅鲜，在事务简单之小人则无害；在事务复杂之君子则遇艰难。

[**传解**] 与经意同。

《象》曰："初六童观"，"小人"道也。

传意：爻辞之"童观"，本是小人认识事物之方法。

六二：窥观，利女贞。

[**经意**] 窥观，从门隙或穴孔中以视也。贞，占问。爻辞言：窥观所见者极小，以此认识事物，在不出闺房，不与外物接触之女子有所占问，则有利。

[**传解**] 贞，正也。女子窥视男人，其利在女子之贞正。（不正则淫矣）

《象》曰："窥观女贞"，亦可丑也。

传意：爻辞之"窥观"指女子窥视男人，女子虽有贞正之操，亦可丑之事也。

六三：观我生，进退。

［**经意**］ 观，考察。生，古语称百官为生，亦称庶民为生。国君考察自己之百官庶民，则知自己用人施政之得失，从而对人有所进用，有所退斥，对事有所进行，有所退止。

［**传解**］ 生，仅是庶民之称。（九五《象传》可证）余与经意同。

《象》曰："观我生进退"，未失道也。

传意：爻辞云"观我生进退"，言考察己之庶民之情况，则用人施政有所进退，不失其正道也。

六四：观国之光，利用宾于王。

［**经意**］ 国之光，国家政绩风俗等之光辉。宾，作客。筮遇此爻，诸侯或其臣往朝于王，以观王国之光，作王之宾客，则利。

［**传解**］ 与经意同。

《象》曰："观国之光"，尚"宾"也。

《音训》："尚宾，晁氏曰：'京、陆绩作上宾。'"姚配中曰："尚，上也。"按尚读为上。王位在上，诸侯或其臣位在下，故诸侯或其臣来作王之宾客，谓之上宾。传意：爻辞云"观国之光，利用宾于王"，乃言上至王朝，作王之宾客也。

九五：观我生，君子无咎。

［**经意**］ 观，考察。生，百官庶民。君子，指国君。国君考察自己之百官庶民之情况，则用人施政得当，可以无咎。

［**传解**］ 生，仅指庶民。余与经意同。

《象》曰："观我生"，观民也。

《象传》以民释经文之生。

上九：观其生，君子无咎。

［**经意**］ 观，考察。其犹彼也，指他国。生，百官庶民。君子，指国君。国君考察他国之百官庶民，则知其用人施政之得失，从而对外之方针得当，可以无咎。

［**传解**］　生，仅指庶民。余与经意同。

《象》曰："观其生"，志未平也。

平借为辨，谓辨明也。①传意：爻辞云"观其生"，言国君考察他国之庶民，因其心中未能辨明他国庶民之情况也。

［**附考**］

①《象传》："'观其生'，志未平也。"亨按平借为辨。二字古通用。《书·尧典》："平秩东作。"《周礼》冯相氏郑玄注平作辨。《文选·典引》："惇睦辨章之化洽。"蔡邕注："《尚书》曰：'平章百姓。'辨与平古字通。"并其证。

《噬嗑》第二十一

䷔（下震上离）

《噬嗑》：亨。利用狱。

[**经意**]《噬嗑》，卦名。亨即享字，祭也。用犹于也。狱，讼也。筮遇此卦，可举行享祭，利于讼狱。

[**传解**]《噬嗑》，卦名。《序卦》释《噬嗑》曰："嗑者，合也。"王弼曰："噬，啮也。嗑，合也。"以齿咬物为噬，阖口为嗑。噬嗑即口中含物而咀嚼之。比喻它事，则是问题在心，玩味而思考之。亨，通也。狱，讼也。人有问题在心，玩味而思考之，则行事亨通，讼事有利矣。

《彖》曰：颐中有物曰《噬嗑》。

此释卦名。颐，腮也。

《噬嗑》而"亨"，刚柔分，动而明，雷电合而章。

此申释卦名及卦辞之"亨"。分当作交，形近而误。①章，显明也。《噬嗑》之下卦为震，上卦为离。震为阳卦，为刚；离为阴卦，为柔。刚在下，柔在上，是为"刚柔交"。乃象人之刚齿柔舌交用，以咀嚼食物，又象人之刚柔交用，以解决问题。其次，震，动也；离，明也。然则《噬嗑》之卦象又是"动而明"，即人之行动明察，非盲动也。再次，震为雷，离为电。然则噬嗑之卦象又是"雷电合而章"。雷以喻人之威，电以喻人之明，雷电合而章以喻人之威明结合而显明。此卦所以名《噬嗑》者，以其卦象是刚柔相交，人颐中有物，以齿之刚啮其物，以舌之柔知其味，正是刚柔交用，是以卦名曰《噬嗑》。《噬嗑》卦所以云"亨"者，以《噬嗑》之卦义是玩味问题，《噬嗑》之卦象是人能刚柔交用，动而明察，威明结合，如此则行事亨通，是以卦辞曰"亨"。

柔得中而上行，虽不当位，"利用狱"也。

此释卦辞之"利用狱"。《噬嗑》之六二为阴爻，为柔，居下卦之中位，六五亦为阴爻，为柔，居上卦之中位，是为"柔得中"，象臣民或弱者得正中之道。其次，六二、六三、六五皆为阴爻，为柔。柔由第二爻上升至第三爻、第五爻，是为"柔上行"，象臣民或弱者之势力上升。再次，六二之柔上升至六三，是阴爻居于阳位，上升至六五，亦是阴爻处于阳位（第三爻第五爻皆为阳位），是为"不当位"，象臣民或弱者不处于适当之地位或环境。综之，《噬嗑》之爻象是臣民得正中之道，其势力亦上升，虽其地位或环境仍属不利，但讼狱亦能获胜，是以卦辞云"利用狱"。

《象》曰：电雷，《噬嗑》。先王以明罚敕法。

电雷原作雷电，据项安世引汉石经移正。[②]《释文》："敕，《字林》作勅。郑云：'敕犹理也。'一云：'整也。'"敕、勅古通用，修正整理之义。《噬嗑》之上卦为离，下卦为震。离为电，震为雷。然则《噬嗑》之卦象是电与雷，即电雷并作。按《象传》以电比人之明察，以雷比刑。卦象是上电下雷，《象传》之文是先电后雷，故此是比明察于刑罚，即修明刑罚。（与《丰》䷶有别）先王观此卦象，从而明察其刑罚，修正其法律。然欲明察其刑罚，修正其法律，必须玩味刑法条文，以知其利弊，正如口含食物，咀嚼以知其味，是以卦名曰《噬嗑》。故曰："电雷，《噬嗑》。先王以明罚敕法。"

初九：屦校灭趾，无咎。

[**经意**] 屦，汉帛书《周易》作句。屦、句古通用，均当读为娄，曳也。校，木制囚人之刑具，加于颈者谓之枷，加于手者谓之梏，加于足者谓之桎，通谓之校。此校字则是桎。灭，割去也。趾，足指也。爻辞当是写奴隶，意谓：奴隶足上曳校，足指被割去，是受奴隶主之轻刑。奴隶受此轻刑，小惩大戒，不致再受重刑，则无咎矣。

[**传解**] 与经意同，但认为不专指奴隶。

《象》曰："屦校灭趾"，不行也。

传意：爻辞云"屦校灭趾，无咎"，言人犯小罪而受轻刑，小惩大戒，不再行其犯罪之事，故无咎也。〔《系辞》下："子曰：小人不耻不仁，不畏不义，不见利不劝，不威不惩。小惩而大诫，此小人之福也。《易》曰：'屦校灭趾，无咎。'（屦原作履，《释文》《集解》均作屦，今据改。）此之谓也。"〕

六二：噬肤灭鼻，无咎。

〔经意〕噬，用牙咬，犹吃也。肤，肉也。灭，割去也。爻辞当是写奴隶，意谓：奴隶越其分而吃肉，触怒奴隶主而割其鼻。割鼻是轻刑。奴隶受此轻刑，小惩大戒，不致再受重刑，则无咎矣。

〔传解〕与经意同，但认为不专指奴隶。

《象》曰："噬肤灭鼻"，乘刚也。

乘刚，柔乘刚也。乘，欺凌也。六二为阴爻，为柔。初九为阳爻，为刚。六二居初九之上，是为柔"乘刚"，象民欺凌其君也。传意：爻辞云"噬肤灭鼻"，言人贪婪而吃非分之肉，致受割鼻之刑，因其以下犯上，以柔乘刚也。

六三：噬腊肉，遇毒，小吝，无咎。

〔经意〕腊肉，干肉。遇毒，如干肉生虫，含有毒素等是。吝，难也。爻辞言：用齿嚼干肉而遇毒，毒仅在口中，未咽入腹内，是有小小之艰难，未成灾咎。

〔传解〕与经意同。

《象》曰："遇毒"，位不当也。

位不当，人之行事不称其职位也。传意：爻辞云"噬腊肉，遇毒"，乃喻人越其职位，贪取财利，而遭受打击或制裁，其行事不称其职位也。但财物未入囊中，未构成罪行，其人仅遇打击或制裁之小小艰难，未受刑罚，故爻辞云"小吝，无咎"。《象传》"位不当"之说乃以六三之爻象爻位为据。六三为阴爻，居阳位（第三爻为阳位），是为"位不当"，象人之行事不称其职位。

九四：噬干胏，得金矢，利艰贞，吉。

〔经意〕胏，肉带骨谓之胏。金，铜也。矢，指镞，箭头也。人以弓矢射兽，矢著兽体，镞折而钳于骨中，未剔出，故人在啃骨吃肉时发现此物。贞，占问。艰贞，占问艰难之事。爻辞言：以齿咬带骨之干肉而得铜箭头，是吃肉而遇艰难，然弃其骨与箭头，仍有肉吃。故筮遇此爻，占问艰难之事有利，而归于吉。

[传解]　"利艰贞，吉"，《易传》之读法是："利艰，贞吉。"利艰谓利于艰难之中。贞，正也。贞吉谓合乎正道故吉。余与经意同。

《象》曰："利艰贞吉"，未光也。

传意：爻辞云"噬干胏，得金矢，利艰贞，吉"，乃比喻人取利而遇艰难，得利于艰难之中，以其合乎正道，故吉；但犹有艰难存在，未入光明之境也。

六五：噬干肉，得黄金，贞厉，无咎。

[经意]　噬干肉得黄金，盖有人置黄金粒于干肉之中，以谋害食者，食者以齿嚼之，而发现黄金粒也。贞，占问。厉，危也。爻辞言：人噬干肉而得黄金粒，黄金粒甚小，不易发现，咽入腹中，食者必病甚至于死，可谓危险矣。然既发现，自无灾咎。故筮遇此爻，危险而无咎。

[传解]　"贞厉，无咎"，《易传》之读法是："贞，厉无咎。"言志行正虽危亦无咎。余与经意同。

《象》曰："贞厉无咎"，得当也。

当犹正也。不言得正而言得当，以当与上下文谐韵耳。传意：爻辞云"噬干肉，得黄金，贞厉，无咎"，乃比喻人取利而利中有毒计，甚危险；但取利以正道，虽危险亦无咎。《象传》此释是以六五之爻位为据。六五居上卦之中位，是为"得当"，象人得正当之道。

上九：何校灭耳，凶。

[经意]　何，负也，担在肩上。校，枷也。灭，割去也。爻辞当是写奴隶，意谓：奴隶肩上负枷，耳被割去，此是奴隶主遣其人到别地而役之（如后世所谓"发配"），或遣其人到刑场而杀之，故凶。

[传解]　与经意同，但认为不专指奴隶。

《象》曰："何校灭耳"，聪不明也。

《广雅·释诂》："聪，听也。"《夬》九四《象传》曰："闻言不信，聪不明也。"孔颖达疏："聪，听也。"传意：爻辞云"何校灭耳，凶"，盖其人犯重罪而受重刑，乃因其听不明，昧于利害，故招凶祸也。（《系辞》下："子曰：……善不积，不足以成名。恶不积，不足以灭身。小人以小善为无益而弗为也，以小恶为无伤而弗去也，故恶积而不可掩，罪大而不可解。《易》曰：'何校灭耳，凶。'"）

［附考］

①《象传》："刚柔分。"亨按分当作交，隶书楷书交字与分形近，篆文交作𡘾，分作𠔁，形亦相近，故误。《易传》之例，阳卦在上，阴卦在下，为刚柔分。《节》（䷻）《象传》曰："刚柔分。"《节》之上卦为坎，下卦为兑，坎为阳卦，为刚，兑为阴卦，为柔，故曰"刚柔分"。即其例。阳卦在下，阴卦在上，为刚柔交。《泰》（䷊）《彖象传》并曰："天地交。"《泰》之下卦为乾，上卦为坤，乾为天，坤为地，故曰"天地交"。乾为阳卦，为刚，坤为阴卦，为柔，故天地交等于刚柔交。即其例。《噬嗑》之下卦为震，上卦为离，震为阳卦，为刚，离为阴卦，为柔，则当云"刚柔交"，不当云"刚柔分"，明矣。　　②《象传》："电雷，《噬嗑》。"电雷原作雷电。项安世曰："蔡邕石经作电雷。"按《噬嗑象传》当作"电雷"，《丰》（䷶）《象传》乃作"雷电"，二者不可相混。今据改。

《贲》第二十二

☲ （下离上艮）

《贲》：亨。小利有攸往。

[经意] 《贲》，卦名。亨即享字，祭也。筮遇此卦，可举行享祭，有所往则小利。

[传解] 《贲》，卦名。《序卦》曰："《贲》者，饰也。"《杂卦》曰："《贲》，无色也。"无当作尨。杂色为尨。是贲乃杂色成文之义。亨，通也。余与经意同。

《彖》曰:《贲》"亨"，柔来而文刚，故"亨"。分，刚上而文柔，故"小利有攸往"。

此释卦名及卦辞。《贲》"亨"，举卦名及卦辞之"亨"也。文，文饰也。《贲》之下卦为离，上卦为艮。离为阴卦，为柔，又为文；艮为阳卦，为刚。然则《贲》之卦象是"柔来而文刚"，如臣文饰君，女文饰男，柔德文饰刚德等是。柔来文刚是柔为副而刚为主，以此行事则通，故卦辞曰"亨"也。其次，分谓刚柔分也，承上句省刚柔二字。《贲》卦是阳卦之艮在上，阴卦之离在下，是为刚柔"分"，如君臣分职，男女分务，刚德柔德分用等是。再次，上卦艮为山，山有草木之文；下卦离亦为文。然则《贲》之卦象又是"刚上（在上）而文柔"，如君文饰臣，男文饰女，刚德文饰柔德等是。刚而文柔，是刚为副而柔为主，以此有所往，仅小利而已。故卦辞曰："小利有攸往。"《贲》之卦象既是柔文饰刚，又是刚文饰柔，故卦名曰《贲》。

刚柔交错，天文也。文明以止，人文也。观乎天文，以察时变。观

乎人文，以化成天下。

此申释卦义。今本无"刚柔交错"四字，郭京本有。王弼注曰："刚柔交错而成文焉，天之文也。"孔颖达疏曰："刚柔交错成文，是天文也。"据此，王、孔本均有此四字，今据增。天象是阳阴并陈，阳阴迭运，刚柔交错以成文。故曰："刚柔交错，天文也。"人文指社会之制度文化教育等。《贲》之下卦为离，上卦为艮。离为文明，艮为止。然则《贲》之卦象又是文明以止。社会之制度文化教育皆在使人有所止。故曰："文明以止，人文也。"治国者须观乎天文，以察时序之变化；观乎人文，以化成天下之人。故曰："观乎天文，以察时变。观乎人文，以化成天下。"

《象》曰：山下有火，《贲》。君子以明庶政，无敢折狱。

明，察也。庶政，各项政事。折狱，裁判讼狱。《贲》之上卦为艮，下卦为离。艮为山，离为火。然则《贲》之卦象是"山下有火"。山间草木错生，花叶相映，是山之文也。山下有火（光），山之文乃明，是以卦名曰《贲》。按《象传》以火比人之明察，以山比客观事物，以山下有火，仅照明山之一面，比人之明察仅认识事物之片面。君子观此卦象，从而在从政时，唯恐其认识之片面，乃进而用其明察于各项政事。在断狱时，又恐其认识之片面，只有一面之辞，只有一人一物之证，决不妄作裁判。故曰："山下有火，《贲》。君子以明庶政，无敢折狱。"（或曰："山下有火，则山下之嘉木恶树、香花毒草、美玉顽石，一时俱焚。从政者宜辨是非，论功罪，以行赏罚，故君子以明庶政。断狱者如不分皂白，一律严办，均加囚系，皆施刑杀，更为不可，故君子不敢以此折狱。"）

初九：贲其趾，舍车而徒。

[经意] 贲，饰以花文。趾，足也。贲其趾，足穿花鞋。徒，步行。爻辞言：有人足穿花鞋，乘车则花鞋为车厢所蔽，为使人见其花鞋之美，竟舍车不乘，徒步而行。此只计其文，不计其实也。

[传解] 与经意同。

《象》曰："舍车而徒"，义弗乘也。

义读为宜。（说见《需》卦）传意：爻辞云"贲其趾，舍车而徒"，言其人意在显示花鞋之美，宜其不乘车也。

六二：贲其须。

[**经意**] 贲，其色有黑、有黄、有白。须，古鬚字。"贲其须"言老人之须已经花白。此是老人之象，寿考之征。

[**传解**] 与经意同。

《象》曰："贲其须"，与上兴也。

与，助也。① 上，君上。传意：爻辞云"贲其须"，此乃老人之特征。花白其须之老人助其君上，则老人之子孙亦必助之，其国必兴矣。《象传》此释乃以六二及九三之爻象爻位为据。六二为阴爻，象臣。九三为阳爻，象君。六二在九三之下，象臣辅助其君。

九三：贲如濡如，永贞吉。

[**经意**] 贲，有文章也。濡借为嬬，柔和也。如犹然也。贞，占问。永贞，占问长期之吉凶。爻辞言：其人贲然而有文章，濡然而柔和，此处世永利之条件，故占问长期之吉凶，有此条件则吉。

[**传解**] 贞，正也。余与经意同。

《象》曰："永贞"之"吉"，终莫之陵也。

陵读为凌，侵凌。传意：爻辞云"贲如濡如，永贞吉"，言其人永远贞正，则终无人侵凌之，故吉也。

六四：贲如皤如，白马翰如，匪寇婚媾。

[**经意**] 贲，有花文也。皤，白色。翰，马毛长。如亦犹然也。匪读为非。婚媾犹婚姻也。爻辞言：有人乘马而来，其马贲然而有花文，皤然而白，翰然而毛长，非劫财之寇贼，乃求女之婚媾。此示人筮遇此爻，将有嫁女之喜。

[**传解**] 与经意同。

《象》曰："六四"，当位疑也。"匪寇婚媾"，终无尤也。

当位，处于有利之地位。尤犹咎也。传意：爻辞云"贲如皤如，白马翰如"，言其人见人马突来，不知其来意，其寇贼欤？其婚媾欤？未敢断定。其人虽处于有利之地位，不畏寇贼，然不免有所疑虑，故曰："'六四',当位疑也。"爻辞云"匪寇婚媾",言人马非寇贼而是婚媾,则终无咎灾。故曰:"'匪寇婚媾',终无尤也。"《象传》"当位"之说乃以六四之爻象爻位为据。六四为阴爻,居阴位,是为"当位",象人处于有利之地位。

六五: 贲于丘园, 束帛戋戋, 吝, 终吉。

[经意] 此指婚礼纳征而言。古代婚礼,男女两家在订婚之后,男家择吉日,送聘物于女家,谓之纳征,近代谓之过财礼。贲,饰也,谓结彩于门。丘园,女家所居之处。帛,绸也。古代一束帛长二百尺。戋戋,少貌。吝,难也。爻辞言:女家在纳征之日,结彩以饰其丘园。而男家之聘物仅有一束帛,戋戋甚少,女家对此不满,引起争议,陷于困难,但婚约未致破裂,结果是吉。

[传解] 与经意同。

《象》曰: "六五"之"吉", 有喜也。

有喜指婚姻之喜。

上九: 白贲, 无咎。

[经意] 白贲,白色之素质加以诸色之花文。此喻人有洁白之德,加以文章之美,故无咎。

[传解] 与经意同。

《象》曰: "白贲无咎", 上得志也。

上,在上位之人。传意:爻辞云"白贲,无咎",言在上位之人有洁白之德,加以文章之美,则能得志,故无咎也。《象传》此释乃以上九之爻位为据。上九居一卦之上位,象在上位之人。

[附考]

①《象传》:"'贲其须',与上兴也。"亨按与当训助。《吕氏春秋·乐成》篇:"孰杀子产,吾其与之。"高注:"与,助也。"《老子》:"天道无亲,常与善人。"《孟子·梁惠王》上篇:"孰能与之?"又曰:"天下莫不与也。"与皆助也。《剥》六二《象传》曰:"剥床以辨,未有与也。"与亦当训助。此文"与上"谓"贲其须"之老人助其君上也。

《剥》第二十三

䷖（下坤上艮）

《剥》：不利有攸往。

［经意］《剥》，卦名。筮遇此卦，有所往则不利。

［传解］《剥》，卦名，《释文》引马云："《剥》，落也。"①卦辞与经意同。

《彖》曰：《剥》，剥也，柔变刚也。

此释卦名。上《剥》字举卦名，下剥字释其义。《彖传》之意：此卦名之《剥》，其义为剥落，即衰落。《序卦》曰："《剥》者，剥也。"其义同。《剥》卦五阴爻在下，一阳爻在上。阴为柔，阳为刚。此乃五柔之势力甚盛，一刚之势力甚微，柔足以改变刚，是为"柔变刚"。柔变刚则剥落。如自然界，阴气为柔，阳气为刚，冬季阴气盛，阳气微，阴气压倒阳气，则万物剥落。如社会，无才德之小人为柔，有才德之君子为刚，小人之势力众强，君子之势力孤弱，小人之势力压倒君子之势力，则国家剥落。剥之爻象是柔变刚，柔变刚则剥落，是以卦名曰《剥》。

"不利有攸往"，小人长也。

此释卦辞。卦辞云"不利有攸往"，正因《剥》之爻象是小人众强而势力盛长，众小人当权，有所往必败也。

顺而止之，观象也。君子尚消息盈虚，天行也。

此申释卦义。观象，观察事物之现象，即观察客观形势。尚，贵也，重视也。消息犹消长也，生长为息。王引之曰："天行，天道也。"（说见《乾》卦）《剥》之下卦为坤，上卦为艮。坤，顺也；艮，止也。然则《剥》之卦象是"顺而止之"，谓顺应小人势盛，君子势微之客观形势，止而不进也。顺应客观形势，必须观察客观形势。观察客观形势，是为"观象"。顺应形势而静止，出于观象。故曰："顺而止之，观象也。"观象者，观事物消长盈虚之象也。天地事物皆有消长盈虚，君子小人之势力亦有消长盈虚，君子重视消长盈虚，因消长盈虚乃是天道，乃是自然规律。故曰："君子尚消息盈虚，天行也。"《彖传》是根据卦象以论君子处剥之道。

《象》曰：山附于地，《剥》。上以厚下安宅。

上，君上，指王侯大夫。下，指庶民。《集解》引卢氏曰："宅，居也。"《尔雅·释言》："宅，居也。"《剥》之上卦为艮，下卦为坤。艮为山，坤为地。然则《剥》之卦象是山在地上，即"山附于地"。山附于地，受日晒、风吹、雨淋、雷震，大气侵袭，涧水洗涤，其沙土砾石无日不在剥落之中，即山之本体无日不在剥蚀之中，是以卦名曰《剥》。然不致崩倒者，以其依附于地，得以安居而久峙也。按《象传》又以山比贵族，以地比庶民，以山附于地比贵族生存乃依附于庶民。王侯大夫观此卦象及卦名，从而厚待庶民，厚待庶民，则能取得庶民之拥戴，取得庶民之拥戴，则家不破而国不亡，可以安居而免于剥矣。故曰："山附于地，《剥》。上以厚下安宅。"

初六：剥床以足，蔑贞凶。

[经意] 剥，取掉也。王弼曰："剥床以足犹云剥床之足也。"是也。以犹之也。（裴学海《古书虚字集释》有此例）蔑读为梦。贞，占问。蔑贞，梦之占问。古人有异梦，多占之。贵族有占梦之官。爻辞言：取掉床之足，则床不成床，行事如此荒谬，虽是占梦亦凶。（又一解：剥，击也。以，用也。人卧床上，击床用足，是抱病痛苦之象。）

[传解] 首句与经意同。《释文》引马云："蔑，无也。"《集解》引卢氏曰："蔑，灭也。"蔑即弃去。贞，正也。爻辞言：取掉床之足，是蔑弃正道，故凶。

《象》曰："剥床以足"，以灭下也。

传意：爻辞云"剥床以足，蔑贞凶"，言取掉床之足，是毁灭床之下基，是蔑弃正道，自毁其床，岂不凶哉。以比喻政治。统治者之宝座犹床也，庶民犹床之足也。统治者以残酷之手段，剥削压迫庶民，失去庶民之支持，犹取掉床之足也。统治者所为是毁灭其下基（灭下），蔑弃其正道，自毁其宝座，岂不凶哉，故传释之曰："'剥床以足'，以灭下也。"

六二：剥床以辨，蔑贞凶。

[经意] 剥，取掉也。以犹之也。辨读为牑，床版也。② 蔑读为梦。贞，占问。爻辞言：取掉床之版，则床不可卧人，行事如此荒谬，虽是占梦亦凶。（又一解：剥，击也。以，用也。辨读为蹁，膝头也。人卧床上，击床用膝头，亦是抱病痛苦之象。）

[传解] 首句与经意同。蔑，弃去也。贞，正也。爻辞言：取掉床之版，是蔑弃正道，故凶。

《象》曰："剥床以辨"，未有与也。

与，助也。（说见《贲》卦）传意：爻辞云"剥床以辨，蔑贞凶"，言取掉床之版，是蔑弃正道，必凶。以比喻政治，统治者之宝座犹床也，辅佐之良臣犹床之版也。统治者弃其辅佐之良臣，犹取掉床之版也。如此则无人助之（未有与），必从宝座上跌下，是蔑弃正道，以自招凶祸，故传释之曰："'剥床以辨'，未有与也。"

六三：剥之，无咎。

[经意] 剥，割取也。之，泛指之词。筮遇此爻，割取他国或他邑之土地，可以无咎。

[传解] 与经意同。

《象》曰："剥之无咎"，失上下也。

传意：爻辞云"剥之，无咎"，我割取他国或他邑之土地，而能无咎者，因其统治者失去上下人等之支持也。

六四：剥床以肤，凶。

[经意] 剥，取掉也。以犹之也。肤，席也。③ 爻辞言：取掉床之席，则人卧其上，寒气侵身，必致疾病，故凶。（又一解：剥，击也。以，用也。肤，读为胕，胳胕也，臂也。人卧床上，击床用臂，亦是抱病痛苦之象。）

[传解] 与经意同。

《象》曰："剥床以肤"，切近灾也。

传意：爻辞云"剥床以肤，凶"，盖取落床之席，则卧者切近于灾病也。以比喻政治，统治者之宝座犹床也。小臣侍妾等人犹床之席也。统治者失去小臣侍妾等人之忠心卫护，犹取掉床之席也。统治者以苛暴之手段对待小臣侍妾等人，则失去彼辈之忠心拥戴，灾患切近于身，是凶矣，故传释之曰："'剥床以肤'，切近灾也。"

六五：贯鱼以宫人宠，无不利。

［经意］ 贯，穿也。贯鱼者个个相次，不得相越，以喻人有排定之顺序。以，用也。宫人，统治者之嫔妾之总称。宠，爱也。爻辞言：统治者如贯鱼之排定顺序，用宫人而宠爱之，轮流当夕，则宫人不致争宠吃醋，相妒相轧，乃无不利。

［传解］ 与经意同。

《象》曰："以宫人宠"，终无尤也。

《尔雅·释言》："尤，过也。"传意：爻辞云"贯鱼以宫人宠，无不利"，盖宫人当夕，有排定之顺序，则宫人终无过失，自无不利也。

上九：硕果不食，君子得舆，小人剥庐。

［经意］ 硕，大也。果，指谷米、丝麻、牲畜等物。君子，奴隶主。小人，奴隶。舆，车也。剥，扒毁也。庐，房舍。爻辞言：有丰硕之果实而不食之，剥削人之君子得此果实，用以造车；被剥削之小人失此果实，须扒房以易食。此写西周社会之一种现实，以示筮遇此爻，君子吉，小人凶。〔又解："庐，汉帛书《周易》作芦。庐当读为芦。《说文》：'芦，菮根也。'又《说文》：'菮，草可食也。'（《艺文类聚》引）菮菜味甘，故《诗·邶风·谷风》曰：'谁谓荼苦，其甘如荠。'其根名芦，可食。小人剥芦，言奴隶剥取菮根以充饥。"〕

［传解］ 君子指统治者。小人指人民。余与经意同，而文意与经意异。

《象》曰："君子得舆"，民所载也。"小人剥庐"，终不可用也。

用读为以，与上文灾、尤、载三字谐韵。④传意：爻辞云"硕果不食，君子得舆，小人剥庐"，言君子不食硕果而以予其民，则得其民之拥戴，犹得车以载之也。小人不食硕果而以予他人，则无以饱其腹，须扒房以易食，

此办法终不可用也。(传说甚歪曲经意)

[附考]

①《说文》："剥，裂也，从刀，录声。"以刀割物为剥，乃剥之本义。今语称切菜刀为剥刀，犹是用其古义。引申之，割取或取掉物之一部分亦为剥，初六、六二、六三、六四之剥皆是此义。又引申为毁坏，上九之剥是此义。又引申为剥落衰落，《彖传》《象传》释卦名用此义。　②六二："剥床以辨，蔑贞凶。"以犹之也。辨，床版也。《集解》引崔憬曰："辨当在笫(席)足之间，是床桯也。"床桯即床版。辨当读为牑。辨、牑古通用。《仪礼·乡饮酒礼》："众宾辩有脯醢。"郑注："今文辩皆作徧。"《燕礼》："大夫辩受酬。"郑注："今文辩皆作徧。"《公羊传》僖公三十一年："不崇朝而徧雨乎天下。"《论衡·明雩》篇引徧作辩。皆其佐证。辨、牑之通用，犹辩、徧之通用也。《说文》："牑，床版也。读若边。"《方言》五："床，其上版或曰牑。"《广雅·释器》："牑，版也。""剥床以辨"即剥床之牑，谓取落床之版也。　③六四："剥床以肤，凶。"以犹之也。肤，席也。集解引崔憬曰："床之肤谓荐席，若兽之有皮毛也。"意谓床之有席如兽之有皮肤，故称床之席为肤，说亦可通。亨按肤疑当读为簿。《释文》："肤，京作簠。"簠、簿皆从甫得声，古可通用。《礼记·曲礼》："帷薄之外。"《释文》："薄，帘也。"《庄子·达生》篇："高门县薄，无不走也。"《释文》引司马云："薄，帘也。"编草为平扁长方之形，悬之于门，谓之帘亦谓之薄，铺之于床，谓之席亦谓之薄。其名一，其物亦一也。今语呼铺床之草席为草帘子，可见此种之席与帘，其名可以互用。然则古语称草帘为薄，又称草席为薄，不足怪矣。　④《象传》："'小人剥庐'，终不可用也。"王念孙曰："用读为以。《一切经音义》卷七引《苍颉篇》曰：'用，以也。'用与以声近而义同，故用可读为以。《太玄止》测曰：'弓反马很，终不可以也。'即用《象传》语。则《象传》用字之读为以，明矣。《井》九三：'可用汲。'《史记·屈原传》引作'可以汲'。《吕刑》：'报虐以威。'《论衡·谴告》篇引作'报虐用威'。《大雅·板》篇：'勿以为笑。'《荀子·大略》篇引作'勿用为笑'。《桑柔》篇：'逝不以濯。'《墨子·尚贤》篇引作'鲜不用濯'。《士丧礼》：'用二鬲。'《周官》小祝注引作'盛以二鬲'。《明堂位》：'加以璧散璧角。'《周官》司尊彝注引作'加用璧散璧角'。《杂记》：'杙以桑。'《特牲馈食礼》注引作'杙用桑'。《汉书·司马相如传》：'何为无以应哉。'《货殖传》：'以贫求富。'《史记》以并作用。盖用可读为以，故与以通用也。《剥象传》以灾、尤、载、用为韵。《丰象传》以灾、志、事、用为韵。灾、尤、载、志、事于古音并属之部，用读为以，于古音亦属之部，故与灾、尤、载、志、事为韵。"

《复》第二十四

䷗（下震上坤）

《复》：亨。出入无疾，朋来无咎。反复其道，七日来复。利有攸往。

[**经意**]《复》，卦名。亨即享字，祭也。朋，朋友。反借为返。卦辞言：筮遇此卦，可举行享祭；出入无有疾病；朋友来无咎；出行者往返于道中，七日可以复归；有所往则有利。

[**传解**]《复》，卦名。《杂卦》曰："《复》，反也。"反借为返。《说文》："返，还也。"亨，通也。余与经意同。

《彖》曰：《复》"亨"，刚反，动而以顺行。是以"出入无疾，朋来无咎"。

此释卦名及卦辞之前三句。刚反即刚返。《复》之内卦为震，外卦为坤。震为阳卦，为刚；坤为阴卦，为柔。然则《复》之卦象是"刚反"即刚返于内。其次：震，动也；坤，顺也。然则《复》之卦象又是"动而以顺行"。本卦所以名《复》者，因其卦象是刚返于内，即刚者复还。例如君上、男子、君子等外出而复还其故居也。卦辞所以云"亨"者，因其卦象是动而以顺行。动而以顺行，则亨通矣。卦辞云"出入无疾，朋来无咎"者，亦因《复》之卦象是动而以顺行。动而以顺行，则其出入何疾之有。朋友来助之，何咎之有。

"反复其道，七日来复"，天行也。

此释卦辞之四五两句。王引之曰："天行，天道也。"（说见《乾》卦）卦辞云"反复其道，七日来复"者，盖至七而复，乃天道运行循环之数，如正月阴气始退，至八月而复，八月阳气始退，至正月而复是也。（详见

《蛊》卦)

"利有攸往"，刚长也。

此释卦辞之末句。卦辞云"利有攸往"者，因《复》卦之爻象是刚生长也。《易》卦六爻之构成顺序皆自下而上，初爻为卦体之始，上爻为卦体之终。《复》卦只有初爻为阳爻，为刚，其上五爻皆为阴，为柔。然则《复》之爻象是刚已生长。君子为刚，故此乃象君子之势力已生长，以此有所往则利矣。

《复》，其见天地之心乎。

此申释卦义。有往必有复。往复循环，乃天地之中心规律。日月星辰之运行，雨露霜雪之凝降，昼夜之交替，四时之相次，皆往复循环者也。水土之温热凉冻，草木之生长凋枯，鸟兽虫鱼乃至于人之生存活动，亦皆随天道之往复循环而往复循环者也。然则往复循环乃天地之中心规律。故曰："复，其见天地之心乎。"（由此可见，《彖传》作者对于宇宙之认识，未出于循环论之范畴。）

《象》曰：雷在地中，《复》。先王以至日闭关，商旅不行，后不省方。

至日，冬至之日。闭关，闭城门。后，君也。省，视察。方犹邦也。《复》之内卦为震，外卦为坤。震为雷，坤为地。然则《复》之卦象是"雷在地中"。《易传》对于雷有不科学之谬说，认为大陆地区，天寒时雷在地中，天暖时雷出地上。(详见《豫》卦)雷在地中是雷复返其原处，是以卦名曰《复》。雷在地中之时，天寒，到冬至更甚，人不宜外出。先王观此卦象，从而在冬至之日，闭其城门，不纳商旅，君不视察邦国。故曰："雷在地中，《复》。先王以至日闭关，商旅不行，后不省方。"

初九：不远复，无祗悔，元吉。

[经意] 复，返也。祗，大也。悔，较小之不幸。元亦大也。爻辞言：人出行不远而返，则无大悔，且大吉。（按《易经》作者以复为吉，盖认为回家总是好事。）

[传解] 与经意同，但释复为走错路而返。

《象》曰："不远"之"复"，以脩身也。

脩借为修，《集解》本正作修。传意：爻辞云"不远复，无祗悔，元吉"，言人外出干事，自知才德不足，不远而返，以修其身，故无大悔且大吉也。（《系辞》下："子曰：颜氏之子，其殆庶几乎。有不善未尝不知，知之未尝复行也。《易》曰：'不远复，无祗悔，元吉。'"以速于改过释"不远复"，与《象传》同。）

六二：休复，吉。

[经意]　休，欣喜。欣喜而返，必其行有利，故吉。

[传解]　休，退休，即辞官致仕。

《象》曰："休复"之"吉"，以下仁也。

下，居其下，犹言让也。仁，仁人。传意：爻辞云"休复，吉"，言辞官退休，返其故居，让其职位于仁人，故吉。（若让其职于小人，则休复不吉矣。）

六三：频复，厉，无咎。

[经意]　频与矉同，皱眉也。厉，危也。人出行皱眉而返，乃危险当前，知难而退，可以无咎。

[传解]　与经意同。

《象》曰："频复"之"厉"，义"无咎"也。

义读为宜。（说见《需》卦）

六四：中行独复。

[经意]　行，道也。中行犹中道、中途也。"中行独复"，谓与他人同有所往，而行至中途，己一人独返。此乃独行其是之意。

[传解]　与经意同。

《象》曰："中行独复"，以从道也。

此道字乃道义之道。

六五：敦复，无悔。

[经意]　敦，考察也。[①]人之出行，经过考察而返，即考察之后，知此行不义不利，因而返回，此自无咎。

［传解］　与经意同。

《象》曰："敦复无悔"，中以自考也。

中，正也。《释文》引向秀云："考，察也。"传意：爻辞云"敦复，无悔"，言以正道考察自己，知此行不合正道，因而返回，故无悔也。《象传》此释乃以六五之爻位为据。六五居上卦之中位，象人守正中之道。

上六：迷复，凶，有灾眚。用行师，终有大败，以其国君凶，至于十年不克征。

［经意］　迷复，迷路而返。眚亦灾也。行师，行军。以，因也。克，能也。爻辞言：迷路而返，凶而有灾。以此行军，终有大败，乃因其国君之故而遭凶祸，至于十年不能征伐。

［传解］　与经意同。

《象》曰："迷复"之"凶"，反君道也。

传意：爻辞云"迷复，凶……"，言大军出征，迷路而返，致招大败，此凶祸之造成，乃由于国君违反君道，或出师不义，或用人不当，或指挥失策也。

［附考］

① 六五："敦复，无悔。"亨按敦，考察也。《孟子·公孙丑》下篇："使虞敦匠。"《荀子·荣辱》篇："以敦比其事业。"《强国》篇："则常不胜夫敦比于小事者矣。"敦皆考察之义。《象传》曰："敦复无悔，中以自考也。"以考释敦，尚合经意。《临》上六云："敦临，吉，无咎。"敦亦可训考。

《无妄》第二十五

䷘（下震上乾）

《无妄》：元亨。利贞。其匪正有眚，不利有攸往。

[**经意**] 《无妄》，卦名。元，大也。亨即享字，祭也。贞，占问。匪读为非。眚，灾也。卦辞言：筮遇此卦，可举行大享之祭，乃有利之占问，但所行非正，则有灾祸，有所往则不利。

[**传解**] 《无妄》，卦名。曲邪谬乱谓之妄，《无妄》即无曲邪谬乱之行。元，大也。亨，美也。利，利物也。贞，正也。"《无妄》：元亨。利贞"，言人能无妄，以其有元大、亨美、利物、贞正之德也。余与经意同。

《彖》曰：《无妄》，刚自外来而为主于内，动而健，刚中而应。

此释卦名。《无妄》二字举卦名也。《无妄》之外卦为乾，三爻皆为阳爻，为刚；内卦为震，初爻为阳爻，为刚。内卦之刚乃自外卦而来，是为"刚自外来"。《易》卦通例，阳卦（震☳、坎☵、艮☶）以阳爻为主爻，阴卦（巽☴、离☲、兑☱）以阴爻为主爻。《无妄》内卦之震乃以阳爻初九为主爻，是为刚"为主于内"。然则《无妄》之爻象是"刚自外来而为主于内"。其次，震，动也；乾，健也。然则《无妄》之卦象是"动而健"。再次，《无妄》之九五为阳爻，为刚，居上卦之中位，是为"刚中"。六二为阴爻，为柔。两同位爻刚柔相应，六二之柔应九五之刚，是为柔应刚。然则《无妄》之爻象是"刚中而应"。综之，《无妄》之卦爻象是刚自外来而为主为内，象有君子自外来，为国家内政之主持者；又是动而健，象其人之行动刚健坚强；又是刚中而应，象其人有刚健正中之德，有他人应和之。如此，则诸事皆出于正，而无曲邪谬乱矣，是以卦名曰《无妄》。

大"亨"以正，天之命也。

卦辞云"元亨。利贞"者，言君子行事无妄，是有元大、亨美、利物、贞正之德，乃天命之所在，必能昌盛也。（《彖传》未举"利"字）

"其匪正有眚，不利有攸往"，无妄之往何之矣？天命不祐，行矣哉？

亨按传文力言无妄之吉，此处又言无妄之凶，岂能自相矛盾哉。余谓此处"无妄"之"无"乃涉卦名而衍，"妄之往"犹言妄之行。妄之行非正也，此释卦辞之"匪正"也。"何之"犹言何往。《尔雅·释诂》："之，往也。"王引之曰："矣犹乎也。"祐即佑字。卦辞云"其匪正有眚，不利有攸往"者，其行非正，是为妄行，妄行则无路可通，尚何所往乎？妄行则天命不佑，尚可行哉？故曰："妄之往何之矣？天命不佑，行矣哉？"

《象》曰：天下雷行，物与，《无妄》。先王以茂对时育万物。

亨按与读为舒，伸展也。[①]茂读为懋，勉也，努力也。[②]焦循曰："对犹应也。"《无妄》之上卦为乾，下卦为震。乾为天，震为雷。然则《无妄》之卦象是"天下雷行"。天下雷行，则万物生长而伸展，此自然界之必然现象，从无妄谬，是以卦名曰《无妄》。先王观此卦象，从而奋勉努力，针对天下雷行之时令，以育养万物。故曰："天下雷行，物与，《无妄》。先王以茂对时育万物。"（《象传》极力美化先王）

初九：无妄往，吉。

[经意]　其往也，非出于曲邪谬乱，乃出于正道，故吉。

[传解]　与经意同。

《象》曰："无妄"之"往"，得志也。

传以"得志"释经文之"吉"。

六二：不耕获，不菑畲，则利有攸往。

[经意]　耕，种谷。获，收谷。菑，垦荒田。畲，治熟田。不耕获即不耕不获，不菑畲即不菑不畲，言不从事农业也。不从事农业，则出外经商或干它事，乃能得利。（王弼曰："不耕而获。不菑而畲。"依此读注，爻辞乃谓剥削者不种田而取谷，不垦荒而有田也。剥削者家富而身闲，故利

有所往。③)

[传解] 与经意同。

《象》曰:"不耕获",未富也。

传意:爻辞云"不耕获,不菑畲",言不从事农业,未可以致富,须出外求利,故爻辞曰:"利有攸往。"

六三:无妄之灾,或系之牛,行人之得,邑人之灾。

[经意] 无妄之灾,其灾非出于曲邪谬乱,乃出于粗心大意,考虑不周等是也。第二句之"之",犹其也。爻辞所言似是古代故事。盖有邑人某系其牛于某处,而已离去,又无人看守,牛脱缰而走,行路之人得其牛,邑人失其牛。邑人因粗心大意,致失其牛,即所谓"无妄之灾"。

[传解] 与经意同。

《象》曰:"行人得"牛,"邑人灾"也。

九四:可贞,无咎。

[经意] 贞,占问。可贞,所占问之事可行。筮遇此爻,所占问之事可行,行之无咎。

[传解] 贞,正也。人之德行可正,则无咎。

《象》曰:"可贞无咎",固有之也。

之指贞正之品德。传意:爻辞云"可贞,无咎",因其人固有贞正之品德,故行事可正而无咎也。

九五:无妄之疾,勿药有喜。

[经意] 无妄之疾,其病非出于妄行妄动,而出于偶不注意,如饮食过饱、服事过劳、睡眠过少等是也。药,服药也。有喜,古语谓病愈为有喜,因病愈乃可喜之事也。爻辞言:无妄之疾,不须服药,去其病因,加以休养,即可愈矣。

[传解] 与经意同。

《象》曰:"无妄"之"药",不可试也。

亨按经云"无妄之疾",而传云"'无妄'之'药'",语意相歧。传虽多简举经文,然亦不能如此苟简。且"'无妄'之'药'"是不谬之药,

是对症之药，何得云"不可试也"哉。可见传文亦不通。余谓传文当作
"'无妄'之疾，'药'不可试也"，转写脱疾字。陆德明曰："试，用也。"
传意：爻辞云"无妄之疾，勿药有喜"，言无妄之疾，不可用药也。

上九：无妄行，有眚，无攸利。

［经意］　此无妄之无，疑涉上文而衍。眚，灾也。爻辞言：妄行，则
有灾眚，无所利。（又一解：此无妄之无，犹毋也，犹勿也。）

［传解］　与经意同。

《象》曰："无妄"之"行"，穷之灾也。

传文讲不通，无字亦当是衍文。穷，不通也，如今语所谓"走入死胡
同"。传意：爻辞云"妄行，有眚，无攸利"，言谬妄之行，必穷而不通，
以招灾眚也。《象传》以穷字释爻辞乃以上九之爻位为据。上九居一卦之尽
头，象人之行动进入山穷水尽之境。

［附考］

①《象传》："天下雷行，物与，《无妄》。"亨按与当读为舒。与、舒古通用。
《诗·干旄》："何以予之？"《论衡·率性》篇引予作与。《仪礼·乡饮酒礼》："宾介不
与。"郑玄注："古文与为预。"《士昏礼》记："我与在。"郑注："古文与为豫。"《左
传》昭公二年："有嘉树焉，宣子誉之。"《孟子·梁惠王》下篇赵注引誉作豫。并与、
予两声系之字相通之证。《说文》："舒，伸也。"《小尔雅·广诂》："舒，展也。"是舒
为伸展之义。物与即物舒，谓物生长而伸展也。进而言之，《广雅·释诂》："与，生
也。"（王念孙《广雅疏证》改与为兴，无确据，不可从。）《诗·楚茨》："我蓺黍稷。
我黍与与。我稷翼翼。"郑玄笺："黍与与、稷翼翼，蕃庑貌。"可见与有生长茂盛之义，
其实皆当读为舒也。　　②《象传》："先王以茂对时育万物。"《尔雅·释诂》："茂，
勉也。"茂训勉，乃借为懋。《说文》："懋，勉也，从心，楙声。"茂懋古通用。《书·
皋陶谟》："懋哉懋哉。"《汉书·董仲舒传》引懋作茂。《康诰》："懋不懋。"《左传》
昭公八年引懋作茂。并其证。　　③ 六二："不耕获，不菑畬，则利有攸往。"王注：
"不耕而获，不菑而畬。"亨按王说本于《礼记》。《礼记·坊记》："礼之先币帛也，欲
民之先事而后禄也。……《易》曰：'不耕获，不菑畬，凶。'"郑玄注："言必先种之
乃得获，若先菑乃得畬也。安有无事而取利者乎。"此是主张先事而后禄，反对不事而

得禄，引《易》此文为证。其释"不耕获"为不耕而获，释"不菑畬"为不菑而畬，以喻不事而得禄，明矣。《诗·伐檀》篇："不稼不穑，胡取禾三百廛兮？"即讽刺不耕而获、不菑而畬之剥削者。又《礼记》引《易》有凶字，今《易》无凶字，《象传》未言凶象，其所据本当亦无凶字。未知孰是。依《礼记》读法以解今本经文，则不耕而获，不菑而畬，乃谓剥削者不劳而获，有财有闲，故利有攸往，亦通顺。

《大畜》第二十六

䷙（下乾上艮）

《大畜》：利贞。不家食吉。利涉大川。

［经意］《大畜》，卦名。利贞犹利占也。筮遇此卦，乃有利之占问；不食于家，出外谋食，乃吉；利于涉大川。

［传解］《大畜》，卦名。《释文》："畜本又作蓄，义与《小畜》同。"《小畜释文》："畜，积也，聚也。"然则《大畜》谓积聚者大也。贞，正也。余与经意同。

《彖》曰：《大畜》，刚健笃实，辉光日新。

此释卦名。《大畜》二字举卦名也。《尔雅·释诂》："笃，厚也。"《大畜》之下卦为乾，上卦为艮。乾为天，艮为山。天之道刚健，山之性厚实，天光山色，相映成辉，日日有新气象。然则《大畜》之卦象是"刚健笃实，辉光日新"。在天山之刚健笃实，辉光日新之中，草木生之，禽兽居之，宝藏兴焉，其积蓄者大矣。人能有"刚健笃实，辉光日新"之德，其积蓄者亦大矣。是以卦名曰《大畜》。故曰："《大畜》，刚健笃实，辉光日新。"①

其德刚上而尚贤，能止健，大正也。

此释卦辞之"利贞"。其德，卦德也，即卦象也。"能止健"《集解》本作"能健止"。亨按当作"健能止"，转写之误。能读为而。②《大畜》之上卦为艮，下卦为乾。艮为山，为阳卦，为刚，象才德高大之贤人。乾为天，象朝廷。然则《大畜》之卦是刚卦在乾卦之上，是为"刚上"，象贤人在朝廷之上，是国君"尚贤"也。（参看《遯》卦）其次，乾，健也。艮，止也。然则《大畜》之卦象是"健而止"，谓强健而不妄行，可止则止也。

《大畜》之卦象既是国君尚贤，乃用人得其正也；又是健而止，则行事得其正也。此皆正之大者。故曰："其德刚上而尚贤，健能止，大正也。"因其卦象为大正，大正则利，故卦辞曰："利贞。"

"不家食吉"，养贤也。

卦辞云"不家食吉"者，因国君尚贤而能养贤，故贤人不食于家也。

"利涉大川"，应乎天也。

卦辞云"利涉大川"者，因其人能适应天道，即遵循自然规律，以渡大川，非冒险妄行也。

《象》曰：天在山中，《大畜》。君子以多识前言往行，以畜其德。

识，记在心中。前言往行，古人之言行。《大畜》之内卦为乾，外卦为艮。乾为天，艮为山。然则《大畜》之卦象是"天在山中"，即天之光明照耀于山内。天之光明照耀于山内，则草木鸟兽皆遂其生，成为人之财富，其积蓄者大矣，是以卦名曰《大畜》。按《象传》乃以天比君，以山比贤人，以天之光明照耀于山内比君之光明照耀在贤人中间，即君能尚贤。君能尚贤，则贤人之在位者蓄其德以干事，不在位者蓄其德以待用。君子观此卦象及卦名，从而学古籍古史，多记前人之言行，以蓄其德，其积蓄者亦大矣。故曰："天在山中，《大畜》。君子以多识前言往行，以畜其德。"

初九：有厉，利已。

［经意］　厉，危也。已，止也。筮遇此爻，其事有危险，利于停止不为。（闻一多认为已当作巳，云："巳当读为祀。"李镜池说同。利祀谓利于祭祀，以祈神鬼保佑。此解亦通。亨按《象传》作者所据本确作已，不作巳。已、巳二字，隶书楷书易于互误，而篆文古文不易互误，仍以作已为长。）

［传解］　与经意同。

《象》曰："有厉利已"，不犯灾也。

传意：爻辞云"有厉，利已"，言其事既有危险，则止而不为，不犯灾难也。

九二：舆说輹。

［**经意**］　舆，车也。说读为脱。輹，缚车身与车轴使之相联之绳。车脱輹，则不能行，以喻协作之人失其相结合之纽带，则其事不能成。（又一说：輹，伏兔也，舆下夹轴之木也。详见《小畜》卦。）

［**传解**］　与经意同。

《象》曰："舆说輹"，中无尤也。

中，正也。尤，过失。传意：爻辞云"舆说輹"，乃比喻人与人失其相结合之纽带，不能协作。但其不协作果合于正道（如不协作以为盗贼，不协作以行贿赂，不协作以通奸淫），则无过失也。《象传》此释乃以九二之爻位为据。九二居下卦之中位，象人得正中之道。

九三：良马逐，利艰贞，日闲舆卫，利有攸往。

［**经意**］　贞，占问。艰贞，占问艰难之事。曰当作四，形近而误。四借为驷，四马称驷。闲，习也，谓训练有素。卫，善也。爻辞言：驾良马以驰逐，路虽艰险，亦利。故占问艰难之事，筮遇此爻，则利。四马训练有素，车又坚好，则利于有所往。（闻一多曰："《释文》引郑本曰作日，注曰：'日习车徒。'于义为长。闲读为简，校阅也。校阅之亦即习之。《公羊传》桓六年曰：'大阅者何？简车徒也。''日闲舆卫'犹日简车徒矣。"）

［**传解**］　贞，正也。"良马逐，利艰贞"，谓驾良马以驰逐，利在行艰难之路能得其正，即御者得其正，马行得其正，始利艰也。余与经意同。

《象》曰："利有攸往"，上合志也。

上读为尚。合志，符合志愿。传意：爻辞云"良马逐……利有攸往"，言良马坚车，有所往可以得志也。

六四：童牛之牿，元吉。

［**经意**］　童牛，牛犊。之犹有也。（说见《明夷》卦）牿，牛角上所加之横木。元，大也。童牛角初生，喜以角触物。其角未坚，触物角易折。童牛有牿，则不致触伤人物或自伤其角，故大吉。

［**传解**］　与经意同。

《象》曰："六四元吉"，有喜也。

六五：豮豕之牙，吉。

［**经意**］ 豶，割去豕之生殖器。之亦犹有也。牙借为杙，栏也，即今语所谓猪圈。豶豕之创处甚痛，创将平复时甚痒，往往急走或擦伤其创处，以致豕逸失或病死，有圈以闲之则吉。

［**传解**］ 与经意同。

《**象**》曰："六五"之"吉"，有庆也。

庆亦喜也。

上九：何天之衢，亨。

［**经意**］ 何读为荷，担也，受也。衢读为庥，庇荫也。亨即享字，祭也。筮遇此爻，在受天之庇荫，宜举行享祭。

［**传解**］ 亨，通也。余与经意同。

《**象**》曰："何天之衢"，道大行也。

传意：爻辞云"何天之衢，亨"，言受天之庇荫，则其道大行，而亨通也。

［**附考**］

①《彖传》："刚健笃实辉光日新其德刚上而尚贤。"郑玄、虞翻皆读为："刚健笃实，辉光日新，其德刚上而尚贤。"（郑读见《释文》。虞读见《集解》。）王弼、孔颖达读为："刚健笃实，辉光日新其德，刚上而尚贤。"按郑、虞读是也。《彖传》乃以新、正、贤、天谐韵。若在日新其德下断句，则失其韵矣。其证一。本卦《彖传》曰："其德刚上而尚贤。"《大有彖传》曰："其德刚健而文明。"句例正同。若在日新其德下断句，则失其句例矣。其证二。《汉书·礼乐志》曰："晖光日新。"《汉荆州刺史度尚碑》曰："令闻弥崇，晖光日新。"（洪适《隶释》卷七）《文选》张华《励志诗》曰："进德修业，晖光日新。"皆用《易传》文。而《三国志·魏书·管辂传》曰："《易》言：'刚健笃实，辉光日新。'"《初学记》载传咸《周易诗》曰："'晖光日新'，昭于四方。"皆引《易传》文。（辉、晖、烨古字通）其读法皆与郑、虞同。是也。（此采王念孙说。钱大昕《潜研堂答问》、李赓芸《炳烛编》亦有此说。）　②《象传》："能止健。"《集解》本作"能健止。"亨按当作"健能止"，转写健字误窜于下也。《象传》以八经卦之义释一别卦之义者，皆先下卦而后上卦，此其通例也。其例不胜枚举。兹举上卦为艮而艮义为止者。《蒙》（䷃）《象传》曰："险而止。"《蒙》之下卦为坎，上卦为

艮。坎，险也；艮，止也。故曰"险而止"。《蛊》（䷑）《彖传》曰："巽而止。"《蛊》之下卦为巽，上卦为艮。巽，巽也；艮，止也。故曰"巽而止"。《贲》（䷕）《彖传》曰："文明以止。"《贲》之下卦为离，上卦为艮。离，文明也；艮，止也。故曰"文明以止"。《剥》（䷖）《彖传》曰："顺而止之。"《剥》之下卦为坤，上卦为艮。坤，顺也。艮，止也。故曰"顺而止之"。此皆先言某后言止。再举下卦为艮而艮义为止者。《渐》（䷴）《彖传》曰："止而巽。"《旅》（䷷）《彖传》曰："止而丽乎明。"《咸》（䷞）《彖传》曰："止而说。"此皆先言止后言某。由此可证，上卦为艮则后言止，下卦为艮则先言止。《大畜》之上卦为艮，则当云"健能止"，可断言也。（所谓上卦下卦，非谓两卦所象事物有上下之关系，但指其卦位之上下。）又以《彖传》之义例言之，能当读为而。能、而古通用。《履》六三曰："眇能视。跛能履。"《集解》本能作而。是《易经》中有此例证。"健能止"即健而止也。

《颐》第二十七

䷚（下震上艮）

《颐》：贞吉。观颐，自求口实。

［**经意**］《颐》，卦名。贞，占问。颐，腮也。筮遇此卦，所占问之事吉。观人之腮中含物，不能饱腹，须自求口中之食物。此示人以勿羡于人，宜求于己。

［**传解**］《颐》，卦名。《序卦》曰："《颐》者，养也。"《尔雅·释诂》："颐，养也。"贞，正也。"观颐"，观人之所养。"自求口实"承上句观字而言，观自求口实，观人之自养。

《彖》曰：《颐》"贞吉"，养正则吉也。"观颐"，观其所养也。"自求口实"，观其自养也。

此释卦名及卦辞。《颐》卦辞云"贞吉"者，谓养得其正则吉也。云"观颐"者，观其人所养之人也。云"自求口实"者，观其人之自养也。观其所养，观其自养，在观其正否，以断其吉凶。

天地养万物。圣人养贤以及万民。《颐》之时，大矣哉。

此申释卦义。养得其正者，唯天地与圣人。天地则养万物，圣人则养贤人及万民。然天地之于万物，应其时而养之，故万物能生活长成；如失其时，则万物伤矣。圣人之于贤人及万民，亦应其时而养之，故贤人能献其力，万民能乐其生；如失其时，则贤人隐，万民苦矣。然则养之应其时，乃能成其大也。

《象》曰：山下有雷，《颐》。君子以慎言语，节饮食。

《颐》之上卦为艮，下卦为震。艮为山，震为雷。然则《颐》之卦象是"山下有雷"。山下有雷，是天暖之时，是天地养万物之时，是以卦名曰《颐》。按《象传》又以山比贵族，以雷比刑，以山下有雷比贵族在上位施刑罚于下。君子观此卦象及卦名，从而慎言语，节饮食，以免因失言多欲遭受贵族之刑罚，此乃养德保身之道也。故曰："山下有雷，《颐》。君子以慎言语，节饮食。"

初九：舍尔灵龟，观我朵颐，凶。

[经意]　舍借为捨。灵龟，龟之一种，其甲宜卜，其肉可食。朵，花朵。颐，腮也。朵颐，腮隆如花朵。爻辞言：舍汝之灵龟之肉而不食，观我有食在口，腮朵然而隆起，此是弃汝所有，羡我所有，是凶矣。（姚配中说："灵龟犹神龟。舍尔灵龟，谓舍尔灵龟而不卜。朵，动也。观我朵颐，谓观我动颊而谈。人遇有疑事，不用龟以卜，而听人之口谈，是凶矣。"[①]此解亦甚圆通。）

[**传解**]　朵借为肒，胾也，切成块之肉。颐，养也。爻辞言：舍汝之灵龟之肉，而观我之胾肉之养，是凶矣。[②]

《象》曰："观我朵颐"，亦不足贵也。

传意：爻辞云"舍尔灵龟，观我朵颐，凶"，言舍尔灵龟之肉，观我胾肉之养，胾肉不能进入汝腹，此胾肉之养亦不足贵也。

六二：颠颐拂经于丘颐，征凶。

[经意]　颠借为填，塞也。颐，腮也。填颐，纳食物于腮中。拂，击也。经借为胫，自膝至足称胫。丘颐，丘之腮，即丘之两坡。"填颐拂胫于丘颐"，谓人以填口腮之故，而招击胫之辱于丘坡之上。此出行不利之象，故筮遇此爻，征伐则凶。

[**传解**]　颠亦借为填，增加也，犹今语之添。[③]颐，养也。《集解》引王肃曰："拂，违也。经，常也。"拂经谓违反经常之道也。《广雅·释诂》："丘，众也。"《孟子·尽心》下篇："得乎丘民而为天子。"丘民即众民。丘颐谓众人之养也。爻辞言：国君生活荒淫奢侈，增加其养，而在民众之养方面，违反经常制度，横征暴敛，剥夺民众之养，如此则民众怨恨，各

怀反抗之心，出师征伐，必战败，是凶矣。

《象》曰："六二征凶"，行失类也。

类，法则也。④传意：爻辞云"颠颐拂经于丘颐，征凶"，以其行之违失法则也。

六三：拂颐，贞凶，十年勿用，无攸利。

［经意］ 拂，击也。颐，腮也。拂颐即批颊，打嘴巴。古人以此为奇耻大辱。贞，占问。用，行动也。爻辞言：受批颊之耻辱，乃是凶象，筮遇此爻，则凶，十年不可有所行动，无所利。

［传解］ 拂，违也。颐，养也。拂颐，违反养人之道。即不当养者而养之，当养者而不养之。《韩非子·显学》篇曰："所养者非所用。所用者非所养。"是其义也。贞，正也。"拂颐，贞凶"，言国君违反养人之道，养其幸臣、侍妾等，而不养民，其行事虽正，而亦凶。余与经意同。

《象》曰："十年勿用"，道大悖也。

悖，谬也。传意：爻辞云"拂颐，贞凶，十年勿用"，因其养人之道大悖谬也。

六四：颠颐吉，虎视眈眈，其欲逐逐，无咎。

［经意］ 颠借为填，塞也。颐，腮也。眈眈，瞪目凶视之貌。《释文》："逐逐……荀作悠悠。"悠悠，远也。爻辞言：有食物填入腮中，可饱其腹，自是吉象。虎之视眈眈而凶，其欲亦悠悠而远，志在捕取它兽，以填其颐，以喻人有强力以逞其雄心，自无咎。

［传解］ 颠亦借为填，增加也，添也。颐，养也。"颠颐吉"，言增加人之养则吉。"虎视眈眈，其欲逐逐，无咎"，言人有力如虎，将捕取食物，以增加其养，可以得志而无咎。

《象》曰："颠颐"之"吉"，上施光也。

上，君上。光借为广。（说见《坤》卦）传意：爻辞云"颠颐吉"，言君上增加臣民之养，施予广多，因得臣民之拥护，故吉也。（若施予不广，则不吉。）

六五：拂经，居贞吉，不可涉大川。

[**经意**]　拂，击也。经借为胫。居贞，占问安居。爻辞言：有人击其胫，是不便行路，不可渡水之象，故筮遇此爻，占问安居则吉，不可涉大川。

[**传解**]　拂，违也。经，常也。贞，正也。爻辞言：违反经常之道，本不吉，但能速改，而居于正，则吉。违反经常之道以渡大川，亦不可，因其将坠入水中。

《象》曰："居贞"之"吉"，顺以从上也。

传意：爻辞云"拂经，居贞吉"，因其人柔顺以从君上也。盖臣民柔顺以从君上，是为经道，亦为正道。拂经者，违此道也。居贞者，居此道也。臣下由拂经转为居贞，则吉矣。《象传》此释乃六五及上九之爻象爻位为据。六五为阴爻，为柔；上九为阳爻，为刚。六五居上九之下，是为柔从刚，象臣民服从君上。

上九：由颐，厉吉。利涉大川。

[**经意**]　由疑借为掐，抒而出之也，即今语之掏。颐，腮也。掐颐，以手掏出腮中之食物。厉，危也。食物入口，以手掏而出之，必以其物有毒素也。毒已入口，危矣。然掏而出之，仍为吉。故掐颐之象是厉而吉。又筮遇此爻，利于涉大川，虽有危险，亦能安达彼岸。

[**传解**]　《方言》六："由，辅也。"《广雅·释诂》："由，助也。"颐，养也。由颐，辅助而养之也。君上对臣民辅助而养之，则遇危险之事，可得臣民之支持，而转危为安，化险为夷，虽厉亦吉。余与经意同。

《象》曰："由颐厉吉"，大有庆也。

传意：爻辞云"由颐，厉吉"，言君上能辅助颐养其臣民，则能克服危险，大有吉庆也。

[**附考**]

①初九："舍尔灵龟，观我朵颐，凶。"姚配中曰："郑康成曰：'朵，动也。'李鼎祚曰：'朵，颐动下垂之貌。'龟千岁而灵。《尔雅》：'一曰神龟，二曰灵龟。'谋及乃心，谋及卜筮。灵龟不用，朵颐是观，贪求失正，无所稽疑。"按姚解灵龟，其义可通；

解朵颐则不明确。《释文》："朵，动也。郑同。京作揣。"《广雅·释诂》："揣，动也。"朵颐谓动颐，指动颐以谈话也。舍尔灵龟，观我朵颐，言人面临大事，疑而未决，舍尔之灵龟而不占卜；只观我动颊颐而谈论，即不信龟卜，而信口谈，在周初人迷信神权与卜筮时，认为结果必凶矣。此说亦通。　　② 初九："舍尔灵龟，观我朵颐，凶。"《易传》训颐为养。据此以探传意，则朵当读为胊。《释文》："朵，京作揣。"揣与胊古通用。《礼记·杂记》上："载以辁车。"郑注："辁或为𫐄。"《仪礼·既夕礼》郑注引辁作团。《公羊传》庄公十九年："则专之可也。"《汉书·冯奉世传》引专作颛。《说文》："𤔌读若专。"《文选·鹏鸟赋》："何足控抟。"李注引如淳曰："抟或作揣。"《长笛赋》："冬雪揣封乎其枝。"李注："揣与团古字通。"并尚专两声系字相通之证。《说文》："胊，切肉也。"《广雅·释器》："胊，脔也。"肉切成块谓之胊。胊颐者以切肉自养也。人如舍尔灵龟之肉，观我胊肉之养，徒羡他人之馔，不能自果其腹，岂不凶哉。　　③ 六二："颠颐拂经于丘颐，征凶。"《易传》训颐为养。据此以探传意，则颠当读为填而训为加。颠、填同声系，古通用。《说文》："填，塞也，从土，真声。"空阙之处，加土塞之称填：自其塞言之，则为填塞，自其加土言之，则为填加，是填本有加义。《华严经音义》上引《国语》贾注曰："填，加也。"今语谓增加曰添，余谓添即填之俗字也。填颐者，增加人之养也。六四曰："颠颐，吉。"《象传》曰："颠颐之吉，上施光（广）也。"上施广正是增加臣民之养。则传读颠为填，训填为加，明矣。　　④《象传》："'六二征凶'，行失类也。"亨按类，法则也。《方言》十三："类，法也。"《广雅·释诂》："类，瀓也。"（瀓，古法字）《楚辞·怀沙》："吾将以为类兮。"王注："类，法也。"《太玄迎》首："失父类也。"范注："类，法也。"盖事物之一般法则谓之类。行失类谓其行事违失法则也。六二爻辞云"拂经"，拂，违也。经，常也。拂经传释为违反经常之道。《象传》正以失类释违经矣。进而考之，类、律古通用。《礼记·乐记》："律小大之称。"《史记·乐书》律作类。即其证。然则类训为法，即借类为律矣。

《大过》第二十八

䷛（下巽上兑）

《大过》：栋桡，利有攸往。亨。

[经意] 《大过》，卦名。栋，屋正中最高之横梁。桡原作挠。《校勘记》曰："挠各本作桡。"今据改。《象传》桡字同。桡，曲也。九三曰："栋桡，凶。"与卦辞矛盾。汉帛书《周易》此"栋桡"作"栋牵"，九四之"栋隆"亦作"栋牵"，可证此"栋桡"当作"栋隆"。隆，高也。"亨"字当在下文"初六"下。卦辞言：栋高者室巨而家大，以此条件有所往，则利。

[传解] 传所据经文与今本同。《大过》，卦名。《大过》之义是大事错误。栋桡，栋之材不足以支持其屋盖而桡曲。亨，通也。爻辞言：栋曲则屋将坏，造屋者用不材之木为栋，是大事错误；然居者预见其屋之将坏，因而离去其屋，有所往则利，且能亨通矣。

《彖》曰：《大过》，大者过也。"栋桡"，本末弱也。刚过而中，巽而说，行。"利有攸往"乃"亨"。

此释卦名及卦辞。本卦名《大过》者，大事错误也。卦辞云"栋桡"者，因栋之中部坚刚而本末弱也。《大过》之中间四爻为阳爻，为刚；初爻与上爻为阴爻，为柔。初爻为卦体之本，上爻为卦体之末。然则《大过》之爻象是中间坚刚而"本末弱"，以象栋则是中部坚刚而本末弱，故桡曲也。造屋者用本末弱之木材为屋栋，乃大事上之错误，其屋将坏矣。此比喻国君用庸才为将相，亦大事上之错误，其国将亡矣。是以卦名曰《大过》。其次，大过之九二为阳爻居阴位（第二爻为阴位），九四亦为阳爻居阴位（第四爻亦为阴位）。阳爻居非其位，是为"刚过"，象君子有居非其位之错误。再次，《大过》之九二为刚，居下卦之中位，九五为刚，居上卦之中位，是为"刚中"，象君子守正中之道。又次，《大过》之下卦为巽，上卦为兑。巽，巽也，谦逊也；兑，说（悦）也，和悦也。然则大过之卦象又是"巽而说"，谓人谦逊而和悦也。总之，《大过》之卦爻象是庸才担当重任，君子有居非其位之过失，但守正中之道，抱谦逊和悦之态度，去其位而行，别有所往，则利矣，则亨通矣。是以卦辞曰："利有攸往，亨。"

《大过》之时，大矣哉。

此申释卦义。人有大过失，是在一定时间，作成一种巨大错事，伏下一种严重危机。如造屋者有大过失，在造屋时，作成用不材之才为屋栋之巨大错事，伏下屋坏之严重危机。国君有大过失，在用人时，作成用不材之人为将相之巨大错事，伏下国亡之严重危机。然则大过之时间关系事业者甚大，在当时不可不察也。故曰："《大过》之时，大矣哉。"

《象》曰：泽灭木，《大过》。君子以独立不惧，遯世无闷。

《象传》之意，《大过》是大过失。遯，隐也。《大过》之上卦为兑，下卦为巽。兑为泽，巽为木。然则《大过》之卦象是泽下有木，是为"泽灭木"，即泽水淹没木舟，舟沉泽底，此乃操舟者之大过失，是以卦名曰《大过》。①按《象传》乃以泽水淹没木舟比庶民起义，覆灭王侯之朝廷或国家。此乃治国者之大过失，是以卦名曰《大过》。君子逢此祸变，则守节不屈，隐居不仕。故曰："泽灭木，《大过》。君子以独立不惧，遯世无闷。"（《荀子·王制》篇引《传》曰："君者，舟也。庶人者，水也。水则载舟。水则覆舟。"《荀子》以"水则覆舟"比庶民推翻其君，《象传》以"泽灭木"比庶民推翻其君，其意正同。）

初六：藉用白茅，无咎。

〔经意〕卦辞"亨"字当在"初六"下。亨即享字，祭也。藉，垫也。白茅，草名，柔软洁白。爻辞言：祭祀用白茅垫祭品，所以敬神，故无咎。

〔传解〕与经意同。但传文所据本"亨"字不属于爻辞。

《象》曰："藉用白茅"，柔在下也。

传意：爻辞云"藉用白茅"，因白茅为柔物，垫于物品之下，最为适合，故无咎也。《象传》此释乃以初六之爻象爻位为据，初六为阴爻，为柔，居一卦之下位，是为"柔在下"，象柔物在下。(《系辞》上："初六：'藉用白茅，无咎。'子曰：'苟错诸地而可矣。藉之用茅，何咎之有，慎之至也。夫茅之为物薄，而用可重也。慎斯术也以往，其无所失矣。'")

九二：枯杨生稊，老夫得其女妻，无不利。

[经意]　稊，叶初生称稊。夫，男子。女，指少女。枯杨生叶，反枯为荣。老男娶得少女为妻，转向年轻，故无不利。

[传解]　与经意同。

《象》曰："老夫女妻"，过以相与也。

过，过失。相与，二人共处为与，故相与犹相配也。传意：爻辞云"老夫得其女妻"，男老女少，年龄不相当，其相配是过失也，是错误也。(按爻辞云"无不利"，而《象传》云"过以相与"，盖《象传》作者不赞同爻辞作者之观点。)

九三：栋桡，凶。

[经意]　屋栋桡曲，则屋坏，故凶。

[传解]　与经意同。

《象》曰："栋桡"之"凶"，不可以有辅也。

传意：爻辞云"栋桡，凶"，因栋桡不可加木以辅之，其屋必坏，故凶也。屋之纵架之梁曲，尚可用木以持之，直立之柱曲，尚可用木以佐之。至于栋，横架在屋之正中最高之处，栋上加椽，其上覆瓦或盖草。栋曲则不可加木以辅之，其屋必坏也。

九四：栋隆，吉；有它，吝。

[经意]　隆，高也。它，古语谓意外之患为它。吝，难也。栋高者室巨，室巨者家大，此自是吉象。虽有意外之患，仅增加困难而已。

[传解]　字义与经意同，而文意异，说见下。

《象》曰："栋隆"之"吉"，不桡乎下也。

传意：爻辞云"栋隆吉"，乃因栋下之梁柱不曲，故吉也。屋栋在上，栋下有坚强不曲之梁柱支持之，屋始不倾，乃为吉。（若栋下之梁柱不坚强而曲，则屋必倾，是凶矣。）

九五：枯杨生华，老妇得其士夫，无咎无誉。

［经意］华，古花字。妇，已嫁人或曾嫁人之女子称妇。士，未曾娶妻之男子称士。枯杨生花，反枯为荣，老妇嫁得士夫，转向年轻，可无灾咎，但亦无名誉。

［传解］ 与经意同。

《象》曰："枯杨生华"，何可久也。"老妇士夫"，亦可丑也。

传意：爻辞云"枯杨生华"，其花不能久开也。云"老妇得其士夫"，老妇嫁得少男，其夫易弃之正如杨花易落，其事亦可丑也。（按爻辞云"无咎无誉"，而《象传》云"何可久""亦可丑"，盖《象传》作者不赞同爻辞作者之观点。）

上六：过涉灭顶，凶。无咎。

［经意］过，误也，过失也。过涉犹误涉，即不确知其水之深浅，不确知风浪之大小，不确知其舟之坚否，不确知操舟技术之巧拙，不当渡而误渡之也。灭顶，水没其头顶也。过涉灭顶，是凶矣。"无咎"二字疑是衍文。《象传》作者所见经本已衍此二字。

［传解］"过涉灭顶，凶"，与经意同。"无咎"者，无犹毋也，犹勿也；咎，谴责也。《方言》十三："咎，谤也。"谤与谴责之意略同。《论语·八佾》篇："成事不说，遂事不谏，既往不咎。"咎义同此。无咎，勿谴责之也。

《象》曰："过涉"之"凶"，不可"咎"也。

咎，谴责也。传意：爻辞云"过涉灭顶，凶，无咎"，言过涉既已灭顶，凶祸既已构成，不可谴责之，谴责亦无益也。

［附考］

①《象传》："泽灭木，《大过》。君子以独立不惧，遁世无闷。"李鼎祚曰："灭，漫也。凡木生近水者，……遇泽太过，木则漫灭焉。"此谓泽灭木乃泽水上涨，淹没泽

边之木。泽水灭木是泽水之大过其分，是以卦名曰《大过》。泽水泛溢，淹没树木，以象国家发生变乱，冲荡社会。君子处此，则独立不惧，遯世无闷。如此解之，似亦可取。但《象传》乃释《大过》为大过失。其证有二：九二曰："老夫得其女妻。"《象传》释之曰："老无女妻，过以相与也。"过字即卦名《大过》之过，义为过失，甚为明确。其证一。上六曰："过涉灭顶，凶，无咎。"《象传》释之曰："过涉之凶，不可咎也。"过涉灭顶，乃为大过，义为过失，亦甚为明确。其证二。然则《象传》释《大过》为巨大过失，明矣。可见李说非也。

《坎》第二十九

䷜（下坎上坎）

习坎：有孚维心，亨，行有尚。

[经意] 习字疑涉初九爻辞及《象传》之"习坎"二字而衍。坎，卦名。孚，古俘字。维，汉帛书《周易》作巂。维与巂均借为憳。《说文》："憳，有二心也。"亨即享字，祭也。尚读为赏。卦辞言：筮遇此卦，有俘虏怀有二心，则杀之以祭神，出行将得赏。（又一解：维，以绳缚之也。心当作止，形似而误。止犹之也。有孚维之享，言有俘虏则缚而杀之以祭神。）

[传解]《坎》，卦名，水也，险也。（《象传》亦释坎为水，又释坎为坑。）"有孚"为一句。孚，信也。"维心亨"为一句。维读为惟。亨，美也。尚亦读为赏。爻辞言：人面临坎险，能有诚信，其心亨美，则出行将得赏。

《象》曰：习坎，重险也。水流而不盈。行险而不失其信。维心亨，乃以刚中也。行有尚，往有功也。

此释卦名及卦辞。《集解》引陆绩曰："习，重也。"按习乃借为袭。《广雅·释诂》："袭，重也。"本卦乃二坎相重，是为"习坎"。习，重也；坎，险也。故曰："习坎，重险也。"此谓本卦卦体是习坎，卦象是重险，非谓卦名《习坎》也。[1]坎又为水。然则本卦卦象又是水相接而流，不满其坎。坎中有流水，更为险矣。卦辞云"有孚"者，孚，信也。此承卦名《坎》而言，谓行险而不失其信也。云"维心亨"者，言其心亨美也。其心亨美者，以其有刚健、正中之德也。本卦之九二为阳爻，为刚，居下卦之中位。九五亦为阳爻，为刚，居上卦之中位。是为"刚中"，象人有刚健、正中之德也。云"行有尚"者，以其往而有功，故得赏也。人能行险而不失其信，有刚健、正中之德，则能往而有功矣。

天险，不可升也。地险，山川丘陵也。王公设险，以守其国。险之时，用大矣哉。

此申释卦义。陵，岭也，陵与岭乃古今语之转。本卦之卦象卦义是重险。人行路遇险，行事遇险，皆不免于艰难，有所不利，此险之对己不利者也。然险亦有对己有利者。天之险是其不可升也；地之险是山川丘陵也；王公既利用地险，再设人为之险如城郭沟池等，使敌人不可登越，以守卫其国家。此险之对己有利者也。可见险对己有时不利，有时有利，利或不利以时为转移。险如适应其时之需要，其用处甚大。如王公设险于先，始能却敌于后，是其例。

《象》曰：水洊至，习《坎》。君子以常德行，习教事。

《集解》引陆绩曰："洊，再也。"《释文》引《尔雅》云："洊，再也。"水洊至，前水方至，后水续至也。习字亦是衍文。常当读为尚，尊尚也。[②]本卦是二坎相重，坎为水，然则本卦卦象是水洊至，是以卦名曰《坎》。按《象传》以水比人之美德，以水洊至比人之美德日有进步。君子观此卦象，从而尊尚德行，学习教事，既以淑己，又以淑人。故曰："水洊至，《坎》。君子以常德行，习教事。"

初六：习坎，入于坎，窞，凶。 习读为袭，重也。坎，坑也。窞与陷同，坠入其中也。爻辞言：坎中有坎，人入于坎中而陷焉，是凶矣。

［传解］ 与经意同。

《象》曰："习坎入坎"，失道"凶"也。

传意：爻辞云"习坎，入于坎，窞，凶"，乃行人失其路而逢凶也。路有重坎，行人宜走别路以避之，今竟入于坎而陷焉，此是行人失其宜走之路，以致凶灾。以喻人之行事，则是失其平坦之道，误犯重险，以招祸殃。

九二：坎有险，求小得。

［经意］ 坎中有险，人有所求仅能小得，因有坎险，求不易得也。

［传解］ 与经意同。

《象》曰："求小得"，未出中也。

出，离去。中，正也。传意：爻辞云"坎有险，求小得"，坎中有险，有求本甚难得，然尚能小得者，因其所求未离去正道也。（若离去正道，则所求不得矣。）《象传》此释乃以九二之爻位为据。九二居下卦之中位，象人守正中之道。

六三：来之坎，坎险且枕，入于坎，窞，勿用。

［经意］ 之犹此也。枕借为沈，深也。窞与陷同。勿用，犹勿动也。爻辞言：人来此坎，坎险又深，竟入于坎中而陷焉。此动则得咎之象，故筮遇此爻，不可有所行动。

［传解］ "来之坎坎"为一句。坎坎，非一坎也。余与经意同。

《象》曰："来之坎坎"，终无功也。

坎坎者，王弼曰："两坎之间。"朱骏声曰："上下皆坎。"要之，坎坎非一坎也。传意：爻辞云"来之坎坎，险且枕，入于坎，窞，勿用"，言来此多坎之处，终不能有功也。

六四：樽酒簋贰用缶，纳约自牖，终无咎。

［经意］ 樽，盛酒之器，犹今之酒壶。簋，盛饭之器，犹今之饭盆。贰当作资，形似而误。资借为粢，米饭也。缶，瓦器也。王引之曰："用缶云者，以缶为樽，又以缶为簋也。"纳，送入也。约读为擢。擢，取出也。牖，屋墙上窗也。"樽酒簋贰用缶"，一樽酒簋饭皆用瓦器也。"纳约自牖"，送之取之皆由窗间也。闻一多曰："酒食而必自牖纳取之者，盖亦就在狱者言之。"爻辞盖写有人被囚于狱中，其亲属为之送酒食之情景。"终无咎"者，谓囚人终被释放而出狱。

［传解］ 与经意同。

《象》曰："樽酒簋贰"，刚柔际也。

际，交接也。统治者为刚，此指官吏。被统治者为柔，此指囚人。传意：爻辞云"樽酒簋贰用缶，纳约自牖"，盖以官吏与囚人是统治者与被统治者相交接之关系也。囚人被官吏置于狱，亲属为囚人送酒食，不得不纳取自牖。《象传》此释乃以六四及九五之爻象爻位为据。六四为阴爻，为柔；九五为阳爻，为刚。六四在九五之下，象被统治者在统治者压迫之下。

九五：坎不盈，祗既平，无咎。

[经意]　祗借为坻，小丘也。以小丘之土填空洼之坎，坎尚未满，小丘已平，此是取多以益寡，损有余以补不足之象，自无咎。

[传解]　与经意同。

《象》曰："坎不盈"，中未大也。

中，正也。传意：爻辞云"坎不盈，祗既平，无咎"，以坻土填坎洼，乃行其正中之道。然坎未填满，仍有洼处，坻虽已平，而无洼处，坎与坻尚有不平之象，未达至平之境，其行正中之道不为宏大。然可以无咎矣。故释之曰："中未大也。"《象传》此释乃以九五之爻位为据。九五居上卦之中位，象人行正中之道。

上六：系用徽纆，置于丛棘，三岁不得，凶。

[经意]　系，系也。徽纆，黑索，系囚人用之。丛棘，监狱。监狱墙上墙外皆种有刺之棘木，以防囚人之逃出，故称之为丛棘。得疑借为置。《说文》："置，赦也。"即释放。[③]（非上文真字之义）爻辞言：有人焉，官吏系之以黑索，置之于监狱，历时三年，而不释放，是凶矣。（闻一多曰："得疑读为直。《晋语》九曰：'邢侯与雍子争田，雍子纳其女于叔鱼以求直。'三岁不直，犹言三岁不得其平。"）

[传解]　与经意同。

象曰："上六"失道，"凶三岁"也。

传意：上六爻辞，言官吏失其正道，违法囚人，被囚者遇凶祸，达三岁之久。

[附考]

①本卦云："习坎：有孚维心。……"似卦名《习坎》者。其实习字乃涉初六爻辞及《象传》"习坎"二字而衍。八经卦自重为八别卦，其名不异。重乾仍名《乾》，重

坤仍名《坤》，重震仍名《震》，重巽仍名《巽》，重离仍名《离》，重艮仍名《艮》，重兑仍名《兑》。然则重坎仍名《坎》，明矣。其证一。《序卦》《杂卦》解六十四卦，皆称《坎》卦为《坎》，不称为《习坎》。其证二。《象传》曰："习坎，重险也。"此乃以"习坎"二字释本卦卦体，非谓卦名《习坎》也。《巽》（☴）《象传》曰："重巽以申命。"乃以"重巽"二字释巽卦卦体，非谓卦名《重巽》也，其例正同。《象传》之"习坎"则是衍习字。　②《象传》："君子以常德行，习教事。"亨按常当读为尚。常、尚同声系，古通用。《史记·卫绾传》："剑尚盛。"《汉书》尚作常。《汉书·贾谊传》："尚惮以危为安。"贾子《新书·宗首》篇尚作常。并其证。尚德行谓尊尚德行也。《论语·宪问》篇："尚德哉若人。"正用尚字。　③上六："三岁不得。"余旧释：得谓得其讼狱之真情也。今按得当借为置，二字古通用。得与德通，古书常见。德与置亦通。本书《系辞》上："有功而不德。"释文："德，郑陆蜀才作置。"即其证。然则得、置可通用矣。《说文》："置，赦也，从网直。"谓直者入于法网则赦之。《华严音义》上引《广雅》："置，舍也。"《史记·吴王濞传》："皆杀之，无有所置。"《正义》："置，放释也。"三岁不得即三岁不置，谓三年不释放也。（安置之置是置之别一义）

《离》第三十

☲ （下离上离）

《离》：利贞。亨，畜牝牛吉。

[经意]　离，卦名。利贞犹利占也。亨即享字，祭也。畜，养也。筮遇此卦，乃有利之占问；将举行享祭，先畜养牝牛以为祭牲，则吉。古人祭天祭祖，皆先选牛牲而特畜之，选时卜筮吉而后定。

[传解]　《离》，卦名。《离》，附丽也。利，利物也，即利人也。贞，正也。亨，通也。"《离》利贞亨"为一句，言人附丽于利人之正道，则亨通。"畜牝牛吉"，以其性柔，能附丽于人。

《彖》曰：《离》，丽也，日月丽乎天。百谷草木丽乎土。重明以丽乎正，乃化成天下，柔丽乎中正，故"亨"，是以"畜牝牛吉"也。

《释文》："土，王肃本作地。"《说文》引亦作地。按《易传》多以天地并言，作地是也。《序卦》曰："离者，丽也。"与《彖传》同。王弼曰："丽犹著也。"《尔雅》曰："丽，附也。"（《文选·吴都赋》刘渊林注引）是丽乃附著之义。①本卦所以名《离》者，《离》，丽也，附著也。卦辞云"利贞亨"者，言附丽于利人之正道，则亨通也。如日月附丽于天，能照天下；百谷草木附丽于地，能养动物。本卦是二离相重，离为日，为明，然则本卦卦象是"重明"，谓人有重明之智慧。其次，本卦之六二为阴爻，为柔，居下卦之中位；六五为阴爻，为柔，居上卦之中位。是为"柔丽乎中正"，象人有柔和之德，附丽于正道。总之，本卦象爻象是人有重明之智慧，又有柔和之德，附丽于正道，故卦辞曰"贞"。能利人而化成天下，故卦辞曰"利"。能利贞则亨通，故卦辞曰"亨"。卦辞又云"畜牝牛吉"

者，传意：牝牛为柔性，附丽于人，有利于人，受人之指使，不失其正，故畜之吉也。

《象》曰：明两作，《离》。大人以继明照于四方。

《易传》称日为大明，又称日为明。（说见《乾》卦）作，升起也。下明字指人之光明。本卦是二离相重，离为日，然则本卦卦象是日两作，即今朝日升，明朝日又升，相继不已，以照天下也。日之运行附丽于天，是以卦名曰《离》。按《象传》以日比人之光明，以"明两作"比人之光明相继不已。大人观此卦象，从而以相继不已之光明，照于四方。故曰："明两作，《离》。大人以继明照于四方。"

初九：履错然，敬之无咎。

[经意] 履，鞋也。错，黄金色之貌。古代贵人始穿金色之鞋，有人焉，其履错然而黄，是贵人也，敬之乃无咎。

[传解] 与经意同。

《象》曰："履错"之"敬"，以辟咎也。

辟借为避，避免也。传意：爻辞云"履错然，敬之无咎"，穿金色鞋之贵人，有权有势，如不敬之，则招来灾咎；敬之，所以避免灾咎也。

六二：黄离，元吉。

[经意] 离（離）《集解》本作离。《说文》："离，山神兽也。"余昔日用《说文》作解，亦通。今按離离皆借为螭，龙也，谓云气似龙形者，虹之类也。音转而谓之霓。黄螭即黄霓。黄为吉祥之色。元，大也。古人认为黄霓出现天空，是大吉之兆，故曰："黄离，元吉。"②

[传解] 离，附丽也。黄离，黄色附丽于物也。色不能独存，必附丽于物。如黄金是黄色附丽于金，黄裳是黄色附丽于裳等是。《易传》认为黄是美丽之色，可比人之美德。黄离比人有美德附丽于其身，故大吉。③

《象》曰："黄离元吉"，得中道也。

传意：爻辞云"黄离，元吉"，黄离者，黄色附丽于其身，象人有美德附丽于其身也。美德非它，正中之道也。美德附丽于其身非它，得正中之道也。人得正中之道，则大吉矣。《象传》此释乃以六二之爻位为据。六二居下卦之中位，象人得正中之道。

九三：日昃之离，不鼓缶而歌，则大耋之嗟，凶。

[经意] 日昃，即日侧，日在西方也。之犹有也。（说见《明夷》卦）离借为螭，龙也，谓云气似龙形者，虹之类也，音转而谓之霓。鼓，击也。缶，瓦器，古人亦用为乐器。耋，老年人。嗟，悲叹。古人认为：日昃时有霓出现天空是凶兆，如不击鼓唱歌以解除之，则老人悲叹矣。故曰：“日昃之离，不鼓缶而歌，则大耋之嗟，凶。”

[传解] 离，附丽也。其余字义与经意同。爻辞言：日在西方附丽于天，不久将落，如人在晚年寄托于世，不久将死。当此时，如不鼓缶而歌，及时行乐，则大耋之龄一至，徒自悲叹，是凶矣。

《象》曰：“日昃之离”，何可久也。

九四：突如，其来如，焚如，死如，弃如。

[经意]《音训》引晁氏曰：“突，京、郑作𠬢。”按突借为𠬢，𠬢即流放之流，逐之远方也。如犹之也。此言古人对于不孝之子、不忠之臣、不顺之民，则流放之，如其归来，则或焚之，或死之，或弃之。

[传解] 与经意同。

《象》曰：“突如其来如”，无所容也。

六五：出涕沱若，戚嗟若，吉。

[经意] 涕，泪也。沱，泪流多貌。戚，忧也，悲也。嗟，叹也。如犹然也。哭泣而流泪，忧悲而嗟叹，本是不吉之象，然筮遇此爻，将转祸为福，逢凶化吉。

[传解] 与经意同。

《象》曰：“六五”之“吉”，离王公也。

离亦附丽也。传意：爻辞云“出涕沱若，戚嗟若，吉”，指臣下而言也。臣下出涕戚嗟，乃遭遇不幸之事，而归于吉者，以其附丽于王公，得王公之庇护、救助也。《象传》此释乃以六五及上九之爻象爻位为据。六五为阴爻，为柔，象臣下；上九为阳爻，为刚，居一卦之最高位，象王公。

六五在上九之下，象臣下附丽于王公。

上九：王用出征，有嘉折首，获匪其丑，无咎。

〔**经意**〕　嘉，喜事也。折首犹斩首。匪读为彼。丑，古语称敌人为丑，憎恨之词。爻辞言：王出兵征伐，有战胜之喜事，斩敌人之头，捉得敌人，无灾咎。

〔**传解**〕　与经意同。

《象》曰："王用出征"，以正邦也。④ "获匪其丑"，大有功也。

今本无"获匪其丑"二句，《释文》引王肃本有，今据补。正犹定也。传意：爻辞云"王用出征"，乃因诸侯背叛或邻国入侵，王出征以安定邦国也。云"有嘉折首，获匪其丑"，言王出征得胜，大有战功也。

〔**附考**〕　①《彖传》曰："《离》，丽也。日月丽乎天。百谷草木丽乎土。……"释卦名之《离》为附丽，甚明。六五《象传》曰："六五之吉，离王公也。"此结合卦名以为释，亦释离为附丽。《序卦》曰："《离》者，丽也。"同。按丽借为藶。《说文》："藶，草木相附藶土而生，从草，丽声。"引《易》曰："百谷草木藶于地。"即其明证。

②六二："黄离，元吉。"《象传》曰："'黄离元吉'，得中道也。"《易传》训离为附丽，则黄离谓黄色附丽于物，明矣。又《易传》认为黄是美丽之色，可比人之美德。《坤》六五曰："黄裳，元吉。"《象传》释之曰："黄裳元吉，文在中也。"《文言》释之曰："君子黄中通理，正位居体（礼），美在其中，而畅于四支，发于事业，美之至也。"即其证。然则黄离者象人之美德附丽于其身也。　③六二："黄离，元吉。"九三："日昃之离，不鼓缶而歌，则大耋之嗟，凶。"亨按离读为螭。二字同声系，古通用。《说文》："螭，若龙而黄，北方谓之土蝼。或曰：'无角曰螭。'"（蝼螭一声之转）《吕氏春秋·举难》篇："龙食乎清而游乎清。螭食乎清而游乎浊。"高注："螭，龙之别也。"《汉书·司马相如传》："蛟龙赤螭。"颜注引张揖曰："赤螭，雌龙也。"然则，螭者，龙之类也。《易经》此二离字即螭，但非水中之螭，乃天上云气成龙形者也。云气成龙形者，古亦谓之霓。《楚辞·天问》篇："白霓婴茀。"王注："霓，云之有色似龙者也。"《文选·魏都赋》："髣若玄云舒霓以高垂。"刘注："霓，龙形而五色。"是其例证。日光映射，云气成龙形，周初人称螭，战国以后人称霓，螭、霓当是一声之转。天空出现此象，本不足怪。但周初人则视为神异。"黄螭，元吉，"谓有黄色之霓出现于天空，则是大吉之兆，因黄为吉祥之色也。"日昃之螭，不鼓缶而歌，则大耋之嗟，

凶"，谓日昃之时，有霓出现于天空，则是凶兆，须鼓缶唱歌以解除之，否则老人受灾而悲叹也。用鼓缶唱歌以解除凶灾，是一种巫术。《春秋经》庄公二十五年、三十年及文公十五年并曰："日有食之，鼓用牲于社。"日食而击鼓，日昃出螮而击缶唱歌，其用意相似。进而言之：《尔雅·释天》："螮蝀，虹也。蜺为挈贰。"郭注："蜺，雌虹也。挈贰其别名。"《释文》蜺作霓。《说文》："虹，螮蝀也，似虫。霓，屈虹，青赤或白色，阴气也。"盖虹、霓一物，红色鲜明者为虹，黄白青色者为霓。此物似龙亘天空，故谓之螮。然则螮殆即霓矣。　　④《象传》："'王用出征'，以正邦也。"亨按正犹定也。《周礼·宰夫》："岁终则令群吏正岁会。"郑注："正犹定也。"《吕氏春秋·顺民》篇："汤克夏而正天下。"正天下犹定天下也。然则此文之正邦谓安定国家也。

周易大传今注卷三

《咸》第三十一

☳ （下艮上兑）

《咸》：亨。利贞。取女吉。

〔经意〕《咸》，卦名。亨即享字，祭也。贞，占问。取借为娶。筮遇此卦，可举行亨祭；乃有利之占问；娶女亦吉。

〔传解〕咸，卦名，咸借为感，动也。亨，通也。贞，正也。余与经意同。卦辞言：人与人相感，则亨通，但利在以正道相感，男女以正道相感，则娶女吉。

《彖》曰：《咸》，感也。柔上而刚下，二气感应以相与，止而说，男下女，是以"亨利贞，取女吉"也。

此释卦名及卦辞。相与犹相处也。本卦所以名《咸》者，《咸》，感也，刚柔相感也。《咸》之上卦为兑，下卦为艮。兑为阴卦，为刚；艮为阳卦，为柔。然则《咸》之卦象是"柔上而刚下"，刚柔相交，相感相应。以阴阳二气言之，阳气为刚，阴气为柔，《咸》之卦象是阴气升在上，阳气降在下，二气交流，是为"二气感应以相与"，即阴阳相感相应以共处。其次，艮，止也；兑，说（悦）也。然则《咸》之卦象是"止而说"，谓二气止于相感，又悦其相感。以男女两性言之，男为刚，女为柔，《咸》之卦象是女上而男下，即"男下女"。古代重男轻女，男尊女卑，唯婚礼有男下女之仪式。男亲至女家以迎女，女升车，男授绥（绥形如索，系于车上，人登车时手拽之）御车，走几步。男先至己家，待女于门外，女至，男揖女以入。①此皆男下女之仪式。然则《咸》之卦象是男女结婚，相感相应。阴阳二气相感而后万物亨通，男女两性相感而后家道亨通，是以卦辞曰"亨"。但阴阳相感利在得其正，男女相感亦利在得其正，是以卦辞曰"利贞"。男女相感以正，则夫妇白头偕老，是以卦辞曰"取女吉"。

天地感，而万物化生。圣人感人心，而天下和平。观其所感，而天地万物之情可见矣。

此申释卦义。天地以阳阴二气相感，因而万物化生。圣人以其德感人心，因而天下和平。天与地，物与物，人与人，天地与万物与人，皆相感者。各有所感，各有所应，其感不同，其应亦异，观其所感，察其所应，则天地万物之情况可知矣。

《象》曰：山上有泽，《咸》。君子以虚受人。

《象传》亦训《咸》为感。《咸》之下卦为艮，上卦为兑。艮为山，兑为泽。然则《咸》之卦象是"山上有泽"，即山上有潭。山上有泽，则山感其泽，泽感其山，山泽相感，是以卦名曰《咸》。山上有泽，乃崇高之山上有洼空之处，以容纳水、鱼、蛙、蚌、萍、藻等物。此象人有崇高之德业或爵位，而内心谦虚，能容人也。君子观此卦象及卦名，从而以谦虚之心，接受他人之教益，以此与人相感。故曰："山上有泽，《咸》。君子以虚受人。"

初六：咸其拇。

[**经意**]　咸，斩伤，即今之砍字。但爻辞诸咸字皆被外物所伤之义，不限于斩，故宜直训为伤。《释文》："拇，子夏作蹄。"蹄，足大指也。"咸其拇"，小伤之象。

[**传解**]　咸读为感，动也。《说文》："感，动人心也。"引申之，动其物亦谓之感。故《尔雅·释诂》曰："感，动也。""咸其拇"即动其足大指，谓纳其足指于履中，将出行也。（古人入室脱履，出室著履。）

《象》曰："咸其拇"，志在外也。

传意：爻辞云"咸其拇"，言其志在外出也。

六二：咸其腓，凶，居吉。

[**经意**]　咸，伤也。腓，胫后肉也，今语谓之腿肚子。伤其腓，是凶象，但居家不出，则吉。

[**传解**]　咸，动也。"咸其腓"即动其胫后肉，谓加裹腿布于胫部，

将有远行也。古人以幅布制成裹腿布，缠之以绳，谓之幅，汉人谓之行滕，将有远行，则加于胫部。② "咸其腓，凶，居吉"，谓远行则凶，安居则吉。

《象》曰：虽"凶居吉"，顺不害也。

顺当读为慎，谨慎也。③传意：爻辞云"咸其腓，凶，居吉"，言动其腓以远行虽凶；但谨慎不出，安居不动，则无灾害，乃吉也。

九三：咸其股，执其随，往吝。

[经意]　咸，伤也。执，持也。随借为隋。隋，裂肉也。吝，难也。爻辞言：伤其股，手抚持其裂肉，创深而痛甚，不利于行路，有所往，难矣。

[传解]　咸，动也。"咸其股"，动其股以出行也。随，从也。"执其随"，抱随从他人之主张也。爻辞言：动其股以出行，而一意随从他人，他人所行者无论其或是或非，或利或害，己则皆随从之。以此有所往，必遇艰难。

《象》曰："咸其股"，亦不处也。志在"随"人，所"执"下也。

处，安居不动也。下，自卑居下也。传意：爻辞云"咸其股"，言其动股出行，而不安居也。云"执其随"，言其志在随从他人，所持之主张是自卑而甘居人下也。

九四：贞吉，悔亡。憧憧往来，朋从尔思。

[经意]　贞吉犹占吉。憧憧，往来不绝貌。朋，朋友。思，语气词，犹哉也。筮遇此爻，所占问者吉，其悔将去；憧憧然往来不绝之朋友皆随从汝。

[传解]　贞，正也。"贞吉，悔亡"，言人之德行正则吉，其悔将去。余与经意同。（《系辞》释思为思想）

《象》曰："贞吉悔亡"，未感害也。"憧憧往来"，未光大也。

王引之曰："光借为广。"（说见《坤》卦）传意：爻辞云"贞吉，悔亡"，言人之志行正，则灾害不临其身，不感受灾害也。云"憧憧往来，朋从尔思"，言从尔之人限于朋友，其范围与数量犹未广大也。（《系辞》下："《易》曰：'憧憧往来，朋从尔思。'子曰：'天下何思何虑？天下同归而殊涂，一致而百虑。天下何思何虑？日往则月来，月往则日来，日月相推而明生焉。寒往则暑来，暑往则寒来，寒暑相推而岁成焉。往者屈也，来者信也，屈信相感而利生焉。尺蠖之屈，以求信也。龙蛇之蛰，以存身也。精义入神，以致用也。利用安身，以崇德也。过此以往，未之或知也。穷神知化，德之盛也。'"此释"朋从尔思"之思为思想之思，非经意也，盖亦与《象传》不同。）

九五：咸其脢，无悔。

[**经意**]　咸，伤也。脢，背肉也。伤其背肉，乃小小之不幸；然其创易愈，归于无悔。

[**传解**]　咸，动也。"咸其脢"，动其背肉以负物。

《象》曰："咸其脢"，志末也。

传意：爻辞云"咸其脢，无悔"，言人动其背肉以负物，其志之所在乃微末之事，可以无悔也。

上六：咸其辅颊舌。

[**经意**]　咸，伤也。《释文》："辅，虞作酺。"按辅借为酺。酺、颊同义，皆腮之古称。伤其腮与舌，乃不吉之象，盖指其人受批颊之辱，颊与舌皆破而流血。

[**传解**]　咸，动也。余与经意同。

《象》曰："咸其辅颊舌"，滕口说也。

《说文》："滕，水超涌也，从水，朕声。"滕即水翻腾之腾。《诗·十月之交》："百川沸腾。"乃借腾为滕。滕口说，谓翻腾其口谈，即所谓"口若悬河"。传意：爻辞云"咸其辅颊舌"，言动其腮与舌，以放纵其口谈也。

[**附考**]　①《彖传》："《咸》……男下女。"古代婚礼男下女之仪式，其记载如下：《仪礼·士昏礼》："主人（指娶妇之婿）乘墨车，从车二乘，执烛前马。至于门外（女家大门之外）。主人（指女之父）迎于门外，揖入。宾（指婿）执雁，从至庙门。揖入，三揖至于阶，三让。主人升，西面。宾升，北面，奠雁，再拜稽首，降出。妇从降。婿御妇车，授绥（郑注：'绥所以引升车者。'）。妇乘以几。乃驱。御者代。婿乘其车，先俟于门外（婿家大门之外）。妇至，主人（指婿）揖妇以入。及寝门，揖入。"

（此删省原文）《礼记·昏义》所记略同。　　② 六二：“咸其腓。”《象传》释为动其腓，谓以布裹其腓也。古人胫上加裹腿布，以幅布制成，缠之以绳。指其布曰幅，指其绳曰縢，汉人谓之行縢。《诗·采菽》：“赤芾在股。邪幅在下。”郑笺：“邪幅如今行縢也，偪束其胫，自足至膝。”《左传》桓公二年：“带裳幅舄（鞋也）。”杜注：“幅若今行縢者。”《礼记·内则》：“偪屦著綦。”郑注：“偪，行縢。”《释文》：“偪，本又作幅。”是借偪为幅也。《战国策·秦策一》：“嬴縢履蹻。”嬴借为缧，系也。縢，行縢。《说文》：“縢，缄也。”古人之幅，上有绳，以缄束其胫，故亦谓之縢。行远路时特著之，故汉人谓之行縢。　　③《象传》：“虽‘凶居吉’，顺不害也。”顺字训为顺从，亦通。但察其文意，乃借顺为慎。顺、慎古通用，《易传》有其例。《坤文言》：“盖言顺也。”《后汉书·宦者传论》李注引顺作慎。《升象传》：“君子以顺德，积小以高大。”《集解》本顺作慎。《系辞》上：“慎是术也。”《释文》：“慎，一本作顺。”皆是也。此谓出行则凶，居家则吉，居而不出，正是谨慎以避凶害，可见顺当读为慎矣。

《恒》第三十二

▤ (下巽上震)

《恒》：亨。无咎。利贞。利有攸往。

[**经意**] 《恒》，卦名。亨即享字，祭也。贞，占问。筮遇此卦，可举行享祭；无灾咎；是有利之占问；利于有所往。

[**传解**] 《恒》，卦名，久也。亨，通也。贞，正也。《恒》之卦辞言：人能有恒，则亨通而无咎，利在于正，亦利于有所往。

《彖》曰：《恒》，久也。刚上而柔下，雷风相与，巽而动，刚柔皆应，《恒》。

此释卦名。《序卦》曰："《恒》者，久也。"《杂卦》曰："《恒》，久也。"并与《彖传》同。《恒》之上卦为震，下卦为巽。震为阳卦，为刚；巽为阴卦，为柔。然则《恒》之卦象是"刚上而柔下"，例如君上而臣下，男上而女下，此是社会上恒久之道。其次，震为雷，巽为风，然则《恒》之卦象又是"雷风相与"，雷在上，风在下。此是自然界恒久之现象。再次，震，动也；巽，巽也，谦逊也。然则《恒》之卦象又是"巽而动"，即谦逊以动。此是人对人对事恒久可用之道。再次，《恒》之初六为阴爻，为柔；九四为阳爻，为刚。两同位爻刚柔相应。九二为阳爻，为刚；六五为阴爻，为柔。两同位爻刚柔相应。九三为阳爻，为刚；上六为阴爻，为柔。两同位爻刚柔相应。然则《恒》之爻象又是"刚柔皆应"。例如君臣上下相应，则国治安。夫妇男女相应，则家昌盛。此是国与家恒久之道。综之，《恒》之卦象爻象含有恒久之义四，是以卦名曰《恒》。

"《恒》亨无咎利贞"，久于其道也。天地之道恒久而不已也。"利有攸往"，终则有始也。

此释卦辞。亨按"天地之道恒久而不已也"一句与"'利有攸往',终则有始也"一句当互移其位,盖传写之误。"终则有始"之有读为又。《恒》之卦辞云"亨无咎利贞"者,以其久于正道,坚持而不舍也。正道是利之所在,故曰"利贞"。久于正道,则亨通而无咎,故曰"亨无咎"。云"利有攸往"者,言人之出行终则又始,至而又返,胜利而归也。人之出行,以其出发地为始点,以其目的地为终点。至其目的地,又返其出发地,是为终则又始。然则终则又始即至而又返矣。

日月得天而能久照。四时变化而能久成。圣人久于其道,而天下化成。观其所恒,而天地万物之情可见矣。

上文"天地之道恒久而不已也"一句,当在"日月得天而能久照"一句上。此申释卦义。"天地之道恒久而不已也",谓天地有永恒规律;"日月得天而能久照",谓日月之运行有永恒规律;"四时变化而能久成",谓四时之变化有永恒规律;"圣人久于其道,而天下化成",谓圣人之道术有永恒法则。然则观宇宙一切事物之永恒性,则天地万物之情况可知矣。

《象》曰:雷风,《恒》。君子以立不易方。

孔颖达曰:"方犹道也。"立不易方,谓立于其道而不改易也。《恒》之上卦为震,下卦为巽。震为雷,巽为风。然则《恒》之卦象是雷与风,雷在上,风在下。此是天地间一种恒久现象,是以卦名曰《恒》。按《象传》又以雷比刑,以风比德教,以雷在上,风在下比刑罚留于上,德教施于下,即先德教而后刑罚,此是治国恒久之道。君子观此卦象及卦名,从而立于其道,持之以恒,而不改易,既不触犯刑罚,亦不违反德教。故曰:"雷风,《恒》。君子以立不易方。"(与《益》卦稍异)

初六:浚恒,贞凶,无攸利。

[经意] 浚,掘之使深。恒,久也。贞,占问。浚河浚井,皆宜适可而止。浚久则过深,过深则河岸井壁之土将崩,河井之水没人,只见其害,不见其利。此行事求之过分,有害无利之象。占问此类事,则凶而无所利。

[传解] 贞,正也。贞凶,其事虽正而亦凶也。余与经意同。

《象》曰:"浚恒"之"凶",始求深也。

亨按始疑借为殆。《说文》："殆，危也。"①传意：爻辞云"浚恒，贞凶"，因其危以求深，即冒险以求深，将遭死伤之祸矣。浚河求深，欲其不泛滥也。浚井求深，欲其不枯竭也。其行则正，然久浚则凶。

九二：悔亡。

[经意]　筮遇此爻，其悔将去。

[传解]　与经意同。

《象》曰："九二悔亡"，能久中也。

中，正也。久中，久于正中之道。传意：爻辞云"悔亡"，因其久于正中之道也。《象传》此释乃以卦名及九二之爻位为据。《象传》认为：卦名曰《恒》，则爻辞亦含恒久之意。九二居下卦之中位，象人守正中之道。两者结合，则是久于正中之道矣。

九三：不恒其德，或承之羞，贞吝。

[经意]　承，受也。羞，耻辱。贞，占问。吝，难也。人不恒其德，则或受他人之辱，不免招致困难，故筮遇此爻则吝。

[传解]　贞，正也。贞吝，其行虽正，亦遇困难。余与经意同。

《象》曰："不恒其德"，无所容也。

传意：爻辞云"不恒其德，或承之羞，贞吝"，言人不恒其德，朝三暮四，则他人不信任而猜疑，不欢迎而排斥，其人将无处可以容身，故或受辱，其行虽正，亦遇困难。

九四：田无禽。

[经意]　田，猎也。禽，鸟兽之总名。筮遇此爻，田猎不得鸟兽。

[传解]　与经意同。

《象》曰：久非其位，安得"禽"也。

位指环境。安，何也。传意：爻辞云"田无禽"，因其久在不适宜行猎之环境而行猎，其地或鸟兽甚少，或林木甚密等，则何能得鸟兽哉。《象传》此释乃以卦名及九四之爻象爻位为据。《象传》认为：卦名曰《恒》，则爻辞亦含有恒久之意。九四为阳爻，居阴位（第四爻为阴位），是为居非其位，象人处于不适宜之环境。两者相结合，则是久非其位矣。

六五：恒其德，贞，妇人吉，夫子凶。

［经意］　贞，占问。夫子，丈夫。在"恒其德"之原则下，有所占问，妇人则吉，丈夫则凶。因妇人从夫，其道一轨，其德不可不恒；丈夫因事制宜，其道多方，其德不可恒。

［传解］　贞，正也。恒其德是正矣；但妇人则吉，丈夫则凶。

《象》曰："妇人贞吉"，从一而终也。"夫子"制义，从妇"凶"也。

传意：爻辞云"恒其德，贞，妇人吉，夫子凶"，因妇人从夫以终其身，故恒其德以从夫则吉；夫子因事制义，若恒其德以从妇则凶也。

上六：振恒，凶。

［经意］　振，动也。动不可久，动久则凶。鸟飞久则坠，兽走久则仆，人劳久则病，用兵久则败，役民久则叛。（惠士奇说："振恒，《说文》引作楂恒，云：'楂，柱砥，古用木，今以石。'……"按柱砥者，垫在柱下之石基也，古代以木为之，久则腐烂，而柱倒室毁矣，故曰："楂恒，凶。"振、楂一声之转。）

［传解］　与经意同。

《象》曰："振恒"在上，大无功也。

在上，指统治者居于上位。爻辞云"振恒，凶"，谓在上位之统治者自动久或动民久，则大无功而凶也。统治者田猎久则政事废，巡行久则百姓扰，用兵出征久则兵败，驱民服役久则民叛，其结果皆大无功。《象传》"在上"之说乃以上六之爻位为据。上六居一卦之最上位，象统治者处上位。

［附考］　①《象传》曰："'浚恒'之'凶'，始求深也。"孔颖达曰："处卦之初（指初爻），故言始也。……所以致凶，谓在于始而求深者也。"此解似是而非。浚河浚井，恒则非始，始则非恒。浚之凶在于恒，不在于始。则浚恒之凶，何得解为始求深哉。余谓始盖借为殆。始、殆皆从台声，古通用。《诗·七月》："殆及公子同归。"毛传："殆，始也。"即读殆为始。则此文之始可读为殆，明矣。《说文》："殆，危也。"殆求深，谓危以求深也。浚河久，则水深灭顶，而河岸或崩。浚井久，则亦水深灭顶，而井壁或塌。皆有死伤人之危险。故曰："'浚恒'之'凶'，殆求深也。"

《遯》第三十三

䷠（下艮上乾）

《遯》：亨。小利贞。

[**经意**] 《遯》，卦名。亨即享字，祭也。贞，占问。筮遇此卦，可举行享祭，乃小有利之占问。

[**传解**] 《遯》，卦名。《序卦》曰：“《遯》者，退也。”《杂卦》曰：“《遯》则退也。”退而隐居为遯。亨，通也。贞，正也。此言人当不可进仕之时，退隐乃通，仅有小利，是亦正道也。

《彖》曰：《遯》“亨”，遯而亨也。刚当位而应，与时行也。“小利贞”，浸而长也。《遯》之时，义大矣哉。

浸上当有柔字，盖转写误脱。①浸，渐也。《遯》卦辞云“亨”者，《遯》，退也；亨，通也；言退隐乃亨通也。《遯》之九五为阳爻，为刚，居外卦之中位，刚为君子，此象君子处于朝外。九五又是阳爻居阳位（第五爻为阳位），是为“刚当位”，此象君子得其适当之地位。然则《遯》之爻象是君子处于朝外乃得其适当之地位，即退隐为宜矣。其次，九五与六二为同位爻。六二为阴爻，为柔，居内卦之中位，柔为小人，此象小人处于朝内。六二之柔应九二之刚，此象小人赞同君子之处于朝外（即小人排斥君子）。然则《遯》之爻象又是小人处于朝内赞同君子处于朝外，则君子退隐为宜矣。要之，遯之爻象是刚在外卦而当位，柔在内卦以应之，象君子退隐朝外始得适当之地位，小人盘踞朝内以赞同其退隐，是以卦名曰《遯》。君子退隐，乃是亨通之道，盖因时势而行，见机而去。故传释之曰：“《遯》‘亨’，遯而亨也。刚当位而应，与时行也。”卦辞又云“小利贞”者，贞，正也。言君子退隐，仅是小利，仅利于身，不利于君，然退隐仍是正道也。退隐何以仍是正道哉？因小人之势力渐渐生长也。《遯》之初爻二爻为阴爻，为柔，三、四、五、上四爻为阳爻，为刚。其爻象是"柔浸而长"。象小人之势力渐渐生长，君子不得不去。故传释之曰："小利贞，柔浸而长也。"总之，君子可以仕则仕，可以止则止，皆以时为转移。退隐以时，不能佐君治国，从而明哲保身，其意义甚大。若退隐不以时，亦不足贵。故传申释之曰："《遯》之时，义大矣哉。"

《象》曰：天下有山，《遯》。君子以远小人，不恶而严。

恶，凶恶。严，严厉。《遯》之上卦为乾，下卦为艮。乾为天，艮为山。然则《遯》之卦象是"天下有山"。按《象传》以天比朝廷，以山比贤人，以天下有山比朝廷之下有贤人。贤人不在朝廷之上，而在朝廷之下，乃退隐于野，是以卦名曰《遯》。贤人退隐，所以远避朝廷之小人。君子观此卦象及卦名，从而在小人得势之时，对小人不以凶恶之手段，而以严厉之态度，自甘退隐，不与之同朝。故曰："天下有山，《遯》。君子以远小人，不恶而严。"

初六：遯尾，厉，勿用有攸往。

[经意] 遯借为豚，小猪曰豚。厉，危也。古人养小猪，往往割断其尾，因猪断尾则易肥。豚尾有被断之危险，以喻人作他人之尾巴，有被断之危险，故筮遇此爻，将遇危险，不可有所往。

[传解] 《集解》引郑玄曰："遯者，逃去之名也。"（逃去与退隐乃一义之转）尾读为微，隐匿，隐藏。[②] "遯尾，厉"，谓逃去而隐藏，以身在危险之中也。"勿用有攸往"，因有所往则被人发现也。

《象》曰："遯尾"之"厉"，不往何灾也。

传意：爻辞云"遯尾，厉，勿用有攸往"，言逃去而隐藏，虽身在危险之中，但如无所往，则不被人发现，有何灾难哉。

六二：执之用黄牛之革，莫之胜，说。

[经意] 执借为絷，绊也，绊其身也。之指上文之遯，即指豚。革，兽皮去毛曰革。黄牛之革，用黄牛之革制成之绳，坚韧而难断。说读为脱。爻辞言：人用黄牛革绳绊豚之身，以防其走失，但豚物小力微，不能胜此

革绳，以致不能行动，则宜解脱其绳。此喻人利用工具必须适合外物之条件。

[**传解**]　之指俘虏（或犯人）。莫之胜，不能制服之。说，逃脱。爻辞言：贵族捉得俘虏（或官吏拘捕犯人），用黄牛革绳绊其手足，以防其逃脱，但黄牛革绳不能制胜俘虏（或犯人），俘虏（或犯人）终于逃脱。此告诫贵族（或官吏）宜加强预防也。

《象》曰："执用黄牛"，固志也。

志疑当作之，转写而误。③传意：爻辞云"执之用黄牛之革"，言絷绊俘虏（或犯人）用黄牛革绳，所以固其絷绊，使俘虏（或犯人）不能逃脱也。《象传》未释"莫之胜，说"一句。

九三：系遯，有疾厉，畜臣妾吉。

[**经意**]　系，系也。遯借为豚。系豚，以绳系豚又系之于树木等上，以防其走失。厉，危也。畜，养也。臣妾，古称男奴隶为臣，女奴隶为妾。爻辞言：系豚乃有绳缠其身而不得脱，象人有病缠其身而不能除，故筮遇此爻，有病则危。又系豚则豚不能走失，象臣妾不能逃亡，故筮遇此爻，掠得或买得臣妾而畜养之，则吉。

[**传解**]　遯，逃走。系遯，被拘系而逃走。余与经意同。爻辞言：人被拘系而逃走，如有疾病，不能行路，则有被捉回之危险，但畜有男女奴隶扶持之亦吉。

《象》曰："系遯"之"厉"，有疾惫也。"畜臣妾吉"，不可大事也。

《释文》引郑云："惫，困也。"《一切经音义》七引《通俗文》曰："疲极曰惫。"（备、惫同字）传意：爻辞云"系遯，有疾厉"，言其人被拘系而逃走，危险在于有疾病，困惫不能走路而不能逃脱也。云"畜臣妾吉"，言其人畜有男女奴隶扶持之，则吉；但奴隶仅能干扶持疾病之小事，不可为大事也。

九四：好遯，君子吉，小人否。

[**经意**]　好，馈也，赠也。遯借为豚。君子，贵族与士之通称。小

人，庶民之通称。爻辞言：赠人以豚，在君子则吉，在小人则不吉。盖君子家富，赠人以豚，不为损害，足以结人之欢心，故吉。小人家贫，赠人以豚，将增困窘，当是受人之勒索，故不吉。

〔传解〕　好，喜爱。遯，退隐。君子，有才德之人。小人，无才德之人。否，不也。

《象》曰："君子好遯，小人否"也。

传意：爻辞云"好遯，君子吉，小人否"，言君子喜爱退隐，不以贪官禄而招祸，故吉；小人不喜爱退隐，则以贪官禄而招祸，故不吉。

九五：嘉遯，贞吉。

〔经意〕　嘉，喜庆也。遯借为豚。嘉豚犹今语所谓小喜猪，如婚礼所用之豕，庆典所用之豕等皆是。贞，占问。嘉豚乃吉祥之象，故占得此爻则吉。

〔传解〕　嘉，美也，善也，幸运也。遯，退隐。贞，正也。大臣之仕于朝，方在美善幸运之时，而退隐于野，出于正则吉。

《象》曰："嘉遯贞吉"，以正志也。

传意：爻辞云"嘉遯，贞吉"，贞，正也；言其方处嘉运而自隐遯，其存心正，故吉也。如退隐以让贤，退隐以养老，皆存心正之例。（若以退隐伪饰其清高，以退隐要挟其君，以退隐排挤同僚，皆存心不正，亦不吉。）《象传》"正志"之说乃以九五之爻位为据。九五居上卦之中位，象人守正中之道。

上九：肥遯，无不利。

〔经意〕　遯借为豚。肥豚利于作祭品，利于作贺品，利于作赠品，利于作膳品，以喻美好之财物，可资人利用。故筮遇此爻，无不利。

〔传解〕　肥借为飞，古本亦作飞。④遯，退隐。飞遯言其退隐之速如鸟飞之急，见机而去，不俟终日，故无不利。

《象》曰："肥遯无不利"，无所疑也。

传意：爻辞云"肥遯无不利"，言其飞速退隐，乃观察朝廷情势，宜即离去，不可稍留，确无可疑，故无不利也。

[**附考**] ①《彖传》："'小利贞'，浸而长也。"亨按浸上当有柔字，盖转写误脱。"柔浸而长"，指《遯》卦之初、二两爻而言。一卦六爻之构成顺序皆自下而上，依次而增，依次而长。《遯》之初六及六二皆为阴爻，为柔，是为柔浸而长。象小人之势力渐长也。若无柔字，则句意不完矣。《临》☷《彖传》曰："刚浸而长。"指《临》之初、二两爻为刚而言。以彼例此，则此文脱柔字，明矣。其证一。此句王弼注曰："阴道欲浸而长。"《集解》引荀爽曰："阴利小，浸而长。"二家所谓阴即为《彖传》之柔字作解。则二家所据本均有柔字，明矣。其证二。　　②初六："遯尾，厉，勿用有攸往。"亨按《易传》释遯为逃遯。据此以探传意，则尾当读为微，而训为隐藏。尾、微古通用。《书·尧典》："鸟兽孳尾。"《史记·五帝纪》尾作微。《论语·公冶长》篇："微生高。"《汉书古今人表》作尾生高。《庄子·盗跖》篇："尾生与女子期于梁下。"《释文》："尾生一本作微生。"皆其证。微有隐藏之义。《左传》襄公十九年："崔杼微逆光。"服注："微，隐匿也。"哀公十六年："白公奔山而缢，其徒微之。"杜注："微，匿也。"（谓隐匿白公之尸）《广雅·释诂》："匿，藏也。"皆其例。遯尾即遯微，谓逃遯而隐藏。传乃如此释经，非经意也。　　③六二："执之用黄牛之革。……"《象传》曰："执用黄牛，固志也。"亨按执用牛革，乃固其所执，非固志也。志当作之，盖转写而误。古书之、志二字往往相乱。《墨子·天志》上篇："子墨子之有天之，辟（譬）之无以异乎轮人之有规，匠人之有矩也。"天之即天志。《号令》篇："为人下者常司（伺）上之。"上之即上志。此《墨子》中之、志相乱之例证。以《墨子》通例言之，上两之字皆当作志。本书《乾文言》曰："亢龙有悔，穷之灾也。"《音训》引晁氏曰："之，郑作志。"此本书中之、志相乱之证。以《易传》通例言之，上之字不当作志，郑本误。《益》六四《象传》曰："告公从，以益志也。"《革》九四《象传》曰："改命之吉，信志也。"二志字均当作之。　　④上九："肥遯。无不利。"《易传》释遯为隐遯。据此以探传意，则肥当读为飞，古本亦作飞。《音训》引晁氏曰："肥，陆希声云：'本作飞。'"《文选》张衡《思玄赋》："欲飞遯以保名。"曹植《七启》："飞遯离俗。"李善注并引《易》肥作飞。《后汉书·张衡传》李贤注引《周易淮南九师道训》曰："遯而能飞，吉孰大焉。"（《九师道训》乃汉淮南王刘安聘明《易》者九人所作《易》注）足证《周易》古本肥有作飞者。飞遯言其退而隐遯如鸟飞之速也。焦竑《笔乘》、毛奇龄《仲氏易》、姚宽《西溪丛话》、洪颐煊《读书丛录》、朱芹《十三经札记》、何焯《义门读书记》等皆读肥为飞，深合传意，但非经意也。

《大壮》第三十四

䷡（下乾上震）

《大壮》：利贞。

[经意]《大壮》，卦名。贞，占问。筮遇此卦，乃有利之占问。

[传解]《大壮》，卦名，大者强壮也。（《彖传》释《大壮》为甚壮）贞，正也。大壮之利在于正，不正则不利。

《彖》曰：《大壮》，大者壮也。刚以动，故壮。

此释卦名。本卦名《大壮》者，谓其大者强壮也。宇宙之物，阳刚为大，阴柔为小，故"大者壮也"者，谓其阳刚强壮也。《大壮》之内卦为乾，外卦为震。乾，健也，刚也；震，动也。然则《大壮》之卦象是"刚以动"。刚以动，则强而有力。例如阳气动，则万物生长，国君动，则臣民服从。人有刚健之德，有所行动，则事业成功。是以卦名曰《大壮》。

《大壮》"利贞"，大者正也。正大，而天地之情可见矣。

此释卦辞。《大壮》卦辞云"利贞"者，贞，正也，谓其大者正也。如天道正，君道正，父道正，皆大者正之例。大者正，则小者无不正。天道正，则万物正。君道正，则臣民正。父道正，则家人正。推之细事，木干正，则枝叶正。屋栋正，则门窗正。故人事在于正其大者，治国在于正其君，理家在于正其父，植木在于正其干，构屋在于正其栋。正其大者，以观天地间之事物，其情况可知矣。

《象》曰：雷在天上，《大壮》。君子以非礼弗履。

《象传》释大壮为甚壮。履犹践也。《大壮》之上卦为震，下卦为乾。震为雷，乾为天。然则《大壮》之卦象是"雷在天上"。雷在天上，声威甚壮，震动百里，是以卦名曰《大壮》。按《象传》以震比刑，以天比朝廷，以雷在天上比刑罚在朝廷之上，为统治者所掌握，此是威力甚壮之统治工具。君子观此卦象及卦名，从而畏朝廷之刑罚，守社会之礼制，非礼之事不肯行，以免陷于刑辱。故曰："雷在天上，《大壮》。君子以非礼弗履。"

初九：壮于趾，征凶，有孚。

［**经意**］ 壮借为戕，伤也。趾，足也。孚，古俘字。伤于足则不可出行，故筮遇此爻，出征则凶，但尚有所俘获。

［**传解**］ 壮，强壮。孚，信也。壮于足犹强于兵也。兵强而侵略他国，必败，故征凶。但不口谈和平以欺人，犹有信在。

《象》曰："壮于趾"，其"孚"穷也。

传意：爻辞云"壮于趾，征凶，有孚"，言强于兵者征凶，虽有信在，而亦穷困也。

九二：贞吉。

［**经意**］ 贞，占问。占得此爻则吉。

［**传解**］ 贞，正也。人之志行正则吉。

《象》曰："九二贞吉"，以中也。

中，正也。传意：爻辞云"贞吉"，言其守正中之道故吉也。《象传》此释乃以九二之爻位为据。九二居下卦之中位，象人守正中之道。

九三：小人用壮，君子用罔，贞厉。羝羊触藩，羸其角。

［**经意**］ 小人，庶民之通称。壮借为戕，戕害也。君子，统治者之通称。罔，古网字，以喻法律，即所谓法网。贞，占问。厉，危也。此三句言：庶民用抢劫、杀伤、暴动等手段以逞其志，统治者用法网以制裁之，乃危险之道，故占问此等事则有危险。盖君压迫其民，则民怨叛其君，君不得安于统治宝座也。"羝羊触藩，羸其角"二句解见下爻。

［**传解**］ 壮，强壮。贞，正也。其余字义与经意同。"小人用壮，君子用罔，贞厉"，谓庶民用强壮之力以违法犯上，君上用法网以制裁之，用法虽得其正，亦危险。

《象》曰："小人用壮，君子用罔"也。

罔上原无用字。《校勘记》曰："古本罔上有用字。"按无用字不合经文，亦不通，古本有用字是也，今据补。传只重述经文，未加解说。

九四：贞吉，悔亡。藩决不羸，壮于大舆之輹。

［经意］ 九三之"羝羊触藩，羸其角"二句疑当在此九四两字之下。盖《易经》自为一书，各爻爻题两字皆战国时人所加，此爻九四两字宜加于羝字上，而误加于贞字上也。羝羊，牡羊。藩，篱也。羸借为累，系也。贞，占问。决，破裂。壮借为戕，伤也。舆，车也。《释文》："輹，本又辐。"此輹乃借为辐，车轮之辐条。爻辞言：牡羊以角触篱，人宜以绳系其角，以防其再触，如此则吉而悔亡；如篱已被触破，而不系羊之角，则羊将触伤大车之辐条。此喻臣民以小事违反法度，国君宜采取预防其再犯之手段；如其不然，则民将在大事上违犯法度。（闻一多曰："羸疑当读为儽。《说文》曰：'儽，相败也。''儽其角'即败坏其角。'藩决不儽'犹言藩决而角不败坏也。"）

［传解］ 贞，正也。贞吉谓其事正而吉也。余与经意同。（"壮于大舆之輹"之壮，《易传》亦当读为戕。）

《象》曰："藩决不羸"，尚往也。

尚，且也。传意：爻辞云"藩决不羸，壮于大舆之輹"，言篱已被牡羊触破，而不系其角，则羊且往触它物也。

六五：丧羊于易，无悔。

［经意］ 丧，失也。易，国名。此乃古代故事。殷之先王名亥，曾客于易国，从事畜牧牛羊，中间曾失其羊，以后被易国之君绵臣所杀，又失其牛。王亥失羊一事，结果未有不幸，故爻辞借此故事，以示筮遇此爻，可以无悔。及其失牛，则凶。说见《旅》卦。

［传解］ 与经意同。

《象》曰："丧羊于易"，位不当也。

传意：爻辞云"丧羊于易"，因王亥客于易国，所处之地位与环境不适当，不利，故失其羊也。《象传》此释乃以六五之爻象爻位为据。六五为阴爻，居阳位（第五爻为阳位），是为位不当，象人所处之地位与环境不适当。

　　上六：羝羊触藩，不能退，不能遂，无攸利，艰则吉。

　　[**经意**]　遂，进也。爻辞言：牡羊触篱，其角被篱夹住，既不能进，又不能退，是无所利，但羊角终有人开脱之。此喻人摇头乱撞，陷于艰难之境，但终得他人援助，而归于平安，故筮遇此爻，艰则吉。

　　[**传解**]　与经意同。

　　《象》曰："不能退，不能遂"，不详也。"艰则吉"，咎不长也。

　　《释文》："详，郑、王肃作祥。"按详借为祥。传意：爻辞云"羝羊触藩，不能退，不能遂，无攸利"，言牡羊不能进退，其遭遇不吉祥也。云"艰则吉"，言牡羊虽陷于艰难，终有人开脱之，其灾咎不长久也。

《晋》第三十五

䷢（下坤上离）

《晋》：康侯用锡马蕃庶，昼日三接。

［**经意**］《晋》，卦名。康侯，周武王之弟，名封，初封于康，故称康侯或康叔。锡借为赐，予也，献也。蕃庶，众多。接读为捷，战胜曰捷。此乃周初故事。康侯出征异国，俘马甚多，以献于王。其战也，一日三胜。卦辞借此故事，以示此卦为吉利。

［**传解**］《晋》，卦名，进也。传解卦辞与经意同。康侯故事即周王朝事业前进之一例。

《彖》曰：《晋》，进也。明出地上。

此释卦名。《序卦》曰："《晋》者，进也。"与《象传》同。明，易传称日为明。（说见《乾》卦）本卦名《晋》者，《晋》，进也，上进也，前进也。《晋》之上卦为离，下卦为坤。离为日，坤为地。然则《晋》之卦象是日出于地上。日出于地上则上进，是以卦名曰《晋》。

顺而丽乎大明，柔进而上行，是以"康侯用锡马蕃庶，昼日三接"也。

此释卦辞。丽，附丽也。（详见《离》卦）大明，《易传》亦称日为大明。（说见《乾》卦）《晋》之下卦为坤，上卦为离。坤在离下是坤附丽于离。坤，顺也；离为日，即大明；然则《晋》之卦象是"顺而丽乎大明"，象大臣以柔顺之道，在国王光明照耀之下，听从其指挥也。其次，《晋》之初、二、三、五各爻皆为阴爻，为柔，柔由初爻上升至二、三、五爻，然则《晋》之爻象是"柔进而上行"，象大臣之事功上升也。康侯正是顺从周王之指挥，取得战事之胜利，故卦辞曰："康侯用锡马蕃庶，昼日三接。"

《象》曰：明出地上，《晋》。君子以自昭明德。

孔颖达曰："昭亦明也。"昭是动词。明德，光明之德。明是形容词。《晋》之上卦为离，下卦为坤，离为日，坤为地，然则《晋》之卦象是日出地上。日出地上则上进，是以卦名曰《晋》。按《象传》以日比人之光明之德，以日出地上，昭于天下，比人之光明照察天下事物。君子观此卦象，从而自昭其光明之德。故曰："明出地上，《晋》。君子以自昭明德。"

初六：晋如摧如，贞吉，罔孚，裕无咎。

[经意] 晋，进也，谓进攻敌人。如犹之也。摧，折也。贞，占问。罔，无也。孚，古俘字。裕读为犹，尚也。爻辞言：筮遇此爻，可进攻敌人，摧折敌人，其占吉，无所俘获，尚可无咎。（按罔古本作有。李镜池曰："《说文》：'裕，衣物饶也。《易》曰：有孚裕无咎。'裕，容也。'有孚裕，无咎'，犹言有俘而宽容之，其占为无咎。"）

[传解] 贞，正也。孚，信也。余与经意同。爻辞言：进攻敌人，摧折敌人，得其正故吉。兵不厌诈，对敌人无信，犹无咎也。

《象》曰："晋如摧如"，独行正也。"裕无咎"，未受命也。

传意：爻辞云"晋如摧如，贞吉"，言攻敌挫敌，乃将兵者独行其正以得胜获吉也。云"裕无咎"，言将兵者未接受君上之命令而进行战争，犹能无咎。

六二：晋如愁如，贞吉，受兹介福于其王母。

[经意] 晋，进攻。愁借为遒，迫也。贞，占问。介，大也。王母，古人称祖母为王母。爻辞言：筮遇此爻，可进攻敌人，压迫敌人，其占吉；将于其祖母处得到大福，即将受其祖母之巨赏。此似为康侯之故事。

[传解] 贞，正也。贞吉，得其正故吉。余与经意同。

《象》曰："受兹介福"，以中正也。

传意：爻辞云"受兹介福于其王母"，以其行动合乎正中之道也。《象传》此释乃以六二之爻位为据。六二居下卦之中位，象人得正中之道。

六三：众允，悔亡。

[经意] 允，信也。众人相信，则得众人之助，其悔去矣。

［传解］　与经意同。

《象》曰："众允"之，志上行也。

上读为尚。

九四：晋如鼫鼠，贞厉。

［经意］　晋，进攻。如，似也。鼫鼠，一名田鼠，俗名豆鼠，常在田野中，窃食禾稼，畏人，出没无常，往往被人击死。贞，占问。厉，危也。爻辞言：此国进攻他国，用小股兵力，乘其不备，偷偷袭击，进退无常，如鼫鼠窃食禾稼，则易被他国之大军歼灭，此危道也，故以此占问则危。

［传解］　贞，正也。贞厉谓进攻合于正义亦危险。余与经意同。

《象》曰："鼫鼠贞厉"，位不当也。

传意：爻辞云"晋如鼫鼠，贞厉"，因其用小股兵力进行偷袭，所处之地位环境是危险而不利也。《象传》此释乃以九四之爻象爻位为据。九四为阳爻，居阴位（第四爻为阴位），是为位不当，象人处于不适当即不利之地位环境。

六五：悔亡，失得，勿恤，往吉，无不利。

［经意］　恤，忧也。筮遇此爻，其悔可去，失物可得，勿忧也，往则吉，无有不利。

［传解］　与经意同。

《象》曰："失得勿恤"，往有庆也。

上九：晋其角，维用伐邑，厉吉，无咎，贞吝。

［经意］　晋其角，兽进其角以触物。邑，属于本国之城邑。厉，危也。贞，占问。吝，难也。爻辞言：王侯用坚锐之兵，征伐属邑，如兽以坚锐之角，进触他物，虽危亦吉而无咎，但必遇抵抗，不无困难，故贞吝。

［传解］　贞，正也。贞吝谓伐邑虽得其正，亦有困难。余与经意同。

《象》曰："维用伐邑"，道未光也。

传意：爻辞云"维用伐邑"，王侯征伐属邑，当由于属邑叛乱，属邑叛乱，乃由于王侯之政道未能光明也。

《明夷》第三十六

䷣（下离上坤）

《明夷》：利艰贞。

[经意] 《明夷》，卦名。贞，占问。筮遇此卦，占问艰难之事则有利。

[传解] 《明夷》，卦名。明，《易传》称日为明。夷，灭也，没也。《明夷》，日入于地中，以喻贤人被囚系或贬斥。贞，正也。贤人处明夷之时，利在遭遇艰难而能守正。

《彖》曰：明入地中，《明夷》。内文明而外柔顺，以蒙大难，文王以之。"利艰贞"，晦其明也，内难而能正其志，箕子以之。

《广雅·释诂》："夷，灭也。"《小尔雅·广诂》："灭，没也。"《释文》："以之，郑、荀、向作似之。"按以借为似。明夷之内卦为离，外卦为坤。离为日，坤为地。然则《明夷》之卦象是日入地中，即明隐没于地中，是以卦名曰《明夷》，此是象贤人蒙受大难。其次，离为文明，坤为柔顺。然则《明夷》之卦象又是象贤人"内文明而外柔顺"。周文王内有文明之德，外用柔顺之道，"三分天下有其二，以服事殷"（见《论语·泰伯》篇），而竟遭大难，被殷纣王囚于羑里[①]，正与此卦象相似。卦辞云"利艰贞"者，因其卦象是日入地中，隐晦其光明也。正如贤人"内难而能正其志"，即在朝内处于艰难之境，然能正其心，亦终有利矣。箕子有光明之德，而被殷纣王贬为奴隶，又囚于牢狱[②]，然箕子坚持正道，不阿谀取宠，正与此卦卦辞所云相似。

《象》曰：明入地中，《明夷》。君子以莅众，用晦而明。

《孟子·梁惠王》上篇："莅中国。"赵注："莅，临也。"莅临即治理、使用之义。《明夷》之内卦为离，外卦为坤。离为日，日亦称明；坤为地。然则《明夷》之卦象是日入地中，即日之明不现于地外，而存于地中，外晦而内明也。按《象传》以日比人之明察，以地比人之腹（《说卦》曰："坤为腹。"），以日入地中比人之明察，藏于腹心，不露于外，所谓"大智若愚"者也。君子观此卦象及卦名，从而用之于政治，其莅临群众，外晦而内明。目有所不见，而目之明不可蔽；耳有所不闻，而耳之聪不可掩；心有所不虑，而心之慧不可乱。外似愚晦，而内实明哲。故曰："明入地中，《明夷》。君子以莅众，用晦而明。"

初九：明夷于飞，垂其翼。君子于行，三日不食。有攸往，主人有言。

[**经意**]　明借为鸣。夷借为雉，今名野鸡。翼字上，汉帛书《周易》有左字，当从之。垂其左翼，因其左股受伤（见下文）之故。君子，贵族之通称。言，谴责。爻辞言：鸣雉在飞，因左股受伤而垂其左翼。君子逐之，忍饥三日，往投人家乞食，竟遭主人之谴责。（此文乃写君子行猎追逐鸣雉之故事）（李镜池曰："明夷为鸣鹈之假借。明、鸣声义通。夷即鹈。《说文》云：'鹈，污泽也。'或从弟作鶫。……"按污泽是鹈鹕之别名。）

[**传解**]　《象传》所据经文与今本同。明夷，日隐于地中，比喻君子遭难退隐。于飞，谓君子出走。垂其翼，谓君子行路疲甚。其余字义与经意同。爻辞言：君子遭难出走，如鸟飞去，力倦神疲，如鸟垂其翼，在行程中，竟三日不食，亦曾往投人家，而主人有谴责之言，故忍饥而不食。（此乃写君子出走之故事）

《象》曰："君子于行"，义"不食"也。

义乃节义之义。传意：爻辞云"君子于行，三日不食，有攸往，主人有言"，谓君子因主人无礼，谴责君子，以节义言之不可食之，故君子忍饥不食也。《礼记·檀弓》下："齐大饥，黔敖为食于路，以待饿者而食之。有饿者蒙袂辑屦，贸贸然来。黔敖左奉食，右执饮，曰：'嗟来食！'扬其目而视之，曰：'予唯不食嗟来之食，以至于斯也！'从而谢焉。终不食而死。"君子义不食之故事盖与彼饿者有类似之处，但未必同，例如君子并未饿死。

六二：明夷夷于左股，用拯马，壮吉。

［**经意**］　明夷即鸣雉。下夷字，伤也。明雉伤于左股，乃被君子所射伤。（此句亦记君子猎逐鸣雉之故事）拯疑借为骣，割去牡马之阳具，今谓之骟马。古人骟马，先占筮其吉凶。爻辞言：鸣雉伤于左股，无害于翼，仍能飞。牡马割去阳具，无害于足，仍能走。故筮遇此爻，骟马则马壮而吉。

［**传解**］　明夷，日隐于地中，比喻君子遭难退隐。其余字义与经意同。爻辞言：君子遭难退隐，伤于左股，乃驾骟马，马壮而吉。（此亦写君子出走之故事）

《象》曰："六二"之"吉"，顺以则也。

则，守法则，谓马驾车守驰驱之法则。古人用马驾车，先训练以驰驱之法则。《诗·六月》："比物四骊，闲之维则。"是其证。传意：爻辞云"明夷夷于左股，用拯马，壮吉"，言君子伤股而能得吉，以其骟马柔顺，从御者之指挥，守驰驱之法则也。《象传》此释乃以六二及九三之爻象爻位为据。六二为阴爻，为柔；九三为阳爻，为刚。六二居九三之下，是为柔从刚。象马从御者之指挥。

九三：明夷于南狩，得其大首，不可疾贞。

［**经意**］　首句，汉帛书《周易》作"明夷夷于南守（狩）"，当从之。明夷即鸣雉。下夷字，伤也。狩，猎也。首借为道。闻一多曰："可亦利也。"贞，占问。爻辞言：鸣雉被射伤于君子往南方行猎之时，君子则迷路而得大道。（此亦记君子猎逐鸣雉之故事）又筮遇此爻，不利于占问疾病。

［**传解**］　《象传》所据经文与今本同。明夷，日隐于地中，比喻君子遭难退隐。疾借为嫉。《广雅·释诂》："嫉，恶也。"贞，正也。其余字义与经意同。爻辞言：君子遭难退隐，在南方行猎，迷路终得大道，人不可嫉恨正人正道（君子出走由于小人嫉恨正人正道）。（此亦写君子出走之故事）

《象》曰："南狩"之志，乃大得也。

大得原作得大，转写误倒。据《校勘记》所列各古本改正。[③]大得承上志字而言，谓大得志。传意：爻辞云"明夷于南狩，得其大首"，言君子南狩，得其大路，此行大得志也。

六四：入于左腹，获明夷。之心于出门庭。

［经意］ 首句，汉帛书《周易》作"明夷夷于左腹"，古今本互校，并证以上六爻辞，此句当作"明夷入于左腹"。明夷即鸣雉。腹读为復，山洞也。之当作小，古文小作ㄓ，之作ㄓ，形似而误。爻辞言：鸣雉入于左边之山洞，君子乃得此鸣雉。（此亦记君子猎逐鸣雉之故事）君子猎逐鸣雉，曾经历艰难，故筮此爻，出门庭宜小心谨慎。

［传解］《象传》所据经文与今本同。明夷，日隐于地中，比喻君子遭难退隐。复亦读为復。"获明夷之心于出门庭"为一句。获，达到也。爻辞言：君子入于左边之山洞，见其可居，决留于此。君子至此，达到遭难退隐之志愿，即在出离家门所抱之志愿。（此亦写君子出走之故事）

《象》曰："入于左腹"，获心意也。

传意：爻辞云"入于左腹，获明夷。之心于出门庭"，言君子遇到可居之佳境，达到退隐之心意也。

六五：箕子之明夷，利贞。

［经意］ 之犹有也，得也。④明夷即鸣雉。贞，占问。爻辞言：箕子猎得鸣雉，结果吉利，故筮遇此爻，乃吉利之占问。（初九、六二、九三、六四皆记箕子猎得鸣雉之过程）

［传解］《象传》所据经文之不作小。明夷，日隐于地中，比喻君子遭难退隐。贞，正也。爻辞言：箕子之遭难退隐，结果吉利，以其行之贞正也。

《象》曰："箕子"之"贞"，"明"不可息也。

孔颖达曰："息，灭也。"

上六：不明，晦，初登于天，后入于地。

［经意］ 明即鸣。晦犹隐也。此承前五爻爻辞之"明夷"而言，谓雉不鸣而隐藏矣，初飞于天空，后入于山洞。爻辞在表示筮遇此爻，先进而后退，先上而后下。

［传解］ "不明，晦"，日已落，不光明而晦暗。"初登于天，后入于

地"，日初升于天空，后入于地中。（李镜池有此说）此是比喻王侯贵族由昌盛而没落，由光明而入黑暗，由高贵地位而降到卑贱地位。

《象》曰："初登于天"，照四国也。"后入于地"，失则也。

则，法则，法度。传意：爻辞云"初登于天"，言王侯贵族之光明照于四国也。云"后入于地"，言王侯贵族失其法度，故没落也。

[附考]　①《彖传》："内文明而外柔顺，以蒙大难，文王以之。"此指文王被囚而言。殷纣曾囚周文王于羑里。《左传》襄公三十一年："纣囚文王七年。"《太平御览·人事部》引《尸子》："文王幽于羑里。"《吕氏春秋·首时》篇："文王不忘羑里之丑。"《韩非子·喻老》篇："文王见詈于王门。"《战国策·赵策》：纣"拘之（文王）于牖里之车百日"。《竹书纪年》："帝辛囚西伯于羑里。"　　②《彖传》："内难而能正其志，箕子以之。"此指箕子为奴被囚而言。箕子谏殷纣，纣怒，贬箕子为奴隶。故《论语·微子》篇曰："微子去之。箕子为之奴。比干谏而死。"箕子因而装疯，故《庄子·大宗师》篇《释文》引《尸子》曰："箕子胥余漆体而为厉，披发佯狂。"《战国策·秦策》曰："箕子接舆漆身为厉，被发为狂。"《庄子·外物》篇曰："箕子狂。"《吕氏春秋·必己》篇曰："箕子狂。"纣又囚箕子。故《礼记·乐记》曰："武王克殷反商，释箕子之囚。"《史记·殷本纪》："纣剖比干，箕子惧，乃详狂为奴，纣又囚之。"则兼言为奴、装疯、被囚三事。余谓纣先贬箕子为奴，箕子佯狂，纣又囚之。

③《象传》："南狩之志，乃大得也。"大得原作得大。《校勘记》曰："'乃得大也'，石经、岳本、闽、监、毛本作'乃大得也'。疏亦云：'是其志大得也。'案大得是也，误倒耳。"亨按当作"乃大得也"。得字与上文食、则及下文息、国、则谐韵。若作得大，则失其韵。证一。大得承上句志字而言，谓大得志也。若作得大，则是得大，而非得志，失《象传》原意。证二。今据改。　　④六五："箕子之明夷。"之犹有也。（吴昌莹《经词衍释》有此例）甲骨卜辞有字多作屮。《说文》之字作屮，云："出也，象屮过屮，枝茎益大有所之，一者地也。"此是一之字，从屮在一上，象草生出地上也。甲骨文又有⻊字。金文有⻊字。此又是一之字，从止在一上，象足踏在地上也。《尔雅·释诂》："之，往也。"是其义。两之字混而为一，盖已久矣。《易经》屡用之字为有义。《大畜》六四："童牛之牿，元吉。"六五："豮豕之牙，吉。"《离》九三："日昃之离，不鼓缶而歌，则大耋之嗟，凶。"之字皆当训有。此爻辞"箕子之明夷"，谓箕子有明雉，即箕子得明雉也。

《家人》第三十七

☴（下离上巽）

《家人》：利女贞。

[经意]　《家人》，卦名。贞，占问。筮遇此卦，女子有所占问则吉利。

[传解]　《家人》，卦名。以其讲家人之事，故名《家人》。贞，正也。家人之利在妇女之志行正。

《彖》曰：《家人》，女正位乎内，男正位乎外。男女正，天地之大义也。家人有严君焉，父母之谓也。父父，子子，兄兄，弟弟，夫夫，妇妇，而家道正。正家，而天下定矣。

本卦名曰《家人》者，以其爻象乃象家人相处之道也。《家人》六二为阴爻，居阴位（第二爻为阴位），又居内卦之中位，是为阴当位、居内、得中，象"女正位乎内"，即女在内，以正道守其位，尽其职也。九五为阳爻，居阳位（第五爻为阳位），又居外卦之中位，是为阳当位、居外、得中，象"男正位乎外"，即男在外，以正道守其位，尽其职也。男外女内，皆能正位，是为"男女正"。男女正乃天地间之大义。家人有尊严之君，即是父母。父成其为父，子成其为子，兄成其为兄，弟成其为弟，夫成其为夫，妇成其为妇，则家道正。正其家，则天下定矣。

《象》曰：风自火出，《家人》。君子以言有物，而行有恒。

《家人》之外卦为巽，内卦为离。巽为风，离为火。然则《家人》之卦象是内火而外风，即"风自火出"。按《象传》以风比德教，以火比人之明哲，以风自火出比德教出于明哲。人有明哲之德，始能言之有物，行之有恒，乃可教育他人。如言则空洞无物，行则朝三暮四，岂足以教育他人哉。君子观此卦象及卦名，从而以言之有物，行之有恒，教育其家人，是以卦名曰《家人》。故曰："风自火出，《家人》。君子以言有物，而行有恒。"

初九：闲有家，悔亡。

〔经意〕　闲，防也。有犹于也。① 闲其家，如筑垣槏户以防盗贼，曲突徙薪以防火灾，男女有别以防淫乱等是。如此，则悔亡。

〔传解〕　与经意同。

《象》曰："闲有家"，志未变也。

志，用心也。《仪礼·聘礼》："将授志趋。"郑注："志犹念也。"《论语·为政》篇："吾十有五而志于学。"皇疏："志者在心之谓也。"盖用心于一事谓之志。变，变故也，即发生意外之事，如盗贼突来，火灾偶至，男女忽通淫等是。传意：爻辞云"闲有家"，乃用心于尚未发生之意外变故，而预防之也。

六二：无攸遂，在中馈，贞吉。

〔经意〕　遂借为坠，失也。馈，具饮食以予人也。中馈即内馈，家中之馈事。占，占问。爻辞言：妇女在家中馈食方面，无所坠矣，自是吉利。故筮遇此爻，所占者吉。

〔传解〕　贞，正也。贞吉，得其正故吉。余与经意同。

《象》曰："六二"之"吉"，顺以巽也。

巽，伏从也。传意：爻辞云"无攸遂，在中馈，贞吉"，言妇女主中馈而无坠失，以其柔顺而伏从男人之指挥，得其正道，故吉也。《象传》此释乃以六二及九三之爻象爻位为据。六二为阴爻，为柔；九三为阳爻，为刚。六二居九三之下，象妇女柔顺以伏从于男人。

九三：家人嗃嗃，悔厉吉；妇子嘻嘻，终吝。

〔经意〕　嗃嗃借为熇熇，苦热之貌，谓苦于家法之严。厉，危也。嘻嘻，戏笑之貌。爻辞言：家人熇熇然苦于家法之严，则勤勉谨慎，虽处悔厉亦吉；若妇子嘻嘻戏笑，肆无忌畏，则终有艰难。

〔**传解**〕 与经意同。

《象》曰：“家人嗃嗃”，未失也。“妇子嘻嘻”，失家节也。

未失，未有过失。

六四：富家，大吉。

〔**经意**〕 富家多财，自是大吉。

〔**传解**〕 与经意同。

《象》曰：“富家大吉”，顺在位也。

传意：爻辞云“富家大吉”，以其人柔顺从君，处于适当之职位也。《象传》此释乃以六四及九五之爻象爻位为据。六四为阴爻，九五为阳爻。六四居九五之下，象臣顺从其君。六四又是阴爻居阴位（第四爻为阴位），是为在位，象臣处于适当之职位。

九五：王假有家，勿恤，吉。

〔**经意**〕 假，至也。有犹于也，指臣民。恤，忧也。爻辞言：王至臣民之家，或喜或怒，为福为祸，不可预断。筮遇此爻，则勿忧，乃吉也。

〔**传解**〕 假读为格。格，正也。② 有犹其也，指王。恤亦忧也。爻辞言：王能正其家，可勿忧，是吉也。

《象》曰：“王假有家”，交相爱也。

传意：爻辞云“王假有家”，言王正其家，则家人交相爱也。

上九：有孚威如，终吉。

〔**经意**〕 孚，罚也。威，有威可畏也。如犹然也。爻辞言：君上有罚于臣民，有威而可畏，则臣民不敢为奸违法，终为吉。

〔**传解**〕 孚，信也。君上有信有威，则臣民信之畏之，终为吉。

《象》曰：“威如”之“吉”，反身之谓也。

反犹求也。反身谓求之于己也。③ 传意：爻辞云“有孚威如，终吉”，言君上反求于己身，立其信，树其威，而后民乃信之畏之，故终吉。信威非自外来也。

〔**附考**〕 ①初九：“闲有家。”九五：“王假有家。”亨按有犹于也。有与于古音是双声，故有可训于。《易经》中有此例。《萃》曰：“亨，王假有庙。”九五曰：“萃有位。"《震》六五曰:"意无丧有事。"《涣》曰:"亨,王假有庙。"六四曰:"涣有丘,匪夷所思。"《既济》六四曰:"繻有衣袽。"(繻古本作濡)诸有字皆当训于。王引之《经传释词》有一例曰:"有,语助也,一字不成词,则加有字以例之。"举《易经》"闲有家""王假有庙""无丧有事"为证。亨按古书中确有用有字为语助之例,但《易经》诸条,恐非此义。以金文证之:善鼎铭曰:"王各大师宫。"庚嬴卣曰:"王迺于庚嬴宫。"(各、迺皆同假)克鼎铭曰:"王各穆庙。"吴迺铭曰:"王各庙。"同毁铭曰:"王在宗周,各于大庙。"免毁铭曰:"王各于大庙。"或言各宫,或言迺于宫,或言各庙,或言各于庙,然则《易经》之"王假有家""王假有庙"之有,义同金文之于,明矣。　　②《象传》:"王假有家,交相爱也。"亨按依传意,假当读为格。假、格古通用。《书·尧典》:"格于上下。"《楚辞·招魂》王注引格作假。《高宗肜日》:"惟先格王正厥事。"《汉书·五行志》引格作假。《诗·泮水》:"昭假烈祖。"《文选·出师颂》李注引假作格。《那》:"汤孙奏假。"《释文》:"假,郑作格。"皆其证。《方言》三:"格,正也。"《论语·为政》篇:"有耻且格。"《集解》:"格,正也。"《孟子·离娄》上篇:"唯大人为能格君心之非。"赵注:"格,正也。"王格有家谓王能正其家也。

③《象传》:"威如之吉,反身之谓也。"亨按反犹求也。古语称求之于己为反身。《孟子·尽心》上篇:"反身而诚,乐莫大焉。"《礼记·中庸》:"反诸身不诚,不顺乎亲矣。"是其例。又称求之于己为自反。《孟子·离娄》下篇:"自反而仁矣。自反而有礼矣……自反而忠矣。"《礼记·乐记》:"然后能自反也。"(郑注:"求诸己也。")是其例。亦或仅言反。《孟子·离娄》上篇:"爱人不亲,反其仁。治人不治,反其智。礼人不答,反其敬。行有不得者,皆反求诸己。"是其例。《蹇象传》曰:"君子以反身修德。"其义同。

《睽》第三十八

☲（下兑上离）

《睽》：小事吉。

[**经意**] 《睽》，卦名。（汉帛书《周易》卦名及爻辞之睽皆作乖，二字古通用。）筮遇此卦，为小事则吉。

[**传解**] 《睽》，卦名。《序卦》曰："《睽》者，乖也。"（《广雅·释诂》："乖，离也。"）人与人相乖离，为小事尚吉。

《象》曰：《睽》，火动而上，泽动而下；二女同居，其志不同行。

此释卦名。首《睽》字举卦名也。本卦所以名《睽》者，睽之义为乖离，本卦之卦象是物与物相乖离，人与人相乖离。《睽》之上卦为离，下卦为兑。离为火，兑为泽。然则《睽》之卦象是火在上，泽在下，火焰动于上，泽水动于下，此比喻人与人相乖离。其次，离为中女，兑为长女。然则《睽》之卦象又是"二女同居"，共事一夫，势必相妒，"其志不同行"，此直是人与人相乖离。是以卦名曰《睽》。

说而丽乎明，柔进而上行，得中而应乎刚，是以"小事吉"。

此释卦辞。丽，附也。《睽》之卦为乖离，本为不吉，而卦辞云"小事吉"者，因《睽》之卦象爻象有吉之意义也。《睽》之下卦为兑，上卦为离。兑，说（悦）也；离为日，为明。下卦附丽于上卦，在下位者附丽于在上位者，然则《睽》之卦象是"说而丽乎明"，即臣下以和悦之态度，附丽于君上之光明。其次，《睽》之六三为阴爻，为柔，六五又为阴爻，为柔，柔由第三爻上升至第五爻，是为"柔进而上行"，象臣下之地位上升。再次，六五居上卦之中位，是为"柔得中"，象臣下得正中之道。复次，六五与九二为同位爻，九二为阳爻，为刚，六五之柔应和九二之刚，是为

"柔应乎刚"，象臣下应和君上。综之，《睽》之卦爻象是臣下得正中之道，抱和悦之态度，附丽于君上之光明，应和君上以行事，从而地位上升，自是吉利。然以人与人之间有乖离在，不能同心协力，故仅能小事胜利，是以卦辞曰："小事吉。"

天地睽而其事同也。男女睽而其志通也。万物睽而其事类也。《睽》之时，用大矣哉。

此申释卦义。宇宙万类有其睽，亦有其合，且睽中有合。天高地卑，天阳地阴，是"天地睽"；然天地相交，以生育万物，其事则同，是天地睽中有合。男刚女柔，男外女内，异性而分职，是"男女睽"；然男女相配，以成室家，育子女，其志则通，是男女睽中有合。万物各具形体，各有属性，是"万物睽"；然万物生存运动，有其共同之点，有其相联系之处，是万物睽中有合。由此可见，宇宙万类睽中有合。其睽以时，其合亦以时。天地以时睽，以时合，故万物育。男女以时睽，以时合，故室家成，子女生。万物以时睽，以时合，故相需相养。睽之以时，对于宇宙万类之作用甚大也。

《象》曰：上火下泽，《睽》。君子以同而异。

同异二字皆是动词，同是综合相同之事物；异是分析相异之事物。（《荀子·正名》篇曰："同则同之。异则异之。"以其词性与用法言之，此同即《荀子》"同之"之同，异即《荀子）"异之"之异。）"同而异"谓综合事物之同而又分析其中之异。《睽》之上卦为离，下卦为兑。离为火，兑为泽。然则《睽》之卦象是"上火下泽"，正如《彖传》所云"火动而上，泽动而下"，两相乖离，是以卦名曰《睽》。同一泽也，上有火炎，下有水流，是同中有异。同中有异，乃宇宙事物之普遍规律。君子观此卦象及卦名，从而观察研究，综合事物之同而又分析其中之异。故曰："上火下泽，《睽》。君子以同而异。"①

初九：悔亡。丧马勿逐自复。见恶人无咎。

[**经意**] 复，返也。恶，凶恶。筮遇此爻，其悔可亡；失马不必追寻，马将自返；遇见恶人，亦无灾咎。

[传解]　见恶人，往见或接见恶人。余与经意同。

《象》曰："见恶人"，以辟"咎"也。

《集解》本辟作避。按辟借为避。传意：爻辞云"见恶人无咎"，言君子往见或接见恶人，意在不惹恶人之忌恨，不招恶人之伤害，所以避免灾咎也。

九二：遇主于巷，无咎。

[经意]　他乡作客，遇主人于巷中，则食宿有处，自无咎矣。

[传解]　与经意同。

《象》曰："遇主于巷"，未失道也。

失道，迷失道路。

六三：见舆曳，其牛掣，其人天且劓，无初有终。

[经意]　见似当读为按。舆，车也。曳，从后引之。掣，强牵而不从人。天，古颠字，跌倒。劓，伤鼻。爻辞言：御牛车者欲退其车，用手按其车，从后引之，其牛强进而向前，以致御者跌倒，且碰伤其鼻，此则不利矣。然跌倒易起，伤鼻易愈，牛终可制，车终可移，结果尚好。是其事失之于始，得之于终。[②]

[传解]　与经意同。

《象》曰："见舆曳"，位不当也。"无初有终"，遇刚也。

传意：爻辞云"见舆曳，其牛掣，其人天且劓"，言御者钝拙无术，无御车之能力，而处御车之职位，其人所处之职位不适当，故受挫伤也。云"无初有终"，言御者遇刚强有力之人，予以协助，故有好结果也。《象传》"位不当"之说乃以六三之爻象爻位为据。六三为阴爻，居阳位（第三爻为阳位），是为位不当。象人所处之地位不适当，才不称其职。《象传》"遇刚"之说乃以六三及九四之爻象爻位为据。六三为阴爻，为柔；九四为阳爻，为刚。六三上进遇九四，是为柔遇刚。象人之弱者遇强者，得其协助。

九四：睽孤遇元夫，交孚，厉，无咎。

[经意]　睽，目不相见也。孤，无父曰孤。睽孤即遗腹孤，当其出生之时，父已死去，未尝与父相见。故谓之睽孤。元夫犹大夫也。交，俱也。孚，

古俘字。厉，危也。爻辞所言乃一古代故事。有一睽孤出外，路中遇一大夫，俱被人俘房，其事甚危，但无咎灾。似即夏帝少康之故事（见下）。

[传解]　睽，离也。睽孤，离家在外之孤子。交，互也。孚，信也。爻辞言：睽孤遇一大夫，两人互相信任，同心协力，虽有危险，亦无灾咎。

《象》曰："交孚无咎"，志行也。

志行，其志得行，目的得达。

六五：悔亡。厥宗噬肤，往何咎。

[经意]　厥，汉帛书《周易》作登，当从之。宗，祖庙。噬，吃也。肤，肉也。筮遇此爻，其悔可亡，登其祖庙吃肉，前往有何咎哉。

[传解]　与经意同。

《象》曰："厥宗噬肤"，"往"有庆也。

有庆，有喜庆之事。

上九：睽孤见豕负涂，载鬼一车，先张之弧，后说之弧，匪寇，婚媾。往遇雨则吉。

[经意]　负疑借为伏。涂读为途，道路。张，开弓。之犹其也。弧，弓也。说读为脱，放下。匪读为非。婚媾犹婚姻也。爻辞所言乃一古代故事。有一睽孤夜行，见豕伏于道中，更有一车，众鬼乘之。睽孤先开其弓欲射之，后放下其弓而不射。盖详察之，非鬼也，乃人也；非寇贼也，乃婚姻也。其人即为寻豕而来，偶与睽孤相遇耳。亦似即夏帝少康之故事。（《左传》哀公元年："昔有过浇杀斟灌以伐斟鄩，灭夏后相。后缗方娠，逃出自窦，归于有仍，生少康焉。为仍牧正，惎浇能戒之。浇使椒求之。逃奔有虞，为之庖正，以除其害。虞思于是妻之以二姚，而邑诸纶。"《易经》之睽孤似即少康。少康乃夏后相之遗腹子也。九四及上九爻辞所言似皆少康由有仍逃奔有虞之时，路中所遇之故事。）睽孤遇婚媾，如旱苗遇甘雨，故筮遇此爻，往遇雨则吉。（又一解：涂，泥也。负涂，背上有泥。[3]）

[传解]　睽孤，离家在外之孤子。余与经意同。

《象》曰："遇雨"之"吉"，群疑亡也。

传意：爻辞云"往遇雨则吉"，言睽孤遇婚媾，如旱苗遇甘雨，终归于吉，乃以众人之猜疑消除也。其初相遇时，彼此相猜疑，几乎动武，通过言语行动，众人之猜疑消除，乃相与和好，后又结为婚姻。

[**附考**]　①《象传》："上火下泽，《睽》。"上火下泽乃指火焚泽中之草。泽中皆有草，故《风俗通·山泽》篇曰："水草交厝（错），名之为泽。"古代有焚泽之事。《庄子·齐物论》曰："大泽焚。"《韩非子·内储说》上曰："鲁人烧积泽。"是其例。

②六三："见舆曳，其牛掣，其人天且劓，无初有终。"《集解》引虞翻曰："黥额为天。割鼻为劓。"拙撰《周易古经今注》从之。然此说不甚切合。俞樾曰："天疑兀字之误。兀即跀字之省。跀，刖足也。"亦不可从。亨按天仍当读为颠，而训为仆。《诗·荡》："颠沛之揭。"毛传："颠，仆也。"其本字为蹎，《说文》："蹎，跋也。"即跌倒之义。劓为割鼻之刑，此处是伤鼻流血，用劓之引申义。"其人颠且劓"，谓御车者因不得法，故跌倒在地又碰破其鼻而流血。　③上九："睽孤见豕负涂。"《周易古经今注》："负疑借为伏。涂，道也。"今按此句别有一解。《集解》引虞翻曰："豕背有泥，故见豕负涂矣。"王弼曰："豕而负涂，秽莫过焉。"（而今作失，据《校勘记》改。）意与虞同。《广雅·释诂》："涂，泥也。"释"负涂"为背上有泥，亦圆通。

《蹇》第三十九

䷦（下艮上坎）

《蹇》：利西南，不利东北。利见大人。贞吉。

[经意]《蹇》，卦名。大人，贵族之通称。贞，占问。筮遇此卦，利于往西南，不利于往东北；利于见大人；所占之事吉。

[传解]《蹇》，卦名。《蹇》，难也。贞，正也。贞吉，志行正则吉。余与经意同。

《彖》曰：《蹇》，难也，险在前也。见险而能止，知矣哉。

此释卦名。《序卦》曰："《蹇》者，难也。"《杂卦》曰："《蹇》，难也。"并与《彖传》同。知读为智。本卦所以名《蹇》者，蹇之义为难，其卦象是险难在前也。《蹇》之上卦为坎，下卦为艮。坎为险，艮为山。上卦为前，下卦为后。然则《蹇》之卦象是"险在前"。其次，《说卦》曰："艮，止也。"然则《蹇》之卦象又是"见险而能止"，不冒险以取祸，可谓智矣。

《蹇》，"利西南"，往得中也。"不利东北"，其道穷也。"利见大人"，往有功也。当位"贞吉"，以正邦也。

此释卦辞。中，正也。《蹇》卦云"利西南"者，据《说卦》西南为坤方，坤为地，地平坦，往西南走平坦之路，是得其正道也。云"不利东北"者，据《说卦》东北为艮方，艮为山，山高险，往东北走高险之路，则其道困穷而不通也。云"利见大人"者，言往而有功，受大人之赏也。云"贞吉"者，贞，正也，言君臣各处适当之职位，各持正中之道，以正其国家也。《彖传》"当位贞吉"之说乃以九五及六二之爻象爻位为据。九五为阳爻，居阳位，居君位。六二为阴爻，居阴位，居臣位。（阳爻象君，

阴爻象臣。第五爻为阳位，为君位。第二爻为阴位，为臣位。）是为君臣
"当位"，即各处适当之职位。九五居上卦之中位，六二居下卦之中位，是
为君臣"得中"，即各持正中之道。

《蹇》之时，用大矣哉。

此申释卦义。《蹇》之卦义是有险在前，见险而止。然此非绝对之说
也，必以时为准。当其时无冒险之必要，且冒险为必败之道，则见险而止，
是也。当其时有冒险之必要，且冒险有成功之望，则见险而止，非也。因
此，《蹇》而得其时，对人有甚大之作用。

《象》曰：山上有水，《蹇》。君子以反身修德。

反身，求之于己。（说见《家人》卦）《蹇》之下卦为艮，上卦为坎。
艮为山，坎为水。然则《蹇》之卦象是"山上有水"。山上有水，因峦岗起
伏，山石嶙峋，水流受阻，其行难矣，是以卦名曰《蹇》。按《象传》以山
比贤人，以水比人之美德，以山上有水比贤人之身上有美德。贤人之身上
有美德，必克服艰难，始成其德，是以卦名曰《蹇》。君子观此卦象及卦
名，从而反求诸己，以修其德。故曰："山上有水，《蹇》。君子以反身
修德。"

初六：往蹇来誉。

[经意] 蹇借为謇，古本亦作謇。謇，正言直谏也。爻辞言：我以直
谏往，人以赞誉来。

[传解] 蹇，难也。闻一多曰："誉读为趦。"《说文》曰："趦，安行
也。"此解盖合于传意。安行是安缓而行，因其事有成也。

《象》曰："往蹇来誉"，宜待也。

《释文》："宜待也，张本作宜时也。"亨按待借为时，宜待即宜时，合
乎时宜也。[①]传意：爻辞云"往蹇来誉"，言其往险难，其来安行，因其行合
乎时宜也。

六二：王臣蹇蹇，匪躬之故。

[经意] 蹇借为謇，謇謇，直谏不已也。匪借为非。故，事也。爻辞
言：王臣屡屡直谏，非为其身之事，乃为君为国。

［传解］ 蹇，难也。蹇蹇，屡冒险难也。余与经意同。

《象》曰："王臣蹇蹇"，终无尤也。

尤，过也。传意：爻辞云"王臣蹇蹇，匪躬之故"，言王臣屡冒险难，非为一身之私事，则终无过失也。

九三：往蹇来反。

［经意］ 蹇借为謇，直谏也。反，反对，谓反驳也。爻辞言：我以直谏往，人以反驳来。

［传解］ 蹇，难也。反借为昪。昪，喜乐也（昪与忭同）。[②]

《象》曰："往蹇来反"，内喜之也。

传意：爻辞云"往蹇来反"，言其往险难，其来喜乐，是此行胜利，内心喜之也。

六四：往蹇来连。

［经意］ 蹇借为謇，直谏也。连借为谰，抵谰，即今语所谓"抵赖"，不承认其过也。爻辞言：我以直谏往，人以抵谰来。

［传解］ 蹇，难也。《集解》引虞翻曰："连，辇也。"辇以人挽之，富贵者之所乘。来辇谓来时乘辇。辇字用为动词。[③]

《象》曰："往蹇来连"，当位实也。

《说文》："实，富也。"（详见《泰》卦）传意：爻辞云"往蹇来连"，言其往险难，其来乘辇，是此行胜利，因其人之才德与其职位相当，即人称其职，于是致富，故有辇可乘也。《象传》"当位"之说乃以六四之爻象爻位为据。六四为阴爻，居阴位（第四爻为阴位），是为"当位"，象人之才德称其职位。

九五：大蹇朋来。

［经意］ 蹇借为謇，直谏也。极言以陈君过，大胆以犯君颜，是为大謇。爻辞言：大謇则有朋友来助之。

［传解］ 蹇，难也。大蹇，大险难也。朋来，朋友来助也。

《象》曰："大蹇朋来"，以中节也。

中，正也。传意：爻辞云"大蹇朋来"，言人有大险难，有朋友来助，因其守正中之节操也。《象传》此释乃以九五之爻位为据。九五居上卦之中位，象人守正中之节操。

上六：往蹇来硕，吉，利见大人。

［经意］ 蹇借为謇，直谏也。硕，汉帛书《周易》作石。按硕、石均借为摭，拾取也，采用也。爻辞言：我以直谏往，人以采用来，自为吉，又利于见大人，大人将采用吾言。

［传解］ 蹇，难也。硕借为蹠。《说文》："蹠，楚人谓跳跃曰蹠。"《方言》一："蹠，跳也，楚曰蹠。"（此朱骏声说，见《说文通训定声·豫部》硕字下。）来蹠谓其来跳跃而行，喜之至也。

《象》曰："往蹇来硕"，志在内也。"利见大人"，以从贵也。

传意：爻辞云"往蹇来硕，吉"，言其往险难，其来跳跃，因其往有目的存于内心，其来则目的已达到，是吉也。云"利见大人"，因其追随贵人而得利也。

［附考］ ①《象传》："'往蹇来誉'，宜待也。"《释文》："'宜待也'张本作'宜时也'，郑本作'宜待时也'。"《集解》本与郑本同。亨按古本当是一本作宜待，一本作宜时，郑本与《集解》本误合为一耳。待当读为时。宜时谓适合于时，即合乎时宜也。待、时二字古通用。《归妹》九四曰："归妹愆期，迟归有时。"《穀梁传》隐公七年范注引时作待。此本书待、时通用之又一证。　　②九三："往蹇来反。"《象传》："'往蹇来反'，内喜之也。"亨按依传意，反当读为弁。（反、弁古通用。《诗·猗嗟》："四矢反兮。"《释文》："反，《韩诗》作变。"《书·尧典》："黎民于变时雍。"《汉书·地理志》引变作卞。卞即弁字。是其证。《玉篇》饭亦作飰作餅，亦其佐证。）《诗·小弁》："弁彼鸒斯。"毛传："弁，乐也。"弁训乐，实借为昪。《说文》："昪，喜乐貌。"昪即忭字。《玉篇》："忭，喜悦也。"往蹇来反即往蹇来忭。《象传》以"内喜"释之，可证反当读为弁，为昪，为忭矣。　　③六四："往蹇来连。"《集解》引虞翻曰："连，辇也。"此训盖合于传意。连、辇古通用。《周礼·地官·乡师》："正治其徒役与其辇辇。"郑注："故书辇作连。"《春官·巾车》："辇车组挽。"《释文》："辇，本作连。"《庄子·让王》篇："民相连而从之。"《释文》引司马云："连读曰辇。"皆其证。然则虞训连为辇，即读连为辇也。

《解》第四十

䷧（下坎上震）

《解》：利西南。无所往，其来复吉。有攸往，夙吉。

[经意] 《解》，卦名。复，返也。夙，早也。筮遇此卦，利于往西南；无所往而返归则吉；如有所往，早行乃吉。

[传解] 《解》，卦名，解脱也，解开也。传释卦辞与经意同。

《彖》曰：《解》，险以动，动而免乎险，《解》。

此释卦名。首《解》字举卦名也。《解》者，解脱也。《解》之内卦为坎，外卦为震。坎，险也；震，动也。然则《解》之卦象是"险以动"，动于险之外也。动于险之外，则"动而免乎险"，即解脱于险，是以卦名曰《解》。

《解》"利西南"，往得众也。"其来复吉"，乃得中也。"有攸往，夙吉"，往有功也。

此释卦辞。此《解》字重举卦名。中，正也。《解》卦云"利西南"者，据《说卦》西南为坤方，坤为众，则往西南可得众人之助也。云"其来复吉"者，因往西南得正道，故来复亦吉也。云"有攸往，夙吉"者，言其往则有功也。

天地解而雷雨作。雷雨作而百果草木皆甲坼。《解》之时，大矣哉。

此申释卦义。《解》之义又为解开。天地解，谓春来之后，天地开通，阴阳交流，气候暖，冰冻释。作，兴起。甲，草木出地也。《释文》："坼，马、陆作宅。"《集释》本亦作宅。王引之说：坼、宅皆借为毛，草木生叶也。[①]《解》之上卦为震，下卦为坎。震为雷，坎为雨。然则《解》之卦象是"雷雨作"。天地解开，而后雷雨作。雷雨作，而后百果草木皆出地生叶。天地之解也以时，故能生育万物。故《解》之以时，乃能成其大也。

《象》曰：雷雨作，《解》。君子以赦过宥罪。

《说文》："宥，宽也。"《解》之上卦为震，下卦为坎。震为雷，坎为雨。然则《解》之卦象是"雷雨作"，雷行于上，雨降于下也。天地解开，而后雷雨作，是以卦名曰《解》。按《象传》以雷比刑，以雨比德泽，以雷行于上，雨降于下，比刑罚之下有德泽。君子观此卦象及卦名，从而减轻刑罚，多施德泽，有过者赦之，有罪者宽之，开脱犯人之囚拘。故曰："雷雨作，《解》。君子以赦过宥罪。"（与《屯》卦稍异）

初六：无咎。

[经意] 筮遇此爻，无咎。

[传解] 与经意同。

《象》曰：刚柔之际，义"无咎"也。

际，交接也。义读为宜。（说见《需》卦）传意：爻辞云"无咎"，因刚柔相接，柔接近刚，臣民接近其君，妻接近其夫，宜其无咎也。《象传》此释乃以初六及九二之爻象爻位为据。初六为阴爻，为柔；九二为阳爻，为刚。两爻相接，即刚柔相接。自初六言之，是柔接近刚，象臣民接近其君，妻接近其夫。

九二：田获三狐，得黄矢，贞吉。

[经意] 田，猎也。黄矢，金矢，矢镞以黄铜为之。贞，占问。行猎获得三狐，又拾得黄矢，自是吉事（可能是古代故事），故占遇此爻则吉。

[传解] 贞，正也。贞吉，行事得其正则吉。余与经意同。

《象》曰："九二""贞吉"，得中道也。

中，正也。传意：爻辞云"田获三狐，得黄矢，贞吉"，言其人行猎，得乎正道，如猎地得其正，猎法得其正，射术得其正，是以有所获得，而为吉也。《象传》此释乃以九二之爻位为据。九二居下卦之中位，象人行事得其正。

六三：负且乘，致寇至，贞吝。

[经意] 负，背物。且犹而也。乘，乘车。致，招致。贞，占问。

吝，难也。爻辞言：负物而乘车，必其物珍贵，不肯置之车上，此以物之珍贵告人，将招致贼寇来而劫夺之，其艰难即在目前，故占得此爻，将有艰难。

［传解］　贞，正也。贞吝，其人德行虽正，亦有艰难。余与经意同。

《象》曰："负且乘"，亦可丑也。自我致戎，又谁咎也。

《释文》："致戎，本又作致寇。"《说文》："戎，兵也。"致戎与致寇同意，但作致寇方合传文重举经文之例，以作致寇为长。咎，谴责也。传意：爻辞云"负且乘，致寇至"，言其人负物而乘车，乃愚而可丑之事，自招贼寇来劫，能谴责何人哉。（《系辞》上："子曰：作《易》者其知盗乎。《易》曰：'负且乘，致寇至。'负也者，小人之事也。乘也者，君子之器也。小人而乘君子之器，盗思夺之矣。上慢下暴，盗思伐之矣。慢藏诲盗。冶容诲淫。《易》曰：'负且乘，致寇至。'盗之招也。"其释与《象传》稍异。）

九四：解而拇，朋至斯孚。

［经意］　解，脱也。而，汉帛书《周易》作其，当从之。拇借为罟，捕兽网也。朋，朋友。斯，于是也。孚，古俘字，谓捉得也。爻辞言：有人设网以捕兽，有大兽入网中，曳脱其网，有朋友来助，于是捉得之。此似记一古代故事。

［传解］　传所据经文与今本同。解，解开。而，汝也，你也。拇亦读为罟，谓法网也。斯，此也。孚，信也。爻辞对统治者言：解开汝之法网，以宽恕待人民，朋友至此亦信服之矣。

《象》曰："解而拇"，未当位也。

当位犹称职也。传意：爻辞云"解而拇"，乃告统治者解开汝之法网，因其待民残酷，不称其职位也。《象传》此释乃以九四之爻象爻位为据。九四为阳爻，居阴位（第四爻为阴位），是为"未当位"，象人之行事不称其职位。

六五：君子维有解，吉；有孚于小人。

［经意］　君子，贵族与士之通称。小人，庶民之通称。闻一多曰："维犹系也。解，释也。'维有解'，即系而得释。"孚，罚也。筮遇此爻，

君子之系缚得解脱，即在拘囚中得释放，是吉矣；小人则将受罚。

[传解]　君子，有才德之人。小人，无才德之人。孔颖达曰："维，辞（词）也。"《集解》维作惟，当亦释为语词，此解盖合于传意。解，解免官职。孚，信也。爻辞言：在上位之君子惟有时解免臣吏之官职，乃是吉，因其所解免者皆无才德之小人，足以使小人信服。

《象》曰："君子有解"，"小人"退也。

传意：爻辞云"君子维有解"，言君子解免小人之官职，故小人退位也。

上六：公用射隼于高墉之上，获之，无不利。

[经意]　隼，鹰也。墉，城墙。获，得也。此似记一古代故事。有某公立在高高城墙之上，射鹰而中，得之。此故事所示者是无不利。

[传解]　与经意同。

《象》曰："公用射隼"，以解悖也。

解，除去也。《尔雅·释诂》："悖，强也。"《释言》："强，暴也。"此悖字即强暴之义。鹰隼是强暴之鸟，捕食它鸟与家禽。传意：爻辞云"公用射隼"，乃除去强暴之鸟，比喻除去强暴之人也。（古人常以鹰比喻强暴之人。《史记·酷吏传》记酷吏郅都"号曰苍鹰"，即其一例。）（《系辞》下："《易》曰：'公用射隼于高墉之上，获之，无不利。'子曰：'隼者，禽也。弓矢者，器也。射之者，人也。君子藏器于身，待时而动，何不利之有。动而不括，是以出而有获。语成器而动者也。'"其释与《象传》不同。）

[附考]　①《象传》："雷雨作而百果草木皆甲坼。"甲者，草木生出于地上也。《说文》："中，东方之孟，阳气萌动，从木戴孚甲之象。"《白虎通·五行》篇："甲者，万物孚甲也。"《释名·释天》："甲，孚甲也，万物解孚甲而生也。"孚甲谓皮壳也。（今语呼谷壳为瓢，瓢即孚之转音。）草木之种子在土中，春时发芽，脱种子之皮壳而出。汉人谓甲字即草木初生所戴之皮壳也。亨按此非甲字之初义。金文、甲骨文甲皆作十，原为草木生出地上之义，一横象地，一直象草木。此处甲字正用其初义。坼者，草木生叶也。《释文》："坼，马、陆作宅。"《集解》本亦作宅。王引之曰："宅乃乇之假借。《说文》曰：'乇，草叶也，从垂穗上贯一，下有根，象形。'乇、宅、坼古并同声，故又通作坼。"此说是也。坼、宅皆借为乇。

《损》第四十一

☶（下兑上艮）

《损》：有孚。元吉，无咎。可贞。利有攸往。曷之用二簋，可用享。

[经意]《损》，卦名。孚，古俘字。元，大也。贞，占问。曷借为馌，馈食也。簋，盛饭之圆器，如今之饭盆。享，祭也。筮遇此卦，将有所俘获；大吉而无咎；所占之事可行；利有所往；馈食于鬼神只用两簋饭，即可举行享祭。

[**传解**]《损》，卦名，减损也。孚，信也。贞，正也。其余字义与经意同。卦辞举出有信之五种好结果。

《彖》曰：《损》，损下益上，其道上行。

此释卦名。本卦所以名《损》者，因其卦象是损下益上也。损之上卦为艮，下卦为兑。艮为山，山比贵族；兑为泽，泽比民。又艮为阳卦，为刚，象贵族；兑为阴卦，为柔，象民。然则《损》之卦象是贵族高居民上也。贵族高居民上，对民取赋税，征力役，以益其财物，民对贵族纳赋税，出力役，而损其财物。是为"损下益上"。损下益上之道（制度），乃贵族所制定而推行之者也。故曰："《损》，损下益上，其道上行。"（可见《彖传》认为本卦所以名《损》，损在民，自民之角度言之。）

损而"有孚。元吉，无咎。可贞。利有攸往。曷之用二簋，可用享"，二簋应有时。

此释卦辞。传意：君损民能信守制度，则大吉；无咎；可正；利有所往；馈食于鬼神，只用两盆饭，便可以举行享祭矣。但如此减损祭品，有时可以行之，如逢凶年，如在路中等，非经常之道也。

损刚益柔有时，损益盈虚，与时偕行。

此承上文申释卦义。刚，贵族为刚。柔，民为柔。《说文》："偕，俱也。"传意：《损》之卦象是损下益上，即损民益贵族，亦即损柔益刚，此乃经常之道。但亦有时损上益下，损贵族益民，即损刚益柔（此乃幻想），如遇凶荒之年，君出库仓之财谷，以赈贫困之民是也（君上之一切财谷皆夺之于民），此乃权宜之计。要之，道有经权，以时为准，损之益之，盈之虚之，与时并行。故曰："损刚益柔有时，损益盈虚，与时偕行。"

《象》曰：山下有泽，《损》。君子以惩忿窒欲。

惩，制止也。① 《广雅·释诂》："忿，怒也。"《说文》："窒，塞也。"欲，贪欲也。《损》之上卦为艮，下卦为兑。艮为山，兑为泽。然则《损》之卦象是"山下有泽"。山下有泽，泽水日日浸蚀山根，损害山体，是以卦名曰《损》。君子观此卦象及卦名，认为外物浸蚀人，或触动人之忿怒，或引起人之贪欲，皆损害人之德行，犹泽水之浸蚀山根，损害山体，从而制止其忿怒，杜塞其贪欲。故曰："山下有泽，《损》。君子以惩忿窒欲。"

初九：已事遄往，无咎，酌损之。

[经意]　《释文》："已，虞作祀。"《集解》本作祀。按已借为祀。遄，速也。筮遇此爻，祭祀之事速往乃无咎，可以斟酌减损其祭品。

[传解]　与经意同。

《象》曰："已事遄往"，尚合志也。

传意：爻辞云"已事遄往，无咎"，言祀事速往，不慢鬼神，得鬼神之保佑，诸事尚能符合志愿，故无咎也。

九二：利贞。征凶，弗损，益之。

[经意]　贞，占问。筮遇此爻，乃有利之占问；但征伐他国则凶，不能损之，而反益之（之，指他国）。

[传解]　贞，正也。爻辞言：人之行事利在于正。征伐他国，非正义也，故凶，不能损之，而反益之。

《象》曰："九二""利贞"，中以为志也。

中，正也。传意：爻辞云"利贞"，言其人以正中之道为志，故利也。《象传》此释乃以九二之爻位为据。九二居下位之中位，象人守正中之道。

六三：三人行，则损一人；一人行，则得其友。

［经意］ 筮遇此爻，三人出行，则损失一人；一人出行，则得其朋友。

［传解］ 与经意同。

《象》曰："一人行"，"三"则疑也。

亨按行上疑脱志字。"志行"谓其主张得以实行，"疑"谓主张分歧，不得实行，意正相对。②传意：爻辞云"三人行，则损一人；一人行，则得其友"，言一人出行，遇事自作主张，其主张自能实行，将有同志之友赞助之，故得其友；三人出行，遇事主张不一，滋长疑惑，其异己之同伴将离去之，故损一人也。（《系辞》下："天地纲缊，万物化醇。男女构精，万物化生。《易》曰：'三人行，则损一人。一人行，则得其友。'言致一也。"此谓三人行则损一人，以其不能合作也。一人行则得其友，因其能合作也。所释与《象传》稍不同。）

六四：损其疾，使遄有喜，无咎。

［经意］ 遄亦速也。古人谓病愈为有喜，因其为可喜之事也。爻辞言：减损人之疾病，使之速愈，自无咎。

［传解］ 与经意同。

《象》曰："损其疾"，亦可"喜"也。

六五：或益之十朋之龟，弗克违，元吉。

［经意］ 益，加也，谓卖予也。西周以贝为货币，十贝曰朋。克，能也。违犹拒也。元，大也。爻辞言：有人卖之以价值百贝之龟，不能拒而不买，乃大吉也。盖古人用龟甲以卜，大吉言其龟必灵。

［传解］ 与经意同。

《象》曰："六五""元吉"，自上祐也。

孔颖达曰："上谓天也。"《释文》："祐，本亦作佑。"按祐与佑同。传意：爻辞云"元吉"，言上天保佑之，赐以灵龟，故大吉也。

上九：弗损，益之，无咎，贞吉，利有攸往，得臣无家。

［经意］ 贞，占问。臣，奴隶。爻辞言：对人不损害之，而助益之，则无咎，所占之事吉，利于有所往，将得一奴隶，其人是孤身而无家。

[**传解**] 贞，正也。贞吉谓弗损人而益之，乃是正道，故吉。余与经意同。

《象》曰："弗损益之"，大得志也。

传意：爻辞云"弗损，益之"，言人能不损人而益之，则可以得人之助，所向有功，大得志也。

[**附考**] ①《象传》："君子以惩忿窒欲。"《释文》惩作征，云："征，止也。郑云：'犹清也。'刘作澂，云：'清也。'蜀才作澄。"惩、征、澂古通用，澄乃澂之俗字。其解有二：（一）以澂为本字。《说文》："澂，清也，从水，征省声。"此依郑、刘、蜀才之说也。（二）以惩为本字。《说文》："惩，忢也，从心，征声。"惩与忢皆制止内心情欲之义（又为纠正错误之义）。此依陆德明之说也。两解均通，以后者为长。

②《象传》："'一人行'，'三'则疑也。"亨按"一人行"意不明确，疑行上当有志字，转写脱去。"一人志行"，谓一人出行，遇事自作主张，其志得行。"三则疑"，谓三人出行，遇事主张分歧，使人疑惑。《象传》常言"志行"，《履》九四、《否》九四、《睽》九四、《未济》九四《象传》并曰："志行也。"《豫》九四《象传》曰："志大行也。"《晋》六三《象传》曰："志上行也。"皆其例。《彖传》亦常言"志行"。《小畜彖传》曰："刚中而志行。"《豫彖传》曰："刚应而志行。"《巽彖传》曰："刚巽乎中正而志行。"《升彖传》曰："志行也。"皆其例。

《益》第四十二

䷩（下震上巽）

《益》：利有攸往。利涉大川。

[**经意**]《益》，卦名。筮遇此卦，利于有所往，利于涉大川。

[**传解**]《益》，卦名，利也，助也，增也。传解卦辞与经意同。

《彖》曰：《益》，损上益下，民说无疆，自上下下，其道大光。

此释卦名。说读为悦，喜悦也。下下，君以卑谦之态度礼敬民。本卦所以名《益》者，因其卦象是损上益下也。《益》之下卦为震，上卦为巽。震为阳卦，为刚，象君；巽为阴卦，为柔，象民。然则《益》之卦象是君自居于民下也。其义有二：（一）减轻赋税之剥削，君之财物收入稍减，民之财物保有稍加，是为损上益下。损上益下，则民悦无疆矣。（二）减轻压迫，君上以谦卑之态度，听取民之意见，是为自上下下。自上下下，则其道大大光明矣。故曰："《益》，损上益下，民说无疆。自上下下，其道大光。"（可见《彖传》认为本卦所以名《益》，益在民，自民之角度言之。）

"利有攸往"，中正有庆。"利涉大川"，木道乃行。

此释卦辞。卦辞云"利有攸往"者，因其居正位守中道以往，故得喜庆之结果也。《彖传》此释乃以《益》之爻象为据。《益》之六二为阴爻，居下位之中位。九五为阳爻，居上卦之中位。象君居君位，臣居臣位，各得其正。云"利涉大川"者，因其利用木舟能浮于水上之道，乃能行于川上也。《彖传》此释乃以《益》之卦象为据。《益》之上卦为巽，下卦为震，巽为木；震，动也。然则《益》之卦象是木动，即舟浮水而行。

《益》动而巽，日进无疆。天施地生，其益无方。凡益之道，与时偕行。

此申释卦义。巽，谦逊也。《广雅·释诂》："施，予也。"天施谓天予万物以泽惠，如照之以日月，润之以雨露等是。方犹域也。又《广雅·释诂》："方，类也。"无方谓不分地域，不分物类。《说文》："偕，俱也。"《益》之下卦为震，上卦为巽，震，动也；巽，巽也，谦逊也。然则《益》之卦象又是人动而谦逊。动而谦逊，则日有进益，而无限量。故曰："《益》动而巽，日进无疆。"其次，益者，天地之道也。天施予万物，地生育万物。其益万物也，不分地域物类，大公无私。故曰："天施地生，其益无方。"再次，益贵乎应时。天地对于万物，应时而益之。人对于人，亦宜应时而益之。故曰："凡益之道，与时偕行。"

《象》曰：风雷，《益》。君子以见善则迁，有过则改。

《益》之上卦为巽，下卦为震。巽为风，震为雷。然则《益》之卦象是风在上，雷在下。风本行于下，其在上是风势增益矣。雷本行于上，其在下是雷势增益矣。是以卦名曰《益》。又《象传》乃以风比德教，以雷比刑，以风在上、雷在下比德教留于上，刑罚施于下，即后德教而先刑罚，此亦有益于国。君子观此卦象及卦名，从而见善则移而从之，有过则改之，以求不违德教，不犯刑罚，德行日有进益。故曰："风雷，《益》。君子以见善则迁，有过则改。"（与《恒》卦稍异）

初九：利用为大作，元吉，无咎。

〔经意〕　用犹于也。大作，大建筑。元，大也。筮遇此爻，利于兴大建筑，大吉而无咎。

〔传解〕　与经意同。

《象》曰："元吉无咎"，下不厚事也。

下，指庶民。俞樾说：厚读为後。[①]传意：爻辞云"利用为大作，元吉，无咎"，言为大作，庶民争先而来，不落在工作之后，故大吉无咎也。

六二：或益之十朋之龟，弗克违。永贞吉。王用享于帝，吉。

〔经意〕　益犹卖也。十贝为朋。克，能也。违犹拒也。永贞，占问长期之事。享，祭也。帝，天帝。筮遇此爻，有人卖之以价值百贝之龟，不能拒而不买；又占问长期之事则吉；王用享祭天帝亦吉。

［传解］ 贞，正也。永贞吉，永远正直则吉。余与经意同。

《象》曰：“或益之”，自外来也。

传意：爻辞云“或益之十朋之龟”，言有人自外来卖其龟也。

六三：益之用凶事，无咎，有孚。中行告公用圭。

［经意］ 益，助益也。用犹于也。孚，古俘字。中行似为人名，似即微子之弟仲衍。公当是周之某公。圭读为珪，玉器名，形如▭。爻辞所言乃一古代故事。殷国有凶灾之事，某公助益之，结果无咎，且有所俘获。中行来告灾乞援，用圭为乞援之礼物。（参见六四）

［传解］ 孚，信也。有孚谓有信于他国。余与经意同。

《象》曰：“益用凶事”，固有之也。

有借为佑，助也。② 传意：爻辞云“益之用凶事”，言他国有凶灾之事，我固助之也。

六四：中行告公，从，利用为依迁国。

［经意］ 依读为殷，即殷商也。迁国，迁都也。爻辞所言亦是古代故事。中行以凶灾之事告某公，公从之，于是助殷迁国，其事顺利。此与六三所记为一故事。③

［传解］ 与经意同。

象曰：“告公从”，以益志也。

亨按志当作之。（说见《遯》卦）传意：爻辞云“中行告公，从，利用为依迁国”，言公因而助之迁国也。

九五：有孚惠心，勿问，元吉，有孚惠，我德。

［经意］ 孚，古俘字。《尔雅·释诂》：“惠，顺也。”元，大也。爻辞言：筮遇此爻，有俘虏顺从我之心，勿追问，是大吉，有俘虏顺从我之德行。

［传解］ 孚，信也。王引之曰：“惠，顺也。有孚惠心者，言我信于民，顺民之心也。有孚惠我德者，言民信于我，顺我之德也。”④ 此释合于传意。

《象》曰：“有孚惠心”，“勿问”之矣。“惠我德”，大得志也。

传意：爻辞云"有孚惠心，勿问，元吉"，言君有信于民，顺民之心，其为大吉，可勿追问也。云"有孚惠，我德"，言民因而亦有信于君，顺君之德，君有所为可以大得也。

上九：莫益之，或击之，立心勿恒，凶。

[经意] 无人助益之，有人攻击之，不可永久坚持己见，因其为凶。

[传解] 与经意同。

《象》曰："莫益之"，偏辞也。"或击之"，自外来也。

《释文》："偏，孟作徧。"《集解》本作徧。俞樾曰："以作徧为长。"按偏当读为徧（遍）。⑤传意：爻辞云"莫益之"，言徧天下之人无有助益之者，乃普徧之辞也。云"或击之"，言有人攻击之，其攻击自外来也。（《系辞》下："子曰：君子安其身而后动，易其心而后语，定其交而后求。君子脩此三者，故全也。危以动，则民不与也。惧以语，则民不应也。无交而求，则民不与也。莫之与，则伤之者至矣。《易》曰：'莫益之，或击之，立心勿恒，凶。'"其释较《象传》为详，意在说明"莫益之""或击之"之原因。）

[附考] ①《象传》："'元吉无咎'，下不厚事也。"俞樾曰："《说文》：'厚古文作垕。'故厚字即与后通。《礼记·檀弓》篇：'后木。'《正义》曰：'《世本）云厚，此云后，其字异耳。'是厚与后古字通用之证。后训後。厚亦训後。《释名·释亲属》篇曰：'后，後也。'《释言语》曰：'厚，後也。'《庄子·列御寇》篇注：'静而怯，乃厚其身。'《释文》曰：'元嘉本厚作後。'然则下不厚事，犹云下不後事。……"按俞氏读厚为後，是也。此言为大作，民皆争先从事，而不居後，其实乃谎言也。　②《象传》："'益用凶事'，固有之也。"亨按有借为右。有、右古通用。《诗·雝》："既右烈考，亦右文母。"《后汉书》之《何敞传》《张酺传》李注并引右作有。即其证。《说文》："右，助也。"右即古佑字。固有之即固佑之，谓固助之也。　③六三："益之用凶事，无咎，有孚。中行告公用圭。"六四："中行告公，从，利用为依迁国。"依读为殷。此二爻爻辞所记为周助殷迁国之故事。余昔谓是殷帝武乙、周公亶父时事。今按中行当为人名，疑即仲衍。行字古文作衍，从人从行。《石鼓文》曰："佳舟以衍。"是其证。衍、衍形近，因误为衍。仲衍乃微子启之弟。《吕氏春秋·当务》篇："纣之同母三人，其长曰微子启，其次曰中衍，其次曰受德，受德乃纣也。"又称微仲。《孟子·公孙丑》上篇："纣……又有微子、微仲、王子比干、箕子、胶鬲，皆贤人也。"周成王时

封微子于宋。微子死，仲衍立为宋君。《史记·宋世家》："周公既承成王命，诛武庚，杀管叔，放蔡叔，乃命微子开代殷后，……国于宋。微子开卒，立其弟衍，是为微仲。"《礼记·檀弓》上篇："微子舍其孙腯而立衍也。"余疑微子本在殷，被封于宋时，由殷迁宋，遇凶事，乃遣仲衍求助于周公，周公遂助之迁国。爻辞所记即此事，中行即仲衍，公即周公也。古书无确证，姑记管见于此。　　④九五："有孚惠心，勿问，元吉。有孚惠，我德。"王引之曰："《尔雅》曰：'惠，顺也。''有孚惠心'者，言我信于民，顺民之心也。'有孚惠我德'者，言民信于我，顺我之德也。《象传》曰'损上益下'，君顺民心之谓也。又曰'民说无疆'，民顺君德之谓也。"按王说合于传意，但非经意也。　　⑤《象传》："'莫益之'，偏辞也。"《释文》："偏，孟作徧。"《集解》本亦作徧。俞樾曰："寻绎文义，以作徧为长。此徧字解经文莫字。徧之言尽也。《淮南子·主术》篇：'则天下徧为儒墨矣。'高注曰：'徧犹尽也。'是其义也。凡言莫者，如莫非、莫不之类，皆是极尽之辞。若有不尽然者，即不得言莫矣。"按俞说是也。但偏、徧古通用，此文之偏当读为徧，不必改字。"莫益之"即逻辑学所谓全称否定之辞，故为徧辞也。

《夬》第四十三

☰（下乾上兑）

《夬》：扬于王庭，孚号，有厉告自邑。不利即戎，利有攸往。

　　［**经意**］《夬》，卦名。《小尔雅·广言》《广雅·释诂》并曰："扬，举也。"孚，古俘字。号，哭号。厉，危也。即犹从也。戎，兵也。即戎谓从军，无论其为官为兵。①卦辞言：人以从军征伐有功，举用于王庭，但其所得之俘虏则哭号，被征伐之国将侵其边邑以报复，因而有危险之事自邑来告。故不利于从军，只利于有所往。

　　［**传解**］《夬》，卦名，决也。传之读法是"孚号有厉"为一句，"告自邑不利即戎"为一句。孚，信也。号，号令。即戎指君上发兵出征。卦辞言：小人得举用于王庭，朝廷虽信其号令，亦有危险，且有邑人来告，发兵出征则不利。但有所往则利。

　　《彖》曰：《夬》，决也，刚决柔也。健而说，决而和。

　　此释卦名。《序卦》曰："《夬》者，决也。"《杂卦》亦曰："《夬》，决也，刚决柔也。"卦名之《夬》，其义为决，谓刚能决定柔也。《夬》卦是五阳爻居下，一阴爻居上。阳为刚，刚为君子；阴为柔，柔为小人。然则《夬》之爻象是五刚在下而势力众强，一柔在上而势力孤弱，刚能战胜柔，能决定柔，是为"刚决柔"，即五君子在下位而势力众强，一小人在上位而势力孤弱，君子能战胜小人，能决定小人，君子之志得达，小人之志不得逞。是以卦名曰《夬》。其次，《夬》之下卦为乾，上卦为兑。乾，健也；兑，说（悦）也。然则《夬》之卦象是"健而说"，即君子有刚健之德，不屈服于小人，而以和悦之态度，对待小人。唯其如此，所以君子能决定小人，又能与小人和谐相处，是为"决而和"，此亦是《夬》之卦义。

"扬于王庭"，柔乘五刚也。"孚号有厉"，其危乃光也。"告自邑不利即戎"，所尚乃穷也。"利有攸往"，刚长乃终也。

此释卦辞。卦辞云"扬于王庭"者，言一小人得举用于王庭也。《夬》之爻象是一柔在五刚之上，故曰"柔乘五刚"，象一小人位居五君子之上，即一小人重用于王庭。云"孚号有厉"者，言小人在上位，朝廷虽信其号令，仍不免有危险，但以君子之势力众强，小人之势力孤弱，其危险终能渡过，而取得光荣，故曰"其危乃光"。云"告自邑不利即戎"者，言邑人来告，不利于动兵出征，因动兵出征，所尚者唯武力，其所尚乃穷困之道，故曰"所尚乃穷"。云"利有攸往"者，因君子之势力再长，则小人去位，朝廷尽是君子，故有所往乃有利。盖《夬》卦下五爻皆为刚，只有上一爻为柔，刚再申长，则柔将消灭，而一卦终矣，此小人去位，朝廷尽是君子之象。故曰"刚长乃终"。

《象》曰：泽上于天，《夬》。君子以施禄及下，居德则忌。

居德，处于德也。忌当读为异，举而用之也。②《夬》之上卦为兑，下卦为乾。兑为泽，乾为天。然则《夬》之卦象是"泽上于天"，即泽岸断决，洪水滔天，是以卦名曰《夬》。按《象传》又以泽比民，以天比朝廷，以泽上于天比民登于朝廷之上，即国君举用民中之贤者，如尧举舜于畎亩，汤举伊尹于庖厨，武丁举傅说于板筑，文王举吕望于屠钓，齐桓公举宁戚于饭牛，秦穆公举百里奚于养牲等是。（上举诸例乃千载罕见之事，且不尽是史实。）君子观此卦象及卦名，从而施禄及于庶民，庶民能自处于德，君子则举而用之。此乃冲决用人唯亲、用人唯贵之旧藩篱。故曰："泽上于天，《夬》。君子以施禄及下，居德则忌。"

初九：壮于前趾，往不胜，为咎。

[经意] 壮借为戕，伤也。趾，足指也。足指在前，故曰前趾。人伤于前趾，有所往则不胜步趋之任，成为灾咎。

[传解] 与经意同。（《大壮》初九云："壮于趾，征凶。"《象传》释壮为强壮，与此不同，未可一概论之。）

《象》曰："不胜而往"，"咎"也。

九二：惕号，莫夜有戎，勿恤。

［经意］　惕，惧也。号，大呼。莫，古暮字。戎指寇兵。恤，忧也。爻辞言：恐惧而大呼，夜间有寇兵来，然亦勿忧，不足为患。

［**传解**］　与经意同。

《象》曰："有戎勿恤"，得中道也。

传意：爻辞云"……有戎，勿恤"，言有寇兵来亦勿忧，乃因其得正中之道，正义在己，御寇必胜，不足忧也。《象传》此释乃以九二之爻位为据。九二居下卦之中位，象人得正中之道。

九三：壮于頄，有凶。君子夬夬独行，遇雨若濡，有愠无咎。

［经意］　壮借为戕，伤也。頄，面颧也。夬借为趹。趹趹，急走之貌。王念孙曰："若犹而也。"濡，湿也。愠，不快意也。爻辞言：伤于面颧，是凶象。君子外出以避凶，急急独行，遇雨而衣裳湿，仅令人不快而已，无咎。

［**传解**］　夬夬，决决也，行事果决而又果决也。余与经意同。

《象》曰："君子夬夬"，终"无咎"也。

传意：爻辞云"君子夬夬独行……无咎"，言君子决决而独行，以避伤頄之凶，故终无咎也。

九四：臀无肤，其行次且，牵羊悔亡。闻言不信。

［经意］　肤，皮肉也。次且借为趑趄，行不进之貌。筮遇此爻，将受刑杖，臀部皮开肉脱，其行趑趄而难进，但牵羊献当权之人，则其悔可亡。又筮遇此爻，所闻之言不信实，乃谎言。

［**传解**］　前三句与经意同。"闻言不信"，谓听人之言而不相信，成为受刑杖之一种原因。

《象》曰："其行次且"，位不当也。"闻言不信"，聪不明也。

孔颖达曰："聪，听也。"《广雅·释诂》："聪，听也。"传意：爻辞云"臀无肤，其行次且"，言其人受刑杖。所以受刑杖乃因其所处之地位不当，即才德不称其职，或行事不尽其责，或处于不利之环境也。《象传》此释乃以九四之爻象爻位为据。九四为阳爻，居阴位（第四爻为阴位），是为"位不当"，象人所处之地位不当。爻辞云"闻言不信"，言其听人之言而不相信，乃因其听之不明，不知其为良言忠言也。传未释"牵羊悔亡"一句。

九五：苋陆夬夬中行，无咎。

[经意]　苋当作莧，形似而误。莧，山羊之细角者。陆借为踛，跳而驰也。夬夬借为趹趹，急走之貌。行，道路也。莧羊跳驰趹趹然于道路之中，乃自由驰骋之象，故筮遇此爻，无咎。

[传解]　传之读法是"苋陆夬夬"为一句，"中行无咎"为一句。《释文》："陆，蜀才作睦。"按传乃读苋为宽，读陆为睦。宽睦谓对人宽大和睦也。③夬夬，决决也，谓行事果决而又果决也。中，正也。行，行为。爻辞言：人对人宽大和睦，坚决做到，此乃正中之行为，故无咎。

《象》曰："中行无咎"，中未光也。

光借为广。（说见《坤卦》）传意：爻辞云"中行无咎"，言其人是正中之行，则无咎；正中之行，宜得吉利，而仅无咎者，以其正中之行犹未广大也。《象传》此释乃以九五之爻位为据。九五居上卦之中位，象人有正中之行。

上六：无号，终有凶。

[经意]　无当作犬，形似而误。号，哭号。古人以犬号为凶兆。《墨子·非攻》下篇："昔者三苗大乱，……犬哭乎市。"是其例。故爻辞言："犬号，终有凶。"

[传解]　《象传》所据本已作无号。号，《集解》引虞翻说，释为号令。盖合于传意。无号令者，谓君之号令不行于国，有号令而无人听从，因而谓之无号（犹有君而无人尊奉，因而谓之无君；有法而无人遵守，因而谓之无法）也。国无号令，其国必破亡，故终有凶。

《象》曰："无号"之"凶"，终不可长也。

不可长，其国不可长久。

[附考]　①卦辞："不利即戎。"即犹从也。《屯》六三："即鹿无虞。"《象传》曰："即鹿无虞，以从禽也。"正以从释即。《讼》九四云："复即命。"孔疏："即，就

也。"又曰："即,从也。"《左传》僖公二十四年："即聋从昧。"定公四年："用即命于周。"即并从义。即戎谓从军,将帅率兵出征,士兵入伍出征,皆谓之即戎。《论语·子路》篇："善人教民七年,亦可以即戎矣。"其义同。　②《象传》："君子以施禄及下,居德则忌。"亨按忌疑借为㞢。《说文》:"㞢,举也,从廾,已声(当作己声)。《虞书》曰:'岳曰:㞢哉。'(见《尧典》)"㞢即举而用之也。又忌亦可读为畁。忌、畁古通用。《书·秦誓》:"未就予忌。"《说文》引忌作畁。《左传》宣公十二年:"楚人惎之脱扃。"《说文》引惎作诌。即忌、惎、畁三字相通之证。《说文》:"畁,举也。"
"居德则忌",谓庶民自居于德,君子则举而用之。　③ 九五:"苋陆夬夬中行,无咎。"《释文》:"苋,一本作莧。陆,蜀才作睦。"《集解》引《虞翻》曰:"苋,说(悦)也。陆,和睦也。"此解似合于传意。但虞氏训苋为说,尚不确切。苋当作莧。《易》传乃读莧为宽(宽从莧声,二字古通用),读陆为睦(陆睦皆从坴声,二字古通用。蜀才本作睦,用本字)。宽睦谓对人宽大而和睦也。

《姤》第四十四

䷫（下巽上乾）

《姤》：女壮，勿用取女。

[经意] 《姤》，卦名。取借为娶。筮遇此卦，女虽已壮，亦勿娶之。

[传解] 《姤》，卦名，遇也。传释卦辞与经意同。

《彖》曰：《姤》，遇也，柔遇刚也。

此释卦名。《序卦》曰："《姤》者，遇也。"《杂卦》曰："《姤》，遇也，柔遇刚也。"并与《彖传》同。按姤当读为遘。《说文》："遘，遇也。"卦名之《姤》，其义为遇，谓"柔遇刚"，如女遇男，臣遇君等是。《姤》卦是一阴爻在下，五刚爻在上。阴为柔，阳为刚，然则《姤》之爻象是柔出而上进，所遇者皆刚，是以卦名曰《姤》。

"勿用取女"，不可与长也。

此释卦辞。卦辞云"女壮，勿用取女"，因娶女不可与之长久共处也。盖《姤》之爻象虽为刚柔相遇，但是一女而遇五男。一女而遇五男，或一女将嫁五男，或一女私通数男，其夫皆不能与之长久共处。

天地相遇，品物咸章也。刚遇中正，天下大行也。《姤》之时，义大矣哉。

此申释卦义。天地相遇，犹言天地相交。咸，皆也。章，盛也。①《姤》之卦象是刚柔相遇，以自然界言之，天地相遇，阳阴交流，则万种品物皆能盛长，故曰："天地相遇，品物咸章也。"此是《姤》卦之一义。其次，《姤》之九二为阳爻，为刚，居下位之中位，居臣位；九五为阳爻，为刚，居上卦之中位，居君位。是为"刚遇中正"。刚为君子，刚遇中正象君子分居君臣之位，各守正中之道。如此，则正中之道大行于天下矣。故曰："刚遇中正，天下大行也。"此是《姤》卦之又一义。但天地相遇，在循其时序。则遇中正，在合乎时宜。遇而得时，其意义甚大。故曰："《姤》之时，义大矣哉。"

《象》曰：天下有风，《姤》。后以施命诰四方。

后，君也。诰，告也。《姤》之上卦为乾，下卦为巽。乾为天，巽为风。然则《姤》之卦象是"天下有风"。天下有风，遍吹万物，风与万物相遇，是以卦名曰《姤》。按《象传》又以天比君，以风比教令，以天下有风比君在上施其教令于臣民。国君观此卦象及卦名，从而施其教令，以告四方。故曰："天下有风，《姤》。后以施命诰四方。"

初六：系于金柅，贞吉。有攸往见，凶，羸豕孚蹢躅。

[经意] 金，黄铜。柅，织布帛之一种工具，缠线于其上，线之一端系于机。此物东北人呼为"闹子"，闹即柅之转音。贞，占问。羸借为縲，以绳系之也。孚读为捊，牵引也。蹢躅，住足不进之貌。爻辞言：线系于金柅，是细弱之线依附于坚刚之金柅，正如奴隶依附于奴隶主贵族，是吉利。故占得此爻则吉。但奴隶逃亡，另有投奔，则凶。因将被奴隶主捉回，如豕走逸，被人捉回，以绳系而牵引之，豕住足而不进，终入圈牢或被屠杀，岂不凶哉。

[**传解**] 贞，正也。"系于金柅，贞吉"，比喻细弱之人依附于尊贵之人，能持正不邪乃吉也。余与经意同。

《象》曰："系于金柅"，柔道牵也。

传意：爻辞云"系于金柅，贞吉"，线为柔物，金柅为刚物，线系于金柅，是柔物被牵于刚物。以喻人与人之关系，则是柔者被牵于刚者，柔道被牵于刚道，遇事甚难自主，故柔者能持正乃吉。（若不能持正，一味顺从，则必同恶合污，是凶矣。）《象传》此释乃以初六及九二之爻象爻位为据。初六为阴爻，为柔；九二为阳爻，为刚。初六在九二之下，象柔者受刚者之控制。

九二：包有鱼，无咎，不利宾。

[经意]《释文》："包本亦作庖。下同。"按包借为庖，厨也。宾，作

客也。厨中有鱼，家尚小康，自无咎。在家既有鱼可食，则不利于出外作客。

　　［**传解**］　宾，客人也。不利宾，谓不以鱼待客人。余与经意同。

　　《象》曰："包有鱼"，义不及"宾"也。

　　义读为宜。（说见《需》卦）传意：爻辞云"包有鱼……不利宾"，言庖中有鱼，而无牛羊豕之肉，不可请客人，鱼宜自食，不宜及于宾也。

　　九三：臀无肤，其行次且，厉，无大咎。

　　［**经意**］　肤，皮肉也。次且借为越趄，行不进之貌。厉，危也。筮遇此爻，将受刑杖，臀部皮开肉脱，其行越趄而难进，自是危险，但此乃轻刑，不为大咎。

　　［**传解**］　与经意同。

　　《象》曰："其行次且"，行未牵也。

　　传意：爻辞云"臀无肤，其行次且，厉，无大咎"，言其人虽受刑杖，而未被拘系，其行非有人以绳牵引之，故危而无大咎也。

　　九四：包无鱼，起凶。

　　［**经意**］　包借为庖。起疑借为熙，戏也，游荡也。②庖中无鱼，家已贫困，而仍不勤奋，玩戏游荡，是凶矣。（起凶，汉帛书《周易》作"正凶"，即征凶，言出征则凶。）

　　［**传解**］　与经意同。

　　《象》曰："无鱼"之"凶"，远民也。

　　传意：爻辞云"包无鱼，起凶"，指贵族而言。贵族当在其位而有其民之时，民供之牛羊豕鱼，以充其庖厨；今贵族之庖中，不唯无牛羊豕，而竟无鱼，则是失其位，远其民矣。其所以失位远民，乃以其玩戏游荡而招此凶祸也。《象传》此释乃以九四之爻象爻位为据。九四为阳爻，为刚，居阴位（第四爻为阴位），是为刚失位，象贵族失其统治地位。失其位则远其民矣。

　　九五：以杞包瓜，含章，有陨自天。

　　［**经意**］　杞借为芑。芑，白苗嘉谷也，又名白粱粟。包，裹也。含借

为伐，胜也。章借为商。伐商，谓周武王克商。（说见《坤》卦）有陨其也。陨，坠也，灭也。爻辞言：殷纣宠妲己，囚戮忠臣，以博妲己之欢，残虐万民，以满妲己之欲，正如割下可以养人之苴谷，用包不能充饥之甘瓜，宜其招天帝之罚。所以武王克商，商之陨灭乃出于天意。

[传解]　含章，内心含有文章。其余字义与经意同。爻辞言：国君摧残良辅庶民，以豢养宠妾幸臣，正如以苴包瓜，含有文章之士被害陨亡，亦是出于天命。

《象》曰："九五""含章"，中正也。"有陨自天"，志不舍命也。

亨按不当读为否。否，闭塞不通也。舍借为捨。"志不舍命"，即志否捨命，谓其志闭塞不得行，则舍弃生命也。③传意：爻辞云"含章，有陨自天"，"含章"者，有正中之德也。文章以正中之德为质，人有正中之德，而后成其文章之美。"有陨自天"者，事昏暴之君，正中之志闭塞不得行，故舍弃生命而陨亡也。《象传》"中正"之说乃以九五之爻位为据。九五居上卦之中位，象人有正中之德。

上九：姤其角，吝，无咎。

[经意]　姤借为遘，遇也。吝，难也。遇兽之角，为其所触，乃逢艰难，故吝；然仅是遇之，未被触伤（爻辞未言触伤），故无咎。此乃比喻遭恶人之攻击，未受伤害。

[传解]　与经意同。

《象》曰："姤其角"，上穷"吝"也。

传意：爻辞云"姤其角，吝"，言在上位者遭恶人或敌国之攻击，如遇兽角，陷于穷困，处于艰难也。《象传》此释乃以上九之爻象爻位为据。上九为阳爻，为刚，居一卦之上位，象人处于上位；上九又居一卦之尽头，象人处于穷困之境。

[附考]　①《彖传》："天地相遇，品物咸章也。"亨按章者，盛也。《吕氏春秋·审时》篇："得时之稼，其臭香，其味甘，其气章。"高注："章，盛也。"又《本生》篇："万物章章。"章章亦众盛之貌。此章有盛义之证。　②九四："包无鱼，起凶。"包借为庖。起，余初读为圮，毁也，指庖厨毁坏，可通。今按起亦可读为熙。起、

熙皆从已得声，可通用。《淮南子·俶真》篇："鼓腹而熙。"《人间》篇："臣不敢以死为熙。"《说山》篇："则搏矢而熙。"高注并曰："熙，戏也。"然则熙乃玩戏游荡之义。"庖无鱼，熙凶"，言庖中无鱼，家已贫困，而仍玩戏游荡，则凶也。　　　③《象传》："'有陨自天'，志不舍命也。"亨按不当读为否。不、否通用，古书常见。本书《师》初六曰："师出以律，否臧凶。"《音训》引晁氏曰："否，刘、荀、陆、一行作不。"此其例证见于本书者。否即《否》卦之否，闭塞不通也。《论语·雍也》篇："予所否者，天厌之。"（《吕氏春秋·贵因》篇高注引，否作不。）此否字即闭塞不通之义。舍借为捨。舍命即捨生命。"志不舍命"即志否捨命，言其志闭塞不得行，则舍弃生命而死也。

《萃》第四十五

☷ ☱（下坤上兑）

《萃》：亨，王假有庙。利见大人。亨，利贞，用大牲吉。利有攸往。

[经意]《萃》，卦名。亨即享字，祭也。有犹于也。贞，占问。筮遇此卦，可举行享祭，王亲至于庙；利于见大人；又可举行享祭，乃有利之占问，享祭用大牲则吉；利于有所往。

[传解]《萃》，卦名，聚也。上亨字，传亦读为享。下亨字，通也。贞，正也。余与经意同。

《彖》曰：《萃》，聚也。顺以说，刚中而应，故聚也。

此释卦名。《序卦》曰："《萃》者，聚也。"《杂卦》曰："《萃》，聚。"并与《彖传》同。《萃》之卦象、爻象有萃聚之义，故卦名曰《萃》。《萃》之下卦为坤，上卦为兑。坤，顺也；兑，说（悦）也。然则《萃》之卦象是"顺以说"，即其人所行顺乎人心，而他人喜悦之。他人喜悦，则聚于其人之左右，此是《萃》之卦象含有聚义。其次，《萃》之九五为阳爻，为刚，居上卦之中位，是为"刚中"。六二为阴爻，为柔，居下卦之中位。两爻是同位爻。六二之柔应和九五之刚，是为"应"。刚中而应，象君上守正道，臣下以正道应和之。君上守正道，臣下以正道应和，则聚于其人之左右，此是《萃》之爻象含有聚义。要之，君上顺人心而他人喜悦，守正道而他人应和，故聚也。

"王假有庙"，致孝享也。"利见大人亨"，聚以正也。"用大牲吉，利有攸往"，顺天命也。

此释卦辞。"王"上疑脱"亨"字。[①]郭京本"聚以正也"上有"利贞"二字。是也。[②]传意：卦辞云"亨，王假有庙"，亨，享也。此言王致其孝祖之享祭也。云"利见大人。亨，利贞"，亨，通也；贞，正也；此言利见大人而得亨通，因其与大人相聚以正，非以私邪，故利也。云"用大牲吉，利有攸往"，言用大牲以祭天，顺天命以行事，得天之保佑也。

观其所聚，而天地万物之情可见矣。

此申释卦义。《乾文言》曰："同声相应，同气相求，水流湿，火就燥，云从龙，风从虎，圣人作而万物睹，本乎天者亲上，本乎地者亲下，则各从其类也。"《系辞》上曰："方以类聚，物以群分，吉凶生矣。"然则观天地万物之所聚，可以知其同异吉凶之情况矣。

《象》曰：泽上于地，《萃》。君子以除戎器，戒不虞。

《集解》引虞翻曰："除，修；戎，兵也。"除戎器即修治兵器。《尔雅·释言》："虞，度也。"不虞谓不能度料之事，即意外之患。《萃》之上卦为兑，下卦为坤。兑为泽，坤为地。然则《萃》之卦象是泽上于地。泽上于地，是泽水聚汇上涨，横流于地上，形成意外之水灾，是以卦名曰《萃》。按《象传》以泽比民，以泽上于地比庶民聚众起义，暴动于国内，造成意外之患。君子观此卦象及卦名，从而修治兵器，以戒备意外之变乱。故曰："泽上于地，《萃》。君子以除戎器，戒不虞。"

初六：有孚不终，乃乱乃萃若号，一握为笑，勿恤，往无咎。

［经意］　孚，罚也。乱，精神错乱。萃借为瘁，病也。若犹而也。号，哭号。握，汉帛书《周易》作屋，按握借为屋。恤，忧也。爻辞言：某人将受君上之罚，而终未罚之。其人大恐，发疯、得病而哭号，一屋之人皆笑之。然勿忧也，向前往仍无咎。此似一古代故事。

［传解］　孚，信也。萃，聚也。余与经意同。爻辞言：某人有信而不终，中途食言，结果不利，其人乃发疯，乃与家人相聚而哭号（其人哭号，非全家哭号），一屋之人皆笑之。然勿忧也，向前往仍无咎。传亦似认为此是一古代故事。

《象》曰："乃乱乃萃"，其志乱也。

志乱，神志错乱。

六二：引吉，无咎，孚乃利用禴。

[经意]　引当作弘，形似而误。殷虚卜辞常云"弘吉"，可证。弘，大也。（闻一多说同）孚，忠信也。禴，祭名，仅用饭菜等，不用大牲，祭之俭约者也。爻辞言：筮遇此爻，大吉无咎。人以忠信对鬼神，乃利于举行禴祭。（郭沫若说："孚恐即俘字。古金文俘字均作孚。"然则"孚乃利用禴"，谓有俘虏以为人牲，则利于禴祭。）

[传解]　与经意同。

《象》曰："引吉无咎"，中未变也。

引亦弘字之误。中，正也。传意：爻辞云"弘吉，无咎"，因其人之行为正直，坚持而未改变也。《象传》此释乃以六二之爻位为据。六二居下卦之中位，象人守正直之道。

六三：萃如嗟如，无攸利，往无咎，小吝。

[经意]　萃借为瘁，病也。嗟，叹也。吝，难也。爻辞言：人有病而叹息，是无所利，但向前往仍无咎，仅有小小之艰难。

[传解]　萃，聚也。"萃如嗟如"，谓人相聚叹息。余与经意同。

《象》曰："往无咎"，上巽也。

上读为尚。（参见《小畜》卦）巽，伏从也。传意：爻辞云"往无咎"，以其重尚伏从君上也。《象传》此释乃以六三及九四之爻象爻位为据。六三为阴爻，九四为阳爻。六三居九四之下，象臣民伏服君上。

九四：大吉无咎。

[经意]　筮遇此爻，大吉无咎。

[传解]　与经意同。

《象》曰："大吉无咎"，位不当也。

传意：爻辞云"大吉无咎"，言其事本大吉，而结果仅无咎，乃因其人所处之地位不适当，如才德小而职位高，环境对己不利等是也。《象传》此释乃以九四之爻象爻位为据。九四为阳爻，居阴位（第四爻为阴位），是为位不当，象人处于不适当之地位。

九五：萃有位，无咎。匪孚，元。永贞悔亡。

[经意]　萃借为瘁，病也。有犹于也。匪读为非，不也。孚，罚也。

元，大也。"元"下当有"吉"字，转写误脱。贞，占问。永贞，占问长期之吉凶。爻辞言：劳瘁于其职位，自无咎。治民不用刑罚，则大吉。如此，占问长期之吉凶，则悔亡。

[传解]　萃，聚也。匪读为裴。《说文》："裴，辅也。"[③]孚，信也。传所据本"元"下当有"吉"字。元亦大也。贞，正也。爻辞言：群臣百官萃聚于其职位，分工合作，则无咎。相辅相信，则大吉。永远贞正，则悔亡。

《象》曰："萃有位"，志未光也。

传意：爻辞云"萃有位，无咎"，群臣百官萃聚于其职位，未至于吉利，而仅无咎者，因其志尚未光明也。

上六：赍咨涕洟，无咎。

[经意]　赍，持也。咨，《集解》本作资。按咨借为资，财也。涕洟，涕即眼泪，洟即鼻涕，此处均用为动词，谓流眼泪，出鼻涕。爻辞言：贵族失位，携持货财，哭泣而奔它方，诚为不吉之象，然尚有货财，可过安闲生活，故无咎。（又一解：赍资涕洟是吊丧之象，往吊他人之丧事，必持财物以赠之，哭泣以表示哀悼。吊丧凶在他人，不在自家，故无咎。）

[传解]　与经意同。

《象》曰："赍咨涕洟"，未安上也。

传意：爻辞云"赍咨涕洟"，言贵族大官被迫被逐，不安于上位，故持货财，哭泣而远行也。《象传》此释乃以上六之爻位为据。上六居一卦之上位，又居一卦之尽头，象人处于上位，又处于穷困之境。

[附考]　①卦辞："亨，王假有庙。"《彖传》："'王假有庙'，致孝享也。"《释文》："亨，王肃本同，马、郑、陆、虞等并无此字。"《集解》本亦无亨字。亨按经文当有亨字，亨即享字，祭也。"享王假有庙"，谓举行享祭，王亲至祖庙也。"王假有庙"乃承"亨"字而言，则经文当有亨字，明矣。传文"王假有庙"上亦当有"亨"字，盖转写误脱。此亨字传亦读为享（《易传》有此例）。其文曰："致孝享也。"正以享释经文之亨。《彖传》重举经文，例不省字（与《象传》不同），则传文亦当有亨字，明矣。　②卦辞："利见大人。亨，利贞。"《彖传》："'利见大人亨'，聚以正也。"

《集解》本"聚以正也"下有"利贞"二字。郭京本"聚以正也"上有"利贞"二字。
王引之曰："《集解》引虞翻释彖辞（王称卦辞为彖辞，下同）曰：'……故利见大人亨
利贞，聚以正也。'虞氏释彖辞，多并举传文：如释《蒙》彖辞'童蒙求我'曰：'故
童蒙求我，志应也。'释《大畜》彖辞'利涉大川'曰：'故利涉大川，应乎天也。'释
《坎》彖辞'行有尚'曰：'故行有尚，往有功也。'此类匪一。然则释此卦彖辞而云：
'故利见大人亨利贞，聚以正也。'即是《彖传》之文。盖所见本'聚以正也'上有
'利贞'二字也。贞训为正，故曰：'利贞，聚以正也。'犹《大壮彖传》曰：'大壮利
贞，大者正也。'《既济彖传》曰：'利贞，则刚柔正而位当也。'虞本为长。……《集
解》'利贞'在'聚以正也'之下，亦失其次。岂有先释其义，后举其辞者乎。盖写者
错乱耳。"按王说是也。传文"利见大人亨利贞"，乃重举经文，"聚以正也"，乃释经
文。《彖传》重举经文，例不省字，则"聚以正也"上当有"利贞"二字，明矣。郭本
可从。　　③九五："匪孚，元。""元"下当有"吉"字。依传例，孚当训信，则匪当
读为棐。匪棐皆从非声，古通用。《孟子·滕文公》下："筐厥玄黄。"孙奭《音义》筐
作匪。《书·禹贡》："厥篚织文。"《汉书·地理志》引篚作棐。即其证。《说文》："棐，
辅也。"《尔雅·释诂》："棐，俌也。"俌与辅同。匪孚即棐孚，谓相辅助，相信任也。

《升》第四十六

䷭（下巽上坤）

《升》：元亨。用见大人，勿恤。南征吉。

[**经意**]《升》，卦名。元，大也。亨即享字，祭也。《释文》："用见，本或作利见。"汉帛书《周易》亦作利见。当据改。恤，忧也。筮遇此卦，可举行大享之祭；利于见大人，不必忧虑，将有益处；南征吉。

[**传解**]《升》，卦名，上升也。元，大也。亨，美也。言人有元大、亨美之德，则利见大人，勿忧，南征吉。

《彖》曰：柔以时升，巽而顺，刚中而应，是以大"亨"。

《彖》今本作《象》。《校勘记》曰："石经、岳本、宋本、闽、监本、古本、足利本，《彖》作《象》。按《象》字误也。"《集解》本亦作《彖》。今据改。此释卦名及卦辞之"元亨"。本卦名《升》而卦辞云"元亨"者，《升》，上升也。元，大也。亨，美也。升之初爻为阴，为柔，四、五、上三爻亦为阴爻，为柔。柔由初爻上升至四爻，至五爻，至上爻。然则《升》之爻象是"柔以时升"，象臣吏之地位以时上升，是以卦名曰《升》。其次，《升》之内卦为巽，外卦为坤。巽，巽也，谦逊也；坤，顺也。然则《升》之卦象是"巽而顺"，谓人谦逊而又柔顺也。再次，《升》之九二为阳爻，为刚，居下卦之中位，是为"刚中"。六五为阴爻，为柔，居上卦之中位。两同位爻刚柔相应，是为"应"即柔应刚。然则《升》之爻象又是"刚中而应"，象君守正中之道，臣应和之也。综之，《升》之卦爻象乃是臣之地位上升，谦逊而柔顺，君守正道，臣应和之，则其事业元大而亨美，是以卦辞曰"元亨"。

"用见大人勿恤"，有庆也。"南征吉"，志行也。

此继释卦辞。用见亦当作利见。有庆，有喜庆之事。志行，目的得达。

《象》曰：地中生木，《升》。君子以顺德，积小以高大。

顺，遵循也。《释文》："以高大，本或作以成高大。"《集解》本亦有成字。按有成字文意较顺，但无成字亦通。《升》之外卦为坤，内卦为巽。坤为地，巽为木。然则《升》之卦象是"地中生木"。地中生木，由矮而高，由小而大，是逐渐升长之过程，是以卦名曰《升》。君子观此卦象及卦名，认为人之美德正如木之逐渐升长，从而遵循美德，积微小，上升至高大。故曰："地中有木，《升》。君子以顺德，积小以高大。"

初六：允升，大吉。

[**经意**] 允，进也。进而上升，自是大吉。（于省吾曰："允者，信然之辞。甲骨卜辞与事实相符每言允。《殷虚书契精华》二页：'王固曰：其业（有）来嬉（艰），三至九日辛卯，允业来嬉。'《殷虚书契前编》卷六五十五页：'翌癸亥其雨，癸亥允雨。'此例习见。然则允升者，信乎其升也。"）

[**传解**] 与经意同。

《象》曰："允升大吉"，上合志也。

上读为尚。（说见《小畜》卦）合志，符合志愿。

九二：孚乃利用禴，无咎。

[**经意**] 孚，忠信也。禴，祭名，仅用饭菜等，不用大牲，祭之俭约者也。人以忠信对鬼神，乃利于举行禴祭，可无咎。（郭沫若说："孚恐即俘字。古金文俘字均作孚。"然则"孚乃利用禴"，谓有俘虏以为人牲，则利于禴祭。）

[**传解**] 与经意同。

《象》曰："九二"之"孚"，有喜也。

传意：爻辞云"孚乃利用禴"，言人以忠信对鬼神，得鬼神之保佑，从而有喜庆之事也。

九三：升虚邑。

[**经意**] 虚，大丘也。虚邑，邑在大丘之上者也。升于虚邑，当是吉利之象。

[**传解**] 与经意同。

《象》曰："升虚邑"，无所疑也。

传意：爻辞云"升虚邑"，言其能高瞻远瞩，周围环境，一览无余，所见甚明，无所疑惑也。此喻人立在高处观察问题，则认识明确。

六四：王用亨于岐山，吉，无咎。

［经意］　王，周王。亨即享字，祭也。岐山，西周境内之山名，在今陕西岐山县东北。筮遇此爻，王以享祭岐山之神，吉而无咎。

［传解］　与经意同。（此亨字传亦读为享）

《象》曰："王用亨于岐山"，顺事也。

顺借为慎。事，祭事也。（古书常见）传意：爻辞云"王用亨于岐山，吉，无咎"，言王能敬慎于祭事，故享祭岐山，得神之保佑，吉而无咎也。

六五：贞吉，升阶。

［经意］　贞，占问。占得此爻，则吉，其人之地位或事业如升阶之步步上进。

［传解］　贞，正也。人之志行正，则吉。"升阶"义与经意同。

《象》曰："贞吉升阶"，大得志也。

上六：冥升，利于不息之贞。

［经意］　冥，夜也。息，休止也。贞，占问。人在夜间，仍进行学习，进行工作，力求上升，自是有利。其利在于前进而不休止。故占得此爻，利于前进不息。

［传解］　贞，正也。"利于不息之贞"，谓其利在其所努力不息者是正道。（若非正道，冥夜以钻研异端之学，进行邪僻之事，则不但不利，而且凶矣。）余与经意同。

《象》曰："'冥升'"在上，消不富也。

亨按富字义可通，但不确切。疑富当借为福。①传意：爻辞云"冥升，利于不息之贞"，言在上位者冥夜不息，以求上升，其所努力者是正道，则可消灭不福而得福也。《象传》在上之说乃以上六之爻位为据。上六居一卦之上位，象人处于上位。

［附考］　①《象传》："'冥升'在上，消不富也。"亨按富当借为福。福、富古通用。《谦彖传》曰："鬼神害盈而福谦。"《释文》："福，京本作富。"即本书福富通用之证。

周易大传今注卷四

《困》第四十七

䷮（下坎上兑）

《困》：亨。贞大人吉，无咎。有言不信。

[经意]《困》，卦名。亨即享字，祭也。贞，占问。大人，贵族之通称。筮遇此卦，可举行享祭；大人有所占问，吉而无咎；他人有言，其言不诚信。

[传解]《困》，卦名，窘也，穷也。亨，美也。贞，正也。大人，才德高之人。有言不信，我有言他人不相信。卦辞言：人处于困境，而有美德，志行正，则大人吉而无咎；勿多言，有言他人不相信。

《彖》曰：《困》，刚揜也。险以说，困而不失其所，"亨"，其唯君子乎。

此释卦名及卦辞之"亨"。《释文》："揜，本作掩，虞作弇。"《集解》本亦作弇。揜、弇、掩古通用。《说文》："弇，盖也。掩，覆也。"今揜盖之揜均用掩字。刚掩，刚被柔所掩盖也。《困》之下卦为坎，上卦为兑。坎为阳卦，为刚；兑为阴卦，为柔。然则《困》之卦象是刚伏于下，柔覆于上，刚被柔所掩盖。此象有才德之君子被无才德之小人所掩盖，处于困窘之境，是以卦名曰《困》。其次，坎，险也；兑，说（悦）也。然则《困》之卦象又是险以悦，即人在危险之中，而对人和悦。人处于困窘之境，在危险之中，能对人和悦，虽困而不失其所，是为美德，是以卦辞曰"亨"。然能如此者，其唯君子乎。

"贞大人吉"，以刚中也。"有言不信"，尚口乃穷也。

此继释卦辞。卦辞云"贞大人吉"者，言志行正，大人乃吉也。《困》之九二为阳爻，为刚，居下卦之中位，九五为阳爻，为刚，居上卦之中位，是为刚中。大人为刚，然则《困》之爻象是大人得正中之道也。云"有言不信"者，言其人有言而他人不相信，以其尚口谈，自致穷困也。《困》之上卦为兑，下卦为坎。兑为口，坎为水。然则《困》之卦象是口谈如流水，即所谓"口若悬河"也。

《象》曰：泽无水，《困》。君子以致命遂志。

致命犹授命也。《论语·子张》篇："士见危致命。"《宪问》篇："见危授命。"是其证。致命、授命即舍弃生命之意。《广雅·释诂》："遂，行也。"遂志即行其志愿。《困》之上卦为兑，下卦为坎。兑为泽，坎为水。然则《困》之卦象是水在泽下，即水渗入泽底之地下，泽中无水。泽中无水，则泽中之水草枯，鱼类死，水草鱼类处于困境，是以卦名曰《困》。君子观此卦象及卦名，当处穷困之时，有处穷困之道，其身愈困，其志愈坚，临难不苟免，见危不曲全，从而舍弃生命以行其志愿。故曰："泽无水，《困》。君子以致命遂志。"

初六：臀困于株木，入于幽谷，三岁不觌。

[经意] 株木，木棍也，指官吏所用之刑杖。幽，暗也。幽谷指牢狱，牢狱黑暗如幽谷。觌，见也。觌下，汉帛书《周易》有凶字，当据补。爻辞言：其人之臀部受刑杖而困于株木，又被囚而入于牢狱，三年不见其人，是凶矣。

[传解] 与经意同。

《象》曰："入于幽谷"，幽不明也。

九二：困于酒食，朱绂方来，利用享祀。征凶。无咎。

[经意] "困于酒食"，饮酒过量，食过饱，以致病困也。朱，丹红色。绂，今称蔽膝，缝在长衣之膝前以为饰。周代天子朱绂，诸侯及王朝之公卿亦朱绂，由天子命之。"困于酒食，朱绂方来"，言其人为酒食所困，由于天子方赐以朱绂，设宴庆贺，大乐而醉饱过分。此是吉象。又筮遇此爻，利于举行享祭，但出兵征伐则凶。"无咎"二字疑是衍文。

[传解] 与经意同。

《象》曰："困于酒食"，中有庆也。

中，正也。传意：爻辞云"困于酒食"，困其人志行正，受天子朱绂之赐，有喜庆之事也。《象传》此释乃以九二之爻位为据。九二居下卦之中位，象人守正中之道。

六三：困于石，据于蒺藜，入于其宫，不见其妻，凶。

[经意] "困于石"，行路被石绊倒也。蒺藜，木名，有刺。"据于蒺藜"，手抓在蒺藜之上也。宫，室也。爻辞言：人粗心大意，遇小阻难而跌倒，而攀附险恶之小人，正如行路而绊于石，手抓在蒺藜之上，则其妻将被人骗劫，入于其室，不见其妻，是凶矣。

[传解] 与经意同。

《象》曰："据于蒺藜"，乘刚也。"入于其宫，不见其妻"，不祥也。

乘刚，柔乘刚，乘谓攀附也。传意：爻辞云"据于蒺藜"，人之手为柔物，蒺藜为有刺之刚物，手攀附蒺藜，则被其所伤，以喻弱者攀附豪强险恶之人，则被其所伤也。云"入于其宫，不见其妻"，言其攀附之结果是不吉祥也（以不祥释经文凶字）。《象传》此释乃以六三及九二之爻象爻位为据。六三为阴爻，为柔；九二为阳爻，为刚。六三居九二之上，是为柔乘刚，象柔物攀附刚物，弱者攀附强者。(《系辞》下："《易》曰：'困于石，据于蒺藜，入于其宫，不见其妻，凶。'子曰：'非所困而困焉，名必辱；非所据而据焉，身必危。既辱且危，死期将至，妻其可得见耶。'")

九四：来徐徐，困于金车，吝，有终。

[经意] 徐徐，迟缓也。金车，以黄铜镶其车辕衡等处，车之华贵者。此金车象征乘金车之贵人。"困于金车"，谓受贵人之困阻。吝，难也。终，古语谓好结果为终。(说见《比》卦) 爻辞言：其人之来也迟缓，因受贵人之困阻，遭遇吝难，但尚有好结果。

[传解] 与经意同。

《象》曰："来徐徐"，志在下也。虽不当位，有与也。

下，卑下之地位。与，助也。(说见《贲》卦) 传意：爻辞云"来徐徐，困于金车，吝，有终"，言其人来则徐徐，不求速进，志在做小官，居下位也。虽受乘金车之贵人之迫害，遭遇咎难，未得适当之地位，然因其谦卑，有人助之，故有好结果也。《象传》"志在下"之说，乃以九四及九五之爻象爻位为据。九四及九五皆为阳爻，为刚。九四居九五之下，象小官甘居大官之下。《象传》"不当位"之说乃以九四之爻象爻位为据。九四为阳爻，居阴位（第四爻为阴位），是为不当位，象人处于不适当之地位。

九五：劓刖，困于赤绂，乃徐有说，利用祭祀。

[**经意**]《释文》："劓刖，荀、王肃本作臲卼，云'不安貌'。陆同。"按臲卼当作臲卼，字有误。臲卼，危而不安也（字皆从危）。劓刖乃借为臲卼耳。赤绂，赤色之蔽膝，大夫所服，此赤绂象征服赤绂之大夫。"困于赤绂"，谓受大夫之困迫。说读为脱。爻辞言：其人处于危险之境，乃因受大夫之困迫，但可徐徐脱离危险，举行祭祀，以祈鬼神保佑，则利。

[**传解**]与经意同。

《象》曰："劓刖"，志未得也。"乃徐有说"，以中直也。"利用祭祀"，受福也。

王引之曰："直者，正也。"（说见《同人》卦）传意：爻辞云"劓刖"，言其人不得志，尚处于危险之境也。云"乃徐有说"，因其人正直，故徐徐脱离危险也。云"利用祭祀"，言祭祀则得鬼神保佑而受福也。《象传》"中直"之说乃以九五之爻位为据。九五居上卦之中位，象人守正中之道。

上六：困于葛藟，于臲卼，曰动悔有悔，征吉。

[**经意**]以六三爻辞例之，此文当作"困于葛藟，据于臲卼"，脱一据字。葛藟，葛蔓也。臲卼，《说文》引作槷黜，是本字，小木橛也。曰，发语词。有读为又。爻辞言：人行路被葛蔓绊倒，手抓在小木橛之上，此犹人受挫折于小阻难，依附于渺小人物，则其动悔而又悔矣。但出兵征伐，仅遇到似葛蔓之小小阻难，甚易铲除，故吉。（或曰："下于字衍。臲卼，不安也。"或曰："下于字犹以也。臲卼，不安也。"）

[**传解**]与经意同。但谓悔而知戒，故征吉。

《象》曰："困于葛藟"，未当也。"动悔有悔"，"吉"行也。

孔颖达曰："吉行者，知悔而征，行必获吉也。"传意：爻辞云"困于葛藟……"，言葛蔓微物，人不当被彼所困，而竟被困也。云"曰动悔有悔，征吉"，言其悔迭至，则惩小戒大，惩前毖后，其征伐之行乃吉也。综合言之，人以轻忽小事，故困于小小障碍，招来屡次之悔；又以招悔而加强警惕，故取得大事之胜利。

《井》第四十八

䷯（下巽上坎）

《井》：改邑不改井，无丧无得。往来井，井汔至，亦未繘井，羸其瓶，凶。

［经意］《井》，卦名。邑，古称小村小镇亦曰邑，《论语·公冶长》篇"十室之邑"即其例。汔，水竭。至借为窒，塞也。繘借为矞，穿也。羸借为儡，毁也。卦辞言：改建其邑，不改造其井，无失无得。若众人往来井上以汲水，井水已竭，为泥所塞，不穿其井，而毁其瓶，则无汲水之处，又无汲水之器，是凶矣。

［传解］《井》，卦名，汲水之井也。解卦辞与经意同。

《彖》曰：巽乎水而上水，《井》。井养而不穷也。

此释卦名。亨按巽上当有木字，转写脱去。①巽，入也。井之下卦为巽，上卦为坎。巽为木，又为入；坎为水。然则《井》之卦象是木入于水，使水上升，即以木瓶（古谓之瓮，今谓之罐，或用木条编成，或用木板制成）投入井中，汲水上升，是以卦名曰《井》。故曰："木巽乎水而上水，《井》。"井水所以养人，众人汲之而水不尽，故曰："井养而不穷也。"

"改邑不改井"，乃以刚中也。"往来井，井汔至，亦未繘井"，未有功也。"羸其瓶"，是以凶也。

此释卦辞。王弼本无"往来井井"四字，《集解》本有，是也，今据补。刚中，井中之四壁坚刚也（井壁多用石或砖砌成）。卦辞云"改邑不改井"者，乃以井中之四壁坚刚尚未损坏也。云"往来井，井汔至，亦未繘井"者（旧读"往往井井"为一句，误），言井已水竭而泥塞，而不穿之，则对人未有功用也。云"羸其瓶，凶"者，言毁其瓶，则又无汲水之具，将无水可供饮食，是以凶也。《象传》"刚中"之说乃以《井》卦之爻象爻位为据。《井》之九二为阳爻，为刚，居下卦之中位，九五亦为阳爻，为刚，居上卦之中位，是为刚中，象井中之四壁坚刚。

《象》曰：木上有水，《井》。君子以劳民劝相。

王弼曰："相犹助也。"《集解》引虞翻曰："相，助也。"《井》之下卦为巽，上卦为坎。巽为木，坎为水。然则井之卦象是木上有水。以木瓶入井汲水，亦是木上有水。是以卦名曰《井》。造井必须民众共同劳动，协作互助，始能同享井之利益。君子观此卦象及卦名，从而在劳民之时，劝民互助。故曰："木上有水，《井》。君子以劳民劝相。"

初六：井泥不食。旧井无禽。

[经意] 旧井之井，谓捕兽之陷井，陷井它书多作陷阱，古无阱字，只作井。禽，兽也。爻辞言：汲水之井有泥，则其水不可食；捕兽之井破旧，则不可得兽。此盖以不可用之两种井比喻不可用之人。

[传解] 与经意同。

《象》曰："井泥不食"，下也。"旧井无禽"，时舍也。

舍借为捨。传意：爻辞云"井泥不食"，乃因井之位置低下，井外之泥得入井中也。云"旧井无禽"，言其时已舍弃而不用也。《象传》"下也"之说乃以初六之爻位为据。初六居一卦之下位，象井之位置低下。

九二：井谷射鲋，瓮敝漏。

[经意] 井谷犹井口也。山口出水谓之谷，故井口谓之井谷。鲋，小鱼名。瓮，汲水瓶。敝，破也。爻辞言：从井口以弓矢射井中之小鲋鱼，不能中鱼，反而穿其瓮，瓮以破漏矣。此比喻人行事所用之手段不适合客观条件，以致失败。

[传解] 与经意同。

《象》曰："井谷射鲋"，无与也。

无与犹无益也。与可训助（说见《贲》卦），助可训益。《论语·先进》篇："回也非助我者也。"《集解》引孔曰："助犹益也。"然则与可训益矣。

九三：井渫不食，为我心恻。可用汲，王明并受其福。

　　［经意］ 渫，水清洁也。恻，悲也。用，以也。并，俱也。爻辞作者言：井水清洁而人不食，犹贤人有清德美才而国王不用，此乃我心悲痛之事。井水可以汲，犹贤人可以用，国王明察，能知贤而用贤，则王与臣民俱受其福矣。

　　［传解］ 与经意同。

　　《象》曰："井渫不食"，行"恻"也。求"王明"，"受福"也。

　　行恻，其行可悲也。

　　六四：井甃，无咎。

　　［经意］ 甃，以砖或石砌井壁也。井甃则水长清，人食之无害，故无咎。

　　［传解］ 与经意同。

　　《象》曰："井甃无咎"，脩井也。

　　《集解》本脩作修。按脩借为修。

　　九五：井洌寒泉，食。

　　［经意］ 洌，清也。此言因泉造井，井水清，泉水寒，则食之。此比喻贤人有清德美才则用之。

　　［传解］

　　《象》曰："寒泉"之"食"，中正也。

　　传意：爻辞云"井洌寒泉，食"，比喻贤人有正中之德则用之也。《象传》此释乃以九五之爻位为据。九五居上卦之中位，象人有正中之德。

　　上六：井收勿幕，有孚元吉。

　　［经意］ 收，汲水毕，收其井绳与瓶也。勿犹不也。幕，盖也。孚，罚也。元，大也。爻辞言：有人汲水，既收其瓶与绳，而不盖其井，罚之乃大吉。按盖其井所以预防雨水及秽物之浸入，避免儿童坠入井中，至关重要。

　　［传解］ 孚，信也。其余字义与经意同。爻辞言：富贵之家有井，汲水毕，收其绳与瓶，而不盖其井，以便他人汲水，存此利人之心，则得人之信任，乃大吉。按古代奴隶主与地主剥削人民之劳力，特造专用之井，井收则盖之，不许人民使用，《易传》乃针对此种事实以解经。

《象》曰："元吉"在"上"，大成也。

在上谓人在上位。传意：爻辞言"井收勿幕，有孚元吉"，言在上位之贵族大官能不盖其井，以利他人，可得人之信任，则有所作为，将大有成就，故大吉也。《象传》"在上"之说乃以上六之爻位为据。上六居一卦之上位，象人处于上位。

[**附考**]　①《象传》："巽乎水而上水，《井》。"亨按巽上当有木字，转写脱去。木巽乎水而上水，谓木瓶入于水而上水，若无木字，则句意不完备矣。《井》之下卦为巽，上卦为坎。巽为木，坎为水。故《象传》释之曰："木巽乎水而上水，《井》。"若无木字，仅有水字，则释卦象有遗漏矣。孔疏曰："此卦坎为水在上，巽为木在下，又巽为入。以木入于水而又上水，井之象也。"然则孔氏所据本似有木字。

《革》第四十九

䷰（下离上兑）

《革》：巳日乃孚，元亨。利贞。悔亡。

[经意]《革》，卦名。巳借为祀。孚，罚也。古人行罚在社，并祭社神。元，大也。亨即享字，祭也。贞，占问。卦辞言：祭社之日乃行罚；又筮遇此卦，可举行大享之祭；乃有利之占问，其悔可亡。（或曰："孚，古俘字。'巳日乃孚，元亨'，谓祭祀之日捉得俘虏，可用为人牲，举行大享之祭。"）

[传解]《革》，卦名，改也。孚，信也。元，大也。亨，美也。利，利人也。贞，正也。卦辞言：王侯大夫能改革其过，在祭祀之日乃以忠信对鬼神，真有美行善政以告鬼神，而非谎言欺骗，是其人有元大、亨美、利人、贞正之德，其悔可亡矣。

《彖》曰：《革》，水火相息，二女同居，其志不相得曰《革》。

此释卦名。《杂卦》曰："《革》，去故也。"《释文》引马、郑云："《革》，改也。"又引马云："息，灭也。"《革》之上卦为兑，下卦为离。兑为泽，泽有水；离为火。然则《革》之卦象是水在火上。水在火上，水势大于火势，则水灭火；火势大于水势，则火灭水。是水火相灭，必改变原物之形状矣。其次，兑为长女，离为中女。然则《革》之卦象又是二女同居，即二女同嫁一夫，同居一室。二女同居，则相妒相争，其志不相得，势必改变同居之情况矣。《革》卦有此二象，是以卦名曰《革》。

"巳日乃孚"，革而信之。文明以说，大"亨"以正。革而当，其"悔"乃"亡"。

此释卦辞。《革》卦辞云"巳日乃孚"者，孚，信也。此言王侯大夫在祭祀之日，即已改革其丑行恶政，能以忠信对鬼神。故曰："'巳日乃孚'，革而信之。"盖周代王侯大夫祭祀鬼神之时，由祝史之官以其美行善政告于鬼神，以祈祷鬼神赏之以福，不罚之以祸，其无美行善政而有丑行恶政者，则由祝史编造谎言，以告鬼神。①《彖传》所谓"革而信之"，即针对此种事实而言也。卦辞云"元亨利贞"者，元，大也。亨，美也。利，利人也。贞，正也。《革》之下卦为离，上卦为兑。离为文明；兑，说（悦）也。然则《革》之卦象是人有文明之政教，而人喜悦之。王侯大夫如此，则其德元大、亨美、贞正而能利人矣。故曰："文明以说，大'亨'以正。"卦辞云"悔亡"者，因其改革得当也。故曰："革而当，其'悔'乃'亡'。"

天地革而四时成。汤武革命，顺乎天而应乎人。《革》之时，大矣哉。

此申释卦义。改革乃自然界与社会之普遍规律，但必适应时之需要。天地应时而革，所以四时成。汤武应时而革桀纣之命，所以顺天应人。革之应时，乃能成其大也。

《象》曰：泽中有火，《革》。君子以治厤明时。

《集解》本厤作历。按厤借为历，即后起之曆字。《革》之外卦为兑，内卦为离。兑为泽，离为火。然则《革》之卦象是泽中有火。泽中有火，乃泽水已枯，火焚泽内之草木，此是泽之大变革，是以卦名曰《革》。（与《暌》卦之泽上有火不同）泽由有水至无水，其变革由于时间。推之，万物生长盛壮衰亡，其变革亦由于时间。天地四时之变革则直接支配万物运动与人类生活之变革。君子观此卦象及卦名，从而修治历法，以明确时令，以便人能掌握时令变革之法则，适应时令以安排生产与生活。故曰："泽中有火，《革》。君子以治厤明时。"（《大戴礼·夏小正》篇、《礼记·月令》、《逸周书·周月》篇、《时训》篇，皆先秦治厤明时之书。）

初九：巩用黄牛之革。

[经意] 巩，束而缚之也。革，兽皮去毛曰革。黄牛之革，谓用革制成之绳。此盖言贵族拘系俘虏，或官吏拘系犯人，缚之用黄牛之革绳。

［传解］　与经意同。

《象》曰："巩用黄牛"，不可以有为也。

传意：爻辞云"巩用黄牛之革"，以牛革之绳缚俘虏或犯人，则其人不可以有所作为，不能反抗，亦不能逃脱也。

六二：巳日乃革之，征吉，无咎。

［经意］　巳借为祀。革，改也。古人祭祀，皆先占筮日期，改期则另占筮。筮遇此爻，祭祀之日乃改之，征伐则吉而无咎。

［传解］　与经意同。

《象》曰："巳日革之"，行有嘉也。

嘉，喜庆也。行有庆谓征伐胜利，有喜庆。

九三：征凶。贞厉。革言三就有孚。

［经意］　贞，占问。厉，危也。革言，有罪更改供辞。就借为鞫，审问也。孚，罚也。筮遇此爻，征伐则凶，所占问之事危险。有罪者更改供词，三次审问，而后行罚。

［传解］　贞，正也。孚，信也，诚也。余与经意同。爻辞言：征伐则凶。其征伐虽是正义，亦有危险。有罪者更改供词，三次审问，则其言诚而有信。

《象》曰："革言三就"，又何之矣。

之，往也。传言：爻辞云"革言三就有孚"，言有罪者更改供词，经过三次审问，则案情大明，其人虽欲逃避其罪，又何所往哉，只能供其真情而有信矣。

九四：悔亡。有孚改命吉。

［经意］　孚，罚也。筮遇此爻，其悔可亡；下令罚其臣民，更改前令而不罚，则吉。

［传解］　孚，信也。爻辞言：其悔可亡；君素日有信于臣民，所下命令有所更改，臣民仍相信其君，故吉。

《象》曰："改命"之"吉"，信志也。

亨按志当作之。(说见《遁》卦) 信之，谓臣民相信其君也。

九五：大人虎变，未占有孚。

[经意] 大人，贵族之通称。变借为辩，斑文也。孚，罚也。爻辞言：大人服花彩之衣，如虎之斑文，威猛残暴，动辄用刑，故人筮遇此爻，在未占之时，大人已有罚加于其身矣。

[传解] 孚，信也。余与经意同。此言大人之文章如虎之斑文，显明外著，人未占问，已知其有信于臣民。（传不认为虎变喻大人之威猛残暴）

《象》曰："大人虎变"，其文炳也。

《说文》："炳，明也。"《广雅·释训》："炳炳，明也。"传意：爻辞云"大人虎变"，言大人之文章如虎之斑文，炳然显明也。

上六：君子豹变，小人革面，征凶，居贞吉。

[经意] 君子，贵族与士之通称（包括大小官员）。变亦借为辩，斑文也。小人，庶民之通称。革，皮革。革面，面厚如革，喻其不知耻也。贞，占问。爻辞言：君子服花彩之衣，如豹之斑文，威猛残暴，以刑临民，则庶民面厚如革，畏刑而不知耻。如此，出兵征伐，则民不用命，必致大败，是凶矣。但安居不动，尚能平静无事，故以安居之事占问，则吉。

[传解] 革，改也。革面，改变面貌，去恶从善也。贞，正也。爻辞言：君子之文章如豹之斑文，清朗外著，则庶民改变面貌，其国治矣。但征伐则凶，以其非正义也；居于正义则吉。（传不认为豹变喻君子之威猛残暴）

《象》曰："君子豹变"，其文蔚也。"小人革面"，顺以从君也。

蔚借为斐。《说文》："斐，分别文也，从文，非声。"引《易》此二句正作斐。斐者，文章清朗分明也。传意：爻辞云"君子豹变"，言君子之文章如豹之斑文，斐然清朗也。云"小人革面"，言庶民改其犯上违法之旧面貌，顺以从其君也。

[附考] ①《彖传》："'巳（祀）日乃孚'，革而信之。"传乃以信释孚。信之，谓祭祀时以信对鬼神也。周代王侯大夫祭祀时，由祝史之官以其君之行事施政告于鬼神，进行祈祷。其行美政善，祝史据实以告，是为忠信于鬼神。其行丑政恶，祝史则谎言以告，是为欺骗鬼神。古人认为忠信则得福，欺骗则得祸。《左传》昭公二十年记晏

婴对齐景公之言曰："若有德之君，外内不废，上下无怨，动无违事。其祝史荐信，无愧心矣。是以鬼神用飨，国受其福，祝史与焉。……其言忠信于鬼神。其适遇淫君，外内颇邪，上下怨疾，动作辟违，从欲厌私，高台深池，撞钟舞女，斩刈民力，输掠其聚，以成其违，不恤后人，暴虐淫从，肆行非度，无所还忌，不思谤讟，不惮鬼神，神怒民痛，无悛于心。其祝史荐信，是言罪也。其盖失数美，是矫诬也。进退无辞，则虚以求媚。是以鬼神不飨，其国以祸之，祝史与焉。……其言僭嫚于鬼神。"（荐信，谓以实情进告鬼神。）即其证。然则祀神有信，足以说明其君之行美而政善矣。

《鼎》第五十

☲☴（下巽上离）

《鼎》：元吉。亨。

[经意]《鼎》，卦名。元，大也。亨即享字，祭也。筮遇此卦，大吉，可举行享祭。

[传解]《鼎》，卦名，烹饪之器也。元，大也。亨，通也。

《彖》曰：《鼎》象也，以木巽火，亨饪也。圣人亨以享上帝，而大亨以养圣贤。

此释卦名。《鼎》象，《鼎》卦之象。巽，入也。此文三亨字，《释文》云："亨，本又作亯，同普庚反，煮也。"（普庚反即烹字之音）按亨、享、亯本一字。亨为煮物之义。《诗·七月》："七月亨葵及菽。"《瓠叶》："幡幡瓠叶，采之亨之。"是其例。此文三亨字亦是煮义。后造字作烹，读音若膨，非古也。亨又为祭祀之义，字或作享，此文"以享上帝"之享即祭义也。《释文》又曰："饪，熟也。"《鼎》之内卦为巽，外卦为离。巽为木，离为火。然则《鼎》之卦象是木在火内，即以木入火。以木入火乃烹饪食物，而鼎是烹饪食物之器，是以卦名曰《鼎》。故传释之曰："《鼎》象也，以木巽火，亨饪也。"用鼎烹饪食物，不仅自食也，圣人用鼎烹饪食物，以祭祀上帝，又用鼎大烹饪食物，以养圣人贤人，此乃鼎器之重要用途，亦《鼎》卦之重要意义。故传又申之曰："圣人亨以享上帝，而大亨以养圣贤。"

巽而耳目聪明，柔进而上行，得中而应乎刚，是以"元亨"。

此释卦辞。亨按"元"下当有"吉"字，转写脱去。经文曰"元吉亨"，传文亦当曰"元吉亨"，明矣。卦辞云"元吉。亨"者，元，大也；

亨，通也；此言大吉而亨通也。《鼎》之下卦为巽，上卦为离。巽，巽也，谦逊也；离为聪明。然则《鼎》之卦象是人谦逊而耳目聪明也。其次，《鼎》之初六为阴爻，为柔；六五亦为阴爻，为柔。柔由第一爻上升至第五爻，是为柔进而上行。六五居上卦之中位，是为柔得中。六五与九二为同位爻（同居中位），九二为阳爻，为刚，六五应九二，是为柔应乎刚。柔上升、得中、应刚，象臣之地位上升，得正中之道，以应和其君也。综之，《鼎》之卦象爻象是臣谦逊而聪明，守正道，以应和其君，其地位则上升，是以大吉而亨通。

《象》曰：木上有火，《鼎》。君子以正位凝命。

《释文》引郑云："凝，成也。"《集解》引虞翻训同。《鼎》之下卦为巽，上卦为离。巽为木，离为火。然则《鼎》之卦象是木上有火。木上有火，乃炊鼎之象，是以卦名曰《鼎》。鼎之为器，正位而立，始不倾覆，用之煮食物，唯人所命，皆能完成其任务。君子观此卦象及卦名，从而以鼎为法，持正以居其位，完成君上所予之命令。故曰："木上有火，《鼎》。君子以正位凝命。"

初六：鼎颠趾，利出否。得妾以其子，无咎。

[经意]　颠，倒也。趾，足也。出，贬斥而出之也。否，恶也。以犹与也。爻辞言：鼎倒其足，鼎足在上，鼎口向下，乃清除鼎中之秽物。以喻政治，则是贬出朝中之恶人。故筮遇此爻，利于出否。又筮遇此爻，将得一妾及妾之子。无咎。

[传解]　与经意同。

《象》曰："鼎颠趾"，未悖也。"利出否"，以从贵也。

悖，谬也。贵，贵人。传意：爻辞云"鼎颠趾"，乃清除鼎中之秽物，其事未悖谬也。云"利出否"，贬出朝中之恶人所以为利，以其遵从贵人之意旨而行之也。《象传》"从贵"之说乃以初六及九二之爻象爻位为据。初六为阴爻，为刚；九二为阳爻，为柔。初六在九二之下，是为柔从刚，象卑者服从贵人，臣服从其君。

九二：鼎有实，我仇有疾，不我能即，吉。

[**经意**]　实，指食物。仇，仇人。即，就也。"不我能即"乃"不能即我"之倒装句，谓不能至我家也。① 爻辞言：鼎中有食物，我之仇人有病，不能至我家来扰我，则我可安坐而食，是吉矣。(《释文》："仇，匹也。"《尔雅·释诂》："仇，匹也。"《说文》："即，就食也。"我仇有疾，不我能即，言我妻有病，不能来与我同食也。此解亦通。)

[**传解**]　与经意同。

《象》曰："鼎有实"，慎所之也。"我仇有疾"，终无尤也。

之，往也。慎所之，谓慎其所往，警惕仇人。尤，灾也。终无尤，谓我终无灾。

九三：鼎耳革，其行塞，雉膏不食，方雨，亏，悔，终吉。

[**经意**]　鼎耳革，鼎耳脱落。塞，止也。膏，肉也。亏，毁也。爻辞所言似为古代故事。盖有人用鼎煮雉肉，由厨房移往餐室，鼎耳忽脱落，其行停止。雉肉尚未食，天正下雨，雨水入鼎中，美味亏毁，可谓悔矣，然雉肉可以改烹，终为吉。

[**传解**]　与经意同。

《象》曰："鼎耳革"，失其义也。

义读为宜。(说见《需》卦) 传意：爻辞云"鼎耳革"，乃以人之行动失其宜也。或鼎耳早有裂伤，而用鼎时尚未发现，或鼎耳本甚完好，而移鼎时有所触损，要之鼎耳脱落，乃以人之行动失其宜，其过在人，不在鼎。

九四：鼎折足，覆公𫗧，其形渥，凶。

[**经意**]　覆，倾覆。公，公侯之公。𫗧，汤菜稀粥皆谓之𫗧。渥，汁液濡地之貌，犹今语水汪汪之汪。爻辞言：鼎足断，鼎身倒，公之𫗧倾覆于地，其形汪汪然。此喻人负重责而才力不胜，以致败公侯之事，是凶矣。(其形渥，郑玄本作其刑剭，云："若三公倾覆王之美道，屋中刑之。"此谓贵族大臣有罪，则杀之于屋中，故其刑谓之剭。②)

[**传解**]　与经意同。

《象》曰："覆公𫗧"，信如何也。

信即今语之真。传意：爻辞云"鼎折足，覆公𫗧"，以喻大臣无能，国事已败，真无可奈何也。(《系辞》下："子曰：德薄而位尊，知小而谋大，力少而任重，鲜不及矣。《易》曰：'鼎折足，覆公悚，其形渥，凶。'言不胜其任也。")

六五：鼎黄耳金铉，利贞。

［**经意**］ 黄耳，鼎耳饰以黄色。铉，举鼎之具，形如木棍，穿入鼎之两耳，二人共举之。金铉，以黄铜为铉也。贞，占问。鼎黄耳金铉，乃华贵之物，有此鼎者必为富贵之家，故筮遇此爻，是有利之占问。

［**传解**］ 贞，正也。余与经意同。爻辞言：鼎黄耳金铉，乃富者所有。其取得财富之利，在其人志行之正。

《象》曰："鼎黄耳"，中以为实也。

中，正也。《广雅·释诂》："为，成也。"《说文》："实，富也。"（详见《泰》卦）传意：爻辞云"鼎黄耳金铉，利贞"，言人有此华贵之鼎，乃以正中之道成其富也。《象传》此释乃以六五之爻位为据。六五居上卦之中位，象人得正中之道。

上九：鼎玉铉，大吉，无不利。

［**经意**］ 玉铉，铉上镶以玉也。鼎玉铉，更是华贵之物，有此鼎者必为大富贵之家，故筮遇此爻，大吉，无不利。

［**传解**］ 与经意同。

《象》曰："玉铉"在"上"，刚柔节也。

在上，指人在上位。君上为刚。臣民为柔。节，有节度也。传意：爻辞云"鼎玉铉，大吉，无不利"，在上位之贵人有鼎玉铉，而能大吉无不利者，以其刚柔有节也，即君臣上下有节度，各安其分，无争乱侵夺也。《象传》此释乃以上九及六五之爻象爻位为据。上九居一卦之上位，象贵人处于上位。上九为阳爻，为刚；六五为阴爻，为柔。上九居上，六五居下，是为刚柔节，象君上居上位，臣民居下位，各有节度。

［**附考**］ ①九二："鼎有实，我仇有疾，不我能即，吉。"仇谓仇人。即，就也。此解可通，但不甚切。今按即当读为则，则当训为贼。即、则古通用。《诗·终风》："愿言则嚏。"《众经音义》十五引则作即。《云汉》："则不我遗。"《玉篇》零卷阜部隤

下引则作即。《礼记·王制》："必即天论。"郑注："即或为则。"并其证。《丰彖传》："月盈则食。"《众经音义》二引作"月盈即蚀"。此本书即、则通用之证。然则即可读为则矣。则乃古贼字。《说文》："则，等画物也，从刀，从贝，贝古之物货也。鼎籀文则。"金文则皆作鼎，以刀刻伤鼎之义。又《说文》："贼（賊），败也，从戈，则声。"贼即则之重文。《书·盘庚》中："女有戕则在乃心。"戕则即戕贼。《老子》："物壮则老，是谓不道。"则老即贼老。《庄子·庚桑楚》篇："天钧败之。"《释文》："败，元嘉本作则。"则之即贼之。并则、贼同字之证。然则则可训贼矣。"不我能即"即是不我能则、不我能贼，乃"不能贼我"之倒装句。因仇人有疾，所以不能害我也。　　② 九四："鼎折足，覆公悚，其形渥，凶。"《集解》本形作刑。《释文》："渥，郑作剭。"《音训》引晁氏曰："形渥，京、荀、虞皆作刑剭。"《周礼·秋官·司烜氏》："邦若屋诛"。郑注："屋读如'其刑剭'之剭。剭诛谓所杀不于市，而以遗甸师氏者也。"贾疏引《易》此文作"其刑屋"，又引郑注云："若三公倾覆王之美道，屋中刑之。"严元照曰："《周官》甸师（天官）云：'王之同姓有辠，则死刑焉。'掌囚《秋官》云：'凡有爵者与王之同族，奉而适甸师氏，以待刑杀。'掌戮（秋官）云：'唯王之同族与有爵者，杀之于甸师氏。'司烜氏之屋诛即诛有爵者与王之同族。《汉书·叙传》下：'底剧鼎臣。'"服虔曰："《周礼》有屋诛，诛大臣于屋下，不露也。《易》曰：'鼎折足，其刑剧，凶。'"服义同郑。又按刑之于屋下，故其字从刀从屋，亦经师增益之字，非《说文》所有，《周礼》古文也，故作屋。"（《娱亲雅言》）姚配中说同。

《震》第五十一

䷲（下震上震）

《震》：亨，震来虩虩，笑言哑哑，震惊百里，不丧匕鬯。

[经意]《震》，卦名。"震来虩虩，笑言哑哑"两句与初九爻辞重复，此处当是衍文。亨即享字，祭也。震，雷也。丧，失也，即从手中掉下。匕，匙也，形似今之羹匙，有大有小，用之抯鼎中之肉、簋中之饭、尊中之酒等。鬯，用黑黍与香草酿成之香酒名鬯，盛鬯酒之器亦名鬯，此用后义。匕、鬯皆祭祀之器。卦辞云"亨，震惊百里，不丧匕鬯"，言：在举行享祭之时，巨雷震惊百里之远，而祭者不失其匕鬯之器。是其镇定肃敬以对待祭事。

[传解]《震》，卦名，雷也。释卦辞与经意同。此亨传亦读为享。

《彖》曰："《震》，亨，震来虩虩"，恐致福也。"笑言哑哑"，后有则也。"震惊百里"，惊远而惧迩也。"不丧匕鬯"，出可以守宗庙社稷，以为祭主也。

"'震来虩虩'，恐致福也。'笑言哑哑'，后有则也"四句与初九《象传》重复，此处当是衍文。又今本无"不丧匕鬯"四字，郭京本有。按郭本是也，今据补。[①]迩，近也。出谓立为王侯。社稷，古语称土神为社，又称祭土神之坛为社；称谷神为稷，又称祭谷神之坛为稷。此处宗庙社稷并举，社稷指社稷坛。古代国家灭亡，则其君之宗庙社稷皆被毁，故守宗庙社稷有保卫国家之意。传意：《震》卦辞云"亨，云震惊百里"，言王侯享祭之时，巨雷声宏，使远近皆惊惧也。云"不丧匕鬯"，言祭者在巨雷惊吓之下，仍能不失匕鬯，则出可以守宗庙社稷，以为祭祀之主人也。正如王侯面临外界之巨大威力，仍能不失其政治工具，则可以保卫国家而为国家主人。

《象》曰：洊雷，《震》。君子以恐惧修省。

孔颖达曰："洊者，重也。"《集解》本修作修，按修借为修。省，察也。本卦是二震相重，震为雷，然则本卦卦象是二雷相重，即雷相继而作。按《象传》又以雷比刑，雷相继而作，象刑罚繁重而频至。君子观此卦象及卦名，从而恐惧，修其德，省其身，以免言行有过，触犯刑罚。故曰："洊雷，《震》。君子以恐惧修省。"

初九：震来虩虩，后笑言哑哑，吉。

[经意] 震，雷也。虩虩，恐惧之貌。哑哑，笑语之声。爻辞言：巨雷来，人虩虩而恐惧，稍后则哑哑而言笑，是面临外界之巨大威力，既知畏戒，又能镇静，故吉。

[传解] 与经意同。

《象》曰："震来虩虩"，恐致福也。"笑言哑哑"，"后"有则也。

则，法则也。传意：爻辞云"震来虩虩"，言面临巨雷，畏恐则得福也。云"笑言哑哑"，言面临巨雷，稍后即行动有法则，不仓皇失措也。如此则吉利，故爻辞言"吉"。

六二：震来厉，亿丧贝，跻于九陵，勿逐，七日得。

[经意] 厉，危也。亿，发语词，犹惟也。贝，古人以贝为货币。跻，登也。陵，岭也。九陵，九重之岭，形容其高。逐，追寻。爻辞似记一古代故事。盖有人外出，遇巨雷来，若将击人，其势危险。其人因惊慌而失其贝，其时方登于九陵之上。筮遇此爻，筮人告之曰："勿追寻，七日可得。"其言果验。《易经》作者因记之。

[传解] 与经意同。

《象》曰："震来厉"，乘刚也。

乘刚谓柔乘刚也。传意：爻辞云"震来厉"，雷为刚，人为柔，人冒犯雷雨而登九陵，是柔乘刚，故有被雷击之危险也。《象传》此释乃以六二及初九之爻象爻位为据。六二为阴爻，为柔；初九为阳爻，为刚。六二在初九之上，是为柔乘刚。此象人冒犯巨雷。

六三：震苏苏，震行无眚。

［经意］ 苏苏，迟缓之貌。②眚，灾也。爻辞言：巨雷作而苏苏迟缓，则雷行不致击人，无灾。

［传解］ 王弼曰："惧苏苏也。"爻辞言：雷作而人恐惧，则雷行而人无灾。以喻外界之威力至而己警惕，可无患也。

《象》曰："震苏苏"，位不当也。

传意：爻辞云"震苏苏"，以其人所处之地位不适当也。盖当雷作之时，其人处于易受雷击之地位，故苏苏然恐惧，亦喻外界威力来临之时，其人处于易受攻击之地位，故恐惧。《象传》此释乃以六三之爻象爻位为据。六三为阴爻居阳位，是为位不当，象人所处之地位不当。

九四：震遂泥。

［经意］ 《释文》："遂，荀本作队。"遂借为队，队即古坠字。震坠泥，谓雷下击，落在泥土之上。以喻统治者之刑威已坠于地而无效。

［传解］ 此言巨雷作而人惊骇坠入泥中，以喻外界威力至，而人惶恐失措，陷于困难境地。

《象》曰："震遂泥"，未光也。

光借为广（说见《坤》卦），未广指见识不多，胆量不大。传意：爻辞云"震遂泥"，乃以其人见识不多，胆量不大也。

六五：震往来，厉，意无丧有事。

［经意］ 厉，危也。意，《集解》本作亿，亦发语词，犹惟也。有犹于也。爻辞言：巨雷往来，若将击人，其势危险，惟不致成灾，无损失于事。此喻外界威力频频相逼，虽危而不为害。

［传解］ 与经意同。

《象》曰："震往来厉"，危行也。其事在中，大"无丧"也。

中，正也。传意：爻辞云"震往来厉"，乃喻人之行动有危险也。云"意无丧有事"，因其行事在于正道，故能大无损失也。《象传》"在中"之说乃以六五之爻位为据。六五居上卦之中位，象人得正中之道。

上六：**震索索，视矍矍，征凶。震不于其躬于其邻，无咎。婚媾有言。**

[经意]　索索，疑借为速速，疾也。震速速即所谓霹雳也。③矍矍，惊惧四顾之貌。婚媾犹婚姻也。言，谴责也。爻辞言：巨雷速速而来，其人则惊惧四顾，以喻外界威力突然而来，其人则惶恐失措，如此怯懦，征伐必凶。又巨雷不击其人之身，击其邻人，以喻外界威力不犯其人之身，犯其邻人，其人自无咎。又筮遇此爻，姻戚将有谴责。

[**传解**]　《释文》："索索，惧也。"盖即惧而战栗之貌，如今语"多多索索"之索索。"震索索"谓巨雷作而人颤抖。余与经意同。

《象》曰："震索索"，中未得也。虽"凶""无咎"，畏邻戒也。

中，正也。畏邻，非畏邻人，乃畏邻人所遇之灾难也。传意：爻辞云"震索索，视矍矍，征凶"，此喻人面临大国之威力，恐惧而颤抖四顾，因其所作所为，未合正道，故征凶也。云"震不于其躬于其邻，无咎"，此喻大国之威力不加于本国，而加于邻国，本国出征虽凶，而警惕邻国所遇之灾难，知所戒备，故无咎也。《象传》"中未得"之说乃以上六之爻位为据。上六不居上卦之中位，象人之行事未得正中之道。

[附考]　①《象传》："'不丧匕鬯'，出可以守宗庙社稷，以为祭主也。"今本无"不丧匕鬯"四字，郭京本有。按郭本是也。匕鬯为祭器，守宗庙社稷，以为祭主，正释卦辞之"不丧匕鬯"，则传文当有此四字，明矣。传文释卦辞之"亨，震来虩虩，笑言哑哑，震惊百里"四句，皆先举经文而后加释，则释卦辞之"不丧匕鬯"一句，亦必先举经文而后加释，又明矣。王弼曰："不丧匕鬯，则已出可以守宗庙。"可见王弼本原有此四字。《集解》引虞翻曰："长子主祭器，故以为祭主也。"祭器乃指匕鬯。可见虞翻本亦有此四字。今据补。　②六三："震苏苏，震行无眚。"亨按初九曰："震来虩虩。"六二曰："震来厉。"六五曰："震往来，厉。"来与往来皆言雷之动状，则六三云"震苏苏"，九四云"震遂泥"，上六云"震索索"，亦当言雷之动状。苏当读为疏，苏、疏古通用。《左传》定公四年："申包胥如秦乞师。"《战国策·楚策》申包胥作棼冒勃苏。《文选·吴都赋》："造姑苏之高台。"李注："《越绝书》曰：'吴王夫差起姑胥之台。'姑胥即姑苏也。"胥、疏皆从疋声，胥、苏既可通用，则疏、苏亦可通用矣。

《广雅·释诂》:"疏,迟也。"震苏苏即震疏疏,谓雷行迟缓也。雷行迟缓,则不击人,故爻辞又言"震行无眚"。又《尔雅·释言》:"舒,缓也。"《说文》:"纾,缓也。"《广雅·释诂》:"徐,迟也。"苏、疏、舒、纾、徐皆一音之转,苏苏犹徐徐也。　　③

上六:"震索索,视矍矍。"亨按索当读为速。索、速古通用。《尔雅·释木》:"梀,赤梀;白者,梀。"《释文》:"梀又作榡。"可证速、索古可通用。《说文》:"速,疾也。"震索索即震速速,言雷来之疾迅也(疾与急同义)。暴雷之来皆疾迅,故谓之迅雷。《论语·乡党》篇"迅雷风烈必变"是其例。又谓之疾雷。《庄子·齐物论》篇"疾雷破山"是其例。暴雷来速速,人畏之,故爻辞又言"视矍矍。"

《艮》第五十二

☶☶（下艮上艮）

《艮》：艮其背，不获其身，行其庭，不见其人，无咎。

［经意］ 艮字当重，上《艮》字乃卦名，下艮字乃卦辞。艮，顾也，注视也。获当读为护。卦辞言：人只顾其背而不护其身，只顾部分而不护整体，以致被迫离家，远走它方，行其庭而不见其人，然终有归来之日，仍无咎。

［传解］《艮》，卦名，止也。获，得也。"艮其背"，谓止息其背，不再负荷职务也。"不获其身"，谓寻之朝中不得其人也。"行其庭，不见其人"，谓寻之其家不见其人也。此乃写君子辞去官职，远遁隐居，故云"无咎"。

《彖》曰：《艮》，止也。时止则止，时行则行，动静不失其时，其道光明。

此释卦名。《序卦》曰："《艮》者，止也。"《杂卦》曰："《艮》，止也。"并与《象传》同。《易传》释《艮》为止者，本卦是两艮相重，艮为山，山乃静止不动之物，然则本卦卦象含有止义。但止必适应其时，动亦必适应其时，时宜止而止，时宜行而行，动静不失其时，则其道光明矣。

艮其止，止其所也。上下敌应，不相与也。是以"不获其身，行其庭，不见其人，无咎"也。

此释卦辞。朱熹（引晁说之）说、俞樾说、朱骏声说：艮其止当作艮其背。盖背古字作北，因形近误为止，或背字笔画损缺成北，因形近误为止也。（按卦辞背字汉帛书《周易》作北，可证背古本作北。）所，职位也。[①]与，助也。（说见《贲》卦）卦辞云"艮其背"者，谓君子止息其背，不再负荷职务，即停止其职位，易言之，即罢官去职也。其所以罢官去职，因朝廷之上下人等皆相敌对而不相助也。盖《艮》之三双同位爻，下卦之初六与上卦之六四皆为阴爻、为柔，下卦之六二与上卦之六五皆为阴爻、为柔，下卦之九三与上卦之上九皆为阳爻、为刚，是为上下之刚柔敌应，象上下人等相敌对而不相助。朝廷有此现象，君子不可再留，所以去而远避，不在于朝，亦不在家，是以卦辞云"不获其身，行其庭，不见其人"。其人既去，便是明哲保身，是以卦辞又云"无咎"。

《象》曰：兼山，《艮》。君子以思不出其位。

兼山，两山并立也。本卦是两艮相重，艮为山，然则本卦卦象是两山并立。两山并立，永不移动其位置。君子观此卦象及卦名，从而思不越出其职位，以干预他人之事。故曰："兼山，《艮》。君子以思不出其位。"

初六：艮其趾，无咎，利永贞。

［**经意**］ 艮，顾也。趾，足也。贞，占问。占问长期之事谓之永贞。爻辞言：顾其足，则不敢妄行，可以无咎。永远顾其足，则永远有利，故筮遇此爻，利于永贞。

［**传解**］ 艮，止也。贞，正也。停其足而不行，则无咎，以其非正也。人之利在于永远正直。

《象》曰："艮其趾"，未失正也。

《象传》以"正"释"贞"。

六二：艮其腓，不拯其随，其心不快。

［**经意**］ 艮，顾也。腓，足肚也。拯借为增，加也。随借为隋，垂肉也。爻辞言：人顾视其腓，若腓之垂肉不增加，则其心不快。此喻人之顾名者，其名不增则不快，顾利者，其利不增则不快等。

［**传解**］ 艮，止也。"艮其腓"，停其胫而不行也。《释文》及《音训》拯作承，按拯读为承，继也。随，追随他人也。爻辞言：人止其腓而不行，不继续追随他人，因其心对他人有所不快也。②

《象》曰："不拯其随"，未退听也。

传意：爻辞云"不拯其随"，言其人不继续追随他人，因他人专断自主，不退而听取追随者之意见也。

九三：艮其限，列其夤，厉，薰心。

［**经意**］艮，顾也。限，腰也。《集解》本列作裂，按列读为裂，谓皮肉裂开。夤与膘同，夹脊肉，即背上肉。厉，危也。《集解》本薰作阍。按薰、阍皆借为惛（今多用昏字），心中迷乱。爻辞言：人只顾其腰，不顾其背，因而背肉裂开，顾此失彼，是危矣，是心中迷惛矣。

［**传解**］艮，止也。余与经意同。"艮其限"谓挺其腰而不曲。古人揖拜之礼皆曲其腰，所以对人表示尊敬或屈服。爻辞言：人挺其腰而不曲，招致其君上之挞其背，背肉于是裂开，是危而惛心者也。

《象》曰："艮其限"，危"薰心"也。

《象传》以"危"释爻辞之"厉"。

六四：艮其身，无咎。

［**经意**］艮，顾也。身谓全身。人能顾其全身，则无咎。

［**传解**］艮，止也。人能止其身有所不为，则无咎。

《象》曰："艮其身"，止诸躬也。

诸，"之于"也。躬，身也。传意：爻辞云"艮其身"，谓止之于身，有所不为也。

六五：艮其辅，言有序，悔亡。

［**经意**］艮，顾也。辅借为䩉，颊腮也，即今语所谓"嘴巴"。人顾其嘴巴，则不敢妄谈，言有伦序，其悔可亡。

［**传解**］艮，止也。余与经意同。"艮其辅"，谓闭口不谈。"言有序"，谓言有条理。人或默而不言，或言有条理，则悔亡。

《象》曰："艮其辅"，以中正也。

传意：爻辞云"艮其辅，言有序，悔亡"，以其以正中之道为准则也。人或默或言，皆合乎正中之道，其悔乃亡；如其默非正，其言非正，则悔且至矣。《象传》此释乃以六五之爻位为据。六五居上卦之中位，象人守正中之道。

上九：敦艮，吉。

　　[**经意**]　敦，考也。艮，顾也。"敦艮，吉"，谓考察所顾及之事，则知之周详，处之得当，是吉矣。(参见《复》卦)　(又一解：敦犹多也。"敦艮，吉"，谓人多所顾及，不致顾此失彼，顾前忘后，可无败事，是吉矣。)

　　[**传解**]　孔颖达曰："敦，厚也。"艮，止也。"敦艮，吉"谓对人对事，忠厚而止，则有恩于人，无怨于人，是吉矣。

《象》曰："敦艮"之"吉"，以厚终也。

　　终，归宿也。传意：爻辞云"敦艮，吉"，言其忠厚而止，以忠厚为归宿也。《象传》用"终"字乃以上九之爻位为据。上九为一卦之终爻，象一事之终结。

　　[**附考**]　①《彖》曰："艮其止，止其所也。"此释卦辞之"艮其背"，甚为明确。经文云"艮其背"，而传文云"艮其止"，彼此不合。朱熹引晁氏曰："艮其止当依卦辞作背。"朱骏声曰："止当为背。古文背作北，因讹止。"俞樾曰："疑经传原文皆作'艮其北'。《汉书·高帝纪》：'沛公、项羽追北。'注引韦昭曰：'北，古背字。''艮其北'即艮其背矣。今经作'艮其背'，则经师以今字易之矣。传文北作止，盖以形似而误，学者遂以本字读之，以致经传两歧。然以此转可考见《周易》之古字。使不误作止，则亦必易以背字矣。"(《艮宧易说》)亨按传文"艮其止"当作"艮其背"，盖无疑义。俞氏言致误之由，亦有道理；但亦或背字损缺为北，以形似误为止也。又按古人称官位为所。《左传》襄公二十三年："不患无所。"杜注："所，处位。"昭公二十年："入复而所。"杜注："所，所居官。"是其例。止其所谓罢止其官位也。艮其背谓止息其背，不负荷职务，即罢止其官位矣，故曰："艮其背，止其所也。"　　②六二："艮其腓，不拯其随，其心不快。"传释艮为止，"艮其腓"谓止其胫腓而不行也。《释文》本拯作承，《音训》拯亦作承，依传意，拯当读为承。《广雅·释诂》："承，继也。"随，追随他人也。《咸》九三曰："咸其股，执其随，往吝。"《象传》释之曰："咸其股，亦不处也(传释咸为动)。志在随人，所执下也。"以彼证此，则此爻辞之随，传亦释为追随他人，明矣。然则"艮其腓，不拯其随，其心不快"，言停其腓而不行，不再继续追随他人，因其心对他人有所不快也。《象传》释之曰："'不拯其随'，未退听也。""未退听"，言他人未退而听取追随者之意见，而专制独断，故追随者对之不满意也。

《渐》第五十三

䷴（下艮上巽）

《渐》：女归吉。利贞。

[经意] 《渐》，卦名。归，出嫁。贞，占问。筮遇此卦，女子出嫁
吉，又为有利之占问。

[传解] 《渐》，卦名，进也。贞，正也。"女归吉"，女进而归夫家则
吉也。"利贞"，进之利在于正也。

**《彖》曰：《渐》之进也。"女归吉"也，进得位，往有功也。进以
正，可以正邦也。其位刚得中也。止而巽，动不穷也。**

朱熹曰："之字疑衍。"是也。"《渐》，进也"，言《渐》卦之渐，其义
为进也。[①]《序卦》曰："《渐》者，进也。"与《彖传》同。卦辞云"女归
吉"者，《渐》之初六为阴爻，为柔，居阳位；六二为阴爻，为柔，居阴
位；六四为阴爻，为柔，居阴位。（第一爻为阳位，第二爻第四爻皆为阴
位。）柔由初爻上进至第二爻第四爻皆得位，象女子出嫁，得主妇之位，称
主妇之职，能持家政，佐丈夫，育子女，往而有功，故吉也。云"利贞"
者，贞，正也；其进以正，则可以正其邦国，是利在于正也。《渐》之九五
为阳爻，为刚，居上卦之中位，是为刚得中，象君得正中之道。君得正中
之道，则能进以正，可以正邦矣。此是利贞之一义。其次，《渐》之下卦为
艮，上卦为巽。艮，止也；巽，巽也，谦逊也。然则《渐》之卦象是静止
而谦逊。君能静止而谦逊，不躁不骄，则其动皆合于正道，自有利而不困
穷矣。此是利贞之又一义。

《象》曰：山上有木，《渐》。君子以居贤德善俗。

《释文》："善俗，王肃本作善风俗。"以句法言之，王本较佳。《渐》

之下卦为艮，上卦为巽。艮为山，巽为木。然则《渐》之卦象是山上有木。山上之木，其生长之过程是上进之过程，是以卦名曰《渐》。按《象传》又以山比贤人，山之生育树木，美而可观，材而可用，犹贤人之培养其才德，美而可观，材而可用也。贤人有此才德，又足以影响民众，转移风俗。君子观此卦象及卦名，从而自居于贤德，以善其风俗，使之上进。故曰："山上有木，《渐》。君子以居贤德，善风俗。"

初六：鸿渐于干，小子厉，有言无咎。

［经意］　鸿，雁也。渐，进也。干借为岸。小子，童子也。厉，危也。言，谴责。爻辞言：鸿飞进于河岸，自是有利。以鸿喻人，成人进于河岸，亦无不可；若小子进于河岸，则有落水之危险。但有大人加以谴责，使之离去，乃无咎。

［传解］　与经意同。

《象》曰："小子"之"厉"，义"无咎"也。

义读为宜。（说见《需》卦）传意：爻辞云"小子厉，有言无咎"，盖小子进于河岸，固为危险，然有大人谴责之，宜其无咎也。

六二：鸿渐于磐，饮食衎衎，吉。

［经意］　王引之曰："《史记·孝武纪》《封禅书》《汉书·郊祀志》并载武帝诏曰：'鸿渐于般。'孟康注曰：'般，水涯堆也。'其义为长。"衎衎，喜乐之貌。鸿飞渐于水涯堆上，有水可饮，有鱼可食，衎衎喜乐，自是吉利。比喻人进于有利之环境也。（亨按磐疑借为泮。泮是古代诸侯之学宫，半边有水环之，禁止射猎之所。）

［传解］　与经意同。

《象》曰："饮食衎衎"，不素饱也。

素，白色。不素饱，不白吃饱饭。《诗·伐檀》："不素餐兮。"素饱与素餐同意。传意：爻辞云"鸿渐于磐，饮食衎衎，吉"，鸿之饮也，自入水以饮水，非有人供之以水也；鸿之食也，自入水以食鱼，非有人供之以鱼也。故鸿之饱饮饱食，衎衎喜乐，非素饱也。此喻人之靠己之劳力以得饮食，不剥削他人。

九三：鸿渐于陆，夫征不复，妇孕不育，凶，利御寇。

〔经意〕 陆，高平之地。复，返也。育，产子。不育谓子未成而胎坠，即流产也。鸿本水鸟，而进于陆，夫征而不返家，妇孕而不产子，皆为凶象。然鸿进于陆，其处高，其视远，射猎之人不能袭取之，犹人处于居高临下之有利形势，外寇不能战胜之，故利于御寇。

〔传解〕 与经意同。

《象》曰："夫征不复"，离群丑也。"妇孕不育"，失其道也。"利用御寇"，顺相保也。

《尔雅·释诂》："丑，众也。"按丑借为俦。《玉篇》："俦，侣也。"传意：爻辞云"夫征不复"，乃因征夫掉队或离队，离开群众也。云"妇孕不育"，乃因孕妇失其保胎之道也。云"利御寇"，乃因国人和顺以相保卫也。

六四：鸿渐于木，或得其桷，无咎。

〔经意〕 桷，椽也，此指人所伐之椽木置于野外河边者。鸿之足为蹼，与鸭鹅同，不能栖于木枝，今进于木，难得可止之处，然亦或得人所伐之椽木，亦堪栖息，则无咎。此喻人进于无可栖身之环境，偶得栖身之处。

〔传解〕 与经意同。

《象》曰："或得其桷"，顺以巽也。

巽，伏从也。传意：爻辞云"鸿渐于木，或得其桷，无咎"，此喻人进于无可栖身之环境，偶得栖身之处，故无咎。其所以偶得栖身之处，因其顺而伏服君上，得君上之扶植也。《象传》"顺巽"之说乃以六四及九五之爻象爻位为据。六四为阴爻，为柔；九五为阳爻，为刚。六四居九五之下，是为柔从刚，象臣民伏从君上。

九五：鸿渐于陵，妇三岁不孕，终莫之胜，吉。

〔经意〕 陵，岭也。陵高于陆。鸿本水鸟，而进于岭，将不得饮食。妇三岁不孕，有被夫家逐出之可能。此皆不利之象。然鸿进于岭，其处益高，其视益远，射猎之人终不能胜之，故吉。此喻人处于居高临下之有利地位，外寇不能胜之。

［传解］　与经意同。

《象》曰：“终莫之胜吉”，得所愿也。

得所愿，指在御外寇方面得其所愿。

上九：鸿渐于陆，其羽可用为仪，吉。

［经意］　陆当作陂，形近而误。陂与仪为韵。陂，水池。仪，一种舞具，用鸟羽编成。鸿进于池塘，易于射获，可用其羽为舞具，自人言之，则吉。（自鸿言之，则不吉。）

［传解］　与经意同。

《象》曰：“其羽可用为仪吉”，不可乱也。

乱，乱动，妄动也。传意：爻辞云“鸿渐于陂，其羽可用为仪”，人射鸿而得之，乃可用其羽为舞具，但必袭之有方，射之有法，始能得鸿，不可乱动也。

［附考］　①彖传：“《渐》之进也。”朱熹曰：“之字疑衍。”按朱说是也。“《渐》，进也。”乃以进释卦名之《渐》。《彖传》中此例甚多。如“《需》，须也。”“《师》，众也。”“《比》，辅也。”“《剥》，剥也。”“《离》，丽也。”“《咸》，感也。”“《恒》，久也。”“《晋》，进也。”“《蹇》，难也。”“《夬》，决也。”“《姤》，遇也。”“《萃》，聚也。”“《艮》，止也。”“《丰》，大也。”“《兑》，说也。”皆是。渐下有之字，则失其例亦失其义矣。又裴学海曰：“之犹者也。”（《古书虚字集释》）考《序卦》曰：“渐者：进也。”则裴说亦可取。但《易传》中无此用法，故余仍从朱说。

《归妹》第五十四

䷵（下兑上震）

《归妹》：征凶，无攸利。

[经意]《归妹》，卦名。筮遇此卦，征伐则凶，无所利。

[传解]《归妹》，卦名。归，遣嫁也。妹，少女之称。解卦辞与经意同。

《彖》曰：《归妹》，天地之大义也。天地不交，而万物不兴。《归妹》，人之终始也。说以动，所归妹也。

此释卦名。兴犹生也。《释文》："所归妹也，本或作所以归妹。"按有以字文意较顺。卦名之《归妹》，谓男女相配也。男女相配是天地之大义，因天地不交，则万物不生。男女不配，则人类不育也。男女相配，又是人类之终始，即结成夫妇以终其身，生育子女，由此开始也。男女相配，必男女相悦而后行动，男悦女而后娶之，女悦男而后嫁之，因此始有归妹之礼。《归妹》之下卦为兑，上卦为震。兑，说（悦）也；震，动也。然则《归妹》之卦象是悦以动，即男女相悦以结婚之义。

"征凶"，位不当也。"无攸利"，柔乘刚也。

此释卦辞。卦辞云"征凶"者，因本国与所征伐之国相比，本国所处之地位不利，战则必败也。盖《归妹》之中间四爻，九二为阳爻居阴位，六三为阴爻居阳位，九四为阳爻居阴位，六五为阴爻居阳位，均为位不当，象人行事之进程中间各主要阶段皆处于不适当之地位，即皆处于不利之地位。卦辞云"无攸利"者，谓征伐无所利也。因本国与所征伐之国相比，本国之力弱，彼国之力强，征伐之，是以弱凌强，以柔乘刚也。盖《归妹》之下卦是一阴爻（六三）在两阳爻（九二、初九）之上，上卦是两阴爻

（上六、六五）在一阳爻（九四）之上，皆是柔乘刚，象弱者侵凌强者。

《象》曰：泽上有雷，《归妹》。君子以永终知敝。

敝，《释文》作弊，按敝即弊病之弊。《归妹》之下卦为兑，上卦为震。兑为泽，震为雷。然则《归妹》之卦象是泽上有雷。《易传》认为滨湖地区，天寒时雷入于泽中，故《随象传》曰："泽中有雷，《随》。"天暖时雷出于泽上，故《归妹象传》曰："泽上有雷，《归妹》。"（详见《豫》卦）古代男女结婚，四时皆可，但多在春季。[①]雷出于泽上，乃春季男女结婚之时，是以卦名曰《归妹》。男女相配，如配得其当，则成佳偶，夫妻同心，白首偕老，可以永终。如配失其当，则成怨偶，夫妻反目，甚至中途离异，其弊甚大。君子观此卦象及卦名，从而为子女择配，谨慎从事，以永其终，又知其弊，故曰："泽上有雷，《归妹》。君子以永终知敝。"

初九：归妹以娣。跛能履，征吉。

［经意］　归，遣嫁也。妹，少女之称。以犹及也。娣，女弟也，今谓之妹妹。先秦贵族嫁女，常以嫁者之妹等陪嫁。陪嫁者谓之媵。"归妹以娣"，谓筮遇此爻，归妹可以其女弟陪嫁。"跛能履"，谓其足疾已愈，利于出行，犹之国力已壮，利于出征，故筮遇此爻，出征则吉。

［传解］　与经意同，唯解"跛能履"句与经意稍异，见下。

《象》曰："归妹以娣"，以恒也。"跛能履吉"，相承也。

《尔雅·释诂》："恒，常也。"《小尔雅·广诂》："承，佐也。"传意：爻辞云"归妹以娣"，此乃沿用嫁女之常规常例也。云"跛能履，征吉"，言跛者有人佐助之，则能步履，以喻大军出征，将官士兵相互佐助，则弱者亦变强，怯者亦成勇，能战胜敌人而得吉也。

九二：眇能视，利幽人之贞。

［经意］　眇，盲也。幽，囚也。贞，占问。盲者而能视，乃去黑暗而复光明之象，正如因人出牢狱而复自由，故因人占得此爻则利。

［传解］　贞，正也。"利幽人之贞"，言利在因人之正，即因人能守正道，始能出牢狱，复自由。余与经意同。

《象》曰："利幽人之贞"，未变常也。

传意：爻辞云"利幽人之贞"，贞，正也；此言囚人在牢狱之中，刑威之下，利在能坚持正常之道而不变也。《象传》此释乃以九二之爻位为据。九二居下卦之中位，象人守正常之道。

六三：归妹以须，反归以娣。

[经意] 须借为婆，姊也。反归，妇人被夫家逐出而归其父母家。爻辞言：归妹以其姊陪嫁，则其姊将以其女弟反归父母家矣。此言以姊陪嫁之不吉利，盖先秦贵族嫁女之常例，只以嫁者之妹陪嫁，不以嫁者之姊陪嫁，故爻辞有此言。（《释文》："须，荀、陆本作嬬。陆云：'妾也。'"《音训》引晁氏曰："子夏、孟、京作嬬，媵之妾也。"此说似不可从。因古代贵族嫁女陪以妾，是常例也。）

[传解] 与经意同。

《象》曰："归妹以须"，未当也。

传意：爻辞云"归妹以须"，其事未当，故不吉利也。盖嫁者为妻，陪嫁者为妾，妻位尊，妾位卑，今嫁女以其姊陪嫁，则年幼者居尊位，年长者居卑位，是乱其长幼尊卑之序，岂非失当哉。

九四：归妹愆期，迟归有时。

[经意] 愆，过也。愆期犹延期。时，《穀梁传》隐公七年范注引作待，按时借为待。爻辞言：嫁女延期，稍迟而后嫁，乃有所待。

[传解] 与经意同。

《象》曰："愆期"之志，有待而行也。

《释文》："一本待作时。"按一本似不可从。经云"有时"，传云"有待"，传乃以"待"释经文之"时"。行犹嫁也。古语谓嫁曰行，后人谓嫁曰适，均以女嫁是行往夫家也。[2]

六五：帝乙归妹，其君之袂不如其娣之袂良。月几望，吉。

[经意] 帝乙，殷帝名乙，纣之父。归妹，嫁少女于周文王。君，王之后、诸侯之夫人亦称君。袂借为妎。妎犹貌也。良，美也。《释文》："几，荀作既。"按几读为既。每月由十六日至二十二、三日为既望。爻辞言：帝乙嫁少女于周文王，以其娣陪嫁，其为王后者之貌不如其娣之貌美。

其出嫁在月既望之时，结果是吉。(《泰》六五曰："帝乙归妹以祉，元吉。"可证。)故筮遇此爻，在月几望之时间内乃吉。

　　[传解]　与经意同。

　　《象》曰："帝乙归妹"，"不如其娣之袂良"也。其位在中，以贵行也。

　　中，正也。行亦犹嫁也。爻辞云"帝乙归妹，其君之袂不如其娣之袂良"，其君貌差而为王后，其娣貌美而为媵妾者，盖其君是帝乙之嫡女，故处于正位，以嫡女之贵而往嫁也。其娣则是帝乙之庶女，故为媵妾。《象传》此释乃以六五之爻象爻位为据。六五为阴爻，为柔，居上卦之中位，居一卦之尊位(第五爻为尊位)，是为柔得正位，得尊位，象女子处嫡女尊贵之位。

　　上六：女承筐无实，士刲羊无血，无攸利。

　　[经意]　承，捧也。士，男未娶称士。刲，刺也。此指婚礼而言。古代贵族结婚有献祭宗庙之礼，女则捧筐盛果品，以果品献神，男则以刀刺羊，以羊血祭神。今女捧筐，而筐中无物，男刺羊，而羊不出血。盖筐破，漏其筐中之物，羊病，刺之不出血，均是不祥之兆，故无所利。

　　[传解]　与经意同。

　　《象》曰："上六""无实"，"承"虚"筐"也。

　　虚，空也。

　　[附考]　①《象传》："泽上有雷，《归妹》。"泽上有雷，春时也。古代男女结婚，多在春时。《诗·东山》："仓庚于飞，熠耀其羽。之子于归，皇驳其马。"证一。《大戴礼·夏小正》篇："二月绥多士女。"其传曰："绥，安也。冠子取妇之时也。"证二。《周礼》地官媒氏："中春之月，令会男女。"(会，配也。)证三。《管子·幼官》篇："春……合男女。"证四。然则泽上有雷之时乃男女结婚之时，是以卦名曰《归妹》。

　　②《象传》："'愆期'之志，有待而行也。"又曰："其位在中，以贵行也。"按行犹嫁也。女嫁是行往夫家，故谓之行。《诗·泉水》《蝃蝀》《竹竿》三篇并曰："女子有行，远父母兄弟。"有行谓已嫁也。《渚宫旧事》三引《襄阳耆旧传》载《高唐赋》曰："赤帝女曰瑶姬，未行而卒。"《列女传》四《鲁寡妇陶婴妻传》曰："虽有贤雄兮，终不重行。"《论衡·骨相》篇曰："故未行而二夫死。"行皆嫁义。(闻一多解《诗》有此说，见《闻一多全集·诗经通义》。)

《丰》第五十五

䷶（下离上震）

《丰》：亨，王假之，勿忧，宜日中。

[经意]《丰》，卦名。亨即享字，祭也。假，至也。日中，正午时，筮遇此卦，可举行享祭，王须亲至祭处，有危难事勿忧也，享祭之时间宜在正午。将得鬼神之保佑。

[传解]《丰》，卦名，大也。亨，通也。王假之，王亲至以主大事。勿忧，对大事不必忧虑。宜日中，王宜如日在天中以照天下。

《彖》曰：《丰》，大也。明以动，故《丰》。

此释卦名。《序卦》曰："《丰》者，大也。"与《彖传》同。卦名之《丰》，其义为大，谓人之成就之大也。《丰》之下卦为离，上卦为震。离，明也；震，动也。然则《丰》之卦象是明以动。人明以动而从事，则其成就大，是以卦名曰《丰》。

"王假之"，尚大也。"勿忧宜日中"，宜照天下也。

此释卦辞。卦辞云"王假之"，言王重尚大事，亲至以主持之也。云"勿忧宜日中"，言大事虽有可忧虑之处，亦不必忧虑，王之明宜如日在天中，广照天下也。

日中则昃，月盈则食，天地盈虚，与时消息，而况于人乎，况于鬼神乎。

此申释卦义。昃与仄同，日西斜曰昃。《释文》："食或作蚀。"按食借为蚀，蚀犹亏也，此谓月圆后则亏，非谓月食也。消息犹消长也。人之成就丰大，不可长保。以宇宙事物之运动言之，日中则西斜，月满则亏缺，天地间之万物皆一盈一虚，随时消长，而况人之家国岂有长盛而不衰，长存而不亡哉，而况鬼神岂有长享一姓之祭祀，长赐一姓以福禄而不变哉。

《象传》之意盖戒人处丰大之时，不可自骄自满。

《象》曰：雷电皆至，《丰》。君子以折狱致刑。

折狱，断狱也。致刑，行刑也。《丰》之上卦为震，下卦为离。震为雷，离为电。然则《丰》之卦象是雷电皆至。雷与电乃天上之大物，是以卦名曰《丰》。按《丰》之卦象是先雷后电。《象传》又以雷比刑，以电比人之明察，以先雷后电比统治者刑罚严明。君子观此卦象及卦名，从而在刑罚严明之原则下，以断讼狱，施刑罚。故曰："雷电皆至，《丰》。君子以折狱致刑。"（与《噬嗑》卦稍异）

初九：遇其配主，虽旬无咎，往有尚。

［**经意**］　配读为妃，妃犹妻也。配主谓女主人。虽，汉帛书《周易》作唯。按虽读为唯。尚借为赏。筮遇此爻，出行则遇其女主人，唯一旬之内无咎，且往而得赏。（或曰：配主，其妻之旧主人。）

［**传解**］　与经意同。

《象》曰："虽旬无咎"，过旬灾也。

六二：丰其蔀，日中见斗，往得疑疾，有孚，发若吉。

［**经意**］　丰，大也。蔀，棚也，院中所搭之席棚，以蔽夏日。《释文》："见斗，孟作见主。"按斗当作主，主乃古烛字。疑疾，多疑之病，精神病之一种。孚，罚也。发犹拨也。若犹之也。爻辞言：有人焉，院中搭大席棚，室中黑暗，日中之时燃烛以取明，弃大明而用小光，有所往而得疑疾，此乃鬼神加罚，拨开席棚则吉。此似古代故事。（李镜池曰："疑当读为痴。痴训不慧，见《说文》。痴从疑声，可通假。"）

［**传解**］　前三句与经意同。孚，信也。发，明也。（说见《大有》卦）"有孚，发若吉"，言得疑疾者能以诚信对人，心地光明，则吉。

《象》曰："有孚发若"，信以发志也。

传意：爻辞云"有孚，发若吉"，言其人诚信以明心见性，则疑疾自愈也。

九三：丰其沛，日中见沫，折其右肱，无咎。

［**经意**］　《释文》："沛，本或作旆。"王弼曰："沛，幡幔，所以御盛

光也。"则沛当读为旆，指布幔之类，以蔽门窗。沬借为魅，妖魔也。肱，臂也。爻辞言：有人焉，大其布幔以蔽门窗，日中之时忽见妖魔，惊骇而仆，折其右臂，医之而愈，故无咎。（亨按沛亦可读为芾，草屋也。）

［传解］　与经意同。

《象》曰："丰其沛"，不可大事也。"折其右肱"，终不可用也。

王念孙曰："用读为以。灾、志、事、用为韵。"是也。（说见《剥》卦）传意：爻辞云"丰其沛，日中见魅"，其人白昼之间，遮蔽太阳之光明，拒绝外界之知识，自甘愚昧，不可为大事也。爻辞云"折其右肱"，则其臂终不可用也。（按《象传》"终不可用"之说与经文"无咎"之文相矛盾，疑《象传》作者所据经本无"无咎"二字。）

九四：丰其蔀，日中见斗，遇其夷主，吉。

［经意］　斗，星名，今名北斗。夷，常也。爻辞言：有人焉，大其院中之席棚，以蔽夏日，日中之时，忽逢日食，见斗屋，似非吉兆。但出行遇其所常寄遇之主人，而归于吉。此亦似古代故事。

［传解］　与经意同。

《象》曰："丰其蔀"，位不当也。"日中见斗"，幽不明也。"遇其夷主"，"吉"行也。

幽，暗也。传意：爻辞云"丰其蔀"，言不宜搭席棚以遮蔽太阳，席棚之位置不当也。云"日中见斗"，言日食而天下黑暗不明也。云"遇其夷主"，言出行得所栖止，是吉利之行也。《象传》"位不当"之说乃以九四之爻象爻位为据。九四为阳爻，居阴位（第四爻为阴位），是为位不当。此象席棚之位置不当。

六五：来章有庆誉，吉。

［经意］　章读为殷商之商。（说见《坤》卦）庆，赏也。来到商朝，得赏得誉，是吉矣。此乃周人故事。

［传解］《坤》六三与《姤》九五之"含章"，《象传》皆读为文章之章，则此章字亦当如此。来章，谓取来外界之文章。凡人学业上之文章、辞令上之文章、德行上之文章，皆自外界取来。来章而得赏得誉，是吉矣。

《象》曰:"六五"之"吉","有庆"也。

上六: 丰其屋,蔀其家,窥其户,阒其无人,三岁不觌,凶。

［经意］ 蔀,动词,搭席棚也。窥,看也。阒,空静也。觌,见也。
爻辞言:贵族之宅,既大其屋,又蔀其家,而窥其门,则空静无人,且三
年之久不见有人,是贵族遭祸,全家逃亡,自为凶矣。

［传解］ 与经意同。

《象》曰:"丰其屋",天际翔也。"窥其户,阒其无人",自藏也。

传意:爻辞云"丰其屋",言贵族在位之时,如鸟得意以飞翔于天空,
故能大其屋也。云"窥其户,阒其无人",言贵族遭祸之后,逃亡而自隐
藏,故其宅空静也。

《旅》第五十六

䷷（下艮上离）

《旅》：小亨。旅贞吉。

[**经意**]《旅》，卦名。亨即享字，祭也。旅，客人。贞，占问。筮遇此卦，可举行小享之祭，旅客有所占问则吉。

[**传解**]《旅》，卦名，作客也。亨，通也。贞，正也。此言作客他方，可以小通，作客行其正道则吉。

《彖》曰：《旅》"小亨"，柔得中乎外，而顺乎刚，止而丽乎明，是以"小亨旅贞吉"也。《旅》之时，义大矣哉。

此释卦名卦辞。《序卦》论《丰》《旅》两卦之顺序曰："《丰》者，大也。穷大者必失其居，故受之以《旅》。"以失其居释《旅》，则《旅》为去其故居，出外作客，明矣。《彖传》当亦如此。丽，附也。（说见《离》卦）《旅》卦辞云"小亨。旅贞吉"者，《旅》之六五为阴爻，为柔，居外卦之中位，是为柔得中于外，象臣民（或弱者）得正中之道，以客于外方。其次，上九为阳爻，为刚。六五居上九之下，是为柔顺乎刚，象臣民顺从君上（或弱者顺从强者）。再次，《旅》之下卦为艮，上卦为离。艮，止也；离，明也。下卦附于上卦，在下位者附于在上位者，然则《旅》之卦象是止而丽乎明，即止于外方，依附于光明之主人。要之，《旅》之卦爻象是臣民作客于外方，得正中之道，服从其君上，止于客所，依附于光明之主人，自能亨通矣，但以其依附于人，因而仅得小亨通。是以卦辞曰："小亨。旅贞吉。"《旅》卦固为利于作客之象，然亦不可视为绝对。盖作客之利不利，在于作客之时不时，作客合其时，其意义甚大也。若作客不合时，则困穷于他乡矣。

《象》曰：山上有火，《旅》。君子以明慎用刑，而不留狱。

《旅》之下卦为艮，上卦为离。艮为山，离为火。然则《旅》之卦象是山上有火。山上有火，火寄托于山上之草木以存在，似旅客寄托于他乡以生活，山非火常在之处也。是以卦名曰《旅》。按《象传》乃以火比人之明察，以山比客观事物，以山上有火，照明山之四面，比人之明察能认识事物之全面。君子观此卦象，从而对于用刑力求全面之认识，临之以明察，出之以慎重，从速判决，不敢拖延。故曰："山上有火，《旅》。君子以明慎用刑，而不留狱。"（与《贲》卦稍异）（或曰："山上有火，则山上之嘉树恶木，香花毒草，美玉顽石，一时俱焚。犹听狱掌刑之官，不辨是非，不分轻重，一律严办，滥用刑杀也。故君子明慎用刑。"）

初六：旅琐琐，斯其所，取灾。

［**经意**］　旅，客人。琐借为惢。惢惢，多疑也。斯，离也。所，故居。爻辞言：旅客惢惢多疑，离其故居，结果招致灾难。（《释文》引王肃云："琐琐，细小貌。"）

［**传解**］　与经意同。

《象》曰："旅琐琐"，志穷"灾"也。

志穷，志不得达。

六二：旅即次，怀其资，得童仆，贞。

［**经意**］　即，就也。次，客舍，旅馆。怀，藏于怀中。《释文》："怀其资，本或作怀其资斧。"按资下当有斧字。资，货也；斧，铜币之作斧形者。资斧犹言钱币也。童仆，男奴隶。"贞"下当有"吉"字，转写脱去。贞，占问。爻辞言：旅客来到客舍，携其钱币，买得一男奴隶，其事吉利，故占得此爻则吉。此乃写一古代故事。

［**传解**］　贞，正也。"得童仆，贞吉"，谓旅客得一男奴隶，乃以正道得之，非得之掠夺，故吉。余与经意同。

《象》曰："得童仆贞"，终无尤也。

"贞"下亦当有"吉"字。尤，灾也。传意：爻辞云"得童仆，贞吉"，贞，正也；言旅客得童仆以正道，则终无灾尤，故吉也。（《象传》以

"无尤"释经文之"吉",可证"象传"作者所据本经文"贞"下有
"吉"字。)

九三：**旅焚其次，丧其童仆，贞厉。**

[经意]　丧，失也。贞，占问。厉，危也。爻辞言：旅客之住舍被火
所焚，失其男奴隶，其事危险，故占得此爻有危险。此亦写一古代故事。

[传解]　贞，正也。贞厉，谓旅客虽正直亦遇危险。余与经意同。

《象》曰："旅焚其次"，亦以伤矣。以旅与下，其义"丧"也。

"以伤"之以读为已。伤，损害也。与，二人共处为与。下，指童仆。
义读为宜。(说见《需》卦) 传意：爻辞云"旅焚其次"，是旅客亦已受损
害矣。云"丧其童仆"，以旅客与一新得之童仆共处，遇火灾而失童仆，固
其宜也。

九四：**旅于处，得其资斧，我心不快。**

[经意]　旅客在住舍被焚之后，又得屋而居之，前曾失其资斧，今复
得之，然其心仍不快。盖住舍被焚，童仆失去，资斧又失去，明是有人暗
害之。此亦写古代故事。

[传解]　与经意同。

《象》曰："旅于处"，未得位也。"得其资斧"，"心"未
"快"也。

未得位，未得适当之地位或环境也。《象传》此释乃以九四之爻象爻位
为据。九四为阳爻，居阴位 (第四爻为阴位)，是为未得位。象人未得适当
之地位或环境。

六五：**射雉，一矢亡，终以誉命。**

[经意]　雉，今名野鸡。亡，死也。此承上文之旅字而言。旅客射
雉，一矢射中而雉死，终得善射之名，受客地国君之命令予以奖赏。此亦
记古代故事。(亨又按亡亦可训失。"射雉一矢亡"谓射雉一矢而中，雉带
矢飞去。)

[传解]　与经意同。

《象》曰："终以誉命"，上逮也。

上，君上。逮犹赐也。①传意：爻辞云"终以誉命"，言君上赏赐其人也。

上九：鸟焚其巢，旅人先笑后号咷，丧牛于易，凶。

[经意]　鸟焚其巢，喻旅客之居宅被焚。号咷，大哭。易，国名。此记殷之祖先王亥之故事。王亥屡见殷虚卜辞。据《山海经·大荒东经》《竹书纪年》《楚辞·天问》所载，王亥曾作客于有易之国，从事畜牧牛羊，而行淫享乐，有易之君绵臣杀王亥，而取其牛。此爻辞言"鸟焚其巢"，谓绵臣杀王亥之时焚其居宅，"旅人先笑后号咷"，谓王亥先逞淫乐，后临被杀而大哭，"丧牛于易"，谓王亥失其牛于易国；"凶"，谓王亥遭遇凶祸。又疑本卦前五爻爻辞皆记王亥之故事。《大壮》六五曰："丧羊于易，无悔。"亦记王亥之故事。

[传解]　与经意同。

《象》曰：以"旅"在"上"，其义"焚"也。"丧牛于易"，终莫之闻也。

在上，在上位，有官爵也。义读为宜。（说见《需》卦）王念孙说："闻读为问，相恤问也。"②传意：爻辞云"鸟焚其巢"，王亥以旅客而居上位，招人嫉恨，宜其居宅被焚也。云"丧牛于易"，王亥以旅客而被杀失牛，终无人怜恤而问之也。《象传》"在上"之说乃以上九之爻位为据。上九居一卦之上位，象人处于上位。

[附考]　①《象传》："'终以誉命'，上逮也。"亨按逮犹赐也，上逮谓君上赏赐之也。古逮字有赏赐之义。《国语·晋语》："逮鳏寡。"（鳏与鳏同）韦注："逮，及也，谓惠及也。"惠及即恩惠及人，乃赏赐之义也。《礼记·王制》："恤孤独以逮不足。"《中庸》："所以逮贱也。"逮亦当训为赏赐。　②《象传》："'丧牛于易'，终莫之闻也。"王念孙曰："闻犹问也。（古字闻与问通。《论语·公冶长》篇：'闻一以知十。'闻本或作问。《檀弓》：'问丧于夫子乎？'问本或作闻。《庄子·庚桑楚》篇：'因失吾问。'元嘉本问作闻。并见《经典释文》。又《荀子·尧问》篇：'不闻即物少至。'杨注曰：'闻或为问。'）谓相恤问也。《王风·葛藟》篇：'谓他人昆，亦莫我闻。'《大雅·云汉》篇：'群公先正，则不我闻。'亦谓不相恤问也。"按王说是也。

《巽》第五十七

☴ （下巽上巽）

《巽》：小亨。利有攸往。利见大人。

[经意]《巽》，卦名。亨即享字，祭也。大人，贵族之通称。筮遇此卦，可举行小享之祭，利于有所往，利于见大人。

[**传解**]《巽》，卦名，教命也，又入也。亨，通也。余与经意同。

《彖》曰：重巽以申命。刚巽乎中正而志行。

此释卦名。《巽》卦是两巽相重，是为重巽。巽为风，《易传》以风比君之教命，然则《巽》之卦象是君上重申其教命。故曰："重巽以申命。"此是本卦名《巽》之一义。其次，《说卦》曰："巽，入也。"重巽仍为入，故《序卦》曰："《巽》者，入也。"《巽》之九二为阳爻，为刚，居下卦之中位，九五为阳爻，为刚，居上卦之中位，是为刚入于中正，象君进入中正之道。君进入中正之道，其教命合乎正，则臣民从之，而君之志得行矣。故曰："刚巽乎中正而志行。"此是本卦名《巽》之又一义。

柔皆顺乎刚，是以"小亨，利有攸往，利见大人"。

此释卦辞。《巽》之上卦六四为阴爻，在九五及上九两阳爻之下；下卦初六为阴爻，在九二及九三两阳爻之下。阴为柔，阳为刚。是为柔皆顺乎刚，象臣民皆顺从其君。此仅能小通，利有所往，利见大人而已。

《象》曰：随风，《巽》。君子以申命行事。

本卦是两巽相重，巽为风，然则本卦卦象是风与风相随而吹也。按《象传》又以风比君上之教命，随风乃比教命重申。君子观此卦象，从而重申其教命，以推行其政事。故曰："随风，《巽》。君子以申命行事。"

初六：进退利武人之贞。

［经意］　贞，占问。筮遇此爻，武人有所占问，或进或退皆有利。进退盖指行军而言。

［传解］　贞，正也。武人或进或退，利在于正。如进退不以正，则不利矣。

《象》曰："进退"，志疑也。"利武人之贞"，志治也。

志治，其心不乱也。传意：爻辞云"进退"，言或进或退，其心疑而未定也。云"利武人之贞"，贞，正也；言武人进退以正为准，其心坚定而不乱，故利也。

九二：巽在床下，用史巫纷若，吉，无咎。

［经意］　巽，伏也。床，病人之所卧也。周人室中无床，地上铺席，坐卧其上，有病而后设床。纷疑借为衅。衅是一种巫术，用牲血涂人身或房屋器物等，以驱逐鬼魅，清除不祥。若犹之也。爻辞言：病人伏在床下，当是室中有鬼魅，病人惊惧，用史巫衅之可愈，则吉而无咎矣。

［传解］　巽，入也。余与经意同。

《象》曰："纷若"之"吉"，得中也。

中，正也。传意：爻辞云"用史巫纷若，吉"，衅之所以得吉，以病者得正中之道也。盖衅者所以驱逐鬼魅，正人病，内心无愧，衅之则易生效；邪人病，内心多愧，衅之则难生效也。《象传》此释乃以九二之爻位为据。九二居下卦之中位，象人得正中之道。

九三：频巽，吝。

［经意］　频，皱眉也。巽，伏也。吝，难也。皱眉而伏，不敢出外活动，以有困难在眼前。

［传解］　巽，入也，谓入于其家。余与经意同。

《象》曰："频巽"之"吝"，志穷也。

志穷，志不得达。

六四：悔亡。田获三品。

［经意］　田，猎也。品，种也。筮遇此爻，其悔将亡，行猎将得三种猎物。

〔传解〕　与经意同。

《象》曰："田获三品"，有功也。

九五：贞吉，悔亡，无不利，无初有终。先庚三日，后庚三日，吉。

〔经意〕　贞，占问。终，古语谓好结果为终。周人以甲、乙、丙、丁、戊、己、庚、辛、壬、癸十字记日，先庚三日即庚前之丁日，后庚三日即庚后之癸日。（参看《蛊》卦）爻辞言：筮遇此爻，所占者吉，其悔将亡，无有不利，行事无良好开端，而有良好结果。丁日与癸日乃为吉日。

〔传解〕　贞，正也。贞吉，人之志行正则吉。余与经意同。

《象》曰："九五"之"吉"，位正中也。

传意：爻辞云"贞吉……"贞，正也；言其人所处之地位得其正中，是以吉也。《象传》此释乃以九五之爻位为据。九五居上卦之中位，是为位正中，象人得正中之道。

上九：巽在床下，丧其资斧，贞凶。

〔经意〕　巽，伏也。资，货也；斧，铜币之作斧形者。资斧犹言钱币也。贞，占问。爻辞言：病人伏在床下，失其钱币，当是盗贼入室，病人惧而匿于床下，盗贼取其钱币以去。此乃有外寇之来，无自卫之勇，其结果是凶。故占得此爻则凶。

〔传解〕　巽，入也。贞，正也。余与经意同。此言人而无勇，不能御外寇，其志行虽正亦凶。

《象》曰："巽在床下"，"上"穷也。"丧其资斧"，正乎"凶"也。

乎犹而也。（裴学海《古书虚字集释》有此例）传意：爻辞云"巽在床下"，因病人卧在床上，有被盗贼杀死之可能，处于穷困之境地，不得不入于床下也。云"丧其资斧"，言病人无勇，致失其钱币，虽正直而亦凶也。《象传》"上穷"之说乃以上九之爻位为据。上九居一卦之上位，一卦之尽头，象人在床上陷于穷困。

《兑》第五十八

䷹（下兑上兑）

《兑》：亨。利贞。

[经意]《兑》，卦名。亨即享字，祭也。贞，占问。筮遇此卦，可举行享祭，乃有利之占问。

[传解]《兑》，卦名，悦也。亨，通也。利，利人也。贞，正也。人行事使人喜悦，则亨通，要在能利人，能守正。

《彖》曰：《兑》，说也。刚中而柔外，说以"利贞"，是以顺乎天而应乎人。

此释卦名及卦辞。《序卦》曰："《兑》者，说也。"与《彖传》同。王弼、虞翻（《集解》引）等皆读说为喜悦之悦，是也。卦名之《兑》，其义为喜悦，谓使他人喜悦也。卦辞云"亨，利贞"者，《兑》卦九二为阳爻，为刚，居下卦之中位；九五亦为阳爻，为刚，居上卦之中位。是为刚中，象君子内有刚健之德。六三为阴爻，为柔，居下卦之外；上六亦为阴爻，为柔，居上卦之外。是为柔外，象君子外抱柔和之态度。君子内刚健而外柔和，则足以使人喜悦，是以卦名曰《兑》。然君子之使人喜悦，非苟以取媚，乃以利人之事悦之，以正道悦之，即悦之以利贞。如此。则能顺乎天而应乎人，所往皆通。是以卦辞曰："亨，利贞。"

说以先民，民忘其劳。说以犯难，民忘其死。说之大，民劝矣哉。

此申释卦义。《说文》："先，前进也。"先民谓导民前进。又《说文》："劝，勉也。"勉谓努力。《兑）之卦义是使人喜悦，用之政治，是使民喜悦。执政者如以悦民之道导民前进，则民忘其劳；以悦民之道使民犯难，则民忘其死。悦民达于广大之地步，则民皆奋勉努力矣。

《象》曰：丽泽，《兑》。君子以朋友讲习。

王弼曰："丽犹连也。"《小尔雅·广言》："丽，两也。"丽泽是两泽相连。本卦是两兑相重，兑为泽，然则本卦卦象是两泽相连。两泽相连，其水交流。君子观此卦象及卦名，从而朋友讲习，以交流知识。此可悦之事也。故曰："丽泽，《兑》。君子以朋友讲习。"

初九：和兑，吉。

[经意]　和，温和。兑即谈说之说。"和兑"者，温和之谈说也。温和之谈说，无厉言怒色，则他人乐于倾听，故吉。

[传解]　和，亦是温和。兑，悦也。"和兑"者，温和之喜悦也，即对人温和成为内心喜悦之事而乐于为之也。如此则吉矣。

象曰："和兑"之"吉"，行未疑也。

疑借为碍。《说文》："碍，止也。"即阻止之义。传意：爻辞云"和兑，吉"，言和兑则他人亲近之，其行事未有阻碍，故吉也。

九二：孚兑，吉，悔亡。

[经意]　孚，信也。汉帛书《周易》作诤（字书无诤字），言而有信也，从言，孚声。兑即谈说之说。"孚兑"者，诚信之谈说也。诚信之谈说，不为谎言欺人，则他人从而信之，故吉而悔亡。

[传解]　孚亦信也。兑，悦也。"孚兑"者，诚信之喜悦也，即对人诚信成为内心喜悦之事而乐于为之也。如此则吉而悔亡矣。

《象》曰："孚兑"之"吉"，信志也。

志当作之。传意：爻辞云"孚兑，吉"，言孚兑则他人亦信任之，故吉也。

六三：来兑，凶。

[经意]　兑即谈说之说。"来兑"者，言未及之而言，不问而告也。古人认为多言则多败，故凶。

[传解]　兑，悦也。爻辞言："来兑"者，外界事物来便喜悦之，不计其是非善恶也。如此则凶。

《象》曰："来兑"之"凶"，位不当也。

传意：爻辞云"来兑，凶"，来兑所以为凶，因外界事物之来，以其人之地位（立场）言之，不当喜悦之，而竟喜悦之，故凶也。盖人皆以其地位衡量事物之是非善恶，其是而善者来则喜悦之，其非而恶者来则憎恨之，各得其宜，各当其位，乃吉也。《象传》，"位不当"之说乃以六三之爻象爻位为据。六三为阴爻，居阳位（第三爻为阳位），是为位不当。象人之行事与其地位不相当。

九四：商兑未宁。介疾有喜。

［经意］ 商，商量。兑，即谈说之说。介借为疥，（《豫》六二："介于石。"汉帛书《周易》介作疥，可证介疥通用。）癣疥也。有喜，疾愈也。爻辞言：与人商谈，是其事尚未宁定；又筮遇此爻，疥疾将愈。

［传解］ 兑，悦也。余与经意同，但认为疥疾比喻微小之灾患。爻辞言：与人商量，心怀喜悦，虽其事尚未宁定，而癣疥之疾将除，小小之灾患将去矣。

《象》曰："九四"之"喜"，有庆也。

传以"庆"释经文之"喜"。

九五：孚于剥，有厉。

［经意］ 孚，古俘字，掠夺人口财物也。剥，落也，没落也。厉，危也。爻辞言：掠夺他国他邑之人口财物在自己没落之时，则有危险，因被掠夺者必将报复也。

［传解］ 孚，信也。剥，没落也。《象传》作者所据经文厉下当有吉字，转写脱去。"孚于剥，有厉吉"言人在没落之时，能诚信不欺，虽有危险，亦转为吉也。

《象》曰："孚于剥"，位正当也。

传意：爻辞云"孚于剥，有厉吉"以其人所处之地位言之，其行事正且当也。申言之，诚信本是人生之正道，处于没落之地位，而能守此正道，困而不欺，穷而不滥更为得当，故虽有危险亦吉也。《象传》"位正当"之说乃以九五之爻位爻象为据。九五居上卦之中位，是为位正，象人守正道。九五为阳爻，居阳位（第五爻为阳位），是为位当，象人之行事与其地位相当。(《象传》之例，位正位当皆必得吉，则厉下脱吉字，明矣。)

上六：引兑。

[**经意**] 兑即谈说之说。"引兑"者，他人引我发言，我则发言也。

[**传解**] 兑，悦也。"引兑"者，他人援引我，而我喜悦也。

《象》曰："上六""引兑"，未光也。

传意爻辞云"引兑"，言有他人援引而己喜悦，是其德犹未光明也。德之光明者，品节清高，有人援引，处之泰然，无人援引，亦处之泰然，不因之有所喜怒。(光亦可读为广，大也。说见《坤》卦。)

《涣》第五十九

䷺（下坎上巽）

《涣》：亨，王假有庙。利涉大川，利贞。

[经意] 《涣》，卦名。亨即享字，祭也。假，至也。有，汉帛书《周易》作于。按有犹于也。贞，占问。筮遇此卦，可举行享祭，王亲至于庙，利于涉大川，乃有利之占问。

[传解] 《涣》，卦名，水流无阻也。（《象传》亦释《涣》为水流，又释《涣》为冲洗。）①亨，通也。贞，正也。余与经意同。水流无阻，正如王之政教所至皆通，则王可以至宗庙，奉祭祀，亦利于涉大川，然其利在于正也。

《彖》曰：《涣》，"亨"，刚来而不穷，柔得位乎外而上同。

此释卦名及卦辞之"亨"。卦名曰《涣》而卦辞云"亨"者，《涣》是水流无阻，亨是王之政教通行无阻。《涣》之内卦九二为阳爻，为刚，为内卦之主爻（内卦为坎，坎为阳卦，凡阳卦以阳爻为主爻）；外卦九五为阳卦，为刚，居一卦之尊位。刚在内为主，在外居尊，是为"刚来而不穷"，乃象王居位用权，而不穷困。其次，六四为阴爻，为柔，居外卦之阴位（第四爻为阴位），是为"柔得位乎外"，乃象臣民处于朝外，各得其位，各尽其职。再次，六四为柔，九五为刚。六四居九五之下，是为柔顺乎刚，乃象臣民顺从其王，言行上同于君王，是为"上同"。综之，《涣》之爻象是王居位用权而不穷困，臣民得位尽职以从其君，如此则政教通行而无阻，如水流四散而无阻矣，是以卦名曰《涣》，卦辞云"亨"也。

"王假有庙"，王乃在中也。"利涉大川"，乘木有功也。

中，正也。木，指船。卦辞云"王假有庙"，谓王能奉其宗庙祭祀。王所以能奉宗庙祭祀，以王之行在正中之道也。九五为阳爻，为刚，居上卦之中位，亦居一卦之尊位，正象王守正中之道。云"利涉大川"，谓其乘船渡水而有功也。《涣》之上卦为巽，下卦为坎。巽为木，坎为水。然则《涣》之卦象是木在水上，即船浮于川上，得平安渡过。

《象》曰：风行水上，《涣》。先王以享于帝，立庙。

享，祭也。帝，天帝。《涣》之上卦为巽，下卦为坎。巽为风，坎为水。然则《涣》之卦象是风行水上。风行水上，推波鼓澜，则水流更为汹涌奔荡，是以卦名曰《涣》。按《象传》乃以风比德教，以水比群众。以风行水上比德教行于群众。《象传》认为教育群众，最要者是以神道设教，教以尊天孝祖。教以尊天，以加强神权统治。教以孝祖，以加强族权统治。两者皆有利于君权统治。先王观此卦象，欲使尊天孝祖之德教能推行于群众，从而享祭天帝，建立宗庙，以为群众之倡导。故曰："风行水上，《涣》。先王以享于帝，立庙。"

初六：用拯马，壮吉。

[**经意**] 拯借为骣，割去牡马之阳具，今谓之骟马。筮遇此爻，骟马则马壮且吉。

[**传解**] 与经意同。

《象》曰："初六"之"吉"，顺也。

传意：爻辞云"用拯马，壮吉"，言骟马则马驯良，能顺从人之指挥与控制，故吉也。《象传》此释乃以初六及九二之爻象爻位为据。初六为阴爻，为柔；九二为阳爻，为刚。初六居九二之下，是为柔顺刚，象马顺从人意。

九二：涣奔其机，悔亡。

[**经意**] 涣，水流也。奔，急赴也。机，汉帛书《周易》作阶。机当读为阶。（又机亦可读为機，门限也，今谓之门槛。）水流奔赴其台阶，则院内之脏秽尽被冲洗。脏秽去犹人之悔去，故筮遇此爻，则悔亡。

[**传解**] 与经意同。

《象》曰："涣奔其机"，得愿也。

得愿，得其所愿。

六三：涣其躬，无悔。

［经意］　涣，水冲洗也。"涣其躬"谓以水冲洗其身之污垢，以喻清除德行之邪恶。如此可以无悔。

［传解］　与经意同。

《象》曰："涣其躬"，志在外也。

志在外，谓志在教育他人，治理国家。

六四：涣其群，元吉。涣有丘，匪夷所思。

［经意］　涣，水冲洗也。元，大也。有犹于也。匪读为非。夷，平常也。"涣其群"谓以水冲洗群众之污垢，比喻清除群众德行之邪恶。此自是大吉。"涣有丘，匪夷所思"，谓大水冲洗丘岭，其水灾之大非平常所想象。

［传解］　与经意同。

《象》曰："涣其群元吉"，光大也。

光借为广。(说见《坤》卦) 光大指政治效果之广大。

九五：涣其汗大号。涣王居，无咎。

［经意］　"涣其汗"原作"涣汗其"，误，今据汉帛书《周易》移正。涣，流也。号，哭也。"涣其汗大号"，谓流其汗又大哭，必是抱病痛或遇祸事，此乃凶象。"涣王居"，谓大水冲洗王宫之污垢，以喻清洗王宫之小人，革除王宫之弊端，此自无咎。

［传解］　与经意同。

《象》曰："王居无咎"，正位也。

传意：爻辞云"涣王居，无咎"，涣王居以喻清理王宫是王以正道居其位，故无咎也。《象传》此释乃以九五之爻象爻位为据。九五为阳爻，居阳位 (第五爻为阳位)，又居上卦之中位，是为正位。象人以正道居其位。

上九：涣其血，去，逖出，无咎。

［经意］　"涣其血"，流其血也。逖，远也。出犹走也。筮遇此爻，有流其血之凶灾，然可以避免，去而远走，则无咎矣。

［传解］　与经意同。

《象》曰："涣其血"，远害也。

传意：爻辞云"涣其血，去，逖出"，言远走以避灾害也。

[**附考**]　①《序卦》曰："《涣》者，离也。"《杂卦》曰："《涣》，离也。"《说文》："涣，流散也，从水，奂声。"水四散而流为涣，故涣有离散之义。然观《彖传》《象传》之文意，不释涣为离散也。其一，认为涣是水流无阻之义。盖水能四散而流，必是四方无阻，故涣字有此义也。其二，认为涣是水冲洗之义。其三为流义，如流汗流血亦谓之涣也。前者去经义不远，后二者则符合经意。《序卦》《杂卦》之说则大非经意也。

《节》第六十

≡≡ (下兑上坎)

《节》：亨。苦节，不可贞。

[**经意**] 《节》，卦名。亨即享字，祭也。节，俭也。苦节，以节俭为苦。贞，占问。不可贞，所占之事不可行。筮遇此卦，可举行享祭；如苦于节俭，则所占之事不可行。

[**传解**] 《节》，卦名，节度也（节度即制度）。亨，通也。贞，正也。此言人有节度，则能亨通，如苦于有节度，则其行事，不可得正矣。

《彖》曰：《节》"亨"，刚柔分而刚得中。

此释卦名及卦辞之"亨"。本卦所以名《节》，卦辞所以云"亨"者，《节》，有节度也[①]；亨，通也；此谓人有节度则亨通也。《节》之上卦为坎，下卦为兑。坎为阳卦，为刚；兑为阴卦，为柔。然则《节》之卦象是刚在上，柔在下，是为"刚柔分"，乃象君上居上位，臣民居下位，各守职分。其次，《节》之九二为阳爻，为刚，居下卦之中位；九五亦为阳爻，为刚，居上卦之中位。然则《节》之爻象是"刚得中"，乃象君上得正中之道。综之，《节》之爻象是君上与臣民分居其位，此乃遵守节度之规定；又是君上得正中之道，此乃以节度为准则。是以卦名曰《节》。人有节度，依节度行事，则通而无阻，是以卦辞云"亨"。

"苦节不可贞"，其道穷也。

此继释卦辞。卦辞云"苦节不可贞"，贞，正也；言人以有节度为苦，则必违节度，为奸邪，不可得其正，此乃穷困之道也。

说以行险，当位以节，中正以通。

此申释卦义。说借为悦。《节》之内卦为兑，外卦为坎。兑，说（悦）

也；坎，险也。然则《节》之卦象是人喜悦以行险，即"说以行险"。其次，《节》之上卦九五为阳爻，为刚，居阳位；六四为阴爻，为柔，居阴位；上六亦为阴爻，为柔，居阴位。三爻刚柔皆当位，象君臣各居其位，以守节度，是为"当位以节"。九五、九二又分居上下卦之中位，象君得正中之道。君得正中之道，以行其政教，则通行无阻，是为"中正以通"。以上三点亦是《节》之卦义。

天地节，而四时成。节以制度，不伤财，不害民。

此再申释卦义。天地有其运动规律是天地有节度。天地有节度，四时乃成。国家有制度，用以节制君臣庶民，则富贵者不骄奢以伤财，不残暴以害民矣。此亦《节》卦之重要意义。

《象》曰：泽上有水，《节》。君子以制数度，议德行。

制，创立也。数度犹制度，因其有等级之数，故谓之数度。《节》之下卦为兑，上卦为坎。兑为泽，坎为水。然则《节》之卦象是泽上有水。泽上有水，乃水泛滥于泽外，必须筑岸以节制之，是以卦名曰《节》。按《象传》乃以水比群众，以泽之边岸比制度礼教，以泽上有水比群众之行动越乎制度礼教。君子观此卦象及卦名，从而建立制度，论定德行之准则。故曰："泽上有水，《节》。君子以制数度，议德行。"

初九：不出户庭，无咎。

〔经意〕　筮遇此爻，不出门庭，则无咎。

〔传解〕　与经意同。

《象》曰："不出户庭"，知通塞也。

塞，阻塞不通也。传意：爻辞云"不出户庭"，因知其行之或通或塞，今知其行必塞，故不出户庭乃无咎也。(《系辞》上："'不出户庭，无咎。'子曰：'乱之所生也，则言语以为阶。君不密则失臣，臣不密则失身，几事不密则害成。是以君子慎密而不出也。'"此谓不出户庭乃慎言保密之手段，离经意更远矣。)

九二：不出门庭，凶。

〔经意〕　筮遇此爻，不出门庭则凶。

［**传解**］　与经意同。

《**象**》曰:"不出门庭凶",失时极也。

极,最甚也。

六三:不节若,则嗟若,无咎。

［**经意**］　节,俭也。若,语气词。嗟,叹也。人不节俭则穷困,穷困则嗟叹,嗟叹则悔改,将无咎矣。

［**传解**］　节,制度也。咎,责罚也。人不守制度则受责罚,受责罚则嗟叹,嗟叹则悔改,将无咎矣。

《**象**》曰:"不节"之"嗟",又谁"咎"也。

爻辞云"不节若,则嗟若",言人不守制度,以致受刑罚而嗟叹,嗟叹是追悔之心声,追悔是改过之动力,能改过,有谁责罚之哉,故将无咎也。

六四:安节。亨。

［**经意**］　节,俭也。安节谓安于节俭。亨即享字,祭也。爻辞言:人宜安于节俭。又筮遇此爻,可举行享祭。

［**传解**］　节,制度也。亨,通也。人安于制度,则其行亨通矣。

《**象**》曰:"安节"之"亨",承上道也。

承,遵奉也。上,君也。传意:爻辞云"安节。亨",安节谓臣民安于制度,即是遵奉君上之道,故能亨通也。《象传》此释乃以六四及九五之爻象爻位为据。六四为阴爻,为柔;九五为阳爻,为刚。六四居九五之下,是为柔从刚。象臣民遵从君上之道。

九五:甘节,吉,往有尚。

［**经意**］　节,俭也。甘节,以节俭为甘也。尚借为赏。人以节俭为甘而乐之,则吉,有所往得赏。

［**传解**］　节,制度也。甘节,以制度为甘,乐于遵守之。余与经意同。

《**象**》曰:"甘节"之"吉",居位中也。

中,正也。传意:爻辞云"甘节,吉",言乐于遵守制度,则居其职位,皆合乎正中之道,故吉也。《象传》此释乃以九五之爻位为据。九五居上卦之中位,象人守正中之道。

上六：苦节，贞凶。悔亡。

［经意］ 节，俭也。贞，占问。人以节俭为苦，则必奢侈而陷于穷困，其至为奸恶以满其欲，故所占之事凶。"悔亡"与"贞凶"相矛盾，疑是衍文。

［传解］ 节，制度也。贞，正也。人以制度为苦，虽正直亦将反抗制度，触犯刑法，故凶。

《象》曰："苦节贞凶"，其道穷也。

传意：爻辞云"苦节，贞凶"，因人以制度为苦，则其所行之道必穷困而不通也。《象传》此释乃以上六之爻位为据。上六居一卦之尽头，象人走入穷困之境地。(《象传》作者所据经本似无"悔亡"二字)

［附考］ ①按《易经·节》卦之节，《易传》释为节度，即制度也。《彖传》释此卦义曰："天地节，而四时成。节以制度，不伤财，不害民。"即其明证。《序卦》论《涣》《节》《中孚》三卦之顺序曰："《涣》者，离也。物不可以终离，故受之以《节》。节而信之，故受之以《中孚》。"亦认为节是节度之义。六四《象传》曰："安节之亨，承上道也。"上道即君上之制度，亦其证也。

《中孚》第六十一

䷼（下兑上巽）

《中孚》：中孚豚鱼，吉，利涉大川。利贞。

[**经意**] "中孚"二字当重，上《中孚》二字乃卦名，下中孚二字乃卦辞也。吴澄、何楷、马国翰等说："豚鱼即河豚、江豚、海豚，鱼之豕头者也。"是也。亨按，中，射中也。孚借为浮，浮飘在水面也。中浮豚鱼，谓射中浮水之豚鱼，此盖古代故事也。①有人在渡大川时射中浮水之豚鱼，故筮遇此卦则吉，利于涉大川，是有利之占问。（又一解：中借为忠，诚也。孚，信也。豚，小猪。"中孚豚鱼吉"，言人以忠信对鬼神，用豚鱼薄物致祭，亦吉。）

[**传解**]《中孚》，卦名，忠信也。"中孚豚鱼，吉"，谓忠信及于豚鱼小物，守其信不苟取，不苟予，则吉。贞，正也。利贞，谓忠信则能利人，能得正。

《彖》曰：《中孚》，柔在内而刚得中，说而巽，孚乃化邦也。

此释卦名。《中孚》，诚信也。《杂卦》曰："《中孚》，信也。"《彖传》亦释卦名之《中孚》为信。盖诚与信，其义一，故《易传》只用一信字释《中孚》二字。《中孚》卦六爻，内两爻为阴爻，为柔。外四爻为阳爻，为刚。然则《中孚》之爻象是"柔在内"，象人内有柔顺之德。其次，九二为阳爻，为刚，居下卦之中位。九五为阳爻，为刚，居上位之中位。然则《中孚》之爻象又是"刚得中"，象人用其刚健则合乎正中之道。再次，《中孚》之下卦为兑，上卦为巽。兑，说（悦）也。巽，巽也，谦逊也。然则《中孚》之卦象是"说而巽"，即和悦而谦逊。人具有此四德——内柔顺，用刚得正，和悦，谦逊，而归宿于诚信，则可以化其邦国矣。

"豚鱼吉"，信及豚鱼也。"利涉大川"，乘木舟虚也。中孚以"利贞"，乃应乎天也。

此释卦辞。卦辞云"豚鱼吉"者，乃承卦名《中孚》而言，谓其信及于豚鱼，故吉也。所谓信及豚鱼，谓其人在取予之间，虽属豚鱼小物，亦守其信而不或爽。以政治言之，则是信守制度，一豚一鱼亦不妄取于民。云"利涉大川"者，谓乘中空之木船以渡水也。《中孚》之上卦为巽，下卦为兑。巽为木。兑为泽。然则《中孚》之卦象是木在泽上，即木船浮于水上。云"利贞"者，利，利人也。贞，正也。此谓人有诚信之德，利人守正，乃应合天道也。

《象》曰：泽上有风，《中孚》。君子以议狱缓死。

《中孚》之下卦为兑，上卦为巽。兑为泽。巽为风。然则《中孚》之卦象是泽上有风。泽上有风，风动则水波动，风大则水波大，风小则水波小，从无虚妄，是以卦名曰《中孚》。按《象传》乃以泽比民，以风比德教，以泽上有风比统治者施德教于民。施德教于民，宜减轻刑罚，教而不改，然后用杀。君子观此卦象及卦名，从而审议民之狱案，延缓其死刑，以便施之以德教。其用心可谓忠诚矣。故曰："泽上有风，《中孚》。君子以议狱缓死。"

初九：虞吉，有它不燕。

[经意] 虞，安也。有它，有意外之患。燕亦安也。筮遇此爻，安且吉；但有意外之患，则不安矣。

[传解] 虞吉，安于其居，安于其业，则吉。有它不燕，动往它处，改从它业，则不安。

《象》曰："初九""虞吉"，志未变也。

传意：爻辞云"虞吉，有它不燕"，因其人之志未变，故安于旧则吉，改从新则不安也。

九二：鸣鹤在阴，其子和之。我有好爵，吾与尔靡之。

[经意] 阴借为荫，树荫也。和，应也。爵，饮酒之器，形似小雀，其用与今之酒杯同。吾字似是衍文。尔，指其人之子。靡，共也。爻辞言：

老鹤在树荫下鸣，鹤子亦鸣以应和之。我有美酒在杯中，与尔共饮之。此喻贵族父子世袭其爵位。

[传解] 与经意同。

《象》曰："其子和之"，中心愿也。

鹤子之应和老鹤，出于中心自愿。人子之应和其父亦然。《系辞》上："'鸣鹤在阴，其子和之。我有好爵，吾与尔靡之。'子曰：'君子居其室，出其言善，则千里之外应之，况其迩者乎。居其室，出其言不善，则千里之外违之，况其迩者乎。言出乎身，加乎民。行发乎迩，见乎远。言行君子之枢机，枢机之发，荣辱之主也。言行君子之所以动天地也，可不慎乎。'"此以君子之言行善则得他人之应和释爻辞，去经意远矣。

六三：得敌，或鼓或罢，或泣或歌。

[经意] 鼓，击鼓也。罢借为疲。战争虏得敌人，其将官士兵或勇有余而击鼓，或力已竭而疲倦，或悲而哭泣，或乐而歌唱。此言战争胜利者有所得亦有所失。

[传解] 与经意同。

《象》曰："或鼓或罢"，位不当也。

传意：爻辞云"得敌，或鼓或罢，或泣或歌"，言得敌者在战争中未能全胜。其所以未能全胜，因其军队有处于不适当之地位与环境者，其将帅有才能不称其职位者也。《象传》此释乃以六三之爻位为据。六三为阴爻，居阳位（第三爻为阳位），是为位不当。象人所处之地位环境不适当或所居之职位不适当。

六四：月几望，马匹亡，无咎。

[经意] 几，汉帛书《周易》作既。按几读为既。每月十六日至二十二、三日为既望。在月既望之时，失其马匹，可无咎。盖马可复得。

[传解] 与经意同。

《象》曰："马匹亡"，绝类上也。

绝，杜绝也。类，类似也。传意：爻辞云"马匹亡，无咎"，言失马之后，加强警惕，预为防止，以杜绝类似上次之事件，故无咎也。

九五：有孚挛如，无咎。

[经意]　孚，古俘字。挛如犹挛然，拘系相联之貌。筮遇此爻，出征将俘虏士女牛羊等，拘系之挛然相联，无有灾咎。

[传解]　孚，信也。挛，连也，连续一贯也。爻辞言：人有忠信之行，挛然一贯，则无咎。（参见《小畜》卦）

《象》曰："有孚挛如"，位正当也。

传意：爻辞云"有孚挛如，无咎"，言其有连续一贯之忠信之行，以其所处之地位而论，是正且当，故无咎也。《象传》此释乃以九五之爻象爻位为据。九五为阳爻，居阳位（第五爻为阳位），又居上卦之中位，是为位正当。象人以正道居其位，所行之事与其所处之地位相当。

上九：翰音登于天，贞凶。

[经意]　翰音，鸡之别名。登，升也。贞，占问。鸡无高飞之羽翼，而高飞上升于天，必将跌落而死。此喻庸人无居高官之才能，而得高官上升于朝廷，必将败事而亡。故占得此爻，则凶。

[传解]　上句与经意同。贞，正也。鸡上升于天，以喻庸人上升于朝廷，其人虽正直亦凶，因其才能不称其职也。

《象》曰："翰音登于天"，何可长也。

[附考]　①马国翰曰："罗愿《尔雅翼》：'鲩今之河豚，每三头相从为一部。谚云：得一部，典一裤。冬至日辄至，应《中孚》十一月卦。信及豚鱼即河豚也。'吴澄《易纂言》：'仆幼时未远出，闻人说河豚鱼、江豚鱼，已疑豚鱼只当作一字解。后见云间、田畴《易解》作江豚，犁然有当于心。长而泛大江，亲见所谓江豚鱼者。又闻舟人呼之为风信。于是确然从田畴之说。徐氏《易通》、何氏《订诂》并用其说。如此取象，尤与风泽之象协'。翰案河豚、江豚之外，又有海豨鱼，亦象豚。郭景纯《江赋》：'江豚海豨'。李善注：'《南越志》曰：江豚似猪。《临海水土记》曰：海豨鱼，豕头，长九尺。《山海经》注曰：今海中有海豨，体如鱼，头似猪。'兼此三种鱼说，义乃赅备。高适《送柴司户充刘卿判官之岭外》诗：'忠信涉波涛。'即信及豚鱼之义也。"亨按如解豚鱼为河豚、江豚、海豚，则中者，射中也。孚当读为浮，浮在水面也。中浮豚鱼吉，当是古代故事，谓有人用弓矢射中浮在水面之豚鱼，其结果是吉也。

《小过》第六十二

☳☶（下艮上震）

《小过》：亨。利贞。可小事，不可大事。飞鸟遗之音，不宜上，宜下，大吉。

［经意］《小过》，卦名。亨即享字，祭也。贞，占问。遗，予也。筮遇此卦，可举行享祭；乃有利之占问；但可以为小事，不可以为大事；飞鸟予人以好音，不宜向上飞使人不闻，宜向下飞使人闻之，得其宜乃大吉。比喻统治者宣布法令，不宜仅布之官府，而宜布之民间，得其宜乃大吉。

［传解］《小过》，卦名，小事错误也。亨，通也。贞，正也。亨利贞，谓小过而能亨通，其利在于正。余与经意同。

《象》曰：《小过》，小者过而亨也。过以"利贞"，与时行也，柔得中，是以"小事吉"也。刚失位而不中，是以"不可大事"也。有"飞鸟"之象焉，"飞鸟遗之音，不宜上，宜下，大吉"，上逆而下顺也。

此释卦名及卦辞。王念孙曰："《小过》下当有亨字。"①是也。小事吉郭京本作可小事，与经文合，当从之。《小过》卦辞云"亨"者，谓小事错误，无伤大体，仍能亨通也。云"利贞"者，谓小事错误，而仍有利，其利在行之正，能应时而行也。云"可小事"者，《小过》之六二为阴爻，为柔，居下卦之中位。六五亦为阴爻，为柔，居上卦之中位。是为"柔得中"。象才力弱者得正中之道。可以为小事也。云"不可大事"者，《小过》之九四为阳爻，为刚，居阴位（第四爻为阴位），是为"刚失位"。又九四不居上卦之中位。九三为阳爻，为刚，不居下卦之中位。是为刚"不中"。

象才力强者未处于适当之地位，且未得正中之道，此则不可以为大事也。云"飞鸟遗之音，不宜上，宜下，大吉"者，因《小过》卦有飞鸟之象也。《小过》之上卦为震，下卦为艮。《说卦》曰："震为鹄。"（《释文》引荀爽《九家集解本》有此句，今本无。鹄，今名天鹅。）又艮为山。然则《小过》之卦象是鹄飞过山上。鹄飞过山上，予人以音，向上飞则人不闻，逆乎人之要求，向下飞则人闻之，顺乎人之要求，是为"上逆而下顺"，故不宜上，宜下，得其宜乃大吉也。

《象》曰：山上有雷，《小过》。君子以行过乎恭，丧过乎哀，用过乎俭。

《小过》，小事错误。丧，为死人办丧事。《小过》之下卦为艮，上卦为震。艮为山。震为雷。然则《小过》之卦象是山上有雷。按《象传》乃以山比贤人，以雷比刑，以山上有雷比刑罚加于贤人。刑罚加于贤人因贤人有小错误也，是以卦名曰《小过》。君子观此卦象及卦名，从而谨言慎行，力求无过，其所过者，只是行过于恭，居丧过于哀，用财过于俭而已。行过于恭，则失之谄媚；居丧过于哀，则失之毁身；用财过于俭，则失之吝啬，亦皆是小错误。然而不为有罪，不致触刑，所以君子敢为之。故曰："山上有雷，《小过》。君子以行过乎恭，丧过乎哀，用过乎俭。"

初六：飞鸟以凶。

[经意]　以下疑当有矢字，转写脱去。飞鸟以矢，谓鸟被人射中，带矢而飞。《国语·鲁语》："有隼集于陈侯之庭而死。楛矢贯之，石砮，其长尺有咫。"是其例。飞鸟以矢，喻行人带致命重伤，是凶矣。

[传解]　与经意同。

《象》曰："飞鸟以凶"，不可如何也。

不可如何，无可奈何。

六二：过其祖，遇其妣。不及其君，遇其臣。无咎。

[经意]　过，行越其前。不及，行在其后。祖，祖父。妣，祖母。爻辞言：追求他人者，行越其祖之前，而得遇其妣，行落其君之后，而得遇其臣，非徒劳无功，故无咎。

［**传解**］　与经意同。

《象》曰："不及其君"，臣不可过也。

传意：爻辞云"不及其君……无咎"，因臣不可超越其君，行在君后，始无咎也。

九三：弗过防之，从或戕之，凶。

［**经意**］　过，过失也。从读为纵，放任也。戕，杀也，伤也。爻辞言：当人未有过失之时，宜预防之；若放任不管，则或成其过失，致杀伤其身，是凶矣。

［**传解**］　与经意同。

《象》曰："从或戕之"，"凶"如何也。

凶如何，言其凶之甚也。

九四：无咎。弗过遇之，往厉必戒，勿用永贞。

［**经意**］　过，过失也。遇犹遏也，迎而止之也。厉，危也。戒，警告也。贞，占问。永贞，占问长期之事。爻辞言：筮遇此爻，无咎。当人未有过失之时，宜遏止之，往而有危险，必警告之。但此不可适用于占问长期之事。盖在长期中，有时必须冒险，宜鼓励之。

［**传解**］　前三句与经意同。用，以为也。贞，正也。爻辞言：无咎在于：人尚未过失则遇之，往而有危险必戒之，勿以为人永远正确。

《象》曰："弗过遇之"，位不当也。"往厉必戒"，终不可长也。

传意：爻辞云"弗过遇之"，因其过失之事，以其地位而论，是不当为之者也。云"往厉必戒"，因冒险而往，是自速其败，终不可长久也。《象传》位不当之说乃以九四之爻位为据。九四为阳爻，居阴位（第四爻为阴位），是为位不当，象人所处地位与其行事不相当。

六五：密云不雨，自我西郊。公弋取彼在穴。

［**经意**］　密云不雨，自我西郊，乃事在酝酿之象。筮遇此爻，所占之事在酝酿中。弋，系缴（细绳）于矢以射鸟也。彼，指鸟。公弋取彼在穴，言某公射鸟而中，鸟逃入穴中，人入穴中取之。此乃古代故事，此故事所示者是事有所得。

〔传解〕　与经意同。

《象》曰："密云不雨"，已上也。

已上，云已上升于天。

上六：弗遇过之，飞鸟离之，凶，是谓灾眚。

〔经意〕　遇犹遏也。过之，使之有过失也。离借为罗，动词，用罗网捕鸟也。眚亦灾也。爻辞言：我不遏止人之过失，反而使之过失，此如飞鸟在天空，而我张罗网以捕之，其结果是凶，是谓灾祸。

〔传解〕　与经意同。

《象》曰："弗遇过之"，已亢也。

已，甚也，太也。亢，苛也，虐也。[2]传意：爻辞云"弗遇过之，飞鸟离之"，是乃使人为非犯罪，陷入法网，其行太苛虐也。

〔附考〕　[1]《彖传》："《小过》，小者过而亨也。"王念孙曰："《小过》下当有亨字。传先举经文亨字，而后解之。如《遯彖传》曰：'《遯》亨，遯而亨也。'《既济彖传》曰：'《既济》亨，小者亨也。'是其例矣。"按王校是也。　　[2]上六："弗遇过之，飞鸟离之。"（离借为罗）《象传》曰："'弗遇过之'，已亢也。"亨按已太也。亢当读为康。亢康古通用。《礼记·明堂位》："崇坫康圭。"郑注："康读为亢龙之亢。"《仪礼·士冠礼》贾疏引康作亢。即其证。《尔雅·释言》："康，苛也。"康苛乃一声之转，故康亦训苛。《国语·楚语》："骘其百苛。"韦注："苛，虐也。"此文之已亢即太苛虐之意也。不遏止人之过失，反而使之过失，引人入于罪，陷于法网，犹之张罗以捕飞鸟，岂非太苛虐哉。

《既济》第六十三

䷾（下离上坎）

《既济》：亨小。利贞。初吉终乱。

[经意]《既济》，卦名。亨小当小亨，转写误倒。亨即享字，祭也。贞，占问。筮遇此卦，可举行小享之祭，乃有利之占问，行事在其初阶段则吉，在其终阶段则有乱事。（或曰："亨为一句，小利贞为一句，言筮遇此卦，可举行享祭，乃小有利之占问。"）

[传解]《既济》，卦名。济，成也；《既济》，事已成也。亨，通也。小亨，小事亨通。贞，正也。利贞，有利且正。末句与经意同。

《彖》曰：《既济》"亨"，小者亨也。

此释卦名及卦辞之首句。《尔雅·释言》："济，成也。"《杂卦》曰："《既济》，定也。"定犹成也。可见《易传》释《既济》为既成，谓其事已成也。济下当有小字，转写脱去。传文本作"《既济》小亨，小者亨也"。《既济》二字举卦名，小亨二字举卦辞，小者亨也四字释卦辞也。①《既济》卦辞云"小亨"者，言事虽既成，其成尚小，仅是小事亨通也。

"利贞"，刚柔正而位当也。

卦辞云"利贞"者，言其事利又正也。《既济》之上卦为坎，下卦为离。坎为阳卦，为刚。离为阴卦，为柔。刚上柔下，是为"刚柔正"。象君臣上下各正其位。其次，《既济》之初九、九三、九五皆为阳爻，为刚，居阳位。六二、六四、上六皆为阴爻，为柔，居阴位。是为刚柔皆"位当"。象君臣上下皆处于适当之地位，皆称其职。君臣上下各正其位，又各当其职，是有利矣，是得正矣，是以卦辞云"利贞"。

"初吉"，柔得中也。"终"止则"乱"，其道穷也。

卦辞云"初吉"者，因臣下在初时得正中之道，故吉也。《既济》之六二为阴爻，为柔，居下卦之中位。是为"柔得中"。象臣下得正中之道。六二又是一卦之第二爻，象臣下之初阶段。云"终乱"者，言臣下在终时失正而乱，所行之道穷困而不通也。《既济》之上六为阴爻，为柔，为一卦之终爻，象臣下之终阶段。上六居九五之上，而九五为阳爻，为刚，是为柔乘刚，象臣下欺凌君上，是为"乱"。上六又居一卦之尽头，象臣下处于穷困之境地。综之，《既济》之上六象臣下在最终阶段，欺凌君上，陷于穷困，是以卦辞云"终乱"。

《象》曰：水在火上，《既济》。君子以思患而豫防之。

患，灾患也。豫读为预。预防，事先防止。《既济》之上卦为坎，下卦为离。坎为水。离为火。然则《既济》之卦象是水在火上。水在火上乃指以水救火而言。即发生火灾，浇之以水，水势压倒火势，水灭其火，是救火之功已成，是以卦名曰《既济》。然救火灾于既生之后，不如防火灾于未生之时，有患而能救，不如有备而无患。推之他事，亦复如是。君子观此卦象及卦名，从而常考虑后患，事先预防。故曰："水在火上，《既济》。君子以思患而豫防之。"

初九：曳其轮，濡其尾，无咎。

［经意］ 曳，以手引之。轮疑借为纶，（《未济》九二："曳其轮。"汉帛书《周易》轮作纶，可证轮纶通用。）腰带之穗。濡，沾湿。尾，衣后之假尾。西周人尚以假尾为饰。此言：徒步涉水者手曳其纶，水湿其尾，尾湿而纶未湿，是其水不深，平安渡过矣。纶为饰之贵者，故曳之，使不湿。尾为饰之贱者，故不曳，任其湿。贵者重之，贱者轻之，得其宜矣。如此，故无咎。

［传解］ 与经意同。

《象》曰："曳其轮"，义"无咎"也。

义读为宜。（说见《需》卦）

六二：妇丧其茀，勿逐，七日得。

［经意］ 丧，失也。茀，汉帛书《周易》作发。按茀发均借为帗，大

巾也。逐，追寻。妇失其帗，筮遇此爻，不必追寻，七日内可得。

[传解]　与经意同。

《象》曰："七日得"，以中道也。

中，正也。传意：爻辞云"妇丧其茀，勿逐，七日得"，失物不寻而得，是拾者拾物不昧，送还本人，行其正道。然则七日得乃由于人有正道也。《象传》此释乃以六二之爻位为据。六二居下卦之中位，象人守正中之道。

九三：高宗伐鬼方，三年克之，小人勿用。

[经意]　高宗，殷王也，名武丁，庙号高宗。鬼方，国名，严允（古书作猃狁）部落之一，在当时中国之西北地区。克，胜也。小人，庶民之通称。勿用犹勿动。高宗伐鬼方，经过三年，而后胜之，此故事说明战争胜利得之不易。故统治者筮遇此爻，征伐他国，可以胜利，但不易得。庶民筮遇此爻，不可有所动作。

[传解]　与经意同。

《象》曰："三年克之"，惫也。

《一切经音义》引《通俗文》曰："疲极曰惫。"惫谓鬼方之力量达于极疲之程度，不能再战。

六四：　繻有衣袽，终日戒。

[经意]　繻，《说文系传》引作濡，按当作濡，转写而误。濡，沾湿也。有犹于也。袽即絮字。先秦时代无棉花，富者以乱丝为絮，贫者以乱麻为絮。此指冬时渡水而言。入冬时渡水，湿其衣絮，衣则一时不可服，人则可能因受寒而生病，故宜终日小心戒惕。

[传解]　与经意同。

《象》曰："终日戒"，有所疑也。

有所疑，疑其可能因受寒而生病也。

九五：东邻杀牛，不如西邻之禴祭，实受其福。

[经意]　"杀牛"下，汉帛书《周易》有"以祭"二字，当据补。东邻，指殷王朝。西邻，指周王朝。禴祭，祭名，祭品薄约，仅用饭菜等，

不用大牲。爻辞言：殷王朝杀牛以祭鬼神，可谓厚矣。周王朝仅用饭菜等以祭鬼神，可谓薄矣。但彼之厚祭不如此之薄祭可以实得其福。此盖谓殷王之德腥，鬼神不保佑之，周王之德香，鬼神保佑之，祭祀之得福与否，不在祭品之厚薄，而在祭者之德之香腥。

［传解］　与经意同。

《象》曰："东邻杀牛"，"不如西邻"之时也。"实受其福"，吉大来也。

《广雅·释诂》："时，善也。"②传意：爻辞云"东邻杀牛，不如西邻之禴祭"，言东邻杀牛之厚祭不如西邻用饭菜之薄祭之美善也。云"实受其福"，言其吉福将大来也。

上六：濡其首，厉。

［经意］　厉，危也。此亦指渡水而言。渡水而水沾湿其首，虽未溺死，然亦险矣。

［传解］　与经意同。

《象》曰："濡其首厉"，何可久也。

传意：爻辞云"濡其首，厉"，盖渡水而水已沾湿其首，生命在顷刻之间，不可在水中久延，故为危险也。

［附考］　①《既济》曰："亨小，利贞。"《彖传》曰："《既济》'亨'，小者亨也。'利贞'，刚柔正而位当也。"《集解》引虞翻曰："柔得中，故亨小。"陆德明曰："亨小绝句。"乃读经文"亨小"为一句，利贞为一句。郭京本传文重小字，全句是："《既济》亨小，小者亨也。"谓《既济》卦辞云"亨小"者，言其小事亨通也。此一说也。朱熹注经文曰："亨小当为小亨。"注传文曰："济下疑脱小字。"乃谓经文当作"小亨利贞"。传文当作"《既济》小亨，小者亨也"。此二说也。亨按经文本作"小亨"，故《彖传》释之曰"小者亨也"；如经文作"亨小"，则传文当"亨者小也"。如《小过彖传》曰："《小过》，小者过。……"《大过彖传》曰："《大过》，大者过也。"《大壮彖传》曰："《大壮》大者壮也。"可为例证。今从朱说。　　②《象传》："'东邻杀牛'，'不如西邻'之时也。"王弼曰："在于合时，不在于丰也。"注家多从之。亨按此说不确。殷王之祭，既肯杀牛以敬鬼神，岂能失时以慢鬼神哉。殷王不得鬼神之保

佑，非因祭之失时，周王能得鬼神之保佑，非因祭之合时，可断言也。考《广雅·释诂》："时，善也。"此时谓祭品之善也。古语谓食品祭品之善为时。《诗·鱼丽》曰："物其有矣，维其时矣。"《颂弁》曰："尔酒既旨。尔殽既时。"《生民》曰："时臭亶时。"时皆食品祭品美善之义。并其证。"'东邻杀牛'，'不如西邻'之时也"，乃"'东邻杀牛'，'不如西邻'之禴祭之时也"之省文，言殷王之厚祭不如周王之薄祭之善也。即谓殷王之德恶，祭品虽厚，而鬼神不飨；周王之德美，祭品虽薄，而鬼神飨之也。

《未济》第六十四

䷿（下坎上离）

《未济》：亨。小狐汔济，濡其尾，无攸利。

[经意] 《未济》，卦名。亨即享字，祭也。汔疑借为迄，直行也。济，渡水。濡，沾湿。狐不能游水，老狐冬时过河，听冰下无水声而后过。小狐无知，遇水直渡，尾长，负尾以渡，水濡其尾，是全身已没于水中，此是喻庸人无能而蛮干以招祸。卦辞言：筮遇此卦，可举行享祭，小狐遇水直渡，水深濡其尾，势将溺死，无所利，人如无能而蛮干，亦无所利。

[传解] 《未济》，卦名。济，成也；《未济》，事未成也。亨，通也。余与经意同。此言：事尚未成功，而进行则通顺，但庸人任事，如小狐汔济，濡其尾，则无所利。

《象》曰："《未济》亨"，柔得中也。"小狐汔济"，未出中也。"濡其尾，无攸利"，不续终也。虽不当位，刚柔应也。

本卦名曰《未济》，其义为事未成。而卦辞云"亨"者，亨，通也。《未济》之六五为阴爻，为柔，居上卦之中位，是为"柔得中"，象大臣居高位，得正道，如此则行事通顺矣。云"小狐汔济"者，以小狐无游水之技能，遇水而直渡，喻庸人无任事之才力，遇事而蛮干，此未出于正道也。云"濡其尾，无攸利"者，以小狐没身濡尾，不能续渡，不能终渡，喻庸人任事，中途颠仆，不能继之，不能终之，此无所利也。（《史记·春申君传》载黄歇上书说秦昭王曰："《诗》曰：'靡不有初，鲜克有终。'《易》曰：'狐涉水，濡其尾。'此言始之易终之难也。"所引《易》文与今本不同。所谓"终之难"与《象传》所谓"不续终"意同。）综之，小狐之喻乃举事未成、行亦不通，以其失正道也。进而言之，本卦卦名《未济》，是事不成之义，卦辞云"亨"，是行而通之义。卦之爻象正有此二义。初六、六三、六五皆为阴爻，为柔，居阳位。九二、九四、上九皆为阳爻，为刚，居阴位。是为刚柔"不当位"，象君臣上下所处之地位皆不适当，才德皆不称其职，如此则其事不成，故卦名曰《未济》。但其三双同位爻，初六与九四、九二与六五、六三与上九，皆是一刚一柔。是为"刚柔应"，象臣下皆应和其君上，如此则行而通，故卦辞曰"亨"。

《象》曰：火在水上，《未济》。君子以慎辨物居方。

俞樾曰："辨物者分别其物品也。居方者处置其方位也。"[①]《未济》之上卦为离，下卦为坎。离为火。坎为水。然则《未济》之卦象是火在水上。火在水上，亦指以水救火而言。即发生火灾，浇之以水，而火势压倒水势，火炎在上，水浸在下，水未能灭火，是救火之功未成，是以卦名曰《未济》。水火具有矛盾相克之性质，其斗争之胜负，在其势力之大小与方位之上下。（水势大，火势小，如水在火上，则水能胜火；如水在火下，则水不能胜火。水势小，火势大，无论水在火上或水在火下，水均不能胜火。此是一般情况。）其他事物之矛盾斗争，其胜负亦在两方之性质、势力、位置等条件与因素。君子观此卦象及卦名，从而以谨慎态度，分清事物之性质与势力等，审处其方位，以求行事有成。故曰："火在水上，《未济》。君子以慎辨物居方。"

初六：濡其尾，吝。

[经意] 濡，沾湿。尾，人衣后之假尾。（说见《既济》卦）吝，难也。此指人渡水而言。人渡水，水不深，仅濡其假尾，可平安渡过，但徒步以涉，水湿衣裳，亦有艰难。

[传解] 与经意同。

《象》曰："濡其尾"，亦不知极也。

亨按极当作徼，形近而误。徼与下文正字谐韵。《说文》："徼，戒也。"徼与警，又同。[②]传意：爻辞云"濡其尾"，因其不知徼戒也。如其知徼戒，则渡此浅水，再上提其衣，使假尾临于水上，何致濡其尾哉。

九二：曳其轮，贞吉。

［**经意**］ 曳，以手引之。轮，汉帛书《周易》作纶。按轮借为纶，腰带之穗，衣饰之贵者。贞，占问。此亦指渡水而言。人渡水，水不深，手曳其纶，以免濡湿，是重其衣饰之贵者，重其所当重，结果必吉。是以占得此爻则吉。

［**传解**］ 贞，正也。人渡水，曳其纶，是其行正，故吉。

《象》曰："九二""贞吉"，中以行正也。

传意：爻辞云"曳其轮，贞吉"，以其合乎中道以行其正，故吉也。《象传》此释乃以九二之爻位为据。九二居下卦之中位，象人之行事合乎正中之道。

六三：未济，征凶，利涉大川。

［**经意**］ 济，渡过也。利上当有不字，转写脱去。（《讼》云："不利涉大川。"此文当与彼同。）人遇大水，未能渡过，遇险难，未能克服，如此，征伐他国则凶，涉大川亦不利。

［**传解**］ 与经意同。

《象》曰："未济征凶"，位不当也。

传意：爻辞云"未济，征凶"，因其所处之地位与环境不适当，即处于不利之地位与环境也。面临大河，不具有适当之条件，未能渡过，正如征伐他国，处于不利之地位与形势，自有战败之凶祸矣。《象传》此释乃以六三之爻象爻位为据。六三为阴爻，居阳位（第三爻为阳位），是为位不当。象人所处之地位或环境不适当。

九四：贞吉，悔亡，震用伐鬼方，三年，有赏于大国。

［**经意**］ 贞，占问。震，当是人名，周君或周臣也。鬼方，国名。大国指殷国。《既济》九三曰："高宗伐鬼方，三年克之。"与此文所记为一事。盖周人助殷伐鬼方，三年胜之，故殷王赏之。[③]爻辞言：筮遇此爻，所占之事吉，其悔可亡，因其遇震伐鬼方、三年战胜，受赏于殷之兆也。

［**传解**］ 贞，正也。贞吉，行事正而得吉。余与经意同。

《象》曰："贞吉悔亡"，志行也。

志行，志愿得行，即目的得达。

六五：贞吉，无悔。君子之光有孚，吉。

[经意]　贞，占问。君子，贵族与士之通称。孚，古俘字。筮遇此爻，所占之事吉，可以无悔，君子之光荣是在战争中有所俘虏，是吉矣。

[传解]　贞，正也。贞吉，行事正而得吉。孚，信也。君子之光有孚吉，谓君子之光荣是言行有信，所以得吉。

《象》曰："君子之光"，其晖"吉"也。

《释文》："晖字又作辉。"《说文》："晖，光也，从日，军声。辉，光也，从火，军声。"晖、辉、辉疑是一字。传意：爻辞云"君子之光有孚，吉"，言君子之光是言行有信，人亦从而信任之，故其光辉得吉利之结果也。

上九：有孚于饮酒，无咎。濡其首，有孚失是。

[经意]　孚，罚也。有孚于饮酒，谓周王朝曾下令禁酒，加罚于饮酒之人。（见《书·酒诰》篇）是，正也。爻辞言：加罚于饮酒之人，则人无嗜酒废事、酗酒闹事之现象，可以无咎。饮酒之人，往往醉后志乱，泼酒淋漓，致濡其首，是失其正矣。有罚于饮酒，意在罚人之失正。

[传解]　孚，信也。余与经意同。爻辞言：有信于饮酒，或请人来饮，或应人招饮，均按时而行，不失其信，则不开罪于人，可以无咎。但若饮酒过量，大醉乱动，致酒濡其首，则虽有信，而失其正矣。

《象》曰："饮酒濡首"，亦不知节也。

不知节，不知节制也。

[附考]　①《象传》："君子以慎辨物居方。"俞樾曰："物之所处谓之居。处置其物亦谓之居。《考工记》舆人曰：'凡居材，大与小无并'。弓人曰：'居干之道，菑栗不迆，则弓不发。'居皆处置之义也。是故辨物者，分别其物品也。居方者，处置其方位也。辨物居方，相对成义。"按俞说是也。　②初六《象传》曰："'濡其首'，亦不知极也。"九二《象传》曰："九二贞吉，中以行正也。"朱熹曰："极字未详，考上下韵亦不叶，或恐是敬字。"王引之曰："正与极不得为韵，窃疑正当为直，传写者误书作正，而韵遂不谐矣。"亨按朱说近之。余谓极当作儆，形似而误。儆与正谐韵。《说文》："儆，戒也，从人，敬声。"《说文》又曰："警，戒也，从言，敬声。"是儆警二

字同义。亦不知儆也，言其人不知警惕也。朱改极为敬，不甚确切。王改正为直，正直形不相近，无由致误，其说非也。　　③ 九四："震用伐鬼方，三年，有赏于大国。"震当是人名，周君或周臣也。《既济》九三曰："高宗伐鬼方，三年克之。"两爻辞所记为一事，甚明。则震当与殷高宗同时。高宗名武丁。《竹书纪年》："殷……武丁三十二年伐鬼方，次于荆（非荆楚之荆），三十四年王师克鬼方。"又："武乙三十五年周公季历伐西落鬼戎，俘二十翟王。"（《后汉书·西羌传》李注引古本《竹书纪年》文同）依《竹书纪年》两事相距一百余年，则震非季历也。王应麟《困学纪闻》卷一引《竹书纪年》："武丁三十五年周王季伐西落鬼戎。"以证《易经》此文。按季历不可能与武丁同时，王引《竹书纪年》恐有误字，其说亦非。

周易大传今注卷五

《系辞》上

《系辞》上下两篇乃《易经》之通论，以论《易经》之义蕴与功用为主。其中心论点：《易经》以阳阴两爻象宇宙事物之刚柔两性，以八经卦象宇宙之刚柔异性之八类事物，以六十四别卦象宇宙事物之关系，以爻与卦之变化象宇宙事物之变化，以卦爻辞说明具体事物之旨趣与人类行动之吉、凶、悔、吝、厉、咎。所以《易经》包罗万象，能启示人去认识宇宙事物之种种矛盾与发展，指出人事之是非、得失、利害、福祸之所在。人能善于运用，可以预见未来，趋吉避凶，兴利除害，崇德广业，得天神之佑助。今按《易经》本是筮书，卦爻象数本是一种巫术，无丰富之义蕴，对人事亦无指导之功用。《系辞》作者特夸大其词，玄秘其说，以神化其书，予以远离其实之推崇，甚无谓也。但《系辞》作者阐述宇宙事物之矛盾与发展，往往有精义，具有古朴之辩证法因素，尚属可贵。此外所论述者，有伏羲画八卦与古人观象制器之事，则是唯心之历史观。又有《周易》筮法及选释《易经》爻辞等，毋庸具论。以余观之，此两篇长文，结构不甚谨严，有文句前后相重者，有文意前后相复者，又有似随意记录或简篇错乱者。如选释《易经》爻辞共十九条，分置三处（上篇两处，下篇一处），皆与上下文不相联，此其显著者也。

天尊地卑，乾坤定矣。

尊，高也。卑，下也。乾为天，坤为地，天尊地卑，则乾尊坤卑因之以定。

卑高以陈，贵贱位矣。

以与已同。陈，列也。位犹立也。天高为贵，地卑为贱，天高地卑之势既陈，则天贵地贱之位因之以立。

动静有常，刚柔断矣。

《集解》引虞翻曰："断，分也。"古人认为天体常动，支配地，故为刚；地体常静，顺承天，故为柔。天动地静既各有常，则天刚地柔，因之以分。上六句讲天地之矛盾对立。

方以类聚，物以群分，吉凶生矣。

亨按方当作人，篆文人作ㄱ，方作ㄞ，形似而误。①人有异类，各以其类相聚；物有异群，各以其群相分。异类异群矛盾对立，于是吉凶生。此三句讲人及物之矛盾对立。

在天成象，在地成形，变化见矣。

在天者有日月风雷云雨之象，在地者有山泽草木鸟兽之形，皆因时而变化。此三句讲天地万物之变化。

是故刚柔相摩，

刚柔，指阳阴两爻所象刚柔两类物质。

八卦相荡。

八卦，指八经卦所象天地雷风水火山泽及其他（如《说卦》所记）之八种物质。荡，冲激也。此二句讲天地万物之矛盾斗争。

鼓之以雷霆，

鼓，动也。之，指万物。霆，电也。②八卦：震为雷，离为电。

润之以风雨。

八卦：巽为风，坎为雨。

日月运行，一寒一暑。

八卦：离为日，坎为月。

乾道成男，坤道成女。

乾，天也。坤，地也。成犹为也。（与下文"坤作成物"之成异义）《易传》以天比男，以地比女，故言天道为男，地道为女。

乾知大始，坤作成物。

王念孙曰："知犹为也，为亦作也。"③"乾知大始"，谓天之所为是创始万物。"坤作成物"，谓地之所作是养成万物。上八句讲天地生育万物之功能。

乾以易知，坤以简能。

此易字乃平易之易，平易犹平常也。此知字当读为智，智犹巧也。④天创始万物，可谓巧矣；然其应时而变化，皆有规律，不是神秘，而是平常。天以平常成其巧，故曰："乾以易知。"地养成万物，可谓能矣；然其顺天以生育，亦有规律，不是复杂，而是简单。地以简单成其能，故曰："坤以简能。"

易则易知，简则易从。

上易字乃平易之易，下两易字乃容易之易。此知字乃知晓之知。"易则易知"，谓天道平易，故人易于认识。"简则易从"，谓地道简约，故人易于遵从。

易知则有亲。易从则有功。

天道易知，则人能适应而亲依之。地道易从，则人能利用而有生产物质之功。

有亲则可久。有功则可大。

天道为人所亲依，则可以成为永恒规律。地道有生产物质之功，则可以增大其生产。

可久则贤人之德。可大则贤人之业。

天道可以成为永恒规律，则贤人适应之以成其德。地道可以增大生产，则贤人利用之以成其业。

易简而天下之理得矣。天下之理得，而成位乎其中矣。

成犹定也。易简二字足以说明天地之道，而得天下万物之理。既得天下万物之理，则能定其阳阴刚柔上下贵贱之分位于其中矣。

以上第一章。此章首言：天地及万物之矛盾对立与运动变化，用八卦可以象之；次言：天道平常，地道简单，贤人之德在适应天道之规律。贤人之业在利用地道之功能。

圣人设卦观象系辞焉，而明吉凶。

《释文》："虞本更有悔吝二字。"依下文，虞本是也。设卦，创立八卦及六十四卦。观象，观卦爻象。系辞，系卦辞于卦下，系爻辞于爻下。

刚柔相推而生变化。

阳爻为刚，阴爻为柔。一卦六爻，其中一爻或数爻由刚变柔或由柔变刚，则其卦亦由此卦变彼卦，故曰："刚柔相推而生变化。"《易经》以此象事物之矛盾相推而生变化。

是故吉凶者，失得之象也。

人行事得当则吉，失当则凶，故《易经》所谓吉凶乃人行事得失之象也。

悔吝者，忧虞之象也。

悔，小不幸也。吝，难也。俞樾曰："《广雅·释诂》曰：'虞，惊也。'然则忧虞犹言忧惊也。"《易经》所谓悔吝乃人遇悔吝之事而心中忧惊之象也。

变化者，进退之象也。

《易经》卦爻之变化象事物之变化。事物变化（包括人之活动）是旧者退而去，新者进而来，故卦爻变化乃事物进退之象也。

刚柔者，昼夜之象也。

《易》之阳爻为刚，象昼；阴爻为柔，象夜。刚柔相推，象昼夜交替。故曰："刚柔者，昼夜之象也。"但刚不仅象昼，柔不仅象夜，此云昼夜者，盖以昼夜代表阳阴也。说见后。

六爻之动，三极之道也。

三极，天、地、人也。《说文》："极，栋也。"屋上最高之梁称极，引申为至高之义。《广雅·释诂》曰："极，至也。"又曰："极，高也。"天、地、人乃宇宙万类之至高者，故曰三极。《易》卦六爻刚柔之变化乃象天道地道人道之变化，故曰："六爻之动，三极之道也。"

是故君子所居而安者，《易》之象也。

安读为按或案，观察也。象原作序，《释文》引虞翻本作象，《集解》本同，今据改。⑤此言君子平居而观察者乃《易》之卦爻象也。

所乐而玩者，爻之辞也。

玩谓揣摩也。爻之辞即爻辞。

是故君子居则观其象而玩其辞，动则观其变而玩其占，是以自天祐之，吉无不利。

《说文》："祐，助也。"今字作佑。

以上第二章。此章论述《易经》之卦爻及其变化乃象宇宙事物之运动变化，卦爻辞乃指告人事之得失进退，故君子学《易》，以为行动之指针。

彖者，言乎象者也。

《系辞》作者称卦辞为彖，非《彖传》之彖也。彖亦断也。卦辞根据卦象以论断吉凶，故曰："彖者，言乎象者也。"

爻者，言乎变者也。

《系辞》作者称爻辞为爻，非爻画之爻也。因爻辞属于爻画，故简称曰爻。依《周易》筮法，筮遇一卦，其中某一爻变，或阳爻变阴爻，或阴爻变阳爻，则以某一爻爻辞为主，论断吉凶。《易经》各卦各爻之爻辞皆指变爻而言。故曰："爻者，言乎变者也。"

吉凶者，言乎其失得也。悔吝者，言乎其小疵也。无咎者，善补过也。

《易经》所谓"吉凶"出于人行事之得失，"悔吝"出于人德行之有小疵，"无咎"出于人善补救其过失。

是故列贵贱者存乎位，

位，六爻之位次。《易传》认为：爻位象人所处之社会地位，如初爻为卑位，上爻为高位，二爻为臣位，五爻为君位等。故序列人之贵贱在于爻位。

齐小大者存乎卦，

俞樾曰："齐犹言列也。"⑥《集解》引王肃曰："阳卦大。阴卦小。"按乾震坎艮为阳卦，坤巽离兑为阴卦。阳卦象君，象男，象君子，故为大；阴卦象臣民，象女，象小人，故为小。六十四卦皆合两卦而成，上下两卦为阳卦则为大，为阴卦则为小，故序列人之大小在于卦。

辩吉凶者存乎辞，

辩借为辨，别也。辞指卦爻辞。

忧悔吝者存乎介，

介当读为忿。《说文》："忿，忽也。"此谓人遇悔吝而忧之者，在于对事忽略而不警惕。[⑦]

震无咎者存乎悔。

《集解》引虞翻曰："震，动也。"此悔乃追悔之悔，非悔吝之悔也。此言人动而无咎者，在于追悔往事之过失，惩前毖后。

是故卦有小大，辞有险易。

易，平易也。

辞也者，各指其所之。

之，往也。人走向吉利之途，则得吉利；走向凶咎之途，则得凶咎。卦爻辞所指告者此也。

以上第三章，此章论述《易经》对人事之指导意义。

《易》与天地准，故能弥纶天地之道。

《释文》引京云："准，等也。弥，遍也。"《集解》引虞翻曰："纶，络也。"弥纶即普遍包络。此二句言《易经》所讲之道与天地齐等，普遍包络天地之道。按此二句当在下文。

仰以观于天文，俯以察于地理，是故知幽明之故。

由"仰以观于天文"至"故能爱"诸句，皆言精于《易经》之人即所谓"圣人"，能善于认识处理宇宙事物。此三句言"圣人"观天察地，故知天上光明、地下幽隐之故。

原始反终，故知死生之说。

《管子·戒》篇："春出原农事之不本者，谓之游。"尹注："原，察也。"反犹求也。此言"圣人"考察万物之始，故知其所以生；究求万物之终，故知其所以死。

精气为物，游魂为变，是故知鬼神之情状。

精气犹灵气也。灵气不附于实物，而自成为灵物，是为神。游魂离去人身，而成为人之变化，是为鬼。"圣人"明乎此，故知鬼神之情状。

与天地相似，故不违。

此言"圣人"之德与天地相似，故不违背天地之道。(《乾文言》曰："夫大人者与天地合其德。")

知周乎万物，而道济天下，故不过。

《尔雅·释诂》："济，成也。"过，过失也。此言"圣人"能知万物，利天下。

旁行而不流，乐天知命，故不忧。

旁当读为方，二字古通用。方，正直也。乐天知命，则认为贫贱富贵皆由天命，处之泰然。此言"圣人"行为方正，安于天命。

安土敦乎仁，故能爱。

安土，安于所居之地。敦，厚也。此言"圣人"能仁爱。

范围天地之化而不过。

上文"《易》与天地准，故能弥纶天地之道"二句当在此句上。范围用做动词，犹包括也。此言《易经》包括天地之变化而不超过。

曲成万物而不遗。

曲犹俱也。⑧成读为盛，用器纳物为盛，《诗·采蘋》："于以盛之，维筐及筥。"是其例。遗，漏也。此言《易经》普遍容纳万物而不遗漏。

通乎昼夜之道而知。

焦循曰："昼夜之道即一阴一阳之道也。"知读为智。此言《易经》贯通阳阴对立转化之规律而有智慧，能预知吉凶。

故神无方而易无体。

神，玄妙之道也。(下文曰："阴阳不测之谓神。")无方，无定方也。无体，无定体也。玄妙之道变化多端，故无定方。《易经》反映玄妙之道，亦变化多端，故无定体。

以上第四章。此章首言《易经》包括天地万物之理，次言善于学《易》之人能深通天地万物之理，可以济天下，成万物。一片虚夸之词。

一阴一阳之谓道。

一阴一阳，矛盾对立，互相转化，是谓规律。

继之者，善也。

阴阳交替，来者继往者，来者为善；后者继前者，后者为善。

成之者，性也。

阴成为阴，阳成为阳，是其本性。

仁者见之谓之仁，知者见之谓之知，

知读为智。阴阳之道，复杂而多变化。人面临具体现象，往往有不同之认识，仁者见之则谓之仁，智者见之则谓之智。

百姓日用而不知，

百姓指庶民。百姓日日利用此阴阳之道，但对之无所认识。

故君子之道鲜矣。

《释文》引马、郑、王肃云："鲜，少也。"君子之道，认识全面之道也。仁者智者之道，认识片面之道也。百姓之道，无所认识之道也。君子之人少，故君子之道亦少矣。

显诸仁，藏诸用，

诸，"之于"之合音。阴阳之道，其显明易见者乃其生育万物之仁，其隐藏难知者乃其所以能生育万物之作用。

鼓万物而不与圣人同忧。

圣人为济世利民而忧虑者也。阴阳能鼓动万物，但无所用心，不与圣人同其忧虑。

盛德大业至矣哉。富有之谓大业。日新之谓盛德。

此赞扬阴阳生育万物之盛德大业。

生生之谓易。

阴阳与万物皆新陈代谢，生生不已，是谓变易。《系辞》作者认为《易经》之易即变易之义，以其讲阴阳万物变易之道也。

成象之谓乾。效法之谓坤。

乾，天也。坤，地也。《系辞》下曰："仰则观象于天，俯则观法于地。"亦以天象、地法并言。《礼记·曲礼》上:"效马效羊者右牵之。"郑注:"效犹呈见。"此言天成其象,地呈其法,均可知也。(或曰:"效法之谓坤,指地道顺承天道。"亦通。)

极数知来之谓占。

极,尽也。占,筮也。用《易经》占筮,尽蓍策之数以成一卦,尽卦爻之数以观其象,以求预知来事。

通变之谓事。

通事物之变化,采取行动,是谓之事。

阴阳不测之谓神。

阴阳之变化,有其必然性而可测者,有其偶然性而不可测者;其道理亦有可知者,有不可知者。其不可测者则谓之神。

以上第五章。此章要点是论述天地间阴阳之道。

夫《易》广矣大矣,以言乎远则不御;

《集解》引虞翻曰:"御,止也。"以《易经》论远处之事物,则通而无阻。

以言乎迩则静而正;

《说文》:"迩,近也。静,审也。"以《易经》论近处之事物,则精审而正确。

以言乎天地之间则备矣。

以《易经》论天地之间之事物,则无所不包。

夫乾,其静也专,其动也直,是以大生焉。

乾,天也。专借为团。《说文》:"团,圆也。"⑨天静而晴明,其形为圆;天动而降雨雪,其势直下。圆形则无不包,直下则无不至,是以能大生。

夫坤,其静也翕,其动也辟,是以广生焉。

坤,地也。《集解》引宋衷曰:"翕犹闭也。"陆德明曰:"辟,开也。"⑩地静而不生草木,则土闭;地动而生草木,则土开。唯其能闭能开,是以能广生。

广大配天地，变通配四时，阴阳之义配日月，易简之善配至德。

易，平易也。至德，天地之至德也。此四句言《易经》之道可配天地四时日月，冒下文"《易》其至矣乎"而言。

子曰："《易》，其至矣乎。

子，孔丘，此是假托孔丘，下文同。

夫《易》，圣人所以崇德而广业也。知崇礼卑，崇效天，卑法地。

知读为智。圣人，其智崇高，其礼卑谦，崇高效天，卑谦法地。

天地设位，而《易》行乎其中矣。

设，立也。天地立其上下之位，易道即运行于天地之间。

成性存存，道义之门。"

以《易》道论万物之性，则能成其性而不伤其性。以《易》道论万物之存，则能存其存而不毁其存。道义出于此。⑪

以上第六章。此章亦虚夸《易经》之功用。

圣人有以见天下之赜，而拟诸其形容，象其物宜，是故谓之象。

赜，杂也。⑫拟，比拟也。诸犹乎也。万物之性各有其宜，故曰"物宜"。此言圣人有以见到天下事之复杂，从而用《易》卦比拟其形态，象征其物宜，所以谓卦体曰象。

圣人有以见天下之动，而观其会通，以行其典礼，系辞焉以断其吉凶，是故谓之爻。

爻谓爻画。爻，仿效也。此言圣人有以见到天下事物之运动变化，而观察其会合贯通之处，从而推行社会之典章制度，于是在各爻下系上爻辞，以论断吉凶，所以谓爻画曰爻，爻者以爻之阴阳、位次、变化仿效事物也。

言天下之至赜而不可恶也。言天下之至动而不可乱也。

言，论述也。恶疑借为䛩。《说文》："䛩，妄言也。"⑬论述天下事物之至杂，不可妄谈也。论述天下事物之至动，不可乱说也。

拟之而后言，议之而后动，拟议以成其变化。

成犹定也。此言用《易经》之卦爻比拟天下至杂至动之事物，而后谈说，加以讨论而后行动，通过比拟讨论，以定事物之变化。亨按下文"大衍之数五十"一章，当紧接此章。彼章云："此所以成变化而行鬼神也。"又云："知变化之道者，其知神之所为乎。"正承此文"拟议以成其变化"而言，即其证。此两章中间有释《易经》爻辞一章，乃错简也。

以上第七章。此章言圣人作《易经》在于象天下最复杂常运动之事物。

"鸣鹤在阴，其子和之。我有好爵，吾与尔靡之。"

此引《中孚》九二爻辞。爵，饮酒器，形制如雀。靡，共也。

子曰："君子居其室，出其言善，则千里之外应之，况其迩者乎；居其室，出其言不善，则千里之外违之，况其迩者乎。言出乎身，加乎民。行发乎迩，见乎远。言行，君子之枢机。枢机之发，荣辱之主也。

枢机谓弩弓之枢机也。弩弓正中有臂，臂之下端置机，名曰弩机。弩机以铁制成，略似小匣。中有枢柱与其他机件。射时动其枢柱，则箭发出，故曰枢机。[14]弩机之发或中或否，犹言行之发或得或失。得则荣至，失则辱来，故为荣辱之主。

言行，君子之所以动天地也，可不慎乎。"

以上第一节。

"同人先号咷而后笑。"

此引《同人》九五爻辞。同人，经意原为聚众，《易传》释为与人同心同行。号咷，大哭也。

子曰："君子之道，或出或处，或默或语。二人同心，其利断金。

利，锋利也。断金，斩断金属之物。此二句言二人同心，则无物不胜。

同心之言，其臭如兰。"

臭，气味也。如兰，喻其香也。《系辞》之意：人与人同心同行，彼此互助，则能转祸为福，转悲为喜，故经曰："同人先号咷而后笑。"

以上第二节。

"初六：藉用白茅，无咎。"

此引《大过》初六爻辞。藉，垫也。此指用白茅垫祭品。

子曰："苟错诸地而可矣，

《释文》："错本亦作措。"错借为措。《说文》："措，置也。"

藉之用茅，何咎之有？慎之至也。夫茅之为物薄，而用可重也。慎斯术也以往，其无所失矣。"

"慎斯术"之慎，《释文》云："一本作顺。"此慎字当读为顺，遵循也。《释文》又引郑云："术，道也。"此言用茅垫祭品，使祭品洁净，是对祭事慎重之至。遵循慎重之道以行事则无过失矣。

以上第三节。

"劳谦，君子有终，吉。"

此引《谦》九三爻辞。劳谦，有功劳而谦也。终，古语谓好结果为终。

子曰："劳而不伐，有功而不德，厚之至也。

伐犹夸也。《左传》襄公十二年："小人伐其技。"杜注："自称其能为伐。"此德字是动词，自以为有功德也。此言有劳而不自夸，有功而不自居，是忠厚之至。

语以其功下人者也。德言盛。礼言恭。⑮

言读为焉，犹则也。此言劳谦谓以其功自卑，甘居人下，功德则盛，礼则恭。

谦也者，致恭以存其位者也。"

存犹保也。谦是致恭以保其位，故君子有终吉。

以上第四节。

"亢龙有悔。"

此引《乾》上九爻辞。

子曰："贵而无位，高而无民，贤人在下位而无辅，是以动而有悔也。"

此释与《乾文言》同，故不重注。按《文言》与《系辞》非一人所作，故文有重复。

以上第五节。

"不出户庭，无咎。"

此引《节》初九爻辞。

子曰："乱之所生也，则言语以为阶。君不密则失臣，臣不密则失身，几事不密则害成。

几读为机。

是以君子慎密而不出也。"

《系辞》之意：人不出户庭，可以保密，故无咎。（此释大非经意。且保密在于不言，不在于不出户庭，此释亦甚牵强。）

以上第六节。

子曰："作《易》者，其知盗乎。《易》曰：'负且乘，致寇至。'

此引《解》六三爻辞。经意：且犹而也。人负物而乘车，是以其物之珍贵示人，将招贼寇来劫。

负也者，小人之事也。乘也者，君子之器也。

小人，庶民也。君子，贵族大官也。此乘字谓车也。《左传》隐公元年："具卒乘。"杜注："车曰乘。"

小人而乘君子之器，盗思夺之矣。

此言小人本宜负物，而今乘车，非其分也，故盗思夺之矣。（所释不合经意）

上慢下暴，盗思伐之矣。

此推论国家致寇之由。《说文》："慢，惰也。"国家如君上骄惰，下民强暴，则盗寇思伐之矣。

慢藏诲盗。

此推论人致盗之由。慢藏，懒于收藏财物。诲盗，诱诲盗者来盗。

冶容诲淫。

此推论女子致淫之由。《一切经音义》八引刘瓛曰："冶，妖冶也。"冶容，妖冶其容貌。诲淫，诱诲淫者来淫。

《易》曰：'负且乘，致寇至。'盗之招也。"

"盗之招也"乃"招盗也"之倒装句。

以上第七节。

以上第八章。此章记孔丘释《易经》爻辞之言凡七条。

大衍之数五十，其用四十有九。

《释文》引郑云："衍，演也。"先秦人称算卦为衍。汉人称算卦为演。衍与演古字通也。金景芳说："当作'大衍之数五十有五'，转写脱去'有五'二字。"（《易通》）是也。《正义》引姚信、董遇云："天地之数五十有五，者其六以象六爻之数（者当作省），故减之而用四十九。"足证姚董本作"大衍之数五十有五"。此言用《易经》演算，备著草五十五策，但只用四十九策。所以备五十五策者，下文曰："凡天地之数五十有五。"此以天地之数定大衍之数也。所以余六策而不用者，以此六策标明六爻之数也。

分而为二以象两。

两谓两仪，天地也。筮时，将四十九策著草分为两部分，一部分横置于上方，以象天；一部分横置于下方，以象地。

挂一以象三。

三谓三才，天地人也。筮时，在"分二"之后，从上方之著草中抽出一策，竖置于上下两部分之间，以象人立于天地之间。竖置之一策若悬挂于横置之两部分之间，故曰"挂一"。如此则三才备具，故曰"以象三"。（《集解》引孔颖达曰："分挂其一于最小指间。"非也。）

揲之以四，以象四时。

陆德明曰："揲犹数也。"《说文》："揲，阅持也。"揲者，手持而分数之也。筮时，在"挂一"之后，将上方之著草每四策为一组分数之，是为揲之以四。揲过之策仍置于上方。揲之以四，乃象四时。

归奇于扐以象闰。

《管子·禁藏》篇："旁入奇利。"尹注："奇，余也。"扐疑借为肋。肋者胸之两旁，此指所挂著草之两旁。闰，闰月也。筮时，在"揲四"之后，将所余之著草（或一策，或二策，或三策，或四策）置于所挂著草之左旁，乃象闰月也。（《释文》引马云："扐，指间也。"后人皆从之。按如将余策夹在指间，则不能再揲矣，故知其说非也。）

五岁再闰，故再扐而后挂。

五岁再闰，古历法五年之中有两次闰月。筮时，在"归奇"之后，再取下方之蓍草，揲之以四，揲过之策仍置于下方，将所余之蓍草（或一策，或二策，或三策，或四策）置于所挂蓍草之右旁。是为再归奇于扐，乃象五年之中有两次闰月也。然后取两次"归奇"之策竖置于上下两部分之间，即所谓"后挂"。

以上为一变。再将上下两部分蓍草并而为一（挂在中间之蓍草不动），如上法数之，是为二变。又将上下两部分蓍草并而为一（挂在中间之蓍草不动），如上法数之，是为三变。三变始得一爻。其结果上下两部分蓍草之策数有四种：㈠九揲，三十六策，是为老阳之爻，是为可变之阳爻，《易经》爻题"九"字即九揲之九，标明其为可变之阳爻也。㈡七揲，二十八策，是为少阳之爻，是为不变之阳爻。㈢六揲，二十四策，是为老阴之爻，是为可变之阴爻。《易经》爻题"六"字即六揲之六，标明其为可变之阴爻也。㈣八揲，三十二策，是为少阴之爻，是为不变之阴爻。六爻始成一卦。

天一，地二；天三，地四；天五，地六；天七，地八；天九，地十。

此二十字原在后文"子曰《易》有圣人之道四焉此之谓也"之下。《汉书·律历志》引《易》曰："天一，地二；天三，地四；天五，地六；天七，地八；天九，地十。天数五。地数五。五位相得而各有合。天数二十有五。地数三十。凡天地之数五十有五。此所以成变化而行鬼神也。"可证班固所见本此二十字在此处。今据移正。（此例足以证明今本《系辞》中确有错简）《易经》以阳爻一画象天，故天数为一；以阴爻两画象地，故地数为二。一为奇数，推之则奇数三、五、七、九亦皆为天数。二为偶数，推之则偶数四、六、八、十亦皆为地数。

天数五。地数五。

天数五，天数五个奇数也。地数五，地数五个偶数也。

五位相得而各有合，天数二十有五，地数三十。

相得犹相加也。合犹和也，即和数也。天数一、三、五、七、九，五位奇数相加，其和数为二十五。地数二、四、六、八、十，五位偶数相加，其和数为三十。

凡天地之数五十有五。

二十五加三十，共为五十五。

此所以成变化而行鬼神也。

成犹定也。行犹通也。依《周易》筮法：筮得一卦，每爻不外四种：㊀著草九揲（每揲四策），是为可变之老阳爻，标以"九"字。㊁著草七揲，是为不变之少阳爻，标以"七"字。㊂著草六揲，是为可变之老阴爻，标以"六"字。㊃著草八揲，是为不变之少阴爻，标以"八"字。四种数代表揲数。将六爻揲数相加，得其总数。从五十五中减去总数，得其余数。然后从初爻往上数，数至上爻，再由上爻往下数，数至初爻，如此往还数之，数至某爻而彼余数尽，则某爻为宜变之爻。宜变之爻为"九"，则其阳爻变为阴爻，为"六"，则其阴爻变为阳爻，爻变卦亦变。宜变之爻为"七"为"八"，则其爻不变，卦亦自不变。然则爻卦之变化以天地五十五之数而定。故曰："此所以成变化而行鬼神也。"（详见《周易古经今注》之《通说》中《周易筮法新考》）

《乾》之策二百一十有六，《坤》之策百四十有四，

《易经》六十四卦皆用变爻占事。《乾》卦六爻皆为可变之老阳爻，每爻著草九揲，每揲四策，共二百一十六策。《坤》卦六爻皆为可变之老阴爻，每爻著草六揲，每揲四策，共一百四十四策。

凡三百有六十，当期之日。

期，一年为期。《乾坤》两卦合为三百六十策，与一年三百六十日（约数）之数相当。《乾》为天。《坤》为地。天地变化一年一循环，故《乾坤》两卦之策数乃象天地变化一循环之日数也。

二篇之策万有一千五百二十，当万物之数也。

战国时，《易经》已分为上下两篇，故曰二篇。《易经》六十四卦，每卦六爻，共三百八十四爻，阳爻与阴爻各为一百九十二爻。一阳爻著草九揲三十六策。一百九十二阳爻合为六千九百一十二策。一阴爻著草六揲二十四策。一百九十二阴爻合为四千六百零八策。两者相加共一万一千五百二十策，与万物（约数）之数相当。此言《易经》之总策数乃象万物之数也。

是故四营而成《易》。

四营，古有两说：（一）《集解》引荀爽曰："四营者谓七、八、九、六也。"七指少阳之爻。八指少阴之爻。九指老阳之爻。六指老阴之爻。下文曰"《易》有四象"，四象即此四种爻象。《易》指《易经》。《易》卦皆由四种爻构成，爻之阴阳性与变否亦由四种爻而定，故曰"四营而成《易》"，四营谓爻象之四个营区也。（二）《集解》又引陆绩曰："'分而为二以象两'，一营也。'挂一以象三'，二营也。'揲之以四以象四时'，三营也。'归奇于扐以象闰'，四营也。"韩康伯说同。孔颖达疏曰："营谓经营，谓四度经营著策，乃成《易》之一变也。"按两说均通。依前说，四营即四象。《易经》六十四卦皆由四种爻象构成，故曰："四营而成《易》。"依后说，四营是四次布策之方法。四次布策为一变，二变成一爻，六爻成一卦。《易经》六十四卦皆用四次布策之方法，故曰："四营而成《易》。"

十有八变而成卦。

筮时，三变成一爻，一卦六爻，故十八变成一卦。变谓著草之策数变也。

八卦而小成。

八卦仅能象各孤立之事物，不能象各种事物之关系，故为小成。

引而伸之，

伸当读为申。《尔雅·释诂》："申，重也。"引而申之，谓重八卦为六十四卦。

触类而长之，

触犹遇也。长，增长也。触类而长之，谓遇同类之事物，则扩大卦象以象之也。

天下之能事毕矣。

毕，尽也。天下之能事尽在《易经》中矣。

显道神德行，

《易经》能显示道、神、德、行。

是故可与酬酢，可与祐神矣。

王引之曰："与犹以也。"古代宴会之礼，主客以酒回敬，谓之酬酢，因而应付他人与事物，亦谓之酬酢。祐与佑同，助也。

以上第九章。此章论述《易经》筮法。作者认为：筮法上每一动作及蓍策之数字皆与天地万物之道相应，以明《易经》包罗万象，亦虚夸之词也。

子曰："知变化之道者，其知神之所为乎。《易》有圣人之道四焉：以言者尚其辞，

以，用也。用《易经》以论事，则尚其卦爻辞，以判断是非。

以动者尚其变，

用《易经》以行动，则尚其卦爻之变化，以决定进退。

以制器者尚其象，

用《易经》以创造器物，则尚其卦象，以悟得方法，如《系辞》下篇所云"为耒耜，盖取诸《益》。为舟楫，盖取诸《涣》"等是。

以卜筮者尚其占。"

用《易经》以卜筮，则尚其占得之结果，以预知吉凶。

是以君子将有为也，将有行也，问焉而以言。

筮时，将所占之事告蓍而问之。

其受命也如响，

孔颖达曰："谓蓍受人命，报人吉凶，如响之应声也。"

无有远近幽深，遂知来物。

物，事也。

非天下之至精，其孰能与于此。

亨按与，及也。其孰能与于此，犹言其孰能及于此，其孰能至于此。

参伍以变,

参读为三。伍读为五。三五代表较小而不定之数字。变指爻变从而卦变。《易经》各卦六爻之变三五不定。

错综其数,

错,交错。综,综合。数指爻之位次。《易经》各卦六爻之数交错综合,形成爻位与爻位之关系。

通其变,遂成天下之文。

成犹定也。事物必有变,《易经》以卦爻之变反映事物之变,故通《易经》卦爻之变,则能定天下事物之文。

极其数,遂定天下之象。

极,尽也。事物必有关系,《易经》以卦爻之数反映事物之关系,故尽《易经》卦爻之数,则能定天下事物之象。

非天下之至变,其孰能与于此。

至变,最善变化者也。与,及也。

《易》无思也,无为也,寂然不动,

寂,静也。《易经》本身无思无为,寂静不动。

感而遂通天下之故。

故,事也。人用《易经》占事,以诚感之,则《易经》能通天下之事。

非天下之至神,其孰能与于此。

与,及也。

夫《易》,圣人之所以极深而研幾也。

《释文》引郑云:"幾,微也。"此言圣人穷究《易》之深奥,研求《易》之幾微。

唯深也,故能通天下之志。唯幾也,故能成天下之务。唯神也,故不疾而速,不行而至。

《广雅·释诂》:"疾,急也。"《易》道深奥,所以能贯通天下人之思想。《易》道幾微,所以能定天下之事务。《易》道神妙,所以能响应人之要求。

子曰"《易》有圣人之道四焉"者，此之谓也。

以上第十章。此章亦虚夸《易经》之作用，认为：《易》之本身则有三至，即"至精""至变""至神"，故圣人于《易》有四尚，即"尚其辞""尚其变""尚其象""尚其占"。

子曰："夫《易》何为者也？夫《易》开物成务，冒天下之道，如斯而已者也。"

开物，揭开事物之真象。成务，确定事务之办法。韩康伯曰："冒，覆也。"按冒犹包也。冒天下之道，包括天下事物之道理。

是故圣人以通天下之志，以定天下之业，以断天下之疑。是故蓍之德圆而神，卦之德方以知，

德，形体性质皆谓之德。知读为智。蓍之形体则圆，其性质则神。卦之形体则方，其性质则智。因蓍与卦能预知来事，故为神智也。

六爻之义易以贡。

易，变也。韩康伯曰："贡，告也。"按《系辞》下曰："八卦以象告。爻象以情言。变动以利言。"此句谓六爻之义乃变化以告人也。⑯

圣人以此洗心，

《释文》："洗，京、荀、虞、董、张、蜀才作先，石经同。"《集解》本亦作先。王引之曰："作先之义为长。盖先犹导也。"⑰按洗借为先。此句言圣人以《易经》启导其心也。即心有所疑，则以《易》筮之，因以知吉凶，决进退也。

退藏于密，

《集解》引陆绩曰："而退藏之于心也。"可通。亨按此谓占筮之后，记其事，退而藏之于密处，以为来日之借鉴也。甲骨卜辞即殷王朝所藏之卜事记录，是其证。

吉凶与民同患。

亨按凶可言患，吉不可言患，则患非忧患之患也。患当读为贯。《尔雅·释诂》："贯，事也。"此言圣人吉凶与民同事，以民之吉为吉，以民之

凶为凶也。⑱

神以知来。知以藏往。

下知字读为智。藏往谓记其往事而藏之，以为来日之借鉴也。此二句谓圣人利用《易经》以成其神，以预知来事；又利用《易经》以成其智，以记藏往事。

其孰能与此哉！古之聪明睿知神武而不杀者夫！

与，及也。《说文》："睿，深明也。"知读为智。睿知，慧智也。杀，残暴也。此二句言唯有古之聪明慧智神武而不残暴之人始能至于此境也。

是以明于天之道，而察于民之故，是兴神物以前民用。

《广雅·释诂》："兴，举也。"神物指蓍草。前，先导也。此句言圣人取此神物蓍草以占事，作人民用以占事之先导。

圣人以此斋戒，以神明其德夫。

《广雅·释诂》："斋，敬也。"戒，警惕也。圣人用《易经》以肃敬警惕，以神明其德。

是故阖户谓之坤。辟户谓之乾。

阖，闭也。辟，开也。坤为地，此坤谓地气，即阴气也。乾为天，此乾谓天气，即阳气也。秋冬之时，万物入，宇宙之门闭，是地之阴气当今，故曰："阖户谓之坤。"春夏之时，万物出，宇宙之门开，是天之阳气当今，故曰："辟户谓之乾。"

一阖一辟谓之变。

宇宙之门一闭一开，万物一入一出，是谓之变。

往来不穷谓之通。

闭开入出，往来不穷，是谓之通。

见乃谓之象。形乃谓之器。

见读为现。器犹物也。出现于宇宙者谓之象。具有形体者谓之物。

制而用之谓之法。

人用其智慧与力量，制裁宇宙之象与物而利用之，皆有方道可以遵循，故谓之法。

利用出入，民咸用之谓之神。

咸，皆也。人利用其法，不永守旧规，而或出或入，有所改进，民皆用之，此谓之神。

以上第十一章。此章言圣人用《易经》以启其智，以明其德，以决其疑，以成其业，以制其法，以利其民，皆虚夸之词。然其论阴阳阖辟之道尚可取也。

是故《易》有太极。

太极者，宇宙之本体也。宇宙之本体，《老子》名之曰"一"，《吕氏春秋·大乐》篇名之曰"太一"，《系辞》名之曰"太极"。盖《系辞》称最高之物为极，故前文称三才为三极。宇宙之本体是包括天地之最大最高之物，故称为"太极"。以筮法言之，前文曰："大衍之数五十有五。"即象太极，故曰："《易》有太极。"

是生两仪。

两仪，天地也。《国语·周语》："百官轨仪。"韦注："仪，法也。"天地各有法象，下文曰："法象莫大乎天地。"故称天地为两仪。宇宙之本体太极分而为天地，故曰："是生两仪。"以筮法言之，上文曰"分而为二以象两"，即象两仪也。

两仪生四象。四象生八卦。

四象，四时也。四时各有其象，故谓之四象。天地生四时，故曰："两仪生四象。"以筮法言之，筮得一爻，蓍草七揲者为少阳之爻，以象春也。由春往夏，是阳之增长，故七揲为不变之阳爻。蓍草九揲者为老阳之爻，以象夏也。由夏往秋，是由阳变阴，故九揲为可变之阳爻。蓍草八揲者为少阴之爻，以象秋也。由秋往冬，是阴之增长，故八揲为不变之阴爻。蓍草六揲者为老阴之爻，以象冬也。由冬往春，是由阴变阳，故六揲为可变之阴爻。少阳、老阳、少阴、老阴四种爻乃象四时。八卦由此四种爻构成，故曰："四象生八卦。"

八卦定吉凶。吉凶生大业。

八卦相重，吉凶之象以定。人趋吉避凶，大业以生。

是故法象莫大乎天地。变通莫大乎四时。县象著明莫大乎日月。

县，古悬字。《小尔雅·广诂》：“著，明也。”

崇高莫大乎富贵。备物致用，立功成器，以为天下利，莫大乎圣人。

功字今本脱，《汉书·货殖传》引《易》曰：“立功成器。”今据增。[19]

探赜索隐，钩深致远，以定天下之吉凶，成天下之亹亹者，莫大乎著龟。

赜，杂也。索，求也。《小尔雅·广诂》：“钩，取也。”用钩钓鱼，所以取鱼也，故钩可训取。致犹推也。亹亹，奋勉前进也。大，超过也。（《释文》大作善，云：“本亦作大。”古书引此多作善。义均可通[20]）此言探讨事物之复杂，索求事物之隐晦，钩取事物之深奥，推致事物之辽远，从而决定天下事之吉凶，促成天下人之奋勉前进者，无有超过著龟者也。古人筮用著草，卜用龟甲。《易经》作者认为此二物是神物，占事最为灵验。

是故天生神物，圣人则之。

神物指著龟。《广雅·释诂》：“则，法也。”此言天生著龟两种神物，圣人取法于著，以造筮法；取法于龟，以造卜法。

天地变化，圣人效之。

效，亦法也。此言天地万物多变化，圣人作八卦及六十四卦，以卦之变化象征天地万物之变化。象征即仿效也。

天垂象，见吉凶，圣人象之。

此言上天垂象，有吉有凶，圣人摹仿之，作六十四卦，卦象亦有吉有凶。

河出图，洛出书，圣人则之。

河，黄河。洛，洛水。汉人说：伏牺时有龙马出于河，身有文如八卦，伏牺取法之，以画八卦。夏禹时有神龟出于洛，背上有文字，禹取法之，以作书，即《尚书·洪范》之起原。[21]

《易》有四象，所以示也。

四象，少阳、老阳、少阴、老阴四种爻象也。四象以示事物之阴阳刚柔及其变化与否。

系辞焉，所以告也。

系辞，写上卦爻辞。

定之以吉凶，所以断也。

以上第十二章。此章言圣人受河图之启示，借蓍草之神灵，制定筮法，创作《易经》，以仿效宇宙形成之过程，象征天地日月四时诸种现象之变化，探求复杂隐晦深奥遥远之事物，定其吉凶，以指导人之行动，亦虚夸之词也。

《易》曰："自天祐之，吉无不利。"

此引《大有》上九爻辞。祐与佑同。

子曰："祐者，助也。天之所助者，顺也；人之所助者，信也。履信，思乎顺，又以尚贤也，是以自天祐之，吉无不利也。"

此言思顺则得天助，履信则得众人之助，尚贤则得贤人之助，三者备始吉无不利。所释甚超经意。

以上一节与上下文不相联，当是错简。

子曰："书不尽言，言不尽意。"

此述孔丘之言以为发问之前提。

然则圣人之意，其不可见乎？子曰："圣人立象以尽意，设卦以尽情伪，

《系辞》下篇曰："情伪相感而利害生。"孔颖达曰："情谓实情。伪谓虚伪。"情伪犹诚伪也。

系辞焉以尽其言，变而通之以尽利，鼓之舞之以尽神。"

神是最高智慧之称。此言《易经》鼓舞人以尽其智慧。

乾坤，其《易》之缊邪？

乾坤，天地也。《易经》讲阴阳矛盾对立与变化之道者也。《集解》引虞翻曰："缊，藏也。"唐石经缊作蕴。今通用蕴字。邪读为耶。此言天地乃阴阳矛盾对立与变化之《易》道之所蕴藏。

乾坤成列，而《易》立乎其中矣。

成列犹定位也。天列于上，地列于下，阴阳矛盾对立与变化之《易》道存于其中矣。此言有天地则有《易》道。

乾坤毁，则无以见《易》。

如天地毁灭，则无以见阴阳矛盾对立与变化之《易》道。此言无天地则无《易》道。

《易》不可见，则乾坤或几乎息矣。

如阴阳矛盾对立与变化之《易》道不可见，则天地或几乎息灭。此言无《易》道则无天地。

是故形而上者谓之道。形而下者谓之器。

器，物也。形而上者如思想学术理论方法制度等是也。形而下者如天地动物植物器械等是也。此将天地间之一切分为道器两类，其义尚简单。

化而裁之谓之变。

化，改也。裁，制也。道与器加以改制，是谓之变。

推而行之谓之通。

道与器予以推行，是谓之通。

举而错之天下之民谓之事业。

举犹取也。错借为措。《释文》："错本又作措。"《集解》本亦作措。措，施也。取道与器施之于天下之民，是谓之事业。

是故夫象，

亨按夫当作爻，形似而误。此乃举爻象二字以起下文。下文正是分释爻象二字，故曰："是故谓之象"，"是故谓之爻"。则夫当作爻，明矣。

圣人有以见天下之赜，而拟诸其形容，象其物宜，是故谓之象。圣人有以见天下之动，而观其会通，以行其典礼，系辞焉以断其吉凶，是

故谓之爻。

此九句重述上文。赜，杂也。余注见上。

极天下之赜者存乎卦。

极，尽也。存乎，在于也。

鼓天下之动者存乎辞。化而裁之存乎变。推而行之存乎通。神而明之存乎其人。默而成之，不言而信，存乎德行。

此六句言《易经》对人之事业之指导功用。

以上第十三章。此章言《易经》能充分反映人之思想、言论与活动，又能反映天地万物之变化，而人类事业在于利用道与器而加以变通，《易经》之卦爻象及卦爻辞足以指导人去作此种事业。

[附考]　①"方以类聚，物以群分，吉凶生矣。"《集解》引《九家易》曰："方，道也。"乃谓方指人之道术，不切。《礼记·乐记》曰："方以类聚，物以群分，则性命不同矣。"郑注："方谓行虫也。物谓殖生者也。"古人称动物为虫。殖读为植。然则郑玄认为方是动物，物是植物。依《乐记》，方与物皆有性命，则方亦物类，其义甚明，非方术之方也。但郑玄释方为动物，不见古书，亦不可从也。余谓《系辞》与《乐记》之方皆当作人。古文人作𠆩，方作𠂤，形相似，故误。人以类聚，得其类则吉，失其类则凶。物以群分，得其群则吉，失其群则凶。故《系辞》曰："吉凶生矣。"人以类聚，物以群分，乃以其性命不同，故《乐记》曰："则性命不同矣。"　　②"鼓之以雷霆。"《释文》："霆，蜀才云：'疑为电。'"孔颖达曰："又鼓动之以震雷离电。"王引之曰："孔颖达本霆作电，是也。"按孔氏乃以电释霆，非其所据本霆作电也。何秋涛曰："霆之训不一，或以为雷，或以为电，而言雷者又分为数解。有径以霆为雷者，《易》刘瓛注也。（见《一切经音义》所引）有以为雷之余声铃铃所以挺出万物者，许氏《说文》也。有以为迅雷卒如火之耀者，即所谓霹雳，此唐王冰《素问》注所言，本《苍颉篇》所说者也。（《一切经音义》引《苍颉篇》：'霆，礔砺也。'礔砺即霹雳。）……今参考众说，知《易》之霆字本当训电，故别本作电。《左氏襄十四年传》：'畏之如雷霆。'《释文》：'霆本亦作电。'即其证也。《穀梁隐九年传》云：'电，霆也。'此必相承古训。《庄子·天运》篇：'吾惊之以雷霆。'《释文》：'霆，电也。'《系辞》以雷霆与风雨对文。风雨既非一物，雷霆岂得相溷。惟训霆为电，则卦象文义均为允惬矣。……《淮南子·兵略训》云：'疾雷不及塞耳。疾霆不暇掩目。'盖以霆为

电，用《穀梁》之说。"（《一镫精舍甲部稿·霆辨》）　　③"乾知大始。坤作成物。"
朱熹曰："知犹主也。乾主始物，而坤作成之。"王念孙曰："知犹为也。为亦作也。乾
为大始，万物资始也。坤作成物，万物资生也。《周语》：'知晋国之政。'韦昭注曰：
'知政谓为政也。'《吕氏春秋·长见》篇：'三年而知郑国之政。'高诱注曰：'知犹为
也。'"按朱王之训不同，其义一也。盖主其事即为其事，故知训主训为，其意不异。
但以王训为切。古书常用知字为此义。《左传》宣公四年："椒也知政。"襄公二十六年：
"子产将知政矣。"二十七年："子荡将知政矣。"哀公二十七年："郑人俘鄟魁，赂之以
知政。"《战国策·秦策》："使此知秦国之政也。"皆其例。后世"知府""知州""知
县"等官名之知皆由此而来。《系辞》下篇："夫乾，天下之至健也，德行恒易，以知
险。夫坤，天下之至顺也，德行恒简，以知阻。"二知字亦当训为。　　④"乾以易知。
坤以简能。"《系辞》下篇曰："危者使平。易者使倾。"《集解》引陆绩曰："易，平易
也。"此易亦平易之义。此知字与能相对，当读为智，巧也。《淮南子·原道》篇："不
设智故。"高注："智故，巧饰也。"《览冥》篇："道德上通而智故消灭也。"高注："智
故，巧诈。"《管子·心术》篇："去智与故。"《韩非子·解老》篇："诸夫饰智故以至
于伤国者。"智皆巧也，故皆诈也。此智有巧义之证。盖智慧之表现为巧，故智可训巧。
此二句言天以平易成其巧，地以简约成其能。　　⑤"是故君子所居而安者，《易》之
象也。"今本象作序。《释文》："序虞本作象。"《集解》本亦作象。引虞翻曰："旧读象
误作厚，或作序，非也。"按序当作象，字之误也，今据改。又按安字于义不合。安当
读为按，为案，观察也。《礼记·月令》："按度程。"《淮南子·时则》篇作"案度程"。
高注："案，视也。"《后汉书·钟离意传》："府下记案考之。"李注："案，察之也。"
《史记·卫将军骠骑传》："按榆溪旧塞。"《集解》引或曰："按，行也。"按乃巡视之
义。此按案通用，并有观察之义之证。安案古亦通用。《荀子·劝学》篇："安特将学杂
识志。"杨注："安或作案。"《史记·秦始皇纪》："安土息民。"《索隐》："贾谊书安作
案。"并其证。此言君子平居而观察者，《易》之卦象也。故下文曰："君子居则观其
象。"　　⑥"是故列贵贱者存乎位。齐小大者存乎卦。"俞樾曰："齐犹言列也。《淮南
子·原道》篇：'齐靡曼之色。'高注曰：'齐，列也。'是齐可训列。《庄子·盗跖》
篇：'齿如齐贝。'齐贝犹列贝也。列贵贱者存乎位，齐小大者存乎卦，曰列曰齐，辞异
而义同。"　　⑦"忧悔吝者存乎介。震无咎者存乎悔。"《释文》："介，王肃、干、韩
云：'纤介也。'"《集解》引虞翻说同。此解固通而不确切。介当读为忦。二字同声系，
古可通用。《说文》："忦，忽也，从心，介声。《孟子》曰：'孝子之心，为不若是

忿。'"（所引见《孟子·万章》篇，赵岐注本忿作惄。惄即忿之别字。）忧悔吝者存乎忿，谓人忧其遇悔吝之事，在于其忽略而不警惕，以致有小悔吝也。下句"震无咎者存乎悔"，忿与悔皆自心理言之，忽略则生悔吝，追悔则可无咎，义甚通恰。　　⑧"曲成万物而不遗。"按曲犹遍也。《荀子·天论》篇："其行曲治。其养曲适。"《正名》篇："散名之加于万物者，则从诸夏之成俗曲期。"梁启雄曰："曲字有周遍之义。"（《荀子简释》）此曲字亦同。　　⑨"夫乾，其静也专，其动也直，是以大生焉。"《释文》："专陆作抟。"俞樾曰："按下文云：'夫坤，其静也翕，其动也辟。'翕与辟正相对。此云：'夫乾，其静也专，其动也直。'专与直亦必相对。专当作抟。《说文·手部》：'抟，圜也。'《考工记》梓人：'抟身而鸿。'郑注曰：'抟，圜也。'又庐人、弓人注同。《楚辞·橘颂》篇：'圆果抟兮。'王逸注曰：'抟，圜也。楚人名圆为抟。'然则其静也抟犹言其静也圜。圜者，乾之本体也。抟直、翕辟皆言其状。抟作专者，叚（假）字耳。《史记·秦始皇纪》：'抟心壹志。'叚抟为专也。此云：'其静也专。'叚专为抟也。"俞说是也。但抟者，以手搓物使圜也，故字从手。此文之专乃借为团。《说文》："团，圆也，从囗，专声。"团者，形体之圆。俞读犹未深究。　　⑩"夫坤，其静也翕，其动也辟，是以广生焉。"朱骏声曰："翕叚为阖。"（《说文通训定声·临部》）是也。《说文》："阖，闭也。辟，开也。"　　⑪"成性存存，道义之门。"孔颖达曰："此明易道……能成其万物之性……存其万物之存。"朱熹曰："存存谓存而又存，不已之意也。"俞樾曰："《尔雅·释训》曰：'存存，在也。'……是存存重言，非有两义。"按孔说较长。余又疑存存当作存材，材存形似而误。存材谓存其万物之材也。

⑫"圣人有以见天下之赜。"《释文》："赜京作啧。"朱熹曰："赜，杂乱也。"按赜啧同字。（赜从臣。臣，古颐字。啧从口。）啧可训杂。《左传》定公四年："啧有烦言。"犹云杂有烦言也。《荀子·正名》篇："啧然而不类。"犹云杂然而不类也。并其例也。此云"天下之赜"，谓天下事物之复杂也。下文曰："探赜索隐。"探赜谓探求复杂之事物也。　　⑬"言天下之至赜而不可恶也。"言，论述也。《释文》："恶荀作亚。"朱熹曰："恶犹厌也。"来知德曰："恶，厌也。朝此饮食，暮此饮食，月此饮食，年此饮食，得之则生，不得则死，何尝厌恶。"俞樾曰："恶之言麤（粗）也。《国语·齐语》：'恶金以铸锄夷斤欘。'韦昭注曰：'恶，麤也。'《仪礼·既夕》记：'主人乘恶车。'亦取麤恶义。天下之理至赜，必详悉言之，方能共晓，故曰：'言天下之至赜而不可恶也。'谓不可粗略也。……"此二说皆不切合。亨按恶亚古通用，疑皆借为誇。《说文》："誇，妄言也，从言，雩声。"言天下之至赜而不可誇也，谓论述天下至杂之事物不可妄

谈也。下句云："言天下之至动而不可乱也。"不可諆与不可乱，其意略同。恶亚与諆乃一声之转。《礼记·礼器》："必先有事于恶池。"郑注："恶当作呼。"《庄子·在宥》篇："鸿蒙仰而视云将曰吁!"《释文》："吁亦作呼。"此亚乎于三声系相通之证。然则恶亚可读为諆矣。又諆与诬亦一声之转，故不可恶即不可諆，亦即不可诬也。　　⑭ "言行，君子之枢机。枢机之发，荣辱之主也。"《左传》襄公二十五年孔疏引郑注云："枢，户枢也。机，弩牙也。"王引之曰："郑解枢字则是，解机字则非。书传机字与括并言者，弩牙也。《缁衣》引《大甲》曰：'若虞机张，往省括于厥度则释。'《庄子·齐物论》篇曰：'其发若机括。'是也。与枢并言者，门梱也。《淮南·人间》篇：'晓然自以为智存亡之枢机（智与知同）、祸福之门户。'庄二十四年《公羊传》注说妻事夫曰：'枢机之内（机之内谓梱以内也。蔡邕《司徒夫人灵表》曰："不出其机。"言不出于梱也），寝席之上，朋友之道。'《续汉书·五行志》注引蔡邕对灵帝曰："陛下枢机之内，衽席之上。'《广雅》：'机，梀也。'梀与梱同。《说文》：'梱，门橛也。'《说苑·政理》篇：'政橛机之礼，壹妃匹之际。'是机为门橛，与梱同也。枢为户枢，所以利转。机为门梱，所以止扉。故以枢机并言。枢机为门户之要，犹言行为君子之要。若弩牙则不与户枢为类，不得与枢并言矣。"亨按王说亦误。门开闭则枢动，枢可云发。若机为门梱，门梱不动，何得云发乎。余谓古书所谓枢机有二义：一为门户之枢机，如王氏所言是也；一为弩弓之枢机，如《易传》所言是也。《国语·周语》："耳目，心之枢机也。"《鬼谷子·飞拑》篇："料气势，为之枢机，以迎之随之。"亦谓弩弓之枢机也。弩弓之枢机通称为弩机。弩弓有臂。弩机以铁为之，形略似小匣，中有枢柱及其他机件，置于弩臂之末，扣其弓弦。动其枢机则箭射出。弩弓枢机之发或中或否，犹人言行之发或得或失。得则荣来，失则辱至。故曰："言行，君子之枢机。枢机之发，荣辱之主也。"　　⑮ "德言盛。礼言恭。"按言当读为焉。言焉古通用。《诗·大东》："睠言顾之。"《荀子·宥坐》篇引言作焉。即其证。焉犹则也。（《经传释词》有此例）此二句谓其德则盛，其礼则恭，谦之表现也。　　⑯ "六爻之义易以贡。"《释文》："贡，京、陆作工，荀作功。"韩康伯曰："贡，告也。"按贡与控古通用。控亦训告。《诗·载驰》："控于大邦。"谓告于大邦也。《左传》襄公八年："无所控告。"犹言无所诉告也。六爻之义易以贡，言六爻之义在变易以告。王引之曰："《尔雅》曰：'功，成也。'《管子·五辅》篇：'士修身功材。'《庄子·天道》篇：'帝王无为而天下功。'《荀子·富国》篇：'百姓之力待之而后功。'皆谓成为功也。六爻之义刚柔相易，乃得成爻，所谓'道有变动故曰爻'也。故曰：'六爻之义易以功。'作工作贡皆借字耳。"王氏此释可备一说。　　⑰"圣人以此洗心。"《释文》："洗，京、荀、虞、董、张、蜀才作先，石经同。"《集解》本亦作先。王引之曰："作先之义为长。盖先犹导也。（大司马：'以先恺乐献于社。'郑注曰：'先犹道也。'《释文》：'道音导。'）圣人以此先心者，心所欲至，而卜筮先知，若为之前导然。……班固《幽通赋》曰：'神先心以定命。'义本《系辞》传也。先或作洗，乃字之假借，犹先马之通作洗马矣。（《汉书·百官公卿表》：大子大傅少傅属官有先马。如淳注曰：'先或作洗。'引《越语》曰：'句践亲为夫差先马。'《韩非子·喻老》篇作'洗马'。）"惠栋、焦循、姚配中等说略同。按此说是也。此言圣人以《易经》启导其心也。　　⑱"吉凶与民同患。"亨按患当读为串。患串古通用。《诗·皇矣》："串夷载路。"《释文》："串一本作患。"《韩非子·五蠹》篇："其患御者积于私门。"卢文弨、俞樾皆读患为串。（见《韩非子集解》）并其证。串即毌字。《说文》："毌，穿物持之也，从一横贯，象宝货之形。读若冠。"又曰："贯，钱贝之贯也，从毌贝。"朱骏声曰："毌实即贯之古文。"（《说文通训定声·乾部》）是也。然则同患即同毌，即同贯也。《尔雅·释诂》："贯，事也。"同贯犹言同事矣。《韩非子·显学》篇："今商官技艺之士亦不垦而食，是地不垦与磐石一贯。儒侠毋军劳显而荣者，则民不使，与象人同事也。"《易传》之同贯与《韩非子》之一贯同意。吉凶与民同贯，言圣人之吉凶与民一致，圣人以民之吉为吉，以民之凶为凶也。　　⑲"备物致用，立功成器，以为天下利，莫大乎圣人。"今本无功字。《汉书·货殖传》引此四句，亦无功字。但宋祁校说曰："一本作立功成器。"是宋本《汉书》或有功字。又《汉书·翟进传》曰："备物致用，立功成器，以为天下利。"正用《易传》此文。按有功字是也。今据增。　　⑳"以定天下之吉凶，成天下之亹亹者，莫大乎蓍龟。"《系辞》下篇亦云："定天下之吉凶，成天下之亹亹者。"亹亹《集解》本均作娓娓。二字古通用。其说有三：《集解》引侯果曰："亹，勉也。"孔颖达曰："《释诂》云：'亹亹，勉也。'"按训亹为勉，可读亹为勉。二字古通用。《诗·棫朴》："勉勉我王，纲纪四方。"《白虎通·三纲六纪》篇引勉勉作亹亹。即其证。成天下之勉勉，谓蓍龟能促成天下人之奋勉也。此一说也。下篇《集解》引虞翻曰："娓娓，进也。"按《广雅·释训》曰："亹亹，进也。"《诗·文王》："亹亹文王。"《文选·吴都赋》李注引《韩诗》云："亹亹，水流进貌。"《楚辞·九辩》："时亹亹而过中兮。"王注："亹亹，进貌。"成天下之亹亹，谓蓍龟能促成天下人之前进也。此二说也。《文选·广绝交论》李注引王弼曰："亹亹，微妙之意也。"《一切经音义》引刘瓛曰："亹亹犹微妙也。"于省吾曰："亹娓微古亦音近字通。《论语》'微生高'，《国策》作'尾生高'。《书·尧典》：'鸟兽孳尾。'

《史记·五帝纪》作'鸟兽字微'。《庄子·盗跖》：'尾生与女子期于梁下。'《释文》：'尾本作微。'《说文》：'尾，微也。'然则亹亹娓娓并微之假字。《荀子·解蔽》：'养一之微，荣矣而未知。'注：'微，精妙也。'古以蓍龟为神物，故曰成天下之微妙者莫大乎蓍龟。赜隐深远正与微妙之意相贯。"此三说也。三说均通。余谓前二说可合为一。亹亹者，奋勉前进也。其次，《释文》大作善，云："本亦作大。"《汉书·艺文志》、《白虎通·蓍龟》篇、《公羊传》定公八年何注、《孔子家语·礼运》篇王注、《群书治要》、《仪礼·士冠礼》贾疏、《后汉书·方术传》李注、《文选·广绝交论》李注引大皆作善。惠栋（《九经古义》）王引之皆谓大当作善。按大者，超过也。莫大乎蓍龟，谓莫超过于蓍龟也。前文"莫大"二字凡四见，则此句亦以作莫大为长。不必改字也。

㉑　"河出图，洛出书，圣人则之。"亨按此二事是先秦时代之神话。《书·顾命》曰："大玉夷玉天球河图在东序。"《文选·典引》蔡邕注引《尚书》曰："颛顼河图雒书在东序。"《论语·子罕》篇："子曰：'凤皇不至，河不出图，吾已矣夫！'"《史记·孔子世家》载《论语》此文，"河不出图"下有"雒不出书"一句。据此，河图洛书始见于《顾命》，孔丘已认为是天赐之祥瑞。《礼记·礼运》："河出马图，凤皇麒麟皆在郊。"《管子·小匡》篇："昔人之受命者，龙龟假，河出图，雒出书，地出乘黄。今三祥未见有者。"亦均认为河出图洛出书是天赐之祥瑞。《汉书·五行志》曰："《易》曰：'河出图，雒出书，圣人则之。'刘歆以为：虙羲（伏牺）氏继天而王，受河图，则而画之，八卦是也。禹治洪水，赐雒书，法而陈之，《洪范》是也。"《书·顾命》伪孔安国传曰："伏牺氏王天下，龙马出河，遂则其文，以画八卦，谓之河图。"又《洪范》曰："天乃赐禹《洪范》九畴。"伪孔安国传曰："天与禹，洛出书，神龟负文而出，列于背，有数至于九，禹遂因而第之，以成九类。"此皆汉人始创之说也。先秦神话是否如此，不可考见。余谓河图洛书之原意：河图是黄河之图，洛书是洛水之图，皆是古代地理书。西周王朝重视其书，故宝藏之，载入《顾命》。但在春秋战国时代已演为神话矣。

《系辞》下

八卦成列，象在其中矣。

八卦象天地雷风水火山泽等物，故曰"象在其中"。

因而重之，爻在其中矣。

八卦重为六十四卦，而后论爻，故曰"爻在其中"。

刚柔相推，变在其中矣。

阳爻为刚。阴爻为柔。相推谓互变也，刚变柔是刚推去柔，柔变刚是柔推去刚。

系辞焉而命之，动在其中矣。

《尔雅·释诂》："命，告也。"《易经》作者系卦爻辞于卦爻之下，以告人，人之行动即在其中。

吉凶悔吝者，生乎动者也。

吉凶悔吝皆出于人之行动。

刚柔者，立本者也。

阳为刚。阴为柔。爻之阴阳为六十四卦之本，事物之阴阳为天地万物之本。

变通者，趣时者也。

趣读为趋，急走也。时，《易传》所谓时指当时之具体形势、环境与条件。人之行事有变通，乃急趋以应当时之需要也。天地万物之变通亦在趣时。

吉凶者，贞胜者也。

《集解》引虞翻曰："贞，正也。"贞胜，以正取得胜利也。人事之吉凶在其事之正否，正则胜而吉，否则败而凶，要之，正则胜也。

天地之道，贞观者也。

朱熹曰："观，示也。"《尔雅·释言》："观，示也。"贞观，以正示人也。天地之道有其规律。规律者，正也。故天地之道以正示人者也。

日月之道，贞明者也。

贞明，以正而明也。日月运行，以其规律之正明照天下。

天下之动，贞夫一者也。

《校勘记》曰："古本夫作于。"裴学海曰："夫犹于也。"（《古书虚字集释》）贞夫一，正于一也。天下人之动皆正于一，例如春耕夏耘秋收冬藏，正于一也。遵循制度法律伦理道德，正于一也。

夫乾确然，示人易矣。

乾，天也。《释文》引马云："确，刚貌。"韩康伯训同。易，平易也。此言天道刚健，示人以平易。

夫坤隤然，示人简矣。

坤，地也。《释文》引马云："隤，柔貌也。"韩康伯训同。王引之曰："隤字兼有顺义。"按隤乃柔顺之貌。此言地道柔顺，示人以简约。①

爻也者，效此者也。象也者，像此者也。

此指天地之道。

爻象动乎内，吉凶见乎外，功业见乎变。

爻象变于卦内，吉凶见于卦外，功业见于爻象之变。因人依据爻象之变，采取趋吉避凶之措施，始能成其功业也。

圣人之情见乎辞。

情谓思想感情。辞指卦爻辞。

天地之大德曰生。圣人之大宝曰位。

圣人有位则有政权，有政权则能建功业；无位则无政权，无政权则不能建功业。故位是圣人之大宝。

何以守位曰仁。

《释文》仁作人，云"人，王肃、卞伯玉、桓玄、明僧绍作仁。"《集解》本作仁。据此，马融、郑玄等本皆作人。下句曰："何以聚人曰财。"

正承此人字而言。作人是也。有人而后能守其位，故曰："何以守位曰人。"

何以聚人曰财。

人有财富，足以养生，则聚；无财富，不能养生，则散。故曰："何以聚人曰财。"

理财正辞，禁民为非曰义。

辞指制度法令之条文。

以上第一章。此章首论《易经》之义蕴与功用，次论圣人守位治民之要点。

古者包牺氏之王天下也，

《释文》："包，孟、京作伏。牺字又作羲。"古书多作伏牺或伏羲，乃传说中原始社会人物。

仰则观象于天，俯则观法于地，观鸟兽之文与地之宜，近取诸身，远取诸物，于是始作八卦，

法，法则也。地之宜谓植物也。植物生于地上各有其宜，故曰地之宜。物谓器物也。此言包牺画八卦时，观察天象、地法、鸟兽、草木、人身、器物等，分为八类，画八卦以象之。

以通神明之德，

通，会而通之也。神，妙也。明，显也。德，性质也。包牺画八卦，对性质有相同点之物，则以同一卦形代表之，以会通天地万物之神妙明显之性质。

以类万物之情。

类，分类也。情，情况也。包牺画八卦对情况不同之物，则以不同之卦形代表之，以区分天地万物之情况。据《系辞》所述，古人画八卦，乃通过对宇宙万物之观察、分析、综合，制出此八个符号，以代表八类物质。何人重为六十四卦，《系辞》未言。王弼、虞翻、陆德明、孔颖达等皆谓伏羲所重，合于传意。下文谓包牺"结绳而为罔罟，……盖取诸《离》（指重卦之《离》）"又曰"神农氏作，斲木为耜，揉木为耒，……盖取诸《益》。日中为市，……盖取诸《噬嗑》"等语句，足证《系辞》作者认为重卦之人亦是包牺。

作结绳而为罔罟，

古书引此句多无作字。王念孙曰："作字涉上文'作八卦'而衍。"② 是也。罔，古网字。《释文》引马、姚云："罟犹网也。"

以佃以渔，

《释文》："佃本亦作田。"《集解》本作田。田佃古通用，猎也，捕鸟兽也。古代捕鸟兽亦常用网罗。渔，捕鱼也。

盖取诸《离》。

盖，疑而未定之词。《离》指六十四卦之《离》（☲）。按八卦之离，古代当有离为绳之说，《说卦》未载。因离为火，古人常用草绳之类以保存火种，故离又为绳也。两离相重象结绳为罔罟，故曰："盖取诸《离》。"言包牺创造罔罟，殆取象于《离》卦。（下文亦有离为绳之例）

包牺氏没，神农氏作，

神农亦传说中原始社会人物。

斫木为耜，揉木为耒，

《说文》："斫，斫也。"即砍削也。耜，《说文》作梠，云："臿也。"《汉书·沟洫志》："举臿为云。"颜注："臿，锹也。"古之木锄形似锹，此文之耜即锄也。（或释耜为耒端，即犁头，非是。）揉，揉之使曲也。《说文》："耒，手耕曲木也。"耒即犁，耒与犁一声之转。

耒耨之利，以教天下。

《释文》引马云："耨，锄也。"依上文，耨当作耜，转写之误。《汉书·食货志》引耨作耜，是其证。

盖取诸《益》。

《益》（䷩）是上巽下震。《说卦》曰："巽为木。"又曰："震，动也。"然则《益》之卦象是木动也。耒耜以木制成，动而耕田，神农创造耒耜盖取象于《益》卦。

日中为市，致天下之民，聚天下之货，交易而退，各得其所。

亨按所是代词，代人所需之物。

盖取诸《噬嗑》。

《噬嗑》（䷔）是上离下震。《说卦》曰："离为日。"又曰："震，动也。"然则《噬嗑》之卦象是人在日下动也。日中为市，众人在日下往来，神农创造市场，盖取象于《噬嗑》卦。

神农氏没，黄帝、尧、舜氏作，

黄帝、尧、舜亦皆传说中原始社会人物。

通其变，使民不倦；神而化之，使民宜之。

此言黄帝、尧、舜通于事物之变化（包括前人之创造），使民利用不厌，加以神妙之改作，使民利用皆宜。

易，穷则变，变则通，通则久。是以自天祐之，吉无不利。

此举《易》道以明变化之必要。

黄帝、尧、舜垂衣裳而天下治，

《集解》引《九家易》曰："黄帝以上，羽皮革木以御寒暑，至乎黄帝始制衣裳，垂示天下。"亨按垂当借为缀。缀，缝也。《说文》："缀，合箸也。"箸，附也。合箸即联合二物使相附箸，是缀即缝义。其古字作叕。《说文》："叕，缀联也。"缀衣裳谓缝制衣裳也。垂缀乃一声之转。

盖取诸乾坤。

乾为天。坤为地。《集解》引《九家易》曰："衣取象乾，居上覆物。裳取象坤，在下含物也。"此言黄帝、尧、舜创制衣裳乃取象于乾坤两卦。此乾坤似指八经卦之乾坤。

刳木为舟，剡木为楫，

《说文》："刳，判也。剡，锐利也。"按刳，劈开也，亦剜空也。剡，削尖也。楫，拨船长竿也。

舟楫之利，以济不通致远，以利天下。

《尔雅·释言》："济，渡也。"

盖取诸《涣》。

《涣》（䷺）是上巽下坎。《说卦》曰："巽为木。坎为水。"然则

《涣》之卦象是木在水上也。黄帝尧舜以木为舟楫，浮行于水上，盖取象于《涣》卦。

服牛乘马，引重致远，以利天下。

服乘，皆驾也。此谓用牛马驾车，以运重物，行远路。《睽》六三："见舆曳，其牛掣，其人天且劓。"《书·酒诰》："肇牵车牛，远服贾。"是用牛驾车，由来已古。劳动人民多用牛驾车，剥削阶级则用马驾车。

盖取诸《随》。

《随》（☱☳）是上兑下震，即前兑后震。按古代当有"兑为畜牲"之说，《说卦》未载。因兑为泽，泽处于最卑下之地位，畜牲为卑下之物，故兑为畜牲也。又古代有震为车之说，《说卦》亦未载。《国语·晋语》："震，车也。"是其证。然则《随》之卦象是畜牲在车之前，即牛马引车也。黄帝尧舜驾牛马以引车，盖取象于《随》卦。

重门击柝，以待暴客，

《释文》引马云："柝，两木相击以行夜。"柝即今语所谓更梆也。暴客指盗贼。

盖取诸《豫》。

《豫》（☳☷）是震上坤下。《说卦》曰："震为雷。"又曰："震，动也。"雷者，动而有声之物也。坤为地。然则《豫》之卦象是动而有声之物在地上也。人击柝以巡行于地上，亦是动而有声之物在地上。黄帝、尧、舜创立击柝巡夜，盖取象于《豫》卦。

断木为杵，掘地为臼，

《说文》："臼，舂也。古者掘地为臼，其后穿木石。"

臼杵之利，万民以济。

《尔雅·释言》："济，益也。"言万民得其益。

盖取诸《小过》。

《小过》（☳☶）是上震下艮。震为雷，动而有声之物也。《说卦》曰："艮为果蓏。"《集解》引宋衷曰："木实谓之果，草实谓之蓏。"百谷亦草类，故百谷之实亦蓏也。可见艮为谷实。然则《小过》之卦象是动而有声之物在谷实之上也。置谷实于臼中，持杵捣之，正是动而有声之物在谷实之上。黄帝、尧、舜创制杵臼，盖取象于《小过》卦。

弦木为弧，剡木为矢，

弦木，加弦于木上也。弧，弓也。

弧矢之利，以威天下。

按原始社会初造弓矢，用于射猎，其后乃用于部族间之战争，故曰："弧矢之利，以威天下。"

盖取诸《睽》。

《睽》（☲）是上离下兑。离为绳。前文曰："结绳而为罔罟，盖取诸《离》。"同此。《周易集解》引虞翻注，有"兑为小木"一说，尚合于古意。小木者，较小之木干木枝木板也。但余谓兑又为竹，竹亦小木之类也。盖竹多生于泽边，故兑又为竹，引申之，兑又为小木。[③]然则《睽》之卦象是绳在小木（或竹）之上也。弦木为弧，正是绳加于小木（或竹）弓之上。黄帝、尧、舜创造弓矢，盖取象于《睽》卦。（下文亦有兑为小木为竹之例）

上古穴居而野处，后世圣人易之以宫室，上栋下宇，以待风雨。

后世圣人，言其非黄帝、尧、舜也。栋，屋梁也。《集解》引虞翻曰："宇谓屋边也。"《说文》："宇，屋边也。"屋边谓屋之四边墙壁。

盖取诸《大壮》。

《大壮》（☳）是上震下乾。《说卦》曰："震为雷。乾为天，为圜。"人自下观之，天体穹隆似圆盖，覆于地上，其色青苍，故西周人已称天为穹苍。《诗·桑柔》："以念穹苍。"是也。上古宫室，自两侧观之，非作⍓形，而作⍐形。《释名·释宫室》曰："宫，穹也，屋见于垣上，穹隆然也。"（今北方民房犹多是此形）是其证也。然则《大壮》之卦象是上有雷雨，下有穹隆似天体之物，雷雨不能侵入也。古人创建宫室，以御风雨，盖取象于《大壮》卦。

古之葬者，厚衣之以薪，

衣，包裹之也。薪，草柴也。

葬之中野，不封不树，

中野，野中也。《礼记·王制》记葬礼曰："庶人……不封不树。"郑注："封谓聚土为坟。"树，植树也。

丧期无数。

服丧之期无日数月数年数。

后世圣人易之以棺椁。

棺之内一层曰棺，外层曰椁。《庄子·天下》篇："古之丧礼：贵贱有仪，上下有等，天子棺椁七重，诸侯五重，大夫三重，士再重。"按庶人有棺而无椁。

盖取诸《大过》。

《大过》（䷛）是外兑内巽。兑为泽，引申之，兑又为洼坑。巽为木。然则《大过》之卦象是木在洼坑之内也。掘地为墓穴，纳棺椁于其中，正是木在洼坑之内。古人始造棺椁，以葬死人，盖取象于《大过》卦。

上古结绳而治，

上古结绳记事，最初当用绳结记物之数量，进而则能表示物之性质与关系等。部落酋长等亦用结绳之法记部落大事，故曰："结绳而治。"

后世圣人易之以书契，

书谓文字。契谓刻划。

百官以治，万民以察。

百官用书契治理其政。万民用书契明察其事。

盖取诸《夬》。

《夬》（䷪）是上兑下乾。古代当有"兑为小木，为竹"之说，前文曰："弦木为弧，剡木为矢……盖取诸《睽》。"同此。《说卦》曰："乾为金。"刀者金属之物也，此乾卦乃指刀。然则《夬》之卦象是竹与刀也。古人创造文字，用刀刻于木简或竹简之上以记事。故作书契盖取象于《夬》卦。《系辞》上篇曰："《易》……以制器者尚其象。"以上所述"为罔罟，盖取诸《离》。为舟楫，盖取诸《涣》"等凡十二条，皆是观六十四卦之象以制器物之事。（只有"日中为市"之市不是器物。）故理解此文，必须依据卦象，否则失《易传》之原意。然《说卦》所言八卦卦象，颇有缺漏。此文所用卦象有为《说卦》所未载者，如乾为刀，震为车，离为绳，兑为畜牲，为小木，为竹，为洼坑等。余寻索文意，提出新说，只有震为车见于《国语》，其它先秦古书无征。姑备一解，未必是也。（汉儒之逸象说实不足为据）

以上第二章。此章论述包牺作八卦及古人观象制器之事。作者将传说中原始社会人物视为历史上之帝王，将劳动人民之创造发明记在此辈帝王圣人名下，将劳动人民之智慧与实践归功于卦象之启示，纯是唯心主义之历史观。此乃由于作者之阶级立场与历史局限也。

是故《易》者，象也。象也者，像也。

《易经》之内蕴是卦象，卦象是以卦象事物。

彖者，材也。

《系辞》称卦辞为彖。彖，断也。卦辞断一卦之吉凶，故《系辞》称为彖。材读为裁，裁亦断也。

爻也者，效天下之动者也。

爻指六爻及爻辞。《易经》各卦六爻皆变爻也，即皆爻之动也。以爻之动仿效天下事物之动，以爻辞指告人之行动，故曰："爻也者，效天下之动者也。"

是故吉凶生而悔吝著也。

著，显出也。

以上第三章。此章言《易经》之卦爻象及卦爻辞可以体现人事之吉凶悔吝。

阳卦多阴，阴卦多阳，其故何也？

阳卦指震（☳）坎（☵）艮（☶）三卦，皆两阴爻、一阳爻，故曰多阴。阴卦指巽（☴）离（☲）兑（☱）三卦，皆两阳爻、一阴爻，故曰多阳。

阳卦奇。阴卦耦。

此答上问。耦即奇偶之偶。震坎艮三卦，其爻皆五画，五为奇数，奇数为阳数，故此三卦为阳卦。巽离兑三卦，其爻皆四画，四为偶数，偶数为阴数，故此三卦为阴卦。乾（☰）为纯阳之卦，其爻三画，亦奇数。坤（☷）为纯阴之卦，其爻六画，亦为偶数。其义甚明，故《系辞》未说。

其德行何也。

阳卦多阴，阴卦多阳，代表社会上何种德行？

阳一君而二民，君子之道也。阴二君而一民，小人之道也。

阳指阳卦。阴指阴卦。君子指统治者。小人指庶民。震坎艮三阳卦皆一阳爻、两阴爻。阳爻象君。阴爻象民。此象一君统治多数民，乃统治者之道也。巽离兑三阴卦皆两阳爻、一阴爻。此象一民受多数君之层层统治，乃小人之道也。

以上第四章。此章解释阳卦阴卦。

《易》曰："憧憧往来，朋从尔思。"

此引《咸》九四爻辞。经意：憧憧，往来貌。朋，朋友。思，语气词。《系辞》释思为思想。

子曰："天下何思何虑？天下同归而殊涂，一致而百虑。天下何思何虑？

殊，异也。涂读为途，路也。致读为至。传意：经云："朋从尔思。"尔之所思，朋之所从，何在哉？天下人同归于一地，而所走之路多异；同至于一处，而所抱之想法有百种。如儒墨道法各家同在追求社会治安，而其主张各异。然则天下人何思何虑，何去何从哉？《易传》提出必由之路如下。

日往则月来，月往则日来，日月相推而明生焉。寒往则暑来，暑往则寒来，寒暑相推而岁成焉。往者屈也，来者信也，屈信相感而利生焉。

《释文》："信本又作伸。"按信借为伸。往者屈而退也。来者伸而进也。屈伸相感交替，而后有利于物，有利于人。

尺蠖之屈，以求信也。

《说文》："蠖，尺蠖，屈申虫也。"《尔雅翼》曰："尺蠖，状如蚕而绝小，行则促其腰，使首尾相就，乃能进步，屈中有申，故曰屈申虫。"

龙蛇之蛰，以存身也。

《集解》引虞翻曰："蛰，潜藏也。"此言龙蛇亦是屈以求伸。

精义入神，以致用也。

精义，精于事物之义理。入神，进入神妙之境地。精义入神，学也。致用，用也。此句言学中有用。

利用安身，以崇德也。

利用，利用其所学。崇德，提高才德。利用安身，用也。崇德，学也。此句言用中有学。

过此以往，未之或知也。

超出上述往来、屈伸、学用以外之事，吾皆不知也。

穷神知化，德之盛也。"

穷神，穷究事物之神妙。知化，认识事物之变化。有此二者，是为盛德。《易传》认为：《易经》所谓"憧憧往来，朋从尔思"，所思虑者宜是天下事物往与来、屈与伸之矛盾转化，是人之学与用之矛盾相成，最高目标是穷神知化。按所释非经意也。

以上第一节。

《易》曰："困于石，据于蒺藜，入于其宫，不见其妻，凶。"

此引《困》九三爻辞。经意：困，绊倒也。据，手抓也。蒺藜，刺木也。

子曰："非所困而困焉，名必辱。非所据而据焉，身必危。既辱且危，死期将至，妻其可得见耶？"

其犹岂也。按所释合于经意。

以上第二节。

《易》曰："公用射隼于高墉之上，获之，无不利。"

此引《解》上六爻辞。经意：隼，鹰也。墉，城墙也。

子曰："隼者，禽也。弓矢者，器也。射之者，人也。君子藏器于身，待时而动，何不利之有。动而不括，是以出而有获。语成器而动者也。"

姚配中曰："括，闭也。"《方言》十二："括，闭也。"《广雅·释诂》："括，塞也。"动而不括，谓其行通而无阻也。出而有获，谓其出有所得也。语成器而动，谓《易经》所云是言人挟有成器而后动也。要之，《易传》认为：《易经》所云"公射隼获之"，乃由于有弓矢之器，此喻人行动有成功，乃由于有才能也。按所释超出经意。

以上第三节。

子曰："小人不耻不仁，不畏不义，不见利不劝，不威不惩。

小人，无才德之人。《说文》："劝，勉也。"即努力也。威，临之以刑威也。惩，戒也。

小惩而大诫，此小人之福也。

诫读为戒，《集解》本正作戒。小惩而大诫，谓受小惩罚而警惕于大事也。

《易》曰：'屦校灭趾，无咎。'此之谓也。

此引《噬嗑》初九爻辞。屦今本作履，本卦经文作屦，《释文》及《集解》本与经文同。按履字误，今据改。屦，曳也。校，加于足上之刑具也。灭，掩盖也。趾，足也。屦校灭趾，刑之轻者，故传曰"小惩"。按所释尚合经意。

以上第四节。

善不积，不足以成名。恶不积，不足以灭身。

此紧接上文"子曰"，仍是孔丘之言。

小人以小善为无益而弗为也，以小恶为无伤而弗去也，故恶积而不可掩，罪大而不可解。

掩读为掩，盖也。

《易》曰：'何校灭耳，凶。'"

此引《噬嗑》上九爻辞。何，今通用荷字，负荷也。校，枷也，加于颈上之刑具。何校灭耳，刑之重者。受此重刑是凶矣。按《易传》释此爻辞，尚接近经意。

以上第五节。

子曰："危者，安其位者也。亡者，保其存者也。乱者，有其治者也。

统治者之身家与国，总是安转变为危，存转变为亡，治转变为乱。故今日之危、亡、乱者在昔日则是安于其位、则保持其存、具有其治者也。

是故君子安而不忘危，存而不忘亡，治而不忘乱，是以身安而国家可保也。

不忘者，常存警惕之心也。安、存、治可转变为危、亡、乱，但君子处安、存、治之境，警惕危、亡、乱之来，可免于危、亡、乱之祸。

《易》曰：'其亡！其亡！系于苞桑。'"

此引《否》九五爻辞。其犹将也。系疑借为磬，坚固也。苞，茂也。爻辞言：人常警惕，曰："将亡！将亡！"则固于苞桑，不能亡也。《易传》释此爻辞，合于经意。

以上第六节。

子曰："德薄而位尊，知小而谋大，力少而任重，

知读为智。谋大，计谋大事。力少原作力小，《集解》本、唐石经、《潜夫论》等书引均作力少。力少与知小相对为文。作力少是也。今据改。④

鲜不及矣。

鲜，少也。及，及于祸难也。及于祸难，古语只曰及。免于祸难，古语只曰免。语之简省者也。

《易》曰：'鼎折足，覆公𫗧，其形渥，凶。'言不胜其任也。"

此引《鼎》九四爻辞。覆，倾倒也。𫗧，米粥或菜汤也。渥，汁液濡地之貌。（其形渥有异文异说，见本卦。）《易传》释此爻辞，合于经意。

以上第七节。

子曰："知幾，其神乎。君子上交不谄，下交不渎，

谄，甘言媚人曰谄。渎借为嬻，轻侮人曰嬻。

其知幾乎。幾者，动之微，吉凶之先见者也。

幾，微也。今本无凶字。孔颖达曰："诸本或有凶字者，其定本则无也。"《汉书·楚元王传》引有凶字。按几字兼括吉凶而言，有凶字是也。今据补。

君子见幾而作，不俟终日。

作犹行也。俟，待也。

《易》曰：'介于石，不终日，贞吉。'

此引《豫》六二爻辞。经意：介借为砎，坚也。王引之曰："于犹如也。"贞，占问也。人坚刚如石，但其坚刚不过一日，即变为柔和，则所占者吉。《易传》训贞为正，谓刚柔得其正则吉。

介如石焉，宁用终日，断可识矣。

王引之曰："宁犹何也。"此言坚刚如石，何可用之终日，断然可知也。

君子知微知彰，知柔知刚，万夫之望。"

微，隐微也。彰，明显也。望，仰望也。此言君子既知微彰之事，又知刚柔之宜，故为万夫之所仰望。按《易传》释此爻辞，尚合于经意。

以上第八节。

子曰："颜氏之子，其殆庶几乎。

颜氏之子指颜回，孔丘之高材弟子。殆犹今语所谓"大概"也。庶几，近也，古成语，犹今语所谓"差不多"，赞扬之词。

有不善未尝不知，知之未尝复行也。

不善谓过失。颜回有过必知，知过必改。《论语·雍也》篇记孔丘赞颜回曰："不贰过。"亦此意也。

《易》曰：'不远复，无祇悔，元吉。'"

此引《复》初九爻辞。祇，大也。元吉，大吉也。爻辞言：出行不远而还，则无大悔且大吉，盖古人认为在家千日好，出门百事难也。《易传》

释为及时改过，非经意也。

以上第九节。

天地纲缊，万物化醇。

《释文》："纲本又作氤。缊本又作氲。"纲缊借为氤氲，阴阳二气交融也。醇，纯也，均也。天之阳气与地之阴气交融，则万物之化均遍。⑤

男女构精，万物化生。

孔颖达曰："构，合也。"亨按男女构精，仅是人类化生，而此云"万物化生"，何也？盖男女代表动物之阳阴两性，人类之男女、兽类之牡牝，鸟类之雄雌，皆在含义之中也。（植物之雄蕊雌蕊，先秦人尚未发现。）

《易》曰："三人行，则损一人；一人行，则得其友。"

此引《损》六三爻辞。经意：筮遇此爻，三人行，则失去一人；一人行，则得其友。

言致一也。

致一，归于一，谓合作也。天地男女合作，而万物生，人与人合作而事业成。经云"三人行则损一人"，因其不能合作也。云"一人行则得其友"，因其能合作也。前者言不致一之害，后者言致一之利，故经之所言在致一而已。按《易传》此释非经意也。

以上第十节。

子曰："君子安其身而后动，

君子之动，不行险以侥幸。

易其心而后语，

易，平也。君子之言，平心静气。

定其交而后求。

君子之求助，必向有交谊之人。

君子脩此三者，故全也。

脩借为修，《集解》本正作修。全，安全也。

危以动，则民不与也。惧以语，则民不应也。无交而求，则民不

与也。

民犹人也。上与字，助也。下与字，予也。此言人冒危险以动，怀恐惧以语，无交谊而求，则人皆不助之也。

莫之与，则伤之者至矣。

无人助之，孤立无援，则有人伤之矣。

《易》曰：'莫益之，或击之，立心勿恒，凶。'"

此引《益》上九爻辞。经意：无人助益之，有人攻击之，不可坚持己见，因其为凶也。《易传》指出：莫益之与或击之之原因是其人危以动、惧以语、无交而求，所释尚不背经意。

以上第十一节。

以上第五章。此章记孔丘释《易经》爻辞共十一条。

子曰："乾坤，其易之门邪。

乾坤指八经卦之《乾》卦《坤》卦。《易传》认为《乾》《坤》两卦是《易经》之门，明晓乾坤之义蕴，则可贯通《易经》之全部。

乾，阳物也。坤，阴物也。

乾为天，天为阳物。坤为地，地为阴物。

阴阳合德，

天阳地阴，阴阳之德相配合。

而刚柔有体。

阳为刚。阴为柔。天刚地柔，各有体性。

以体天地之撰，以通神明之德。

《周礼·天官·序官》："体国经野。"郑注："体犹分也。"此体字即划分之义。《广雅·释诂》："撰，具也。"天地之撰，谓天地所具有之一切事物也。⑥此二句言：运用天地是阴阳两性之物，阴阳合德，刚柔有体三大要点，去分析天地所具有之一切事物，区别其异；会通其神妙而明显之性质，综合其同。如此分析会通，则能认识天地万物。《易经》正是以卦爻象阴阳刚柔，掌握天地之三大要点，去分析综合万物之异同，故乾坤为《易》之门。

其称名也，杂而不越。

其，指《易经》。称名，举辞也。《易经》卦爻辞甚杂，然不相逾越。

于稽其类，其衰世之意邪?

王引之曰："于，语助也。"俞樾说："于犹爰也。"按发语词也。⑦《集解》引虞翻曰："稽考也。"孔颖达曰："类谓事类。"衰世指殷纣之时。此言考察《易经》卦爻辞所言之事类，盖是衰世之意味。

夫《易》彰往而察来，而微显阐幽，

朱熹曰："而微显恐当作微显而。"亨按此句似当作"显微而阐幽"。《广雅·释诂》："彰，明也。"韩康伯曰："阐，明也。"彰往，表明往事也。察来，观察来事也。显微，显示微细之事也。阐幽，阐明幽隐之事也。

开而当名辨物，正言断辞，则备矣。

开谓开《易经》之书也。当名犹正名也。此言开《易经》而读之，则正名辨物，正言断辞，皆已备具。

其称名也小，其取类也大。

称名，举事物之名而言之也。取类，取类似之事物以为喻也。《易经》常举小事物以喻大事物。

其旨远。其辞文。其言曲而中。

中谓合于事实，如射之中的也。或曰："中，正也。"

其事肆而隐。

《集解》引虞翻曰："肆，直也。"

因贰以济民行，

朱熹曰："贰，疑也。"《尔雅·释诂》："贰，疑也。"济，成也。《易经》因人有所疑惑而占筮之，从而告以吉凶，以成其行。

以明失得之报。"

《易经》在说明人行事得则有吉报，行事失则有凶报。

以上第六章。此章首言《易经》卦爻之阴阳可以象天地万物之阴阳两性，次言卦爻辞之特点及其功用。

《易》之兴也，其于中古乎？作《易》者，其有忧患乎？

此言《易经》经文之写作时代。下文曰："《易》之兴也，其当殷之末世，周之盛德邪？当文王与纣之事邪？"据此，《系辞》作者认为《易经》成书可能在文王之时，但亦未敢肯定。

是故《履》，德之基也。

《履》谓《履》卦。《系辞》认为《履》之义为礼。《履象传》曰："君子以辩上下，定民志。"辩上下者，等级之礼也。《序卦》曰："《履》者，礼也。"其说同。德以礼为基础，仁义忠信诸德皆建筑在礼上，故《履》为德之基。（经意：履是步履或鞋履。）

《谦》，德之柄也。

《谦》谓《谦》卦。谦虚始能执德，骄傲则必失德，故《谦》为德之柄。

《复》，德之本也。

《复》谓《复》卦。《系辞》认为《复》是返归善道。上文释《复》初九爻辞"不远复"曰："有不善未尝不知，知之未尝复行也。"是其证。返归善道，始能有德，故《复》为德之本。（经意：复是返归故居。）

《恒》，德之固也。

《恒》谓《恒》卦。《系辞》认为《恒》是坚持德操，久而不易。《恒象传》曰："君子以立不易方。"其说同。有恒，其德乃固，故《恒》为德之固。

《损》，德之脩也。

《损》谓《损》卦。脩借为修。《集解》本正作修。《系辞》认为《损》是人减损其之恶念与过行。《损象传》曰："君子以惩忿窒欲。"其说略同。减损恶念与过行，乃所以修德，故《损》为德之修。

《益》，德之裕也。

《益》谓《益》卦。裕，扩充也。《系辞》认为《益》是人增益其善念与美行。《益象传》曰："君子以见善则迁，有过则改。"其说略同。增益善念与美行，乃所以扩充其德，故《益》为德之裕。

《困》，德之辨也。

《困》谓《困》卦。《系辞》认为《困》是人处于穷困之境。《困象传》曰："君子以致命遂志。"言君子穷困，虽死亦不屈其志。其说同。人处于穷困之境，则其人或有德或无德，或德厚或德薄，可立辨矣。故《困》为德之辨。

《井》，德之地也。

《井》谓《井》卦。地疑当作施，形似而误。《系辞》认为井是以水养人，《井象传》曰："井养而不穷也。"其说同。井以水养人，似人以德施人，故《井》为德之施。

《巽》，德之制也。

《巽》谓《巽》卦。《说文》："制，裁也。"《系辞》认为：《巽》，逊也，退让也。《象传》常以巽释巽，即以谦逊释经卦之巽，其说同。（逊即退也）退让必以德制裁之，故《巽》为德之制。

《履》，和而至。

《履》，礼也。和，不争也。至，施加于人也。《礼记·乐记》曰："礼至则不争。"

《谦》，尊而光。

王引之说：尊读为撙，自贬损也。（说见《谦》卦）

《复》，小而辨于物。

《复》，返归善道也。小谓小事也。王引之曰："辨读曰遍。"[8]返归善道，从小事作起，以遍及一切事物。

《恒》，杂而不厌。

王引之曰："杂当读为帀。帀，周也，一终之谓也。《恒》之为道，终始相巡，而无已时，故曰：'帀而不厌。'"[9]

《损》，先难而后易。

《损》，减损其恶念与过行也。韩康伯曰："刻损以脩身，故先难也。身脩而无患，故后易也。"

《益》，长裕而不设。

亨按设字殊不易解，疑当读为鸷，困顿也。⑩益，增益其善念与美行也。增益其善念与善行，则长久宽裕，而不困顿。

《困》，穷而通。

韩康伯曰："处穷而不屈其道也。"朱熹曰："身困而道亨。"（亨，通也。）

《井》，居其所而迁。

井体永居其处，井水可迁移以养人。以喻人居于其位，而能施德于人。

《巽》，称而隐。

《巽》是退让。而犹且也。君子退让，有所称述，又有所隐讳，不敢处处直言，所以避免招祸也。

《履》以和行。

《履》，礼也。人之利害有矛盾，皆循礼而行，其行始能和而不争，故曰："《履》以和行。"

《谦》以制礼。

此制字非创制之义。《淮南子·氾论》篇："圣人作法，而万物制焉。"高注："制犹从也。"制礼谓从礼也。《谦》以礼为准，故曰："《谦》以制礼。"

《复》以自知。

《复》是返归善道。自知犹自觉也。《复》在于自觉。

《恒》以一德。

《恒》者不二三其德。

《损》以远害。

《损》是减损其恶念过行，如此则远害矣。

《益》以兴利。

《益》是增益其善念美行，如此则兴利矣。

《困》以寡怨。

困而不为非义之事，则怨之者少。

《井》以辨义。

辨原作辩。《校勘记》曰："岳本、闽、监、毛本作辨。"《集解》本亦作辨。按当作辨，与本章上文一致。今据改。井者以水养人，损己以利人，是义也。辨别义与非义，当以井为准，故曰："《井》以辨义。"

《巽》以行权。

《巽》是退让。常用之道为经。一时之计为权。退让者称而隐，乃行其一时之计也。故曰："《巽》以行权。"

以上第七章。此章言《易经》作者似有忧患，以《履》《谦》《复》《恒》《损》《益》《困》《井》《巽》九卦之卦义说明其论点。按其所说卦义多不合经意。

《易》之为书也不可远，为道也屡迁，变动不居，周流六虚，

不居犹不停也。韩康伯曰："六虚，六位也。"谓《易》卦六爻之位也。变动不居，周流六虚，言爻之变动不固定于一位，而周流于六位，六爻皆可变也。

上下无常，

六爻之变或在上位，或在下位，本是无常。

刚柔相易，

阳爻为刚。阴爻为柔。六爻之变或刚变为柔，或柔变为刚，是为相易。

不可为典要，

《尔雅·释言》："典，经也。"又《释诂》："典，常也。"六爻之变或在上位，或在下位，或刚变为柔，或柔变为刚，不可提出经常之纲要。

唯变所适。

适，往也。依筮法，得变之所往在某爻，则某爻变。如得老阳之爻（蓍草九撺），则可变为阴爻；得老阴之爻（蓍草六撺），则可变为阳爻，此变之所往在爻性者也。又得第几爻当变，此变之所往在爻位者也。故曰："唯变所适。"

其出入以度外内，使知惧，

度，计量也。依筮法，爻变则卦变。先得之卦谓之本卦，后变之卦谓之变卦（古人称为"之卦"）。出入者，出于本卦，入于变卦也。内外者，本卦为内，变卦为外也。此句言以其卦之出此入彼之变化，计量其内卦外卦之联系，以定吉凶，要在使人知所警惕也。

又明于忧患与故。

韩康伯曰："故，事故也。"此句紧承上句"使知惧"之使字而言，谓《易经》使人又明于忧患与事故也。

无有师保，如临父母。

无当作尤，形似而误。尤读为犹，似也。古代贵族之子弟皆有师保。《礼记·文王世子》曰："入则有保，出则有师。"师保负教育辅导之责。此二句言《易经》能指导人之行事，人有之似有师保，如临父母也。

初率其辞而揆其方，既有典常。

《尔雅·释诂》："率，循也。"《说文》："揆，度也。"《广雅·释诂》："方，义也。"此言寻索《易经》卦爻辞而度其义理，则有其典常。（至于卦爻之变化则不可为典要如上文所云）

苟非其人，道不虚行。

王引之曰："苟犹若也。"

以上第八章。此章言《易经》卦爻之变化无常，卦爻辞之义理有常，可以指导人事，但在人之善于体会运用。

《易》之为书也，原始要终，以为质也。

原，察也。（说见上篇）要，求也。韩康伯曰："质，体也。"

此言《易经》乃观察事物之始，探求事物之终，表明事物由始至终之整个情况（不一定是过程），以成一卦之体，即用一卦之体象一事物之整体也。

六爻相杂，唯其时物也。

唯犹是也。（《经传释词》有此例）杂，错综也。一卦六爻，阴阳相错综，卦有卦象，爻有爻象，其所象者是在一定时间内之事物也。

其初难知，其上易知，本末也。

初指初爻。上指上爻。当占筮之时，仅得初爻，难知全卦，既得上爻，易知全卦。盖初爻如树之本，上爻如树之末，仅见其本，难知全树，既见其末，易知全树也。以喻人事，仅有开端，难知全部，既有结果，易知全部也。

初辞拟之，卒成之终。

初辞，初爻之辞也。卒下承上句省辞字。卒，终也。卒辞，上爻之辞也。成犹定也。此言初爻之辞乃拟其事物之开端，上爻之辞乃定其事之结局。

若夫杂物撰德，辩是与非，则非其中爻不备。

撰，具列也。辩借为辨，《集解》本正作辨。中爻指二、三、四、五诸爻也。此言错杂其事物，具列其德性，辨别其是非，则非中间四爻不能完备也。

噫亦要存亡吉凶，则居可知矣。

王引之曰："噫与抑通。"裴学海曰："抑，转语词也。"[11]要亦求也。此言用《易经》求人事之存亡吉凶，则安坐可知矣。

知者观其彖辞，则思过半矣。

知读为智，《集解》本正作智。彖辞，卦辞也。卦辞据一卦之象，断一卦之吉凶，故智者观其卦辞，所考虑者已过其半矣。此言卦辞之重要。

二与四同功而异位，

二指第二爻。四指第四爻。《小尔雅·广诂》："功，事也。"位，爻位也。第二爻与第四爻，其爻位之序数均为偶数，偶数为阴数，阴为柔，因而此两爻皆为阴位。处于阴位，则以柔顺从命为事。故曰："二与四同功。"又第二爻居下卦之中位。第四爻居上卦之偏位。两爻之位既有下卦上卦之分，又有中偏之别，故曰："而异位。"

其善不同，二多誉，四多惧，近也。柔之为道不利远者。

《说文》："善，吉也。"近上疑当有远字，转写误脱。此言第二第四两爻均为吉善，因其同功也；但其吉善不同，第二爻爻辞多誉，第四爻爻辞多惧，因其爻位有远近也。第二爻居于内卦在近处，故多誉。第四爻居于外卦在远处，故多惧。此两爻均以柔顺从命为事。柔之为道用于远者，易招凌辱，故第四爻多惧也。

其要无咎，其用柔中也。

其指第二爻。要，概要也。用犹以也。中谓中位。此言第二爻爻辞，其概要是无咎，因其以柔顺从命为事，又居下卦之中位也。居中位象人得正中之道，故无咎也。

三与五同功而异位。

三指第三爻。五指第五爻。第三爻与第五爻，其爻位之序数均为奇数，奇数为阳数，阳为刚，因而此两爻皆为阳位。处于阳位，则以刚健自主为事。故曰："三与五同功。"又第三爻居下卦之偏位。第五爻居上卦之中位。两爻之位既有下卦上卦之分，又有偏中之别，故曰："而异位。"

三多凶，五多功，贵贱之等也。

此功谓功绩。第三爻爻辞多凶，以其居下卦之偏位，处卑贱之位，而刚健自主，故多凶也。第五爻爻辞多功，以其居上卦之中位，处尊贵之位，宜刚健自主，故多功也。此两爻多功多凶之区别在于处贵处贱之差等。

其柔危，其刚胜邪?

阴爻为柔。阳爻为刚。第三爻与第五爻如为柔，则其象为危险，因柔象人之才德弱，第三第五两爻为阳位，是职事自主之位，以才德弱之人处职事自主之位，则危险，故曰："其柔危。"（此即阴爻居阳位，是为位不当，象人之才德不称其职位。）第三爻与第五爻如为刚，则其象为胜利，因刚象人之才德强，第三第五两爻为阳位，是职事自主之位，以才德强之人处职事自主之位，则胜利，故曰："其刚胜。"（此即阳爻居阳位，是为位当，象人之才德称其职位。）此言第三爻之凶不凶，第五爻之功不功，亦视其爻为刚为柔以定之，为柔则危，为刚则胜也。以上第九章。此章言六爻之特点，但均非通例，《易经》本少有通例。

《易》之为书也，广大悉备，有天道焉，有人道焉，有地道焉。兼三材而两之，故六。六者非它也，三材之道也。

三材《集解》本作三才，《说卦》亦作三才。材才古通用。此言《易》

卦六爻乃象天地人三材，上五两爻象天，四三两爻象人，二初两爻象地。

道有变动，故曰爻。

《说文》："爻，交也。"《小尔雅·广诂》："交，易也。"天地人之道有变动，阴阳两爻之交换乃象道之变动，故谓之爻。

爻有等，故曰物。

韩康伯曰："等，类也。"爻有阴阳两类，乃象阴阳两类之物，是爻之实亦物也，故亦谓之物。

物相杂，故曰文。

阴阳两类爻相杂以成《易》卦之文，乃象阴阳两类物相杂以成自然界或社会之文，故《易》卦亦谓之文。

文不当，故吉凶生焉。

亨按"文不当"只为凶不为吉，何得云"吉凶生"哉。"文不当"疑本作"文当不"，转写误倒。不否古通用，当不即当否也。⑫物相杂为文，物相杂而当，即文之当也。文当则生吉。物相杂而不当，即文之不当也。文不当则生凶。故曰："文当否，故吉凶生焉。"

以上第十章。此章言《易经》包括天地人之道，能示人以吉凶。按多虚夸之词。

《易》之兴也，其当殷之末世、周之盛德邪？当文王与纣之事邪？

《系辞》作者只疑《易经》作于殷之末代，反映文王与纣之事，未言为文王所作。

是故其辞危，

辞，卦爻辞也。危，自危也。

危者使平，易者使倾。

易，平易也。倾，倾覆也。《易经》之旨趣：自以为危险者，使之平安；自以为平安者，使之倾覆。即知惧则平安，不知惧则倾覆也。

其道甚大，百物不废。

百物不废，谓一切事物不能除外。

惧以终始，其要无咎。

以犹于也。（杨树达《词诠》、裴学海《古书虚字集释》均有此例）要，概要也。此言人警惧于事之终始，其概要是无咎。

此之谓《易》之道也。

以上第十一章。此章言《易经》可能作于殷之末世，与文王之事有关，故多警惕自危之词。

夫乾，天下之至健也，德行恒易，以知险。

乾，天也。易，平易也。以犹而也。知犹为也。（说见《系辞》上"乾知大始"句下）天创始万物，是宇宙之至健者，其德行常是平易，因其有正常之规律也；而有时间作出险难，是其偶然之现象，如久旱、久雨、暴雷、狂风等是也。

夫坤，天下之至顺也，德行恒简，以知阻。

坤，地也。知亦为也。地承天以养万物，是宇宙之至顺者，其德行常是简约，因其亦有正常之规律也；而有方域作出险阻，成其复杂之现象，如高山、峻岭、大川、巨泽等是也。

能说诸心，

亨按说乃借为阅。《说文》："阅，具数于门中也。"物具列于前，览而数之，是为阅。能阅诸心，谓能将天地之道具数之于心中，即用心阅察天地之各种现象。

能研诸侯之虑，定天下之吉凶，成天下之亹亹者。

司马光、朱熹并谓："侯之"二字是衍文。亨按此文当作"能研诸虑，侯之，定天下之吉凶，……"乃侯之二字误窜入上句，非无端而衍也。侯借为候。《说文》，"候，伺望也。"引申为预占之义。《列子·周穆王》篇："梦有六候。"张注："候，占也。"然则候之即占之也。⑬亹亹，奋勉前进也。此四句言：能将天地之道研究之于思虑中，因而占筮之，以定天下之吉凶，以促成天下人之奋勉前进者。

是故变化云为，吉事有祥。

云为，孔颖达曰："或口之所云，或身之所为也。"

象事知器。占事知来。

用《易经》象事，则知制器之方法。用《易经》占事，则知来日之结果。

天地设位，圣人成能。

圣人循天地之道，法天地之道，以成其能。

人谋鬼谋，百姓与能。

人谋，由人谋之。鬼谋，通过卜筮，由鬼神谋之。与，助也。

八卦以象告。爻彖以情言，

爻谓爻辞。彖谓卦辞。

刚柔杂居，而吉凶可见矣。

阳爻为刚。阴爻为柔。杂居，杂处也。

变动以利言，

事之变动以利为准，以利论定。

吉凶以情迁，

事之吉凶因其情况而转移。

是故爱恶相攻，而吉凶生。

人与人以爱恶之情相攻击，吉凶由此而生。

远近相取，而悔吝生。

人与人以亲疏远近之关系相争取，悔吝由此而生。

情伪相感，而利害生。

情，感情也。伪读为为，行为也。人与人以感情与行为相感触，利害由此而生。

凡《易》之情，近而不相得则凶，

人与人相近而不相得，则相憎恶，相贼害，是凶矣。

或害之，悔且吝。

或害之谓有人害之。有人害之，则悔吝至矣。

将叛者，其辞慙。

慙即惭字。亨按慙当读为渐。渐，诈也。此言将叛者，其辞诈伪，故

誓忠诚，以掩其阴私也，旧注多释慙为愧，非也。^⑭

中心疑者，其辞枝。

枝当读为歧，分歧也。中心疑者，对于事物不敢论定孰是孰非，模棱两可，故其辞分歧。

吉人之辞寡。

《说文》："吉，善也。"

躁人之辞多。

躁，浮躁也。

诬善之人，其辞游。

诬蔑善人之人，捏造事实，不敢坚定言之，故其辞游移。

失其守者，其辞屈。

失其操守之人，附声附和，不敢坚持己见，故其辞屈服。

以上第十二章。此章言天道易中有险，地道简中有阻，人须研究此种现象，方能占其吉凶。《易经》能告人以吉凶，但吉凶在于人之才德及人与人之关系。末言人之心术不同，则其辞不同，听其言可以知其人。

[附考] ①"夫坤隤然，示人简矣。"《释文》："隤，马、韩云：'柔貌也。'陆、董、姚作妥。"王引之曰："隤字兼有顺义。《檀弓》：'颓乎其顺也。'郑注曰：'颓，顺也。'颓与隤同。《曲礼》注曰：'弓有往来体，皆欲今其下曲，隤然顺也。'《说卦》曰：'坤，顺也。'故于坤曰隤然。《后汉书·黄宪传》论：'隤然其处顺。'李贤注曰：'隤，柔顺貌。'是也。"亨按隤妥古通用。此处之隤妥皆借为倭。妥倭古通用。《诗·南山》："冠绥双止。"《太平御览》六九八引绥作绥。《礼记·祭统》："而下有冻馁之民也。"《释文》馁作喂。《尔雅·释草》："荽，委萎。"《释文》萎作葵。并妥委声系相通之证。《说文》："倭，顺貌，从人，委声。"　　②"作结绳而为罔罟。"王念孙曰："作字涉上文'作八卦'而衍。结绳而为罔罟，文义已明，加一作字则赘矣。下文'斫木为耜。揉木为耒。'若云作斫木，作揉木，其可乎？'结绳而治'，亦不云作结绳也。《正义》述经文有作字，及他书引此或有作字，皆后人依已衍之经文加之也。案《正义》论重卦之人云：'伏牺结绳而为罔罟。'是孔所见本无作字。又虞注云：'结绳为罟。'何注桓四年《公羊传》云：'《易》曰：结绳网以田鱼。'《说文》云：'网，庖牺所结绳以田以渔也。'《潜

夫论·五德志》篇云：'伏羲作八卦，结绳为网以渔。'《风俗通义·皇霸》篇云：'《易》称伏羲氏始作八卦，……结绳为网罟，以佃以渔。'是王、许、何、应、虞诸人所见本皆无作字。又《乾凿度》引孔子曰：'伏羲氏始作八卦，结绳而为网罟，以畋以渔。'亦无作字。又刘逵《吴都赋》注、《北堂书钞》帝王部十七、《艺文类聚》帝王部一、《初学记》武部、《太平御览》皇王部三、资产部十三、十四（所引《御览》乃影宋钞本，非刻本也。）、《一切经音义》十二，引此亦皆无作字。自唐石经始衍作字，而各本皆沿其误。"王说是也。　　③"弦木为弧，剡木为矢，……盖取诸《睽》。"《睽》卦（䷥）是上离下兑。离为绳，兑为小木，为竹。此不见于《说卦》，即所谓逸象。《周易集解》引虞翻注，说八卦之象，其为逸象者甚多。虞氏传孟喜之易学，其所述盖孟喜之遗说也。惠栋撰《易汉学》加以辑录。马国翰撰《目耕帖》，又补充而综合之。其中有一条曰："兑为小木。"尚合于古意。小木者，较小之木干木枝木板也。余谓古当又有"兑为竹"之说，亦不见于《说卦》。竹与小木乃同类之物也。《睽》之卦象是绳加于木竹之上。古人为弓，正施绳于木竹之上以为弦也。古代以柘木桑木等为弓矢，亦以竹为弓矢，此有明证。《周礼·考工记》弓人："凡取干之道七：柘为上，檍次之，㮦桑次之，橘次之，木瓜次之，荆次之，竹为下。"是竹可为弓干。《吴越春秋·句践阴谋外传》载上古弹歌曰："断竹续竹，飞土逐宍。""宍，古肉字。"是竹可为弹弓。《韩非子·显学》篇："夫必恃自直之箭，百世无矢。"（《说文》："箭，矢竹也，从竹，前声。"今本矢下无竹字，此据《艺文类聚》八九引补之。）《说苑·建本》篇："南山有竹，弗揉自直，斩而射之，通于犀革。"是竹可为矢。　　④"知小而谋大。力少而任重。"力少原作力小，《集解》本作力少，唐石经同。《潜夫论·贵忠》篇、《群书治要》、《汉书·叙传》颜注、《后汉书·朱冯虞郑周传》赞李注并引作力少。今据改。此采钱大昕（《十驾斋养新录》）及王念孙说。　　⑤"天地纲缊，万物化醇。"焦循曰："醇与淳同，不偏化一物也。《素问》曰：'化淳而守诚。'《史记》言：'淳化鸟兽虫蚁。'亦此义。"按醇犹均也。　　⑥"以体天地之撰。"《集解》引《九家易》曰："撰，数也。"韩康伯注同。此解可通，但不甚切。按《广雅·释诂》："撰，具也。"《论语·先进》篇："异乎三子者之撰。"《集解》引孔曰："撰，具也。"（《释文》："撰郑作僎。"）撰与巽、僎古通用。《说文》："巽，具也。僎，具也。"以体天地之撰，谓以阴阳刚柔划分天地所具有之事物也。天地所具有之事物谓之天地之撰，犹《论语》称三子所具有之志愿为三子者之撰矣。　　⑦"于稽其类，其衰世之意邪？"王引之曰："于，语助也。"俞樾曰："按《尔雅·释诂》：'爰粤，于也。'《诗·桑中》：'爰采唐矣。'《仪礼·士冠礼》：

'爱字孔嘉。'毛传、郑注并曰：'爱，于也。'《汉书·叙传》：'尚粤其几。'应劭曰：'粤，于也。'然则于稽其类犹云爱稽其类，粤稽其类耳。"按于、爱、粤皆发语词。

⑧"《复》，小而辨于物。"王引之曰："辨读曰徧（遍）。古字辨与徧通。定八年《左传》：'子言辨舍爵于季氏之庙而出。'杜注曰：'辨犹周徧也。'僖三十一年《公羊传》：'不崇朝而徧雨乎天下。'《论衡·明雩》篇徧作辨。亦通作辩。《尧典》：'徧于群神。'《史记·五帝纪》徧作辩。《乡饮酒礼》：'众宾辩有脯醢。'郑注曰：'今文辩皆作徧。'" ⑨"《恒》，杂而不厌。"王引之曰："杂当读为帀。帀，周也，一终之谓也。《恒》之为道，终始相巡，而无已时，故曰：'帀而不厌。'《恒彖传》曰：'利有攸往，终则有始也。'（有与又同）终则帀矣，终而又始，是帀而不厌也。襄二十九年《左传》曰：'复而不厌。'杜注曰：'常日新。'复犹帀也。古字杂与帀通。《吕氏春秋·圜道》篇：'圜周复杂，无所稽留。'高注曰：'杂犹帀也。'《淮南·诠言》篇：'以数杂之寿，忧天下之乱。'高注曰：'杂，帀也。人生子，从子至亥为一帀。'《说苑·修文》篇：'圣人之与圣也，如矩之三杂，规之三杂，周则又始，穷则反本也。'亦以杂为帀。"
⑩"《益》，长裕而不设。"《周礼·考工记·桃氏》孔疏引《易》郑注云："设，大也。"惠栋、姚配中从之。郑氏所谓大盖谓自大，长裕而不设，谓德长裕而不自大也。此解不甚切合。亨按设疑当读为骜。设骜古通用。《荀子·大略》篇："设衣不逾祭服。"杨注："设，宴也。"朱骏声说："设借为褒。"（《说文通训定声·履部》）即设骜通用之佐证。《说文》："骜，马重貌。"《左传》僖公十五年记晋秦之战曰："晋戎马还泞而止。"《史记·晋世家》述其事曰："惠公马骜不行。"可见骜是马困顿之义。许说未恰当。长裕而不骜，言其长裕而不困顿也。 ⑪"噫亦要存亡吉凶，则居可知矣。"《释文》："噫，王肃云：'辞也。'马同。"王引之曰："马、王注是也。噫与抑通，字或作意，又作亿。《小雅·十月》篇：'抑此皇父。'郑笺曰：'抑之言噫。'《释文》：'抑，辞也。徐音噫，《韩诗》曰意也。'《论语·学而》篇：'求之与？抑与之与？'汉石经抑作意。《庄子·外物》篇：'噫其非至知厚德之任与？'《新序·杂事》篇：'噫将使我追车而赴马乎？投石而超距乎？逐麋鹿而搏虎豹乎？噫将使我出正辞而当诸侯乎？决嫌疑而定犹豫乎？'《韩诗外传》噫作意。字并与抑同。噫亦即抑亦也。《大戴礼·武王践阼》篇曰：'黄帝颛顼之道存乎？意亦忽不可得见与？'《荀子·修身》篇曰：'将以穷无穷，逐无极与？意亦有所止之与？'《秦策》曰：'诚病乎？意亦思乎？'《史记·吴王濞》传：'愿因时循理，弃躯以除患害于天下，亿亦可乎？'《汉书》亿作意。字并与抑亦同。……"裴学海曰："抑，转语词也。"（《古书虚字集释》） ⑫"物相杂，故曰文。文不当，故吉

凶生焉。"亨按"不当"宜作"当不",转写误倒。不读为否。不否古通用,古书常见,《易》中亦有之。《师》初六曰:"师出以律,否臧凶。"《音训》引晁氏曰:"否,刘、荀、陆、一行作不。"《遯》九四曰:"君子吉,小人否。"《音训》引晁氏曰:"否,古文作不。"是其例。"文当不"即"文当否"。物相杂之文当,则吉,不当则凶,故曰:"文当不,故吉凶生焉。"如作文不当,则只有凶而无凶,何得云吉凶生哉。然则"不当"二字是误倒,明矣。 ⑬"能说诸心,能研诸侯之虑,定天下之吉凶,成天下之亹亹者。"亨按说非论说之说,亦非借为喜悦之悦,当读为阅。《说文》:"阅,具数于门中也,从门,兑声。"具数者,具列事物于前,一一数之,一一察之也。(故阅引申为阅览之义)能阅诸心,谓能阅察天地之种种现象于心中也。说阅古通用。《诗·邶风·谷风》:"我躬不阅。"《左传》襄公二十五年引阅作说,即其证。能研诸侯之虑,义不可通。司马光曰:"王辅嗣《略例》曰:'能研诸虑。'则侯之衍字也。"《音训》引晁氏曰:"王昭素云:'剩侯之二字。'"(剩犹衍也)朱熹曰:"侯之二字衍。"亨按此处不能无端而衍侯之二字。余谓当作"能研诸虑,侯之"转写误窜。能研诸虑,谓能研究天地之种种现象于思考中也。侯借为候。(候本当作候)《广雅·释诂》:"侯,候也。"盖侯候古通用,故训侯为候。《周礼·春官·小祝》:"将事侯禳祷祠之祝号。"郑注:"侯之言候也。"亦读侯为候。候,占也。《列子·周穆王》篇:"梦有六候。"张注:"候,占也。"(《周礼·春官·占梦》:"占六梦之吉凶。"《列子》本于《周礼》,是占与候同义。)《汉书·艺文志》记有"《泰壹杂子候岁》二十二卷。《子赣杂子候岁》二十六卷"。候岁即占岁,此占问年谷丰歉之书也。《后汉书·郎颐传》:"父宗……能望气,占候吉凶。"占候犹占问也。皆候有占义之证。此文之"侯之"即"候之",谓占之也。能阅诸心,能研诸虑,候之,定天下之吉凶,成天下之亹亹者,言人对于天地之种种现象,能用心阅察,用思考研究,又以《易经》占之,以定天下事之吉凶,促成天下人之奋勉前进者也。 ⑭"将叛者,其辞慙。"旧注多训慙为惭愧。然则其辞慙者,谓其人口出惭愧之言也。夫将叛者,心有惭愧之情,面有惭愧之色,则诚然矣;何能口出惭愧之言,以自露其叛迹哉。以此知旧注非也。亨按慙当读为渐。二字同声系,古通用。渐,诈也。将叛者其辞渐,谓将叛者,其言诈伪,故誓忠诚,以掩其阴私也。渐可训诈。《书·吕刑》:"民兴胥渐。"《庄子·胠箧》篇:"知诈渐毒。"《荀子·不苟》篇:"小人……知则攫盗而渐。"《正论》篇:"上幽险,则下渐诈矣。"《韩非子·问辩》篇:"人主顾渐其法令。"《诡使》篇:"下渐行如此。"皆其例也。字亦作暂。《书·盘庚》中篇:"暂遇奸宄。"暂,诈也。遇,奸巧也。(渐暂为诈义,乃王引之说,见《经义述闻》卷三。)

周易大传今注卷六

《说卦》

《说卦》一篇之主要内容乃记述八卦所象之事物，故名《说卦》。八卦有基本卦象，即"乾（☰）为天，坤（☷）为地，震（☳）为雷，巽（☴）为风，坎（☵）为水，离（☲）为火，艮（☶）为山，兑（☱）为泽"也。此盖八卦之原始卦象，传统之说法，自先秦以来，言《易》者皆遵用之。有引申卦象，如"乾为马，坤为牛，震为龙，巽为鸡，坎为豕，离为雉，艮为狗，兑为羊"，等等，《说卦》所记者甚多。《易经》本为筮书，占筮本为巫术，八卦之引申卦象，筮人可以由基本卦象触类旁通，灵活运用，甚至信口雌黄，提出个人之说法。所以先秦人言《易》，关于引申卦象之说法，已有歧异。①《说卦》所记之引申卦象，只是一家之言，不可专信，吾人解《易》，遇必要时可以越其藩篱。其次，此篇所述有琐碎而无用者，如云："巽，其于人也为寡发，为广颡，为多白眼。""坎，其于马也为美脊，为亟心，为下首，为薄蹄。"等是。此种无助于解经，似亦无助于占事也。但此篇所述，亦多有用处，可据以解《易经》及《彖》《象》《系辞》诸传，唯未能满足研究经传之需要，为可憾也。

昔者圣人之作《易》也，幽赞于神明而生蓍，

《集解》引荀爽曰："幽，隐也。"《小尔雅·广诂》："赞，佐也。"神明，神祇也。《说文》："神，天神。祇，地祇。"天神曰神。地神曰祇亦曰明。古说相传，蓍为神草。《系辞》上："蓍之德圆而神。"又曰："天生神物，圣人则之。"（神物指龟蓍）是其证。汉人说更为夸饰。《本草》曰："蓍，生少室山谷。"唐苏颂《本草图经》曰："其生如蒿，作丛，高五六尺，一本二三十茎，至多者五十茎，生便条直，所以异于众蒿也，秋后有花出于枝端，红紫色，形如菊花。结实如艾实。"然则蓍无所谓神奇。②幽赞于神明而生蓍，言圣人作《易》，暗中受神明之赞助，故生蓍草，以为占筮

之用。非圣人幽赞神明，乃神明幽赞圣人；非圣人生蓍草，乃神明生蓍草。此于字乃表示被动之介词。（旧注多误）

参天两地而倚数，

《集解》引虞翻曰："参，三也。"韩康伯曰："参，奇也。两，耦也。"此乃以三代表奇数，以两代表偶数。《集解》又引虞翻曰："倚，立也。"此句言《易经》以奇数为天之数，以偶数为地之数，而立其卦爻之数也。盖卦之基本为阴阳两爻。阳爻为天，其画一。阴爻为地，其画二。《系辞》上曰："天一，地二；天三，地四；天五，地六；天七，地八；天九，地十。"筮时，蓍草九揲七揲为阳爻，六揲八揲为阴爻。此参天两地而倚数之主要内容。

观变于阴阳而立卦，

天地万物（包括人）有阴有阳，阴阳常有变化。作《易》者观察物之阴阳变化，因而立卦之阴阳两种，象物之阴阳两类，以卦之变化象物之变化。如乾震坎艮为阳卦，象阳物之天雷水山等，坤巽离兑为阴卦，象阴物之地风火泽等是。故曰："观变于阴阳而立卦。"

发挥于刚柔而生爻，

阳为刚。阴为柔。万物有刚有柔。作者发挥物之刚柔两性，因而创出刚柔两种爻以象之。

和顺于道德，而理于义，

天地万物各有其道，各有其德，各有其义。（义者，宜也。）作《易》者作《易经》，以和顺于道德，董理于义。

穷理尽性以至于命。

天地万物各有其理，各有其性，各有其命。作《易》者作《易经》以穷究其理性与命。

昔者圣人之作《易》也，将以顺性命之理，是以立天之道曰阴与阳，立地之道曰柔与刚，立人之道曰仁与义。

仁以爱人，主于柔。义以制事，主于刚。

兼三才而两之，故《易》六画而成卦。

六画，六爻也。六爻象三才，上两爻象天，下两爻象地，中间两爻象人。

分阴分阳，迭用柔刚，故《易》六位而成章。

章，文章也。六爻有阴柔，有阳刚，两者迭用，交错成文。

以上第一章。此章言圣人取象于天地人之道以作《易经》。

天地定位，山泽通气。雷风相薄，水火不相射。

此言八卦所象之天与地、山与泽、雷与风、水与火，皆矛盾对立也。薄借为搏。《广雅·释诂》："搏，击也。"③不字疑衍。射即射箭之射。射以杀伤对方，故相射犹言相克也。天地之位定，天上地下之矛盾见矣。山泽之气通，山高泽卑之矛盾见矣。雷风相搏，雷风之矛盾见矣。水火相射，水火之矛盾见矣。观此文，《说卦》作者对于此八物之每两物彼此矛盾对立，仅有初步之认识。

八卦相错。

八卦指上文之天地山泽雷风水火八物。错，交错也。言此八物交错于宇宙之中，非彼此孤立，乃彼此联系。观此句，《说卦》作者对于此八物之矛盾统一，仅有模糊之概念。

数往者顺，知来者逆，是故《易》逆数也。

《易》卦六爻，其顺序如自上而下数之，是顺数也；今自下而上数之，是逆数也。六爻何为逆数哉？因用《易》卦以占知来事也。人之数往者皆自远而近，如云"夏、商、周、秦、汉"是也。自远而近，是顺数也，故曰："数往者顺。"人之知来者皆自近而远，如云"今后一年、二年、三年、四年"是也。自近而远，是逆数也，故曰："知来者逆。"用《易经》占事，在于知来，所以六爻逆数。亨按此三句当在前文"故《易》六位而成章"句下，盖断简误置此处。④

雷以动之。风以散之。雨以润之。日以烜之。

之指万物。雷，震也。风，巽也。雨，坎也。日，离也。释文引京云："烜，干也。"谓晒干也。此言雷以震动万物，风以吹散万物，雨以润泽万物，日以晒干万物。此四句用物名，不用卦名。

艮以止之。兑以说之。乾以君之。坤以藏之。

艮，山也。兑，泽也。乾，天也。坤，地也。说读为悦。此言山以栖止万物，泽以喜悦万物，天以君临万物，地以容藏万物。此四句用卦名，不用物名。以上八句说明八卦所象八物之功用。其文或用物名，或用卦名，殊不一致。

帝出乎震，齐乎巽，相见乎离，致役乎坤，说言乎兑，战乎乾，劳乎坎，成言乎艮。

此八句皆承上文指万物而言，"帝出"下省万物二字。帝，天帝也。帝出乎震，谓天帝出万物于震，非天帝自出于震也。下文曰："万物出乎震。"即其证。（旧注皆误）两言字皆当读为焉。二字古通用。（说见《系辞》上）此八句是纲要，下文有说解。

万物出乎震。震东方也。

《集解》引虞翻曰："出，生也。"《说卦》以八卦配四时。古代历法，约言之，一年四时共三百六十日。用八除之，得四十五日。《说卦》分一年为八季节，每卦配一季节，占四十五日。震为正春四十五日之季节。此季节万物皆生出，故曰："万物出乎震。"《说卦》又以八卦配八方，震为东方，故曰："震，东方也。"（两者有联系）

齐乎巽。巽，东南也。齐也者言万物之絜齐也。

齐乎巽谓万物齐于巽也。《荀子·不苟》篇："君子絜其辩。"杨注："絜，修整也。"絜齐即整齐之义。《说卦》以八卦配四时，巽为春末夏初四十五日之季节。此季节万物上长整齐，故曰："齐乎巽。"《说卦》又以八卦配八方，巽为东南方，故曰："巽，东南也。"《说卦》又自释齐字，齐者整齐也，故曰："齐也者言万物之絜齐也。"

离也者，明也，万物皆相见，南方之卦也。圣人南面而听天下，向明而治，盖取诸此也。

此释上文"相见乎离"。后文曰："离为日。"日光明照天下，故曰："离也者，明也。"《说卦》以八卦配四时，离为正夏四十五日之季节。此季节草木皆盛长，鸟兽皆出动，昆虫皆生出，万物彼此相见，故曰："万物皆相见。"《说卦》又以八卦配八方，离为南方，故曰："南方之卦也。"朱熹曰："向（鄉）读作向。"《说卦》认为帝王南面向明以上朝听政，亦因离为明为南方而取象焉。故曰："圣人南面而听天下，向明而治，盖取诸此也。"

坤也者，地也，万物皆致养焉，故曰：致役乎坤。

此释上文"致役乎坤"。致，使之至也，即取到、得到之义。凡言致福致祸，致利致害，皆此义。《广雅·释诂》："役，助也。"坤为地，万物皆取到养于地，即取到资助于地，故曰："致役乎坤。"（以八卦配四时，坤为夏末秋初四十五日之季节。以八卦配八方，坤为西南。《说卦》未言。）

兑，正秋也，万物之所说也，故曰：说言乎兑。

此释上文"说言乎兑"。说读为悦。言读为焉。《说卦》以八卦配四时，兑为正秋四十五日之季节，故曰："兑，正秋也。"此季节万物皆长成而喜悦，故曰："万物之所说也。"（以八卦配八方，兑为西方。《说卦》未言。）

战乎乾。乾，西北之卦也，言阴阳相薄也。

此释上文"战乎乾"。薄借为搏。《说卦》以八卦配八方，乾为西北，故曰："乾，西北之卦也。"以八卦配四时，乾为秋末冬初四十五日之季节。此季节阴气与阳气相搏斗，故曰："言阴阳相搏也。"阴阳相搏斗，万物自在阴阳搏斗之中，故曰："战乎乾。"

坎者，水也，正北方之卦也，劳卦也，万物之所归也，故曰：劳乎坎。

此释上文"劳乎坎"。劳，疲劳也。《集解》引虞翻说："归，藏也。"坎为水。《说卦》以八卦配八方，坎为正北方，故曰："正北方之卦也。"以八卦配四时，坎为正冬四十五日之季节。此季节万物在战乎乾之后，皆已疲劳，因而坎为劳卦，故曰："劳卦也。"万物因疲劳而皆归藏休息，故曰："万物之所归也。"（《国语·晋语》："坎，劳也。"与《说卦》之说同。）

艮，东北之卦也，万物之所成终，而所成始也，故曰：成言乎艮。

此释上文"成言乎艮"。而犹且也。《说卦》以八卦配八方，艮为东北，故曰："东北之卦也。"以八卦配四时，艮为冬末春初四十五日之季节。冬

末是万物成其终之时，春初是万物成其始之时，故曰："万物之所成终，而
所成始也。"自"帝出乎震"至此，《说卦》提出以八卦配四时及八方之说，
盖筮人常用之巫术，以定八卦所象之时节与方位也。其文理不密，逻辑性
不强。

神也者，妙万物而为言者也。

妙万物，视万物为神妙也，仅知其当然，不知其所以然也。不知其所以
然，则无法解释之，因而提出神字以为言，以概括万物神妙之意义，故
曰："神也者，妙万物而为言者也。"

动万物者莫疾乎雷。

《广雅·释诂》："疾，急也。"

桡万物者莫疾乎风。

桡读为挠。挠，吹拂也。

燥万物者莫熯乎火。

《释文》："熯徐作暵，云：'热暵也。'"熯、暵古字通用。莫熯于
火，谓莫热于火。

**说万物者莫说乎泽。润万物者莫润乎水。终万物始万物者莫盛
乎艮。**

王引之曰："盛当读成就之成。莫盛乎艮，言无如艮之成就者。上文
曰：'成言乎艮。'又曰：'艮，东北之卦也，万物之所成终，而所成始也。
故曰：成言乎艮。'此曰：'终万物始万物者莫盛乎艮。'其义一
也。……"⑤亨按上文曰："艮，东北方之卦也，万物之所成终，而所成始
也。"乃以八卦配八方四时之说也。此文雷风火泽水皆用物名，皆言其物
性，然则此文云"终万物始万物者莫盛乎艮"，当是以艮代山，言山之物
性，明矣。盖山之为物，高大坚实，山上之动物可以始终栖居，山上之植
物可以始终繁殖，故曰："终万物始万物者莫盛乎艮。"与上文意不同。王
引之合而同之，不合于传旨。

故水火不相逮，

今本脱不字。《释文》作"水火不相逮"，云："郑、宋、陆、王肃、王

虞无不字。"可见陆德明所据王弼本及子夏、孟喜、京房、费直、马融诸家本均有不字。按有不字是也，今据补。《尔雅·释言》："逮，及也。"水火不相逮，谓水火不在一处，不相及，则可以并存也。

雷风不相悖，

亨按悖当读为勃。《说文》："勃，排也。"⑥雷风不相勃，谓雷风可以同时并作，不相排而相容也。

山泽通气，

山泽之气交流。

然后能变化，既成万物也。

俞樾曰："既训为尽。《广雅·释诂》曰：'既，尽也。'既成万物犹言尽成万物也。"按由故字以下实为一句，言水火可以并存，雷风可以相容，山泽通气，然后能形成天地万物之变化，尽成万物也。

以上第二章。此章是八卦卦象之总论，阐述八卦象天地雷风水火山泽及配八方四时之意义。

乾，健也。

乾为天，天道刚健，故乾为健。

坤，顺也。

坤为地，地道柔顺，故坤为顺。

震，动也。

震为雷。雷能自动，又能动万物，故震为动。

巽，入也。

巽为风，风吹万物，无孔不入，故巽为入。⑦

坎，陷也。

坎为水，水存于洼陷之处，故坎为陷。(《说文》："臽，小阱也。"《广雅·释水》："窞、臽，坑也。"陷臽窞古字通用。)

离，丽也。

丽，附也。(说见《离》卦) 离为火，火必附丽于可燃之物，故离为丽。

艮，止也。

艮为山，山是静止不动之物，故艮为止。

兑，说也。

说借为悦。兑为泽，湖也。水草生于泽，鱼游于泽，鸟飞于泽，兽饮
于泽，人取养于泽，泽为万物所悦，故兑为悦。

以上第一节，记八卦所象之事。

乾为马。

乾为天。天行健，马为家畜中之行健者，故乾为马。

坤为牛。

坤为地。地道柔顺，能载物，牛性柔顺，亦能载物，故坤为牛。

震为龙。

震为雷。雷动于云中，古人视为神物，龙能飞于云中，古人亦视为神
物，故震为龙。

巽为鸡。

巽为风。风吹而万物动，鸡晨鸣而人与鸟兽等起而活动，故巽为鸡。

坎为豕。

坎为水。豕喜处有水之洼渎中，故坎为豕。

离为雉。

离为文明（《象传》常见）。雉有鲜明之文章，故离为雉。

艮为狗。

艮，止也。狗守家，所以禁止外人，故艮为狗。

兑为羊。

兑，说（悦）也。羊性柔顺，为人所喜悦，故兑为羊。

以上第二节，记八卦所象之动物。

乾为首。

乾为天。天尊，为宇宙之最上部分，首贵，为人身之最上部分，故乾

为首。

坤为腹。

坤为地。地柔，载藏万物，腹柔，载藏食物，故坤为腹。

震为足。

震，动也。足主行动，故震为足。

巽为股。

巽为木。(见下文) 股似木干，故巽为股。

坎为耳。

坎，陷也，洼坑也。耳是头部之洼坑，故坎为耳。

离为目。

离为火，为日，为明。目之明能视物，故离为目。

艮为手。

艮为山。山有峰。手之掌与指似山峰，故艮为手。

兑为口。

兑为泽。泽之在地如口之在身，泽吞吐河流如口吞吐饮食，故兑为口。

以上第三节，记八卦所象身之肢体器官。

乾，天也，故称乎父。坤，地也，故称乎母。

称，比也。《易传》以天比父，以地比母。

震一索而得男，故谓之长男。巽一索而得女，故谓之长女。

震坎艮皆为阳卦，故皆为男。巽离兑皆为阴卦，故皆为女。凡阳卦皆一个阳爻，以阳爻为主爻。凡阴卦皆一个阴爻，以阴爻为主爻。(阴阳卦之分见《系辞》下)《释文》引马云：“索，数也。”震 (☳) 之第一爻为阳爻，阳爻象男，故一索而得男。巽 (☴) 之第一爻为阴爻，阴爻象女，故一索而得女。

坎再索而得男，故谓之中男。离再索而得女，故谓之中女。

坎 (☵) 之第二爻为阳爻，故再索而得男。离 (☲) 之第二爻为阴爻，故再索而得女。

艮三索而得男，故谓之少男。兑三索而得女，故谓之少女。

艮（☶）之第三爻为阳爻，故三索而得男。兑（☱）之第三爻为阴爻，故三索而得女。

以上第四节，记八卦象父母子女。

乾为天，为圜，

圜，圆也。目睹之天形是圆盖，故乾为圜。

为君，

《易传》作者有尊君思想，以天比君，故乾为君。

为父，

说见前文。

为玉，为金，

天道刚，其体清明。玉金之性刚，其体清明，故乾为玉，为金。

为寒，为冰，

以八卦配四时，乾为秋末冬初四十五日之季节，天寒，水结冰，故乾为寒，为冰。（又接此四字似当在下文"坤为地为母"之下，误窜于此。寒为阴气，冰为阴物，故坤为寒，为冰。）

为大赤，

《集解》引虞翻曰："太阳为赤。"天以太阳为主，故天为大赤。又上文曰："乾以君之。"谓天为万物之君也。《礼记·檀弓》上曰："周人尚赤。"是赤为五色之君。故乾为大赤。

为良马，为老马，为瘠马，为驳马，

上文曰："乾为马。"此又申言之。瘠与膌同。《说文》："膌，瘦也。驳，马色不纯也。"然则瘠马即瘦马，驳马即花马。良马以材力言，老马以年齿言，瘠马以体肉言，驳马以毛色言。

为木果。

乾为圜。木果亦圆形，故乾为木果。

《释文》："荀爽《九家集解》本，乾后更有四：'为龙，为直，为衣，为言.' " 按《易经乾》卦爻辞有六条言龙，故曰"乾为龙"。但与上文"震为龙"之说不合。《系辞》下曰："黄帝尧舜垂衣裳而天下治，盖取诸乾坤。"可证乾为衣。

以上第五节，记乾卦所象之几种事物。

坤为地，为母，为布，

地平（对山泽而言）而有草木之文，布亦平而有织文，故坤为布。

为釜，

釜，锅也。地之生物能成熟之，以供人食，釜之煮物亦能熟之，以供人食，故坤为釜。

为吝啬，

地生养草木，草木固植于一处，不能自移，且离地则死，是地保守其财物也。地又深藏金银铜铁之矿质，不以示人，是地保守其宝货也。故坤为吝啬。

为均，

均，平均也。地之于万物无不载之，无不育之，故坤为均。

为子母牛，

子读为牸。《广雅·释兽》："牸，雌也。"牸母牛即牝牛之俗称也。或曰："子母牛谓子牛与母牛也。上文曰：'坤为牛。'牛兼牝牡而言，此又分举之，母牛即牝牛，子牛即童牛，牛犊也。"

为大舆，

舆，车也。地载万物，大车能载人载物，故坤为大舆。

为文，

地有草木之文，故坤为文。

为众，

众指臣民。《易传》作者以天比君，以地比臣民，故坤为众。

为柄，

万物附于地上，花果附于柄上，刀剑之身亦附于柄上，故坤为柄。

其于地也为黑。

地，土也。土有白黑赤青黄诸色。⑧天象阳明，地象阴暗，黑是阴暗之色，故曰：“坤，其于地也为黑。”

《释文》：“荀爽《九家集解》本，坤后有八：‘为牝，为迷，为方，为囊，为裳，为黄，为帛，为浆。’”按《坤文言》曰：“坤……至静而德方。”可证坤为方。《系辞》下曰：“黄帝尧舜垂衣裳而天下治，盖取诸乾坤。”可证坤为裳。《坤文言》又曰：“天玄而地黄。”可证坤为黄。坤为黄之说与“坤，其于地也为黑”之说相矛盾。不详论。

以上第六节，记坤卦所象之几种事物。

震为雷，为龙，为玄黄，

玄黄谓玄黄混合之色。(说见《坤文言》)玄黄混合近于青色。以八卦与八方四时五行五色相配，震为东方，为正春，为木为青色，故震为玄黄。

为旉，

《释文》：“旉本又作专。”《集解》本作专。《释文》引干云：“旉，花之通名。”震为正春之季节，此季节百花齐放，故震为旉。此一说也。《说文》：“专，纺专。……”纺专是纺线锤，以手转之以纺线。震，动也。专亦转动，故震为专。此二说也。⑨两说均通，未知孰是。

为大涂，

涂，古途字。大途，大路也。震，动也。大路为人与车马行动之道，故震为大途。

为长子，

说见上文。

为决躁，

决借为趹。《广雅·释诂》：“趹、躁，疾也。”（疾，急也。）震为雷，雷之动迅速，趹躁是行动迅速，故震为趹躁。⑩

为苍筤竹，

《集解》引《九家易》曰：“苍筤，青也。”以八卦与八方四时五行五色相配，震为东方，为正春，为木，为青。竹为木类，苍筤为青色，故震为苍筤竹。

为萑苇。

《释文》引《广雅》云："萑，薍也。"薍即荻。萑苇同类，萑茎细而中实，苇茎粗而中空。萑苇竹类，其色青，故震为萑苇。

其于马也，为善鸣，为馵足，为作足，为的颡。

善鸣，鸣声宏大也。《尔雅·释畜》曰："馰上皆白惟馵。"（馰与膝同）馵足，白马而膝下为它色也。作疑借为踖。《说文》："踖，长胫行也。"踖足，胫长也。⑪《集解》引虞翻曰："的，白；颡，额也。《诗》云：'有马白颠。'是也。"的颡，额上有白处也。震为雷，雷之动迅速，此四种马行亦迅速，故曰："其于马也，为善鸣，为馵足，为作足，为的颡。"

其于稼也，为反生。

稼，庄稼，包括菜蔬。反生，倒生也，果实在地下，茎叶在地上，如葱、蒜、萝卜、地瓜、土豆、山药等是。震（☳）是两阴爻在上，一阳爻在下，即两柔在上，一刚在下。反生之稼，茎叶柔而在上，果实刚而在下。故曰："震……其于稼也，为反生。"

其究为健，

孔颖达曰："究，极也。"震为雷。雷之动极健，故曰："其究为健。"

为蕃鲜。

《说文》："蕃，草茂也。"鲜，新鲜也。以八卦配四时，震为正春之季节，此季节草木茂盛而新鲜。故曰："为蕃鲜。"此句承"其究"而言。

《释文》："荀爽《九家集解》本，震后有三：'为玉，为鹄，为鼓。'"按上文曰："乾为玉。"震为玉之说与彼歧异。

以上第七节，记震卦所象之几种事物。

巽为木，为风，

巽为风。风吹而木动，木动而知风，故巽为木。巽为木之说多见《彖传》《象传》及《系辞》下。而以八卦与五行相配，震亦为木，彼此歧异。卦象之说本属巫术，有所歧异，不足怪。

为长女，

其说见前。

为绳直，

巽为木。匠人制木为器或斲木盖屋，引绳为准以取直，故巽为绳直。

为工，

巽为木。工人制木为器或斲木盖屋，故巽为工。

为白，

巽为木。木去其皮，其色白，故巽为白。

为长，

长，空间之长远也。巽为风，风行百里，故巽为长。

为高，

巽为风，风上至云霄，故巽为高。

为进退，

巽为风，风常转变方向，时而进向此方，时而退向彼方，故巽为进退。

为不果，

巽为风，风或东或西，或急或徐，或大或小，或强或弱，多转变，不果决，故巽为不果。

为臭，

臭，气味也。巽为风，风吹则物之气味远闻，故巽为臭。

其于人也，为寡发，为广颡，为多白眼，

寡发，天生发少也。《释文》：寡，本又作宣。黑白杂为宣发。《集解》本亦作宣。此又一说也。广额，头额宽也。多白眼，目中多白也。巽为木。《论语·子路》篇："刚毅木讷近仁。"《集解》引王注："木，质朴也。"盖古代相面术谓此三种人性木朴。故曰："其于人也，为寡发，为广颡，为多白眼。"（春秋战国时已有相面术，《荀子》有《非相》篇。）

为近利市三倍，

巽为木。人栽植树木，树木长成，或售其果，或卖其材，可得近于三倍之利于市，故巽为近利市三倍。

其究为躁卦。

究，极也。躁，动而不止也。巽为风，风之为物动而不止，故巽之终极为躁卦。

《释文》："荀爽《九家集解》本，巽后有二：'为杨，为鹳。'"

以上第八节，记巽卦所象之几种事物。

坎为水，为沟渎，

《说文》："渎，沟也。"沟渎为水之所存，故坎为沟渎。

为隐伏，

坎为水。水亦隐伏于地中，掘地深则得水，故坎为隐伏。

为矫輮，

《释文》："矫一本作挢。輮宋衷、王廙作揉。"矫与挢、輮与揉皆通用字。孔颖达曰："使曲者直为矫。使直者曲为輮。"水之流也可直可曲，矫木輮木，亦必须以水浸湿，故坎为矫輮。

为弓轮，

上句曰："坎为矫輮。"弓轮皆矫輮而成之物，故坎为弓轮。

其于人也，为加忧，为心病，

上文曰："坎，陷也。"陷，险也。人在险难，则增加忧虑，增加忧虑，则成心病，故坎为加忧，为心病。

为耳痛，

坎为水，又为耳，耳中有水，则成耳病，故坎为耳痛。

为血卦，为赤，

坎为水。血亦水之类，其色赤，故坎为血卦，为赤。上文曰："乾为大赤。"此文曰："坎为赤。"两说分歧。盖以赤与大赤不同也。

其于马也，为美脊，为亟心，为下首，为薄蹄，

《说文》："亟，敏疾也。"（疾，速也。）亟心谓马性敏捷也（好偷懒）。下首谓马常低头也（精神不振）。薄蹄谓马蹄薄也（走路足易痛）。坎为水，水一般是流行较慢，易于决导，此四种马行路较慢，易于控制，故曰："其于马也，为美脊，为亟心，为下首，为薄蹄。"上文曰："乾为马。"乾下又举四种马，震下坎下又各举四种马。然则乾震坎皆可为马，惟其种类不同。马之分种盖出于相马术。（春秋战国时已有相马术，伯乐以善相马著名，见《国语·晋语》《列子·说符》篇等。）

为曳，

曳，引也。坎为水。水遇物，其力胜物，则冲之走，投物于水中，水亦能冲之走，故坎为曳。

其于舆也，为多眚，

《集解》引虞翻曰："眚，败也。"坎为沟渎，为坑陷，车遇沟渎坑陷，或阻而不能行，或陷而不能出，甚至倾覆，皆常有之事，是为多挫败，故曰："其于舆也，为多眚。"

为通，

坎为水。水流则曲折前进，终能通达，故坎为通。

为月，

坎为水，水寒白有光，月亦寒白有光，水流行于地上，月运行于天上，故坎为月。

为盗，

上文曰："坎为隐伏。"盗是隐伏以窃物之人，故坎为盗。

其于木也，为坚多心。

坎（☵）是一阳爻在内，两阴爻在外，即内刚而外柔。木坚多心，其干是内刚而外柔。故曰："坎……其于木也，为坚多心。"《释文》："荀爽《九家集解》本，坎后有八：'为宫，为律，为可，为栋，为丛棘，为狐，为蒺藜，为桎梏。'"

右第九节，记坎卦所象之几种事物。

离为火，为日，为电，

火、日、电皆光明之物。

为中女，

说见上文。

为甲胄，为戈兵，

胄，盔也。兵，兵器。离（☲）是两阳爻在外，一阴爻在内，即外刚保卫内柔。甲胄戈兵为刚，人身为柔。以甲胄戈兵保卫人身，正是外刚保卫内柔。故离为甲胄，为戈兵。

其于人也，为大腹，

离（☲）之中爻为阴，上下两爻为阳，即中柔而上下刚。腹在人身之中部，无骨而柔。其上为头颈胸臂，其下为股胫足，皆有骨而刚。是人身亦中柔而上下刚。离之三爻齐均，中爻象腹部，与其上下两部相等，是大腹矣，故曰："离……其于人也，为大腹。"（与上文"坤为腹"有别）

为乾卦，

乾（干），乾（干）燥也。离为火，为日。火日能使物乾（干）燥，故离为乾（干）卦。

为鳖，为蟹，为蠃，为蚌，为龟，

《释文》《集解》鳖作鼈。《释文》又云："蠃京作螺。"按鳖鼈一字，蠃螺一字。离（☲）是两阳爻在外，一阴爻在内，即外刚保卫内柔。鳖蟹蠃蚌龟皆是外有硬壳，内有肉身，外刚保卫内柔。故曰："离……为鳖，为蟹，为蠃，为蚌，为龟。"

其于木也，为科上槁。

亨按科借为棵，木干也。棵上槁，木干之上部枯槁也。[⑫]离（☲）是两阳爻在外，一阴爻在内，即外刚而内柔。木干外刚而内柔，则外实而内空，俗谓之空心木。空心木之上部枝叶必枯，故离为木之科上槁。

《释文》："荀爽《九家集解》本，离后有一：'为牝牛。'"按《左传》昭公五年："纯离为牛。"可证古有离为牛之说，与上文"坤为牛"之说歧异。上文又曰："坤为子母牛。"与离为牝牛之说亦不合。

以上第十节，记离卦所象之几种事物。

艮为山，为径路，

径路，小路也。山上之路皆小路，故艮为径路。

为小石，

艮为山，山上多小石，故艮为小石。

为门阙，

《说文》："阙，门观也。"门之两旁筑台，其台谓之阙，亦谓之观。艮为山。门阙高崇，似两山对峙，故艮为门阙。

为果蓏，

《释文》引应劭云："木实曰果。草实曰蓏。"《集解》引宋衷曰："木实谓之果。"草实谓之蓏。（草实包括谷类瓜类之实）艮为山，山体坚实，果蓏之体亦较坚实，故艮为果蓏。

为阍寺，

《集解》引宋衷曰："阍人主门。寺人主巷。艮为止。此职皆掌禁止者也。"上文曰："艮，止也。"阍人守门，寺人守巷，禁止人妄入门巷，故艮为阍寺。

为指，

上文曰："艮为手。"艮为山，山之峰如手之指，故艮为指。

为狗，

解见上文。

为鼠，

鼠亦兽类，有多种，原皆居于山中，田野之鼠，家中之鼠，本皆由山中来。故艮为鼠。

为黔喙之属，

《集解》引马融曰："黔喙，肉食之兽，谓豺狼之属。黔，黑也。"《小尔雅·广诂》："黔，黑也。"《说文》："喙，口也。"《一切经音义》七引《通俗文》曰："兽口曰喙。"豺狼之属，其口黑色，故称为黔喙之属。艮为山。此类居于山中，故艮为黔喙之属。

其于木也，为坚多节。

艮为山。山体坚刚，山势一起一伏，以山比木，则是坚而多节，故艮为木之坚多节。上文曰："巽为木。"坎离艮下又各举一种木。然则坎离艮亦为木，但其种类不同。

《释文》："荀爽《九家集解》本，艮后有三：'为鼻，为虎，为狐。'"

以上第十一节，记艮卦所象之几种事物。

兑为泽，为少女，

说见上文。

为巫，

古称女巫为巫，男巫为觋。《国语·楚语》："在男曰觋。在女曰巫。"《汉书·郊祀志》《说文》并同。兑为女，为口。女巫恃口取食，故兑为巫。

为口舌，

上文曰："兑为口。"

为毁折，为附决，

兑为泽。泽水振荡，冲毁冲断其边岸，故兑为毁折。亦或在附岸之处溃决而流出，故兑又为附决。

其于地也，为刚卤。

陆德明曰："卤，咸（鹹）土也。"兑为泽，泽水所停之地，则坚硬而含咸质，故兑为刚卤之地。

为妾，

兑为泽，泽之位卑下。兑又为少女。少女在家庭中处卑下之位者是妾也。故兑为妾。

为羊。

说见上文。

《释文》："荀爽《九家集解》本，兑后有二：'为常，为辅颊。'"常为旗之一种。

以上第十二节，记兑卦所象之几种事物。

以上第三章。此章分记八卦所象之八类事物。

［附考］　①八卦所象之事物，其引申卦象，先秦人已有不同之说法。（后代从略）其证有三：《晋书·束晳传》曰："汲冢竹书有《卦下易经》一篇，似《说卦》而

异。"似说卦者,谓汲冢此篇亦记八卦所象之事物也。而异者,谓此篇所记八卦卦象与《说卦》不同也。(当非尽不同)其证一。《左传》《国语》记有春秋时人谈《周易》之事,其所举八卦卦象与《说卦》有同有异。(基本卦象皆同,引申卦象或同或异。)《左传》闵公元年解《周易》,以坤为马。而《说卦》曰:"乾为马。"其异一。又闵公元年及僖公十五年解《周易》,以震为车。《国语·晋语》亦曰:"震,车也。"而《说卦》曰:"坤为大舆。"其异二。又闵公元年及宣公十二年解《周易》,以坎为众。《国语·晋语》亦曰:"坎,众也。"而《说卦》曰:"坤为众。"其异三。昭公五年解《周易》曰:"纯离为牛。"而《说卦》曰:"坤为牛。"其异四。又昭公五年解《周易》,以艮为言。而《说卦》无某卦为言之说。其异五。(《周易释文》引荀爽《九家集解》本,《说卦》乾后有"为言"一条,与《左传》异。)僖公十五年解《周易》,以兑为辐,又以兑为旗。宣公十二年解《周易》,以兑为弱。而《说卦》无某卦为辐为旗为弱之说。其异六。(《周易释文》引荀爽《九家集解》本,《说卦》兑后有"为常"一条。常,旗也。此与《左传》合。)可见《左传》《国语》所举卦象有不同于《说卦》者,有超乎《说卦》者。其证二。《彖传》《象传》所用之引申卦象亦与《说卦》有所不同。例如《彖传》以乾为朝廷,又以乾为君子,以坤为小人,以巽为命令,又以巽为巽(下巽字乃谦逊之义),以离为文明,以艮为贤人,以兑为庶民。(详见通说"《彖传》中之八卦卦象")《象传》释乾为天而以天比朝廷,释震为雷而以雷比刑,释巽为风而以风比号令或德教,释坎为水而以水比群众或美德,又释坎为雨而以雨比恩泽,释艮为山而以山比贤人,释兑为泽而以泽比庶民。其所比者等于卦象也。(详见通说"《象传》中之八卦卦象")《说卦》曰:"坤为文,为众。"与《彖传》《象传》不同。上举《彖传》《象传》其他诸说皆为《说卦》所无。可见《彖传》《象传》所用卦象有与《说卦》不同者,有超乎《说卦》者。其证三。(此因《彖传》《象传》《说卦》非一人所作)此三证者充分说明先秦人讲八卦卦象,除其基本卦象外,余皆或同或异,甚有分歧。《说卦》所记仅是一家之言,不可专信。　　②"幽赞于神明而生蓍。"亨按古语称天神为神,地神为明。《庄子·天道》篇:"天尊地卑,神明之位也。"《天下》篇:"神何由降?明何由出?"是其证。然则神明犹言神祇矣。又按汉人之言蓍草颇有虚夸之词。《尚书大传》:"蓍,百年一本生百茎。"《论衡·状留》篇:"蓍生七十岁生一茎,七百岁生十茎。"《说文》:"蓍,蒿属,生十岁百茎。(小徐本作生千岁三百茎)"《史记·龟策传》:"余至江南,观其行事,问其父老,云:'龟千岁乃游莲叶之上,蓍百茎共一根,又其所生,兽无虎狼,草无毒螫。'"褚少孙补曰:"闻蓍生满百茎者,其下必有神龟守之，其上常有青云覆之。"此多出于传说，不可信。《诗·曹风·下泉》曰："冽彼下泉，浸彼苞蓍。"毛传："蓍，草也。"未用浮说。盖蓍类于竹，其茎直，其寿久，有异味，兽与虫不喜近之，此其特征也。　　③"雷风相薄。"亨按下文曰："战乎乾，……言阴阳相薄也。"以相薄释战字。则薄乃借为搏。二字古通用。《诗·车攻》："搏兽于敖。"《文选·东京赋》薛注引搏兽作薄狩。即其证。　　④"数往者顺，知来者逆，是故易逆数也。"亨按此三句当在上文"故《易》六位而成章"句下。其证有二：上文曰："故《易》六画而成卦。……故《易》六位而成章。"皆讲六爻。此三句讲六爻之数法。文意紧密相连。依今本，中间有"天地定位"五句，则文意隔断矣。证一。"天地定位"至"八卦相错"五句，与下文"雷以动之"八句，皆讲八卦之义。文意紧密相连。依今本，中间有"数往者顺"三句，则文意亦隔断矣。证二。此盖简编之误。　　⑤"终万物始万物者莫盛乎艮。"王引之曰："盛当读成就之成。……古字多借盛为成。《系辞》传：'成象之谓乾。'蜀才本成作盛。《左氏春秋》庄八年：'师及齐师围郕。'《公羊》郕作成，隐五年、十年、文十二年并作盛。《左传》文十八年：'以诬盛德。'《正义》本盛作成，引服虔注曰：'成德谓成就之德。'《秦策》：'今王使成桥守事于韩。'《史记·春申君传》成作盛。《封禅书》：'七曰日主，祠成山。'《汉书·郊祀志》成作盛。《荀子·王霸》篇：'以观其盛者也。'杨倞注曰：'盛读为成，观其成功也。'《臣道》篇：'明主尚贤使能，而飨其盛。'谓享其成也。《吕氏春秋·悔过》篇：'我行数千里以袭人，未至而人已先知之矣，此其备必已盛矣。'谓其守备已成也。《淮南·道应》篇作'其备必先成'。"　　⑥"雷风不相悖。"亨按悖乃悖谬之悖。此悖字借为勃。悖勃古通用。《左传》庄公十一年："其兴也悖焉。"《韩诗外传》三引悖作勃。《庄子·庚桑楚》篇："彻心之勃。"《释文》："勃本又作悖。"并其证。《说文》："勃，排也，从力，孛声。"相勃犹相排也。　　⑦"巽，入也。"《易传》中巽有三义：（一）巽，入也。除《说卦》此文外，《序卦》亦曰："《巽》者，入也。"《井象传》曰："巽乎水而上水，《井》。"《鼎象传》曰："以木巽火，亨饪也。"《巽象传》曰："刚巽乎中正而志行。"巽皆入也。（二）巽，伏也。《杂卦》曰："《兑》见而《巽》伏也。"是也。（三）巽，逊也，谦逊也。《小畜象传》曰："健而巽。"《观象传》曰："顺而巽。"《升象传》曰："巽而顺。"《恒象传》曰："巽而动。"《益象传》曰："动而巽。"等是也。三者厘然有别。俞樾见《象传》常以巽（谦逊）释巽，欲改《说卦》之"巽，入也"为"巽，巽也"。非是，今不录其说。　　⑧"坤……其于地也为黑。"地之土多黄色，故《坤文言》曰："天玄而地黄。"然亦有它色者。《书·禹贡》曰：冀州，厥土惟白壤。兖州，厥土黑坟。青州，厥土白坟。徐州，厥土赤埴坟。梁州，厥土青黎。雍州，厥土惟黄壤。此说不尽合实际，但可说明土有几种色。　　⑨“震……为旉。”《释文》：“旉本又作专。”《集解》本亦作专。《释文》引干云：“旉，花之通名。……”依干说，旉借为蒪。旉正字作尃。尃蒪同声系，古通用。《说文》：“蒪，华叶布，从艸，傅声。读若傅。”又《说文》：“葩，华也，从艸，皅声。”蒪葩古音一声之转。其作专者，《说文》：“尃，纺专，从寸，叀声。”甲骨文作𝄞，（《殷虚书契前编》卷五第十二叶）作𝄞，（同上）专是纺线锤，象形，又以持之。又，手也。篆文误从寸，许解未尽是。　　⑩震……为决躁。”决借为趹。二字同声系，古通用。《说文》：“趹，马行貌。”谓马急行也。《淮南子·脩务》篇：“敦跂趹。”高注：“趹，趣也。”或用赽字。《广雅·释诂》：“赽，疾也。”《庄子·逍遥游》篇：“我决起而飞。”《释文》引李云：“决，疾貌。”《齐物论》篇：“麋鹿见之决骤。”其义同。皆借决为趹。　　⑪“震……为作足。”亨按作疑借为踖。作踖古通用。《说文》：“醋或作酢。”谱读若笮。猎读若笮。《系辞》上：“可与酬酢。”《释文》：“酢京作醋。”《礼记·内则》：“鱼曰作之。”《尔雅·释鱼》作作斮。并乍昔两声系之字相通之证。《说文》：“踖，长胫行也，从足，昔声。”是踖有长胫之义。踖足谓马足长也。　　⑫“离……其于木也，为科上槁。”亨按科，木榦也。《广雅·释诂》：“科，本也。”又《释木》：“本，榦（幹）也。”是科亦木榦之称。以今字言之，则科借为棵。《释名·释典艺》曰：“科，课也，课其不如法者罪责之也。”可证科课古音同通用，则科棵可通用矣。又科与柯笴一音之转。《广雅·释木》：“柯，茎也。”木茎即木榦也。《说文》：“柯，斧柄也。”斧柄即斧茎也。《一切经音义》十引《字林》：“笴，箭茎也。”《仪礼·乡射礼》记：“物长如笴。”郑注：“笴，矢榦也。”是木榦为柯，竹榦为笴。科上槁，谓木榦（干）之上部枝叶枯槁也。

《序卦》

　　《序卦》一篇释《易经》六十四卦之顺序，故题曰《序卦》。《序卦》释《乾》《坤》《咸》《震》四卦以卦象为据，释其他诸卦皆以卦名为据，或合乎经意，或不合经意。今揭出两事：其一，《序卦》作者与《彖传》《象传》作者当是三人。《序卦》释卦名多与《彖传》《象传》相同。如《蹇》卦之蹇，《彖传》曰："《蹇》，难也。"《象传》意同。《序卦》亦曰："《蹇》者，难也。"《萃》卦之萃，《彖传》曰："《萃》，聚也。"《象传》意同。《序卦》亦曰："《萃》者，聚也。"是其例。但《序卦》释卦名亦或有与《彖传》《象传》不同者，如《蒙》卦之蒙，《彖传》《象传》皆释为蒙昧不明。《序卦》曰："蒙者，蒙也，物之稚也。"乃读蒙为萌芽之萌。《临》卦之临，《彖传》《象传》皆释为临民治国。《序卦》曰："《临》者，大也。"是其例。可证《序卦》作者乃别一人也。其二，《序卦》中含有古朴而简单之辩证法因素。认为客观事物总是运动变化，有时向正面发展，有时向反面转化。如释《恒》《遯》《大壮》《晋》《明夷》之顺序曰："恒者，久也。物不可以久居其所，故受之以《遯》。《遯》者，退也。物不可终遯，故受之以《大壮》。物不可以终壮，故受之以《晋》。《晋》者，进也。进必有所伤，故受之以《明夷》。夷者，伤也。"又如释《睽》《蹇》《解》《损》《益》《夬》之顺序曰："《睽》者，乖也。乖必有难，故受之以《蹇》。《蹇》者，难也。物不可以终难，故受之以《解》。《解》者，缓也。缓必有所失，故受之以《损》。损而不已必益，故受之以《益》。益而不已必决，故受之以《夬》。《夬》者，决也。"皆谓事物或向正面发展，或向反面转化，有其必然之规律也。此种观点，研究先秦思想史，宜予以注意。惟其所论甚为简单，均近于概念化，且有牵强之言，不可予以过高之评价。

有天地，然后万物生焉。

《易经》始于《乾》《坤》两卦者，因乾为天，坤为地，有天地而后有万物也。《序卦》未举卦名。

盈天地之间者唯万物，故受之以《屯》，《屯》者，盈也。

《广雅·释诂》曰："受，继也。"又曰："屯，满也。"（《彖传》释《屯》为难。《象传》释《屯》为聚。《序卦》与彼不同。）

《屯》者，物之始生也。物生必蒙，故受之以《蒙》。《蒙》者，蒙也，物之稚也。

屯篆文作屯。《说文》："屯，难也，象草木之初生屯然而难。从屮贯一。一，地也。尾曲。"是屯有物初生之义。《集解》引郑玄曰："蒙，幼小之貌，齐人谓萌为蒙也。"据此，《序卦》释蒙为萌。"蒙者，蒙也。"即"蒙者，萌也。"蒙与萌古通用也。《释文》："稚本或作稺。"《集解》本作稺。稺稚是一字。《说文》："稺，幼禾也。"引申之，物之幼小者皆可谓之稺。草木等在萌芽之时，皆幼小，故蒙为物之稚也。

物稚不可不养也，故受之以《需》。《需》者饮食之道也。

陆德明曰："《需》，饮食之道也，训养。"（《需》卦《释文》）按《序卦》确释《需》为养。盖《需》犹畜也。（《彖传》《象传》皆释《需》为待。《序卦》独不同。）

饮食必有讼，故受之以《讼》。讼必有众起，故受之以《师》。《师》者，众也。众必有所比，故受之以《比》。《比》者，比也。

《象传》曰："《比》，辅也。"按"《比》者，比也。"谓《比》卦之比乃比辅之义。

比必有所畜，故受之以《小畜》。

《释文》："畜本亦作蓄。下及《杂卦》同。"畜读为蓄，积蓄也。比必有所蓄，谓辅佐人者必受封土或谷禄，积蓄财物也。

物畜然后有礼，故受之以《履》。《履》者，礼也。

"《履》者，礼也"一句，今本无，注文有。乃传文误入注文。《集解》本及王弼《易略·例卦》篇并有此句。今据补。礼是等级制度之类。其中规定人占有享用财物之等级。《荀子·富国》篇："礼者，贵贱有等，长幼有差，贫富轻重皆有称者也。"是以有财物而后有礼。故曰："物畜然后有礼。"

履而泰然后安，故受之以《泰》。《泰》者，通也。物不可以终通，故受之以《否》。

《否》，闭塞不通也。

物不可以终否，故受之以《同人》。

《同人》，与人同心同行也。人处否则思泰，思泰则同人，以争取人之协助，故《否》卦之后继以《同人》。

与人同者，物必归焉，故受之以《大有》。

《大有》，所有者大，所有者多也。

有大者不可以盈，故受之以《谦》。有大而能谦必豫，故受之以《豫》。

《豫》，安乐也。富贵而不骄，则安乐矣。

豫必有随，故受之以《随》。

《随》，追随也。有随，有人追随之。

以喜随人者必有事，故受之以《蛊》。《蛊》者，事也。

有事，为人干事也。

有事而后可大，故受之以《临》。《临》者，大也。

《广雅·释诂》："临，大也。"是临可训大。

物大然后可观，故受之以《观》。可观而后有所合，故受之以《噬嗑》。嗑者，合也。

有所合，有合于人之意，有合于人之用也。（《易经》之《噬嗑》本是吃物而合其口，《彖传》《象传》所释与经同。《序卦》独不同。）

物不可以苟合而已，故受之以《贲》。《贲》者，饰也。

《贲》，饰之以文也。

致饰然后亨则尽矣，故受之以《剥》。《剥》者，剥也。

致犹极也。亨，美也。物加文饰，宜恰到好处，如极其饰，则失其质
之美，粉黛多则美女失其故貌，花绣多则美帛失其原色，故曰："致饰然后
亨则尽矣。"剥，落也。"《剥》者，剥也。"谓《剥》卦之剥乃剥落之义。

物不可以终尽剥，穷上反下，故受之以《复》。

亨按尽字疑涉上文"亨则尽"而衍。传之上下文此类语句皆只用终字，
是其证。[①]反借为返，还也。穷上返下谓穷于上位而剥落，必返自下位而复
升也。

复则不妄矣，故受之以《无妄》。

昔者以有妄谬之行，致招剥落之运，今者由剥而复，惩前毖后，不敢
再逞其妄谬，故曰："复则不妄矣。"

有无妄，物然后可畜，故受之以《大畜》。

今本无物字，《集解》本有，是也。今据补。物谓财物也。畜亦借为
蓄，积蓄也。人有不妄谬之行，而后财物方可积蓄。故曰："有无妄，物然
后可蓄。"

**物畜然后可养，故受之以《颐》。《颐》者，养也。不养则不可动，
故受之以《大过》。**

不养其身则身病。不养其家则家败。不养其臣则臣叛。夺民之养则民
乱。是以不养则不可有所作为，是过之大者，故《颐》卦之后继以《大
过》。

物不可以终过，故受之以《坎》。《坎》者，陷也。

陷，阱也，坑也。人不可以终有过行，有过行，则将遇坎坷，遭险难。
故《大过》卦之后继以《坎》卦。

陷必有所丽，故受之以《离》。《离》者，丽也。

《彖传》曰："《离》，丽也。"丽谓附丽、依附也。人遇坎坷，遭险
难，必附丽他人以为援，故《坎》卦之后继以《离》卦。

以上第一章。此章释上经三十卦之顺序。

有天地然后有万物，有万物然后有男女。有男女然后有夫妇。有夫妇然后有父子。有父子然后有君臣，有君臣然后有上下。有上下然后礼义有所错。

《集解》引干宝曰："错，施也。"按错借为措。传意：《易经》下篇始于《咸》卦者，因《咸》之卦象是男女结为夫妇，夫妇是社会制度之起点，有夫妇而后有父子君臣上下与礼义也。《咸》（䷞）之上卦为兑，下卦为艮。兑为少女。艮为少男。然则《咸》之卦象是少男居少女之下。古代婚礼，男子以卑下之礼尊敬女子。(详见《咸》卦) 故《咸》之卦象是男女结为夫妇。《咸彖传》曰："《咸》，感也。……男下女。……"《荀子·大略》篇："《易》之《咸》见夫妇。夫妇之道不可不正也，君臣父子之本也。《咸》，感也。……以男下女，……亲迎之道，重始也。"《序卦》正用"有夫妇"解《咸》卦，但未举卦名。

夫妇之道不可以不久也，故受之以《恒》。《恒》者，久也。物不可以久居其所，故受之以《遯》。《遯》者，退也。物不可以终遯，故受之以《大壮》。

《遯》者，其势衰微也。衰微者必有盛壮之时，故《遯》卦之后继以《大壮》卦。

物不可以终壮，故受之以《晋》。《晋》者，进也。

《彖传》曰："《晋》，进也。"物不可终止于壮，壮则前进，壮于羽者则飞，壮于足则走，故《大壮》卦之后继以《晋》卦。

进必有所伤，故受之以《明夷》。夷者，伤也。

《小尔雅·广言》："夷，伤也。"明夷谓光明受损伤也。(《彖传》《象传》皆释《明夷》为光明隐没。《序卦》之说稍异。)

伤于外者必反于家，故受之以《家人》。

反亦借为返。

家道穷必乖，故受之以《睽》。《睽》者，乖也。

《广雅·释言》："睽，乖也。"

乖必有难，故受之以《蹇》。《蹇》者，难也。物不可以终难，故受之以《解》。《解》者，缓也。

困难解除，则缓和矣。

缓必有所失，故受之以《损》。

常处于缓和之环境，则麻痹大意，必招致损失。

损而不已必益，故受之以《益》。益而不已必决，故受之以《夬》。《夬》者，决也。

决犹溃也，即河水决口之决。水益而不止，则河必溃决，故曰："益而不已必决。"（《彖传》曰："《夬》，决也。"其义为决定。《象传》亦释《夬》为决溃。《序卦》之说与《彖传》稍异。）

决必有遇，故受之以《姤》。姤者，遇也。

《彖传》曰："《姤》，遇也。"

物相遇而后聚，故受之以《萃》。《萃》者，聚也。聚而上者谓之升，故受之以《升》。升而不已必困，故受之以《困》。困乎上者必反下，故受之以《井》。

井处于卑下之位者，以喻人处于卑下之位也。

井道不可不革，故受之以《革》。

井年久，则井水浊秽或井壁损毁，必须淘治旧井或别穿新井，故白："井道不可不革。"

革物者莫若鼎，故受之以《鼎》。

鼎煮生物为熟物，改生为熟，故曰："革物者莫若鼎。"

主器者莫若长子，故受之以《震》。

鼎为宝器。古代王侯大夫之国与邑亦称之为器，《老子》曰："天下神器，不可为也。"（天下实际是国）是其例。古代宗法世袭制度，王侯大夫之国与邑原则上由长子继承，故曰："主器者莫若长子。"《说卦》曰："震为长子。"故《鼎》卦之后继之以《震》卦。

《震》者，动也。物不可以终动，止之，故受之以《艮》。《艮》

者，止也。

《校勘记》曰："岳本、古本、足利本，止上有动必二字。"按"止之"作"动必止之"，其义较胜。

物不可以终止，故受之以《渐》。《渐》者，进也。

《彖传》曰："《渐》之进也。"（之字衍）

进必有所归，故受之以《归妹》。

《归妹》，女子归夫家也。

得其所归者必大，故受之以《丰》。《丰》者，大也。

《彖传》曰："《丰》，大也。"

穷大者必失其居，故受之以《旅》。

《说文》："穷，极也。"《旅》，作客也。极大者则骄奢淫暴，必覆败而失其所，逃外作客，故《丰》卦之后继以《旅》卦。

旅而无所容，故受之以《巽》。《巽》者，入也。

旅客无所容身，必入于一处，故《旅》卦之后继以《巽》卦。

入而后说之，故受之以《兑》。《兑》者，说也。

说借为悦。旅客入于一处，得所栖宿，则喜悦之，故《巽》卦之后继以《兑》卦。

说而后散之，故受之以《涣》。《涣》者，离也。

旅客喜悦其寓所，亦不能久居，必离散而去，故《兑》卦之后继以《涣》卦。

物不可以终离，故受之以《节》。

《节》，制度也。一家之人离心离德，其家必破。一国之人离心离德，其国必亡。有制度以维制之，则不相离，故《涣》卦之后继以《节》卦。

节而信之，故受之以《中孚》。

中借为忠，诚也。孚，信也。有制度必须以忠信守之，否则制度等于虚设，故《节》卦之后继以《中孚》卦。

有其信者必行之，故受之以《小过》。

事物因时而变，人有其信而必行其言，则言行可能不合时宜，造成小过失，故《中孚》卦之后继以《小过》卦。

有过物者必济，故受之以《既济》。

物犹事也。济，成也。人行事有小过，取得教训，改过自新，惩前毖后，则事必有成，故《小过》卦之后继以《既济》卦。

物不可穷也，故受之以《未济》。

宜作之事不可尽也。此一事既成，彼一事犹未成也；今日之事既成，明日之事犹未成也。既成者有数，未成者正多，故《既济》卦之后继以《未济》卦。

终焉。

六十四卦至此而终。

以上第二章。此章释下经三十四卦之顺序。

［附考］ ①"物不可以终尽剥。"亨按尽字疑涉上文"亨则尽"而衍。《序卦》上下文此类语句只用终字，不用尽字。上文曰："物不可以终通。""物不可以终否。"下文曰："物不可以终过。""物不可以终遯。""物不可以终壮。""物不可以终难。""物不可以终动。""物不可以终止。""物不可以终离。"皆无尽字。可证此文尽字是衍文。

《杂卦》

　　《杂卦》一篇分别论述《易经》六十四卦之意义。其论述不尽依各卦之顺序，错综交杂其卦而说之，故题曰《杂卦》。所言甚简，每卦仅用一两字多至一两句（只有一卦用三句）揭出其卦之特点或要旨。其说有合于经意者，如云："《乾》刚《坤》柔。""《谦》轻而《豫》怠也。"是其例。有不合于经意者，如云："《比》乐《师》忧。"而《比》六三曰："比之匪人。"（《释文》引王肃本人下有凶字）上六曰："比之无首凶。"是《比》亦有忧也。《师》九二曰："在师中吉无咎，王三锡命。"上六曰："大君有命，开国承家。"是《师》亦有乐也。是其例。又其说有与《彖传》《象传》《序卦》相同者，如云："《恒》，久也。""《蹇》，难也。"是其例。有与《彖传》《象传》《序卦》不同者，如"《比》乐《师》忧"之说，彼三传皆无之。又如："《离》上而《坎》下也。"彼三传亦无之。是其例。又此篇反映作者对于事物之矛盾对立具有简单而粗浅之认识。如云："《损》《益》，盛衰之始也。""《否》《泰》，反其类也。""《革》，去故也。《鼎》，取新也。"是亦极古朴之辩证法因素也。全篇皆用韵语。

　　《乾》刚《坤》柔。

　　《乾》为天，天道刚健。《坤》为地，地道柔顺。

　　《比》乐《师》忧。

　　《比象传》曰："《比》，辅也。"《比》乐谓《比》卦之义为臣辅其君，乐得爵禄也。《师》，军旅也。《师》忧谓《师》卦之义为师旅出征，忧其战败也。

　　《临》《观》之义或与或求。

　　此言《临》卦之义为与，《观》卦之义为求也。与，施也。《临》是临民。临民者施其政，故为与。《观》是观民。观民者求其情，故为求。

《屯》见而不失其居。

见，现也。《序卦》曰："《屯》者，物之始生也。"此言《屯》卦之义是物初生出现于地上，各居其所。

《蒙》杂而著。

杂，错杂也。著，显明也。《序卦》曰："《蒙》者，蒙（萌）也，物之稚（稚）也。"此言《蒙》卦之义是万物之萌芽错杂而显著。

《震》，起也。《艮》，止也。

《史记·乐书》："粗厉猛起。"《正义》："起，动也。"《说卦》曰："震，动也。艮，止也。"重之，《震》仍为动，《艮》仍为止。

《损》《益》，盛衰之始也。

《序卦》曰："损而不已必益。"益则盛矣。故《损》为盛之始。又曰："益而不已必决。"决则衰矣。故《益》为衰之始。

《大畜》，时也。

畜亦作蓄（见《序卦》释文），积蓄也。亨按时疑借为庤。时庤同声系，古通用。《说文》："庤，储置屋下也，从广，寺声。"是庤乃积储之义。《大畜》卦之义为积蓄，故《杂卦》释之"曰庤"也。

《无妄》，灾也。

亨按《易经》之《无妄》，谓人之行事无妄谬也。岂得言灾哉。《序卦》释《复》《无妄》《大畜》三卦之顺序曰："《复》则不妄矣，故受之以《无妄》。有无妄然后可畜，故受之以《大畜》。"亦谓《无妄》得善果，不为灾也。余疑灾上当有不字，窜入下句，转写之误也。无妄，不灾也，谓人之行事无妄谬，则不灾也。

《萃》聚而《升》不来也。

《萃彖传》曰："《萃》，聚也。"《序卦》曰："《萃》者，聚也。"升不来义不可通。余谓不字当在上句灾字上。《升》，上进也。来当读为倈。《广雅·释诂》："倈，伸也。"[①]上升即是上伸，故曰："而升倈也。"

《谦》轻而《豫》怠也。

亨按轻借为劲。轻劲同声系，古通用。《说文》："劲，彊也。"《广雅·释诂》："劲，强也。"（彊强通用）《尔雅·释诂》："强，勤也。"《豫》卦之豫经意为享乐。《彖传》《象传》《序卦》亦皆释为享乐。人谦虚则勤奋自强，故曰"《谦》劲"。享乐则怠惰偷安，故曰"《豫》怠"。②

《噬嗑》，食也。

经文之《噬嗑》是以齿嚼物而合其口。《噬嗑象传》曰："颐中有物曰《噬嗑》。"故曰："《噬嗑》，食也。"

《贲》，无色也。

《贲》，杂色成文以为饰也。《序》卦释《贲》《剥》二卦之顺序曰："《贲》者，饰也。致饰然后亨则尽矣，故受之以《剥》。"（亨，美也。剥，落也。）贲饰太过，则失其美，多色等于无色，故曰："《贲》，无色也。"③

《兑》见而《巽》伏也。

见，现也。《说卦》曰："兑，说（悦）也。"重之，《兑》仍为悦。人能为他人所喜悦，则能出仕为官，显身扬名。故曰"《兑》见"。经文之巽原为仗义。《巽》九二、上九并曰："巽在床下。"谓伏于床下也。故此文曰"《巽》伏"，谓《巽》卦之义为隐居也。

《随》，无故也。《蛊》则饬也。

《广雅·释诂》："故，事也。"《随象传》曰："泽中有雷，《随》。君子以向晦入宴息。"是《随》之卦义为无事而休息。王弼曰："饬，整治也。《蛊》所以整治其事也。"《序卦》曰："《蛊》者，事也。"《蛊象传》曰："山下有风，《蛊》。君子以振民育德。"是《蛊》之卦义为有事而治之。

《剥》，烂也。《复》，反也。

剥，落也。烂，腐烂也。腐烂者必剥落。反借为返。此言《剥》卦之义为腐烂。《复》卦之义为返归也。按《易传》以复为返归善道。《系辞》下曰："《复》，德之本也。"又曰："《复》小而辨于物。"是其证。返归善道，则不腐烂剥落。故此两条义亦相对也。

《晋》，昼也。《明夷》，诛也。

《晋象传》曰："《晋》，进也。明出地上。"《象传》略同。古语称日为明。《晋》（䷢）之上卦为离，下卦为坤。离为日。坤为地。然则《晋》之卦象是日出地上，故曰："《晋》，昼也。"《明夷象传》曰："明入地中，《明夷》。"《象传》同。夷犹没也。《礼记·杂记》："不敢辟诛。"郑注："诛犹罚也。"《明夷》（䷣）之上卦为坤，下卦为离。坤为地。离为日。然则《明夷》之卦象是日入地中。以喻人事，则是贤人受罚而被囚拘也。故曰："《明夷》，诛也。"俞樾曰："此亦参互以见义也。知《晋》之为昼，则《明夷》之为晦可知矣。知《明夷》之为诛，则《晋》之为赏可知矣。"（《古书疑义举例》卷一）

《井》通而《困》相遇也。

亨按遇犹遏也。《小过》九四曰："弗过，遇之。"上六曰："弗遇，过之。"遇皆遏止之义。《井象传》曰："木上有水，《井》。"《井》（䷯）之下卦为巽，上卦为坎。巽为木。坎为水。然则《井》之卦象是木上有水，即以木瓶汲水而出，井水通于地上，人得其利，故曰"《井》通"。《困象传》曰："泽无水，《困》。"《困》（䷮）之上卦为兑，下卦为坎。兑为泽。坎为水。然则《困》之卦象是泽水渗入泽下，即泽水困遏于地下，泽中之物亦困遏于泽中，故曰"《困》相遇"。

《咸》，速也。《恒》，久也。

《咸象传》曰："《咸》，感也。天地感而万物化生。圣人感人心而天下和平。"是感之效果甚速，故曰："《咸》，速也。"《恒象传》曰："《恒》，久也。"《序卦》曰："《恒》者，久也。"

《涣》，离也。《节》，止也。

《序卦》曰："《涣》者，离也。"《节象传》曰："天地节而四时成。节以制度，不伤财，不害民。"《象传》曰："君子以制数度，议德行。"是节有制止之义。故曰："《节》，止也。"

《解》，缓也。《蹇》，难也。

《序卦》曰："《解》者，缓也。"《蹇象传》："《蹇》，难也。"《序卦》

曰："《蹇》者，难也。"

《睽》，外也。《家人》，内也。

《序卦》曰："《睽》者，乖也。"《广雅·释诂》："乖，离也。"《睽》
九四、上九并有"睽孤"一词，《易传》释为离家在外之孤子。然则《睽》
卦之义是人离家在外也。

《否》《泰》，反其类也。

否，闭塞也。泰，通达也。其事类相反。

《大壮》则止，《遁》则退也。

事物至于大壮，则其壮终止，将进入衰老。《序卦》曰："《遁》者，退
也。"

《大有》，众也。《同人》，亲也。

《大有》是所有者多。《同人》则彼此相亲。

《革》，去故也。《鼎》，取新也。

《革》是去其故旧。《鼎》是煮生成熟，取得新食。

《小过》，过也。《中孚》，信也。

中读为忠。孚，信也。

《丰》，多故也。亲寡《旅》也。

《丰象传》曰："《丰》，大也。"《序卦》曰："《丰》者，大也。"故，
故旧也，谓故旧之人也。《丰》者家大业大，官大势大，则故旧之人多来亲
近攀附，故曰："丰，多故也。"④ "亲寡《旅》也"一句有误。此篇释六十
四卦，其六十三卦皆先举卦名，后列解说，此句乃释《旅》卦，独先列解
说，后举卦名，其误显然。何楷引或曰："'亲寡《旅》'当作'《旅》寡
亲'，于韵亦协。"是也。亲与上文亲、新、信协韵。寡亲与多故相对成文。
《旅》，作客也。人在外作客，则少有亲人，故曰："《旅》，寡亲也。"

《离》上而《坎》下也。

离为火，重离仍为火。火动向上。坎为水，重坎仍为水。水动向下。

《小畜》，寡也。《履》，不处也。

畜亦作蓄，积蓄也。小蓄是积蓄者少，故曰"寡"。《履》卦之履，经文是践履（或是鞋履），即足踏地而行，非静居不动，故曰"不处"。

《需》，不进也。《讼》，不亲也。

《需象传》曰："需，须也。"须，待也。《需》是停驻有所待，故曰"不进"。《讼》是相争，故曰"不亲"。

《大过》，颠也。

《集解》引虞翻曰："颠，殒也。"殒，覆亡也。《象传》曰："泽灭木，《大过》。"《大过》（䷛）之上卦为兑，下卦为巽。兑为泽。巽为木。木，舟也。然则《大过》之卦象是舟覆而沉于泽底，则舟中之人亡矣。故曰："《大过》，颠也。"

《姤》，遇也，柔遇刚也。

《姤象传》曰："《姤》，遇也，柔遇刚也。"《序卦》曰："《姤》者，遇也。"《姤》（䷫）之初爻为阴，为柔，上五爻皆为阳，为刚。是柔一出而遇五刚，故曰"柔遇刚"。

《渐》，女归待男行也。

归，出嫁也。《渐》卦辞曰："女归吉。"《象传》曰："《渐》之进也，女归吉也。"（之字衍）《渐》（䷴）之上卦为巽，下卦为艮。巽为长女。艮为少男。然则《渐》之卦象是以男下女，即女子出嫁，待男亲迎而行也。

《颐》，养正也。

《颐》卦辞曰："贞吉。"（《易传》训贞为正）《象传》曰："《颐》贞吉，养正则吉也。"《序卦》曰："《颐》者，养也。"《颐》卦之义为养，但谓养正，非谓养邪也。

《既济》，定也。

济，成也。《吕氏春秋·仲冬纪》："以待阴阳之所定。"高注："定犹成也。"《淮南子·天文》篇："秋分蔈定。"高注："定者，成也。"是定亦成义。《既济》谓事既成，故曰"定也"。

《归妹》，女之终也。

妹，少女之称。《归妹》是遣嫁少女，乃女得其终身归宿，故曰"女之终"。

《未济》，男之穷也。

《未济》谓事未成，即男子志未达，行未通，业未立，功未成，是穷矣。故曰"男之穷"。

《夬》，决也，刚决柔也，君子道长，小人道忧也。

《集解》本忧作消。忧当读为消，古音相近而通用也。(《泰象传》曰："君子道长，小人道消也。"可证。)《夬象传》曰："《夬》，决也，刚决柔也。"《序卦》曰："《夬》者，决也。"《夬》(䷪)之下五爻为阳，为刚，上爻为阴，为柔。刚之势力众盛，柔之势力孤微，刚足以决定柔。刚为君子。柔为小人。然则此乃君子道长，小人道消之象。故曰："《夬》，决也，刚决柔也，君子道长，小人道忧也。"按自"《大过》颠也"以下诸句，语序错乱。《周易》作者乃将六十四卦分为三十二偶。《颐》与《大过》为一偶。《渐》与《归妹》为一偶。《夬》与《姤》为一偶。《既济》与《未济》为一偶。(说见通说)《杂卦》虽不依六十四卦之顺序，但每一偶卦相连作解，则当为全篇之通例。前五十六卦皆然，独此八卦不然，其有错乱，明矣。宋人蔡渊加以改定，元吴澄、明何楷皆从之。今录于下："《大过》，颠也。(颠与上文亲协韵)《颐》，养正也。《既济》，定也。(正定协韵)《未济》，男之穷也。《归妹》，女之终也。(穷终协韵)《渐》，女归待男行也。《姤》，遇也，柔遇刚也。(行刚协韵)《夬》，决也，刚决柔也，君子道长，小人道忧也。(柔忧协韵)"如此改定，既合偶卦相连作解之例，又不失其韵，盖是也。

[**附考**]　①"《萃》聚而《升》不来也。"亨按不字当在上句灾字上。来当读为俫。来俫古通用。《诗·常武》："徐方既来。"《汉书·武昭宣元成功臣表》引来作俫。《尔雅·释训》："不俟，不来也。"《释文》："来本或作俫。"即其证。《广雅·释诂》："俫，伸也。"《升》卦之升是上进，上进即向上伸展，故曰："而升俫也。"　②"《谦》轻而《豫》怠也。"《释文》："怠虞作怡。"《集解》本亦作怡。盖怠怡古字通用也。《尔雅·释诂》："怡，乐也。"《豫》卦之豫，经文用为享乐之义。《彖传》《象传》《序卦》所释与经意合。然则此文从怡字而训为乐，亦通。但《豫》怠与《谦》轻相对为义。轻借为劲，勤奋自强也。则释怠为怠惰，更为切合。　③"贲，无色也。"亨

又按无疑当作尨，形似而误。《左传》闵公二年："衣之尨服。"杜注："尨，杂色。"《国语·晋语》："以尨衣纯。"韦注："杂色曰尨。"《周礼·地官·牧人》："凡时祀之牲必用牷物。（纯色为牷）凡外祭毁事用尨可也。"郑注："尨谓杂色。"是杂色为尨。《贲》卦之贲乃杂色成文以为饰，故曰："《贲》，尨色也。"此解更切，但改字不如不改，故附记于此。　　④"《丰》，多故也。"此故乃故旧之故，谓故旧之人也。今语所谓亲故，古语亦有之。《周礼·天官·大宰》："一曰亲亲。二曰敬故。"郑注："敬故，不慢旧也。"此例甚多，不再举。韩康伯曰："丰大者多忧故也。"韩氏所谓忧故，谓忧患之事故也。忧患灾难之事，称为故，古语确有之。《周礼·天官·宫正》："国有故。"郑注引郑司农云："故谓祸灾。"《春官·大宗伯》："国有大故。"郑注："故谓凶灾。"（灾灾皆同灾）是其例。韩以为丰大而富贵者多不祥之事故。《序卦》释《丰》《旅》二卦之顺序曰："《丰》者，大也。穷大者必失其居，故受之以《旅》。"即此意。此解亦可取。但"《丰》多故"乃与"《旅》寡亲"相对为义，故释多故为多故旧之人较胜。

附录一

先秦诸子之《周易》说

　　杨树达先生撰有《周易古义》一书，将先秦两汉三国时人之《周易》说散见于古籍者辑录叙列，可谓备矣。余研究之范围限于先秦时代之《周易》学。十年前写有《〈左传〉〈国语〉的〈周易〉说通解》一文，编入拙作《周易杂论》中。今采摘杨著，稍加增减，编成此篇，附《易传》今注之后。以便读者之进一步探讨。此处所谓诸子指各家学派之人物而言，不限于一般概念中之诸子书也。

《周易》

　　《周礼·春官·大卜》："掌三易之法：一曰《连山》，二曰《归藏》，三曰《周易》。其经卦皆八，其别皆六十有四。"按《连山》《归藏》亦筮书之名，《周礼》作者当以写作之先后排列，其具体之时代不可考。《北堂书钞·艺文部》引桓谭《新论》云："《厉山》（即《连山》）藏于兰台。《归藏》藏于太卜。"《太平御览·学部》引《新论》云："《连山》八万言。《归藏》四千三百言。"据此，两书汉代犹存。（余不多述）

　　《周礼·春官·篹（筮）人》："掌三易以辨九簭之名：一曰《连山》，二曰《归藏》，三曰《周易》。九簭之名：一曰巫更，二曰巫咸，三曰巫式，四曰巫目，五曰巫易，六曰巫比，七曰巫祠，八曰巫参，九曰巫环，以辨吉凶。"按《山海经·海内西经》记有六巫，曰："巫彭、巫抵、巫阳、巫履、巫凡、巫相。"《大荒西经》记有十巫，曰："巫咸、巫即、巫盼、巫彭、巫姑、巫真、巫礼、巫抵、巫谢、巫罗。"《周礼》之九巫亦当为人名。巫咸与《山海经》同。《书·君奭》篇："在太戊时，则有若……巫咸乂王家。"《世本作》篇："巫咸作筮。"即此人。巫易当作巫易，即《山海经》之巫阳，又见《楚辞·招魂》篇。又《君奭》篇："在祖乙时则有若巫贤。"巫环似即巫贤。又巫更似即《山海经》之巫彭，巫式似即《山海经》

之巫即。兹不详论。盖古说九巫对于三易之卦名卦象筮法等有异说，故《周礼》曰："以辨九篲之名。"

《论语·述而》篇："子曰：加我数年，五十以学《易》，可以无大过矣。"

《礼记·经解》篇："絜静精微，《易》教也。……《易》之失贼。……其为人也，絜静精微而不贼，则深于《易》者也。"

《管子·山权数》篇："《易》者，所以守凶吉成败也。"

《庄子·天下》篇："《易》以道阴阳。"

《荀子·大略》篇："善为《易》者不占。"

《坤》六四：括囊，无咎无誉。

《荀子·非相》篇："凡言不合先王，不顺礼义，谓之奸言；虽辩，君子不听。法先王，顺礼义，党学者；然而不好言，不乐言，则必非诚士也。故君子之于言也，志好之，行安之，乐言之，故君子必辩。凡人莫不好言其所善，而君子为甚，故赠人以言，重于金石珠玉；观人以言，美于黼黻文章；听人以言，乐于钟鼓琴瑟。故君子之于言无厌。鄙夫反是，好其实而不恤其文，是以终身不免埤污佣俗。故《易》曰：'括囊，无咎无誉。'腐儒之谓也。"

《蒙》：初筮，告；再三渎，渎则不告。

《礼记·表记》篇："子曰：无辞不相接也，无礼不相见也：欲民之毋相亵也。《易》曰：'初筮，告；再三渎，渎则不告。'"

《小畜》初九：复自道，何其咎？吉。

《荀子·大略》篇："《易》曰：'复自道，何其咎？'《春秋》贤穆公，以为能变也。"按穆公指秦穆公。秦穆公出兵袭郑，晋人败之于殽，穆公能悔过自责。事见《左传》僖公三十三年。穆公死于鲁文公六年。《公羊传》文公十二年："秦伯使遂来聘。遂者何？秦大夫也。秦无大夫，此何以书？贤缪公也。何贤乎缪公？以为能变也。……"（缪穆古字通）

《吕氏春秋·务本》篇："安危荣辱之本在于主，主之本在于宗庙，宗庙之本在于民，民之治乱在于有司。《易》曰：'复自道，何其咎？吉。'以言本无异则动卒有喜。"

《履》九四：履虎尾，愬愬，终吉。

《群书治要》引《尸子·发蒙》篇："孔子曰：'临事而惧，希不济。'《易》曰：'若履虎尾，终之吉。'若群臣之众皆戒慎恐惧，若履虎尾，则何不济之有乎?"

《吕氏春秋·慎大览》篇："武王胜殷，得二虏而问焉。曰：'若国有妖乎?'一虏对曰：'吾国有妖，昼见星而天雨血，此吾国之妖也。'一虏对曰：'此则妖也；虽然，非其大者也。吾国之妖甚大者，子不听父，弟不听兄，君令不行，此妖之大者也。'武王避席再拜之。此非贵虏也，贵其言也。故《易》曰：'愬愬，履虎尾，终吉。'"

《蛊》上九：不事王侯，高尚其事。

《礼记·表记》篇："子曰：事君，军旅不辟难，朝廷不辞贱。处其位而不履其事，则乱也。故君使其臣，得志则慎虑而从之；否则孰虑而从之，终事而退，臣之厚也。《易》曰：'不事王侯，高尚其事。'"

《贲》

《吕氏春秋·壹行》篇："孔子卜得《贲》。孔子曰：'不吉。'子贡曰：'夫《贲》亦好矣，何谓不吉乎?'孔子曰：'夫白而白，黑而黑，夫《贲》又何好乎。'"

《无妄》六二：不耕获，不菑畬，则利有攸往。

《礼记·坊记》篇："子云：礼之先币帛也，欲民之先事而后禄也。先财而后礼则民利；无辞而行情则民争。故君子于有馈者弗能见，则不视其馈。《易》曰：'不耕获，不菑畬，凶。'以此坊民，民犹贵禄而贱行。"

《大畜》：利贞。不家食，吉。

《礼记·表记》篇："子曰：事君大言入则望大利，小言入则望小利。故君子不以小言受大禄，不以大言受小禄。《易》曰：'不家食，吉。'"

《咸》

《荀子·大略》篇："《易》之《咸》见夫妇。夫妇之道不可不正也，君臣父子之本也。《咸》，感也。以高下下，以男下女，柔上而刚下。聘士之义，亲迎之道，重始也。"

《恒》九三：不恒其德，或承之羞，贞吝。

六五：恒其德，贞妇人吉，夫子凶。

《论语·子路》篇："子曰：南人有言曰：'人而无恒，不可以作巫医。'善夫！'不恒其德，或承之羞。'子曰：不占而已矣。"

《礼记·缁衣》篇："子曰：南人有言曰：'人而无恒，不可以为卜筮。'古之遗言与？龟筮犹不能知也，而况于人乎。《诗》云：'我龟既厌，不我告犹。'《兑命》曰：'爵无及恶德。'民立而正事，纯而祭祀，是为不敬。事烦则乱，事神则难。《易》曰：'不恒其德，或承之羞。''恒其德，侦，妇人吉，夫子凶。'"（《诗》文见《小雅·小旻》篇。《兑命》文被编入伪《尚书·说命》中篇。《缁衣》此文解南人之言与《论语》不同。《论语》"人而无恒，不可以作巫医"，谓人如无恒，则其业不精，虽作巫人医生亦不可。《缁衣》"人而无恒，不可以为卜筮，"谓人如无恒，朝三暮四，则不可为之卜筮。爻辞之贞，《缁衣》作侦，亦仅见者。）

《涣》六四：涣其群，元吉。

《吕氏春秋·召类》篇："赵简子将袭卫，使史默往睹之，期以一月。六月而后反。赵简子曰：'何其久也？'史默曰：'谋利而得害，犹弗察也。今蘧伯玉为相，史鳅佐焉，孔子为客，子贡使令于君前，甚听。《易》曰："涣其群，元吉。"涣者，贤也。群者，众也。元者，吉之始也。"涣其群元吉"者，其佐多贤也。'赵简子按兵而不动。"（《说苑·奉使》篇史默作史黯）

《既济》九五：东邻杀牛，不如西邻之禴祭实受其福。

《礼记·坊记》篇："子云：敬则用祭器。故君子不以菲废礼，不以美没礼。故食礼。主人亲馈，则客祭；主人不亲馈，则客不祭。故君子苟无礼，虽美不食焉。《易》曰：'东邻杀牛，不如西邻之禴祭实受其福。'《诗》云：'既醉以酒。既饱以德。'以此示民，民犹争利而忘义。"（《诗》文见《大雅·既醉》篇）

《未济》：亨。小狐汔济，濡其尾，无攸利。

　　《战国策·秦策》四记黄歇说秦昭王曰："《诗》云：'靡不有初，鲜克有终。'《易》曰：'狐涉水，濡其尾。'此言始之易终之难也。何以知其然也？智氏见伐赵之利，而不知榆次之祸也。吴见伐齐之便，而不知干隧之败也。此二国者非无大功也，设利于前，而易患于后也。吴之信越也，从而伐齐，既胜齐人于艾陵，还为越王禽于三江之浦。智氏信韩魏，从而伐赵，攻晋阳之城，胜有日矣，韩魏反之，杀智伯瑶于凿台之上。"（《史记·春申君列传》、《新序·善谋》上篇并录《战国策》文。今本《战国策》"狐"下无"涉水"二字，据《史记》《新序》补。《诗》云二句见《大雅·荡》篇。）

**　　《坤》六二：直方大不习，无不利。《象》曰：六二之动，直以方也。**

　　《礼记·深衣》篇："袂圜以应规，曲袷如矩以应方，负绳及踝以应直，下齐如权衡以应平。故规者行举手以为容，负绳抱方者以直其政，方其义也。故《易》曰：'《坤》，六二之动，直以方也。'"

　　《隋书·音乐志》引沈约曰："《礼记·中庸》、《表记》、《防记》、《缁衣》皆取《子思子》。"据此，儒家子思一派亦长于《易》学，故《表记》《坊记》《缁衣》引《易》之处独多。

附录二

本书引用《周易》注释书目

周易注疏　　魏王弼晋韩康伯注　唐孔颖达疏　阮刻十三经注疏本
易经及象传象传文言王弼注。系辞说卦序卦杂卦韩康伯注。疏原名正义。

经典释文　　唐陆德明撰　抱经堂丛书本　此书卷二为周易音义。今
注引用概称释文。释文采录子夏、孟喜、京房、费直、马融、荀爽、郑玄、
刘表、宋衷、虞翻、陆绩、董遇、王肃、王弼、姚信、王廙、张璠、干宝、
黄颖、蜀才（范长生）、尹涛、费元珪、荀爽九家、谢方、韩伯（韩康伯）、
袁悦之、桓玄、卞伯玉、荀柔之、徐爰、顾懽、明僧绍、刘瓛众家异文与
音义。详见释文叙录。除王弼、韩康伯注外，其书皆佚。

周易集解　　唐李鼎祚撰　雅雨堂丛书本　集解采录子夏、孟喜、京
房、焦赣、马融、荀爽、郑玄、刘表、宋衷、虞翻、陆绩、王肃、王弼、
何晏、姚信、王廙、张璠、干宝、向秀、韩康伯、蜀才、沈驎士、刘瓛、
卢氏（当即北魏卢景裕，见《洛阳伽蓝记》）、伏曼容、翟玄、九家易、何
妥、侯果、崔憬、王凯冲、姚规、蔡景君、朱仰之、孔颖达、崔觐众家之
解说。除王弼、韩康伯注及孔颖达疏外，其书皆佚。

周易举正　　唐郭京撰　津逮秘书本　京自序谓"曾得王辅嗣、韩康
伯手写真本，比校今世流行本及国学乡贡人等本，举正其谬。所改正者一
百三处，二百七十三字"。

宋晁公武《郡斋读书志》、清惠栋《九经古义》皆言其伪托古本。

温公易说　　宋司马光撰　丛书集成初编本

易传　　宋程颐撰　丛书集成初编本　程氏仅注易经及象传象传文言

古周易章句外编　　宋程迥撰　余未见此书、录自《目耕帖》。

周易本义　　宋朱熹撰　清同治间山东书局刻本

周易玩辞　　宋项安世撰　通志堂经解本

古易音训　　宋吕祖谦撰　金华丛书本　此书采录前代注家异文异说

甚多。又宋晁说之尝撰录古周易八卷，其书久佚。吕氏常引用之。今注引用简称音训。

周易卦爻经传训解　　宋蔡渊撰　四库全书珍本初集本

易纂言　　元吴澄撰　通志堂经解本

周易集注　　明来知德撰　坊刻本

古周易订诂　　明何楷撰　坊刻本

周易稗疏　　清王夫之撰　清经解续编本

仲氏易　　清毛奇龄撰　清经解本

周易述　　清惠栋撰　清经解本

经学卮言　　清孔广森撰　清经解本

周易虞氏义　　清张惠言撰　茗柯全书本

目耕帖　　清马国翰撰　玉函山房丛书本

易章句　　清焦循撰　清经解本

经义述闻　　清王引之撰　清经解本　书中有王念孙说。

经传释词　　同上　中华书局排印本　同上

周易校勘记　　清阮元撰　附阮刻十三经注疏后

周易姚氏学　　清姚配中撰　清经解续编本

群经平议　　清俞樾撰　春在堂全书本

易经新证　　于省吾撰　石印本

周易时代的社会生活　　郭沫若撰　中国古代社会研究之一篇

周易义证类纂　　闻一多撰　闻一多全集本

朴堂杂识　　同上

周易校释　　李镜池撰　岭南大学岭南学报第九卷第二期